国家社会科学基金项目，项目批准号：07BFX007

Nongcun
Tudi Jiufen Jiqi
Jiejue Jizhi De Duowei Guancha

农村土地纠纷及其
解决机制的多维观察

白呈明 著

中国社会科学出版社

图书在版编目（CIP）数据

农村土地纠纷及其解决机制的多维观察／白呈明著 . —北京：
中国社会科学出版社，2014.10
ISBN 978-7-5161-5457-1

Ⅰ.①农… Ⅱ.①白… Ⅲ.①农村—土地—民事纠纷—
研究—中国 Ⅳ.①D922.324

中国版本图书馆 CIP 数据核字（2014）第 306781 号

出 版 人	赵剑英
责任编辑	喻 苗
责任校对	任晓晓
责任印制	王 超

出 版	中国社会科学出版社
社 址	北京鼓楼西大街甲 158 号（邮编 100720）
网 址	http://www.csspw.cn
	中文域名：中国社科网 010-64070619
发 行 部	010-84083685
门 市 部	010-84029450
经 销	新华书店及其他书店

印刷装订	三河市君旺印务有限公司
版 次	2014 年 10 月第 1 版
印 次	2014 年 10 月第 1 次印刷

开 本	710×1000 1/16
印 张	33.5
插 页	2
字 数	566 千字
定 价	98.00 元

凡购买中国社会科学出版社图书，如有质量问题请与本社联系调换
电话：010-84083683

目　录

前　言

在社会转型期，利益关系复杂化和利益主体多元化导致各种社会矛盾纠纷激增乃至激化。为有效应对这些复杂而剧烈的利益冲突，需要有一种更具包容性和灵活性的纠纷解决机制体系，即多元化的纠纷解决机制，以便解决纠纷时能够兼顾不同群体的特殊利益，实现社会和谐。

我们之所以选择农村土地纠纷解决机制作为研究的切入口，是基于这样的一种认识和判断：能够有效化解农村土地纠纷的解纷机制，必然是能够满足和谐社会基本要求的解纷机制。这是因为：第一，农村土地纠纷位居三农问题之首，是农村社会矛盾的总根源。第二，农村土地纠纷关系复杂，不仅仅是一个法律问题，同时也是一个政治、社会问题。第三，农村土地纠纷利益关系重大。土地对绝大多数农民来讲，仍具有非同寻常的意义；土地是农村集体经济的重要支持；土地还是许多地方政府的"第二财政"。第四，农村土地纠纷影响面大。许多农村土地纠纷直指农地承包、宅基地使用、土地征收等重要法律制度的正当性，甚至会影响到它们的制定、修改和实施。第五，农村土地纠纷集中反映了农村现代化进程中农村法制建设的各种矛盾。更为严重的是，有些土地纠纷还直接造成局部社会的动荡，不仅影响到农村社会的稳定和发展，也影响到国家的建设发展和政治稳定。

我国是一个农业大国，同时也是一个农民大国，拥有 8 亿之众的农民。在当前，土地仍是绝大多数农民的重要生产资料和生活保障。根据现行法律规定，农民集体土地是一种独立的土地所有权，农民土地承包经营权被赋予物权的性质，并成为农民重要的财产性权利。值得注意的是，在我国工业化、城市化快速发展过程中，土地又是极为重要的生产要素和市场要素，是社会经济发展的重要基础。因此，农民集体土地及其权益不可避免地卷入利益旋涡，成为一个巨大的利益轴心。围绕这一轴心,各利益主体间展开了激烈的竞争与博弈。各种矛盾、冲突和纠纷纷至沓来,甚至形成激烈的对抗,引发局部社会震荡,严重危害社会稳定和发展。因此,农村土地纠纷的预防与解决,特别是构建高效、便捷、经济、公正的纠纷解决机制尤为重要而急迫。

其实任何一个社会都有矛盾、冲突和纠纷,这是一种社会常态,并不足为奇,甚至可以说纠纷的意义并不都是消极和破坏性的,在某种意义上讲具有促使利益调整和制度革新的积极一面。有矛盾、冲突和纠纷,就会有相应的纠纷解决机制,这是辩证法,否则社会将因缺乏基本的秩序而无以存续。人类的生存经验和发展历史已很好地证明了这一点。无论是官方的,还是民间的;制度化的,还是非制度化的;法律的抑或道德、宗教的,乃至政治的;各种解纷机制适应着社会发展的需求,不断地生成、完善,无时不有、无处不在,其在不同场域下匹配于不同类型的纠纷,发挥着遏制和消解矛盾纠纷的重要作用,人类因此而获得生存发展的基本秩序和条件。

我们现在所面临的问题,是在中国特有国情和特定历史背景下的农村土地纠纷及其解决机制问题。我国的基本国情是人多地少,人地矛盾十分突出,人均耕地面积只有 1.39 亩,不足世界平均水平的 40%;我国的广大农民,特别是中西部的农民对土地的依赖程度依然很高,构成收入的主要来源;我们的城乡二元社会结构依然存在,农村城市化程度不高、劳动力转移不畅、社会保障不足、现代化发展缓慢;我国特殊的财政体制和土地制度造就了地方政府"土地财政"的经久不衰,政府以超低成本大量征占农民土地,与民争利,甚至强征强拆,因而冲突不断,纠纷迭起。因此,我国农村土地问题已远非一个单纯的财产性纠纷的法律问题,而是和社会政治经济体制、土地制度、土地产权结构等诸多问题纠结在一起的一个极其复杂的社会、政治、经济问题。

我国正处于社会转型期,当今中国农村社会既不是传统的乡土社会,也不是发达的现代社会,而是一个由传统走向现代的转型期社会。这是一个高速分化、矛盾凸显、纠纷丛生的时期。在这个既有传统农耕文明的影子、又有现代文明生机的社会,旧的纠纷解决机制已束手无策,新的纠纷解决机制又尚未成熟。因此,无论是那些"熟人社会"理论的痴迷者,抑或西方法治图景的憧憬者,都不可能构建出符合中国农村社会实际的纠纷解决机制。

在社会转型期，新旧体制、制度、观念和利益激烈碰撞，甚至殊死拼搏，而我们的社会管理水平和能力还不够理想，社会调控手段还比较单调和僵硬。因此，传统纠纷解决机制已难以应对和解决转型期出现的新问题、新矛盾、新纠纷，特别像农村土地纠纷这样的复杂问题，甚至就连传统纠纷解决机制自身也面临着不断改造和调适的问题。比如备受国际关注和赞誉的人民调解，长期以来在预防和解决各类矛盾纠纷中发挥着基础性的消解作用，大量矛盾纠纷为其所过滤和消解，客观上为其他解纷机构减轻了压力，但其现在却面临内生资源严重不足等困难，其效能发挥严重受限，尤其是乡村人民调解的状况更是令人担忧。作为最具权威的司法解决机制，却要受到维稳政治、司法理念、传统习惯、行政干预和舆论压力等众多因素的影响和牵制，以致与司法的应有品质渐行渐远。有些新型纠纷解决机制尚不完善，仍在探索和建设中。比如农村土地承包纠纷仲裁，不仅相关立法出台不久，事实上在许多地方连其机构、人员、经费都很难落实，所谓仲裁机构也只是"政府发了个文，下面挂了个牌，人员戴了个帽，年底填了个表"，具体工作难以真正展开。有些纠纷解决机制尚存争议或没有得到应有的关注和挖掘。比如信访机制，仍存在人治与法治、限权与扩权之争；实践中发挥重要作用的乡镇政府调处矛盾纠纷的机制却缺乏应有的理论和制度关注。而现有的各种纠纷解决机制则是各自为政、缺乏整合甚至相互排斥，难以形成有机衔接和良性互动的社会调控系统。

我们通过几年的调研，比较系统地考察了西部地区农村土地纠纷的基本状况及其解决机制的具体实践，为我们客观评估农村土地纠纷的现状与趋势，纠纷解决机制的需求与供给，各种解纷机制的机理与实效，提供了大量的经验性材料，同时也为我们修正和完善、创新和构建符合中国国情的，特别是符合转型期农村社会实际的多元化纠纷解决机制明确了方向和目标。本书的写作就是要在这些方面做一些努力和探索。

本书包括八个部分：农村土地纠纷及其解决机制概述；农村土地纠纷乡村人民调解；农村土地承包经营纠纷仲裁、农村土地纠纷司法解决机制；农村土地纠纷信访解决机制；农村土地纠纷乡镇调处机制；征地拆迁纠纷的制度性反思；农村土地纠纷解决的宗教因素；结语。其逻辑关系是，在对农村土地纠纷及其解决机制进行一般性考察的基础上，转向具体纠纷解决机制的考察和研究。重点对各类纠纷解决机制运行的内在机理和特质、地位和作用、优势和局限、未来发展走向等进行分析和判断。

本书的主要资料来源包括以下几个方面：

（1）最基本的研究资料来源于笔者实地调研所获取的大量第一手资料。由于研究所涉区域、部门、问题非常广泛，我们尽可能选择西部一些具有代表性的区域和部门进行调研。在调研选点时，我们充分考虑产业结构，工业化、城市化程度，退耕还林政策，农村产权改革以及区域自然人文特点，民族宗教情况等影响因素。当然，调研资源和条件也是一个重要的考量因素。我们先后在陕西、甘肃、青海、四川、重庆等省份的市、县、乡（镇）、街办、村以及少数民族地区进行实地调研。在陕西的调研遍及西安、榆林、延安、汉中、渭南、咸阳、安康等地。调研部门涉及司法部门（基层法院、法庭）、司法行政部门（厅、局、所）、农业行政管理部门（厅、局、农经站）、土地管理部门、信访部门、乡（镇）政府、街道办事处、开发区管委会、村"两委"、农户等；调研问题涉及人民调解、农村土地承包纠纷仲裁、司法诉讼、乡镇改革与矛盾纠纷调处、民族宗教地区纠纷解决、征地拆迁、城中村改造、回迁安置、农村社会组织发展、乡村治理、社会管理创新等；调研方式包括深度访谈、问卷调查、座谈会；法庭（仲裁庭、人民调解）观摩、实地观察、数据统计。我们通过几年的调研，比较系统地考察了西部地区农村土地纠纷的基本状况及其解决机制的具体实践，获得大量第一手材料，为课题研究奠定了扎实的基础。

（2）公开发表的相关研究文献，包括专著、研究报告、报纸杂志、调研报告、互联网资料、硕博学位论文等。这些资料的使用尽量注明出处，但仍可能存在遗漏。

（3）笔者收集的相关政策、法规，政府文件，法律文书（法院的判决书、调解书，仲裁机构的裁决书、调解书，司法所的人民调解协议等）和相关部门的工作文件、工作总结、简报文本等。

需要说明的是为了保持资料的原始风貌，同时又要对相关部门和当事人负责，书中对资料所涉地名和人名进行了部分技术处理。

第一章 农村土地纠纷及其解决机制概述

《中华人民共和国农村土地承包经营法》第2条和《中华人民共和国农村土地承包经营纠纷调解仲裁法》第50条对"农村土地"的范围做了相同的界定，即"本法所称农村土地，是指农民集体所有和国家所有依法由农民集体使用的耕地、林地、草地，以及其他依法用于农业的土地"。我们这里所讲的农村土地亦在此意义上使用，农村土地纠纷则从两个维度加以界定：一是纠纷指向的对象是农村土地或农村集体土地相关权益；二是纠纷主体至少有一方是农村集体经济组织或其成员。农村土地纠纷已构成我国当前社会矛盾和纠纷的重要组成部分，从而引起人们的高度关注。在任何一个有着利益追求的社会中，都存在利益矛盾和冲突。和谐社会绝不是没有利益冲突的社会，相反，它是一个承认利益分化和差别，存在利益矛盾和纠纷，但同时又有能力解决利益矛盾和化解利益冲突，并由此实现利益关系趋于均衡的社会。所以，重要的是要有一套纠纷解决的机制，能够及时地、有效地解决这些纠纷。基于农村土地纠纷严重的现实状况，如果不能对之进行及时有效的遏制和化解，其必将成为社会稳定的破坏性力量。我们通过对农村土地纠纷的现实状况、表现形态、形成原因和基本特征等方面的考察和研究，旨在探寻解决问题的途径和方法，从而构建一套适合社会转型期特点、符合我国农村农民实际和满足和谐社会要求的多元化纠纷解决机制。

第一节 农村土地纠纷的基本状况

近些年来，无论是来自学者的研究报告，还是来自官方发布的消息，抑或媒体的新闻报道，都在不断地传递着这样一个信息，即农民土地权益严重受损，农村土地纠纷日渐增多，农村社会矛盾和冲突日趋加剧，社会稳定预期严重不足。在我们党和政府着力构建和谐社会的大背景下，我们不能不认真面对这一社会现实。构建和谐社会当从最不和谐的地方着眼，从最不和谐的问题下手。中国农村是当今社会矛盾和冲突最为集中和突出的地方，而农村土地问题则是农村社会矛盾和冲突的总根源。

土地问题一直是我国"三农"问题的核心。不管在过去、现在、还是在将来，土地的生存或保障、收入、就业等基本功能是始终存在的，当然它们的地位和比重可能会有不同的变化。目前在农民收入多元化的情况下，土地收入依然占60%；农村劳动力尽管有1亿流动大军，有1.3亿在乡镇企业，但是仍有1.7亿在经营土地，还有3000万从事畜牧业、渔业生产的也要依靠土地。①

因此，土地对农民的意义不言而喻。然而，人多地少是我国的基本国情。众多的农业人口与稀缺的耕地资源构成了尖锐的矛盾。更为严重的是，工业化、城市化的迅猛发展对农村土地的需求越来越多。来自农村内、外部的双重压力，使得农村土地利益关系变得十分复杂和紧张，农村土地纠纷也因此在数量和规模上不断扩张。中国作为一个农业大国、农民大国，土地纠纷对其社会、政治、经济等方面的影响，无疑是不容忽视的。

一 农村土地纠纷位居"三农"问题之首

"三农"问题一直困扰着我国的经济社会发展。因此，党和政府将"三农"问题列为各项工作的重中之重。近年来，党和政府采取了一系列的举措治理"三农"问题，取得了一定的成效。然而，"三农"问题绝非一朝一夕所能解决的，其解决必将是一个长期的过程。"三农"问题千头万绪，涉及面极广，我们必须抓住主要矛盾，寻找解决问题的突破口。近年来的理论和实践都证明了这样一个问题："三农"问题的核心是农民问题，农民问题的核心是权益问题，而农民最大的权益就是土

———————————

① 参见柏晶伟《如何破解农村土地制度设计的矛盾》，《中国经济时报》2004年4月23日。

地权益。因此，土地纠纷大量发生，并位居"三农"问题之首就不难理解了。

中国社会科学院于建嵘教授领导的课题组所提供的一些数据充分说明了这一问题。

课题组对中央某媒体观众电话声讯记录进行了专项统计分析。2004年1月1日至6月30日，该栏目共接到观众电话和声讯62446次（条），其中有关"三农"问题的为22304次（条），占总数的35.7%，居于首位。而在"三农"问题中，反映农村土地问题的电话和声讯共有15312次（条），占总数的24.5%，占"三农"问题的68.7%。

课题组分析了自2003年8月以来中央某媒体近2万封观众来信，在已分类处理的4300封中，有1325封涉及农村土地争议，占已处理来信的30.8%。

课题组在2004年6月15日至7月14日对720名进京上访农民进行了专项问卷调查，在有效的632份问卷中，进京上访原因涉及土地问题的有463份，占有效问卷的73.3%。

2004年元月以来，课题组共收到172封农民控告信件，信中涉及土地问题的109封，占来信的63.4%。[①]

二　农村土地纠纷加剧农村社会矛盾冲突

中国（海南）改革发展研究院在深入调研的基础上指出："我国改革发展的现阶段，由于利益关系发生了新的变化，某些社会矛盾和社会问题不断增加，尤其是经济利益、土地利益引发的农村社会矛盾和社会冲突比以往任何一个时期都更加突出。"[②] 2005年3月10日，在十届全国人大三次会议举办的"三农"问题记者招待会上，农业部部长杜青林坦称，农民上访反映问题比较集中于土地纠纷问题。[③]

据有关权威部门发布的消息称，1999年至2003年上半年，全国共立案查处土地违法案件60.7万件，收回违法征用土地26.6万亩。同

---

① 于建嵘：《农民维权抗争集中土地纠纷，土地成农村首要问题》，《瞭望东方周刊》2004年第37期。

② 中国（海南）改革发展研究院：《积极稳妥地推进农民组织建设的建议》，《中国（海南）改革发展研究简报》2004年总第541期。

③ 《国家将继续严控土地、以解决土地纠纷多的问题》，2005年3月11日，房产之窗网（http://www.ehomeday.com）。

时，还通过动态巡查等预防工作，及时发现并制止了土地违法案件 10 万余件，涉及土地面积 27.6 万亩，其中耕地 12.9 万亩，为农民挽回经济损失 19.13 亿元。2004 年全国共立案查处土地违法违纪案件 70646 件，涉及土地面积 3.5 万公顷；仅 2004 年上半年，全国就发现土地违法行为 4.69 万件，立案查处土地违法案件 3.39 万件，清还农民征地补偿费欠款 87.4 亿元，占欠款总数的 59%；此外，全国核减各类开发区 4735 个，占年初 6741 个的 70%。①

2000—2002 年，全国法院共受理一审农村土地承包纠纷案件 13.7 万余件，而 2003 年 1—7 月就受理一审案件 3.4 万余件。②

此外，各地都加强了土地承包纠纷的调解和仲裁工作，大量土地纠纷通过调解和仲裁得以解决，仅四川省 2004 年调解处理的农村土地承包合同纠纷就达 6.9 万余件。③

海南省农村土地纠纷问题亦十分突出。2005 年，全省共清理出土地纠纷案件 6067 宗，涉及面积 135.3 万亩。该省国土环境资源厅负责人称，这些纠纷案件，点多面广，情况复杂，涉及 92 个农垦农场、100 多个其他国有农林牧场和 5000 多个农民集体经济组织，涉及场社关系、军地关系、林权管理、行政界线等。④

《农村土地承包法》颁布以来，特别是 2004 年中央采取"两免三补"等支持"三农"的一系列措施后，一些地方土地承包纠纷陡升。据农业部信访处统计，2004 年 1—10 月份受理农民群众土地问题信访 6937 件次，占信访总量的 51.2%，比 2013 年同期增长 4 倍。其中，土地承包类信访占 53%，土地流转类信访占 8%，土地征用类信访占 39%。

三 农村土地问题是农村社会矛盾冲突之根源

据学者调查，"农村由土地引起的经济纠纷，包括农民同基层政权组织的矛盾，都同土地关系直接或间接地联系在一起"。⑤ 农民与作为

---

① 董伟：《全国立案查处土地违法案 7 万件》，《中国青年报》2004 年 12 月 15 日。

② 参见《全国人大常委会公报》2004 年第 1 期。

③ 同上。

④ 参见《中国环境报》2005 年 8 月 1 日。

⑤ 中国（海南）改革发展研究院：《农村土地制度创新与农民组织发展》，《中国（海南）改革发展研究院简报》2004 年第 2 期（总第 491 期）。

公权力代理人和掌控者的县乡村组织之间、农民与所谓权贵资本主义势力之间、农民与黑恶豪强势力之间的矛盾和冲突,逐渐或明或暗、或大或小地显现出来。这些矛盾在有些时候还会表现为大规模的群体性冲突,如一年来媒体先后报道过的四川汉源 2004 年"10·27"事件、浙江东阳画水镇 2005 年"4·10"事件、河北定州 2005 年"6·11"事件等。① 这些冲突大多与农地征用有关。也就是说,农村土地问题是农村社会矛盾和冲突的总根源。解决好农村土地问题,是化解农村社会矛盾和冲突的重要途径。

从农民个体来讲,土地对其既是生产资料,又是生活保障,也是就业所在。土地构成农民最大的财富和最大的权益,维护土地权益事关其生存的基本问题。因此,农民会同一切影响和侵害其土地权益的行为抗争——同村民、同村干部、同村委会以及政府和政府机关及其工商企业等。

从农村集体组织来看,在当今绝大多数农村中,"集体"已被虚化,统分结合的双层经营机制已沦为主要是农户经营,集体所能控制的或所拥有的也就是土地所有权了。"集体"对农民的影响也主要体现在土地方面,包括土地承包、土地收益分配、机动地调整、宅基地分配等,而这些都是与农民利益密切相关的,农村集体组织对之处理不当就会引起与村民的纠纷。

从政府部门和工商企业来看,其从农村社会所能汲取的最大利益无疑是获取土地资源,分享征地中的级差地租。政府借助于盘剥农民的"土地制度",从农民那里征收土地、给予低微的补偿,造成大量失地又失业的农民。农民为捍卫自己的土地权益与外部势力进行抗争,引发了大量纠纷乃至暴力冲突。

此外,大量发生的村民自治纠纷也与土地相关,如村务公开要求查账,主要针对的就是土地收益及其分配情况;村民选举中的纠纷,诸如贿选,宗族、暴力介入选举等,各方当事人的目的都在于获得农村土地

---

① 据香港《文汇报》2004 年 11 月 2 日报道,四川省汉源县于是年 10 月 27 日发生民众集会抗争事件。此次事件有数万民众参与,起因依然是征地拆迁。据《中国经济时报》2005 年 6 月 8 日报道,浙江东阳画水镇村民因环境污染多次上访未果而搭建路障。2005 年 4 月 10 日,地方政府拆除搭建物时遭遇大批村民围堵,引发部分警民肢体冲突,事件中有数十人受伤。据《中国经济时报》2005 年 6 月 20 日报道,6 月 11 日,河北定州市南部绳油村村民遭受大规模暴力袭击,致死 6 名村民,致伤 100 余人。此次冲突缘于已历时两年多的征地纠纷。

资源的控制权,从中谋取更多、更大的利益。还有农民的各种非制度政治参与所引发的矛盾和冲突,诸如静坐、堵塞交通、暴力冲击政府部门等,大都由土地问题引起。

四 农村土地纠纷危及农村社会稳定和发展

农村社会存在大量各类纠纷,诸如家庭纠纷、邻里纠纷、宗族纠纷、治安纠纷、计划生育纠纷、村民自治纠纷、农村税费纠纷、土地纠纷等。尽管不同时期某类纠纷会表现得比较集中和突出一些,并对农村社会稳定产生一定的影响,如村民自治中的纠纷、农村税费征收中的纠纷,也都曾引起全社会的关注,但这些纠纷所产生的冲击力对社会稳定的影响都远不及土地纠纷。土地背后的利益之大、政府介入的力度之大,都是前所未有的。土地问题的尖锐性和复杂性,已经远远超过以前的农村税费问题。因此,土地纠纷的数量之多、规模之大、双方对抗之激烈、社会震荡之剧烈都是前所未有的。

2003 年 8 月至 2004 年 6 月,中国社会科学院农村发展研究所国家社科基金课题组和国家软科学重大项目课题组,联合对当前中国农村社会形势进行了专题研究。调研发现,农村土地纠纷已取代税费争议而成为目前农民维权抗争活动的焦点,是当前影响农村社会稳定和发展的首要问题。课题组收集的 2004 年以来 130 起农村群体性突发事件中,有87 起因土地而发生的警农冲突,占总数的 66.9%。[1]

2005 年 6 月 11 日因土地而发生的"河北定州 6·11 袭击村民事件",2005 年 7 月 18 日发生的"河北一公司为逼农民退地,飞机洒药毒死万亩玉米"事件,更是令人触目惊心。[2] 于建嵘认为,农村土地纠纷已取代税费争议而成为目前农民维权抗争活动的焦点。由于土地是农民的生存保障,而且土地问题往往涉及巨额经济利益,因此土地争议更加具有对抗性和持久性。随着地方政府公然对失地农民进行暴力镇压,以及知识精英出于各种目的的介入,这一问题具有了相当大的政治爆炸

---

① 于建嵘:《农民维权抗争集中土地纠纷,土地成农村首要问题》,《瞭望东方周刊》2004 年第 37 期。

② 据新华网 2005 年 8 月 12 日报道:为了让农民退出耕地,河北省怀来县库区速生苗木栽培有限公司竟雇飞机喷农药毁掉万亩丰收在望的玉米。

性，有可能诱发较大的社会冲突。[①]

农村土地纠纷的数量、规模、求解方式、影响面及其产生的后果，足以使其成为影响当前农村社会稳定和发展的首要问题。做出这一判断绝非偶然，早先时候，中国社会科学院的专家们在对2004—2005年社会形势进行分析预测时，就将农民失地引发的社会矛盾，列为困扰中国六大问题的首位。[②] 2005年的"两会"期间，专家们称"2005年十大挑战考验中国"，其中挑战一中就包含土地矛盾，农民失地失业问题。[③]在现实生活中，因土地关系而引发的村民之间，村民与村委会之间，村民、村委会与乡政府及政府有关部门，乃至国土资源部之间，村民、村委会与农村外部人员、公司企业之间的纠纷和冲突不断，因土地纠纷而引发的上访乃至群体性事件也时有发生。这些情形足以表明，农村土地纠纷问题的严重性，不能不让人产生一种沉重感。

第二节　农村土地纠纷的主要类型

一　学界对农村土地纠纷的分类

在当代中国农村，基于土地的多重功能和用途，基于人口急剧增加造成的资源压力，土地日益成为人们利益争夺的中心，土地问题演变成覆盖经济、社会和政治等各领域的综合性问题，土地纠纷成为综合性、复杂多元的社会纠纷。由于农民的权力最直接最集中的表现是土地权，土地是农民最后也是含金量最大的财产。而中国正处于工业化和城市化的转型期，土地的征收、征用和改造势必加速，一旦处理不好，很容易引发土地纠纷。土地纠纷构成农村纠纷的主要方面和重要来源。[④]

按照纠纷主体、纠纷内容等不同标准，学者们将农村土地纠纷划分为不同类型。

---

① 参见于建嵘《当代农民维权抗争活动的一个解释框架》，《社会学研究》2004年第2期；《土地问题已成为农民维权抗争的焦点——关于当前我国农村社会形势的一项专题调研》，《调研世界》2005年第3期。

② 《国家将继续严控土地、以解决土地纠纷多的问题》，2005年3月11日，房产之窗网（http//www.ehomeday.com）。

③ 秦杰：《2005年十大挑战考验中国》，2005年3月1日（http://www.sina.com.cn）。

④ 参见白呈明《农村土地纠纷及其解决机制的多维观察》，《调研世界》2009年第8期。

有学者认为，农村土地纠纷从一个侧面反映了农民对土地问题的理解和认知，其中不少土地纠纷与 20 世纪 90 年代中后期实行的 "30 年不变" 的土地延包政策有关。因而，主张将农村土地纠纷分为两类：一是普通村民之间的土地争议，二是普通村民和基层乡村干部的分歧。解决这些土地纠纷时，各种民间惯例和民间习俗等农村非正式制度因素发挥了重要的作用，与国家政策制度形成一种互相补充又相互冲突的关系。①

有学者认为，按照纠纷主体的不同，土地纠纷可以划分为五类：（1）作为个体或集体的农民之间关于土地权益的争夺；（2）少数村民因被村集体剥夺本应享有的集体土地权益而发生的冲突；（3）村民与村干部争夺集体土地权益的分配而发生的冲突；（4）土地所有者与征地者之间就土地利益的分配发生的冲突；（5）由于在征地或租地中村民不满从资本持有者处得到的土地收益而发生冲突。每类纠纷在表现方式、博弈过程、规模程度、争夺目标、利益诉求和政治特征方面均有所差异。②

有学者通过调研指出，涉农土地纠纷中比较典型的有：（1）农村土地所有权属不明引发争议。其原因在于权属易发生争议，所有权主体虚化。（2）土地承包及承包经营权流转引发的纠纷。其原因包括：违法发包土地，随意流转土地，村民弃田、抛荒引发纠纷，土地承包经营权流转手续不健全。（3）因土地征收引发纠纷显著增多。其原因为：征收程序不公开，补偿款未依法发放，补偿款分配不公。③

有学者根据纠纷内容，将土地纠纷划分为六种类型：弃耕农民要地、无地及地少户要地、土地承包合同与农田保护政策抵触、农地流转合同失范无序、土地征用（征收）过程中的矛盾、农民因建房四至权属不清等产生矛盾。从涉及人员的角度，土地纠纷可以分为农民与农民之间、农民与企业之间、农民与村委会之间、农民与基层干部之间四种。④

---

① 参见朱东亮《当前农村土地纠纷及其解决方式》，《厦门大学学报》（哲学社会科学版）2003 年第 1 期。

② 参见梅东海《社会转型期的中国农村土地冲突分析：现状、类型与趋势》，《东南学术》2008 年第 6 期。

③ 参见杨芳《关于涉农土地纠纷案件的调研报告》，《法律适用》2005 年第 8 期。

④ 参见范德种《农村土地纠纷管窥》，《国土资源》2006 年第 3 期。

　　有学者按照争议权益的不同，将农村土地纠纷划分为使用权纠纷、所有权纠纷、其他纠纷三类。其中，使用权纠纷包括：由承包合同引起的使用权纠纷，由土地使用证引起的纠纷，改变土地用途引起的纠纷；所有权纠纷包括：国有与集体之间的纠纷，集体内部村与组之间的纠纷；其他纠纷包括：干部越权发包土地，干部私自发包土地，超期发包土地，生产道路占地引起的纠纷。①

　　从纠纷发生的时段上看，国家取消农业税和实行粮食直补以后，农村土地纠纷呈现新的特征。比如：农民与基层政府的冲突；利益的分化和调整，造成利益冲突，政治信仰弱化；土地纠纷成为维权热点；农民权利意识增强；宗族、家族观念参与其中；上访、信访、集体信访以至群体性事件增多。学者们提出，当前农村土地纠纷中，突出的问题是土地征收纠纷和土地收益分配纠纷，最棘手的问题是妇女土地权益保护。

　　从纠纷发生的地域上看，目前农村土地纠纷最集中的地区是沿海较发达地区。其中以浙江、山东、江苏、河北、广东最为突出。这些地区爆发土地冲突和纠纷的主要原因是非法或强制性征地，农民控告的对象主要是市、县政府。在中部地区的安徽、河南、黑龙江等地区所表现出来的问题，主要是对农民土地承包权的侵犯，控告的对象主要是乡镇及村级组织。②

　　当前，农村土地纠纷的类型除传统的土地权属纠纷、土地相邻关系纠纷、宅基地纠纷外，主要表现为土地承包纠纷和土地征用纠纷。20世纪80年代以来，我国农村实行土地家庭承包经营制，并已完成了第二轮延包。其间，农村土地利益关系受到诸多因素的影响，各种土地利益矛盾和冲突凸显，纠纷纷呈。此外，随着我国农村城市化、工业化进程的不断推进，房地产业的迅速崛起，大量农村土地被征占。由于土地征用制度固有的缺陷，在土地征用过程中，农民土地利益受到极大的损害，造成数千万失地又失业的农民，从而引发大量纠纷甚至暴力冲突，引起了全社会的关注。可以说，农村土地承包经营权纠纷、农村土地征收纠纷，是当前农村土地纠纷的典型表现。这些纠纷涉及一些法律上难以调整的领域，其发生具有一定的特殊历史背景和社会因素。有的纠纷

──────────

　　① 参见金安全《浅析农村土地纠纷》，《陕西农业科学》2006年第3期。

　　② 参见于建嵘《土地问题已成为农民维权抗争的焦点——关于当前我国农村社会形势的一项专题调研》，《调研世界》2005年第3期。

还涉及国家法律和民间社会规范的冲突、情理法之间的冲突、民众和政府的冲突、个体利益与群体利益的冲突等方面，具有一定的典型意义。

农村土地承包经营权纠纷与社会经济的发展密切相关。近年来，随着国家扶持三农政策的不断实施和加强，土地作为生产资料不断增值，在利益驱动下，人们都愿更多地拥有土地承包，都想让土地有更好的生产条件，于是因土地面积、排水通行、相邻界址等原因产生的矛盾不断增加。因转包、转让、出租、入股等原因发生的纠纷也大量涌现。

农村土地承包经营权纠纷的产生也与国家的政策调整直接关联。20世纪 90 年代中期后，沉重的税费负担导致农村许多地方的土地抛荒。尽管土地被抛荒，但上级下达的税费任务并不会减少。在上级政府的硬性压力下，许多地方的村级组织不得不想各种办法来完成税费任务，其中将抛荒田拍卖或转包成为不得已的办法。自国家实行农业税减免开始，绝大多数村民都要求收回此前已转包出去的承包地，由此诱发了为数不少的农村土地纠纷，甚至群体上访事件。

有学者认为，农村土地承包经营权纠纷大多数都可归属转包纠纷之列，此类纠纷可分为五种类型：（1）承包方转包土地时与被转包方未签订书面协议，缺乏必备的法律手续。（2）由于乡规民俗与立法之间的冲突，村、组委员会收回农村弱势群体——妇女已承包的耕地转包给其他村民，从而产生纠纷。（3）因农户弃田抛荒外出，村、组干部将其承包的土地收回，转包给其他农户耕种。（4）因村民迁出、迁入、死亡、出生等原因诱发转包纠纷。（5）村、组干部违法操作，以权谋私，或者工作不到位而生出纠纷。①

近年来，农村土地征收纠纷成为所有社会纠纷中的热点，也是农民维权活动的焦点。同时，这类纠纷矛盾复杂，恶化和升级倾向比较突出。与农村土地征收纠纷相关联，农村征地补偿款分配纠纷是村民委员会或由村民小组在分配土地征收补偿费用时，因在村民中分配不公平，致使不分或少分征地补偿款的村民与村民委员会或村民小组之间引发的纠纷。这类纠纷的突出表现是，村委会或村民小组擅自决定分配事务，村民自治会议的召开程序不合法，势力较大的村民在决议中起决定作

---

① 参见张泽涛《农村耕地转包纠纷的实证分析与解决机制：以农业税减免征为主线》，《法学》2006 年第 5 期。

用。由于决议本身的不平等，导致对出嫁女、招婿、丧偶、离异及继子女、大中专在校生、义务兵、年轻人及早期外来落户的人处理不当，侵犯了部分人的土地权益。①

农村土地承包经营纠纷可以依据纠纷的性质、纠纷的内容、纠纷发生的原因以及纠纷发生的环节等标准做出不同的类型划分。根据农村土地承包经营纠纷的类型，我们可以准确地了解和把握各类纠纷发生的机理和特点，以及时、有效地预防和化解纠纷。

二 法律文件中的农村土地纠纷类型

2005 年 3 月 29 日由最高人民法院审判委员会第 1346 次会议通过，2005 年 9 月 1 日起施行的《最高人民法院关于审理涉及农村土地承包纠纷案件适用法律问题的解释》（法释〔2005〕6 号），对人民法院应当依法受理的农村土地承包民事纠纷的类型进行了列举。主要有：（1）承包合同纠纷；（2）承包经营权侵权纠纷；（3）承包经营权流转纠纷；（4）承包地征收补偿费用分配纠纷；（5）承包经营权继承纠纷。该司法解释同时还规定："集体经济组织成员因未实际取得土地承包经营权提起民事诉讼的，人民法院应当告知其向有关行政主管部门申请解决。集体经济组织成员就用于分配的土地补偿费数额提起民事诉讼的，人民法院不予受理。"

2011 年 2 月 18 日《最高人民法院关于修改〈民事案件案由规定〉的决定》（法〔2011〕41 号第一次修正）对农村土地承包纠纷进行了细化，使我们能够从另外一个角度观察农村土地承包纠纷的类型。其中，土地承包经营权纠纷包括：（1）土地承包经营权确认纠纷；（2）承包地征收补偿费用分配纠纷；（3）土地承包经营权继承纠纷。农村土地承包合同纠纷包括：（1）土地承包经营权转包合同纠纷；（2）土地承包经营权转让合同纠纷；（3）土地承包经营权互换合同纠纷；（4）土地承包经营权入股合同纠纷；（5）土地承包经营权抵押合同纠纷；（6）土地承包经营权出租合同纠纷。抵押权纠纷包括土地承包经营权抵押权纠纷。

---

① 参见杨新《农村征地补偿款分配纠纷的成因和处理原则——对新市区人民法院审理农村征地补偿款分配纠纷案的调研》，《新疆警官高等专科学校学报》2008 年第 4 期。

2009 年 6 月 27 日第十一届全国人民代表大会常务委员会第九次会议通过，2010 年 1 月 1 日起施行的《农村土地承包经营纠纷调解仲裁法》第 2 条规定："农村土地承包经营纠纷调解和仲裁，适用本法。农村土地承包经营纠纷包括：（1）因订立、履行、变更、解除和终止农村土地承包合同发生的纠纷；（2）因农村土地承包经营权转包、出租、互换、转让、入股等流转发生的纠纷；（3）因收回、调整承包地发生的纠纷；（4）因确认农村土地承包经营权发生的纠纷；（5）因侵害农村土地承包经营权发生的纠纷；（6）法律、法规规定的其他农村土地承包经营纠纷。因征收集体所有的土地及其补偿发生的纠纷，不属于农村土地承包仲裁委员会的受理范围，可以通过行政复议或者诉讼等方式解决。"

此外，农业部办公厅 2005 年 3 月 22 日颁布实施的《关于建立农村土地承包问题上访情况定期报告制度的通知》，决定从 2005 年 4 月 1 日起建立土地承包纠纷定期报告制度。其附件 3《（月份）到本级反映土地承包纠纷分类情况月报表》所列土地承包纠纷亦可作为参考：（1）土地承包类：①要求实行二轮延包，②延包时未得到土地，③要求补发权证，④机动地问题，⑤承包期内违法收回，占用承包地，⑥务工经商农民返乡要地，⑦承包期内违法调整承包地，⑧其他类型承包纠纷；（2）土地流转类：①强迫土地流转，②土地流转收益纠纷；（3）征地补偿费分配纠纷：①征地补偿费分配不公，②农村集体非法截留、扣押、挪用、挥霍征地补偿费；（4）其他纠纷：农嫁女承包权益问题，外来户承包权益问题，其他特殊人群承包权益问题。

从以上法律、司法解释、司法文件及政府规章中，我们大致可以看到农村土地纠纷，特别是农村土地承包经营纠纷的主要类型。农村土地承包经营纠纷显然是农村土地纠纷最基本、最普遍、最主要的类型。

三 农村土地纠纷表现形态

农村土地纠纷表现形态因受多种因素影响，各地情况不一，但基本形态大同小异。对此，学者和实务部门都有大量研究和总结，这里只做简单的梳理。

（一）土地权属纠纷

我国《宪法》、《民法通则》、《土地管理法》、《物权法》等法律明确了我国土地的所有权主体，即国家和集体两级土地所有权。但由于长期受土地所有制姓"公"或姓"私"观念的影响，"我们无法回避农村集体土地所有权在法律上有名无实的状况。权利主体虚位，是集体土地所有权弱化的原因与表现"。① 对于集体土地所有权的主体，我国现行立法使用的是"农民集体所有"，可以说这是一个既清楚又模糊的概念。说它清楚是指有关法律、法规中，确定"集体所有的土地依照法律属村农民集体所有，由村农业生产合作社、村农业集体经济组织或村民委员会经营管理。已经属于乡（镇）农民集体经济组织所有的，可属于乡（镇）农民集体所有"，即乡（镇）、村、村民组三级所有。说它模糊是指"农民集体"并非个人，也非法人，农民集体所有权的主体是一定集体组织范围内的全体农民，他们直接共同占有生产资料、享有所有权。而当前多数地方农业合作社或农业集体经济组织不存在，村级所有的土地是所属村民组所有的土地相加之和，乡（镇）所有土地是所属村级所有土地之和。土地承包到户，村委会是发包方，承包户的土地实际上是依据村民组所占有的耕地的多少决定的。在一个村委会中，不同村民组的农民平均承包的耕地面积有明显的区别，现在的问题是除主要执行乡（镇）政府决策并为其服务的村民委员会实际存在外，乡（镇）、村民组农业集体经济组织都是虚置的，几乎没有哪一个地方能说清楚，土地方面有相当多的纠纷都是由于主体不清楚引发出来的。②

从集体土地所有权的实际运行来看，"不仅范围较窄，其所有权权能除占有、使用、收益权外，农村集体对土地之处分权受到国家所有权的严格限制，一定程度而言，农村集体所有权仅仅是国家所有权之补充或附庸，其产生并非是国家平均地权的结果，而是国家进行社会控制的一种手段"。③ 于是出现了国家所有权至上，集体所有权受限的尴尬局面。现有立法着重保护者为土地的所有者——国家利益，而非对土地做出投入并使其产生实际效益的利用者即用益权人。也因此致使国家随意以各种行政手段侵害集体土地所有权，农村土地所有权仅具形式而缺乏

---

① 黄海：《论集体土地所有权制度之完善：兼评物权法草案第八十八条》，《甘肃政法学院学报》2001 年第 1 期。

② 谭峥嵘：《土地承包经营权流转纠纷及解决机制研究》，《湖南行政学院学报》2009 年第 4 期。

③ 刘云生：《民法与人性》，中国检察出版社 2005 年版，第 91 页。

实际权利内涵。在这样的背景下，国家与集体土地所有权权属纠纷、不同集体经济组织间集体土地所有权权属纠纷、"四荒"土地使用权纠纷以及村集体擅自发包土地直接侵害村民利益的纠纷比较突出，这一切与我国现行农民集体土地所有权主体虚化有直接关系。

农地所有权的归属，应由农地所有者向县级土地主管部门提出申请，县级人民政府核发所有权证书。而有些农村土地所有权证书因权利人未申领尚未完全发放，部分土地权属不明、产籍不清，所有权属处于不确定状态，因土地所有权属引发的涉农土地纠纷渐呈上升之势，甚至原本稳定的土地关系也因尚未确权引发权属争议，影响农村经济的发展和稳定。①

实践中，更多的是土地承包经营权权属纠纷。这类纠纷是指土地承包经营权的归属发生争议。引发权属争议的原因相当复杂，如土地承包经营权证记载有误，权证上记载的承包面积与实际承包土地面积不符；土地承包经营档案资料缺失，难以判断权利归属；承包地界址因自然或人为因素发生消失或位移等。这类纠纷一般会在土地征占、涉及利益补偿时爆发。解决土地承包经营权权属纠纷既是确认权利的需要，也是解决土地承包经营权侵权纠纷的前提。我们以土地承包权证上记载的承包面积与实际承包土地面积不符引发的土地承包经营权权属纠纷为例。在甘肃调研时，我们发现导致这一问题发生的原因非常复杂，主要有以下几种情况：

1. 习惯亩大于实际亩

甘肃许多农村地区对土地面积的丈量往往有自己的"习惯亩"，并非我们所讲的60平方丈，其往往大于法定亩的面积。另外，历史上人们对土地，特别是山地都没有精确地计量，只是大概地对每一块地估算一下，几亩或几十垧，很不精确，实际面积往往大于登记面积。

2. 瞒报承包地面积

免税前农业税费等都与农民承包地挂钩，为少缴税费，村上往往瞒报或少报承包地面积，如有3000亩承包地只报2000亩，因此造成农户承包权证上记载的承包地面积都比实际承包地面积要小。而遇到土地征收补偿或退耕还林补贴时，如按权证上的土地面积补偿（贴），问题就

---

① 参见杨芳《关于涉农土地纠纷案件的调研报告》，《法律适用》2005年第8期。

发生了。

3. 承包地面积折算

土地承包时，有的村将土地划分成等级分配，但这会造成土地的细碎化。为了解决此问题，有的村将质次的土地 2 亩折 1 亩进行分配，所以权证上登记的承包地面积也就远远小于实际承包地面积。

此外，现实中还有承包地界址纠纷。这类纠纷，主要是四至不清所致。土地承包经营权证和承包合同书中只是笼统地描述四至，如东邻张三，西至李四。但没有具体的坐标或参照物，更不可能像城市地籍管理那样清晰、精确。农村一般都以地中的石块、沟渠、树木为分界标志，但这些标志很容易因自然或人为因素而消失或改变，以致地界不清，引发纠纷。

（二）土地承包合同纠纷

土地承包合同纠纷主要是指在承包合同的订立、履行、管理中引发的纠纷。

1. 土地发包中的纠纷

一是发包人的主体资格混乱。根据《农村土地承包法》的规定，农村土地承包合同的发包人只能是农村集体经济组织，村民委员会或村民小组。非农村集体经济组织不能成为农村土地承包合同的发包人。在发包过程中，有的是村发包，有的是组发包，还有的村委会、村民小组将同一块地分别承包给不同的村民，引发纠纷。在一些地方的组发包中，村民小组没有公章，给签订承包合同带来不便，也是部分纠纷的根源。二是发包程序不规范。《农村土地承包法》对土地发包有明确的程序规定，主要是由于承包合同涉及同一集体经济组织内部其他村民的利益，是事关村民利益的重大事项，因此在签订合同时必须遵循民主议定原则，坚持程序合法，保证土地发包过程中的公平、公正。但在实践中，这些合同大多为村民委员会或者村民小组与承包户签订，没有召开全体村民会议，也未经 2/3 以上的村民代表同意。在有的地方，村干部利用手中权力，不经过民主议定原则私自发包，有的甚至以明显的低价格发包。该种情况下村民本来就有意见，一旦出现土地价格上涨或土地收益提高，就容易引发群体性矛盾和纠纷。还有的因层层转包甚至一地多包，从中渔利而引发纠纷。三是合同签订不规范。部分村干部和村民的法律意识薄弱，在签订承包合同时不采用书面形式，只是口头说说了事，权责不清导致纠纷；有的虽然签订了书面合同，但条款不完善，权利义务不具体，不能体现平等原则，有些甚至直接违背法律规定导致无效而引发纠纷。

2. 合同履行中的纠纷

一是因发包方违约引发纠纷。突出表现在：违法收回已经发包给农户的承包地；强行收回外出务工农民、进入小城镇落户农民及出嫁女等的承包地；在承包期内用行政命令的办法硬性规定在全村范围内几年重新调整一次承包地，借颁发农村土地承包经营权证书之机重新承包土地；利用职权变更、解除土地承包合同；借调整之机随意提高承包费；强制收回农民承包地搞土地流转；乡（镇）政府或村级组织出面租赁农户的承包地再进行转租或发包；假借少数服从多数强迫承包方放弃或者变更土地承包经营权而进行土地承包经营权流转等。① 例如承包的荒地，承包前可以说没有什么收益，签合同时约定的承包费数额很低。但承包后，由于承包人进行了诸如建厂、搞养殖业等投资经营，有了很大的收益，发包方便单方提出承包费数额或打破承包费数额的约定，擅自增加承包费，由此酿成纠纷。二是因承包方违约引发纠纷。突出表现在：承包方进行破坏性、掠夺性经营；承包方改变土地的农业用途；承包方没有依约定缴纳承包费等。比如，承包方出于自己的私利，不经有关部门批准和办理相关手续，擅自改变土地的农业用途，进行掠夺性或毁灭性经营，将承包的土地建成砖窑场，取土烧砖，破坏土地资源；或砍伐果树，危害农村集体经济。这些行为既严重违反农村土地承包法的规定，也使合同无法履行。又如，有的承包户因与村委有其他纠纷或矛盾，借故拖欠或不缴承包费，构成合同违约。

3. 合同管理中的纠纷

农村土地承包合同一旦签订，即具有行政权威性和法律的严肃性，但由于管理不规范，土地承包合同填写模糊混乱，有的地名甚至面积由村社干部或农户自己填写和涂改，有的一份承包合同在一年内重签多次，有的保存时间根本达不到承包期的要求。尽管承包合同明确约定了承包期限和承包费数额，但在合同履行期间，由于受市场调节的影响，农产品有时价格上涨，利润高，有的村委则无视合同约定，以承包期过

---

① 参见蔡虹《转型期中国民事纠纷解决初论》，北京大学出版社 2008 年版，第 88 页。

长或承包费数额过低为由单方毁约，随意终止合同，给承包户造成损失，引起纠纷。有的村级班子换届之后，因干群或宗族之间的矛盾，新班子随意撕毁原村委与村民签订的土地、湾塘、果园等承包合同，强行收回承包土地而另行发包给他人，损害原承包户利益，引发一连串的矛盾和纠纷。

（三）土地侵权纠纷

农民土地承包经营权在一些地方不断受到来自乡镇政府、村委会随意缩短承包期、收回承包地和频繁调整土地、多留机动地等行为的侵害，从而形成土地承包经营权侵权纠纷。具体表现为：

1. 干涉承包方的生产经营自主权

发包方或乡镇政府受利益驱动，出于"政绩"的需要或"逼富"的愿望，干涉承包方的生产经营自主权，如有的发包方或乡镇政府通过行政手段强制规定种植品种，指定使用农业投入品，指定产品销售渠道，截留产品销售收入等。他们干涉的结果往往是给农民造成重大损失，却借口是行政指导而拒不承担赔偿责任，从而引发纠纷。

2. 违法收回承包地

农村土地归农民集体所有，村民对土地依法享有承包经营权，这是法律赋予农民的一项重要的权利。任何单位和个人不得剥夺和非法限制农村集体经济组织成员承包土地的权利。然而，违法收回承包地的现象仍然频发。一是违法收回外出务工农民的承包地。外出务工农民的土地承包经营权受法律保护。根据《中华人民共和国农村土地承包法》第26条规定，在法定承包期限内，除承包方全家迁入设区的市，转为非农业户口的，其他一律不得收回农户的土地承包经营权。农村集体经济组织或村民委员会，将外出务工农民的承包地发包给别的农户承包经营，当外出务工农民请求收回承包地时，往往发生纠纷。二是以抛荒为由收回农户承包的土地。前些年，由于农业利益比较低下，农民种粮收入低微甚至赔本，一些农民便进城务工，撂荒了承包地。农村集体经济组织收回农户抛荒的承包地，另行发包。现在农户起诉要求继续承包耕种，因而引发纠纷。

3. 强迫或者阻碍土地承包经营权流转

如发包方以结构调整为借口，强迫承包方将承包地进行流转；或为谋取私利，阻碍承包方对土地承包经营权进行流转。

4. 强迫放弃或者变更土地承包经营权

如集体经济组织或者村民自治组织操纵成员或者村民大会（代表会议），以少数服从多数的形式对承包土地进行调整或者以"反租倒包"形式进行流转，强迫承包方放弃或者变更土地承包经营权。

5. 非法收回承包地搞招标承包

一些村委会受利益驱动，往往以结构调整为名，在退耕还林、开发鱼池、板块建设等方面，违法收回承包地，通过招标发包给第三者经营，从而引起纠纷。

6. 将承包地收回抵顶承包方的欠款

用土地承包经营权折抵村集体所负债务的纠纷。有些乡村为了改善乡村学校、道路、水利、广播、卫生、通信等公共设施举债建设；甚至为了完成税收任务，村干部高息借贷垫税。由于农村集体经济基础薄弱，除了土地根本没有其他的债务偿还能力，只好将土地的承包经营权折抵集体的债务发包给债权人。"三农"优惠政策的出台，农村土地价值凸显。人多地少的农户以及新增人口的农户纷纷要求村集体合理分配耕地，得到土地承包权的债权人又不愿退出耕地，因而引发纠纷。此外，税费改革后，农业税被取消，农民承包的土地不再承担税费，以土地化解债务的做法损害了这些农民的利益，便引发了纠纷。

7. 剥夺、侵害妇女的土地承包经营权

妇女享有土地承包经营权，并受法律保护。妇女的土地承包经营权问题分为两种情况：一是在承包期限内，妇女结婚，在新居住地取得承包地的，发包方可以收回其原承包地；二是在承包期限内，妇女结婚，在新居住地未取得承包地的，发包方不得收回其原承包地。另外，妇女离婚或者丧偶，仍在原居住地生活或者不在原居住地生活但在新居住地未取得承包地的，发包方不得收回其承包地。然而在现实中，一些地方以村规民约剥夺农村妇女土地承包经营权。如在妇女出嫁时无论何种情况一律强行收回出嫁妇女的承包地，造成出嫁妇女两头没地；或在承包时不能做到男女平等，非法剥夺妇女的继承权等引发的纠纷。

（四）土地流转纠纷

农地流转是农地使用权制度改革的题中应有之义，现行土地政策和法律都强调要在稳定土地承包关系的基础上，鼓励土地使用权流转。同时要求土地流转必须坚持自愿、有偿的原则依法进行。据农业部有关部门的统计，到 2002 年年底，以各种形式流转使用权的耕地约占承包耕地总面积的 5%—6%。发达地区土地承包经营权流转面积较大、比例较高，流转的耕地约占承包地的 8%—10%，有些县市已达到 20%—30%。内地流转的耕地约占承包地的 1%—2%。江苏、福建两省土地承包经营权流转面积占承包地面积的比重均在 10% 以上，江苏省苏州市达到 25.3%，福建省龙海市达到 35%。广东省 157 万农户进行了土地承包经营权流转，占承包总户数的 14.7%。①

当前农地流转诱因复杂，既有农业结构调整的拉动，又有劳动力结构变化使然；既有资源优化配置的引发，又有农村城镇化进程的推动；既有市场因素的引导，又有行政力量的导入；既有自主自愿的流转，也有强制逼迫的流转，甚至有因农业效益比较低下、不堪重负的流转。农地流转在实际运行中，诸多方面超出了政策法律的预期，并引发了大量纠纷的发生。主要表现为：

1. 流转形式不规范引发的纠纷

我国土地流转中，除代耕不超过 1 年可以不签订书面合同外，当事人应签订书面合同，以转让方式流转的，应经发包方同意，其他方式应报发包方备案。但实践中，许多承包经营权的流转以口头协议的形式进行，更未办理同意或备案手续，处于自发或无序状态。若此类合同产生纠纷，法官采信证据较为困难，合同关系难以查清。② 有的转让方和受让方虽有协议，但由于土地升值，转让方要求收回土地或提高承包金，受让方不同意；有的承包户把土地交给村里，通过口头协议代为管理，村里发包几年甚至十几年，合同没有到期，原承包户索要承包地。

2. 流转内容不合法引发的纠纷

土地承包经营权流转，不得改变土地集体所有性质，不得改变土地用途，不得损害农民土地承包权益。然而，在农村土地流转合同中，违背法律、法规和政策规定的情况比比皆是。有的土地流转合同中，改变耕地的农业用途；有的改变了土地集体所有的性质，私自买卖土地；有的忽视了出嫁妇女的承包权益等。违法的土地流转合同，是不受法

---

① 参见《全国人大常委会公报》2004 年第 1 期。
② 参见杨芳《关于涉农土地纠纷案件的调研报告》，《法律适用》2005 年第 8 期。

律保护的，一方对另一方造成了经济损失，还要承担相应的赔偿责任。

3. 流转程序不合法引发的纠纷

我国现行的《土地管理法》和《农村土地承包法》都规定了土地流转的程序。但有的集体经济组织违反法律的强制性规定，未经村民大会2/3多数同意任意发包；甚至有的乡（镇）违反集体土地所有权人意志，越权发包土地，引起村民土地承包经营权纷争；有的发包方不按法律规定，随意变更合同主体，如针对村民出生、死亡、迁出、迁入等情况，未经村民大会多数同意而随意调整土地；有的因原承包费用较低而主张调整承包金未果，发包人随意解除原承包合同发包给他人经营；对于乡村干部违背村民意愿强行以低租金、长租期流转出的土地，村民们要求完善流转协议，缩短流转期限，提高流转补偿标准，将农业税减免、粮食直补和粮食价格上涨带来的好处大部分返还给他们等。上述随意流转土地的行为，引发了诸多原承包户主张土地经营权侵权之诉和合同违约之诉。

4. 外出务工人员返乡要地引发的纠纷

前些年，由于农民种田效益比较低，负担重，部分农民外出务工等原因，农民弃田撂荒现象比较普遍。一些地方村集体为了不让承包地负担的税费落空，便采取了一系列措施转包给他人耕种，并由其承担税费；还有一些农民将土地转包他人后自己外出务工、经商，但在转包土地的时候，由于缺乏全面考虑，将转包的期限约定得很长，或没有签订书面协议约定双方权利义务；一些外出务工的农民所从事的工作具有季节性，在务工休闲的季节要回乡耕种土地；一些经商的农民在经商过程中遇到了挫折，加之中央惠农政策的吸引，回乡要求重新耕种土地，遂与其土地的承包者之间形成纠纷。

5. 土地互换引起的纠纷

在农村土地分配过程中，由于各村土地状况存在着区别，土地所在的位置和自然状况影响着土地耕种质量，收益好和收益差的地块存在着很大的差别；并且农村联产承包责任制主要是按人口和劳动力进行土地分配，这样村集体就要考虑各种实际情况统一分配土地；这样，使得农民个人耕种的地块不易集中，相对显得分散，有的农民为了便于耕作和其他一些原因，就要进行土地互换。互换耕作后，有的互换双方对土地的自然状况、肥沃程度以及自己对农作物种植的调整进行比较后，发现互换的土地同自己原来耕种的土地有很多不适宜的地方，甚至有的投入大、产出少，这样有的农民就会要求重新调整双方互换的土地关系，因此在互换土地的农民之间产生纠纷。

（五）土地收益分配纠纷

近年来，由于城市不断加大建设规模，城市郊区的农村集体土地被大量征收，这些村的土地收益分配问题相当突出，村民因土地征收补偿费的分配起诉村委会的纠纷案件不断上升。这类案件的处理因缺乏明确的法律依据，往往随意性较大，很难使当事人服判息讼，导致大量越级上访和群体上访事件发生。

承包地征收补偿费用分配纠纷主要表现为：

1. 出嫁女土地收益分配问题

出嫁女在出嫁时已经退出承包的土地，但户口未迁出，现要求享受村民待遇，参与承包地征收补偿费的分配。主要有两种情况：一是出嫁女户口未迁出，但本人不在户口所在村生活。出嫁女户口虽然在原行政村，但既不履行所在村的义务，也没有承包土地。二是出嫁女户口未迁出，虽没有承包土地，但仍在原行政村生活，并履行所在村各项义务。[①]

2. 挂户村民土地收益分配问题

挂户问题主要发生在市区附近的村。挂户的原因有：一部分外来户为了子女能够到城市学校就学，与村委会协商，不享受承包土地、收益分配，目的是解决子女就学问题；一部分外来户为了经营活动的需要和生活的方便，与村委会协商，不享受承包土地、收益分配，目的是为了解决当地的户口问题；一部分出嫁女出嫁后因离婚而回娘家生活，又将户口迁回原来的村，既不承包土地，又不履行义务，也仅仅是落户问题。这些挂户村民在分配土地收益时要求与其他村民享受同等待遇。[②]

---

① 参见左志平、程瑛《审理农村集体经济组织收益分配纠纷案件中问题之浅析》，2011年1月3日，法律教育网。

② 同上。

3. 买了户口的"事实农民"的土地收益分配问题

在 20 世纪 80 年代末 90 年代初，一些农民（包括农家孩子），怀着洗脚进城的美好愿望，卷入了"买户口"的大潮，但其中很大一部分农民及农家子弟，一直继续着传统的农家生活，仍种着责任田，以务农为主业或副业。在征地拆迁补偿过程中，这部分人作为农民的身份受到质疑，权益受到挑战。在兑现补偿过程中，各地政府把这部分人排除在外，矛盾由此而产生。这部分"事实农民"通过上访、诉讼等方式要求参与土地收益分配。①

4. 其他土地收益分配问题

如土地征用时尚未死亡，在分配收益时死亡的村民；土地征用时尚未出生，在分配收益时出生的村民要求参与土地收益分配而发生的纠纷。

（六）土地征收征用纠纷

农地征收和征用是国家基于公共利益的需要而有偿取得农地所有权的一种措施。国家出于经济、文化、教育、科技、交通等发展的需要，每年通过征收和征用而从农民手中获取大量的土地。由于国家是集体农地的唯一购买者和土地一级市场的唯一供给者，国家可以以低微的征地价格（补偿金），获得集体土地并转为国家所有，再以出让价格（出让金）让渡使用权，之后土地进入二、三级市场则以市场价格流转，而这三种价格之比是悬殊的。农民让渡了土地的所有权而所得的补偿金较出让价格和市场价格则相去甚远。所以，一些非公共利益的用地者千方百计要通过"征地"途径而获得大量土地。一些地方政府出于地方利益的考虑热衷于征地，搞开发区再卖地，从中大获其益。这种征地机制加速了农地的非农化过程，也加速了农民失地的过程。浙江省一项调查表明：如果征地成本为 100，被征土地收益分配格局大致是——地方政府占二至三成，企业占四至五成，村级组织近三成，农民仅占 5%—10%。巨大的土地利益刺激，使得土地征收征用愈演愈烈，土地征收征用纠纷几乎所有大中小城市以及县城、乡镇周边地区都存在。这类纠纷主要有：

---

① 《一语成谶：买了户口的"事实农民"就不是农民?!》，2005 年 4 月 15 日，中国农村研究网。

1. 征地理由不充分

《宪法修正案》第21条规定："国家为了公共利益的需要，可以依照法律规定对土地实行征收或者征用并给予补偿。"但"公共利益"这一概念的内涵和外延都具有极强的不确定性，《物权法》也没有对"公共利益"进行明确界定。政府在对农村集体所有的土地进行征收时，正是利用"公共利益"一词的模糊性，随意将征收原因解释为公共利益，以公共利益为幌子，将征收的土地用于商业开发。因此，产生冲突的原因是政府假借公共利益的名义，将征收的土地用于商业开发，从中牟取征收土地与出让土地之间所产生的巨大差额利益，从而引发农民的极大愤懑。[1]

2. 征收征用程序不公开

征地补偿方案确定后，有关地方政府应当公告，明确告知被征的农户，并听取被征地的农村集体经济组织和农民的意见，但有些地方对征地的公告程序并未引起足够重视，村民对征地范围、征地补偿款数额不清，导致纠纷的发生。

3. 失地农民补偿安置不到位

有些地方为了减少征地成本，降低征地补偿标准，忽视失地农民的就业和生活安置；有些地方补偿费的分配没有充分体现农民的受益主体地位，以各种名目拖欠、挪用、截留土地补偿费。农民土地被征占后，因不能按照有关政策和协议及时得到足额补偿和妥善安置，这些农民处于"上班无岗、种地无田、创业无钱、社保无份、生活无着"的困境。由此，引发了不少矛盾和纠纷。国土资源部官员曾坦言"拖欠、截留、挪用征地补偿安置费，是对被征地农民利益最直接的侵害，是当前征地中的突出问题"。[2]

4. 失地农民重新调整土地的要求无法得到满足

承包地被征用的农民，因资金补偿或土地置换不到位，失地又失业，为了生计纷纷提出重新调整土地的要求，但村里几乎无机动地可供调剂，其他农户又不愿意拿出土地进行调整，不能如愿以偿就上访

---

① 参见陈发桂《试论我国农村土地纠纷的现状及解决机制》，《桂海论丛》2008年第1期。

② 范利祥：《征地费被拖欠近百亿　失地农民等待土地督察》，《21世纪经济报道》2004年4月28日。

告状。

5. 违法批地用地、乱占滥用耕地

近年来，国家高度重视正确处理经济社会发展与保护耕地的关系，实行最严格的土地管理制度。为了规范土地市场，严禁违法批地用地和乱占滥用耕地的现象，国家不断强化治理整顿土地市场工作，然而违法批地用地、乱占滥用耕地的现象仍然屡禁不止。一些地方不尊重农民承包土地的主体地位，违反土地利用规划，随意扩大征地规模，违法越权审批土地。一些地方则无视农民的合法权益，疯狂地进行强征强拆，引发大规模的冲突。

（七）承包经营权继承纠纷

农村土地承包经营权继承纠纷主要表现为两类情况，一是人们所特别关注的女性承包地继承权纠纷。在广大农村，由于受传统观念的影响以及对女性权利的漠视，许多女性的承包地继承权随意被剥夺、侵害。当多数女性意识到其合法的继承权被侵犯后，以主张取得其合法土地继承权所产生的纠纷也较多。[①] 另一类则是其他家庭成员间的土地承包经营权继承纠纷。农村土地承包是以"农户"为承包主体的，户成员之间既有父母、子女关系，也有夫妻关系和兄弟姐妹关系，他们对所承包土地是一种"共有"关系，但实际情况往往是因子女婚嫁而形成户中有户。在此情形下，当有家庭成员发生死亡时，有人会提出分割和继承土地承包经营权的问题，协商不成则起纠纷。

《农村土地承包经营法》第31条第2款规定："林地承包的承包人死亡，其继承人可以在承包期内继续承包。"第50条规定："土地承包经营权通过招标、拍卖、公开协商等方式取得的，该承包人死亡，其应得的承包收益，依照继承法的规定继承；在承包期内，其继承人可以继续承包。"由此可以明确判断，基于上述两项原因的承包权可以发生继承权。但是，该法第26条规定："承包期内，发包方不得收回承包地。"第27条规定："承包期内，发包方不得调整承包地。"第31条规定："承包人应得的承包收益，依照继承法的规定继承。"这里的问题是：土地承包经营权继承的范围是农地承包权本身，还是只限于对其

---

① 参见蔡虹《转型期中国民事纠纷解决初论》，北京大学出版社2008年版，第109—110页。

收益的继承？由于立法上的模糊，引发土地承包经营权继承范围的纠纷。

（八）土地调整纠纷

土地调整纠纷主要是在土地频繁调整、土地资源配置失衡、机动地管理不规范等过程中产生的纠纷。主要表现为：

1. 土地频繁调整引发纠纷

我国长期以来通过政策调整土地问题，后来改为以政策调整为主、法律调整补充，随后又演变为政策与法律并重，直到现在依靠法律进行调整。农村土地状况经过多次变动后混乱不堪，因法律、政策频繁调整而未及时解决的土地矛盾日益增多，导致相关纠纷增加。实践中有的地方以发展规模经营为由收回农户承包地重新划分土地；有的地方以农民进城务工撂荒土地为由将农户承包地另行发包；有的村组违背政策规定随意调整农户承包地，引发纠纷。

2. 土地资源配置失衡引发纠纷

农村人口处在经常性变动之中，但人口减少的农户，甚至长年在外打工或完全迁走了的农户，虽不愿直接经营土地，但谁也不愿意放弃土地承包权，造成许多地方的农户之间实际占有的土地数量相差数倍甚至数十倍，农民要求平衡土地、落实承包权的呼声越来越高。加之许多地方多年来一直没有进行过土地调整，这期间新娶媳妇、新生儿女及新迁入人口等多年得不到土地，影响了他们的正常生活。现在人多地少的农户找村里要耕地，人少地多的农户不愿退出耕地，这种现象比较普遍，矛盾突出。

3. 机动地管理不规范引发纠纷

机动地是发包方在发包土地时，预留的不作为承包地的少量土地，主要用于解决承包期内的人地矛盾、人口变化、户口迁移等需要调整土地的情形。机动地的存在，既是为了保持土地承包关系的稳定性，同时又能根据实际情况变化而适时调整。所以，大多村组都留有一定数量的机动地。机动地的留存在发挥积极作用的同时，也引发了大量的矛盾纠纷。主要表现为：一是机动地出租方与承租方的纠纷；二是机动地发包方与承包方的纠纷；三是一些村组干部利用机动地谋取私利；四是在发包机动地的过程中，不能公正、公开、公平地进行发包，从而产生了很多纠纷。随着农村土地承包经营制度的不断改革和完善，国家从政策和法律层面开始严格限制，乃至杜绝留存机动地。加之，随着时间的推移，许多村组的机动地已用于解决新增人口的承包地或新农村（或新型农村社区）建设公益用地，此类纠纷正逐渐减少。

第三节　农村土地纠纷的基本特征

农村土地纠纷的严重状况，无疑将促使我们更加深入地开展对这一问题的研究，包括农村土地纠纷的主要类型、基本样态和产生的社会背景及其原因，从而使我们对此问题的认识逐渐变得系统、完整和深刻起来。然而这些认识有赖于我们对相关经验性材料的归纳和总结，我们需要进一步梳理和概括，把握这类纠纷的基本特征，以帮助我们构建起一套解决农村土地纠纷的有效机制。

一　范围上具有内部性和外部性

我们的研究限定在农村土地纠纷，而农村社会既有封闭的一面，也有开放的一面，在土地纠纷上也呈现出如此特征。资料显示大量的土地纠纷发生在农村社会内部，发生在农村土地承包制度框架下的经济生活中。如土地承包合同纠纷、侵犯土地承包经营权纠纷、土地流转纠纷、土地收益分配纠纷等，都发生在农村社会中村委会与村民、村民与村民之间，表现出纠纷范围的内部性。但这类纠纷也呈现一定的外部性，如乡镇政府滥用职权侵犯农民土地承包经营权引起的纠纷，农民与承包四荒地的城市居民、机关单位之间的纠纷，农民与农业企业公司的土地纠纷等。尤为突出的是，在土地征用过程中，农民与政府、政府部门、土地使用单位之间发生的矛盾和冲突。范围上的内部性和外部性特征，使得农村土地纠纷在形成原因和解决方式上变得复杂多样。

二　主体上具有复杂性和多样性

纠纷范围上的内部性和外部性，决定了其主体上的复杂性和多样性。常态下的主体范围有村委会（村民小组）与村民、村民与村民、村委会（村民）与乡镇政府、村委会（或村民）与工商企业、村委会（或村民）与土地征收参与单位。此外，"外嫁女"、"买了户口的事实农民"、"买了农村房屋的城市居民",也会成为农村土地纠纷的特殊主体,而这些主体的介入使得农村土地纠纷法律关系变得更为复杂,更加难以处理。

三 内容上具有经济性和政治性

土地争议、土地纠纷,说到底就是不同利益主体之间利益上的对立,也就是不同利益的碰撞和冲突。农村土地承包权作为农户的一种法律权利,也不过是法律对其土地利益的认可和保护而已。所以,农村土地纠纷实际是利益之争。然而当今农村土地纠纷已明显表现出其政治性的一面,表现为农民已学会利用各种政治资源谋求土地利益或通过政治手段解决土地争议。

近年来,农村大量出现的"富人村官"问题、频频发生的"贿选村官"事件,其中一个重要的动因就是要掌握农村土地资源的控制权,利用和控制"村民代表会议"、通过制定"村规民约"改变土地利益关系。这在农村已不是什么新鲜事了。农村改革(海南)研究会对农村土地研究的一个新视角就是要通过提高农民组织化,影响公共政策制定,最终达到农村土地问题的解决(特别是土地征收问题),已昭示了这种新的变化。

农民运用政治手段解决土地争议,已成为一种重要的方式。他们已不再或不仅仅再以农村熟人社会的规则或国家的法律规则、程序来解决其与外部的土地争端。而是通过政治参与、特别是非制度化的政治参与如静坐、请愿、游行、上访、堵塞交通要道、冲击政府机关等来解决问题。于建嵘教授研究的农民从"依法维权"到"以法抗争"的转变,深刻地说明了这一现象。

四 规模上具有扩张性和群体性

从农村土地纠纷的数量与规模来看,都朝着日益加大的方向发展。关于数量的骤增,前面农村土地纠纷概况中提供的各种数据已充分说明了这一点。2004 年 4 月 30 日国务院办公厅发布《关于妥善解决当前农村土地承包纠纷的紧急通知》,2005 年 7 月 29 日最高人民法院出台《关于审理涉及农村土地承包纠纷案件的法律适用问题的解释》,也印证了这一点。值得注意的是，以往农村土地纠纷具有分散性的特征，它只是分散地发生在村委会与村民或村民与村民之间，不具社会震荡性。但现在这类纠纷却往往涉及众多人的利益，极易引起群体性纠纷。比如，乡镇政府侵犯农民土地承包经营权，强行干预其自主经营，导致几个村或几十个村农民利益严重受损而引发的纠纷；村委会违背民主议定原则，私下向外发包土地，引发村民不满的纠纷；土地征收过程中强征强拆、补偿过低，补偿款不到位引起的失地农民的大规模抗争，这类纠纷极具社会震荡性，处理不好，就会引发社会的不稳定。

五 类型上具有阶段性和制约性

从 20 世纪 70 年代末农村实行土地家庭承包经营制以来，通观农村土地纠纷，我们会发现其具有明显的阶段性。在不同的历史发展时期，土地纠纷的成因、类型、求解方式都有所不同，而这种差异与其农村社会所处的政治、经济、法律、政策环境密切相关。外部环境的发展变化，直接或间接地引发农村土地纠纷的发展演变。如 20 世纪 80 年代和 90 年代初期的土地纠纷，主要表现为农村内部的土地承包合同纠纷和乡镇政府侵犯农民土地承包经营权的纠纷。为此，最高人民法院曾于 1986 年 4 月 12 日发布实施了《关于审理农业承包合同纠纷案件若干问题的意见》的司法解释；1999 年 6 月 28 日出台了《关于审理农业承包合同纠纷案件若干问题的规定（试行）》，同时废止了前《意见》；2005 年 7 月 29 日又颁布了《关于审理涉及农村土地承包纠纷案件适用法律问题的解释》（法释〔2005〕6 号）。之后，随着农村村民自治的逐步推进，"四大民主"的广泛开展，村民与村委会就土地的发包、调整、收益分配的纠纷越来越多。20 世纪 90 年代中后期一些地方开始推行农村土地规模经营，许多"农业大户"和公司企业介入农业，在农村大量廉价租用土地，动辄成千上万亩，地方政府和村委会为获取更多的土地收益，强行收回农民承包土地，大搞"反租倒包"，引发了大量土地纠纷。当农业比较利益低下，农民负担沉重，种粮收益低微甚至赔本的情况下，大量农民无偿甚至"倒贴水"转包土地，相当数量的农民干脆抛地撂荒，村委会不得不收回撂荒的承包地另行发包。但当国家一系列惠农政策出台后，撂荒外出的农民又回乡要求返还承包地，一时间此类土地纠纷蔓延全国。此外，农村土地承包15年不变，再延包30年不变，以及"增人不增地，减人不减地"政策法律的实行，使农民可实际获得45年的土地承包经营权。有的地方土地承包直接搞60年，这期间农村土地状况的变化和人口的增减，使部分农民要求调整土地的呼声不断，一些地方和村委会置政策和法律的规定于不顾，频繁调整土地，致使土地承包关系不稳定而引起纠纷。随着农村城镇化，城市房地产业的发展和国家大规模的基础建设，大量征用农民土地，随之，土地征收征用纠纷、土地收益分配纠纷大量发生，其不仅数量多、规模大，而且在求解的方式上趋向多元。

六　致因上具有复杂性和层次性

农村土地纠纷发生的原因是复杂的、多层次的：有政治的、经济的和法律的原因；有观念层面的、制度层面的和操作层面的原因；有浅层次的外部原因，也有深层次的体制原因。

农村土地纠纷发生原因的复杂性，表现在政治、经济、法律等诸多因素构成了纠纷发生的基本诱因，甚至历史的、文化的因素亦可引发土地纠纷。土地无论是作为生产要素抑或财产权利，都表明其极为重要的经济利益性，而对于这种利益的配置方式，无疑要受到政治的、法律的、文化的制约和影响。而政治、法律、文化对土地利益的"不当"影响，都可能会引发利益主体间的矛盾和冲突，形成土地纠纷。

土地纠纷原因的层次性表明，许多纠纷的发生可能是由一些显性的、直观的因素而引发，如立法不完善，执法不严格，操作不规范，法律意识淡薄等。但农村土地纠纷的数量、规模、形式、解决方式的变迁，使我们认识到其发生有着更深层次的原因——社会体制问题，城乡二元结构对我国农村土地制度有着深刻的影响，合理的制度（如征地制度）沦为掠夺农民土地利益的制度性工具。因此，这种社会体制不改变，纠纷就必然存在，仅在执法和司法上探究纠纷的解决之道是行不通的。

此外，农村土地纠纷还呈现出违约与侵权的竞合性，权利冲突与权力寻租的交织性等特征。

第四节　农村土地纠纷产生的社会基础

面对农村土地纠纷数量的日益膨胀和规模的不断扩大，为避免其成为一种破坏性力量，我们必须探寻和构建一套有效的预防和解决机制，而这项工作的成效有赖于我们对农村土地纠纷问题的正确认识和把握。从农村土地纠纷的类型划分上，我们似乎可以分析归纳出一些纠纷的成因，但这种就事论事式的简单逻辑分析，可能仅仅触及一些问题的表层原因，而掩盖或忽略了一些更深层次的原因，如此就很难真正形成解决纠纷的长效机制。所以，我们力求从政治的、经济的，观念的、行为的，制度的、体制的等多方位进行考察和梳理，以探究其产生的社会基础和治理思路。在大量调研材料和理论分析的基础上，我们认为当前农村土地纠纷问题的社会基础及成因主要有以下几个方面。

一　历史问题的困扰

农村土地纠纷，有相当一部分是由历史遗留问题造成的。我国建立农村集体土地所有制已有几十年的历史了。这期间出现了因无偿占用或平调而变动的土地（如乡镇集体企业建设用地、乡村公益事业用地等）；因历年集体水利建设、农田基本建设造成的地界变更；集体经济组织之间、集体土地与国有土地之间，因插花地而存在的地界不清问题；还有一些村子的土地边界在历史上就有争议，一直没有解决。所有这些历史遗留的权属不清的问题土地，极易引发纠纷。针对此类问题，国家土地管理局曾于1995年颁布了《确定土地所有权和使用权的若干规定》予以界定，但仍未能全部覆盖。随着经济的发展、人口的增长、资源的紧缺，人们权利意识的增强和土地利益的凸显，这些由于历史原因埋下的土地纠纷的隐患，成为当今农村土地纠纷的一大诱因。特别是在土地承包、土地征收和退耕还林（草）等涉及重大经济利益时，纠纷就发生了。

二　经济利益的驱动

农村土地纠纷虽然直接表现为一种权利的冲突，而法律权利不过是对利益的一种认可和保障，权利的背后是利益。所以农村土地纠纷无疑是不同主体之间土地利益的矛盾和冲突。土地经济利益的不同诉求与矛盾是农村土地纠纷最为主要的原因，只要有这种利益上的差异，就会有冲突的发生。

首先，土地权利是农民最基本的经济权利，这是由土地的基本功能所决定的。目前土地对于农民仍具有三项基本功能：一是生产功能，即农民通过土地的耕作生产人们所需的食物。二是土地作为不动产的财富功能，即农民通过土地的市场交换，无论是农用目的的流转或者是非农目的的转用，使土地具有货币价值。三是社会保障功能，在国家几乎未给农民提供社保的情况下，土地的保障功能很突出。所以，任何对农民土地权利的侵害，都会触及其最根本的经济权益和财富，危及其基本的生存条件，纠纷的发生是必然的。

其次，在农村社会存在着非常复杂的土地利益关系，这些土地利益关系的背后是不同的利益主体，他们对土地利益有着不同的诉求，各类农村土地纠纷正是这些土地利益关系冲突的反映。这些土地利益关系包括：农村城市化进程中产生的土地利益关系，如土地征收纠纷；农村土地承包过程中产生的土地利益关系，如在土地承包、土地调整和土地流转过程中发生的农村集体经济组织之间、个人之间、集体经济组织与个人之间的土地利益冲突问题；农村住宅规划、建设、买卖产生的土地利益关系，如农村宅基地划拨、使用、处分，农村房屋买卖问题；农村集体建设用地产生的土地利益关系，如农村集体建设用地的征收、征用、租赁乃至上市交易以及乡村企业因破产、兼并、转让等原因导致的土地流转而发生的各种利益关系。

再次，人多地少矛盾凸显。人多地少是我国的基本国情，据最新资料，我国耕地面积18.27亿亩，而农业人口接近8亿，人均土地资源越来越少。在全世界26个人口超过5000万的国家中，中国耕地总面积与美国大致相当，并列第二；但人均仅为1.41亩，不到世界人均耕地资源的一半，不到俄罗斯的1/8，美国的1/6，印度的2/3。不仅如此，我国的耕地面积中，有70%多是中低产田，产出量比发达国家少很多。人均土地资源越来越少，是农村土地问题的总根子。

土地作为农民最基本的生产资料，其60%的收入来自于土地，在城市化水平不高、农村剩余劳动力转移不畅的我国，土地对农民的意义不言而喻。农民为获取和保护这一重要资源，必然发生利益的碰撞，产生纠纷。农村土地发包、土地调整、机动地使用、妇女土地权益、抵抗强征强迁等纠纷莫不与此有关。

复次，社会经济的发展，土地效益的提升，加速了土地纠纷的形成。近年来，我国政府对"三农"问题的重视度达到历史上空前水平。特别是农业税的取消和各种惠农政策的纷纷出台，使我国农业这几年得到了很大发展。土地效益增加给农民带来了巨大的实惠和诱惑，农民对土地有了新的认识和期许。许多在城镇打工的农民陆续返回农村承包土地，许多被弃耕的土地开始有人争相耕种。农民对土地欲望的增强，成为土地纠纷的现实诱因，究其实质不过是由于经济发展，促进了土地效益的增加，从而成为引发土地纠纷的内在原因。如我们在陕西北部一个县的调研中获知，近年来由于油田开发、退耕还林等政策的实施，农村之间的土地权属争议问题引发群众集体上访事件非常突出。原来并不被人们所重视的荒山沟坡，现因油田开发或退耕还林，可获得数目可观的土地征用补偿费以及退耕还林钱粮补贴，而开始"认真对待权利"，在许多村民小组之间发生了大量的土地权属争议。

三 观念意识的影响

农村土地纠纷虽然表现为一系列外部利益冲突的行为，但有些纠纷则可归因于一些根深蒂固的意识或观念。这里的意识或观念是指一定主体对某类事物的认知、态度和看法。也就是说导致某类土地纠纷的发生，这种意识或观念起了决定性作用。当这种观念发生改变，就不至于引发此类纠纷。这是有别于政治、经济、制度原因，可独立存在的一种原因。

（一）漠视农民利益

在侵犯农民土地经营自主权和土地征占纠纷中，我们可以看到并不都是制度缺陷或利益驱动所致，有些完全是出于对农民利益的极大漠视，认为发展经济牺牲农民土地利益理所当然。新中国成立几十年来，这已是惯常的行为，也形成了一种思维定式。如果能够换一种思维方式，充分尊重农民的权利，就可以避免许多冲突和纠纷的发生。

（二）歧视妇女土地权益

我国宪法从根本上赋予了女性与男性平等的经济、政治权利，婚姻法规定了夫妻双方有平等的财产权利，政策层面对女性土地权益做出了更具体的规定。可以肯定，农村女性的土地权益在法律和政策上与男性是完全平等的。但是，在许多地方，女性的土地权利，如土地承包权、土地收益分配权在事实上并不是平等的。

中国妇女研究所的研究表明：承包责任田、土地入股分红、征用土地补偿、宅基地分配，这是与农民生产生活关系最密切的四个与土地权益有关的问题，也是农村女性的合法土地权益最易受到侵害的四个方面。适龄未嫁女、有女无儿户、由外村娶进来的媳妇和"农嫁非"的"出嫁女"，四种处于不同婚姻状况的农村女性则是在农村土地承包和调整中权益最容易遭到剥夺的人。某课题组的问卷显示，有7.2%的受访女性没有土地。分析原因，其中最主要的是"出嫁后失地"（占45%），国家征用后失地（占17%），从未分配土地（占31%）。进一步比较得出，"出嫁女"、离异妇女、丧偶妇女的土地权益方面，后者比前者依次更有保障，其中最突出的是"出嫁女"的土地权益问题。

造成女性土地权益的边缘化，问题并不是出在法律制定上，也不仅仅由于法律缺乏操作性，而是由于深层的男权文化积淀的制度性社会结构。许多歧视女性的风俗习惯一直延续到今天，根深蒂固地影响女性土地权益的保护，尤其是对女性土地财产权利的保护。在男权文化以及以男性为中心的观念影响下，人们思考问题往往是从男性出发，考虑如何保护男性的土地利益，如何使男性的土地利益不受损害。因此，人们也就有意无意忽略了女性的利益，损害了女性的权益。

（三）法律意识淡薄

农村社会相对的封闭，文化的落后，法律资源的匮乏，使得农民这个群体从整体上看，法律意识是比较淡薄的，这是一个不争的事实，也是一个普遍的事实。法律意识的淡薄使得在广大农村社会中国家法律得不到应有的尊重和遵守，相反，"民间法"、"土政策"、与法律抵触的"乡规民约"却大行其道。如：一些乡村干部对耕地搞强制发包，对合同随意变更，使承包方的合法经营权落空。少数农村基层干部用不正当手段进行承包以权谋私，或者擅自发包。有的农村基层干部对农民的土地承包经营权的认识存在偏差，把家庭承包仅仅看作是集体经营的一个环节，没有认识到这种承包关系已为法律所调控。有的用"村规民约"剥夺或限制妇女的土地承包权及其土地权益。在土地流转中，不依法律的规定和程序进行，很不规范，埋下了纠纷的隐患；由于法律意识、合同意识淡薄，所以在土地承包和土地流转中的违约率很高，引起大量纠纷。

（四）维权意识增强

随着综合国力的不断增强，我国正在建设成为一个文明、法治的社会。在社会发展中，面对日益开放文明的社会，面对纷繁复杂的各类案例，面对新闻媒体的法制宣传教育，农民的法制意识在潜移默化中不断得到强化，依法保护自己的合法权益成为其维权方式的重要选项。当遇到纠纷或者权益受到侵害时，他们不再姑息、躲避、忍让，许多农民开始大胆地运用法律来维护自己的合法权益。

将"法律意识"的淡薄与维权意识的增强一同来解释农村土地纠纷的致因，似乎是一种自相矛盾的判断，其实这是两个不同的问题。法律意识的淡薄导致的是各种违法行为的发生，从而制造出纠纷。在维权意识较低的情况下，人们不太去主张权利，而是以"熟人社会"的规则将纠纷消化。不主张权利，并不意味着权利未受到损害，或纠纷不存在，只是其未"显化"而已。维权意识的提高，从表面看来纠纷多了，但维权本身并不"制造"纠纷，只是将固有的矛盾和纠纷显化而已。

四 制度矛盾的凸显

制度作为"一套行为规则，它们被用于支配特定的行为模式与相互关系"。好的制度会产生生机与和谐。但是，当一个制度自身的设计存在缺陷而不被认同或缺乏制度运行的基本条件而难以推行时，就会制造麻烦。农村土地纠纷的大量存在无疑有着制度上的原因。

（一）土地制度设计的缺陷

土地制度通常是指土地所有、使用与管理的经济制度以及相应的土地法权制度。我国农地制度安排的主要内容为：农村和城市郊区的土地，除由法律规定属于国家所有的以外，属于农村集体所有；农村土地实行家庭承包经营，承包经营权可以依法转让；国家实行严格的耕地保护制度和土地用途管制制度；农村集体所有的土地使用权不得出让、转让或者出租用于非农业建设；国家为公共利益的需要，可以依法对集体所有的土地实行征用。这些规定明确了农村土地的产权结构及土地资源配置方式，对农村集体组织和农民个人的土地利益基本关系进行了必要的界定。

但是，我国现行的农地产权制度，是20世纪80年代初农村经济体制改革时确立起来的，主要形式为家庭联产承包经营。其特点是，将集体土地的所有权和经营权分开，所有权归集体，经营权归农户，以农户家庭为生产经营单位。但这种农地产权制度，仅仅解决了土地的经营方式问题，并未解决土地的产权关系。在现行家庭联产承包经营中，土地所有权和使用权都缺乏严格的界定，未进一步形成明晰的产权关系，这种制度中隐含着内在的矛盾和冲突。随着市场改革的不断深入，农村市场经济的发展、城镇化的推进，其深层矛盾及缺陷逐步显现了出来。如在土地征收征用过程中农民与政府、工商企业之间的利益冲突；农民与集体经济组织之间的利益冲突；非征地农户与被征地农户之间的利益冲突等。

（二）土地政策与现实的矛盾

我国农村土地政策法律的基本价值取向是让农民拥有长期而有保障的土地使用权，甚至要让这种权利"永远不变"。自《中华人民共和国农村土地承包法》对农村土地承包关系法定化后，中央又连续两年以一号文件的形式对农村土地承包政策进行了强调和重申，形成了自二轮土地延包后农村土地"增人不增地，减人不减地"的基本政策。这对于稳定农村土地承包关系，调动农民种粮积极性，增加农民收入无疑是起了很大作用的。但在实际操作层面，这一政策在许多地方却难以推行，甚至引发了一些新的矛盾。

"增人不增地，减人不减地"政策难以推行的现实原因，一是出于农民对土地这种重要的公共资源分配的公平观，二是出于农民对土地的生计需求与发展期许。由于农户人口的减少，人均耕地面积将增多，反之，有的农户由于人口的增加，人均耕地面积将减少，就会逐步形成"有人无地种"和"有地无人种"的局面。当土地还是农民安身立命之本，是农民的主要社会保障时，拥有土地的多少直接关系到其生活状况。而对另一部分衣食无忧的农民来讲，则更看重土地的财产性权利。

这样，一方面是农村土地政策力求稳定农村土地承包关系，另一方面是农民对于农村土地有着平均分配的强烈要求，二者构成了尖锐的矛盾。乡村干部们要么根据实际需求置政策法律于不顾，进行土地调整；要么在遵纪守法中束手无策，任凭事态发展。但事实上，作为扎根于

"熟人社会"的乡村干部大都选择了前者。然而,乡村干部们无论做出何种选择都是"里外不是人",既破坏了土地承包关系的稳定,也损害了一部分农民的利益,造成新的纠纷。

（三）民间法与国家法的冲突

在国家法和政策等正式制度之外,农村社会还广泛存在着一些诸如民间法和潜规则等非正式制度,它们共同或分别调整着农村社会中的各种关系。而这些民间法和潜规则往往与国家法和政策等正式制度相抵触。如我国《农村土地承包法》规定:承包期内,妇女结婚,在新居住地未取得承包地的,发包方不得收回其原承包地;妇女离婚或者丧偶,仍在原居住地生活或者不在原居住地生活但在新居住地未取得承包地的,发包方也不得收回其原承包地。但在许多农村,存在着剥夺或限制妇女土地权益的风俗习惯或乡规民约,这些风俗习惯或乡规民约显然是违法的,但却被忠实地奉行着,这种规则的被打破就会引起纠纷的发生。

2013年我们在陕北一个村子做土地补偿款分配问题的调查中,发现了这样一种现象:该村的土地补偿款是按现有人口分配的。而"现有人口"则以具有本村户籍为根据,这也是当今许多农村通行的做法。但该村同时还奉行着另外一套规则,即对于出嫁的姑娘,无论其户口是否迁出,都不属于"现有人口",不在分配之列;而对娶回的媳妇,则不论其户口是否迁入,甚至不问其是否登记结婚,只要依俗举行了婚礼,就属本村"现有人口",纳入分配之列。这种做法被村民们认为是理所当然的,因此被严格遵守。

五 体制弊端的惯性

二元结构下的中国社会,被一分为二为城市和农村。与此相对应,我们这个社会的政治、经济、文化、人身,乃至财产都被打上了二元的烙印,就连土地也不例外。我国《宪法》和《土地管理法》就明确规定土地分为国有土地和农民集体土地两种。以城市土地为主体的国有土地,其产权结构及运行机制的改革在20世纪90年代初已基本到位,并为一系列的立法所固化。国有土地因此而受到了法律、政策的精心呵护。然而,农民集体所有的土地,其产权结构及运行机制的改革,从新中国成立至今始终未停止过,其改革的频度和力度较之国有土地制度的改革都要大。然而，农村集体土地制度的诸多重大问题，特别是农地产权结构、运行机制及农民土地权益保护等方面的问题仍然未能得到较好的解决。今天，城乡二元结构虽然正在被逐渐瓦解，一些不合理的制度得到一定程度的矫正，但这毕竟不是一朝一夕可解决的问题。即使在当今"工业支持农业"、"城市反哺农村"的国策下，国家依然垄断着土地一级市场，农村集体土地依然是单向地流向国家，国家仍然可以凭借极不合理的土地征收制度，大量获取农民的土地收益，从而造就了几千万失地又失业的农民，引发出没完没了的土地纠纷。这些问题的产生显然不是哪几个制度的问题，根子依然在于二元结构的社会体制。

以上对农村土地纠纷致因所进行的系统分析和梳理，旨在帮助我们从整体上把握农村土地纠纷产生的社会基础及发展趋势，为有效遏制这类纠纷提供可借鉴的思路，即针对不同的致因，在不同的层面上开展工作，以消解其产生的基础。当前，人们虽然非常关注农村土地纠纷，并力图构建一套解决问题的长效机制，但从实际做法来看，主要是致力于事后的"救济"和对救济方式的选择，如基于对诉讼方式成本高、周期长、程序复杂的诟病，而普遍设立农村土地纠纷仲裁机构、构建"大调解"机制等。

然而，从前面的分析，我们可以清楚地看到，农村土地纠纷的产生有其深刻的社会背景和相应的主、客观条件。只要这些基础和条件存在，纠纷就会源源不断地产生。救济方式的变换，对于大量产生的农村土地纠纷来讲无疑是杯水车薪。因此，要构建解决农村土地纠纷的长效机制，决不能忽视纠纷产生的社会基础和条件。

六 农村土地纠纷产生的实证分析

我们在此附上两个有关农村土地纠纷发生的调研材料，或许有助于我们对农村土地纠纷发生机理的认识。

资料 1：农村土地纠纷是怎么发生的？

这是在陕西北部某地进行的一次为期一周的农村土地纠纷问题调研。按照以往的经验，此次调研直奔信访、基层法院（庭）、司法所、农业局（农经站）、乡（镇）政府、村委会等地方，自然调研所接触的人也就有法官、司法员、农经干部、乡镇干部、村干部和普通农民。由于调研话题的敏感性，调研进行得格外艰难，尽管有各种关系引荐，但一些部门和人员还是直接地或婉转地以种种理由拒绝了我们的调研。因此，我们的调研信息也就既有来自官方的红头文件，政府部门组织的小型座谈会，也有与以上人员非正式访谈的"闲聊"，甚至干部们私下的抱怨和牢骚，以及饭桌上的"争吵"。而对于那些来自官方报表中的许多数据，笔者是怎么也看不到一块的。当婉转问及是否做过"技术处理"时，这些部门的官员们会用一种只可意会的表情和口气告诉你"仅供参考"。调研回来，当逐一整理这些谈话录音和资料时，问题与思考一起涌来。

这次调研的地方，位于陕西省最北部，辖 1 区 11 县，220 多个乡镇，总人口 350 多万，总面积 43578 平方公里。其中农业人口 291 万，占全市总人口的 82.9%。农耕地 1646 万亩，林地 1906 万亩，牧草地 2294 万亩，五荒地 402 万亩，农业人均占有耕地 5.6 亩，居全省第一。这里有闻名世界的大煤田，这里曾发生过震惊全国的因土地问题农民与政府对抗的事件，包茂高速公路和包西铁路贯穿全境，大量农地曾被征占。就是这样一个地方，在这之前，许多人告诉笔者，这里没有什么土地纠纷。当笔者来到这个城市的第一天，在和朋友介绍的一位当地官员接洽时，坐在办公室的一位他的同事，得知笔者是进行农村土地纠纷调研时，说了句："来我们这儿调研土地纠纷，算你找对地方了。一亩地几百万，农民眼里在滴血呀！"当时，笔者并不明白他说的是什么意思，但几天调研下来，笔者看到了这位朋友所要表达的和他没有表达的许多东西。

以下呈现几个调研片段，我们或许能够更加直观地看到当今农村土地纠纷究竟是怎么发生的。

（一）"农民眼里在滴血"

令人难以置信的是，这个塞北小城，丰富的煤炭资源造就了数以万计的巨富。他们挥金如土，随便集合几个人就可成为一个"购车团"或"购房团"，买房不问价格，挥手间就可买下几个单元或整幢的楼房。他们不仅将本地的房地产价格炒得飞涨，甚至连省城的房地产价格也受其影响。一位乡镇干部这样描述 2008 年该市房地产价格飞涨的情形："简直不敢想，你刚看好的一套二三十万的楼房，没两天就成了四五十万了。城里的房价飞涨，城里人就跑到农村买地、买房；乡下的农民也'闻风而动'，抢修乱建的，搞小产权房的，倒卖土地的，问题一下全来了，都是利益驱动啊！我们镇去年就集中一段时间处理农民乱修乱建问题。那个时候，宣传政策法律，做工作已根本不管用了。在那么大的利益面前，农民才不听你的那一套呢。最后，不得不联合土地、公安部门强制拆除违章建筑。"

一位做生意的中年男子绘声绘色地讲述着 2008 年曾在这里发生的炒地风潮："现在的农民太不像话了，拿起沙梁子（沙地）卖几次，集体卖，个人也卖，地一下子就炒起来了。炒地嘛，胡倒腾就像炒股票。有的是直接从农民手上买，大家站在公路两旁的沙梁上，用手大概指画一下，说'就那几个梁'，然后给你一张纸条子，上面有村民的签名和手印，再盖上村委会的章子，土地买卖就算成交了。也有的是在买了地的人之间相互炒。那阵势就像农贸市场买菜一样，热闹得要命。我也不是一个不懂法律的人，可那阵儿就像疯了一样，啥也不管了，跟着大家就炒啊。到现在，我手上还套着一部分沙地没能倒出手。我老婆和她的几个同学一起凑了几十万买的沙梁子全被套住了。"之后，在和当地法院一位资深法官的谈话中印证了这里曾发生过的炒地情形："去年××一带，人们炒沙地简直炒疯了。一孔窑洞地基大小的沙梁子就卖一两万元。多少人都去炒呀！许多机关干部都参与进去了。那里的农民一块地卖几次，只要有人买，他们就敢卖，把许多人都给套进去了。"笔者问："有无因此发生纠纷起诉的？"法官说："没有起诉的，他们知道法院不会受理，加上机关干部也不敢公开此事，但私下里来咨询的人不少。那些农民什么都不怕，钱一到手就跑到外地去了，你连个人影儿也找不到。"

一位农经干部沉重地向笔者介绍着他的调研和观察："现在农民种地没有任何负担，国家还给发补贴，所以农民要地的积极性挺高。但农民要地并不代表他就用这块地搞种植。为什么呢？现在工矿区、近郊区的地价不断上涨，他是在等土地增值，给他带来更大的利润，这才是他重视土地的根源。那么土地纠纷问题的根源在哪里，为什么有纠纷？我认为当前土地问题的真正根源在侵害农民土地利益上，特别是在征地补偿方面。我们这儿一些地方的地价特别高，在我们的开发区建设和城市建设过程中，一亩地上过 600 万。近郊的地，一亩四五十万。如果离城远一点，比如说我们的 Y 开发区和 Q 开发区，地价一亩也在 30 万以上。

"离市区有 20 多公里的×乡，公路两旁的荒沙地，一些还被零星的植被覆盖着，一些已经被开发了。其实这些荒地已大都不掌握在当地农民手里了，而早已被当地一些机关干部、私企老板以承包五荒地的名义买去了，就是人们常讲的圈地。现在这些荒地一开发就值钱了，一卖就是几十万，可这巨大的土地收益作为土地主人的农民已沾不上边了，而全被圈地者拥有。

"按照国家政策，集体土地是不能买卖的，但是他们却能把这一大片甚至几千亩的土地买了。他们采取的办法就是写两份合同，一份是符合《土地承包法》的合同，有承包期限，如 50 年、30 年等。让这一片原来承包土地的农民都在合同上签名按手印，讲清楚我一亩地给你多少钱。现在承包荒沙地一亩也要几千块钱，可在 90 年代那个时候，一亩地也就是几百块钱。如两三百、三五百元。

"这种圈地主要发生在我们市的近郊开发区，这个占的比例没有具体的统计。但是从我们直观的分析，方圆 20 里内的荒地也罢，可利用地也罢，应该占到 60% 左右吧。像 S 至 H 这一块，基本上农民已没有一块完整的土地了，特别是公路两边。"

你想想这个道理，圈地者几百元钱从农民手中拿到土地，再一转手就是几十万、几百万，农民眼里能不滴血吗？

(二)"娶媳妇盖房还要等规划?"

这几年农民乱修乱建的问题一下突出起来，笔者在陕北和关中的调研中此类问题都有明显的表现。农民未经批准即在原宅基地上，或在承包的荒地上，甚至在集体的边角零散地上修窑建房。这种状况导致的直接后果是宅基地纠纷多了，侵占集体土地的情况多了，违章建筑多了。然对此现象却有着不同的说法。

一位村主任讲道："说农民乱修乱建是违法，可农民按规定申请宅基地你们(政府)批(准)吗？多少年了你们没批一个，说什么要等规划。可娃娃大了，娶媳妇要盖房呀，总不能不娶媳妇一直等规划吧?"一位乡党委书记则抱怨道："按规定农民申请宅基地，审批权在乡（政府）上，可几年前市上就把审批权收上去了，要统一规划。可好几年了，农民申请宅基地是只报不批，搞得怨声载道。农民又不可能不去建房，可一建房又成了乱修乱建了。"当问及如何处理农民乱修乱建问题时，书记说："怎么处理？我们乡上左右为难。一方面要考虑农民的实际困难，另一方面又要执行政策法律。一般也就罚款处理吧。""那农民能交这个罚款吗？""农民还是愿意交的。他们认为罚了款就算是政府已处理过了，合法化了，心里就踏实了。"但一些地方还是通过综合执法强制拆除农民违章建筑，以致引发冲突。

（三）"都是老祖先们没把事弄好"

"在我们这里，近几年来土地纠纷要数地界纠纷最多啦。"这是一位非常精干的分管土地工作的乡干部，他老练地向笔者介绍着情况。"我们这儿地广人稀，主要是沙地，现已全部退耕还林或退耕还草了。在我们辖区内有几个大的林场，有国有的，也有集体的。过去人们不太重视土地，也没人计较地界问题。现在搞林权改革，可就不一样了，是谁的土地都要分得清清楚楚的。可是在我们这里许多地方的土地边界却都不是很清楚的，特别是村与村之间、村与组之间、组与组之间的地界不清楚的很多，农户之间的地界基本上还是清楚的。这里主要是草地和沙漠，你看就连我们乡的名字都是蒙古语中草滩的意思，过去老祖先们划地界都是胳膊一抡大概指画一下，一般以沙梁为界，哪有什么明确的四至呢？尤其是北部草地的地界就更不清楚了。现在一搞林权改革问题就来了，纠纷也多起来了。地界不清造成你争我抢的，谁也不愿退让。我们乡上只能调解，尽量通过协商来划定地界。但有的根本就调解不了，像国有林场和村集体之间的林地纠纷。唉，都是老祖先们没把事弄好。"

而一位区土地局的干部则很专业地解释这类问题："我们省农村集体土地定权发证工作一直未开展，导致农村土地权属纠纷又多又难解决。由于历史上许多村子之间、村组之间的地界没划清楚，现在进行林权改革受利益驱动，矛盾就突现了，甚至会引发激烈的对抗和冲突。我们土地管理部门也只能是调解，没有其他好办法。"

（四）"我看是我们的一些干部有问题"

去×县司法局调研，刚向局长说明调研主题，局长笑言："你来得正好,今天一早我们局就派了 7 名干警(司法所的干部)配合县上几个部门的统一行动,去××村处理土地纠纷了。现在县上一有大一点的纠纷,特别是群体性纠纷,就把我们司法所的同志拉上去了。"原来包西铁路复线工程,目前正处于征地测赔阶段,笔者去的几个地方都在忙乎此事。"由于前几年征地修铁路,一些遗留问题没处理好,有些事情伤害了农民的利益和感情,加上这几年经济发展快,农民也变得精明了,出口要价都很高,所以这次修复线的征地测赔工作难度大、纠纷多。"一位司法所长说到此处直摇头。

司法局长说的××村,也正是因村民们对征地测赔工作不满,所以全村男女老少几百号人出动,要求合理赔偿。县上紧急调集几个部门的人员前往协调解决,而此类情况在当地则是此起彼伏。征地测赔涉及面广、利益关系复杂,需要抽调大量土地管理部门和乡镇干部配合铁路部门工作,如果工作安排不周密,干部工作不细致、作风不正派,就很容易引发矛盾和冲突。中午吃饭时,从纠纷现场回来的一位司法所所长大声地、激动地向我们讲述纠纷的过程和冲突的场面。这位从部队转业下来的司法所长,仍保留着军人的执着与耿直。在谈及纠纷发生的原因时,他大声说道:"我看是我们的一些干部有问题。测赔都是有标准的,树有大小,按直径赔偿,你为啥不执行?青苗补偿你不用尺子量地块,而用步子大概测一下怎么能行?拆人家的窑洞,也不管人家有没有住处。遇上熟人你就赔得多,生人就抠得紧,老百姓怎么能服气?有的地块的树木、附着物还没登记确认呢,就用推土机给铲平了,我看你是把麻烦惹下了。干部嘛,是解决问题的,不是制造问题的。你这样做,不出问题才怪呢!"

(五)"他们的地钱扎手呢!"

这是××市唯一的一个全国民主法制模范示范村。支书 50 多岁,村主任 60 多了,都是干了几届的老干部了。"我两家的子女都争气,日子过得很红火,不缺钱,所以我们能安心集体的事情。我俩又是从娃娃起一起耍大的,处得很好。"村主任很舒心地介绍着。说到土地纠纷,村主任讲:"我们村没有这样的纠纷。我们人均四分地,主要种大棚菜,每亩地年收入都在一万以上。我们的土地也承包到户了，但每年要动（调整）一次。我们没有搞30年不变，那不符合农村实际。我们村里规定女子出嫁，老人过世，土地都要下掉（收回集体）；娶回媳妇，生下娃娃，都要给分地。但我们是动账不动地，用钱来找补。所以不存在你说的土地不稳定，农民短期行为的问题。""上次修铁路征了我们40多亩地，一亩才补偿3000元；这次又要征40多亩，一亩补偿一万九。我们多少年来每亩产值都在万元以上，如果按征地前三年平均产值30倍的规定补偿，每亩应补给我们30万元，可谁说那个话呢?! 政府就给一万九。所有的村，不管种什么，不管产值多少，就一个补偿标准，把我们亏死了。""我们的地人人有份，土地补偿款也是按人均分配，公平合理，没矛盾、没纠纷。"

支书接着说："别的村可就不一样了，他们的地钱扎手着呢！不好分。他们村以前出嫁的女子现在全家跑回来要分钱。后来出嫁的女子户口不往外迁等着要分钱，闹得斗阵（吵嘴打架）打官司，麻烦着呢！就拿这次××村土地补偿款的分配来说，他们就已经解决不了啦。已出嫁多少年了的人又都回村里来要分钱，不管通过什么途径把户口安（迁入）到村里的人也要分钱；有地的人要分钱，没地的人也要分钱；征了地的家户既要钱又要地，没征地的家户既要钱又不让地，意见闹得大得很。因为这次数额比较大，一个人能分好几万呢，这就给村委会出了一个大难题，怎么分都有意见。我看这问题就出在土地30年不变上。要不我们村咋就不存在这些麻烦?"

其实村上没有土地纠纷，包括没有土地收益纠纷，还有另外一个故事。村主任讲道：那年村上分配征地补偿款时，正赶上支书的女儿出嫁。按照村里的老规矩，出嫁的女子一律不得参与分配，一分钱也不给分。但这个规矩执行起来并不是很严格，以前的村干部往往根据自己的利益做取舍，如果支书主任有女儿出嫁时就予分配，村民也就跟着"沾光"，若支书主任没有女儿出嫁的，就严格执行规矩。可这次不同了，老书记愣是拿自己和女儿开刀，出嫁女坚决不予分配。女儿尽管老大不高兴，但最后还是支持了爸爸的做法。其他等着"沾光"的村民一看老书记是如此铁面无私，甚至"大义灭亲"，也就无话可说了。土地收益分配的风波被老书记的

"正直"和"汉性"平息了。

资料2：一起长达55年的农村土地权属纠纷

太相寺村和刘家湾村是陕西省延安市延川县关庄乡的两个行政村。太相寺村位于延川县城西北的清坪川，是一个人多地多、自然条件较好的川道村。全村172户，803人，174个劳力，总土地面积7500亩，耕地面积3606亩。20世纪70年代，因主要是川地，又有果园，村上经济发展较好。刘家湾村位于延川县城西北清坪川的一个山沟口上，紧邻太相寺村，全村60户，386人，49个劳力。总土地面积6000亩，山地居多，耕地面积只有1190亩。

太村和刘村原是两个自然村，1956年分别成立了高级社。1957年春，太村所在的贾家坪区根据上级"小并大"精神试点，将太、刘两个高级社合并为太村高级社。并社后土地按人、劳均分，太村调给刘村土地396.25亩，其中川地98.75亩，山地240亩，台地575亩；刘村调给太村土地241.25亩，其中川地12.5亩，山地175亩，台地53.75亩。太村因多调出155亩土地，而且多属川地，当时太村社员就不同意，由此引起土地权属纠纷。

1968年10月10日，延川县革委会研究认为，1960年核算单位下放，两村调整的土地"四固定"不能变，这是党的政策问题，现在处理要按《六十条》的规定处理。因此，决定土地权属不变，争议的土地由刘村耕种。延川县革委会的决定只做了口头传达，未曾行文。1974年，太村和刘村因土地纠纷无法实行统一管理，驻队工作组报经延川县革委会批准，将原合并的太村大队又分为太村和刘村两个大队。分队时，太村索要土地，刘村不同意。经驻队工作组做工作，促成先分队后解决土地的处理。1989年6月13日，太村申请延川县人民政府解决土地纠纷，有关领导批给县土地管理局办理。1990年3月24日，延川县人民政府研究了县土地管理局的意见，决定原土地权属不变，由县土地管理局负责答复。延川县土地管理局于当日以延土发（90）9号文作出决定：（1）刘家湾行政村土地所有权和使用权不变，维持现状；（2）太相寺行政村抢种刘家湾行政村的土地是十分错误的，给予严肃批评，由刘家湾行政村重新耕种。

　　太村不服延川县土地管理局的土地行政确权处理，于1990年4月25日以刘村为被告向延川县人民法院提起民事诉讼。延川县人民法院受理并审理了案件。因无明确的法律依据，请示延安地区中级人民法院。延安地区中级人民法院研究认为，此案法院不宜受理，应交有关行政部门处理。据此，延川县人民法院在1991年2月25日将此案移送延川县土地管理局处理。1991年4月1日，延安地区中级人民法院按地委指示，根据行政诉讼法有关规定，函示延川县人民法院按行政案件立案审查。延川县人民法院于4月20日受了本案。延川县人民法院审查认为，太相寺和刘家湾两村合并为一个大队，土地、牲畜进行了统一调配，1962年《六十条》颁布后仍确定给刘家湾村。刘家湾村连续耕种30余年，应归刘家湾村所有。根据《中华人民共和国土地管理法》第十一条和《中华人民共和国行政诉讼法》第五十四条（一）项规定，于1991年11月1日以（1991）延法行字第5号判决，维持了延川县土地管理局延土发（90）9号处理决定。太村不服延川县人民法院判决，向延安地区中级人民法院提起上诉。延安地区中级人民法院审理认为：太村与刘村土地所有权和使用权争议一案经延川县人民政府授权后，该县土地部门行文作出的处理决定是适当的，原审法院以认定事实清楚，适用法律法规正确，判决维持是正确的。依据《中华人民共和国行政诉讼法》第六十一条（一）项规定，判决驳回上诉，维持原判。太村不服延安地区中级人民法院终审判决，先后向陕西省人大常委会、最高人民法院和陕西省高级人民法院提出申诉。

　　陕西省高级人民法院审理后认为，太村与刘村的土地权属纠纷，应当由延川县以上人民政府确定，延川县土地管理局作出处理决定，超越行政职权，且争议的土地是否确实根据《六十条》的精神，按一定程序确定了土地所有权事实不清，故依法不应支持。延川县人民法院判决维持延川县土地管理局的处理决定不妥，延安地区中级人民法院判决维持原审不当，依法应予撤销。故根据《中华人民共和国土地管理法》第十三条二款及《中华人民共和国土地管理法实施条例》第八条一款规定，《中华人民共和国行政诉讼法》第六十一条（三）项规定，改判撤销延安地区中级人民法院

（1992）延地法行字第 4 号行政判决、延川县人民法院（1991）延
法行字第 5 号行政判决和延川县土地管理局延土发（90）9 号《关
于关庄乡太相寺行政村、刘家湾行政村土地权属争议的处理决定》。

太相寺和刘家湾两村紧邻，通婚甚多，所以两村人之间多为亲
戚。几十年来尽管为那百十来亩地争来斗去，抢种抢收，你种我
拔，你收我抢，你抢我打。闹得凶的时候，全村几百号大小人口倾
巢出动，大打出手，誓死捍卫土地权利。以致公安人员一次竟在刘
家湾村小学驻守了半个来月，村上的人出奇地团结，甚至聚众围攻
公安，阻止抓人。后终因"法不治众"，且两村人又是亲戚套亲
戚，把谁抓去都不好看，双方便偃旗息鼓。几十年来，双方更多的
时候是上访或打官司。他们从不到乡上去，而是直接去县上、市
上、省上，直至进京。因此，距其最近的乡政府从不过问此事，对
其纠纷情况还不如县上、省上清楚。说是仇人，但两村的人进京上
访时，从不互相躲避，甚至相约同道而去，一同在京住一个多月。
官司是从县上打到市上，再从市上打到省上。上访、打官司让他们
付出了巨大的代价，尤其是经济上的不堪重负。刘家湾村本来就村
小人少，经济落后，连年的上访、打官司更是让他们为筹措经费而
苦恼。为了将官司进行到底，村干部用村集体的两孔窑洞做抵押向
一白姓村民借了 600 元钱。600 元钱至今未能偿还，两孔窑洞已破
败不堪。时至 1993 年 9 月 29 日省高院的终审判决则是：

一、撤销延安地区中级人民法院（1992）延地法行字第 4 号行
政判决；

二、撤销延川县人民法院（1991）延法行字第 5 号行政判决；

三、撤销延川县土地管理局延土发（90）9 号《关于关庄乡太
相寺行政村、刘家湾行政村土地权属争议的处理决定》。

省高级人民法院随同判决书发给延川县人民政府的《司法建
议》函则称：

延川县人民政府：

延川县关庄乡太相寺行政村诉延川县土地管理局土地行政确权

争议一案，我院提起再审后，已于一九九三年九月二十九日撤销延
川县土地管理局延土发（90）9号《关于关庄乡太相寺行政村、刘
家湾行政村土地权属争议的处理决定》，根据《中华人民共和国土
地管理法》第十三条二款规定，延川县关庄乡太相寺行政村与刘家
湾行政村土地权属纠纷，建议由贵县人民政府处理。

1993 年 9 月 29 日

一切又回到了起点。之后，政府再没有做出任何决定，两村的
人也再没有精力和财力去上访或打官司了，双方开始了持久的冷
战。那155亩有争议的川地仍由人多势众的太相寺村人耕种着，但
刘家湾村的人并未就此善罢甘休，伺机夺回失去的土地。政府深知
问题远未解决，便采取变通的方式，平衡双方利益，以此来缓和一
触即发的紧张关系。在吴世宏当县长时，给了刘家湾村一个几十万
元的流域治理项目。刘家湾人得到了政府的"安抚"，从此，刘家
湾村的书记不再率领村民上访了。

冷战还在持续着。

农村正在悄悄地发生着变化。大量的农民外出打工，土地不再
被人们所看重，甚至大面积被撂荒。

当年率领村民上访打官司的村干部们渐渐地老了。村集体似乎
也是似有似无了。村上仅有的六个党员，三个已老眼昏花，另三个
是意见不合，连个支部都选不出来，于是乡上不得不派人来代理
书记。

但陕北实行退耕还林后，政府却没有给这两个村安排退耕还林
的指标。一旦退耕还林，政府就要根据土地面积补粮补钱，那时恐
怕旧话重提，问题随即而来。

2007 年，市上和县上根据农业部《关于开展农村土地突出问
题专项治理的通知》，进行农村土地突出问题专项治理工作时，这
两个村被视作"马蜂窝"，没人敢捅，以致成为唯一的一个到现在
都没有发放土地承包经营权证书的村子。"矛盾都摆了几十年了，
只能维持现状。发证根本不可能，一发证马上问题就出来了。"延
安市农业执法支队长高生君如是说。

一位老家在刘家湾村的县国土局干部说，现在是大家都回避这

个矛盾，暂时没事，但总有一天要出问题的。十七届三中全会这么重视农村土地，如果这里的土地值钱了，如果这里的土地上打出油井了，在巨大的经济利益面前人们又会怎么样?①

这是一起时间跨度长达 55 年，历经一审、二审和再审的土地权属纠纷案。也是一起典型的"案结事未了"的农村土地纠纷案。虽然类似历史遗留问题不是很多，但这一纠纷的发生和解决过程，有许多值得认真反思和检讨的地方。

第五节 农村土地纠纷解决机制的嬗变

在一切有着利益追求的社会中，都存在利益矛盾和冲突，存在或者潜伏着社会冲突。因此，社会冲突是一种客观的社会现象。和谐社会绝不是没有利益冲突的社会，相反，它是一个有能力解决利益矛盾和化解利益冲突，并由此实现利益关系趋于均衡的社会。所以，重要的是要有一套纠纷解决机制，能够及时地、有效地解决这些纠纷。然而，从总体上来看，我国现阶段预防和化解社会矛盾的制度和机制还不够健全，社会矛盾的处置力度较弱、成本较高，有的地方社会矛盾不断积累，形成社会发展的巨大隐患。社会矛盾得不到及时化解，不仅会增大社会的运行成本，严重者更会危及社会稳定。

一 我国农村土地纠纷解决机制的现状

（一）农村土地纠纷解决机制不完善

科学、合理、高效、便利、低成本的纠纷解决机制是法律得以实施、社会稳定有序的重要保障。我国农村土地纠纷的严重局面，从另一侧面反映出我国农村土地纠纷解决机制的不完善。2003 年全国人大常委会关于《检查农村土地承包法实施情况的报告》中就明确指出："农

---

① 此系笔者根据延川县人民法院行政判决书（1991）延法行字第 5 号，陕西省延安地区中级人民法院行政判决书（1992）延地法行字第 4 号，陕西省高级人民法院行政判决书（1993）陕高法行再字第 3 号，延川县关庄乡太相寺村委会上诉状，延川县土地管理局答辩状以及笔者与延川县农经站、延川县土地管理局、延安农业行政执法支队相关人员的访谈笔录整理而成。

村土地承包纠纷解决机制不完善。土地承包纠纷仲裁机构还不健全，还没有仲裁机制和程序的具体规定。"直至 2009 年 6 月 27 日颁布，2010 年 1 月 1 日才开始实施《中华人民共和国农村土地承包经营纠纷调解仲裁法》。

有学者指出，"纠纷解决机制应当包括的主要方面有：灵敏的反映、反馈机制，能够及时全面地反映纠纷的发生和存在；便捷的纠纷申诉启动机制，使得纠纷当事人能够在制度上启动纠纷解决程序，冤有处申、诉有人管；有效的纠纷解决机制，使纠纷真正能够在纠纷解决机制下得到有效解决，解决一个纠纷化解一个矛盾，讼了事了，不再遗留问题；建立和完善纠纷解决的协调督办机制，解决协调问题和负责问题"。① 如此，我国农村土地纠纷解决机制的不完善，首先表现为解决纠纷的主体过于褊狭，过分依赖司法机关，而对于农村自治组织，农村各种民间组织，乡（镇）政府等组织机构在解决纠纷中的不可替代的地位和作用未充分显示出来，使得解纷机制的"组织系统"不完善。

其次，解纷的具体方式不完善。尽管《农村土地承包法》规定了土地纠纷解决的方式包括调解、仲裁和诉讼，但在实际运行中却发生了扭曲，致使纠纷解决不畅，主要表现为非诉讼解决机制运行不理想。农村土地纠纷发生在拥有 8 亿农民、农耕文明浓厚、现代法治缺乏的农村社会中，而且数量多、规模大，呈季节性、阶段性地发生，如此，过分依赖周期长、程序复杂、成本昂贵的诉讼手段解决，显然是不符合我国农村实际的。相反，运用"替代性解决纠纷机制"似乎更合农村土地纠纷之"时宜"。

再次，解决纠纷的规则、程序不健全。一种良好的机制要依靠规则和程序加以表现，否则机制就难以发挥作用。如前所言，《农村土地承包法》规定可通过仲裁解决土地纠纷，但现行立法对于土地承包纠纷仲裁机构的设置、职权、程序未做规定，所以实践中这种纠纷解决机制很难推行并发挥作用。

（二）纠纷解决主要方式概况

社会纠纷与解决机制是辩证统一的，有社会冲突和纠纷，就会出现相应的纠纷解决机制。在传统社会，社会纠纷的解决机制本身是多元

---

① 杨小君：《当前纠纷的特点与解决机制》，《学习时报》2005 年第 3 期（总第 276 期）。

的。其中有官方的，也有民间的；有制度化的，也有非制度化的；有法律的，也有道德、宗教或政治的。各种纠纷解决机制适应社会发展的需求，不断地生成、完善，发挥遏制和消解矛盾纠纷的功能和作用。进入社会转型期，农村土地纠纷的传统解决机制在继续发挥作用的同时，遇到了很多新问题。各种解决纠纷方式在化解和消除农村土地纠纷的过程中，其地位和特征也存在很大差别。针对利益分化和争夺造成的社会纠纷多元，涉事农民更愿意选择非诉讼纠纷解决机制，而排斥诉讼和司法等正式解纷途径。以往发挥重要作用的纠纷解决机制，目前各自为政，孤立、分散甚至互相排斥，难以实现体系化的联结以发挥整体效应。

1. 人民调解方式

调解既是一种解纷方式，也是一种和谐追求。用调解方式解决纠纷，奉行"和为贵"是传统中国社会纠纷解决的主要价值选择。在当代社会，根据调解者（第三方）的不同，可以将调解划分为法院调解、行政调解和民间调解；根据调解发生在时间上的次序，可以分为事前调解、事中调解和事后调解；根据调解与诉讼的关系，可以分为诉讼外调解和诉讼调解；根据功能的不同，可以分为判断性调解、交涉性调解、教化性调解和治疗性调解。[1] 当代农村社会的民间调解，主要包括人民调解委员会的调解（人民调解）、乡镇法律服务所调解、家族调解、亲友调解、邻里调解等类型。

作为一种制度化的解纷方式，人民调解是当代中国影响最广泛的民主法律制度和重要的纠纷解决机制，在预防和解决各类矛盾纠纷中发挥着基础性的作用，并为西方国家借鉴和发展。有学者认为，农村土地纠纷一般都是通过人民调解方式达成妥协，只是不同类型的土地纠纷，其调解的方式各不相同。农村土地纠纷的调解可以分为三类：普通村民之间的土地纠纷解决、农民和政府组织及村干部之间的土地纠纷解决、农民与国家之间的土地纠纷解决。[2] 解决纠纷的方式与效果，很大程度上取决于调解人的威望和能力，在调解中，从感化、说理、调动人际关系和亲属关系、劝服直到压服等方式都可能采用，而共同体、习惯和关系

---

① 参见［日］棚濑孝雄《纠纷的解决与审判制度》，王亚新译，中国政法大学出版社2004年版，第51页。

② 参见朱冬亮《当前农村土地纠纷及其解决方式》，《厦门大学学报》（哲学社会科学版）2003年第1期。

本身产生的强制功能也具有重要的作用。①

农村土地纠纷的人民调解通常由村民自治组织即村民委员会承担。根据法治精神，在社会转型期，必须尊重农民群体的自主权和创造性，推进"自治原则"的落实。但是，宪法和法律尽管对村委会的自治性质有所规定，却始终没有对村民自治权利加以明确的界定。虽然《村民委员会组织法》规定村民有选举与被选举、监督、罢免、决策等权利，但因缺乏有效的运作程序，加之政府权力因其公共性质又常常侵犯村治空间，村民的种种权利很难得到有效实现，在很大程度上造成权利"虚化"。随着公共权力的强大，村民权利的虚化，村民的社会自主性水平降低。②

于建嵘指出，村民自治作为国家主导和法制权威下的授权性自治，为基层政府特别是乡镇政府和村级组织提供了侵犯村民合法权利的机会。他提出修改《村民委员会组织法》，应赋予村委会依法代表村民与基层政府平等磋商的权利，解决涉及农民经济利益的矛盾和纠纷。③温铁军认为，村委会直选对解决农村纠纷的作用需谨慎评价。直选成为一些村庄冲突爆发的"火山口"，对体制性资源的争夺引发村内派性斗争，而且成功的直选对于化解冲突的作用也是有限度的。④

实践中，人民调解面临内生资源严重不足等困难，效能发挥严重受限，尤其是农村人民调解的状况令人担忧。面对社会转型期间的政策性纠纷和利益纷争，缺乏权力依托的村委会在调解中的权威和能力均显不足，同时，由于共同体凝聚力下降，自治组织内部调整作用弱化甚至失效，当事人对共同体的依赖和地方权威的作用都明显降低。在这种情况下，基层民众在纠纷发生时就会更多地寻求国家权力的介入。

2. 司法诉讼方式

在传统的纠纷解决机制中，人民法院通过司法调解和裁判解决纠纷是最权威公正的方式。司法调解的合法性问题，涉及法律规定不明确、法律与民间社会规范相矛盾或以法律处理纠纷效果较差等情况下，司法调解所达成的调和或妥协的结果如何定性。有学者称司法调解为"模糊

---

① 参见范愉《纠纷解决的理论与实践》，清华大学出版社 2007 年版，第 471 页。

② 参见蔺雪春《当代中国村民自治以来的乡村治理模式问题》，《当代世界社会主义问题》2007 年第 3 期。

③ 参见于建嵘《农村群体性突发事件的预警与防治》，《中国乡村发现》2007 年第 2 期。

④ 参见温铁军等《农村对抗性冲突及其化解》，2007 年中国乡村研究邀稿会会议论文。

的法律产品"，或者"穿行于制定法与习惯法之间"的纠纷解决过程，认为只有在基层纠纷解决过程中才能真正体会到所谓"书本上的法"与"行动中的法"之别，才知道国家制定法与民间社会规范之差，才能了解公平与正义的相对性。①

针对发生在基层、特别是农村或少数民族地区的民事纠纷，在司法调解中运用当事人的处分权规避法律的严格适用，也就是避免了法律与社会规范的正面冲突，不仅可以相对圆满地解决纠纷，也可以避免地方民众对法律的否定和排斥，保留对法律的尊重。在我国当前的社会条件下，期待成文法的制定完全与民间生活习惯和社会规范相协调是不切合实际的幻想，但实际上法与社会的冲突在很大程度上是可以通过纠纷解决和法的适用过程调节的。②

关于农村土地纠纷的立案问题，有学者指出，针对农村征地补偿款分配纠纷这类典型案件，司法机关应否作为民事案件受理和审判，最高人民法院作出的司法解释前后不一。实践中，有相当一部分基层法院对农村土地征收补偿纠纷案件不予受理，造成农民诉讼难。还有相当一部分的人民法院怕麻烦，怕涉及当地政府某些部门而将案件拒之门外。由此造成的结果是，常有被征地的农民因对政府处理决定不服，法院又不受理而不断群体上访。③

事实上，在社会转型期，作为最权威公正的司法诉讼方式，受到维稳政治、司法理念、传统习惯、行政干预和舆论压力等众多因素的影响和牵制，已经与司法的应有品质渐行渐远。由于司法资源的有限以及司法自身的某些不足，司法诉讼方式已很难有效解决各类纠纷包括农村土地纠纷。

3. 仲裁方式

实践中，作为农村土地纠纷重要组成部分的农村土地承包纠纷无论在数量上，还是影响面上都是不容忽视的问题，特别是侵犯妇女儿童土地承包经营权问题和农村土地承包经营权流转中的问题，尤为值得重

① 参见苏力《法治及其本土资源》，中国政法大学出版社 2004 年修订版；强世功编《调解、法制与现代性：中国调解制度研究》，中国法制出版社 2001 年版。
② 参见范愉《纠纷解决的理论与实践》，清华大学出版社 2007 年版，第 640 页。
③ 参见杨新《农村征地补偿款分配纠纷的成因和处理原则——对新市区人民法院审理农村征地补偿款分配纠纷案的调研》，《新疆警官高等专科学校学报》2008 年第 4 期。

视。解决好这些问题是保护农民享有长久而稳定的土地承包经营权的基本保证。根据 2002 年颁布的《农村土地承包法》第 51 条的规定，解决农村土地承包合同纠纷的途径主要有四种：协商、调解、仲裁、诉讼。2009 年颁布的《农村土地承包经营纠纷调解仲裁法》强化了调解方式在解决农村土地承包经营纠纷中的作用，但重点是对仲裁方式的规范。根据该法律，县以上人民政府可根据实际需要成立农村土地承包仲裁委员会，解决农村土地承包经营纠纷。

关于农村土地承包经营纠纷仲裁的性质，多数学者认为仲裁的目的在于有意识地摆脱当事人对抗的诉讼模式，为当事人创造一个和谐解决纠纷的氛围，从而在比较和谐融洽的氛围中解决争议，避免产生激烈对抗。仲裁本质上属于民间性纠纷解决方式，但是在机构设置、裁决效力等方面又具有准司法的性质。如果将农村土地承包纠纷仲裁定位于行政仲裁，会影响其独立性与公正性。[①]

关于农村土地承包经营纠纷仲裁的效力，现行法律规定这类仲裁不同于一般的民事仲裁，仲裁结果不具有终局性，多数学者持支持态度。也有学者认为这种法律规定不符合仲裁的一般理论，主张农村土地承包经营纠纷仲裁应实行裁审分立，以赋予仲裁裁决执行力为宜。如果仅仅将仲裁界定为中间程序，将费时费力，衍生为法院审理的负担。一裁两审往往导致重复性劳动，造成诉讼资源的浪费。而且裁决不具有终局性质，执行难度大。[②]

学者们普遍认为，运用仲裁方式解决农村土地承包经营纠纷，具有简便快捷的特点。农村土地承包纠纷仲裁人员多为既系统掌握农村土地承包政策、法律，又熟悉辖区内农村土地承包实际情况和生产生活习惯的农经部门人员，他们的调解或裁定一般客观可行，易于为当事人接受。

4. 信访方式

一方面，信访是实行党纪政纪监督的重要途径，也是坚持党对司法

---

① 参见杨官程、阎君梅《试论农村土地承包纠纷仲裁制度的法律属性》，《贵州民族学院学报》2008 年第 4 期；史卫民《农村土地承包纠纷仲裁制度探索》，《华南农业大学学报》2009 年第 3 期。

② 参见段莉《和谐社会视角下的农村土地承包纠纷仲裁制度》，《中国粮食经济》2008 年第 2 期；史卫民《农村土地承包纠纷仲裁制度探索》，《华南农业大学学报》2009 年第 3 期。

和行政执法工作领导的关键。2005 年国务院颁布的《信访条例》把信访工作纳入法制化轨道，信访方式作为多元化纠纷解决机制重要组成部分的地位和作用凸显。2007 年中共中央、国务院发布《关于进一步加强新时期信访工作的意见》指出，信访工作是构建社会主义和谐社会的基础性工作。2009 年，中共中央办公厅、国务院办公厅转发《关于领导干部定期接待群众来访的意见》、《关于中央和国家机关定期组织干部下访的意见》和《关于把矛盾纠纷排查化解工作制度化的意见》三个文件，把矛盾纠纷排查化解工作制度化，进一步完善信访工作法规制度体系。近年来各地开展的大调解中，信访的功能再次被提到社会治理的中心。信访工作除了要反映社情民意，为公民解决实际问题外，还被要求化解社会矛盾纠纷、维护社会稳定、处理突发事件。乡镇、街道以上的信访机构事实上已突破《信访条例》的定位，成为信访案件统一受理和协调解决的机构，集职能性和辅助性于一身。

另一方面，社会公众传统上习惯于依赖行政权力解决纠纷，信访的常规化就是其集中体现。信访的主要群体是农民，信访几乎成为目前农民唯一的体制内维权方式。有学者认为，社会公众偏爱信访而不喜欢司法诉讼，原因主要有：很多案件法院不受理，导致人们不得不走信访途径；人们对司法权缺乏信任和对司法正义的特性不理解；出于对"青天老爷"的传统期盼，或对经济成本的考虑，甚至源自投机心理。[①]

信访本身存在许多缺陷，如非规范性、非程序性以及相关体制的不配套等，由于社会结构的剧烈变动进一步暴露出来。加之部分官员处理问题上的不当，使社会矛盾进一步激化。在理论上，纠纷解决的信访方式存在着人治与法治、限权与扩权之争。为此，以于建嵘、周永坤为代表的一批学者反对强化信访，建议逐步撤销部门内的信访机构，将信访机构还原为一个下情上传的信息传递机构。[②]

主流观点认为，民众直接凭借信访制度获得和实现信访权，已成为中国民主政治的重要特色。信访制度在解决社会纠纷、抑制权力腐败、实现群众监督和汇集社会信息方面具有独特的政治功能。而中国的政治

---

① 参见范忠信《"信访中国"的法治忧思》，《中国改革》2011 年第 5 期。

② 参见于建嵘《土地问题已成为农民维权抗争的焦点——关于当前我国农村社会形势的一项专题调研》，《调研世界》2005 年第 3 期；周永坤《信访潮与中国纠纷解决机制的路径选择》，《暨南学报》（哲学社会版）2006 年第 1 期。

体制转型不可能在短期内完成，目前也没有其他更有效的现实制度能够替代信访制度。如果武断地主张取消信访制度，只会人为导致制度真空的出现，大量的社会矛盾难以化解，对于社会稳定十分危险。所以，信访制度目前还要保留，并要完善现有的信访制度，充分发挥其作用，使信访救济成为现有司法救济的有力补充。①

在社会转型期，作为农村土地纠纷解决机制的信访方式，仍然有着存在和发展的必要性。在纠纷解决领域，目前还没有一种足以取而代之的制度。较之于其他权利救济模式，信访仍具有相对优势。因此，现在的问题不是废除信访制度，而是应当在加强信访制度的程序性和规范性的同时，确立司法救济的权威性和有效性，使信访方式真正发挥其解纷功能和作用。

5. 乡镇政府的解纷方式

在农村土地纠纷的传统解决机制中，乡镇政府调处矛盾纠纷的方式，尽管在实践中发挥着重要作用，却没有得到应有的理论和制度关注。基层组织、乡镇政府对于农村土地纠纷的解决，主要体现在乡镇政府的公共治理和行政调处当中。

乡镇政府位于政权阶层的末端，直接面对农村社区，其公共治理直接影响农村和谐社会的构建。有学者认为，目前我国农村社会出现的大量矛盾和纠纷，主要是治理不和谐引起的。在一个压力型体制下，乡镇政府作为管理农村事务的最终操作者，治理不和谐集中体现在乡镇职能的越位和错位之上。因而，转变乡镇政府职能，深化乡镇体制改革至关重要。② 在"三农危机"的大背景下，国家通过取消农业税、实行粮食直补、精兵简政等方式增强了自身的政治合法性，但同时也弱化了基层的行政治理能力。有学者提出，由于基层政府资源匮乏，难以有效提供各种公共服务，开始"悬浮"于乡村社会之上。加上传统权威的缺失，使得村庄生活进一步陷入"结构混乱"的状态。③

农村社会冲突和纠纷的重要起因，是基层组织对农村社会经济发展

① 参见孙涉《论信访制度与法治趋向》，《学海》2007年第5期。
② 参见王艳敏《转变乡镇政府职能：构建农村和谐社会的着力点》，2006年6月2日，人民网理论频道。
③ 参见周飞舟《从汲取型政权到"悬浮型"政权：税费改革对国家与农民关系之影响》，《社会学研究》2006年第3期。

的不适应，组织本身衍生出一种对于乡村社会的掠夺特性。赵树凯认为，化解冲突、改善治理的核心环节是改造基层组织，再造基层组织体系，而再造的核心问题集中在乡镇政府。乡镇政府只应承担最基本的社会事务管理功能，例如土地管理、治安管理、救灾优抚、婚姻和户口登记等。农村土地纠纷的解决，应当属于乡镇政府社会事务管理的范围。① 农村基层政府日常行政和治理的对象，主要是农村公共事务。于建嵘提出，可以将农村公共事务区分为社区事务和政府事务，政府事务由县政府职能部门依法管理，社区事务则实行乡镇社区依法自治。② 农村土地纠纷的解决，主要属于农村社区事务，应当由乡镇社区自治自理。

行政性纠纷解决机制是当代社会治理不可或缺的环节，解决民事纠纷既是乡镇政府的职能要求，也是其行政责任和法律责任。对于司法诉讼方式难以处理的政策性纠纷，乡镇政府的行政调处更是不可或缺。范愉指出，行政机关作为国家执法机关，不仅直接贯彻执行法律和政策，而且有责任通过管理和规制减少纠纷的发生。同时，应根据社会的需要或当事人的诉求，在特定纠纷发生后迅速主动介入，避免纠纷的扩大和激化，并尽可能通过多种手段协调解决。当代世界各国应对各种专门性纠纷，往往同时建立民间社会、行政和司法的多元化机制协同处理，并特别强调发挥行政救济和行政裁量的优势，而不是仅仅依靠司法救济。③

我国历来有通过政府和行政机关解决民事纠纷的传统，包括调解和裁决方式（调处）。行政调解所处理的民事纠纷既包括一般意义上的民事纠纷，也包括部分行政机关在行使管理权限时附带调处的民事纠纷。行政机关在介入特定民事纠纷的调解时，兼有公权力的管理与服务功能，其主管人员通常具有专业知识和技能，既能严格依照法律法规，适法性和程序相对比较规范，又可能根据实际情况做出灵活的裁量，当事人对其处理的权威性、便捷和经济比较认同，达成调解协议后履行率也相对较高。④

---

① 参见赵树凯《乡村治理：组织和冲突》，《战略与管理》2003 年第 6 期。
② 参见于建嵘《农村群体性突发事件的预警与防治》，《中国乡村发现》2007 年第 2 期。
③ 参见范愉《纠纷解决的理论与实践》，清华大学出版社 2007 年版，第 271 页。
④ 参见张树义主编《纠纷的行政解决机制研究：以行政裁决为中心》，中国政法大学出版社 2006 年版。

2009 年最高人民法院发布《关于建立健全诉讼与非诉讼相衔接的矛盾纠纷解决机制的若干意见》。其中规定，对于人民调解以外的民间调解、行政调解、仲裁调解，包括劳动、土地争议的调解等，同样赋予民事合同效力。可见，为有效化解行政管理活动中发生的各类矛盾纠纷，人民法院鼓励和支持行政机关依当事人申请或者依职权进行调解、裁决或者依法做出其他处理。调解、裁决或者依法做出的其他处理具有法律效力。

实践中，乡镇一级基层政府的每一名官员，包括乡长本人，都是当地纠纷解决中的重要角色，而且都是经验丰富的调解员，喻中将其视为乡村司法。① 法学界提到基层司法，主要是指基层法院，但是，广义或功能性的农村的司法体系显然不能局限于此。王亚新指出，就农村基层日常生活中易于发生的许多纠纷类型来讲，乡镇层级的行政机构中如司法所、公安派出所等都经常有可能介入其处理解决。对于某些牵动面较广或与敏感的政策问题有关的纠纷，乡镇政府的主要领导有的场合下也会成为出面处理解决的主体。②

学界认为，如果把乡镇政府在其职权范围内的纠纷解决作为其职责和义务，并辅之以相应的责任和司法审查程序，对于农民的权益维护将更为有利。一味降低乡镇政府的纠纷解决职责、权限和能力，不仅不会带来司法权威和维权的积极效果，反而会使农村土地纠纷的处理积重难返。

6. 农村民间社会组织的解纷方式

新中国成立以来的现代化进程，是一个由国家主导的制度变迁过程，始终没有离开政权的直接领导和推动。然而在"市场经济"与"法制建设"的双重影响下，农村社会不再成为"乡土中国"所能诠释的对象。随着农村社会流动性的增加、异质性的增强、理性化的加剧、社会关联的降低，传统的村庄共同体逐步瓦解，出现"权威多元"的现象。村庄内部的治理和纠纷解决状况既取决于当地的经济、政治、文化传统、市场化和城市化程度，也与村内的次级组织系统——宗族、家族、宗教、合作经济组织乃至地方精英的作用息息相关。同时，这些因

---

① 参见喻中《乡村司法的图景：一个驻村干部的办案方式述论》，载黄宗智主编《中国乡村研究》第 4 辑，社会科学文献出版社 2006 年版。

② 参见王亚新《农村法律服务问题实证研究》，《法制与社会发展》2006 年第 3 期。

素又与基层司法相互交错，可能形成良性的互补或替代，也可能形成冲突和恶性竞争。①

除了村民自治组织，农村民间社会组织在农村土地纠纷的解决中也发挥着一定的作用。民间组织是一种极为复杂的社会现象，学界尚缺乏一致认同的概念。有学者将民间组织在形式上与国外的"非政府组织"挂钩，认为它是一种非政府的、非营利的、非党派的，并且具有一定志愿性质的，致力于解决各种社会问题的社会组织。有学者将民间组织划分为非法的、半合法的和合法的三种类型，分别考察了它们在传统乡村社会的政治地位和功能。吴毅在《小镇喧嚣：一个乡镇政治运作的演绎与阐释》一书中曾强调过灰色势力在土地纠纷中的表现，并认为这是基层政权在执行任务时不得不援引的手段和力量。②

罗兴佐指出，自20世纪80年代以来，随着社会经济的分化，各种民间组织重新兴起，并在村民自治的背景下成为村治中的重要力量。民间组织对村治的参与，一方面提升着村庄治理的民主化程度，另一方面又可能导致村级组织权威的衰落，给乡村社会带来不稳定。③ 通过调查发现，乡村灰色势力不仅介入到纠纷调解中，甚至开始干扰村级决策、村民选举。基层政权的非正式运作在不断地"去公共化"、"灰色化"，灰色势力的肆无忌惮进一步增加了乡村社会的"结构混乱"。④

范愉认为，在社会转型背景下，国家的社会治理与基层乡村自治实际上处于一种紧张关系之中：国家权力和法律在努力深入乡村生活，但又无力真正在乡村建立法律秩序；乡村自治在抵制国家法全面渗透的同时，其自治能力和权威以及社会基础又在逐步消解。这种法制化进程既可能成为一个乡村失落的过程，但也可能带来一个社区再造的契机。⑤

---

① 参见赵旭东《权力与公正：乡土社会的纠纷解决与权威多元》，天津古籍出版社2003年版。
② 参见吴毅《小镇喧嚣：一个乡镇政治运作的演绎与阐释》，生活·读书·新知三联书店2007年版，第283—291页。
③ 参见罗兴佐《论村庄治理中的民间组织：以浙江温州先锋村为个案》，《温州论坛》2002年第4期。
④ 参见罗兴佐《乡村社会的混混》，《三农中国》2008年季刊。
⑤ 参见范愉《纠纷解决的理论与实践》，清华大学出版社2007年版，第582页。

7. 从大调解到多元化纠纷解决机制

在中国社会转型期，由于体制、制度、观念的变迁，由于利益多元化及相互间的激烈竞争，各种新的矛盾和纠纷不断出现，而传统的纠纷解决机制难以满足需要，必须加以改造和调适。在农村土地纠纷的解决上，传统的解纷方式呈现司法途径政治化和行政手段司法化等现象，国家法和民间法时有冲突，纠纷处理的社会效果和法律效果难以统一。因而需要构建多元化纠纷解决机制，包括大调解机制，发展协商式民主，培育民间组织，开展土地产权的股份制改革和乡村治理结构改革等方面的探索。①

大调解机制产生于政府致力于追求稳定和谐，并已具有较强的经济实力的背景下，成为一种以解决纠纷和社会稳定为中心，以信访为窗口，以人民调解为组织形式，以行政机构为中坚力量，以法院作为司法保障，由政府提供资源和资金，为当事人提供纠纷解决服务和救济的机制。其目标是力求在一个期待的时间阶段内，尽快和有效地处理各种历史积累下来的遗留问题和新产生的社会矛盾，具有明显的实用主义指向。在大调解格局中，传统人民调解的组织网络向下延伸到居民小组，与此同时，其他形式的调解，包括行政调解、专门性纠纷调解、行业性调解，乃至法院诉前调解，都以人民调解的组织形式运作。因而，人民调解是大调解体系的基本组织形式。

有学者指出，作为探索中国纠纷解决模式的具体实践，"大调解"的理念与工作机制无疑值得肯定。从纠纷解决的效果来看，"大调解"也作用初显。但应意识到，面向未来的中国纠纷解决体系中，"大调解"并不是全部内容。② 也有学者认为，大调解的行政色彩太浓，在市场经济条件下，政府不应站在调处社会矛盾的第一线，应当用经济、行政、政策等手段，支持、扶持人民调解工作，而不应直接参与、"侵入"人民调解的"领地"，混淆人民调解与行政调解之间的区别。周永坤、周安平等学者认为，这种权力介入的调解，实际上就是强制调解。③

---

① 参见白呈明《农村土地纠纷及其解决机制的多维观察》，《调研世界》2009 年第 8 期。

② 参见左卫民《探寻纠纷解决的新模式：以四川"大调解"模式为关注点》，《法律适用》2010 年第 2、3 期（总第 287、288 期）。

③ 参见周永坤《警惕调解的滥用和强制趋势》，《河北法学》2006 年第 6 期；周安平《诉讼调解与法治理念的悖论》，《河北学刊》2006 年第 11 期。

本书认为，农村土地纠纷多元化解决机制，是由我国农村土地纠纷的自身特点、农村农民的实际情况、各类解纷主体的具体实践所决定的。多元化解纷机制的构建，应当以建立和谐社会作为价值追求，深刻把握中国社会转型期的特点，认真分析农村土地纠纷产生的社会基础和具体成因。建立多元化纠纷解决机制，最终目标是保障农村社会的稳定和发展，保障整个社会的和谐状态。从根本上说，能够有效化解农村土地纠纷的解纷机制，必然是能够满足和谐社会基本要求的解纷机制。

农村土地纠纷多元化解决机制的构建，需要考虑多方因素。首先，应当围绕以人为本的理念，注重对相关当事人特别是农民权益的保障。因为现有的农村土地纠纷解决机制与农民权益保障需求之间，存在巨大差异。其次，需要对不同主体的纠纷解决需求予以满足，给当事人更多的纠纷解决选择权。纠纷的解决与纠纷解决方式的选择，涉及公共资源的配置以及公民利用司法的权利问题，具有一定的宪法意义。因而应当对纠纷进行合理分流，最终实现农村土地纠纷解决生态的动态平衡。再次，需要注意各种纠纷解决方式之间的衔接、配合和协调，使其各项功能更系统，发挥作用的方向一致化，避免相互推诿和排斥，充分发挥多元机制的整体作用。最后，需要认识到现代社会法律、法治的局限性，避免司法中心主义，避免司法机关的能动司法倾向。

二 农村土地纠纷解决机制的价值目标

农村土地纠纷解决机制的构建应当充分发挥各种纠纷解决程序的基本功能，并结合社会主义新农村建设的需求明确基本价值目标，主要包括解决纠纷、权益保护与和谐社会等。

农村土地纠纷解决机制的首要目标是解决纠纷。所谓"解决"指的是化解纠纷、平衡利益和实现公正。"定分止争"要求各种土地承包纠纷的有效解决和执行，从而及时化解矛盾。纠纷的解决机制包括自力救济、公力救济和社会救济。在现代社会中，纠纷解决的方式呈现多元化趋势，在法院诉讼方式解决的基础上，替代诉讼的纠纷解决方式"ARD"（Alternative Dispute Resolution）日益得到重视。其次，权益保护也是农村土地纠纷解决机制的价值目标。从实质上看，纠纷的产生来源于法律权利和利益的冲突，因此私法上的纠纷解决机制正是通过解决纠纷来实现个人权利或维护实体私法的体系。所谓"实现"的意义正在于把当事人之间围绕土地承包的权利义务关系明确下来，保护农户合法的承包经营权，通过纠纷解决来实现和保护土地承包的各项权益是健全纠纷解决机制的基本目标。①

从根本上说，"和谐社会"是中国社会转型期解决农村土地纠纷的价值指引和价值追求，建立农村和谐社会是全面实现社会主义和谐社会的关键。从 2004 年党的十六届四中全会提出"社会主义和谐社会"概念，到 2005 年胡锦涛总书记对这一概念的准确概括，再到 2006 年中国共产党十六届六中全会对其进行系统阐述，"和谐社会"已经成为研究中国问题时一个不可忽视的时代背景。和谐社会是结构合理、资源共享、行为规范的社会。在西方文化中，和谐社会的理论来源，可以追溯到社会系统论、协和社会论和社会均衡论等。② 在我国传统文化中，道家之"人与自然的和谐"，儒家之"人与人的和谐"，都是对和谐的最佳阐释，对构建社会主义和谐社会极具启发意义。"社会主义和谐社会"概念的提出，既是对历史经验的总结和升华，也是对目前现代化建设实践提出的重大战略举措。

按照权威表述，社会主义和谐社会所追求的目标，是民主法治、公平正义、诚信友爱、充满活力、安定有序、人与自然和谐相处。在我们这样一个拥有 8 亿农民，农村土地矛盾纠纷非常突出的农业大国、农民大国中，构建多元化的农村土地纠纷解决机制尤显重要。因为土地既是农民的基本生产资料，也是农民的基本生活保障。随着现代化、工业化和城镇化进程的加快，农村土地纠纷尤其是集体土地的征收问题日益突出。及时解决农村各类土地纠纷，保持农村社会的稳定和发展，是构建和谐社会的应有之义。社会主义和谐社会也应当是法治社会，它强调以人为本，互利共赢，注重对社会弱势群体的关怀和保护。在当代中国社会，农民是 13 亿人口中的最大多数，农民的权益受到冷视、漠视甚至无视的话，就没有整个社会的和谐、稳定和发展。

有学者认为，"和谐社会"实际上是一种整体性思考问题的观点，

① 参见张金明、陈利根《农村土地承包纠纷解决机制的多元化构建》，《河北法学》2011 年第 6 期。

② 参见邓伟志《论"和谐社会"》，《学习时报》总第 268 期（http：//www. southcn. com/nflr/llzm/200501180340. htm）。

要求我们把工作视野拓展到政治、经济、社会、文化等各个方面，运用政策、法律、经济、行政等多种手段，统筹各种社会资源，综合解决社会协调发展问题。有学者认为，"和谐社会"是社会系统中各个组成部分处于一种相互协调的状态。社会要达到和谐状态至少需要两个要件：一是积极有效的社会管理控制体系，即政府主要的方针、政策、制度得到绝大多数社会成员的认可，政府各个部门和各级组织能够有效运行，能够整合社会各种资源和各个利益团体。二是普遍认同的社会文化核心价值，即社会舆论所倡导的主流文化价值观念、道德观念能够被大多数公民所认同，各种规范也能被广大社会成员所遵循。[①]

由于不同社会群体拥有不同的发展能力、条件和机会，其间存在差异是必然的。这种差异在特定因素下会转化成利益矛盾或冲突。在社会发展的过程中，要做到让所有社会群体都能共享改革发展的成果，并对未来充满信心，并不容易。为此，社会群体间的利益冲突是中国社会和谐稳定面临的主要挑战之一。[②] "和谐社会"的基础是多元，即在一个社会里，各种利益群体的诉求和主张都能得到充分表达和尊重，各自的利益都能得到适当的协调，如此，社会才能稳定、发展和进步。

"和谐社会"绝不是没有利益冲突的社会，相反，它是一个有能力解决利益矛盾和化解利益冲突，并由此实现利益关系趋于均衡的社会。纠纷毕竟是社会不和谐的主因和表现，因此社会和谐的程度，要看其纠纷解决的成效如何。纠纷越多的社会，纠纷越难以解决的社会，纠纷越易于被恶化的社会，其社会和谐程度越低。反之，纠纷越少或者纠纷解决得越顺畅的社会，其社会和谐程度越高。"和谐社会"并不意味着能够完全消除社会矛盾和社会问题，但它有一种能够不断解决矛盾和化解冲突的机制，一种在矛盾中仍能保持和谐和快速发展的机制。有学者认为，"和谐社会"的第一要义，是人民之间的纠纷得到及时解决，是具备充分有效机制使民间纠纷不至于恶化成灾。所谓和谐社会，就是利益有不同程度冲突的各色人等或各类群体和平共处、相得益彰的社会，是

---

① 参见王艳敏《转变乡镇政府职能：构建农村和谐社会的着力点》，2006年6月2日，人民网理论频道。

② 参见李培林、陈光金等《中国社会和谐稳定研究报告》，社会科学文献出版社2008年版。

纠纷得到及时的、制度化解决的社会，是纠纷解决机制健全有效的社会。① 我们不能幻想消灭纠纷的"和谐社会"。纠纷的解决是为了恢复和谐，保障和谐。一个社会的任何纠纷解决机制的存在，都是以恢复社会和谐为目标。

加强和创新社会管理，是构建社会主义和谐社会的重要内容。当前我国既处于发展的重要战略机遇期，又处于社会矛盾凸显期，社会管理领域存在的问题还不少。2004 年党的十六届四中全会提出要推进社会管理创新，2011 年胡锦涛总书记阐述了社会管理创新的重要战略意义，指出加强和创新社会管理，根本目的是维护社会秩序、促进社会和谐、保障人民安居乐业，为党和国家事业发展营造良好社会环境。目前学界对于社会管理创新的含义并无一致界定。陆学艺认为社会管理创新有广义和狭义之分，前者是指与政治、经济活动对应的政府与市场之间的"夹层地带"，后者是指如何规范人们行为、缓解社会矛盾、促进社会稳定。王全兴从广义、中义、狭义三个层面对其进行界定，即广义的整个社会大系统的管理创新；中义的社会事务管理创新；狭义的基层政府组织、社区组织及相关社会组织针对一定区域内社会稳定、社会生活有影响的事务，预防及化解社会矛盾，维护社会秩序的管理创新。

由于政府对社会问题大部分采取短期整顿措施，强调事件发生后的调控，我国转型期的社会管理具有流动性和临时性的特点，其弊端显而易见，因此，社会转型期应构建创新的社会管理体制，即理念上应以人为本、主体上应提倡多元、管理上应协调不同主体的利益诉求，建立联动的网络架构。② 社会矛盾、冲突和纠纷与人类社会并存，是人类社会中一种永恒的存在。这种存在既有其消极的一面，也有其积极的一面。社会的发展引起利益关系的变化，从而使矛盾、冲突和纠纷的发生成为必然。矛盾、冲突和纠纷的发生和存在并不可怕，重要的是如何对矛盾、冲突和纠纷进行解决和处理。为此，就需要进行社会管理创新，构建一种及时、有效、可持续的纠纷解决机制。

---

① 参见范忠信《纠纷解决是和谐社会的第一要义：关于全方位解纷模式的初步思考》，《湖北大学学报》（哲学社会科学版）2008 年第 6 期。

② 参见杨迪《构建社会管理体制的路径选择——基于我国社会转型期存在的问题分析》，《长沙大学学报》2012 年第 3 期。

有学者指出，"中国构建和谐社会的最大挑战，就是如何在巨变过程中和社会矛盾日益冲突、社会日益分化的情况下，使中国出现一个大的社会转折，形成社会妥协、达成社会共识、实现共同富裕"。① 从"种田贴本"到"种田有利可图"，"三农"政策的完善与改观，以及城镇化进程的加速发展，使曾经被漠视的土地重新获得重视。但与此同时，一系列农村土地纠纷涌现出来，为社会的安全稳定发展带来极大隐患。在我国农村地区，与土地相关的"集体上访"以及其他争议数量上增加的形势日益严峻。由此可见纠纷解决与构建和谐社会的意义。所以，重要的是要有一套科学的纠纷解决机制，能够及时、有效地解决各类纠纷。然而，从总体来看，我国现阶段预防和化解社会矛盾纠纷的制度和机制还不够完善，处置社会矛盾纠纷的能力还比较薄弱，许多地方的社会矛盾纠纷尚得不到及时有效的解决，而且在不断地积累，形成社会发展的巨大隐患。

西方社会学认为，宣泄渠道的建立与替代目标的转向，是人们对纠纷解决之安全阀功能的积极阐释。② 换言之，斯梅尔塞的价值累加理论与刘易斯·科塞的冲突功能论都对冲突发生的原因及其功能进行了充分的阐释，这对理解农村土地纠纷中的集体行动具有一定的指导意义。联系到中国农村社会实际，只有进行社会管理创新，才能更好地解决农村土地纠纷。农村土地纠纷中利益性突出、矛盾性加深、复杂性加大、对抗性增强、价值观动摇，这都成为社会不和谐因素的新特点，这些纠纷需要通过社会管理创新来加以化解。换言之，解决农村土地纠纷是社会管理创新的应有之义，也是社会管理创新的重点领域。

总之，在当今我们这样一个拥有8亿农民，农村土地矛盾纠纷非常突出的农业大国、农民大国中，构建多元化的农村土地纠纷解决机制尤显重要。我们有责任去踏着人们实践的足迹，观察和探索各种农村土地纠纷解决方式的内在机理，分析和整理其一般意义，以资我们的立法和

---

① 符荣：《关注弱势 共建和谐》，2005年3月28日，中国农村研究网（http://www.ccrs.org.cn）。

② 参见［美］L. 科塞《社会冲突的功能》，孙立平等译，华夏出版社1998年版；也可参见渠敬东《缺席与断裂——有关失范的社会学研究》，上海人民出版社1999年版，第54页。

实践。和谐社会不是没有矛盾纠纷，而是具有多元化的纠纷解决方式，达到利益均衡的社会。为有效应对我国转型社会多元化的利益冲突，需要构建一种多元化的纠纷解决机制，以便在纠纷解决时能够兼顾不同群体的特殊利益，实现社会和谐。而能够有效化解农村土地纠纷的解决机制，必然是能够满足和谐社会基本要求的解纷机制。

第二章　农村土地纠纷 乡村人民调解

第一节　乡村人民调解的性质与构成

一　乡村人民调解的性质与构成

在我国，人民调解是为广大人民群众，特别是广大农民群众所熟悉和常用的纠纷解决方式，可以说是一种基础性和常规性的纠纷解决机制，同时也是为西方社会所盛赞的"东方经验"。由于我国是一个农业大国、农民大国，农村人民调解的地位和作用尤为突出，其所占比重较之于城市基层和企事业单位的人民调解，无论是在组织机构数量上，还是调解纠纷数量上都遥遥领先。

新中国成立以来，人民调解有过辉煌的历史，曾"红极一时"，但在"司法中心主义"盛行时，人民调解一度衰落。近年来，随着我国进入社会快速发展、高度分化的社会转型期，各类社会矛盾凸显、纠纷频发，严重影响了社会的稳定和发展。改革开放以来，我国率先在农村进行了以土地家庭承包经营为核心的经济制度改革和以村民自治为主要内容的基层民主政治实验，加之城市化快速发展中的大量征占土地，引发并积累了大量的矛盾冲突。因此，农村社会稳定形势相当严峻。"农村稳则中国稳"的权威判断表明我国农村法制建设的重要性和紧迫性，也深刻影响着我国农村法制建设的内容和走向。然而，我国法律资源严重短缺，特别是农村法律公共产品供给严重不足，许多农村地区仍为"法律不毛之地"。在此背景下，构建多元化纠纷解决机制，成为政府、学界和实务部门的共识，于是由学者引领、政府推动的"大调解机制"遍及全国，人民调解又一次被推向新的高潮，"显示出调解在中国各地已经形成一种运动和潮流"。[1] 农村人民调解也得到空前的重视以至无限的拔高。一些地方政府其至开展"无矛盾纠纷上交乡镇，无矛盾纠纷上交村"的活动。《人民调解法》遂由第十一届全国人大常委会第十六次会议于 2010 年 8 月 29 日审议通过，自 2011 年 1 月 1 日起施行。

据介绍，"目前我国共有调解组织 80 多万个，人民调解员 490 多万人，形成了覆盖广大城乡的人民调解工作网络。2008 年，人民调解组织调解民间纠纷 500 多万件，调解成功率达 96%，经人民调解又诉至法院的纠纷仅占调解纠纷总数的 1%，被法院裁定维持调解协议的比例高达 90.6%"。[2] 根据相关法律法规规定和各地的具体实践，人民调解组织一般设在村委会、居委会、乡镇、企事业单位等层级，而村级人民调解委员会构成其主体部分。

根据民政部提供的相关资料显示，截至 2008 年年底，全国共有村委会 60.4 万个，自然村 200.9 万个，村民小组 480.9 万个，村委会成员 233.9 万人。[3] 有居委会 80717 个，居民小组 123.5 万个。到 2009 年年底有城市社区 83413 个。[4] 截至 2007 年年底，我国共有乡镇 34369 个。由此可见，在我国 80 多万个人民调解组织中，农村和乡镇人民调解组织应占 90% 以上。

人民调解作为化解矛盾纠纷，维护社会稳定的"第一道防线"，无疑是一种重要的纠纷解决机制。我们在考察农村土地纠纷多元化解决机制时也必然会在此驻足长留，深入考察人民调解在预防和化解农村土地纠纷中的地位、作用和机理以及存在的问题与改进措施。基于农村土地纠纷所涉主体、客体和发生区域的特殊性，人民调解介入此类纠纷主要是在村级人民调解组织和乡镇（街办）人民调解组织层面。通过对村级和乡镇两级调解委员会实际情况的梳理和分析，可以较为全面准确地把握人民调解预防和化解农村土地纠纷的基本面貌。

我国宪法和相关法律法规明确规定了乡村人民调解组织机构的设置、职能及调解委员会成员的产生方式。《宪法》第 111 条第 2 款规定：

---

① 范愉：《调解年与调解运动》，《河南社会科学》2010 年第 1 期。

② 《关于〈中华人民共和国人民调解法〉（草案）的说明》（http://www.npc.gov.cn/npc/xinwen/lfgz/flca/2010-07/01/content_ 1580323.htm）。

③ 《我国共有 60 万个村委会》（http://www.qlxxw.cn/nongye/102609.html）。

④ 参见李学举《在纪念居民委员会组织法颁布实施 20 周年座谈会上的讲话》（http://bld.mca.gov.cn/article/zyjh/200912/20091200049593.shtml）。

居民委员会、村民委员会设人民调解委员会，调解民间纠纷。这就从宪法上确立了人民调解的法律地位。

《村民委员会组织法》第 2 条规定："村民委员会是村民自我管理、自我教育、自我服务的基层群众性自治组织，实行民主选举、民主决策、民主管理、民主监督。村民委员会办理本村的公共事务和公益事业，调解民间纠纷，协助维护社会治安，向人民政府反映村民的意见、要求和提出建议。"第 25 条规定："村民委员会根据需要设人民调解、治安保卫、公共卫生等委员会。村民委员会成员可以兼任下属委员会的成员。人口少的村的村民委员会可以不设下属委员会，由村民委员会成员分工负责人民调解、治安保卫、公共卫生等工作。"

《人民调解委员会组织条例》第 2 条规定："人民调解委员会是村民委员会和居民委员会下设的调解民间纠纷的群众性组织，在基层人民政府和基层人民法院指导下进行工作。"第 3 条规定："人民调解委员会由委员三至九人组成，设主任一人，必要时可以设副主任。人民调解委员会委员除由村民委员会成员或者居民委员会成员兼任的以外由群众选举产生，每三年改选一次，可以连选连任。"

《中华人民共和国人民调解法》第 7 条规定："人民调解委员会是依法设立的调解民间纠纷的群众性组织。"第 8 条规定："村民委员会、居民委员会设立人民调解委员会。企业事业单位根据需要设立人民调解委员会。人民调解委员会由委员三至九人组成，设主任一人，必要时，可以设副主任若干人。人民调解委员会应当有妇女成员，多民族居住的地区应当有人数较少民族的成员。"

《陕西省人民调解条例》第 8 条规定："村民委员会、居民委员会、乡镇、街道设立人民调解委员会。企业事业单位根据需要设立人民调解委员会。"第 10 条规定："人民调解委员会由委员三人以上组成，设主任一人，可以设副主任。人民调解委员会中应当有妇女委员。少数民族聚居地区的人民调解委员会中，应当有少数民族的成员。村民委员会、居民委员会和企业事业单位的人民调解委员会可以在村民小组、住宅小区、车间等设立调解小组或者调解员。"

根据现行法律法规，村级人民调解委员会是村民委员会下属的专门委员会之一，其主要职能是调解农村民间纠纷。当然，人口少的村的村民委员会可以不设专门的调解委员会，但须有村民委员会成员分工负责人民调解工作。由于我国幅员辽阔，各地村落分布、村庄规模、人口状况差异很大。有的一个自然村就有几万人口，分为若干行政村，如陕西户县号称"天下第一村"的斗村。有的行政村又由若干村民小组组成，甚至多达几十个村民小组，如陕西省西安市长安区的贾里村就有23个村民小组，7000多人。加之近年来各地区的撤组并村和农村社区建设，若干村庄农民聚居同一社区。这样就使得不仅在村委会层面上设置调解委员会，同时在村民小组或农村社区中也相应设立有调解小组或者调解员。

我们通过调研获悉的各种资料和农村实地考察可知，村级人民调解委员会无论其实际运行和作用情况如何，在组织设置上还是比较正常的。因为作为村民委员会下属的专门委员会的人民调解委员会，只要村委会的换届选举正常，其也会正常产生。目前，我国95%以上的村委会依法实行了直接选举，绝大多数村庄进行了七次以上的村委会换届选举。最新数据显示，我国现有60.4万个村委会，与此相应，也应该有60.4万个村级人民调解委员会。当然，由于农村改革不断深化，特别是在新型城镇化和新型农村社区建设不断推进的大背景下，撤村并组甚至撤乡并镇时有发生。中国古村落的数量也从2000年的360万个减少到2010年的270万个，10年消失了90万个，相当于每天消失300个自然村落。因此，村委会及其下属的人民调解委员会都是一个动态的数字。此外，在每次村委会换届选举中，各地都有些推迟选举乃至选不出村委会的村子，虽然为数不多，但对于考察乡村人民调解的组织及其运行状况来讲，应予以必要的关注。

对于乡村人民调解组织建设状况有两套报表比较直观，一是司法行政部门的《基层司法行政工作统计报表》，另一个是民政部门的《村民委员会换届选举情况统计表》。通过民政部门的村委会换届选举情况统计，可以比较客观地掌握当前各地村委会的实际运行状况，特别是开展对"重点村"、"难点村"的治理活动。可以对这些村的自治状况有更深入的了解，同时，也可以从一定程度上对这些村的人民调解工作有所了解。而司法行政部门的《基层司法行政工作统计报表》，则可以清晰地看到各乡镇、县、省市各类调解组织的设置变化情况。我们对一些地区统计表中显示的农村调解组织数据与该行政区乡镇村庄数据进行比对，基本上是吻合的，也就是说一个行政村设置一个调解委员会。

几年来，我们曾到过西部地区的许多村庄，与村干部和村民进行访谈，而与村干部的访谈一般都是在村部（也有在村干部家中或其他地方的），即村两委的办公场所。所到之处，自然会留意于办公条件、机构设置及规章制度。前些年，我们去陕西北部一些农村调研时，许多村庄一片凋敝，一些村子把村委会办公的窑洞都卖了，村干部就在自己家中办公。笔者走访一位村干部还是在他开的一个小饭馆里谈的话，其间他又跑回家拿来一包村民代表会议记录和村上征地补偿款的分配方案。他介绍说，由于村上没有一点集体收入，大家商议就把村委会的几孔窑洞卖了，用于集体开支，村委会也就成了一个名副其实的"流动村部"。

　　而近几年来，随着新农村建设的推进，特别是农村基层组织建设的加强，开展"三室八有"活动，农村要有党支部办公室、党员活动室和村委会办公室，农村阵地建设使得农村组织机构的办公条件大为改善。农村到处可以看到建设得相当体面、楼顶红旗飘扬的"阵地楼"。许多地方农村宅基地审批权被上收到县上或市上，多年不批一件宅基地，建设用地指标集中用于地方重点项目，闹得农民怨声载道。但农村基层组织阵地建设用地则实行特事特办，随报随批。城中村、城郊村或者集体经济发展较好的村庄基本都有村委会办公楼，各部门设置很"机关化"。普通村庄的村部也会是一排砖混结构的平房，有红砖铺地的广场。

　　一些村委会挂满了形状各异的牌匾，标明各种机构。有的多达十几个，亦可谓"机构林立"。除村委会、党支部、监委会外，与法律相关的机构就有人民调解委员会、法务室、警务室、综治办，还有的叫法律顾问室。这些名目不同的机构大多是几块牌子，一套人马，实行合署办公。如警务室，每周会有片警来值班一天，平时有事电话联系，陕西西部一些地方不仅有驻村干部，还有驻村法官，进行法制宣传和指导矛盾纠纷调解。

　　由于上面经常下来检查，这些机构是一定要设立的。走进室内，你还会看到墙壁上挂满花花绿绿印制精美的各种组织机构、岗位职责和规章制度图表，至少在形式上是机构健全、人员落实、制度完善的。室内还陈列着许多尘封已久的工作文件夹，封面标注"矛盾纠纷排查"、"综合治理"、"人民调解"等字样。打开盒子，装有几片纸，虽然题目不同，但文件内容基本相同。我们曾走访一个被某市誉为"××现象"的矛盾纠纷排查调处典型的街办司法所，里面陈列了辖区内许多乡村人民调解的"先进材料"，你会为材料的整齐、完整、系统而惊讶。但私下里，工作人员坦称，这是他们为迎接市上的现场会而突击几个夜晚"包装"出来的。

二　乡村人民调解组织的产生与现状

（一）乡村人民调解组织的产生

根据现行法律法规的相关规定以及各地的具体实践，人民调解员可通过推选和聘任方式产生，有兼职和专职之分。如《村民委员会组织法》第 25 条规定："村民委员会成员可以兼任下属委员会的成员。"

一些地方性法规，如《陕西省人民调解条例》第 11 条规定："村民委员会、居民委员会的人民调解委员会成员可以由村民委员会、居民委员会的成员兼任，也可以由村民委员会、居民委员会组织群众推举产生。乡镇、街道的人民调解委员会成员由司法所组织辖区内的人民调解委员会推举产生。"第 12 条规定："村民委员会、居民委员会和乡镇、街道的人民调解委员会每届任期三年。企业事业单位的人民调解委员会任期由设立的单位确定，但每届任期不得低于三年。人民调解委员会成员需要调整、补充的，由产生单位决定或者组织补选、补聘。"第 15 条规定："人民调解委员会可以聘请社会志愿人员担任调解员。人民调解委员会成员、调解员统称人民调解员。"

《人民调解法》则对人民调解员产生方式做了更为明确的规定。如第 9 条规定："村民委员会、居民委员会的人民调解委员会委员由村民会议、居民会议推选产生"；"人民调解委员会委员每届任期三年，可以连选连任"。第 13 条规定："人民调解员由人民调解委员会委员和人民调解委员会聘任的人员担任。"人民调解作为一种基础性的矛盾纠纷解决机制，具有民间性、自治性、便捷性、不收费等特点，要求"人民调解员应当由公道正派、热心人民调解工作，并具有一定文化水平、政策水平和法律知识的成年公民担任"。

我们在考察村级人民调解委员会的人员构成时发现，调委会通常由 3—5 人构成，其中一个突出的特点是村干部兼职现象非常普遍，有的甚至是清一色的村干部。从某种意义上来讲，乡村人民调解实际上主要是村干部的调解。村干部不仅普遍兼职人民调解员，甚至在一些地方司法行政部门推动、组织的专职人民调解员选聘中，村干部也占有相当大的比重。比如：延安市全区 23 个乡镇（办事处）、611 个行政村、31 个社区普遍建立了调委会。每个调委会均配有主任和调解员，现全区共有调解人员 2058 人，但这些人员一般为兼职，其中有 90% 的村（社区）调委会主任由村（社区）书记或主任兼任。

政府为了稳定农村调解队伍，极力推动调解员专职化。司法行政部门在不断部署专职人民调解员的选聘工作，实行"社会公开、自愿报名，平等竞争，择优聘用"。比如：黄陵县隆化镇 132 平方公里，35 个行政村，55 个自然村，71 个村民小组，14372 个农业人口，有 35 个村级人民调解委员会，调委会成员 189 名，其中专职人民调解员 93 名。但在专职人民调解员中村支书和村主任占了一半多。2010 年 4 月根据县司法局统一部署，在全镇各村选聘村级人民调解员 36 名。其中男 34 名，女 2 名。年龄在 50 岁以上的 10 名，49 岁至 30 岁的 25 名，30 岁以下 1 名。文化程度大专以上 2 名，高中 32 名，初中 2 名。在此次选聘的 36 名村级人民调解员中担任村主任、书记的就有 19 人，占 52.7%。

黄陵县隆化镇上官村设有调委会，其成员都是由两委会的人兼任，调委会主任由村主任兼任。问有无专职调解员，回答说没有。再问调委会成员为何都是由村干部兼任，书记说：村上矛盾纠纷很少，即使因田垄地畔有点纠纷，也是找村干部，说一说也就解决了。再说现在的人都很忙，不可能有人专门来做这项工作。村里的调委会、综治委就是两块牌子，一套人马，都是两委成员，村主任兼调委会主任，书记兼综治委主任。

乡村人民调解基本上是村干部处理和解决矛盾纠纷。这种兼职化主要是调解员的待遇问题所致。一方面，长期以来调解都是义务性的。现在许多地方政府开始实行"以奖代补"，根据纠纷的难易程度，每调解一件纠纷给予 50—100 元的工作补贴，由乡镇司法所核实报补。但从农民务工每天收入可达 60—80 元，甚至更高的收入水平来看，显然构不成多大的吸引力。另一方面，调解矛盾纠纷是村干部职责所在，村民素有找干部的情结，有了矛盾纠纷会径直寻求干部的帮助。

我们所做的一些调查问卷也同样显示出，农村矛盾纠纷调解主要依靠村干部。

有效问卷 193 份：选择很信任的有 57 人，占总数的 29.5%；选择不信任的有 15 人，占总数的 7.8%；选择有事就找的有 82 人，占总数的 42.5%；选择一般不找的有 25 人，占总数的 13.0%；选择找也没用的有 3 人，占总数的 1.6%。（见表 2—1）

表 2—1　　　　　　　　村民对调解委员会的信任度

	很信任	不信任	有事就找	一般不找	找也没用	缺失值
频数	57	15	82	25	3	11
百分比（%）	29.5	7.8	42.5	13.0	1.6	5.7

　　有效问卷 258 份：选择私了的有 42 人，占总数的 16.3%；选择找村干部的有 81 人，占总数的 31.4%；选择找乡政府的有 49 人，占总数的 19.0%；选择打官司的有 39 人，占总数的 15.1%；选择上访的有 47 人，占总数的 18.2%。（见表 2—2）

表 2—2　　　　　　你认为有效的纠纷解决方式有哪些

	私了	找村干部	找乡政府	打官司	上访
频数	42	81	49	39	47
百分比（%）	16.3	31.4	19.0	15.1	18.2

　　有效问卷 274 份：选择主动找对方协商的有 52 人，占总数的 19.0%；选择找亲朋好友说和的有 42 人，占总数的 15.3%；选择到法院（庭）打官司的有 24 人，占总数的 8.8%；选择找乡镇干部或司法所解决的有 71 人，占总数的 26.0%；选择找村干部或其他有威望的人解决的有 61 人，占总数的 22.3%；选择上访的有 24 人，占总数的 8.8%。（见表 2—3）

表 2—3　　　　　　　　土地纠纷解决的首选方式

	主动找对方协商	找亲朋好友说和	到法院（庭）打官司	找乡镇干部或司法所解决	找村干部或其他有威望的人解决	上访
频数	52	42	24	71	61	24
百分比（%）	19.0	15.3	8.8	25.9	22.3	8.8

有效问卷 290 份：选择亲朋好友的有 33 人，占总数的 11.4%；选择村主任的有 59 人，占总数的 20.3%；选择村支书的有 70 人，占总数的 24.1%；选择村民小组长（队长）的有 20 人，占总数的 6.9%；选择调解委员会的有 57 人，占总数的 19.7%；选择其他有威望的人的有 51 人，占总数的 17.6%。（见表 2—4）

表 2—4　　　　　　　　　　　在村内愿意找哪些人解决纠纷

	亲朋好友	村主任	村支书	村民小组长（队长）	调解委员会	其他有威望的人
频数	33	59	70	20	57	51
百分比（%）	11.4	20.3	24.1	6.9	19.7	17.6

有效问卷 284 份：选择村主任的有 62 人，占总数的 21.8%；选择村支书的有 93 人，占总数的 32.7%；选择村民小组长的有 37 人，占总数的 13.0%；选择其他有威望的人的有 55 人，占总数的 19.4%；选择调解委员会的有 37 人，占总数的 13.0%。（见表 2—5）

表 2—5　　　　　　　　　　农村哪些人处理问题比较公平公正

	村主任	村支书	村民小组长	其他有威望的人	调解委员会
频数	62	93	37	55	37
百分比（%）	21.8	32.7	13.0	19.4	13.0

以上问卷显示出村民对村干部调解解决矛盾纠纷的高度认同，但对于解决农村土地纠纷选择村干部则有所下降，低于找乡镇干部和司法所，这种指向与农村土地纠纷的类型、发生原因、复杂程度、利害关系相关。因为许多农村土地纠纷与村干部密切相关，诸如土地调整、强迫流转，宅基地划拨，土地收益分配，机动地发包及其收益支配都直接或间接地与村干部有关，加之土地纠纷政策性、法律性很强，非村干部所能掌控。

（二）乡村人民调解现状与问题

调研同时也反映出对乡村调解委员会和村干部调解矛盾纠纷的另外一种声音，包括担忧、诟病甚至是责难。表现为：

1. 乡村人民调解作用被无限放大

在构建矛盾纠纷"大调解机制"过程中，乡村人民调解的地位和作用有被有意无意放大的倾向，透出一些不准确乃至不正确的信息，对正确评判乡村人民调解的绩效构成误导。表现为乡村人民调解矛盾纠纷排查调处统计数据水分过大和对乡村人民调解不切实际的要求。如过分强调矛盾纠纷的调解率和调解成功率，我们调研中接触到的大量材料和报表，几乎都载明矛盾纠纷调解率100%，调解成功率95%以上，甚至高达98%。一些地方政府开展创建"无矛盾纠纷上交乡镇，无矛盾纠纷上交村"的活动。其实，稍有农村阅历或做过农村调研的人对此数据和提法都会觉得令人难以置信。若果真如此，又如何理解"诉讼爆炸"和"上访如潮"呢？

现在基层司法所普遍推行周报或月报制度，详细统计村级人民调解委员会矛盾纠纷排查调处情况，并逐级上报。然而许多村子的报表，每月排查调处的矛盾纠纷类型相同、数量一样或游戏般地进行数字排列组合。究其原委，相关人员或笑而不答或示以只可意会不可言传的表情或丢一句"仅供参考"。也有坦言者："数字报得大了会被指责不稳定，数字报得小了会被批评没干工作。"报多报少要相机行事。如此数据信息，何以据此做出准确判断，又何以据此进行正确决策？

2. 农村调委会名存实亡现象严重

从各地官方材料来看，每个村子都设有调解委员会，机构健全，场所固定，人员到位，工作正常。然实地考察，许多农村调委会却是有牌子，无场所；有机构，无人员。正是"牌子挂在门上，机构设在墙上，人员不知去向"。村庄"空心化"是当前农村，特别是中西部农村的基本现状。青壮年大多外出务工，家中只剩老人和儿童，即使村干部也很少住在村里。现在是不仅县乡干部"走读"，连农村干部也多为"走读"。"有事电话联系"已成为当前许多村干部工作的基本方式。村庄"空心化"使许多农村组织机构瘫痪，名存实亡，一些调委会也就自然"无疾而终"了。

农村基层组织涣散乃至瘫痪的现象，我们也可以从每届村委会换届选举中，各地确定的"重点村"、"难点村"，并有些"选不成"、"选不出"村庄的情况，以及民政部强力推动的全国村务公开和民主管理"难点村"治理活动中可窥一斑。所谓"难点村"，是指村"两委"班子不健全，主要是村干部不团结；民主决策流于形式，村民委员会不能按期换届选举或选举缺乏公平、公开、公正性；村民民主理财组织不能正常发挥作用；民主监督流于形式，农民群众意见多、反映问题集中、矛盾突出、干群关系紧张，经济与社会发展处于落后状态的村。据不完全统计，全国共有 3 万多个村务公开和民主管理"难点村"，约占全国村委会总数的 6%。虽然比重不大，但涉及的农民群众人数不少。①

3. 农村精英流失严重，调解人才后继乏人

农村调解人员除由村干部担任外，还包括一些德高望重，见过世面，懂理知性，能"说大事化小事"的乡村精英。但随着农村人口向城市的快速流动，农村精英也大量外流，在外发展自己的事业。因此，留在村里的人中，具有调解纠纷能力的人越来越少，调解人才严重匮乏，而且后继乏人。村民有了纠纷，在村里居然找不到一个"明白人"诉说和调停。这种情况并不在少数，实在令人担忧。

一位村民这样形容他们村的人才状况，"原来能干的老了，现在精明的跑了，剩下的都是没头脑的了"。陕西南郑县司法行政部门还开展了一项非常有意思的活动，欲在每个农村家庭培养出一个法律"明白人"。可见当前农村人才匮乏之状。陕西第一"股份村"西安市未央区和平村党委书记兼村主任和股份公司董事长的白世锋就认为："村民自治就是农民自己管自己，这是有局限的，现在农村人才大量外流，村庄人才严重缺乏，必须引入外部力量，包括人才和好的管理机制进行村民自治。"

我们的一项问卷调查，同样表明当前农村有能力解决纠纷的人是越来越少，后继乏人。

有效数据 196 份：选择越来越多的有 62 人，占总数的 31.6%；选择越来越少的有 71 人，占总数的 36.2%；选择非常缺乏的有 34 人，占总数的 17.3%；选择青黄不接的有 12 人，占总数的 6.1%；选择几乎没

---

① 参见 2009 年 6 月 23 日，中央政府门户网站（http：//www. gov. cn/jrzg/2009-06/23/content_ 1348154. htm）。

有的有 17 人，占总数的 8.7%。（见表 2—6）

表 2—6　　　　　　　　村里有能力解决纠纷的人

	越来越多	越来越少	非常缺乏	青黄不接	几乎没有
频数	62	71	34	12	17
百分比（%）	31.6	36.2	17.3	6.1	8.7

4. 农村干部权威渐去，责任心淡化

农村调解委员会主要成员是村"两委"干部。村民有了纠纷也主要是找村干部解决。村干部或亲自调解或安排"专职"的调解员调解。传统农村干部一般都德高望重，熟悉村情，懂得政策，通晓乡规民约，又久经历练，处理农村纠纷得心应手，颇具权威。但近些年来，农村干部队伍的素质包括道德素养、工作作风、工作能力都发生了很大的变化，严重影响了乡村人民调解的发展。

表现为：一是农村贿选普遍存在，花钱选上来的村干部，本身群众就不满意，更难以得到群众的信赖，说话办事也就缺乏权威性。二是一些村干部缺乏责任心，只关心自己的利益，只忙于自己的事业，无视群众的利益和公共事务。许多村干部在外都有自己的"工程"或经营项目，一年在村里住不了几天。有的村干部，群众找上门要求解决矛盾纠纷时或推托或不给好处不处理，有的甚至声称处理矛盾纠纷既耽误工夫又不挣钱，所以出现了"村干部为村民调解纠纷要交'误工费'"的现象。三是农村干部调解能力弱化。现在的村干部三年一换届，普遍存在"一年看、二年干、三年忙换届"的情况，有些任期届数短的干部经验不足，能力不强；有些属于富人治村、强人治村的，虽在某些方面能力较强，但农村工作整体水平不高，处理比较棘手的矛盾纠纷能力不强。

有效数据 234 份：选择分清是非严格处理的有 42 人，占总数的 17.9%；选择讲清道理协商处理的有 85 人，占总数的 36.3%；选择偏听偏信主观臆断的有 39 人，占总数的 16.7%；选择是非不分尽和稀泥的有 14 人，占总数的 6.0%；选择不给好处就不处理的有 51 人，占总数的 21.8%；缺失值为 3，占总数的 1.3%。（见表 2—7）

表 2—7   村干部解决矛盾纠纷的态度

	分清是非 严格处理	讲清道理 协商处理	偏听偏信 主观臆断	是非不分 尽和稀泥	不给好处 就不处理	缺失值
频数	42	85	39	14	51	3
百分比（%）	17.9	36.3	16.7	6.0	21.8	1.3

有效数据 194 份：选择主动解决的有 95 人，占总数的 49.0%；选择不找不管的有 63 人，占总数的 32.5%；选择被动应付的有 28 人，占总数的 14.4%；选择推托拒绝的有 8 人，占总数的 4.1%。（见表 2—8）

表 2—8   发生土地纠纷后村干部的态度

	主动解决	不找不管	被动应付	推托拒绝
频数	95	63	28	8
百分比（%）	49.0	32.5	14.4	4.1

根据媒体报道，发生在陕西省蓝田县的"村干部为村民调解纠纷要交误工费"的事件，从另外一个侧面反映了当前农村人民调解的窘境，和以村干部为主体的乡村调解队伍的现实处境。①

为解决与他人的土地纠纷，蓝田县普化镇代底村村民王帅找村干部调解，可村干部却告诉他，要先交 200 元"误工费"。镇政府工作人员认为，索要"误工费"是错误做法。

调解纠纷先交 200 元"误工费"

王帅是代底村四组人。据王帅说，2005 年，家里把半亩多土地"租"给了其他人。今年 6 月，他打算收回土地，10 月，王帅发现该人在地里取土填场子，于是，他向村干部反映，村主任夏西仲曾出面制止。

---

① 参见王瑞强《蓝田县村干部为村民调解纠纷要交误工费》，《华商报》2007 年 11 月 7 日。

为了进一步解决土地纠纷，11月1日，王帅的伯父请夏西仲出面进行调解，可村主任夏西仲却张口向其索要200元。11月5日，王帅再次给夏西仲打电话，要求其出面解决问题。电话里，夏西仲又提出要先交"误工费"再处理。

村主任："误工费"可以减少纠纷

昨日上午，在代底村村主任夏西仲家里，提起"误工费"一事，夏西仲说，村上有一个调解小组，成员是5位村民，每次调解时村上要收取50元到100元不等的费用。之所以要收取费用，夏西仲解释，调解小组调解纠纷会产生一定成本，这笔费用村上无钱支付。"除一人在村里外，其他几名调解小组成员都在外打工。"夏西仲说，调解人回村调解会耽误挣钱。据了解，调解村民之间的纠纷收取一定费用是该村多年前定下的。夏西仲认为，收取"误工费"也可以减少村民间纠纷，因为调解需要费用，村民就不会轻易为琐事争执。

镇政府：所谓"误工费"不合理

对代底村村干部收取"误工费"一事，昨日下午，普化镇政府工作人员说，镇政府从没有调解纠纷要收取"误工费"的说法。调解村民之间的纠纷是村干部应尽的义务，如果村上经济条件较好，村委会可以向调解人支付一定费用，但不能以任何理由向村民索要调解费。

这一事件至少可以折射出乡村人民调解所面临的问题：一是农村人口外流，调解队伍不稳定，难以保证"在岗"。二是调解人员调解纠纷需要付出时间和精力，会"耽误挣钱"，在没有集体经济支持或政府以奖代补不到位或补助与农民务工收入差距太大的情况下，调解员在外出挣钱与调解工作之间会做何选择？三是"调解村民之间的纠纷是村干部应尽的义务"靠什么来约束和保障？

前两个问题是不言而喻的，针对第三个问题，我们曾经在甘肃省兰州市榆中县夏官营镇调研时和镇上的领导有过对话：

问：村上发生的纠纷怎么解决？

答：一般先由村上解决，村上有调解员，村干部也有责任调解，80%的纠纷在村上就解决了，一般来说村上调解处理的效果要好一些，村干部熟悉情况，了解当事人，又知道问题出在哪里，所以好解决。

问：村干部会不会推托不管？

答：那不行。乡镇对村干部工作分项考核，考核结果要与他们的工资挂钩，进行奖惩，村支书和村主任政府每年要给 5000—7000 元工资，村民小组长每月补助 100 元。

在西部地区大部分农村干部的工资是通过中央转移支付资金发放的，一般一个村一年转移支付资金在 1 万元左右。村支书、村主任每月补助 300 元，村民小组组长不补助或补助 50—100 元，加上每年村庄被摊派的报刊费需要 1000—3000 元不等。这两项开支就将一个村的转移支付资金花销完了。村集体经济较好的村庄还可能给村干部再补贴一点，但西部大部分村庄集体经济几无，如果没有征地发生的话，充其量是私下留点"机动地"，以此承包费支持不得已的集体开支。可见在经济欠发达地区典型的农业村庄当选村干部是没有动力的，所以用微薄的工资来作为村干部考核的约束力量显然是不够的。至于对城中村、城郊村或经济富裕村庄的干部来说，这种考核约束更是微不足道。

5. 农村新型矛盾纠纷调解委员会无能为力

当前，农村诸如邻里纠纷、婆媳矛盾、打架斗殴等传统矛盾纠纷日渐减少，新型矛盾纠纷不断滋生，如土地承包经营权纠纷，土地收益分配纠纷，土地征收、租赁纠纷，环境污染纠纷，村务管理纠纷等。在这些新型纠纷中，有些纠纷本身就与村"两委"有关，有些纠纷为村干部的贪腐行为或工作作风所引发，有些纠纷与乡镇政府工作有关，特别是因开发区建设、城市建设、新农村建设、城中村改造等引发的土地纠纷由于直接与政策、法律、上级行政命令有关，又往往具有群体性、对抗性等特点，因此诸如此类的农村新型纠纷就远非农村调委会所能解决，也就是说在新形势下，农村调委会发挥作用的空间非常有限。

我们在和一些乡镇领导及司法所工作人员访谈时，他们对乡村调解显然很悲观，评价很低调。他们甚至认为"村上的调解几乎不发挥作用"，主要表现在：

——村干部主要依靠个人威望、办事经验和传统道德等解决矛盾纠纷已不能完全解决问题了。现在农村矛盾纠纷所涉政策性和法律性很强，尤其是土地纠纷。

——一些村干部年纪大了，观念和精力都跟不上了，也不愿多管事。

——一些村干部解决问题的能力在弱化。把道理讲不明白，和一般老百姓差不多。一些新上来的年轻干部历练少、能力差、无权威，无法驾驭和应对错综复杂的农村社会关系，难以处理农村各类矛盾纠纷。

——村干部怕麻烦，不愿惹人，村上有了纠纷就让找镇政府去，矛盾上交。一位村会计这样评价村干部对村上矛盾纠纷的心态："现在邻里纠纷，互不相让，如一些村民为扩大宅基地争抢集体的边角地，两家人大打出手，很难处理。村干部也不想得罪人，其实也不是处理不下去，只要村干部敢得罪人就行，你敢强占就扣你的征地款或报告给乡政府土地部门，也能处理下去，但村干部不愿意这样做。现在的村干部是得过且过，甚至连超生人口的宅基地也给划，征地款也给分，搞得超生人口越来越多，正是'狼在门前过，只要不伤自家人'。"

——农村能人一部分只顾自己赚钱外出了，留在村里的干部抱怨待遇低，不愿管"闲事"，只热衷于搞项目。

——现在交通方便，通信方便，所以大部分农民有事就直接找政府。

——客观上有些矛盾纠纷已非农村干部或乡村人民调解所能解决。乡村人民调解解决土地纠纷仅限于田垄地畔的界址纠纷，而诸如山林土地权属纠纷、土地调整、土地流转、土地征收、拆迁补偿等涉及关系复杂、利害冲突较大的纠纷就难以调解，而转向求助乡镇政府或司法机关。

第二节　乡村人民调解的范围

人民调解的范围与人民调解的性质、法律地位及其基本特征是密切相关的，人民调解的范围从其发挥作用的领域上反映和体现着人民调解的性质、法律地位和特征。近些年来，关于人民调解的范围在学术上有争议，立法上有变化，行政上有企求，实践中有突破，但是人民调解范围的变化必须与其性质、法律地位和基本特征相匹配，而不能一味地从实用主义出发随意改变，否则人民调解将失去"自我"，而异化为其他纠纷解决机制或与行政、司法调解纠缠不清，从而影响其自身的存在和发展。

一 立法上对人民调解范围的界定

《人民调解委员会组织条例》第 2 条规定："人民调解委员会是村民委员会和居民委员会下设的调解民间纠纷的群众性组织。"第 5 条规定："人民调解委员会的任务为调解民间纠纷，并通过调解工作宣传法律法规，规章和政策，教育公民遵法守法，尊重社会公德。"现有立法只规定了人民调解的对象是民间纠纷，但并未对"民间纠纷"的具体内涵和外延做出界定。

1990 年 4 月 19 日司法部颁布的《民间纠纷处理办法》第 1 条规定："为妥善处理民间纠纷，保障人民的人身权利、财产权利和其他权利，维护社会稳定，根据《人民调解委员会组织条例》第九条第二款和第十条的规定，制定本办法。"第 3 条规定："基层人民政府处理民间纠纷的范围，为《人民调解委员会组织条例》规定的民间纠纷，即公民之间有关人身、财产权益和其他日常生活中发生的纠纷。"

此后，司法部于 2002 年 9 月 11 日发布的《人民调解工作若干规定》第 28 条又规定："人民调解委员会调解的民间纠纷，包括发生在公民与公民之间，公民与法人和其他社会组织之间涉及民事权利义务争议的各种纠纷。"

这里我们可以看出，国务院的《条例》仅对人民调解范围做了原则性规定，即为"民间纠纷"，但对民间纠纷的内容和含义留下了很大的理解和解释空间，而司法部的行政规章则对"民间纠纷"不断地"扩大解释"。首先在纠纷的主体上，起初只界定公民与公民之间发生的纠纷，继而扩大到公民与法人和其他社会组织之间的纠纷。其次从纠纷的内容和性质上，在《办法》中规定为"有关人身、财产权益和其他日常生活中发生的纠纷"，包括具有民事权利义务内容的人身、财产纠纷和并不具有民事权利义务内容的其他日常生活中发生的纠纷；而《若干规定》对纠纷主体进行了扩大，但在纠纷内容和性质上却做出了明显的限制解释，将民间纠纷的内容限定在涉及民事权利义务争议的各种纠纷。这种立法上的变化与其对新形势下，由于"经济体制深刻变化，社会结构深刻变动，利益格局深刻调整，思想观念深刻变化，我国社会经济生活中还会出现新的矛盾和问题"的认识和判断，以及力求"最大限度地把各种矛盾纠纷化解在基层，解决在萌芽状态，筑牢社会稳定的'第一道防线'"的强烈现实需求分不开。社会转型期各种新型矛盾纠纷凸显，社会秩序和稳定因此而受到强烈冲击，相形之下，传统矛盾纠纷已成"鸡毛蒜皮"，人民调解重心转移到对各类新型矛盾纠纷的预防与化解。

二　新时期人民调解范围的扩张

在社会转型期社会矛盾纠纷凸显以及构建和谐社会的背景下，由于人民调解组织遍布城乡、网络健全，人民调解员根植基层、贴近群众，人民调解工作具有平等协商、互谅互让、不伤感情、成本低、效率高的特点，易为人民群众所接受，在化解矛盾纠纷中具有独特优势。所以，司法和行政力量不断推动人民调解工作，尤其表现在强力推动扩大人民调解范围和强化人民调解协议法律效力等方面。

最高人民法院、司法部于 2002 年 1 月 1 日、2004 年 2 月 13 日先后联合发布的《关于进一步加强新时期人民调解工作的意见》和《关于进一步加强人民调解工作切实维护社会稳定的意见》（司发〔2004〕1号）；最高人民法院于 2002 年 9 月 16 日发布《关于审理涉及人民调解协议的民事案件的若干规定》（法释〔2002〕29 号）；司法部于 2007 年8 月 23 日发布的《关于进一步加强新形势下人民调解工作的意见》（司发〔2007〕10 号）以及 2004 年 3 月 5 日最高人民法院、司法部肖扬、张福森、黄松有、胡泽君等同志在全国人民调解工作座谈会上的讲话（司发〔2004〕6 号）都对此有明确的规定和要求。

最高人民法院、司法部《关于进一步加强新时期人民调解工作的意见》强调："人民调解工作要与时俱进，开拓创新，认真总结几十年来的成功经验，借鉴其他国家的有益做法，建立新机制，研究新情况，解决突出问题。人民调解要扩大工作领域，完善组织网络，提高队伍素质，规范工作程序，增强法律效力。同时，要将人民调解工作与基层民主政治建设相结合，与社会治安综合治理相结合，与人民来信来访工作相结合，使人民调解工作在社会主义民主法制建设中发挥更大的作用。"

"要适应民间纠纷发展的新情况、新特点，在调解公民日常生活中发生纠纷的基础上，根据维护社会稳定的需要，积极扩大工作领域。要积极调解婚姻、家庭、邻里、赔偿等常见性、多发性纠纷，稳定社会关系。要结合本地社会经济发展的特点，针对突出的难点热点纠纷开展调解工作，缓解改革进程中的利益冲突。"

最高人民法院、司法部《关于进一步加强人民调解工作　切实维护社会稳定的意见》要求："人民调解工作要适应新形势下正确处理人民内部矛盾的需要，不断拓展工作领域，做到哪里有民间纠纷，人民调解就在哪里发挥作用。认真做好婚姻、家庭、邻里、损害赔偿、房屋宅基地、生产经营等多发性、常见性民间纠纷的调解。紧紧围绕党委政府的中心工作，着力做好涉及土地承包、村务管理、征地拆迁、企业改制重组破产等方面的群体性、复杂性、易激化矛盾纠纷的调解工作。采取各种措施，提高调解率、调解成功率和协议履行率。"

最高人民法院、司法部《关于进一步加强新形势下人民调解工作的意见》则进一步要求："以化解社会矛盾纠纷为主线，进一步发挥人民调解化解矛盾纠纷的功能。要加强婚姻、家庭、邻里、损害赔偿和生产经营等常见性、多发性矛盾纠纷的调解工作，促进家庭和睦、邻里和谐，维持和发展和谐的人际关系和社会关系。努力适应新形势下矛盾纠纷发展变化的趋势，大力拓展调解领域，依法调解公民与法人、公民与其他社会组织之间的纠纷，积极参与城乡建设、土地承包、环境保护、劳动争议、医患纠纷、征地拆迁等社会热点、难点纠纷的调解，促进解决民生问题，缓解利益冲突，密切党群干群关系。对调解不成的，要及时主动向当地党委、政府汇报，依靠党委政府和基层组织妥善解决，努力维护社会和谐稳定。"

最高人民法院、司法部领导在全国人民调解工作座谈会上的讲话中指出："在新的历史时期，我国在农村征地、城市拆迁、企业转制、职工下岗等方面出现了不少矛盾纠纷，且许多纠纷呈现出群体性、复杂性的特点。我们只有正确认识新时期的社会矛盾，准确把握矛盾运动的规律，才能有针对性地、创造性地开展工作，自觉、积极主动地支持人民调解工作，才能真正维护好社会稳定。"因此要求："全国广大人民调解员积极调解婚姻、家庭、邻里、损害赔偿、房屋宅基地以及生产经营等常见性、多发性民间纠纷，同时结合当地经济社会发展的特点，主动介入社会难点、热点纠纷的调解，调解范围已经在传统纠纷的基础上发展到村务管理、农民负担、计划生育、土地承包及流转、征地拆迁和补偿、施工扰民、下岗待岗等诸多方面。""要进一步拓宽工作领域，加大对生活、生产中多发性、易激化纠纷的调解力度。要在及时预防、化解婚姻、家庭、邻里、房屋宅基地、山林、土地承包等常见性、多发性纠纷的基础上，结合当地社会经济发展的实际，主动参与涉及村务管理、农民负担、计划生育、土地承包及流转、征地拆迁、噪音扰民、下岗待岗等社会难点、热点纠纷的调解，积极参与群体性矛盾纠纷的调解，防止矛盾纠纷激化。要采取有效措施进一步提高调解率、调解成功率和协议履行率。"

以上文件和讲话明确而系统地阐述了扩大人民调解工作领域和调解范围的时代要求和社会基础，同时赋予人民调解维护社会稳定的政治功能。这种做法显然是以一种政治动员令的方式将人民调解催化为一场解决社会矛盾纠纷的人民战争。人民调解作为一种基础性、常规性的纠纷解决机制有其作用的有效领域。这种领域是与人民调解的性质、地位、可资利用的资源、作用对象、工作机理相匹配的，决不能简单地以政治意识形态的取向或理想主义的情怀而任意改变，否则会欲速则不达或走向其反面。人民调解固然要与时俱进，但不可将新时期所发生的所有矛盾纠纷不做区分地统统揽入其怀，特别是像土地承包及流转、征地拆迁与补偿安置等社会难点、热点纠纷，甚至群体性矛盾纠纷这些为司法和行政救济手段都束手无策的问题推给人民调解是不可思议的。这些不切实际的要求必将误导人们对"民间纠纷"的理解和适用，把人民调解引入歧途。

三　学界关于人民调解范围的认识

在司法、行政力量积极推动扩大人民调解范围的同时，学界亦展开热烈的讨论和深入的探讨，既有共识，也有分歧。

有学者认为，按照《人民调解委员会组织条例》的规定，人民调解的范围仅限于公民之间有关人身、财产权益和其他日常生活中发生的纠纷。这显然过于狭窄，因此，《人民调解工作若干规定》第20条对此做了扩大，规定人民调解委员会调解的民间纠纷"包括发生在公民与公民之间、公民与法人和其他社会组织之间涉及民事权利义务争议的各种纠纷"。但从实践来看，这一范围仍然偏窄。除积极调解婚姻、家庭、邻里、赔偿等常见性、多发性纠纷外，人民调解委员会还可以积极拓展工作领域，其范围应当包括：（1）一般民事纠纷，如恋爱、婚姻、家庭、继承、析产、赡养、扶养、抚育、债务、赔偿、房屋、宅基地、相邻、承包、租赁、土地、山林、水利等纠纷；有些纠纷即便不涉及民事权利义务争议，也可纳入人民调解的范围，如夫妻、婆媳之间因家庭琐事引起的矛盾。（2）轻微民事违法行为引起的纠纷，如轻微伤害、斗殴、损毁、小额偷窃、欺诈等。（3）轻微刑事违法行为引起的纠纷，如殴打、侮辱、诽谤、虐待、干涉婚姻自由等。《人民调解委员会暂行组织通则》规定"轻微刑事案件"属于人民调解的范围，自 1989 年《人民调解委员会组织条例》颁行以后，"轻微刑事案件"不再属于人民调解的范围。但笔者认为，根据《刑事诉讼法》的规定，对于此类刑事违法行为可以提起自诉，当事人对自诉案件拥有自由处分的权利，法院在诉讼程序中可以调解，故当事人不自诉或自诉后又撤诉的，人民调解委员会当然可以调解。因此，这些轻微的刑事案件可以纳入人民调解的范围。我国台湾地区也规定乡镇市调解组织可以调解包括"告诉乃论"在内的一定范围内刑事案件。进而，即便不属于自诉范围，一些轻微的刑事案件，如盗窃、伤害等，亦可由人民调解委员会调解。①

在《人民调解法》的制定过程中，对如何界定新时期人民调解制度的适用领域和调解纠纷的范围引起了更为广泛和激烈的争论，主要观点有以下几种：

第一种观点认为，人民调解制度适用的领域和范围应该是民事纠纷及由公安机关、检察院、法院等有关部门移交的具有民事赔偿内容的案件。但是法律法规明确规定只能由专门机关管辖处理的，法律法规明确禁止采用调解方式的，已经生效的判决、仲裁、公证书，当事人拒绝要求调解的，不适用人民调解。这样的界定首先扩大了人民调解在纠纷主体和纠纷种类上的适用空间，符合构建社会主义和谐社会对人民调解工作的需要，也符合当今世界纠纷解决替代机制的发展趋势。其次，这样界定也利于恰当定位人民调解的适用范围，就是说在扩大人民调解适用空间的同时，也要防止和避免滥用人民调解手段替代行政、诉讼调解。

---

① 参见徐昕《完善人民调解制度与构建和谐社会》，《中国司法》2006 年第 4 期。

在由公、检、法等有关部门移交的具有民事赔偿的案件中，是否适用人民调解的主动权在于相关部门，如果相关部门认为可以适用人民调解就可以移交人民调解组织进行调解，在这里，人民调解要突出一个被动性、防止用人民调解取代行政、诉讼调解。有人认为，这个观点使人民调解调解纠纷的范围变窄了。在实践中，由公、检、法等有关部门移交的案件不是都带有民事赔偿的内容。如刑事自诉案件可以委托人民调解，按照《刑事诉讼法》的规定，刑事自诉案件中有遗弃、侮辱诽谤、暴力干涉婚姻等 8 种类型，通过调解只要侵害方停止了侵害，并不一定都带有民事赔偿内容。如果把公、检、法等相关部门移交人民调解的案件附加民事赔偿的限制，会使人民调解的范围变窄。

第二种观点认为，人民调解适用的领域和范围仍然是民间纠纷。因为民间纠纷比民事纠纷的范围广。但什么是民间纠纷却有不同的解释：第一种解释认为，随着社会经济的发展，各种矛盾纠纷复杂多样，使民间纠纷不仅包括公民与公民之间，公民与法人及社会组织之间，还应该包括法人与法人之间。概括成一句话就是：当事人之间具有权利义务内容的民间纠纷都可以纳入人民调解的范围。第二种解释为，在人民调解调处的大量纠纷中，除了一部分具有民事权利义务内容，相当一部分属于道德调解的范畴，许多靠道德调解的纠纷没有民事权利义务内容。如果在民间纠纷前带有限制性的"民事权利义务"，就会把大量靠道德调解的纠纷排除在人民调解的范围以外。所以，人民调解的范围应当定位于发生在当事人之间的民间纠纷。还有一种表述为：发生在人们日常生产和生活中有关人身和财产的纠纷。

第三种观点认为，凡是能由司法解决的矛盾纠纷都可以交由人民调解解决，包括民事纠纷、轻微刑事案件纠纷、自诉案件纠纷、刑事附带民事案件纠纷等。也就是说，司法作为一种解决矛盾纠纷的方法和途径可以解决的矛盾纠纷，人民调解作为解决矛盾纠纷的另外一种形式和途径，也可以承接由司法可以解决的矛盾纠纷。有人持反对的观点，认为这种观点混淆了人民调解与司法调解的区别，使人民调解的范围过于宽泛而失于严谨。

第四种观点认为，人民调解范围适用于公民与公民间、公民与法人及社会组织之间的民事纠纷。这个观点基本上与司法部颁布的《人民调解工作若干规定》中对人民调解工作范围的规定相一致。持这种观点的人反对将法人与法人之间的纠纷调处纳入人民调解的范围，认为这样会影响对人民调解组织的性质认定。①

四　实践中乡村人民调解的范围

立法与学术研究固然可以引领或指导人民调解的实践，但现实中的人民调解实践却是极其丰富多彩的，其可能与立法和理论相契合，也可能远远突破既有的立法与理论。以下我们仍然从农村和乡镇两个层面上考察实践中的乡村人民调解范围。

（一）司法行政部门统计的人民调解矛盾纠纷类型

司法行政系统从 2004 年始进行基层司法行政工作统计，逐级上报，形成由村、乡镇、县、市、省到全国的《基层司法行政工作统计报表》。其中"年度人民调解委员会工作情况统计表"（基层司法行政工作 4 号表）将人民调解所涉纠纷分为 12 个类型，即婚姻家庭纠纷、邻里纠纷、合同纠纷、赔偿纠纷、劳动纠纷、村务管理纠纷、土地承包纠纷、征地拆迁纠纷、计划生育纠纷、施工扰民纠纷、房屋宅基地纠纷、其他纠纷。

这种分类与前面所述司法、行政强力推动扩大人民调解工作领域的逻辑是一致的，除传统意义上的民间纠纷外，还包括发生在公民与公民、公民与法人及其他社会组织之间的利益纷争，特别是在社会转型期出现的一些新型矛盾纠纷。从我们调研中所收集到的部分省市的《基层司法行政工作统计报表》可以看出，所列纠纷类型均已进入人民调解的范围，并有大量纠纷被农村和乡镇人民调解组织所调解，一般调解率为100%，调解成功率平均在95%以上。

我们从统计表中亦可看出，传统民间纠纷的比重在下降，而各类新型矛盾纠纷正呈上升趋势，如土地纠纷。

（二）农村民间纠纷基本形态

考察农村民间纠纷，如果仅从一个孤立的时空点来看，往往会得出截然不同的结论。如在西部以传统农业为主的村庄，特别是山区乡村，村干部们会告诉你，现在农民各过各的日子，相互之间来往很少，青壮年都外出打工了，留在村里的不是老的就是小的，很少有什么矛盾纠

---

① 以上四种观点，参见《中国司法》2008 年第 8 期，第 107—109 页。

纷。就像一位村干部所说，"有纠纷也大都是邻里纠纷，婆媳矛盾，琐碎事多，尽是些鸡毛蒜皮的，这些小事村调解员、治保主任就处理了"。但在另一些村庄，特别是城中村、城郊村或经济较发达的川道村庄，村干部们又会告诉你"现在的农村太复杂了，农民已经不是过去的农民了。一个个唯利是图，你平时要搞个活动根本组织不起来，打扫个公共卫生，清理一下道路积雪不给钱都没人干，可一遇到有利益的事，都来了，矛盾纠纷不断，你还处理不下去"。

其实村干部的两种说法都是事实，但若要据此判断农村纠纷多了或少了，大了或小了，那是绝对不可靠的。当我们将观察的时空视域由点转化为段和面的时候，农村矛盾纠纷的概貌就会逐渐清晰起来。农村矛盾纠纷的类型、多少、大小要受到许多因素的影响，呈现明显的时空和区域差异。这些因素包括地域因素：山区农村和川道农村，传统农业的农村和都市农业的农村，山村远郊村与城中村城郊村，少数民族聚居的农村和汉族农村；产业结构因素：棉粮区、无粮区、林区、果业区、花卉区等；工业化城市化因素：能源开发、厂矿城市建设征收征用土地；政策因素：退耕还林、林权改革、新农村建设、涉农补贴，以及农村重大政治、经济活动，如村两会换届选举、集体财物分配等，甚至还要受到风俗习惯、封建迷信的影响。

如：在青海省黄南藏族自治州，由于这里是冬虫夏草的重要产地，因而草山权属争议、冬虫夏草采挖纠纷甚多，巨大的经济利益使得矛盾纠纷非常激烈，乃至引发暴力冲突；青海境内有许多大型水库，并不断有新的库区建设，因此库区征地补偿，移民安置，搬迁户与非搬迁户的矛盾纠纷不断；在甘肃农村家庭成员之间的土地承包经营权分割纠纷，政策移民与自行"调庄"引发的纠纷很突出；还有各地林区的火损纠纷，果区的果业纠纷，汛期的排水纠纷；重大工程项目及城市建设中的征地补偿，拆迁安置、土地收益分配纠纷；农村建房中因封建迷信要压人一头，建房争高纠纷等。

可见农村民间纠纷是一个动态的复杂的事物，今天风平浪静，明天也许就是风起云涌；鸡毛蒜皮的琐事有，但旷日持久、激烈对抗、惊天动地的纠纷同样会发生。这些矛盾纠纷又因诸多因素的影响而有不同的流向和结果，其中有相当部分进入了乡村或乡镇人民调解，有的被调解解决了，而有的则向外、向不同层级的国家机关流淌。

五　进入乡村人民调解的土地纠纷

在传统民间纠纷中涉及土地问题的主要是房屋宅基地纠纷、田埂地畔的界址纠纷和相邻关系中的道路、排水纠纷。自农村实行土地家庭承包经营制以来，土地承包纠纷成为最主要的农村土地纠纷。

最高人民法院2009年7月29日公布的《关于审理涉及农村土地承包纠纷案件适用法律问题的解释》第1条，具体列举了人民法院应当依法受理的涉及农村土地承包民事纠纷。主要有：（1）承包合同纠纷，包括①土地承包经营权转包合同纠纷，②土地承包经营权转让合同纠纷，③土地承包经营权互换合同纠纷，④土地承包经营权入股合同纠纷，⑤土地承包经营权抵押合同纠纷；（2）承包经营权侵权纠纷；（3）承包经营权流转纠纷；（4）承包地征收补偿费用分配纠纷；（5）承包经营权继承纠纷。该司法解释还同时规定："集体经济组织成员因未实际取得土地承包经营权提起民事诉讼的，人民法院应当告知其向有关行政主管部门申请解决。集体经济组织成员就用于分配的土地补偿费数额提起民事诉讼的，人民法院不予受理。"

全国人大常委会2009年6月27日通过并公布的《中华人民共和国农村土地承包经营纠纷调解仲裁法》第2条规定："农村土地承包经营纠纷调解和仲裁的适用范围，即农村土地承包经营纠纷包括：（一）因订立、履行、变更、解除和终止农村土地承包合同发生的纠纷；（二）因农村土地承包经营权转包、出租、互换、转让、入股等流转发生的纠纷；（三）因收回、调整承包地发生的纠纷；（四）因确认农村土地承包经营权发生的纠纷；（五）因侵害农村土地承包经营权发生的纠纷；（六）法律、法规规定的其他农村土地承包经营纠纷。因征收集体所有的土地及其补偿发生的纠纷，不属于农村土地承包仲裁委员会的受理范围，可以通过行政复议或者诉讼等方式解决。"

这两个法律文件从不同角度详细规定了农村土地承包经营纠纷的基本类型，这些纠纷除有小部分被规定排除使用诉讼和农村土地承包纠纷仲裁方式解决外，当事人可选择自行和解、调解、仲裁和诉讼任何一种方式解决。

《农村土地承包经营纠纷调解仲裁法》规定，发生农村土地承包经营纠纷的，当事人可以自行和解，也可以请求村委会、乡（镇）人民政府的调解。村民委员会、乡（镇）人民政府应当加强农村土地承包经营纠纷的调解工作，帮助当事人达成协议解决纠纷。当事人申请农村土地承包经营纠纷调解可以书面申请，也可以口头申请。调解农村土地承包经营纠纷，村民委员会或者乡（镇）人民政府应当充分听取当事人对事实和理由的陈述，讲解有关法律以及国家政策，耐心疏导，帮助当事人达成协议。经调解达成协议的，村民委员会或者乡（镇）人民政府应当制作调解协议书。调解协议书由双方当事人签字、盖章或者按指印，经调解人员签字并加盖调解组织印章后生效。

可见，村委会和乡镇人民政府具有调解农村土地承包经营纠纷的法定责任，而村委会的调解一般由村干部或村人民调解委员会进行，属于人民调解的范畴。而乡（镇）人民政府的调解则主要是通过司法所或农村经营管理站（经管站或经管员）进行，调解达成协议的一般出具人民调解协议书。

除以上传统农村土地纠纷以及农村土地承包经营纠纷外，随着我国工业化、城市化的迅猛推进和农村产权改革的纵深发展，一些新型农村土地纠纷也大量产生和存在，而且在数量、规模、影响面上，处理难度都是空前的，如土地承包及流转纠纷，征地拆迁安置纠纷，小产权房交易纠纷，农村社区建设、村组合并引发的土地权属、宅基地纠纷以及土地收益分配纠纷等。在当前农村土地纠纷中，此类纠纷已成为社会热点和难点问题，极易引发群体性事件，在纠纷解决的渠道和方式上，农民和政府都偏好于政治谈判，难以进入司法程序，也非人民调解所能担当。

以上我们仅从法律制度规定的应然状态和司法行政系统的统计报表分析进入乡村人民调解的土地纠纷。这种分析虽然可以从一定层面上反映出乡村人民调解对农村土地纠纷调解的基本状况，但制度分析仅是事物发展的一种可能，其与制度的实际运行是有距离的，因此显得有些抽象，而大范围的统计报表是一种总体性的把握，缺乏具体的"质感"。下面我们将以具体的实证材料透视农村土地纠纷进入人民调解的情景。

调研中，我们收集到陕西省汉中市南郑县许多有关人民调解的资料，包括矛盾纠纷排查调处基本情况统计报表，工作制度、工作文本、调解案卷。我们也到一些司法所和村庄进行实地观察和访谈，以便与文本资料相互印证。南郑县地处汉中市南部，全县总面积2849平方公里，辖 30 个乡（镇），495 个村，总人口 55.88 万人，是全市人口最多的一个县，该县是一个农业大县，农业人口居多。该县司法局是全市的先进单位，人民调解工作多有创新。他们的"五位一体"化解矛盾纠纷工作机制被全市推广并受到省政法委的高度重视。

我们以南郑县《2007 年全县矛盾纠纷形势分析报告》为样本，整理出该县 2007 年矛盾纠纷排查、调处的基本情况，并整理出该县涉农土地纠纷的主要类型、产生特点、典型案例和调处情况，从中我们可以比较客观清晰地看到当前农村土地纠纷的产生、影响及走向，也可以真切地看到进入人民调解工作领域的农村土地纠纷。

（一）南郑县 2007 年矛盾纠纷排查、调处基本情况

2007 年全县司法行政系统共组织排查各类矛盾纠纷 13938 件。其中村级调解组织排查 9348 件，基层司法所排查 3732 件，法律服务所排查 461 件，其他方面排查 397 件。已调处 13902 件，调处成功 13221 件，引导当事人诉讼 401 件，转其他部门处理 39 件，调处率 100%，调成率 95.1%。其中婚姻家庭类纠纷 2814 件；邻里类纠纷 813 件；生产经营类纠纷（含土地承包、征地拆迁纠纷）2649 件；房屋宅基地等问题纠纷 3097 件；债务类纠纷 1768 件；因合同、赔偿、劳资等问题引发的矛盾纠纷 541 件；其他纠纷 256 件。通过矛盾纠纷排查调处工作的开展，共防止群体性械斗 67 件，防止群体性上访 58 起 664 人，防止"民转刑"案件 19 件，挽回和减少经济损失 1210 余万元。

根据司法行政系统矛盾纠纷排查调处基本情况统计分类口径，涉农土地纠纷主要分布在生产经营类纠纷和房屋宅基地等问题纠纷中，在 2007 年全县司法行政系统组织排查的 13938 件各类矛盾纠纷中，生产经营类纠纷 2649 件；房屋宅基地等问题纠纷 3097 件。

（二）南郑县 2007 年涉农土地纠纷及其调处情况

这是一套比较完整、系统的事实资料，清晰地勾勒出了这个区域一年中涉农土地纠纷的发生轨迹和化解状况。1 月份，宅基地、通路、责任田地、山林等各类边界纠纷大量增加，本月排查出此类纠纷 121 件，比 2006 年 12 月份增加 7%。冬季农闲，农村建房大多放在这个季节，从而引发因农村建房产生的各类边界、通路等纠纷大量增加；加之村民承包的责任田地、山林多在此时兑现和调整，由此引发的此类边界纠纷大量涌现。如红庙镇罗帐岭村 10 组村民钱某与张某因责任地山坡边界

产生纠纷，经罗帐岭村调委会和红庙司法所多次调解现达成协议。城关镇赵家湾村 7 组村民罗某因修房与本组村民罗某某发生宅基地纠纷，在村调委会的积极介入下，现已调解成功。

2 月份，全县司法行政系统共组织排查各类矛盾纠纷 893 件，其中乡级调解组织排查 742 件，乡镇调委会及司法所排查 122 件，法律服务机构调处 29 件，调处率 100%，调成率 90%。其中生产经营类纠纷调处 145 件，调处成功 137 件；房屋宅基地纠纷 121 件，调处成功 115 件。通过对全县 2 月份纠纷数据分析，矛盾纠纷呈现以下特点：一是家庭类纠纷仍然居高不下，尤其是赡养类纠纷上升幅度较大，占本月矛盾纠纷的 24.5%。二是春节期间是用电高峰，乱接、拉电引发的矛盾纠纷在本月凸显。三是春节期间亲友聚会多，部分群众缺乏安全意识，致使不安全事故高发。本月因酒后驾车发生交通事故 3 起，9 人受伤。发生 2 起因驾车失控导致的交通事故，两死一伤。四是外出务工人员返乡过春节，由于离家时间较长，对家庭、集体了解较少，又缺乏正确的认识从而引发的矛盾纠纷在本月居首。如两河乡倒庙村四组村民危某对叔父的林地边界不清，在帮叔父砍树时误砍本组村民黄某的树木四株，黄某要求危某赔偿四棵树的损失而与危某发生纠纷，此矛盾经司法所指导，村调委会已调解。

3 月份，生产经营性纠纷大幅度上升。本月共发生此类纠纷 153 件，较上月增加 8 件。本月属农闲季节，部分村组进行村间道路改修，需要占用部分农户的田地，进而需要铲除田地里栽种的农作物，部分农户不愿意占用自己的田地或嫌赔偿太低而不及时铲除田地里的农作物引发矛盾。如黄官镇桂花村四组在修机耕路时，引发本组聂某、杨某和本镇五丰村三组部分村民因不愿修机耕路占用自己田地的纠纷，此纠纷经黄官司法所调处，工程已经顺利进行。

4 月份，生产经营性纠纷有上升趋势，占本月矛盾纠纷总数的 20.8%。集中表现在新农村建设集体占用个人承包的土地和征地拆迁引发的矛盾纠纷上。牟家坝镇牟家坝村六组村民不同意村委在本组土地上建村级活动室，如果非建不可则要求村委给六组一定的经济补偿，否则，坚决阻止村委会使用本组土地建村级活动室。此矛盾司法所正在调处。城关镇夏家庵村九组村民认为本村砖厂占用土地的补偿费太低，要求增加土地补偿费，并阻止砖厂继续生产，与砖厂承包人发生纠纷，村调委会多次调解未达成协议，村民情绪十分激动，准备到县、市上访，司法所、镇调委会及时介入调解，已于 4 月 12 日双方达成协议，此矛盾化解。

5 月份，因产业结构调整和新农村建设征地引发的矛盾纠纷在本月占矛盾总数的 28.5%，导致部分群众到乡镇上访、群访 9 件 92 人，到县上访 3 件 21 人。大河坎镇渔营村一组部分村民认为省卷烟总厂汉中分厂技改占用本组土地 141 亩给的补偿费用太低而阻挡施工并到市、县、镇上访，此纠纷大河坎镇和司法所正在协调处理。两河地坪村胡某到两河乡政府反映两元公路建设，因 C 标段施工将废土倒入胡某养大鲵的河道内，严重影响了大鲵的生存权，要求乡镇政府解决，该矛盾经司法所处理双方已达成协议。黄官镇观音沟村民黄某到黄官镇反映本组村民严某租种自己的责任地种植烤烟，而黄某拒绝兑付严某家的赔青款，要求镇政府进行协调，此纠纷经黄官司法所调解已化解。

此外，季节性田边地界和调整土地引发的矛盾纠纷在本月占一定比例。红庙镇柳林村苏某因互换责任田而发生纠纷，此矛盾经村调委会调处已化解。牟家坝镇关公庙村村民钟某与同组村民兰某因土地调整发生纠纷，钟某将兰某种在争议地上的秧苗全部毁坏，经村调委会多次调解未果，兰某以此为由多次到镇政府上访，此纠纷经司法所和村调委会调解，现双方已达成协议。两河乡茅垭村汪某的责任山与谢某的责任地相邻，因汪某的责任山树林影响了谢某的责任地农作物采光，谢某的哥哥在未经汪某许可下将其树枝遮光部分砍去，因此发生纠纷，此纠纷经村调委会调解，双方已经达成协议。

8 月份，一些企业、项目工程在生产、施工过程中影响群众生活生产，损害群众利益，导致矛盾纠纷的发生。在白玉乡元坪村中坪组开矿的汉中通汇矿业在开矿过程中将矿渣堆放在河道中，致使连续降雨时河水猛涨，冲毁了罗某的土地和粮食，罗某要求汉中通汇矿业给予赔偿引发纠纷，此纠纷司法所已调处成功。胡家营乡赖家山村因为在修西汉高速公路征地后未解决村民水沟及机耕路问题，致使雨天水随处流，影响农户的庄稼和出行，部分农户到乡政府上访。

9 月份，农村房屋买卖纠纷多发。一些农民群众买卖房屋不按正规程序办理，不通过任何组织，私下进行，为房屋买卖纠纷埋下隐患。协税镇大营村张某在 2007 年 7 月将土木结构的房屋两间卖给邻居李某，仅写了一份房屋买卖合同，但未办理其他相关手续，后张某的儿子因其他原因不同意卖房屋给李某，要求李某返还房屋引发纠纷，此纠纷正在调解。阳春镇付家河村邓某于1997年6月与陈某（当时在外打工）的公婆商量借陈某宅基地一间，陈某公婆答应借给至今，在2007年9月份陈某返回家中准备建房，要求邓某返还宅基地，邓某拒绝引发房屋权属纠纷，此纠纷经调解未达成协议，已引导当事人诉讼。

10月份，房屋宅基地类纠纷高发，尤其是因新建房屋导致的纠纷在本月发生211件，比上月增加18件，呈明显上升趋势。进入冬季，农村修建房屋数量增多，不经规划乱修乱建现象比较普遍，因边界、采光等问题容易导致邻里之间发生矛盾。如城关镇石门村陈某建房与邻居孙某发生纠纷，村调委会及时介入，划清边界，化解了矛盾。胡家营乡胡家营村董某建房因影响董某房屋采光发生纠纷，目前正在调处。

11月份，资源权属，土地、宅基地边界、通行类相邻纠纷在本月高发。相邻纠纷往往因争夺利益引起，由于当事人不能互谅互让、协商处理，进而演变为矛盾纠纷，具有类型杂，起因多，积怨深、事发快，调处难，易反复的特点。如胡家营乡张家山村张某因十几年前邻居修房时房檐滴水占了他的地基，一直心存不满，现张某又怀疑邻居折断其家门前一棵小树，便堵住邻居家通行的道路，并要求邻居打掉房檐，引发矛盾，此纠纷已由胡家营司法所调处。

12月份，全县司法行政系统共组织排查各类矛盾纠纷1297件，由村级调解组织排查625件，乡镇调委会及司法所排查245件。其中房屋宅基地纠纷253件，调处成功245件；生产经营类纠纷调处156件，调处成功147件。通过对全县12月份纠纷数据分析，本月矛盾纠纷主要呈现以下特点：一是外出务工人员返乡后引发的各类矛盾纠纷仍居高不下。如两河乡三门村三组村民肖某外出务工，于11月24日返回家中，发现自己的宅基地上莫名地修建了电话交换机房一个，向两河司法所申请，要求濂水、黄官电信所拆除电话交换机房，经两河司法所和三门村调委会多次协调，濂水、黄官电信所同意于2008年6月份以前拆除建在肖某宅基地上的电话交换机房。二是年底催要欠款引发的债务纠纷占本月矛盾纠纷的15.1%。三是因为评定发放农村低保和农村惠民福利政策实施引发的矛盾纠纷在本月高发。四是12月份是年末岁尾，一些乡镇趁外出务工人员返乡之际催收村村通工程的集资款引发的纠纷在本月凸显。喜神乡和平村一组组长彭某到本组村民邓某家中催要本村 2007 年村级道路硬化集资款，两人因为言语不和发生撕打，彭某受伤住院，和平村做好了双方当事人的稳控工作，此纠纷待彭某伤愈后调解。

（三）问题与分析

1. 社会转型致使矛盾纠纷呈现新状况

经济体制改革、社会结构变动引发的利益调整、观念冲突导致现阶段社会矛盾更加多样和复杂，呈现"三多三不断"，即农村争执多，村民摩擦不断；重点工程多，利益冲突不断；土地征用多，土地权属纠纷不断的局面，使矛盾纠纷排查调处工作十分繁重。在矛盾纠纷的类型中，土地权属、山林争夺、水土权益、宅基地纠纷、征地补偿以及拆迁安置等方面的矛盾纠纷，占全县矛盾纠纷总数相当大的比重。

2. 农村矛盾纠纷与季节性农民生产生活活动关系密切

大多山林争夺、水土权益、宅基地纠纷都与季节性农村农民生产生活活动有着密切的关系。如农作物种植期间、农民工集中返乡期间，冬季农闲建房期间等多为矛盾纠纷多发期。

3. 经济项目开发与村民利益冲突的纠纷逐年增多

2007 年，随着西汉高速公路的顺利开通，该地区招商引资和经济开发加速，许多因集体利益和个人利益冲突而引发的矛盾相继发生。如在土地征收、新农村建设、城市道路扩建、征地拆迁补偿安置中政府、企业、村集体组织与村民之间的利益纠纷。一年来，涉及经济项目开发和村民利益冲突的纠纷就有 166 件，占全县矛盾纠纷的 1.4%，较 2006 年增加 35%。

4. 土地问题诱发农村干群关系紧张

现在村民与村干部、群众与村组织之间的矛盾主要集中在村里的财务政务、土地使用承包及干部的工作能力、工作作风等热点问题上。其中农村土地承包、宅基地划拨、土地收益分配等问题是引发干群关系紧张的重要因素。2007 年因干群关系引起的纠纷就有 67 起，占总数的 0.5%。虽然比例不高，但由此引起的群体性事件错综复杂，处置困难，后果严重，已成为影响社会稳定的主要因素之一。

5. 土地矛盾纠纷多数能得到妥善解决

一年中所发生的各类土地纠纷，多数已通过村调委或司法所的调解得到有效解决。对于少数分歧大、对抗性强、难以调解的矛盾纠纷则引导当事人走向诉讼或采取其他制度内解决方式加以解决，防止走向极端。

通过人民调解解决的矛盾纠纷多为传统民间纠纷和一些常见多发的涉及利益关系比较简单、经济利益不大的农村土地纠纷。那些与村委会、村干部或乡镇政府有所牵连的土地纠纷，如因土地调整、强迫流转土地、收回出嫁女和死亡村民承包地、取消或限制外嫁女土地收益分配权等一般难以在村级调解组织解决。至于诸如土地租赁、征地补偿、拆迁安置等土地纠纷大都走上信访、行政或司法救济的渠道。

从总体来看，当前，农村传统矛盾纠纷日渐减少，新型矛盾纠纷不断滋生，如土地承包经营权纠纷，征地拆迁安置纠纷，土地收益分配纠纷，土地租赁纠纷，征地拆迁回迁村民利益纠纷，预留国有土地（被征地农民生活依托地）管理、使用、处置及收益分配纠纷，小产权房买卖纠纷等。一些纠纷本身就与村"两委"有关，有些纠纷就是因村干部的贪腐行为或工作作风所引发的，有些纠纷与乡镇政府工作有关，对于诸如此类的新型农村土地纠纷，村级调委会是难以发挥作用的，也就是说在新形势下，村级调委会发挥作用的空间有限。

第三节　乡村人民调解的依据和方式

在系统考察乡村人民调解的主体、范围及其特征之后，我们必须关注人民调解的依据（规则）和方法，人民调解组织及其调解人员总是依据一定的调解规则和方法对民间纠纷进行调解，以实现其所负担的各项功能。从某种意义上来讲，人民调解主体和范围的特征直接影响着调解规则和方法的选择和适用，而调解规则和方法的适当与否又影响到调解的成败、实效和功能实现程度。可见，调解的主体、范围、规则、方法构成人民调解这一制度性纠纷解决机制的基本要素，这些要素的科学构建和有机结合方能保证人民调解纠纷机制的良性运行。

对于人民调解的规则和方法我们可以从立法、学理和实践三个层面上认识和把握。由于人民调解作为一种体制内的纠纷解决机制，有明确的法律规定加以规范和引导，我们关注的重点在于人民调解规则和方法的制度安排、具体实践和实际效果，尽管各种有关调解规则和方法的学理和研究对于我们解释和理解法律具有重要的指导意义，但我们还是舍弃了对调解规则和方法学理上的梳理和阐释。

一 立法上的人民调解规则和方法

新中国成立后，在继承传统民间调解和革命根据地人民调解的基础上，正式建立了人民调解制度。其作为司法制度建设和社会主义基层民主政治制度建设的重要内容，作为一种具有中国特色的纠纷解决机制，长期以来一直受到党和政府以及学界的高度重视和关注。这首先表现在立法上的积极推进和不断完善。早在 1954 年 3 月 22 日，原政务院就颁布实施了《人民调解委员会暂行组织通则》。1982 年，人民调解制度被正式载入宪法，从最高法的层面上确立了人民调解制度的法律地位。此后相继出台了一些相关专门立法，如《人民调解委员会组织条例》、《人民调解工作若干规定》、最高人民法院和司法部《关于进一步加强新形势下人民调解工作的意见》。至 2009 年，全国人大将《人民调解法》提到议事日程，并将其列入一类立法规则。2009 年 4 月司法部向国务院正式提交了《人民调解法（草案送审稿）》。2010 年 6 月 22 日，十一届全国人大常委会第十五次会议初次审议了《中华人民共和国人民调解法（草案）》。2010 年 8 月 29 日，十一届全国人大常委会第十六次会议审议通过了《中华人民共和国人民调解法》。在这些相关规范性文件中均对人民调解的依据（规则）和方式进行了详略不同的规定。

1954 年 2 月 25 日政务院第 206 次政务会议通过、1954 年 3 月 22 日政务院发布的《人民调解委员会暂行组织通则》（已失效）第 6 条规定，调解工作"必须遵照人民政府的政策、法令进行调解"；第 8 条规定，"调解委员会调解案件时，应利用生产空隙时间进行工作，应倾听当事人的意见，深入调查研究，弄清案情，以和蔼耐心的态度，说理的方式，进行调解。案件调解成立后，得进行登记，必要时得发给当事人调解书"。

1989 年 5 月 5 日国务院第 40 次常务会议通过、1989 年 6 月 17 日发布实施的《人民调解委员会组织条例》第 6 条规定，人民调解委员会的调解工作"依据法律、法规、规章和政策进行调解，法律、法规、规章和政策没有明确规定的，依据社会公德进行调解"；第 8 条规定，"人民调解委员会调解纠纷，应当在查明事实、分清是非的基础上，充分说理，耐心疏导，消除隔阂，帮助当事人达成协议"。

司法部《人民调解工作若干规定》（中华人民共和国司法部令第75号）第6条规定，人民调解委员会调解民间纠纷应当"依据法律、法规、规章和政策进行调解，法律、法规、规章和政策没有明确规定的，依据社会主义道德进行调解"；第31条规定："人民调解委员会调解纠纷，应当在查明事实、分清责任的基础上，根据当事人的特点和纠纷性质、难易程度、发展变化的情况，采取灵活多样的方式方法，开展耐心、细致的说服疏导工作，促使双方当事人互谅互让，消除隔阂，引导、帮助当事人达成解决纠纷的调解协议。"

《中华人民共和国人民调解法》第3条规定，人民调解委员会调解民间纠纷应当"（一）在当事人自愿、平等的基础上进行调解；（二）不违背法律、法规和国家政策；（三）尊重当事人的权利，不得因调解而阻止当事人依法通过仲裁、行政、司法等途径维护自己的权利"。第21条规定："人民调解员调解民间纠纷，应当坚持原则，明法析理，主持公道。调解民间纠纷，应当及时、就地进行，防止矛盾激化。"第22条规定："人民调解员根据纠纷的不同情况，可以采取多种方式调解民间纠纷，充分听取当事人的陈述，讲解有关法律、法规和国家政策，耐心疏导，在当事人平等协商、互谅互让的基础上提出纠纷解决方案，帮助当事人自愿达成调解协议。"

最高人民法院、司法部《关于进一步加强新形势下人民调解工作的意见》（司发〔2007〕10号）提出要"积极推进人民调解工作创新"。具体内容包括："要创新人民调解工作理念。坚持以人为本，服务群众，把维护群众切身利益、促进民生问题解决作为人民调解工作的根本出发点。要创新人民调解工作方法。根据矛盾纠纷的性质、难易程度以及当事人的具体情况，充分利用'村头'、'地头'、'街头'、'炕头'调解等适应基层特点的、群众喜闻乐见的方式，综合运用教育、协商、疏导等办法，因地制宜、不失时机地开展人民调解工作。充分依靠人民群众开展调解工作，引导群众自我管理、自我服务、自我教育、自我约束。注意邀请专家学者和有关部门的工作人员参与专业性较强的纠纷调解工作。积极探索运用网络、通讯等现代科技手段开展人民调解工作，方便人民群众，提高工作效率。要创新人民调解工作机制。把人民调解工作与基层民主政治建设相结合，与社会治安综合治理相结合，与人民来信来访工作相结合。积极推进人民调解、行政调解和司法调解的有效衔接，着力构建在党委政府领导下，以人民调解为基础，人民调解、行政调解和司法调解相互衔接、相互补充的调解工作体系。"

我们从以上有关人民调解立法的发展演变中，可以清晰地看到人民调解的依据（规则）和方法在立法上的发展变化。这种变化表现为：

一是强调人民调解的适法性。人民调解作为一种制度性安排和体制内的纠纷解决机制，尽管其与传统的民间调解有着重要的历史渊源关系，在现实中人民调解也与民间调解在许多方面存在着重合和混同，但在法律上必须要求其依法调解，因其所担负的功能不仅仅是解决纠纷，同时还担负着重要的政治发展和社会治理功能，必须以符合特定政治、社会发展要求的价值目标引领和规范人民调解。同时，根据《最高人民法院关于审理涉及人民调解协议的民事案件的若干规定》司法解释的规定，人民调解协议具有民事合同的性质，当事人有权请求人民法院予以变更、撤销或确认。人民法院一旦确认，人民调解协议即具法律效力。据此，人民法院对人民调解协议客观上存在一个司法审查的过程，其能否得到确认，一个重要的前提是调解是否合法，因为一个背离法律精神和规定的人民调解协议是无法获得法律上的认可和支持的。所以，在所有有关人民调解依据的规定中，都强调依法调解，不得违反政策和法律。

2010年8月29日审议通过的《中华人民共和国人民调解法》第3条规定，"人民调解委员会调解民间纠纷，应当遵循下列原则：……不违背法律、法规和国家政策"。将人民调解的合法性定位为"不违法"，而不是简单适用法律条文，这种规定有利于纠正以往对"依法调解"的错误理解，鼓励在调解中采用各种民间社会规范作为依据，发挥其变通、协商和选择的价值和作用空间，更符合社区调解的需要和规律。

二是人民调解的依据（规则）不断拓展。从最早的《人民调解委员会暂行组织通则》仅规定"必须遵照人民政府的政策、法令进行调解"到《人民调解委员会组织条例》规定"依据法律、法规、规章和政策进行调解。法律、法规、规章和政策没有明确规定的，依据社会公德进行调解"。《人民调解工作若干规定》做出与其相同的规定，而新近的《人民调解法》则规定"依据法律、法规、规章和政策进行调整，也可以在不违背法律、法规、规章和政策规定的前提下，遵循社会公德或者参考村规民约，社区公约，企事业单位规章制度和社会善良习俗进行调解"。比较这四个规范性文件有关调解依据的规定，我们可以发现，在调解依据（规则）的演变中，一是由突出政策转向突出法律；二是根据调解的性质和特点，不断拓展人民调解依据（规则）的范围。从法律、政策、社会公德到村规民约、社会公约、企事业单位的规章制度和社会公序良俗。人民调解依据范围的拓展，表现出立法者对人民调解的性质和特点有了更加精确的把握，对作为调解对象的民间纠纷有了更加深刻的认识，调解规则的拓展和丰富使立法更加贴近人民调解的现实。事实上，在人民调解的实践中，更多的是以民众熟悉且认同的社会公德、风俗习惯和自治规则来调解各种矛盾纠纷，而很少直接以抽象刚性的政策法律来调解。很多场合下政策和法律的适用，需要调解者将之变通或转化为一种以情和理为载体的柔化了的规则。诚如有的学者所言："具有村庄生活经验的调解者都知道要在'情、理、法'之间寻找到一个平衡点作为调解的规则。所谓'情'指的是人情世故和人际关系，'理'指的是是非对错观念和道理，'法'则主要指国家的成文法。情、理、法之间的平衡点实际上就是地方性知识和国家法律'大传统'互动后形成的地方性规范、民间法。"① 这种立法上的变化，使人民调解的规则走向多元和世俗，既解决了人民调解规则单一的不足，也解决了人民调解司法审查适法性的困境。

三是增加了程序性规则。人民调解不仅要以实体性规则为依据，同时也要以程序性规则为引导，作为人民调解的依据，实体和程序规则缺一不可。《人民调解法》填补了人民调解程序性规则的空白。

四是调解方式方法日趋完善。人民调解制度化，巧妙地完成了传统与现代的对接，政治社会功能与解纷功能的融合。但人民调解之所以为民众所喜闻乐见，并成为颇具魅力的"东方经验"，说到底就在于其独特的调解方式、方法和功效。方便、高效、经济、灵活、不伤和气、贴近人民生活是其生命力的本源。在几个相关规范性文件中都对人民调解的方式方法做了明确而具体的规定，特别是在新的历史条件和形势下，适应社会转型的需求，积极推进人民调解工作的创新，实现人民调解从

---

① 董磊明：《村庄纠纷调解机制的研究路径》，《学习与探索》2006 年第 1 期。

工作理念、工作方法到工作机制等方面的全面创新。

二 农村土地纠纷调解规则的选择

（一）选择范围

从理论研究和现行立法上，我们可以看出，人民调解规则选择与适用的发挥空间很大。仅就规则的类型来讲有国家政策法律、村民自治规则和传统风俗习惯等，具体包括政策、法律、法规、规章、社会公德、村规民约、传统习惯、善良风俗等。这里既有国家制定的刚性规则，也有历史与现实中自发形成的无形规则，还有村民自治组织创设的自治规则。但在事实上，可供调解选择适用的规则并不限于此，还有诸如"地方性知识和国家法律'大传统'互动后形成的地方性规范、民间法"①，地方性制度，即"地方民众日复一日的，在外人看来略显单调的日常生活的循环往复的实践活动所得到的规则"②，以及"举例说明"中的例子。民谚有云："打个比方劝个人"即是，亦即学者们所发现的"农村的调解工作不像城里需要法律，调解最大的技术就是举例说明。例子举多了、举到位了，纠纷自然就解决了"。③ 值得注意的是在理论和实践中，都有将调解的实体性规则与程序性规则、规则本身和规则适用的方式方法和支持力量相混同的倾向。如人情面子、人格魅力、个人威望等，这些只是使调解得以顺利进行和成功的影响因素，而非据以解决纠纷的规则本身。

在这诸多并非体系化，甚至矛盾对立的规则中，选择什么？如何选择？如何适用？则是十分复杂的问题和过程。农村土地纠纷由于其类型、性质、特点、复杂程度、利益关系等方面的差异，因而在调解规则的选择上会更加复杂与困难。

（二）选择主体

我们已有的观察和研究表明乡村人民调解实质上主要是村干部在调解，是村干部解决矛盾纠纷进行乡村治理的一种重要活动，但同时值得

---

① 董磊明：《村庄纠纷调解机制的研究路径》，《学习与探索》2006 年第 1 期。
② 传佩国：《解读地方性制度：一项关于中国社会的转化研究策略》，《东方论坛》2003 年第 2 期。
③ 杨华：《自己人的调解：从农村纠纷调解过程中的"举例说明"谈起》，《中国农业大学学报》（社会科学版）2009 年第 2 期。

注意的一个问题是，乡村人民调解与民间调解，即体制内的调解与体制外的调解在"维护社会稳定"的政治要求和背景下，很容易混同，客观上只要解决了矛盾纠纷就会被纳入到人民调解之列。这样调解主体除村干部外，还包括体制外的其他乡村社会精英，这些体制内和体制外的农村精英，在调解矛盾纠纷规则的选择上会有一定的差异。身份的不同，拥有社会资本类型的不同，导致他们在选择调解规则和适用规则的方法上存在差异。我们所做的一项调查也正好反映出了这种差异。

选择政策法律的有 127 人，占总数的 35.1%；选择村规民约的有 102 人，占总数的 28.2%；选择风俗习惯的有 70 人，占总数的 19.3%；选择人情世故的有 32 人，占总数的 8.8%；选择土政策的有 31 人，占总数的 8.6%（见表 2—9）。

表 2—9　　　　　　　农村解决纠纷主要依据

	政策法律	村规民约	风俗习惯	人情世故	土政策
频数	127	102	70	32	31
百分比（%）	35.1	28.2	19.3	8.8	8.6

选择政治权力的有 74 人，占总数的 17.3%；选择经济实力的有 51 人，占总数的 11.9%；选择人情面子的有 65 人，占总数的 15.2%；选择个人威望的有 115 人，占总数的 26.9%；选择处事能力的有 123 人，占总数的 28.7%（见表 2—10）。

表 2—10　　　　　农村"能人"解决纠纷主要依靠

	政治权力	经济实力	人情面子	个人威望	处事能力
频数	74	51	65	115	123
百分比（%）	17.3	11.9	15.2	26.9	28.7

（三）选择的取向

调解规则的多样性以及调解规则之间的不一致性乃至矛盾，使得选择不同的规则调解纠纷会产生不同的结果，甚至相反的结果。如此，选择者必然会依其一定的价值取向而抉择。如乡镇调解委员会和司法所的调解，在规则的选择和适用上非常注意适法性，主要依据政策和法律进行调解，一般不会贸然越界。而农村干部调解纠纷在规则的选择与适用上则更注重实效了。其规则的选择和适用上具有较大的灵活性，选择的取向与过程也将会更加复杂。一个有经验的农村干部既不会简单地选择适用政策法律，也不会轻率地选择或创制与政策法律相对立的规则适用。他们会在适法性和实效性之间找到一个恰当的平衡点。他们的身份、地位和政治生存环境造就了他们拥有这样的一种特殊能力。他们一手牵着政府，一手牵着村民，不能舍弃任何一方。他们既要靠近体制，又要拢住村民，这是他们的现实处境。我们的一项关于乡镇政府废存态度的调研恰好反映了这一点。对此问题乡镇干部的态度是乡镇政府非但不能撤，而且应大力加强；村民的意见则是乡镇政府有和没有都一样，还不如撤了；而村干部的意见则是，乡镇政府撤不得，但要精简。同样，在调解规则的选择适用上也反映了这种心态和取向。如在政策法律与村规民约、村民利益相一致的时候，无疑会不折不扣地选择政策和法律。但如果政策法律与村规民约、村民利益不一致甚至矛盾对立的时候，规则的选择就复杂了，甚至需要创制新的规则以缓解这种规则间的冲突，确保对现实矛盾纠纷的切实解决。

三 农村土地纠纷调解规则的创制

在乡镇（街办）和农村调研如何解决土地纠纷，听到、看到和感受到最多的是"变通"。这种变通无处不在，其构成农村基层工作独特的技术。它所昭示的意义不仅仅是工作方式方法上的灵活性，更重要的是在实体上，它往往是对既有规则的改变或消解，是一种创制新规则的方式。许多刚性的政策和法律就这样被"变通"柔化后加以实施。我们知道，农村土地问题的政策性和法律性历来都很强，大多为刚性的"硬杠杠"，而这些"硬杠杠"的基本价值取向是全局利益和长远利益，其往往与村集体或村民的现实需求与利益相矛盾，如农村土地政策法律的基本取向是维护农民土地承包经营权的稳定性，但农村人多地少矛盾的尖锐性使农民具有强烈的土地调整冲动；法律要求男女平等，并着力保护妇女的土地承包经营权和土地收益分配权，但现实是村民对外嫁女土地权益的强烈否定。面对这种复杂局面，如果简单地以法律政策为依据来处理问题，就会严重背离现实，民心尽失，根本行不通。如果迎合村民而背弃法律政策，则会遭遇行政的压力和司法的否定。村干部"平衡"的智慧与能力在此得到了超常的发挥，一系列变通规则被创制了出来，如在处理土地调整的矛盾中：土地调整照样进行，出嫁女的地要收回，去世人口的土地要下掉，新增人口的土地要分配，但承包地基本稳定不变。只调整机动地，没有了机动地再调整分给农户的二类地（较次的土地），一类地则不在调整的范围。没地可调时新增人口就排队等待。有的村调整土地，只动账不动地，拿钱找补，既保持土地稳定，又满足新增人口的土地需求。如前文讲到的陕西北部某民主法治示范村的做法。陕西关中地区的一个村子则是："我们村的土地一直实行五年一调整，没有搞30年不变。土地是按现有人口平均分配的。具体做法是，把土地分为二等，即一类地和二类地。调整土地时只动二类地，不动一类地。一类地，增人减人都不变。二类地会随着家庭人口的变化而变化。现在二类地也无地可调了。为了解决土地公平问题，多种了一类地的农户，每亩按550元向村里交租地费。"

　　再如处理外嫁女土地收益分配的规则是，既不能一点不给，也不能像男户那样等而分之，要有区别。长安区的一位村主任说，"我们村的女子无论嫁城还是嫁农，土地款都给分，但只能分到正常一人份的1/4，大家也没意见。一点不给肯定不行，给得多了也不行，给一些大家都能说得过去。出嫁女多少得到一些，其他村民也不在乎这点，反正都是给了村上自己的娃了嘛。"这是一种带有普遍性的解决矛盾纠纷的做法。西安未央区和平村是陕西的第一股改村，一个明星村。村总支书记兼着村主任和村股份公司的董事长，同时又是街办党工委副书记，但就是在这样的明星村，股改中外嫁女也只得到正常股份的60%，即每人仅得0.6股。他们在解决村上的股权配置矛盾时，也没有简单地选择适用男女平等的政策法律，而是做了相应的变通，否则股改就难以成行。著名学者何包钢就曾提出通过协商民主解决土地承包经营权和外嫁女土地收益分配纠纷的思路，即不要把"男女平等"简单地看作一个定性问题，可以通过不同比例量化权益以解决实现男女平等中的矛盾冲突。但也有这样一个村庄，其集体收益主要是征地补偿款，分配规则极其特殊。"村上鼓励读书，奖励上学。大专生每年给5000元；一、二类本科生每年给 1 万元；研究生每年给 2 万元。村中男子娶回媳妇是本科生的，一次性奖励 2 万元，娶回研究生的一次性奖励 5 万元，但上门女婿无论什么文凭都不予奖励。出嫁女不参与村上的收益分配。村里的女子只要举行了婚礼，不管登记与否，也不论户口迁出与否，一律不再参与集体收益分配。但女子出嫁时，村上要一次性给付 2 万元以作补偿。上门女婿须改姓，到谁家就姓谁。所以，村里的姓氏很纯正，多少年就三个姓，没有其他的姓氏。村里的男子成了家，即使在外工作，当了公务员，其本人和媳妇、孩子都享受村民待遇。这样做是为了刺激年轻人走出去，不要都待在村里。如果一出去就没了待遇，年轻人们就会守在村里等分钱，因为村子太富了。村中男子丧妻，再娶的，既给上户口，也享受村民待遇，而村中妇女丧偶，再招婿的，只让空挂户口，不享受村民待遇，挂户时要和村上签订不得参与集体收益分配的协议。"一些村庄更是严格恪守"唢呐一响"或"红灯笼一挂"户口即下，出嫁女子即丧失原村民资格，相应的权利义务亦自动终止。

这种通过变通来创制规则是普遍的，尤其是在农村土地问题上。这些变通后的规则可能引发矛盾纠纷，但在更多的场合下则是解决矛盾纠纷的重要规则。这些规则可能构成对政策法律的规避，使国家政策法律在农村社会消解得无影无踪；也可能是对现行政策法律的"拯救"，它让一些原本脱离实际缺乏社会基础而难以实行的政策法律，获得了实施的条件；当然这种变通也往往成为实施政策法律的重要技术，在乡镇和农村干部心目中政策法律的"框框"不能变，但具体适用时就得灵活变通。

四 农村土地纠纷调解规则的适用

农村土地纠纷调解规则的适用，其实就是调解的方式方法问题。无论何种规则都少有被人们心悦诚服地自觉执行下去，尤其是在利益发生冲突的时候。因此，客观上需要规则的适用者借助于一定的技术和方法让纠纷的双方接受规则，而调解纠纷方式方法的欠缺会使纠纷依然，甚至激化。可见，方式方法在某种意义上已构成实现规则和解决纠纷的重要保证。在现实中，无论何种调解，其成功的微妙之处就在于调解者恰当地运用了一定的方式方法，这是一个调解者展示其经验与技术、智慧与魅力，充满迷幻色彩的大舞台。调解的过程与结果极具故事性和戏剧性，调解的巨大魅力也正在于此。我们在调研访谈中，经常会听到乡镇或乡村调解者眉飞色舞地讲述他们的调解故事。正因为如此，以至于人们所看到的仅是调解者精湛的技术，却忽略了所适用的规则本身，甚至误将调解的方式方法当成了调解规则本身。许多调解者自身也陷入了调解规则的无意识状态，缺乏调解规则适用的自觉。

调解的依据与调解的方式方法是两个不同的问题。丰富多彩、引人入胜的调解方式方法无意间掩盖了调解规则本身，但我们需要发现和揭示隐藏或隐含在调解背后的这些规则。因为调解依据（规则）的公平合理性才是解决纠纷的根本，才能长久。那些仅仅依靠或经常依靠政治权力、经济实力、人情面子、人格魅力等支持缺乏公平合理性规则所进行的纠纷调解是极其有害的，也是难以持久的。农村土地纠纷等许多新型纠纷，不同于传统类型的纠纷，其主体的集群性、利益关系的复杂性、政策法律与现实的差异性使调解依据显得更为重要，而调解的方式方法仅为辅助。

有关人民调解的立法和相关文件中都对调解的方式方法有所规定，如要"以和蔼耐心的态度，说理的方式，进行调解"。要"根据矛盾纠纷的性质、难易程度以及当事人的具体情况，充分利用'村头'、'地头'、'街头'、'炕头'调解等适应基层特点的、群众喜闻乐见的方式，综合运用教育、协商、疏导等办法，因地制宜、不失时机地开展人民调解工作"。关于调解的先进事迹和经验材料也随处可见，但大都已程式化，看不到它鲜活的一面，而在具体的调解实践中，调解的方式方法则是非常丰富而复杂的，并无定式，它是调解者自身和外部各种资源的综合运用。

案例1：这是一个地处陕西北部，有97户，320人，流动人口15000多人的城中村。村上人均宅基地达七分之多，一户能有几亩的宅基地。村民在宅基地上盖满了房，用于出租。最多的一家有房客50户（个）。所以，村民的收入主要来源于房租。村上设有警务室、调解委员会、法律顾问室。还聘有执业律师担任村上的法律顾问。村里有着各种各样的矛盾纠纷，包括土地纠纷。已干了两届的村主任，介绍了他调解和处理农村矛盾纠纷的具体做法，他说："对农村矛盾纠纷的处理，不要就矛盾处理矛盾，要想办法，讲技巧，要变通处理。否则你会陷到矛盾中去的。比如说：我们可以采取冷处理，不要急于处理，把矛盾放一放。这阵子可能是个大事，双方情绪对立得很，放一放就可能淡化了，不算是什么事了。如人穷的时候，几百几千块钱就不得了啦，人富了，就不会在乎这点了，有些矛盾纠纷就自然化解了，剩下的也好处理了。还有农村人情面子很重要，你曾帮助过他，在一些事情上让他得过好处，他就记你的好。现在有矛盾纠纷了，你去处理时他会给你面子，不好意思再争了。也可以转移矛盾，不要迎着矛盾硬上。我们村搞拆迁时由于是城中村，难度很大。一部分人同意，一部分人不同意，你若坐下来开会，永远拆不成。我就组织先拆同意户的，并把他们的事安排得好好的。剩下不愿拆的，你就不要理他，孤立分化他们。必要时可以停水、停电、断路。用不了多久，他们会找上门来要求拆。有些矛盾纠纷可以想一些办法解决。村上拆迁时，有一'钉子户'，怎么都做不通工作。后来，我让把他家的房子买下，他同意了。他打的算盘是，把房子先卖给村上，过几年再把钱退了，要回房子，这样可以白白使用这 90 万房款好几年。但我上午付了钱，下午就组织人拆房。这人来阻挡不让拆。我说，'房子不是你的了，我们拆村上自己的房，你凭什么挡？'那人没招了，问题就解决了。"

案例 2：一位村主任告诉我，农村纠纷的解决主要还是靠调解，至于如何调解，他做了个很有意思的比喻，他说："我们怎样可以让一个人倒到地上呢？我们可以把他打倒在地，也可以在他胳肢窝挠痒，让他自己笑倒在地，你说哪个好？同样是解决问题，笑倒了，不伤和气，又能从根本上把事了啦。你把他打倒了，问题就麻烦了。所以还是笑倒比打倒好。"

第四节　人民调解化解农村土地纠纷的实践考察

在诸多的农村土地纠纷中，除传统的田垄地界、宅基地、相邻关系纠纷人民调解易于介入和解决，而新型的土地承包经营权纠纷，征地拆迁安置纠纷，土地收益分配纠纷，土地租赁纠纷，征地拆迁回迁村民利益纠纷，预留国有土地（被征地农民生活依托地）管理、使用、处置及收益分配纠纷，小产权房买卖纠纷等土地纠纷中，人民调解发挥作用的空间很小，大都无法介入，更不用说有效解决。但其中的土地收益分配纠纷则是人民调解发挥作用空间相对比较大的一种。由于这类纠纷发生在农村社会内部，主要涉及农村集体经济组织与农户和农户与农户之间的利益关系，大量的矛盾纠纷发生在农村集体经济组织成员资格的认定与利益如何分配问题上。此类纠纷关涉每个村民的切身利益，而且利益关系重大，矛盾纠纷的对抗性很强，很容易引发上访或群体性事件。这类纠纷的解决虽有一些进入司法程序，但就其数量和实效而言远非主流，这类矛盾纠纷主要还是化解在农村社会内部。在化解这些矛盾纠纷的过程中，乡村干部表现出卓越的实践理性与经验智慧，因而形成了极其丰富的实践内容。特别是实践中所创制的各类解纷规则和方式极具实践价值和理论启发。基于我们对乡村人民调解主要是村干部进行调解的认识和现实，同时农村村干部对矛盾纠纷的调解亦很容易为体制内的人民调解所吸纳，甚至为法院所期待。此类纠纷即使进入司法程序，也会让法官颇感棘手，所以许多法院拒绝受理此类案件。某法院迫于各方面的压力受理了一村 14 户"外嫁女"土地收益分配纠纷的案件，但难于下判，一直拖了一年多，等待村里的调解方案，最后还是村里自行解决，人民法院只不过是对这个方案进行了确认，变人民调解协议为司法调解书罢了，只是一种形式的转换。鉴于此，我们将以农村土地收益分配纠纷解决的实践为观测口系统考察农村土地纠纷人民调解的实践过程，并力图透视其运作的逻辑。

随着城市化、工业化的迅速发展，征地数量骤增，征地补偿费已成为许多农民集体和农民的重要收入，而且数额相当可观。进入 20 世纪 90 年代，不得私分土地补偿费的法律禁令被取缔，农民集体分配征地补偿款已名正言顺。但此时的中国农村，农民状况已发生了重大变化，如何分配征地补偿款（主要是土地补偿费）已不再是那么简单了，而要受到诸多因素的制约和影响，极易引发矛盾和纠纷，甚至会引发大规模的涉访涉讼。国家对此问题也由强势介入严令不得私分，到取消禁令退出干预，再到深度介入，甚至具体到分配比例都做出明确的规定。然而，事实上无论国家对此问题采取何种态度，或做出什么样的规定，农民都有自己的分配规则和行为逻辑。虽然这些规则和逻辑与国家取向存在某种明显的背离，但这种规则和逻辑却是畅通无阻的。

一 土地补偿费分配政策的演进及其逻辑

(一) 国家政策的演进

征地补偿费用包括土地补偿费、安置补助费、地上附着物及青苗补偿费三部分。对于后两种费用的归属、分配，在政策和法律的层面上都规定得非常清楚，实践中也少有争议，所以问题主要集中在土地补偿费的分配、使用上。国家政策法律层面对于征地补偿费用的标准、归属、管理的规定历来是非常明确、具体的（近年来只是其合理性遭到质疑）；对农村集体经济组织内部的征地补偿费，特别是对土地补偿费的分配使用只作原则规定或不予干预。但近年来情况发生了很大变化，国家政策法律层面加强了对征地制度的改革力度，不仅对征地补偿的范围、标准、方式进行了重大改革，而且对土地补偿费用的归属、分配和使用也深度介入，并形成一系列的政策要求和法律规则。纵观这些要求及规则的发展，我们会发现国家在这一问题上的企求和逻辑。从当前涉及该问题的政策法律文本来看，包括法律、行政法规、司法解释、地方政府规章以及国务院和部委的相关政策文件。我们以各类规范性文件出台的时间顺序来梳理这些规则的内容与逻辑。

1.《土地管理法》及《土地管理法实施条例》

1987 年 1 月 1 日施行的《土地管理法》第 30 条明确规定："国家建设征用土地的各项补偿费和安置补助费，除被征用土地上属于个人的附着物和青苗的补偿费付给本人外，由被征地单位用于发展生产和安排因土地被征用而造成的多余劳动力的就业和不能就业人员的生活补助，不得移作他用，任何单位和个人不得占用。"即土地补偿费和安置补助费应归农村集体所有，由集体经济组织管理和支配，村民没有分配土地补偿费和安置补偿费的权利。

1999 年 1 月 1 日施行的修订后的《土地管理法》取消了土地补偿费、安置补助费不得私分的规定，但也只是解除了禁令，并未对此问题进一步明确规定。该法第 4 条规定："被征地的农村集体经济组织应当将征收土地的补偿费用的收支状况向本集体经济组织的成员公布，接受监督。"第 5 条规定："地方各级人民政府应当支持被征地的农村集体经济组织和农民从事开发经营，兴办企业。"这些规定强化农村集体经济组织对征地补偿费用的支配和管理权的倾向是很明显的。

但在同时期施行的《土地管理法实施条例》对征地补偿费用各部分的归属、管理及用途做出了明确规定。该条例第26条规定："土地补偿费归农村集体经济组织所有；地上附着物及青苗补偿费归地上附着物及青苗的所有人所有。"并针对不同情况对安置补助费的归属和管理使用进行了具体规定。至此，征地补偿费各部分的归属管理及使用已很清楚了。特别是土地补偿费仍归农村集体经济组织所有，并未涉及如何分配使用的问题。

2. 国务院及其部委政策文件

2004年10月21日，国务院颁发的《关于深化改革严格管理的决定》（国发〔2004〕28号）要求，"使被征地农民生活水平不因征地而降低"，"使被征地农民的长远生计有保障"，"在征地过程中，要维护农民集体土地所有权和农民的土地承包经营权的权益"。在此前提下，进一步要求"省、自治区、直辖市人民政府应当根据土地补偿费主要用于被征地农户的原则，制定土地补偿费在农村集体经济组织内部的分配办法。被征地的农村集体经济组织应当将征地补偿费的收支和分配情况，向本集体经济组织的成员公布，接受监督。农业、民政等部门要加强对农村集体经济组织内部征地补偿费用分配和使用的监督"。

之后，国土资源部和农业部根据国务院的决定，分别于2004年11月3日和2005年1月24日出台了《关于完善征地补偿费安置制度的指导意见》（国土资发〔2004〕238号）和《关于加强农村集体经济组织征地补偿费监督管理指导工作的意见》（农经发〔2005〕1号）。这两个文件都对土地补偿费的分配事宜做了规定。国土资源部的《指导意见》规定："按照土地补偿费主要用于被征地农户的原则，土地补偿费应在农村集体经济组织内部合理分配。具体分配办法由各级人民政府制定。土地被全部征收，同时农村集体经济组织撤销建制的，土地补偿费用于被征地农民生产生活安置。"农业部的《意见》则对土地补偿的归属分配规定得更为明确具体。"土地补偿费应主要用于被征地农户生产生活需要。留归被征地农户部分的土地补偿费归农民个人所有，留归农村集体经济组织的土地补偿费属农民集体资产，应当用于发展生产、增加积累、集体福利公益事业等方面，不得用于发放干部报酬，支付招标费用等非生产性开支。""土地补偿费的使用分配要按有关规定经过民主讨论,实行民主决策,民主管理,民主监督。要切实维护农民群众对土地补偿费的知情权、决策权、参与权、监督权。"

3. 司法解释

最高人民法院于 2005 年 7 月 29 日发布、同年 9 月 1 日起施行的《关于审理涉及农村土地承包纠纷案件适用法律问题的解释》(法释〔2005〕6 号)第 24 条规定:"农村集体经济组织或者村民委员会、村民小组可以依照法律规定的民主议定程序,决定本集体经济组织内部分配已经收到的土地补偿费。征地补偿安置方案确定时已经具有集体经济组织成员资格的人,请求支付相应份额的,应予支付,但已报全国人大常委会、国务院备案的地方性法规,自治条例和单行条例,地方政府规章对土地补偿费在农村集体经济组织内部的分配办法另有规定的除外。"这一司法解释明确了土地补偿费分配的范围、对象。即在本集体经济组织内部进行分配,分配给具有本集体经济组织成员资格的人。该司法解释同时也考虑到了我国农村情况的复杂性和差异性,没有采取"一刀切"的做法,而是为地方立法解决这一问题留下应有的空间。高法的这一司法解释在土地补偿费分配的原则和对象上,显然与国务院及其部委文件中所规定的征地补偿费主要用于被征地农户的原则并不一致,然其"但书"则又消除了这一冲突。

4. 地方政府规章

2005 年以来,许多地方政府纷纷出台地方政府规章规制补偿费的分配使用问题。如:《海南省征地补偿费分配使用管理暂行办法》(琼府〔2006〕21 号)、《河南省关于规范农民集体所有权征地补偿费分配和使用的意见》(豫政办〔2006〕50 号)、《山西省征收征用农民集体所有土地征收补偿费分配使用办法》(山西省人民政府〔2005〕182号)。这些地方政府规章的规定有一个共同的特点就是根据不同情况明确划分了土地补偿费在农村集体经济组织与被征地农户之间的留存比例。而确定留存比例的原则就是"土地补偿费主要用于被征地农户"。因此各地规章中,一般都规定土地补偿费的 70%—80%分配给被征地农户。如《海南省征地补偿费分配使用管理暂行办法》第 13 条规定:"农村集体经济组织或者村民自治组织没有条件调整数量与质量相当的土地给被征地农民继续承包经营的,土地征地补偿费应当按不少于 70%的比例支付给被征地农民。"《河南省关于规范农民集体所有土地征地补偿费分配和使用的意见》规定："已承包到户的农村集体所有土地被全部或部分征收的，其土地补偿费以不得低于80%的比例支付给被征地农户，其余部分留给农村集体经济组织。未承包到户的农村集体所有土地被全部或部分征收的，其土地补偿费以不得低于80%的比例平均支付给征地补偿安置方案确定时本集体经济组织依法享有土地承包经营权的成员，其余部分留给农村集体经济组织。"《甘肃省征收农民集体所有土地补偿费用分配使用管理办法》第8条："农村集体经济组织不能调整土地的，依法经本集体经济组织村民代表会议三分之二以上代表同意，将不低于80%的土地补偿费用于被征地农民个人的生活安置、支付被征地农民的养老保险金，其余土地补偿费留作集体发展基金。"

（二）国家政策的理念

以上国家关于农村土地补偿费分配政策的演进，显然与国家农地制度改革的目标与轨迹是一致的。在人民公社期间，农村土地集体所有，所有权与经营权高度集中，征地补偿款无疑是集体财产，自然不得私分。农村集体土地实行家庭承包经营制以来，土地承包经营权成为农民一项独立的财产权利，伴随着农地制度的改革，这项权利不断得到强化和拓展。农村土地承包经营权进入《物权法》后，意味着该项制度应完全以现代物权法的精神和要求来设计和完善。由此可见，国家关于农村土地补偿费分配政策的理念和逻辑与国家农地制度及其改革目标的价值和逻辑是一致的。

农村集体土地实行家庭承包经营制20多年来，尽管理论界争论不休，实践中问题纷呈，但无论是农村土地承包经营权性质之争，还是农村土地制度改革方向之争，在客观上都促使国家在农地立法问题上的思路越来越清晰，目标越来越明确。从起初的经营方式变革入手，逐渐进入深层次的产权结构调整，目标就是要使农民拥有长期而有保障的土地使用权。为此，国家通过制定一系列的农村土地政策和法律来实现这一目标，诸如，确定第一轮土地承包期限为15年，第一轮承包期满又延包30年不变，甚至温家宝总理公开言称"我们说要给农民的土地经营权以长期的保障，15年不变，30年不变，就是说永远不变"。[①] 国家还通过《土地管理法》、《农村土地承包法》进一步以立法的形式明确30

---

① 《温家宝总理答中外记者问》，《人民日报》2006年3月15日第1版。

年不变，并辅之以"增人不增地，减人不减地"的政策，严格限制土地调整，以确保土地承包经营权的稳定。更为重要的是2007年通过的《物权法》将土地承包经营权物权化，使其成为农民的一项重要的财产权利。当然，农村集体土地家庭承包经营制度的改革并未就此而终结，学界和实务界正在积极推动赋予农民包括抵押权在内的土地承包经营权，使其成为真正的完整意义上的物权。

政府农地政策的价值目标是既定而明确的，近年来出台的一系列政策法律，也正是循此方向，逐步向前推进的。然而，现实中有两种力量可能会影响这一行进的轨迹。一是基于农户人口自然增减所造成的"有人无地种，有地无人种"而引发的调整土地的强烈冲动；二是在工业化和城市化进程中，因大量征收土地造成数以千万计的失地农民，而许多村组将土地补偿费按人口均分之后，又重新大规模调整土地。对于前者，政府的态度是明确而肯定的。《农村土地承包法》规定："承包期内，发包方不得收回承包地。""承包期内，发包方不得调整承包地。"并通过立法严格限制机动地的数量来切断农村集体组织调整土地的可能途径。尽管现实中不同程度的土地调整从未绝断，但至少政府在政策法律层面是坚定不移的。

大量征收农民集体土地，带来的两个直接副产品是土地补偿费分配问题和失地农民生计问题。改革征地制度包括限定征地范围、提高补偿标准、完善征地程序、建立失地农民保障机制，这仅是解决失地农民问题的一个方面。另一方面则是农村集体组织内部土地补偿费的分配。如何分配土地补偿费本属农村集体组织内部事务，政府又何以介入？显然这个问题与政府农地政策改革目标的实现和解决失地农民生计问题密切相关。既然城市化进程不会止步，土地征收就不可避免，失地农民也就会不断产生。无论从政治取向抑或法律取向，都应首先保护失地农民的权益。现实中，这一问题则直指土地补偿费的分配。农地政策法律的价值取向是让农民获得长期而有保障的土地使用权，这种权利的物权性使得"地款归农"即土地补偿费主要用于被征地农户成为逻辑的必然。但事实上，大部分农民集体组织并未遵从政府规定的逻辑，普遍的做法是将征地补偿费不分或少部分分配给农民，大部分留存集体；或者将土地补偿费在全体村民范围内平均分配之后，再重新调整土地。这样做的直接后果是，只要发生土地征收征用，就必然引发土地的调整。这显然与政府农地政策改革的目标相违。所以，为了抑制农村集体组织不断调整土地，损害农民土地承包经营权和政府农地政策改革目标的实现，近年来从国务院、中央部委到地方政府都出台了一系列的政策法规，用以规制土地补偿费的分配、管理和使用。其中一个重要内容就是要求土地补偿费"主要用于被征地农户"，严格限制集体留存比例。

二　农民土地补偿费分配的实践与逻辑

在土地国家所有和农民集体所有的"二元"结构确立之后，国家基于各种需求，从未停止过从农民集体手中征收土地。因此，征地补偿款的给付与分配问题由来已久。事实上，农民集体从未因相关土地管理法规有土地补偿费、安置补助费不得私分的禁令而不进行土地补偿费的分配，只是在集体与村民之间留存的比例上毫无争议地实行"集体拿大头"的原则，在留够集体的之后才将剩余部分在村民之间平均分配罢了。随着城市化、工业化的迅速发展，征地数量骤增，征地补偿费已成为许多农民集体和农民的重要收入，而且数额相当可观。进入 20 世纪 90 年代，不得私分土地补偿费的法律禁令被取缔，农民集体分配征地补偿款变得名正言顺。但此时的中国农村，农民状况已发生了重大变化，如何分配征地补偿款（主要是土地补偿费）已不再是那么简单了，而要受到诸多因素的制约影响，极易引发矛盾和纠纷，甚至会引发大规模的涉访涉讼。国家对此问题也由强势介入严令不得私分，到取消禁令退出干预，再到深度介入，甚至具体到分配比例都做出明确的规定。然而，事实上无论国家对此问题采取何种态度，或做出什么样的规定，农民都有自己的分配规则和行为逻辑。虽然这些规则和逻辑与国家取向存在某种明显的背离，但这种规则和逻辑却是畅通无阻的。

（一）农民土地补偿费分配方式的实践

农民土地补偿费的分配、管理和使用问题包括两个基本层面：一是农村集体组织和农户之间的分配关系；二是农户之间的分配关系。国家政策法律对此虽都有所规定，但各地农民大多仍按自己的规则和逻辑行事，土地补偿费分配方式的实践也因此而变得丰富多彩并耐人寻味。

1. 农村集体组织与农户之间的分配关系

集体组织与农户之间的分配关系，主要是二者之间的留存比例问题。现实中，这方面的矛盾不小、问题不少。留存集体组织的土地补偿费被用于发展壮大集体经济者有之；被乡村干部贪污、挪用、挥霍殆尽者也有之。而国家政策和法规则从维护农户土地承包经营权和保护失地农民权益的目的出发，规定土地补偿费应主要用于被征地农户，实践中却呈现出更为复杂的选择：

（1）全部留归村组集体管理支配。这些村组的做法是在征地补偿费中除将青苗、附着物补偿款归所有者外，其他补偿、补助款均留存集体组织统一管理、支配。其理由主要是：①农村土地集体所有，征地补偿款应属所有者权益；②集体统一管理支配有利于发展壮大集体经济，实现集体和村民利益最大化；③出于村组公共事业和公共福利发展的需要；④防止失地农户短期行为，失了地又没了钱，丧失生活保障。现实中，留存集体的款项，其管理使用方式不一。有用于发展集体经济的，如陕西南部一城郊村用土地收益在集体建设用地上开发营业房出租，再给村民分配房租收益。因农户收益可观，且有保障，因而十分认同村组的做法；有存于银行吃利息的，陕西西部一村则将大笔补偿款存于银行，年终农户分享利息；有用于发展村级公共事业的，陕西北部一村子则将40多万的补偿款存放集体账户，用于村公共设施、公益事业支出，如免费发放碘盐，组建乡村秧歌队，硬化村中道路，奖励五好家庭、致富能手等。

（2）全部用于村民分配，集体分文不留。调研发现，采取这种做法的村庄不在少数。许多村庄将土地补偿费在全体村民中分光吃尽，集体分文不留。这样做的原因大致有两种情况：一是对乡村干部的不信任，担心留下来会被乡村干部贪污、挪用、挥霍，所以把钱分光吃尽心里踏实。如陕西北部的一个村庄不仅将高速公路征地补偿款全部分光吃尽，还将村集体的其他财产，甚至村委会办公的窑洞也都卖掉分钱，因此村庄十分凋敝。二是土地补偿费太少，农民生产生活困难。调研中，一位村干部这样讲道："我们村集体何尝不想留一部分钱搞发展呀！我们太需要钱了，没有钱，集体啥也做不成。"

（3）全部用于被征地农户。也有村庄将征地补偿费全部用于被征地农户的，而且土地补偿款直接进入被征地农户账卡，村组和未征地农户一分不得。这些村庄基本都是乡（镇）或县政府通过银行直接将土地补偿费打入被征地农户账卡，目的是防止村组截留或以其他方式分配土地补偿费。这种做法虽然与政策法律的要求相吻合，但调研中获得的一些信息应当引起我们的注意，如有的地方政府将征地补偿费直接打入被征地农户账卡是考虑到补偿费标准太低，农民所得甚少，潜在问题很大。这样做就成为政府防止失地农民今后找政府的"托词"。有的地方实行征地补偿费全部留归被征地农户，这些农民虽然当时拿了一笔钱，较之于种地所得可观，但很快变穷的恰都是这部分人。

（4）扣除村集体公共支出后全部用于分配。有的村庄，集体组织先在征地补偿费中扣除年度或今后一定时期的公共支出费用，具体扣除数额一般由"两委会"研究决定，其余部分则根据分配方案在被征地农户或全体村民中进行分配。

（5）村、组、户按一定比例分配。我国农村社区一般由村、村民小组和农户构成。根据现行法律规定农村集体土地所有权有三种形式，即乡镇农民集体所有、村农民集体所有和农村集体经济组织的农民集体所有。其对应的所有权主体分别为乡（镇）、村和村民小组。但事实上农村集体土地所有权归村民小组的占据多数，[①] 因而征收乡镇和村农民集体所有土地的事情少有发生，即使有，其征地补偿费的归属和使用一般也没有争议。但村集体组织能否参与村民小组征地补偿费的分配，却往往是一个颇具争议的话题。按《村民委员会组织法》之规定，村民小组并无独立的法律地位，而是隶属于村民委员会，接受村委会的领导。在一个由若干村民小组构成的行政村中必然存在一定的公共事务。这样，在征地补偿费的分配中就难免存在着一个农户、村民小组和行政村之间的利益关系问题。在陕西南部某市的调研中发现，该市某区人民政府早在 2004 年 4 月即以区政府的名义颁发了《农村征地补偿费的分配使用管理暂行办法》，文件规定"农村土地征地补偿费的 10% 留作村集体经济组织积累；45% 用于被征地集体经济组织成员的分配；45% 留作被征地集体经济组织积累"。曾负责该文件起草工作的一位人士对此进行了这样的解释："之所以在这三者之间按一定比例分配，是因为农村土地是集体所有，其收益应有一部分归土地所有者，再说，将补偿款分光吃尽了，没有了集体积累，失地农民今后的生活怎么保障。至于给村集体留存的 10%，虽有争议，但要考虑征地具体事宜要通过村干部操作，要调动他们的积极性，还要考虑村公共事业发展的需要。"该辖区

---

① 参见张英洪《农民权利论》，中国经济出版社 2007 年版，第 210 页。

的农村土地补偿费一直按此方式分配，并基本能够被各方所认同。

2. 土地补偿费在农户之间的分配关系

这部分分配关系显然要比集体经济组织和农户之间的分配关系复杂得多，它涉及土地补偿费在村内分配的范围、对象和比例。涉及不同农户和村民之间的分配关系。如，是按现有人口还是土地人口分配；是按户籍人口还是常住人口分配；是在全体村民之间分配，还是仅在被征地农户之间分配；是在所有农户中进行分配，还是排除特殊农户进行分配（如外嫁离异妇女、政策移民等）。这部分利益关系错综复杂，极易发生冲突乃至涉讼。现实中的主要做法有：

（1）按现有人口平均分配，再调整土地。所谓"按现有人口分"，通常意义是指按某一个时间点上的村中"户籍人口"分配，在这个时间点上尚未出生的或去世的不在分配之列。但事实上，"现有人口"的界定是件十分复杂的事情。国家政策法律、村规民约、民间习俗对此都会产生冲击和影响，使其变得模糊不确定。如：按一些地方的习俗，出嫁女子、改嫁的妇女，户口无论迁出与否，都不在分配之列，而娶回的媳妇，只要举行了"婚礼"即使没有办理结婚登记和迁入户口也在分配之列；国家政策则要求在校或毕业后尚未就业的大专院校学生以及现役军人都要在分配之列。甚至"超生子女"、"买户口的农民"等是否属于"现有人口"都需界定。特别是嫁城女及其子女要求参与分配土地补偿费的诉讼使各地法院进退维谷。[①] 土地补偿费按现有人口平均分配之后，为解决因征占土地多少不同而造成的农户间土地不公问题，随后就是进行土地调整。可以说，只要发生土地征收征用，就必然引发土地调整。这种调整可能是局部的，也可能是大规模的打乱重分。

（2）按现有人口平均分配，不再调整土地。其与第一种做法的区别在于，平均分配之后，不做土地调整。这种"不公平"何以被认同呢？调研发现有三种情形：一是无地调整。农村土地已经历了第二轮延包，国家法律严格限制机动地比例，加之，村组为解决新增人口无地矛盾，实际上一直在调整土地，已再无机动地可供调整。此时，若再重新大规模调整土地势必引发激烈的对抗。二是难以调整，主要是许多农户

---

① 关于土地补偿费分配纠纷案件基层法院是否受理的问题，各地法院实际做法不一。笔者对西部某省四个市的法院进行了调查，其中有三个市的法院明确不受理此类案件，主要理由是此类案件面广量大，判决后难以执行。

在自己的承包地上栽树、养鱼、大棚种植，使土地调整已无可能。三是利益均衡，无须调整，在一些城市郊区的农村调研中，农民认为"不好调整，也没有必要调整了，土地迟早都会被征掉，只是时间问题，反正是平均分配，迟拿早拿都一样，再说土地也越来越值钱了嘛"。

（3）按土地人口分配。按土地人口分配，是指按某一个时间点上分配到承包地的人口数，如参加第一轮土地承包的农户人口数，或在某一次土地调整时，参加土地分配的农户人口数进行分配，所以有的地方把这种分配方式也叫"按土地人口分"或直接叫"按三十年不变分"，其实质仍是一种按农户人口分，只是确定农户人口的时间点和范围上有特别要求。这种分配方式，有效地解决了在以土地人口作为农业税费和各种提留统筹依据时的权利义务一致和农村社会公平问题，但从另一方面来看，它却将未分配到土地的村民排除在分配之外，造成了新的不公平。

（4）按被征地面积分配。按被征地面积分配，即土地补偿费在失地农户之间按被征地面积分配。有学者的研究表明"有不少的村采取将土地补偿费直接分配给失地农户且不进行土地调整的办法。实际上，一些村子已经开始改善其征地补偿的分配办法，用'将土地补偿费分配给失地农户且不进行土地调整'的办法来代替'将土地补偿费平均分配随后进行大调整'的办法。综合实地调查的结果，这种改进的办法会受到欢迎，或者至少将被越来越多的村接受"。①但根据笔者在陕西的调查，实行按被征地面积分配土地补偿费的虽有，但并非主流，甚至出现被征地农户反对"土地补偿费主要用于被征地农户"的事例。

（5）以被征地面积为主，辅之以平均分配。在土地补偿费分配中，集体与个人、被征地农户与未征地农户之间的利益平衡，一直是个比较棘手的问题。访谈中，一位村支书讲道，"土地补偿费的分配，真是考验我们村干部啊，既要考虑吃饭问题，又要谋划发展问题，还要尽量让大家都满意，哪方面考虑不周全了都要出问题"。正是在这种"考验"中，"考验"出一种新的土地补偿费分配方式来：将土地补偿费分为三部分：村公共支出部分、村积累部分、被征地农户分配部分。首先集体

---

① 李平、徐孝白：《征地制度改革：实地调查与改革建议》，《中国农村观察》2004年第6期。

组织在土地补偿费中扣除年度或今后一定时期的公共支出费用；然后根据当地土地收益水平，划定每亩补偿基数，再按征地面积给被征地农户分配；剩余部分为村公共积累，这部分又在全体村民中平均分配（含被征地农户）。这种分配方式，很好地解决了集体、被征地农户和未征地农户之间的利益关系，将失地农民的生活保障与未征地农户的权利公平及土地所有者收益有效地结合起来，获得各方的认同。

（6）土地补偿款在农村特殊人群中的分配。在土地补偿费分配中，一个十分棘手的问题就是分配对象问题，即在哪些村民中进行分配。特别是实行"按现有人口"分配时，如何确定分配资格。为此，实践中形成了"户籍说"、"权利义务说"、"户籍与权利义务说"。但对于诸如在校大学生、现役军人、出嫁离异妇女、多次再婚者以及因水利、扶贫形成的政策移民等特殊人群的分配资格则非常难以界定，因其要受到诸如政策、法律、习俗、合约等多种因素的制约和影响。特别是出嫁女和政策移民的分配资格问题极为棘手，也极易引发诉讼或群体上访。被媒体广泛关注，轰动一时的陕西延安"女客打官司"事件，可谓集中凸显了这一矛盾。调研中，某县人民法院受理了一起八户水利移民要求参与村上土地补偿款分配的案件，并判决支持了八户移民的诉请，结果导致败诉的村民小组组织数百名农民多次围攻中级人民法院和政府部门，向政府施压，迫使法院改判。

（7）被征地农户反对"土地补偿费主要用于被征地农户"。调研中不止一地发现，在土地补偿费分配中，"土地补偿费主要用于被征地农户"的政策不仅遭到村干部和大多数村民的抵制和反对，出乎意料的是甚至连被征地农户自己也反对。这有两种情况，一是这部分农民对土地的依赖程度很高，希望在获得一定补偿的同时，更为重要的是再获得土地；二是一部分农民基于土地增值的认识，对未来土地利益有着更大的期许，他们不会"因芝麻而丢西瓜"。调研中一位村干部对此做了如此说明，"道理很简单，现在每次征地的补偿标准都可能会发生变化，但肯定是越来越多了。比如说，有一年我们村的征地补偿款每亩只有7200元，可第二年再征我们的地时，每亩补偿款就是8万呀！哪个多，哪个少，不很清楚嘛"。

从笔者调研的情况和所涉及的文献来看，大部分农村还是主要按现有人口进行分配。最高人民法院《关于审理涉及农村土地承包纠纷案件适用法律问题的解释》（法释〔2005〕6 号）中关于土地收益分配部分的规定，也印证了这一现象的普遍性。所以国家政策法律所规定的"土地补偿费主要用于被征地农户"在实践中遭到了抵制，并未被广泛执行。

（二）农民选择土地补偿费分配方式的逻辑

我们仅在一个省内调研就发现农民在土地补偿费的分配方式上有着如此丰富多彩而又耐人寻味的实践。这种分配方式的多样化，是否意味着已"原子化"的当今农民的恣意所为呢？答案是否定的，我们可以抽出其中任何一种分配方式，深入调研下去，都可以发现其蕴含着深邃的道理和广泛的社会基础。我们可以说它可能不符合政策法律的要求，但无法否定它的正当性和合理性。面对这些规则，我们不禁会对朴实而睿智的中国农民肃然起敬。从已知的分配规则中，我们似乎可以领略到农民在处理集体与农户之间、农户与农户之间的利益关系时所奉行的基本价值观和所遵循的内在逻辑，正是这些价值和逻辑引领支配着他们的选择。这些价值和逻辑包括：

1. 集体观

农村土地集体所有，是集体组织的财产，农户所享有的土地承包经营权远不能对抗集体组织的所有权，这已为广大农民所深深认同。"责任田是集体的，宅基地是自己的"，农民"集体"观念的根深蒂固，为许多学者的研究所印证。①

尽管农村土地承包经营制实行了 30 多年，且经历了第一轮承包到第二轮延包，《农村土地承包法》和《物权法》等政策法律在不断强化农村土地承包经营权，并终于使之物权化。但学者和政府的努力似乎对农民的"集体情结"触动不大。他们对"集体"的认同远大于对"个体"的认同，对土地集体所有权的认同远大于对承包经营权的认同。因此，一旦土地被征收，涉及征地补偿费的归属与分配问题时，对青苗及附着物补偿费的归属毫无异议，即谁的承包地上的就归谁；对土地补偿费的归属也毫无异议，即归集体，而不应归被征地农户。其"公"与"私"、"集体"与"个人"泾渭分明。调研可知，集体留存一定比例的

---

① 参见张佩国《乡村纠纷中的国家法、民间法与村规民约》，载《乡村中国评论》第 1 辑，广西师范大学出版社 2006 年版。

征地补偿费，农民并不反对。农民所反对和抵制的是乡村干部的贪污、挥霍；农民渴望发展壮大集体经济，但又担忧和恐惧市场风险，所以在一些地方出现"分光吃尽"而后快的现象。其实，这恰恰折射出当今农民面对乡村治理失效和市场经济风险所表现出的种种无奈。

2. 公平观

几乎在各种土地补偿费分配方式中，都以公平为基本诉求。"按现有人口分配"、"按土地人口分配"或其他分配方式概莫能外。这里的公平并不是人们惯于诟病农民小农意识的"平均主义"，它至少包含权利平等的意蕴：

（1）土地权利平等。农村土地作为社区产权，为社区成员所共同所有，其成员享有平等的产权收益分配权。① 因此按现有人口分配，人人有份则顺理成章。

在进行农民为何拒绝和排斥将土地补偿费"主要用于被征地农户"而要在"现有人口"中平均分配的调查访谈中，当问及农民是否同意将土地补偿费只分配给被征地农户时，被访者都不假思索地回答"不能"，"为什么?""土地是集体的，卖的是集体的地，又不是个人的地。""既然是卖集体土地的钱，大家就都有份，怎么能只给一部分人?""他们（被征地户）该得的都得了（指承包土地上附着物补偿费）。"对此问题笔者又在西安郊区进行了补充性调研。这是一个由 23个村民小组组成，拥有 7200 多人口的村庄，有某县"第一村"之称。这几年，村上有 1100 多亩农田被征收，涉及 10 个村民小组，获得土地补偿费 2770 多万元。访谈中，村委会主任告诉笔者："土地补偿费是在各小组内部按现有人口平均分配的，这样分配群众拥护，群众认为这样分配最公平。我们不考虑哪家的地征没征，征多征少，群众也没有提出这样的要求。"至于将土地补偿费主要用于被征地农户的政策，村委会主任则说，我们不知道有这样的政策，即使有也行不通。现实中，只能按照人口平均分配。

（2）生存权利平等。在土地还仍是农民的重要生活保障时，要保证社区成员人人有饭吃，土地补偿款的分配就不可能仅在有承包地的农民之间进行分配，更不可能为被征地农户所独享，而要在"现有人口"

---

① 参见靳相木《中国乡村地权变迁的法经济学研究》，中国社会科学出版社 2005 年版。

中平均或按比例进行分配。调研中一位农民在申述土地补偿费应按现有人口平均分配的理由时讲道："卖地（指征地）是永久性的，未赶上分地的人也要吃饭，怎么能不给他们分呢？"

如果我们正视当今中国农村的现实，特别是中西部的农村，我们就可以理解他们对土地的依赖。学者们可以用数据去证明当今农民的收入主要不是来自于土地，但你不能否定土地仍是他们最可靠的生活保障。他们可以让土地荒芜，但决不言弃，就是这个道理；我们也就可以理解农民为什么为保护社区土地资源而不惜与政府和法律抗争；我们同样也可以理解社区农民为何极力排斥外嫁女及政策移民参与土地收益的分配。

（3）权利义务一致的公平观。从农民关于土地补偿费分配的不同要求中，我们可以看到农民对待土地及其土地利益的基本态度。从表面上看来，一个是要求按土地人口分，一个是要求按现有人口分，似乎是两个问题，但再认真分析下去，其实问题只有一个。要求按土地人口分的背景是存在农业税费。农民的各项负担与承包土地的农户人数挂钩，既然是按土地人口承担了义务，在分配土地补偿款时，也就应以土地人口享受权利，即"利害统一"。农业税取消了，农民负担不再和土地挂钩，这一问题也就不存在了，可见这种要求的实质在于权利义务一致的公平观。

这种公平观同时还体现在"按现有人口分配"时，村民"资格"的认定标准上，即在有村组"户籍"的前提下，同时要与集体经济组织形成实际的权利义务关系，否则仍无资格参与分配。

3. 利益观

土地补偿费的分配，无疑是一种利益的分配。土地补偿费分配中的各种主张都是一定利益主体的利益诉求，正如马克思所言："人们所争取的一切，都同他们的利益有关。"一切错综复杂的社会现象都可以从利益那里得到解释。所以，土地补偿费分配方式及其规则的选择过程，也正是多元利益的取舍、协调与整合的过程。在土地补偿费分配中出现的被征地农户反对"土地补偿费主要用于被征地农户"的现象，并不是被征地农户对自己利益的否定，恰恰相反，他们是基于未来土地利益增值的理性认识而追求土地利益最大化的表现。

（三）问题的反思

通过以上的考察，我们已清晰地看到：在土地补偿费分配问题上，国家制度理念与农民行为逻辑存在着明显的分歧和背离。从表面来看，土地补偿费分配问题上的国家制度与农民行为的分歧和背离，是农村集体经济组织与农户之间以及农户与农户之间土地利益的矛盾和纷争，是农村集体经济组织内部利益冲突的表现。然而，当我们认真审视土地补偿费分配中的两种基本关系及其利益诉求和利益分配规则时，就会深切地感到这种分歧和背离的发生实为我国农村土地问题深层矛盾的显现，有其深刻的社会基础和制度原因。这也正是问题的所在，矛盾纠纷的根源。

1. 农村集体土地所有权和农户土地承包经营权之间的矛盾

农村集体组织与农户之间在土地补偿费留存比例上的矛盾，集中体现了农村集体土地所有权与农户土地承包经营权之间的现实矛盾。我国法律规定农村土地属农民集体所有，"农村集体经济组织实行家庭承包经营为基础，统分结合的双层经营体制"。改革开放以来，农村土地制度改革坚定不移地以确保农村土地承包关系长期稳定，赋予农民长期而有保障的土地使用权为核心向前推进。农民土地承包经营权不仅成为一项独立的财产权利，而且获得了物权法的保障。但在现实生活中，有两种情况值得重视，一是统分结合的双层经营体制，实为有分无统。二是农地制度改革的理论和实践基本都沿着"弱化所有权，强化使用权"的思路进行，这样导致的结果是农村集体土地所有权"虚无化"和农村集体经济组织"空壳化"。然而农村集体经济组织毕竟是农民所依附的组织载体，它无疑要承担组织体内的公共事务和公共福利。在当前大多数农村集体经济组织所拥有的主要资源，甚至唯一资源还只是土地的情况下，作为土地所有者的集体经济组织缺乏获得所有者权益的制度保障，这在理论上是难以成立的，在实践中也必然产生难以解决的问题。在当今大部分农村集体经济衰微，甚至负债累累，公益事业举步维艰的背景下，农村集体组织必然具有主张土地所有者权益的现实需求和冲动。因此，合理地界定农村集体土地所有权和农户土地承包经营权的关系具有重要的现实意义。农村以家庭经营为基础并不意味着排斥集体经营，农户土地承包经营权也决不能否定农村集体土地所有权。

2. 刚性的法律制度与复杂的农村现实之间的矛盾

农村土地承包经营权纳入物权法的调整，标志着其已成为一种物权，是一项独立的财产权利。今后农村土地承包经营制度的改革和完善也必将以现代物权法的精神为引领。土地承包经营权作为物权，其权利性质和权利内容决定了农户"承包地被依法征用、占用的，有权依法获得相应的补偿"（《承包法》第16条第1款第2项）。土地补偿费主要用于被征地农户，也是题中应有之义。但为什么这一规定在执行中难以成行呢？我们知道法律规则的规范性、概括性使其适用条件被标准化和一般化。然而，农村土地承包经营法律制度适用的对象"农村"和"农民"却存在着极大的区域差异，异质性远大于同质性。因此法律规则的抽象性远远不足以涵盖所有的"农村"和"农民"。如我国东南沿海的农村与中西部的农村，山区农村与城郊农村，集体经济强大的"明星村"与集体经济衰微的凋敝农村之间的差异。特别是在农村社会阶层分化剧烈、人口流动频繁的今天，各地甚至同一村庄的农民之间在贫富、身份、职业等方面存在巨大的差异，因此，他们对土地有着不同的利益诉求，对国家政策和法律有着不同的认知和态度。前边关于土地补偿费在农村集体组织与农户之间以及农户与农户之间的分配关系中极其丰富多彩的分配方式和规则就深刻地反映了这种制度与现实的巨大差异性。因此，这一制度也必将因缺乏应有的社会基础和条件而难以运行。

3. 农村土地制度多元化价值取向之间的矛盾

我国农村社区由于社会体制和法律规定存在的问题，致使其功能定位、法律地位、组织架构、权利义务等方面错综复杂、叠床架屋，缺乏一种清晰而准确的界定。许多政治的、经济的、法律的、行政的问题交织在一起，由于其各自价值取向不同，发生冲突在所难免，这些问题的存在使得国家农地政策和法律在农村运行中必然会歧义丛生，大打折扣。

如：村民委员会作为自治组织，其性质和功能定位在法律上是很明确的，但法律同时又赋予其经营、管理村集体所有土地的权利，使其政治职能和经济职能混合。实践中，村委会还是农村土地承包合同的发包方，因此也往往成为承包合同纠纷的当事人；村委会和村民小组的法律关系则更容易诱发土地补偿费分配纠纷的发生。按《村民委员会组织法》的规定，村民小组不是一级独立组织，其隶属于村委会，但许多村民小组却又是独立的农村集体土地所有权主体。这种既有"隶属"又有"独立"的关系，在利益分配面前何以克己？在农村土地收益分配主体资格问题上，往往将"村民"与"集体经济组织成员"混为一谈，作为政府行政管理的"户籍"，却成为获取农村社区经济利益的依据，导致矛盾丛生。

根据以上分析，我们认为要消除国家制度与农民行为之间的分歧与背离，必须合理界定农村集体土地所有权与农户承包经营权之间的权利边界，保护各方应有的法律权益：充分考虑中国农村、农民区域性差异巨大的实际情况，在农村集体经济组织经营体制及其农村土地具体制度方面应有充分的制度创新空间，尊重各地的实践和经验，积极推动地方立法，有效解决国家法律因严重脱离农村实际而被"悬置"的问题；要认真厘清农村各类社会组织的功能属性、法律地位和权利义务，特别是有关村民委员会、村民小组和农村集体经济组织的法律边界亟待廓清，消除法律制度间在这些问题上的矛盾和冲突。

这些本应由国家立法和政府管理考虑和解决的问题，却因国家和政府的缺位以及法律规则的玄虚与宏大，客观上把解决矛盾纠纷的难题推向农村基层组织和干部。然而这也正构成了农村基层组织和干部创制规则的强大现实压力和内在动力。事实上，农村基层组织和干部通过变通政策法律，创制符合传统与现实的土地收益分配规则，化解了无以计数的为法律与政府束手无策的农村土地矛盾纠纷。尽管这些解纷的规则与方式还存有瑕疵，或与当代政治文明有距离，或与现代法治要求有冲突，但我们要正视这样一个问题：为什么这些规则和方式能够有效地解决数量如此之多，规模如此之大，人员如此之众，关系如此之复杂，利益如此之大的土地收益分配纠纷，确保了广大农村社会的和谐稳定呢？这也正是农村基层组织和干部调解矛盾纠纷的价值所在或曰是乡村人民调解的价值所在，魅力所在。乡村人民调解丰富多彩的极具创造性的实践，不仅成功地解决了一类重要的农村土地矛盾纠纷，同时也为我们构建多元化的纠纷解决机制提供了鲜活的实践样本和重要的启示。

小 结

一 农村人民调解土地纠纷的基本特点

（一）人民调解是一种基础性和常规性的纠纷解决机制

在我国，人民调解是为广大人民群众，特别是广大农民群众所熟悉和常用的纠纷解决方式，可以说是一种基础性和常规性的纠纷解决机制。我国作为一个农业大国、农民大国，农村人民调解的地位和作用尤为突出，其所占比重较之于城市基层和企事业单位的人民调解，无论是在组织机构数量上，还是调解纠纷数量上都遥遥领先。

（二）农村人民调解擅长于解决传统农村土地纠纷

农村人民调解在解决传统农村土地纠纷方面发挥着不可替代的作用。传统民间纠纷和一些常见多发的涉及利益关系比较简单、经济利益不大的农村土地纠纷，如田址地界纠纷、宅基地纠纷和相邻关系涉及土地方面的纠纷，通过乡村人民调解可以得到较为妥善的解决。

（三）农村人民调解是乡村治理的一种重要方式

农村人民调解作为一种制度化的纠纷解决机制，基本依靠力量还是乡村精英，特别是村干部，即使"专职"调解员中村干部仍占很大比重。从某种意义上来讲，农村人民调解实际上主要是一种村干部调解。村干部解决矛盾纠纷并非一种专门的纠纷解决活动，而是乡村治理的一种重要方式。

（四）农村人民调解适法性与实效性的平衡

农村干部调解纠纷在规则的选择与适用上具有较大的灵活性，选择的取向与过程比较复杂，但总体上更注重实效。一个有经验的农村干部既不会简单地选择适用政策法律，也不会轻率地选择或创制与政策法律相对立的规则。他们会在适法性和实效性之间找到一个恰当的平衡点。他们的身份、地位和政治生存环境造就了他们拥有这样一种特殊能力。他们可以借助于其所拥有的政治权力、资源支配、人情面子、人格魅力、个人威望等"社会资本"使调解得以顺利进行。

（五）"变通"是农村人民调解的主要特色

这种变通无处不在，其构成农村基层工作独特的技术。它所昭示的意义不仅仅是工作方式方法上的灵活性，更重要的是在实体上，它往往是对既有规则的改变或消解，是一种创制新规则的方式。许多刚性的政策和法律就这样被"变通"柔化后加以实施。这种通过变通来创制规则是普遍的，尤其是在农村土地问题上。这些变通后的规则可能引发矛盾纠纷，但在更多的场合下则是解决矛盾纠纷的重要规则。这些规则可能构成对政策法律的规避，使国家政策法律在农村社会消解得无影无踪；也可能是对现行政策法律的"拯救"，它让一些原本脱离实际缺乏社会基础而难以实行的政策法律，获得了实施的条件。

（六）农村土地纠纷调解方式丰富多彩

现实中，无论何种调解，其成功的微妙之处就在于调解者恰当地运用了一定的方式方法，这是一个调解者展示其经验与技术、智慧与魅力，充满迷幻色彩的大舞台。调解的过程与结果极具故事性和戏剧性，调解的巨大魅力也正在于此。农村土地纠纷调解方式丰富多彩、引人入胜，以至于人们所看到的仅是调解者精湛的技术，却忽略了所适用的规则本身，甚至误将调解的方式方法当成调解规则本身。许多调解者自身也陷入了调解规则的无意识状态，缺乏调解规则适用的自觉。因此，我们需要发现和揭示隐藏或隐含在调解背后的这些规则。因为调解依据（规则）的公平合理性才是解决纠纷的根本。那些仅仅依靠或经常依靠政治权力、经济实力、人情面子、人格魅力等支持缺乏公平合理性规则所进行的纠纷调解是极其有害的，也是难以持久的。

二 农村人民调解的"悖论"现象

农村人民调解一方面在新的历史条件下不断走向衰落，而另一方面其地位和作用却被无限拔高。那么，何以产生这种"悖论"的呢？我们试图从农村人民调解作为一种制度化的纠纷解决机制自身的结构要素和外部运行环境两个方面来进行分析。

（一）农村人民调解结构要素的变化与影响

人民调解作为一种纠纷解决机制有其自身的结构要素和运行逻辑。其结构要素包括解纷主体、客体、方式、规则和相关制度等。这些结构要素只有获得合理安排和相互支持才能使该机制有效运行，发挥解纷功能。如果其中某些要素发生显著变化，致使要素之间的联系和匹配失衡时就必然会影响或削弱其功能的正常发挥。转型期农村社会的剧变，深刻地影响乃至改变着农村人民调解的结构要素，以致农村人民调解走向式微。

1. 解纷主体

农村人民调解解纷主体包括调解组织和调解人员。从制度设计和实际运行情况来看，我国每个行政村都设有调解委员会，调解人员由推选和聘用产生，有专职和兼职之分。调委会成员除少部分由村民担任的专职调解员之外，主要成员为村"两委"干部。近几年，地方上推行专职人民调解员制度，一般每村设 1—2 个专职人民调解员。我们从一个镇的调查中获知，该镇所有行政村的专职调解员 60% 以上是由村支书或村主任担任。造成这种状况的原因，一是村上缺乏有调解纠纷能力的人；二是村上调解工作实际主要由村支书和主任承担；三是专职调解员的身份在农村是一种政治声誉和资源，同时也是获取经济收入的一个渠道。调委会的机构虽然设置有之，但问题如前所述，当前农村空心化使大量村级组织处于瘫痪状态，甚至许多地方在村两委换届选举中存在为数不少的"选不出"、"选不成"的"重点村"和"难点村"。村级主要组织尚且如此，村调委会就自然是有名无实了。另一方面农村精英的大量外流，村干部长期不在村，以及村干部权威不够、动力不足、能力不行和责任淡化的种种现实，使农村人民调解队伍几近瓦解。作为一种解纷机制核心要素的解纷主体处于如此状态，该解纷机制能否运转或运转状况如何就自不待言。

2. 解纷客体

解纷客体即所涉纠纷的性质和类型。一个纠纷的解决究竟采用何种解纷机制为宜，除与解纷机制性质、解纷主体能力、解纷规则资源等有关以外，所涉纠纷的性质和类型也是一个重要的考量因素。如果纠纷的性质与类型与该解纷机制的能量差距过于悬殊不相匹配的话，该机制就难以承受其重了。农村人民调解就其产生的历史渊源、资源禀赋来讲，主要针对婚姻、家庭、邻里、赔偿等一般性、常发性的民间纠纷进行调解。但在新时期农村传统纠纷渐少，大量新型纠纷产生，许多社会"热点"、"难点"问题纳入人民调解范围。农村以土地权益和村务管理为主要内容的纠纷显然难为农村人民调解所能承受和解决，甚至这些纠纷本身就不可能为农村人民调解所"染指"，"染指"则无异于自断其指。如土地承包经营权纠纷，征地拆迁安置纠纷，土地收益分配纠纷，土地租赁纠纷，征地拆迁回迁村民利益纠纷，预留国有土地（被征地农民生活依托地）管理、使用、处置及收益分配纠纷，小产权房买卖纠纷等。一些纠纷本身就与村"两委"有关，有些纠纷就是因村干部的贪腐行为或工作作风所引发的，有些纠纷与乡镇政府工作有关，对于诸如此类的新型农村土地纠纷，村级调委会是难以发挥作用的。

3. 解纷规则与方式

新中国成立以来，人民调解的依据（规则）经历了由主要依靠政策到突出法律，再到现行《人民调解法》所规定的"根据法律法规规章和政策进行调解，也可以在不违背法律法规规章和政策规定的前提下，遵循社会公德或者参考村规民约、社区公约、企事业单位规章制度和社会善良风俗进行调解"的发展演变过程。事实上，在人民调解实践中，更多的是以民众所熟悉并认同的社会公德、风俗习惯和自治规则来调解各种矛盾纠纷的，很少直接以抽象刚性的政策法律来调解。很多场合下政策和法律的适用，需要调解者将之变通或转化为一种以情和理为载体的柔化了的规则。诚如有学者所言："具有村庄生活经验调解者都知道要在'情、理、法'之间寻找到平衡点，作为调解的规则。"[1] 可见，农村人民调解所适用的规则具有浓厚的"传统性"和"乡土性"。在熟人社会，这种规则的通行是以深厚的农耕文明和传统道德为基础的。但处于社会转型期的当今农村：社会分化、人口流动、利益多元；农业边缘化，农村空心化，农民原子化；城市工商文明使农耕文明与传统道德不断受到冲击和瓦解；熟人社会正逐步向半熟人社会、陌生人社会演进；农民的思想观念、价值取向和行为方式正发生着巨大的变化。

在此背景下，农村人民调解的规则适用和方式选择遇到了极大的挑战。往日通行的规则不再被认同，说服、疏导的调解方式难以奏效。固守传统的调解规则和方式则难以适应新情况。所谓"要在'情、理、法'之间寻找到平衡点，作为调解的规则"，则需要渊博的知识、丰富的经验和经久的历练，是一种较高的境界。农村人民调解人员的素质何以达致这般境界？

4. 相关制度

农村人民调解机制还包含着一系列的相关制度，其中一些制度的规

---

① 董磊明：《村庄纠纷调解机制的研究路径》，《学习与探索》2006 年第 1 期。

定客观上制约了农村人民调解的发展。这主要表现在两个方面：

一是关于基层司法所职能与职责的规定挤压了农村人民调解的发展空间。按照《人民调解条例》的规定，司法所的主要职能之一就是指导农村人民调解工作。但随着司法所被县级司法行政管理部门收管和中央财政对中西部地区基层"两所一庭"建设的力度加大，乡镇司法所软硬件设施得到很大改善，并形成一支较为稳定的专职司法员队伍，其规范化和专业化程度日渐提高。由此，基层司法所的主要工作也由过去的指导人民调解变为直接"坐堂办案"。① 加之，乡镇政府往往将信访、综治、矛盾纠纷调处等凡与维稳相关的工作都一并交办司法所，所以农村许多矛盾纠纷直接流向乡镇司法所，客观上挤压了农村人民调解发挥作用的空间。

二是《人民调解法》关于人民调解协议效力的规定。人民调解协议是人民调解委员会主持纠纷当事人自愿达成的据以解决纠纷的协议，也是纠纷能否得以解决的一个重要标志。因此，人民调解协议的性质与效力至关重要。《人民调解法》第 31 条规定："经人民调解委员会达成的调解协议具有法律约束力，当事人应当按照约定履行。"对此规定的评价褒贬不一，有人认为这是《人民调解法》的重要创新之一；有人认为该规定"不仅导致人民调解协议效力的认定缺乏操作性，也与人民调解的民间性质相违背"。② 也有人建议"可考虑有条件地赋予人民调解等调解协议直接的法律效力"。③ 为了充分发挥人民调解在解决基层常规多发矛盾纠纷中的作用，提升人民调解的地位，以增强其权威性和公信力是非常必要的。但有关人民调解协议效力的规定在实际操作中有失便捷和效率，至少在广大农村地区存在这样的问题。由于人民调解协议仅仅具有"法律约束力"，而没有直接的法律效力，也并不当然地具有强制执行力，所以，如果当事人一旦反悔或不予履行则又可能走向司法程序，导致欲速则不达。特别是关于人民调解协议效力的司法确认规定，意味着一个纠纷的当事人可能要经历人民调解过程、司法确认过程和申请强制执行过程。而启动司法确认程序所要求双方当事人须共同在

---

① 参见田先红《乡镇司法所纠纷解决机制的变化及其原因探析》，《当代法学》2010 年第 5 期。

② 吴俊：《人民调解制度的再完善》，《学习与探索》2012 年第 1 期。

③ 徐昕：《迈向社会自治的人民调解》，《学习与探索》2012 年第 1 期。

规定时间内向有管辖权的法院提出申请的规定，显然在农村缺乏实际意义。这些规定并未实现提升人民调解地位的立法意图。

（二）农村人民调解外部环境影响分析

农村人民调解机制运行的外部环境包括村庄微环境，即村庄自身政治、经济、文化、社会等方面的基本状况；社会大环境，即转型期社会，特别是农村社会的政治、经济、文化、法制基本状况以及直接影响农村人民调解机制运行的体制和制度性环境。村庄微观环境和转型期社会大环境变迁对农村人民调解机制结构要素的影响我们已有论述，这里主要从体制和制度性环境影响的角度做一简要分析。

1. 外生型调解的内动力衰竭

任何一种解纷机制要保持长期不懈的运转，就必须要有充足的内在动力和保障机制做支撑。"传统的民间调解以自愿性自发性和自治性为特征，是一种自下而上的内生性调解。"① 它是传统乡村社会内生秩序形成的客观需求和自觉所为，有其永不衰竭的内在动力。然而"当下的人民调解是一种外生型调解和政府控制型调解，缺乏民间调解制度本应具有的内在活力"②。人民调解作为制度性的纠纷解决机制，国家赋予了它太多的政治内涵和现实使命，其已成为国家进行社会控制和管理的重要方式和手段，动力和保障机制发生了根本性的变化。乡村人民调解不再是建立乡村内生秩序的自觉行为，而是外部施加的一种政治任务。所以，我们在农村就会看到：乡村通过"做报表"塞责任务，应付上级；村干部极力将村上的矛盾纠纷向外推；调委会瘫痪，调解员不愿调解纠纷等种种现象。

2. 稳控政治下的纠纷吸纳

农村矛盾纠纷一直存在一种"外溢"和"上移"现象，即很少在农村组织内部解决，而一般都是寻求外部和更高层级的政府部门解决。这一方面与农村人民调解动力不足、积极性不高，而将矛盾纠纷往外推有关；另一方面却是稳控政治下，县乡政府吸纳矛盾纠纷的结果。在"稳定压倒一切"、"稳定是第一责任"的政治高压态势下，"一票否决"的考核机制使乡镇政府对维稳之事从不敢懈怠。取消农业税后，乡镇政

---

① 徐昕：《迈向社会自治的人民调解》，《学习与探索》2012 年第 1 期。
② 同上。

府在许多方面都从农村事务中退了出来，但唯独在维稳问题上与农村农民空前密切了。在乡镇设有调委会、矛调中心、信访办、综治办、司法所等组织机构；在村上则有驻村干部、驻村法官、驻村警官、维稳信息员、维稳工作队等。农村农民无不处于政府"网格化"管理中的某个网眼之中。村上稍有风吹草动，就会上下联动，被"盯死看牢"、"严防死守"，村上的矛盾纠纷被自上而下地吸纳消化了。

3. 多元纠纷解决方式中的比较劣势

在一个开放、多元化的社会里，利益诉求与矛盾纠纷解决的方式和渠道同样具有多元化的特征，人们可以在诸多的方式中拣选适合自己的那一款。纠纷解决方式的选择无疑会受到多种因素的制约和影响，但便捷、速效、权威和利益最大化则是普遍选项。农村人民调解显然难以满足当事人这样的预期。所以，农村矛盾纠纷大多会"冲出"村庄，流向乡镇以上各级政府和信访、司法等部门。农民浓厚的"政府情结"，使其遇到麻烦和纠纷就会"找政府"，而近年来因受不良上访文化的影响，许多农民纷纷走上上访之路。社会转型期的农村人民调解本来就优势不足，劣势尽显，一路衰微，在诸种纠纷解决机制的比较劣势中就更加举步维艰了。

三 回归抑或创新？农村人民调解发展之路

从以上分析中，我们可以看到有两种力量在影响和改变着农村人民调解的发展走向：一是转型期农村社会的快速分化和巨大变化，深刻地影响了农村人民调解机制诸要素的内容和特性，进而影响到这一解纷机制的正向作用，使其走向衰微。二是地方政府特别是基层政府在农村社会矛盾突出，法律公共产品供给不足和稳控政治体制下，对农村人民调解赋予了难以承载的政治使命和过高的价值期许，从而扭曲了农村人民调解的基本功能，加剧了农村人民调解的衰落。农村人民调解将何以走向健康发展？有人主张回归，还原人民调解的本来面目；有人主张在现行制度基础上完善。我们认为，简单的回归不符合社会发展的逻辑，细枝末节的制度修补无助于农村人民调解的根本改善。我们可以沿着以上分析问题的思路，从完善结构要素和改善外部环境两方面探寻解决问题的出路。

（一）客观评价农村人民调解的地位和作用

在社会转型期农村矛盾纠纷凸显，法律公共产品供给不足的情况下，农村人民调解的价值固然不容忽视，但不能脱离实际，片面地追捧，人为地拔高其地位和作用，以致扭曲了它的本来面目。显然，农村人民调解只是多元化纠纷解决机制之一，而且是一种基础性的、常规性的纠纷解决机制而非万能之法。在新形势下，农村矛盾纠纷的性质、类型、特点，当事人的思想观念等都已发生重大变化。农村矛盾纠纷能否进入人民调解来解决，要受到纠纷类型、利益大小、解决纠纷可资利用的资源的多少以及当事人的心理偏好等诸多因素的影响，有些农村矛盾纠纷基于其性质、起因、利益相关者等因素的影响，不可能由农村人民调解解决。

（二）改造和调适农村人民调解机制的结构要素

基于农村社会发展变化对农村人民调解机制结构诸要素的冲击和影响，当顺应客观情况的变化，对诸要素进行一定的改造和调整，以调适农村人民调解机制的结构功能，发挥其正向作用。

1. 合理设置农村调委会机构

农村调委会的机构设置，当针对农村大面积"空心化"现象，未必村村都要设，可以结合新农村建设中的农村社区建设，采取集中与分散相结合的做法，社区设调解委员会，村上设专职调解员。有分有合，便于工作，利于整合。

2. 解决人民调解队伍稳定问题

农村调解队伍的稳定与素质，针对农村精英外流，调解人才匮乏，甚至后继乏人的现象，要解决人民调解队伍稳定问题。农村调委会成员仍宜实行专兼职相结合的原则，有条件的地区和村子可以通过选拔培养或公开招聘的方式适当扩大专职调解员的比例。这样既可充分利用农村干部作为人民调解员的优质资源，也可满足农民群众解决纠纷的"找干部情结"，又能节约支出，减轻地方财政和村集体的经济压力。同时要充分利用各种资源来充实农村人民调解工作，如大学生村官、人民调解志愿者、农村其他社会组织精英等。

3. 农村人民调解保障机制问题

"人民调解委员会调解民间纠纷，不收取任何费用。"因此，没有制度性的物质支持和保障，农村人民调解必将难以为继。中央和地方财政要切实落实农村人民调解经费和工作补贴的财政安排。改善调解人员的工作条件，给予合理的工作补贴是调动农村人民调解员工作积极性，稳定调解队伍的必要措施，否则，农村调解工作缺乏制度性支持，后继乏人在所难免。与此同时，还应建立健全农村干部和人民调解员考核机制，特别是对"两委会"干部，应将其调解工作纳入考核考评范围，与其业绩、薪酬挂钩。

4. 合理划定农村人民调解范围

要坚持农村人民调解是一种基础性、常规性的纠纷解决机制，主要调解常见易发的一般性民间纠纷的基本定位。根据农村矛盾纠纷的新情况、新类型和新特点，虽然可以适当扩大调解纠纷的范围和类型，但对于那些社会"热点"、"难点"问题和重大疑难纠纷，农村人民调解不宜介入，应明确予以排除。

5. 摆正司法所与农村人民调解组织的关系

一是基层司法所的主要职能仍应放在指导和管理农村人民调解工作上，不宜成为一级独立的人民调解组织；二是合理界定农村调解委员会和乡镇司法所人民调解的"受案范围"，司法所主要受理调解那些不宜由村调解委员会调解的矛盾纠纷和村调解委员会调解无效的矛盾纠纷，不要挤压农村调解组织的生存空间。此外，司法所对农村人民调解的管理不宜过度规范化和标准化。农村调解委员会的调解只要不违反宪法和法律，就应保护其调解的自主性、乡土性和鲜活性。

6. 引入新机制，激活农村人民调解

转型期的农村固然问题很多，但问题的积累与解决是社会发展前进的常态。在问题之外，我们同时也看到了解决问题的有益探索和实践。如成都试验区在进行土地产权改革中，通过"村民议事会"解决棘手的土地确权纠纷；西安雁塔区推行的"村规民约评理会"化解村庄日常矛盾纠纷；温岭等地的乡村"民主恳谈会"引入协商民主解决农村土地收益分配纠纷。这些新经验和新机制也可以引入农村人民调解中，不仅可以激活农村人民调解，还可以丰富和发展农村人民调解。

（三）改善农村人民调解机制运行的外部环境

农村人民调解机制运行的外部环境中，有关村庄微观环境和转型期社会大环境变迁对农村人民调解机制结构要素的影响我们已经做了简要的分析，并通过对农村人民调解机制结构要素的改造和调适以适应社会的发展变化。我们这里主要关注的是体制和制度性环境。稳控政治体制下农村人民调解的价值和功能在一定程度上被扭曲，使其脱离了自身运行的逻辑，简单地蜕变为一种社会管理工具，导致其内在动力缺失，逐步走向衰微。与此同时，稳控政治体制下基层政府管理对农村社会的强力贯穿，使农村社会矛盾纠纷不断"外溢"、"上移"，又不断地为地方政府所吸纳，以至于农村人民调解几无生存发展空间。鉴于此，我们在改善农村人民调解机制运行的制度性环境时，就应将农村人民调解从政府控制型调解回归到农村社会内生性调解。还原其基础性解纷机制的本来面目，剥离掉不合理和不现实的政治附加，给予农村人民调解一个良好的制度性生存与发展的空间环境。

第三章 农村土地承包
经营纠纷仲裁

第一节 农村土地承包经营制度

我国农村基本经营制度和农村土地制度紧密相连，影响至深。因此，正确认识和把握我国农村基本经营制度，充分了解和熟悉我国农村土地制度，包括其产生、发展演变、未来走向，对于理解和把握农村土地承包经营纠纷产生的规律、机理，探求合理可行的纠纷解决机制是十分必要的。

一　农村土地制度与农村基本经营制度

我国《宪法》第 8 条规定："农村集体经济组织实行家庭承包经营为基础、统分结合的双层经营体制。"第 10 条规定："城市的土地属于国家所有。农村和城市郊区的土地，除由法律规定属于国家所有的以外，属于集体所有；宅基地和自留地、自留山，也属于集体所有。"《农村土地承包法》第 3 条规定："国家实行农村土地承包经营制度。农村土地承包采取农村集体经济组织内部的家庭承包方式，不宜采取家庭承包方式的荒山、荒沟、荒丘、荒滩等农村土地，可以采取招标、拍卖、公开协商等方式承包。"

可见，农村基本经营制度和农村土地制度紧密相连，农村集体经济组织所掌握的最核心的生产资料就是集体土地，农村基本经营制度是以土地集体所有制为前提的。土地集体所有制决定着农村"基本经营制度"，而农村"基本经营制度"则是农村"基本组织制度"和"基本治理制度"的基础。农村"基本经营制度"意味着：第一，集体经济组织和家庭之间是发包和承包关系，"家庭承包经营"是农村集体经济组织内的基础性经营活动。第二，在农村集体经济组织内部，实行双层经营，集体负责统的（做一家一户做不好的事情）经营，如水利、防疫、技术、购销等；农户负责分的（适合家庭做的事情）经营，如农作物的生产管理等。农村基本经营制度涉及农村集体土地所有权、农户承包经营权和其他人（组织）通过合法方式所获得的经营权，其中包含着极其复杂的土地利益关系。

　　土地是农业最基本的生产资料，也是农民收入的基本来源，合理的土地制度设计不仅对农业经济的发展具有重要的促进作用，而且对实现农村社会的稳定和发展也具有重要的意义。① 新中国成立以来，随着政治、经济形势的发展，国家围绕土地使用制度等土地问题进行了一系列的改革探索，逐步建立了有中国特色的农村土地制度。

　　我国农村土地制度经历了一个不断发展、不断创新的过程。20 世纪 50 年代初期实行土地改革，实现了农村土地从封建地主所有制向农民所有制的转变；50 年代中期进行初级农业合作化，农民以土地入股初级社分红，实行的是农民所有、初级社集体经营的土地制度；50 年代中后期至 70 年代末期进行高级农业合作化和人民公社化，农村土地制度由农民所有、集体经营转变为集体所有、集体统一经营。②

　　1978 年以来我国农村发生了以土地资产产权结构重建为核心的经济体制改革，"包产到户"为主的家庭联产承包责任制冲垮了"集体所有、集体经营"的土地产权制度。1978 年 11 月 24 日，安徽省凤阳县梨园公社小岗生产队 18 户农户所秘密签订的包干到户保证书真正拉开了农村"包产到户"责任制的序幕。此后，在全国大致按照先贫困山区和边远山区，再平原山区和经济发达地区的顺序全面推开，发展速度十分迅猛。对农户自发的包产到户，中央经历了从不允许、允许例外、小范围允许到全面推广的过程。1982 年是农业经营体制改革的转折点。在中央召开的全国农村工作会议上，进一步肯定了各种责任制，包括小段包工定额计酬、专业承包联产计酬、联产到劳、包产到户、包产到组等，都是社会主义集体经济的生产责任制。之后，中共中央批转了《全

① 参见李昌麒《中国农村法治发展研究》，人民出版社 2006 年版，第 93 页。
② 参见高富平《土地使用权和用益物权》，法律出版社 2001 年版，第 362—379 页。

国农村工作会议纪要》（中发〔1982〕1号文件），对包产到户、包干到户充分肯定，使家庭承包制得到迅速推广。1983年，中央下发了《当前农村经济政策的若干问题》，完整地提出了在农村实行家庭联产承包责任制，采取集体统一经营与农户分散经营相结合的原则，使集体优越性和个人积极性同时得到发挥。从1983年10月中共中央、国务院发出《关于政社分开建立乡政府的通知》到1985年春，政社分设、建立乡政府的工作基本结束。自此，由农业合作化运动中通过高级社确立并通过人民公社制度进一步强化的农村土地经营制度终结。到1984年，全国农村普遍实行了家庭联产承包责任制，在坚持土地集体所有的前提下，把经营权还给了农民。土地的经营以家庭为单元，把承包地面积按人口均分到户，按地亩承担税费。而且通过政策和法律的手段，赋予农民长期而稳定的土地承包权。一般土地承包30年不变，草地30年到50年不变，林地50年到70年不变。这种土地经营模式一直持续到现在，成为我国目前农村土地利用的基本模式。

2008年10月12日，党的十七届三中全会通过的《中共中央关于推进农村改革发展若干重大问题的决定》进一步指出："稳定和完善农村基本经营制度。以家庭承包经营为基础、统分结合的双层经营体制，是适应社会主义市场经济体制、符合农业生产特点的农村基本经营制度，是党的农村政策的基石，必须毫不动摇地坚持。赋予农民更加充分而有保障的土地承包经营权，现有土地承包关系要保持稳定并长久不变。推进农业经营体制机制创新，加快农业经营方式转变。家庭经营要向采用先进科技和生产手段的方向转变，增加技术、资本等生产要素投入，着力提高集约化水平；统一经营要向发展农户联合与合作，形成多元化、多层次、多形式经营服务体系的方向转变，发展集体经济、增强集体组织服务功能，培育农民新型合作组织，发展各种农业社会化服务组织，鼓励龙头企业与农民建立紧密型利益联结机制，着力提高组织化程度。按照服务农民、进退自由、权利平等、管理民主的要求，扶持农民专业合作社加快发展，使之成为引领农民参与国内外市场竞争的现代农业经营组织。全面推进集体林权制度改革，扩大国有林场和重点国有林区林权制度改革试点。推进国有农场体制改革。稳定和完善草原承包经营制度。"

2011年12月27日，国务院总理温家宝在中央农村工作会议上讲道:"毫不动摇地稳定和完善农村基本经营制度。以家庭承包经营为基础、统分结合的双层经营体制,是农村的基本经营制度。对这项制度,我们历来讲两句话。讲稳定,是因为这项制度适应社会主义市场经济体制、符合农业生产特点、符合农民群众愿望,是党的农村政策的基石。讲完善,是因为农业生产力在发展,农业生产关系必须不断地与之相适应。实际上我们一直在完善这项制度。从收入分配看,开始是'交够国家的、留足集体的,剩下全是自己的',现在全都由农民自己支配。从承包期限看,第一轮是 15 年不变,第二轮延长为 30 年不变,现在又进一步明确为长久不变。从统分结合的关系看,过去的'统'单纯靠村组集体,现在靠农民合作和多元化、多层次、多形式的经营服务体系。"[1] 这是中央高层对农村基本经营制度在新的历史条件下所做出的具有新的意蕴的阐释。农村土地制度发展演变的基本轨迹和未来走向明确而清晰。

2013 年 11 月 12 日党的十八届三中全会通过的《中共中央关于全面深化改革若干重大问题的决定》对农村基本经营制度做了进一步的拓展和深化:"加快构建新型农业经营体系。坚持家庭经营在农业中的基础性地位,推进家庭经营、集体经营、合作经营、企业经营等共同发展的农业经营方式创新。坚持农村土地集体所有权,依法维护农民土地承包经营权,发展壮大集体经济。稳定农村土地承包关系并保持长久不变,在坚持和完善最严格的耕地保护制度前提下,赋予农民对承包地占有、使用、收益、流转及承包经营权抵押、担保权能,允许农民以承包经营权入股发展农业产业化经营。鼓励承包经营权在公开市场上向专业大户、家庭农场、农民合作社、农业企业流转,发展多种形式规模经营。""鼓励农村发展合作经济,扶持发展规模化、专业化、现代化经营,允许财政项目资金直接投向符合条件的合作社,允许财政补助形成的资产转交合作社持有和管护,允许合作社开展信用合作。鼓励和引导工商资本到农村发展适合企业化经营的现代种养业,向农业输入现代生产要素和经营模式。"这意味着传统的以家庭承包经营为基础、统分结合的双层经营体制的内涵和外延正在发生变化,一种新型统分结合的双层经营体制正在构建中。

---

① 温家宝:《中国农业和农村发展道路》,《求是》2012 年第 2 期。

二　农村土地承包经营的立法与实践

我国立法的一个显著特征或者说一个重要经验就是政策先行，立法跟进。即充分发挥政策调整社会关系的优势，在不断总结经验教训和调适的基础上，将成熟的政策通过法定程序转化为法律，以确保法律的稳定性和实效性。我国农村土地立法同样因循着这一轨迹，以下的所有立法都有其政策的影子和基础。

我国 1954 年《宪法》明确规定劳动群众集体（部分集体）所有制是生产资料所有制形式之一，合作社经济是其表现。但在农村土地问题上，国家依照法律保护农民的私人土地所有权和其他生产资料所有权。事实上，这部宪法确立的土地原则和土地权利由于后来很快推行的合作社和人民公社运动而未及真正付诸实施。1975 年和 1978 年《宪法》则确认了农村人民公社是政社合一的组织，是社会主义劳动群众集体所有制经济。农村人民公社经济一般实行三级所有、队为基础，即以生产队为基本核算单位的公社、生产大队和生产队三级所有。两部《宪法》所不同的是，后者要求"生产大队在条件成熟的时候，可以向大队为基本核算单位过渡"。[①] 1982 年《宪法》规定，城市市区土地属于国家所有，农村和城市郊区的土地，除由法律规定属于国家所有的以外，属于集体所有；宅基地和自留地、自留山，也属于集体所有，任何组织或者个人不得侵占、买卖、出租或者以其他形式非法转让土地。一切使用土地的组织和个人必须合理地利用土地。这就以《宪法》的形式，肯定了农村土地的集体所有制性质。

1986 年 4 月 12 日，第六届全国人民代表大会第四次会议通过的《民法通则》规定，公民、集体依法对集体所有或国家所有由集体使用的土地的承包经营权受法律保护。农村土地承包经营权通过民事基本法得到了确认。《民法通则》进一步细化了《宪法》规定的集体所有权的客体，明确规定：劳动群众集体组织的财产属于劳动群众集体所有，包括（1）法律规定为集体所有的土地和森林、山岭、草原、荒地、滩涂等；（2）集体经济组织的财产；（3）集体所有的建筑物、水库、农田

[①]　张广荣：《我国农村集体土地民事立法研究论纲》，中国法制出版社 2007 年版，第 30 页。

水利设施和教育、科学、文化、卫生、体育等设施；（4）集体所有的
其他财产。《民法通则》还对"集体经济组织"做出了较为具体的解
释，规定：集体所有的土地依照法律属于村"农民集体"所有，由村
农业生产合作社等农业集体经济组织或者村民委员会经营、管理。已经
属于乡（镇）农民经济组织所有的，可以属于乡（镇）农民集体所有。
《民法通则》亦对农民通过土地承包合同获得的承包经营权提供了法律
保护。在赋予农民土地承包经营权的同时，还增加了个人、集体享有森
林、山岭、草原、荒地、滩涂、水面的承包经营权的规定，弥补了《宪
法》对此的空缺，是对集体土地使用权的一大突破，意义重大。

　　1986 年 8 月 15 日，第六届全国人民代表大会常务委员会第十六次
会议通过的《土地管理法》，再次以法律的形式肯定了农村经济体制改
革的成果。其第 6 条、第 9 条和第 12 条明确规定：城市市区的土地属
于国家所有；农村和城市郊区的土地，除法律规定属于国家所有的以
外，属于农民集体所有；宅基地和自留地、自留山，属于农民集体所
有；集体所有的土地，由县级人民政府登记造册，核发证书，确认所有
权；国有土地的使用单位、集体所有制单位使用的国有土地，可以由集
体或个人承包经营，从事农、林、牧、渔业生产；承包经营土地的集体
或个人，有保护和按照承包合同规定的用途合理利用土地的义务；土地
的承包经营权受法律保护。特别是《土地管理法》第 9 条规定，国有
土地和农民集体所有的土地，可以依法确定给个人"使用"，在我国法
律中第一次非常明确地规定了农户个体的土地"使用权"，其"土地使
用权"这一词汇的出现为我国之后理论研究和立法规范土地权利概念奠
定了基础。①

　　1988 年《宪法》修正案规定：土地的使用权可以依照法律的规定
转让。1993 年《宪法》修正案规定：农村中的家庭联产承包为主的责
任制和生产、供销、信用、消费等各种形式的合作经济，是社会主义劳
动群众集体所有制经济。参加农村集体经济组织的劳动者，有权在法律
规定的范围内经营自留地、自留山、家庭副业和饲养自留畜。

　　1998 年修正后的《土地管理法》对集体土地所有权的规定进一步

---

　　①　参见张广荣《我国农村集体土地民事立法研究论纲》，中国法制出版社 2007 年版，第
35 页。

具体化。其第 10 条规定：农民集体所有的土地依法属于村农民集体所有的，由村集体经济组织或者村民委员会经营、管理；已经分别属于村内两个以上农村集体经济组织的农民集体所有的，由村内各该农村集体经济组织或者村民小组经营、管理；已经属于乡（镇）农民集体所有的，由乡（镇）农村集体经济组织经营、管理。第 14 条第一次以法律的形式将农民的土地承包经营权期限界定为 30 年，极大地稳定了农民的生产积极性，有利于农业投入增长和农业长期发展。第 15 条赋予了农村集体经济组织以外的单位和个人承包经营农民集体所有的土地的权利。这不仅有利于资本进入农业以实现农业的集约化经营，实际上也是允许了农民向农村集体外部转让其土地使用权。

1999 年《宪法》修正案对 1993 年关于土地承包经营制的规定又进行了修改：农村集体经济组织实行家庭承包经营为基础、统分结合的双层经营体制。农村中的生产、供销、信用、消费等各种形式的合作经济，是社会主义劳动群众集体所有制经济。参加农村集体经济组织的劳动者，有权在法律规定的范围内经营自留地、自留山、家庭副业和饲养自留畜。至此，在农村土地的经营方面最终确立了实行以家庭承包经营为基础的统分结合的双层经营体制。

2002 年 8 月 29 日，第九届全国人民代表大会常务委员会第二十九次会议通过了《农村土地承包法》，再次肯定了农村土地的集体所有制，并对农村土地承包中发包方和承包方的权利和义务、承包的原则和程序、承包期限和承包合同、土地承包经营权的保护、土地承包经营权的流转、其他方式的承包、争议的解决和法律责任等问题做了具体规定，为农村土地经营进行了操作层面的正式的法律制度安排，标志着我国农村土地经营进入了一个新的法治化阶段。《农村土地承包法》的主要突出点在于：

（1）稳定和完善以家庭承包经营为基础、统分结合的双层经营体制。我国宪法已经肯定了以家庭承包经营为基础、统分结合的双层经营体制。农村土地承包法依据宪法，全面肯定和贯彻了宪法的规定，保障家庭承包在农村占主导地位。

（2）赋予农民长期而有保障的土地使用权。

首先，对家庭土地承包权实行物权保护，强调承包方享有的权利。农村土地的承包者是由国家规定的，即凡是集体经济组织的成员都有承包权，集体组织成员承包权不得剥夺（第 5 条）。按照规定统一组织承包时，本集体经济组织成员依法平等地行使承包土地的权利，也可以自愿放弃承包土地的权利（第 18 条）。承包方自承包合同生效时取得土地承包经营权；县级以上地方人民政府应当向承包方颁发土地承包经营权证或者林权证等证书，并登记造册，确认土地承包经营权（第 23 条）。土地实行家庭承包后，除非法律明确规定的情况，否则，发包方没有权利收回承包地。承包期内，发包方不得收回承包地。承包期内，承包方全家迁入小城镇落户的，应当按照承包方的意愿，保留其土地承包经营权或者允许其依法进行土地承包经营权流转。承包期内，承包方全家迁入设区的市，并转为非农业户口的，应当交回承包的耕地和草地。承包方不交回的，发包方可以收回（第 26 条）。土地实行家庭承包后，除非法律明确规定的情况，否则，发包方不得调整承包地。承包期内，发包方不得调整承包地。承包期内，因自然灾害严重毁损承包地等特殊情形对个别农户之间承包的耕地和草地需要适当调整的，必须经本集体经济组织成员的村民会议 2/3 以上成员或者 2/3 以上村民代表的同意，并报乡（镇）人民政府和县级人民政府农业等行政主管部门批准。承包合同中约定不得调整的，按照其约定（第 27 条）。承包方在承包期限内，享有充分的土地承包经营权。土地承包经营权的内涵非常丰富，包括耕种权、生产经营自主权、产品处置权、收益权、土地承包经营权流转权以及在被征用时，有权获得相应的补偿等权利。

其次，农村土地承包应当坚持公开、公平、公正的原则。这也是"有保障"的权利的表现。《农村土地承包法》第 18 条、第 19 条对承包的具体原则和程序做出了规定，以确保公开、公平、公正的实现。公开，是指承包方案要公开，承包的程序要公开，在民主协商的基础上经过本集体经济组织成员村民会议的 2/3 以上成员或者 2/3 以上的村民代表的同意。公平，是指每个集体经济组织的成员，不分年龄、性别、民族、信仰等，依法平等地享有并可以行使承包土地的权利。公正，是指承包的程序要公正，承包的结果也要公正，任何组织和个人不能有法外特权，也不允许任何人以不正当的手段获得非法利益。

再次，《农村土地承包法》规定了家庭承包土地比较长的承包期限。明确规定了农村土地承包的期限，即"耕地的承包期为 30 年。草地的承包期为 30—50 年。林地的承包期为 30—70 年；特殊林木的林地承包期，经国务院林业行政主管部门批准可以延长"（第20条）。

（3）尊重农户的市场主体地位，保护承包方进行土地流转的权利。明确了土地承包经营权流转应当遵循的第一个原则，即平等协商、自愿、有偿，任何组织和个人不得强迫或者阻碍承包方进行土地承包经营权流转（第33条）。较为合理地规定土地承包经营权的转让、入股、继承等流转问题（第32条）。土地承包经营权流转的承包费、租金、转让费等，应当由当事人双方协商确定。流转的收益归承包方所有，任何组织和个人不得擅自截留、扣缴（第36条）。

（4）保障妇女的土地权利。农村土地承包过程中，经常会出现妇女的合法权益得不到很好保护的现象，在一些地方问题还比较严重，造成了许多纠纷。农村土地承包立法特别注意保护妇女的土地承包经营权。在法律中体现在：农村土地承包，妇女与男子享有平等的权利。承包中应当保护妇女的合法权益，任何组织和个人不得剥夺、侵害妇女应当享有的土地承包经营权（第6条）。承包期内，妇女结婚，在新居住地未取得承包地的，发包方不得收回其原承包地；妇女离婚或者丧偶，仍在原居住地生活或者不在原居住地生活但在新居住地未取得承包地的，发包方不得收回其原承包地（第30条）。可见，《农村土地承包法》在稳定农村土地经营秩序，维护农民土地利益方面产生了重要的作用。

2002年12月28日，第九届全国人民代表大会常务委员会第三十一次会议修订通过《农业法》，再次肯定和明确了以家庭承包经营为基础、统分结合的双层经营体制。其第5条规定：国家长期稳定农村以家庭承包经营为基础、统分结合的双层经营体制，发展社会化服务体系，壮大集体经济实力，引导农民走共同富裕的道路。第10条规定：国家实行农村土地承包经营制度，依法保障农村土地承包关系的长期稳定，保护农民对承包土地的使用权。农村土地承包经营的方式、期限、发包方和承包方的权利义务、土地承包经营权的保护和流转等，适用《中华人民共和国土地管理法》和《中华人民共和国农村土地承包经营法》。农村集体经济组织应当在家庭承包经营的基础上，依法管理集体资产，为其成员提供生产、技术、信息等服务，组织合理开发、利用集体资源，壮大经济实力。

2007年3月16日，第十届全国人民代表大会第五次会议通过《物权法》，标志着我国土地承包经营权的保护再次进入了新的阶段。《物权法》对土地承包经营权规定的主要突出点在于：（1）明确了土地承包经营权的性质为用益物权。土地承包经营权的物权化，将进一步稳定农村承包经营关系，也为承包经营权的流转奠定了基础。（2）明确了征收土地的目的和足额补偿的制度（第42条）。特别是第132条规定，征收农民土地必须对农民个人承包经营权损失进行补偿。这是以前的法律未明确的，它对于农民个人权利的保护意义十分重大。（3）明确了集体所有权内涵，即集体所有指集体组织成员所有（第59条）。《物权法》将传统的"集体所有权"改为"集体成员集体所有权"，进一步明确了集体所有权的性质，以及集体财富享受主体范围，更加淡化了作为权利主体的"集体"权利。（4）给予土地承包权人在权利受到集体经济组织侵害时向法院起诉的权利（第63条）。此前，集体经济组织成员对集体经济组织、村民委员会以集体名义做出的决定，或者这些组织负责人做出的决定，认为侵害自己合法权益的，只能通过信访等行政途径解决，而不能进入司法程序。《物权法》赋予了土地承包经营权用益物权性质，从而在法律上最终确立了土地承包经营权作为私权的地位。在保护农民财产权方面，我国立法又前进了一大步。

从我国土地承包经营权的立法与实践变迁可以看出：第一，土地承包经营的立法经历了从以确保农民"温饱"为目标立法，向促进农民"发展"的更高需求目标立法的转变过程；第二，立法者赋予土地承包经营制度价值目标有二，即通过农民的生存保障确保农村稳定和确保国家粮食安全基本战略目标的实现；第三，在城乡一体化发展的背景下，通过立法促使农民土地财产权利的充分实现。

第二节　农经部门与农村土地承包纠纷解决

在我国，县级以上各级政府农业主管部门都设有农村经济体制与经营管理机构（简称农经部门），承担着农村经济经营管理职能。尽管这些机构的设置上各地可能略有差异，如有的省将农牧合一，设有农牧厅；有的将农水合一，设农水局；有的省单设农村经济经营管理站，从省到县都有；有的只有农村经济经营管理处（科），不设农村经济经营管理站，但无论采取何种体制，都要承担农村经济经营管理的职能。其中一个很重要的职能就是："负责农村土地承包的日常管理和农村土地承包纠纷案件的调解与仲裁；监督检查农村土地承包、农业承包合同、农村土地流转等法律法规及相关政策的落实情况；研究提出农村土地承包经营权流转的政策建议。"这与我们所要研究的农村土地承包纠纷解决机制有着极为密切的关系，这也正是我们花大力气在西部许多省份农经部门进行调研的原因所在。

一　农经部门的性质与职能

（一）农村经营管理体制

农村经营管理工作历来是党和政府农业农村工作的重要组成部分，是保证党的农村经济政策落到实处的基础工作，事关农村改革、发展和稳定大局。我国现行的农村经营管理体制基本上是：在县级以上党的机构中设立农村工作办公室，在县级以上各级政府农业主管部门设置农村经济体制与经营管理机构，在乡镇设立派出机构。为了更好地发挥农村经济经营管理的职能，理顺关系，2006年国务院发布了《关于深化改革　加强基层农业技术推广体系建设的意见》（国发〔2006〕30号），明确规定"农村经营管理系统不再列入基层农业技术推广体系，农村土地承包管理、农民负担监督管理、农村集体资产财务管理等行政管理职能列入政府职责，确保履行好职能"。即把县乡（镇）的农业经营管理与农业技术推广的体制理顺，职能分开。将县级原农村经营管理服务中心改为农村经济体制与经营管理局，隶属县农业局管理。将原来的事业编制转为行政编制，履行行政管理职能。乡（镇）政府的农村经营管理职能不再列入农业技术推广体系的范围，原由乡（镇）农业服务中心承担的农村土地承包管理、农民负担监督管理、农村集体资产和财务管理等农村经济经营管理职能调整为政府职责。撤销乡（镇）农业服务中心、农经站，设立乡（镇）农村经济体制与经营管理办公室，承担农村经济经营管理职能。

（二）农村经营管理职能

农村经济经营管理系统承担着"三大管理"、"三项指导"、"一个基础性工作"等重要职责，即依法行使农村土地承包及承包合同管理、农民负担监督管理、农村集体资产和财务管理，依法承担农村经济审计，指导农民专业合作经济组织建设、农业产业化经营、农业社会化服务体系建设等工作。其承担的这些工作涉及农村社会的稳定和谐、农村经济的发展、农民合法权益的有效保护，是党的农村工作的重要内容，是农业和农村经济工作的重要组成部分。根据《农村土地承包法》、《农村土地承包经营权流转管理办法》、《农民专业合作社法》和《农村土地承包经营纠纷调解仲裁法》等法律法规和政策规定，农村经营管理部门的主要职责是：

（1）贯彻落实党在农村的各项方针、政策，研究提出稳定和完善以家庭承包经营为基础、统分结合的双层经营体制的政策建议。

（2）负责农村土地承包的日常管理和农村土地承包纠纷案件的调解与仲裁；监督检查农村土地承包、农业承包合同、农村土地流转等法律法规及相关政策的落实情况；研究提出农村土地承包经营权流转的政策建议。

（3）负责农民负担监督管理的日常工作；参与农民负担政策调研和起草工作；协助有关部门查处涉农负担的案（事）件。

（4）负责农村集体资产所有权的界定、登记和产权变更审核；指导集体资产和债权债务的管理工作；监督农村集体资产评估和产权交易。

（5）负责指导农村集体经济的审计工作；负责乡镇村集体经济组织的审计监督；指导监督集体财务管理与集体经济组织财务会计工作。

（6）负责农民专业合作社指导管理的日常工作；指导农业产业化经营、农民专业合作经济组织建设工作。

（7）负责农业和农村经济统计工作。

（8）其他工作。

（三）实践中的农村经营管理体制与职能

我们在西部的农经部门调研时，普遍反映当前农村经营管理体制和职能存在问题，影响了农村经营管理，也制约了对农村土地承包纠纷的预防和化解。从体制上来看，各地的做法和机构设置不一，机构性质不同，如陕西省农业厅下设农村经营管理站；各市、县（区）就有所不同了，有的设站，有的不设站，有的在农业局里设一个农村经营管理处（科）；渭南市农业局则下设一个农村经营管理局作为二级局；延安市建立了农业综合执法机构——农业行政执法支队（副处建制），把农经站的业务和农业行政执法统到一起；其他地区的农业行政执法则分散在各职能部门甚至事业单位，如农机、化肥、种子打假分别委托相关部门执法。

《农村土地承包法》明确规定："县级以上人民政府农业、林业行政主管部门分别依照各自职责，负责本行政区域内农村土地承包及合同管理。"但一些地方的土地承包管理从党委部门到政府部门的业务转换还没有彻底到位，如榆林市子洲县农村土地承包管理还在县委农工部，汉中市全市11个区县中，有6个县级农经站不隶属农业部门，也在县委农工部。有些地方的基层农经站机构很不健全，部分乡镇没有农经干部，缺乏对法律政策落实的监督指导。榆林市4个县（绥德、米脂、神木、府谷）至今没有农经管理机构，有的则属于兼职或挂名，职能没有充分发挥，严重制约着农经管理及土地纠纷调解仲裁工作的正常开展。

甘肃省农牧厅亦认为他们的农村经营管理工作存在"三个不适应"，同样涉及体制和职能问题，即"一是职能和单位性质不适应。土地承包政策，是党在农村的基本政策，是各级政府的重要职责，但在基层由农村经营管理站承担，是'小马拉大车'，职能、权利和义务不配套，法律政策落实难。二是工作方式方法的不适应。土地承包管理过去是落实政策，现在是执法，但工作方法仍然是层层下文件抓工作，用文件落实文件。这几年纠纷多，是工作方法不完善，造成政策法律不落实在新形势下的集中反映。三是执法权和处罚权不适应。《农村土地承包法》对违法行为的处罚措施泛化，没有操作性和权威性，是造成执法难的重要原因"。①

二　农经部门解决农村土地承包纠纷的主要方式

人民政府农业行政管理部门既然担负着农村土地承包的日常管理和农村土地承包纠纷案件的调解与仲裁，监督检查农村土地承包、农业承包合同、农村土地流转等法律法规及相关政策的落实情况的职能，其必将设置一整套与其部门性质和职能相匹配的组织机构、制度

---

① 甘肃省农牧厅：《严格执法、创新机制切实维护农民的土地承包权益——在全国农经工作会议上的发言》。

机制、方式程序来解决农村土地承包纠纷。我们通过调研考察得知，农经部门解决农村土地承包纠纷的主要方式有信访、行政调解和仲裁。

（一）农村土地承包纠纷信访

这里所讲的信访，仅涉及农业行政管理部门内部所设置的信访机构和信访活动。农业部办公厅 2005 年 3 月 22 日发布的《关于建立农村土地承包问题上访情况定期报告制度的通知》规定："为及时了解和掌握各地土地承包纠纷和上访情况，推动进一步做好妥善解决承包纠纷工作，按照《关于进一步做好稳定和完善农村土地承包关系有关工作的通知》（农经发〔2005〕2 号）的要求，建立土地承包纠纷定期报告制度。"要求"重点做好有关土地承包问题到省级农业部门信访及处理情况的登记和汇总分析工作，做到月度有情况，季度有分析，年度有报告"。"要利用接待信访和各种渠道获得的信息，及时分析土地承包纠纷发生情况和发展趋势，对信访件跟踪督办，并及时指导各地进一步扎扎实实地做好土地承包纠纷的调处工作，全面落实好土地承包法律政策，依法维护农民承包土地的合法权益。"由于农业行政管理部门本身就具有"负责农村土地承包的日常管理和农村土地承包纠纷案件的调解与仲裁；监督检查农村土地承包、农业承包合同、农村土地流转等法律法规及相关政策的落实情况；研究提出农村土地承包经营权流转的政策建议"的职能，较之于一般的信访部门有其特有的资源和优势，更有利于协调和解决土地承包纠纷。所以，各级人民政府的农业行政管理部门通过信访方式协调解决土地承包纠纷，对预防和化解土地承包纠纷发挥着极其重要的作用。

（二）农村土地承包纠纷行政调解

行政调解是指具有调解纠纷职能的国家行政机关主持的，根据国家政策、法律，以自愿为原则，在分清责任、明辨是非的基础上，通过说服教育，促使双方当事人互谅互让，从而达成协议解决纠纷的活动。行政调解可单独适用，也可以合并于行政裁决或行政仲裁中适用，在行政执法中具有不可忽视的作用。土地承包纠纷的行政调解主要指的是各级政府的农业行政主管部门对土地纠纷的调解。

行政调解土地纠纷的优势主要表现在：（1）行政机关调处社会纠纷符合我国国情与传统习惯。在现实中，公民与公民、组织以及行政机关发生纠纷后，往往不通过司法机关解决而寻求行政机关解决。这一点，从目前大量的上访案件就可以看得出来。（2）行政调解具有专业性和综合性。随着社会的不断发展，社会纠纷涉及的内容也越来越复杂，纠纷的形式呈现出多样性。与行政管理有关的具有行政、民事和技术等综合特色的纠纷往往适合由行政机关来解决。

行政调解土地纠纷的不足表现在：（1）行政机关在调处社会纠纷时缺乏相对的独立性和公正性。具体调处社会纠纷的往往是行政机关的所属机构或行政机关的上级机关，特别在调处与行政管理有关的纠纷时，其不独立性和不公正性更为明显。（2）行政机关调处社会纠纷的程序，实践中随意性很大，从而使当事人对行政机关调处社会纠纷的结果不满，导致行政机关调处纠纷的作用没有很好地发挥出来。（3）行政调解结果的法律效力较弱，也极大地影响了其在处理土地纠纷中的作用。[①] 2009 年 7 月最高人民法院颁布的《关于建立健全诉讼与非诉讼相衔接的矛盾纠纷解决机制的若干意见》规定："行政机关依法对民事纠纷进行调处后达成的有民事权利义务内容的调解协议或者作出的其他不属于可诉具体行政行为的处理，经双方当事人签字或者盖章后，具有民事合同性质。"这一规定尽管改变了以往行政调解法律效力长期不明确的状况，但仅赋予行政调解具有民事合同法律效力，表明其与人民调解协议的地位相当，不具有当然的强制执行力，当事人一旦反悔则前功尽弃。这也正是拥有执法权和处罚权的政府部门认为其权威不再、不愿调解的原因所在。

现实中，农村土地承包纠纷行政调解与农业行政管理部门的土地承包纠纷信访往往是联系在一起的。农业行政管理部门对土地承包纠纷信访的处置通常是协调与调解，即协调、督促涉事主体解决纠纷或作为管理部门直接面对纠纷双方进行调解解决。

我们在西安市长安区农业局农经科进行了有关农村土地纠纷问题的调研，其中就涉及承包纠纷的信访与行政调解。

长安区原有 44 个乡镇，经撤乡并镇调整后，现有 25 个乡（街办），无镇建制，总人口 103 万，其中农业人口 80.5 万。现有耕地 70.17 万

---

① 参见石先广《人民调解、行政调解、司法调解有机衔接的对策思考》，《中国司法》2006 年第 8 期。

亩，苗圃 2 万亩，主要农作物为小麦和玉米，春秋两季庄稼。

农业局的农经科仅两个编制，也就只有两个人在岗。科长何某 40 多岁，调入该部门不久。科员唐某，41 岁，毕业于西南农业大学农学专业，毕业后曾在青海省西宁市大通县乡镇工作 8 年，后调回长安，现在还是农经科的借调人员。农经科就两个人，这听起来怎么都和一个拥有 80.5 万农业人口的大区不相协调，更何况这个部门所应承担的业务相当多，也相当重要。

据唐某的介绍和相关资料显示：该区近几年的农村土地纠纷不少，上访的也很多，每年有六七十件。这里土地纠纷的类型主要是土地承包经营权问题，如外嫁女的土地承包经营权问题和上门女婿的土地承包经营权问题等（见表 3—1 至表 3—3）。

（1）嫁城女的土地承包经营权问题比较突出。部分村组在解决嫁城女问题时，违反规定，以没有预留机动土地或采取召开群众代表大会征求群众意见的方式，剥夺嫁城女的土地承包经营权。

（2）嫁农女的土地承包经营权问题。主要是由于政策规定不明确，户口迁转没有明确的时间规定，存在着嫁入方和嫁出方相互推诿和扯皮现象。长安区委〔2001〕46 号《关于切实维护农村妇女土地承包权益的通知》第 3 条规定"为了方便生产和生活，妇女嫁入方所在村要优先解决其土地承包问题，在没有解决之前，出嫁妇女娘家所在村不得强行收回其原籍承包地"。但出嫁妇女户口迁转没有明确的时限规定，导致部分嫁出妇女故意不迁转户口，或以嫁入户未解决承包地问题为借口，长期不迁转户口，人为造成土地承包纠纷。这个问题在涉及分配征地补偿款的村组比较多。

（3）部分村组以村民自治为借口，对政策明确规定的问题也采用征求村民意见的办法形成一些土规定，侵害部分群众的承包经营权，例如大兆乡大兆村六组对在校大学生的土地承包经营权采取征求群众意见的办法，结果是大多数群众不同意承包，出现了与国家政策相违背的情况。

唐某在谈到处理土地纠纷上访问题时认为："最突出的问题是外嫁女的土地承包经营权和土地收益分配问题，在来访中涉及的大部分是这类问题，而且主要是发生在环境条件和经济发展都比较好的农村。这些村的外嫁女，户口不外迁，村上在分配或调整土地时，不给她们分地或收回承包地，从而引发纠纷。此类问题的解决最棘手，也是长期以来一直困扰我们的一个问题，我们曾多次向省、市主管部门反映，甚至中央部门来调研，我们也反映了这类问题，但始终得不到解决。

"关于外嫁女的土地承包权问题，政策法律规定得都很明确，但在村组层面就很难解决了。有的是村民不同意给，有的是村干部不同意给。问题的实质就是农村土地资源的分配和享受问题。条件好的村子，妇女结婚后户口不愿外迁，或招婿不出村，目的在于拥有土地和参与村集体收益分配。

"外嫁女土地承包权纠纷法院一般不愿受理。因为这类纠纷不同于土地收益分配纠纷，法院判下来，只要村上有钱，就能执行得了。而外嫁女土地承包权纠纷法院即使受理判决了，也执行不了，法院不可能到村上强制执行分配承包地嘛！所以，问题就全推到乡镇和农经部门来了。

"但无论是乡镇还是我们这里，只能进行调解，给村干部做工作。素质好一些的村干部还能听进去，问题能得到一些解决。有些村干部素质很差，根本不理你那一套。要么说'村民不同意'，要么干脆说'那你们去给分地好了！'政府怎么可能去给农民直接划分承包地呢？现在是村民自治，你一点办法都没有。

"我们不知这类纠纷究竟该怎么解决，群众来上访，有的多少年了都解决不了，时间长了就容易引发其他问题。××村上有一个妇女跑了多少年都解决不了，她年年来上访，我年年接待她。"

表3—1 西安市长安区农业局农村经营管理科农村土地问题信访数量统计

年份	数量	年份	数量
2004 年	67 件	2007 年	74 件
2005 年	61 件	2008 年上半年	38 件
2006 年	36 件		

资料来源：根据笔者调研整理。

表 3—2　2007 年西安市长安区农业局农村经营管理科信访问题统计

类型	数量	备注
嫁城女及离婚妇女土地承包经营权及集体收益分配问题	6 件	包括嫁出后户口又转回来，嫁出后户口不迁出
在校大中专学生土地承包经营权问题	2 件	包括在校大中专院校学生以及毕业离校又返回的
退职返乡职工土地承包经营权问题	2 件	
退耕还林款，污染补偿款发放问题	2 件	包括未发和扣发
乱收费问题	1 件	对新增人口收取分地卡费用
土地违法问题	1 件	实行占补平衡，但一直未补
合计	14 件	

资料来源：根据笔者调研整理。

表 3—3　2008 年长安区农村经营管理科来访问题统计（至 10 月份）

类型	数量	备注
嫁城女及离婚妇女土地承包经营权及集体收益分配问题	6 件	包括其子女的土地问题
种粮补贴款发放问题	1 件	
调整土地问题	2 件	
土地承包合同问题	1 件	
信访批转问题	1 件	
合计	11 件	

资料来源：根据笔者调研整理。

（三）农村土地承包纠纷仲裁

农村土地承包纠纷仲裁，是指以第三者身份参加仲裁的农村土地承包纠纷仲裁委员会，依照事实和法律，对农村土地承包纠纷进行审理并做出裁决，从而解决农村土地承包纠纷的一种法律制度。仲裁在处理农村土地承包纠纷中，有其自身的优势。仲裁是由争议双方当事人自由约定，由其共同选定第三人做出有约束力的裁决，以解决他们之间争议的一种制度安排。

与诉讼相比，采用仲裁方式解决农村土地承包纠纷具有诸多优越性：（1）快捷性。仲裁实行一裁终局，与两审终审的诉讼相比，更能迅速解决当事人之间的纷争。（2）经济性。仲裁程序比诉讼程序简单，其无开庭前审理的各项支出，使得仲裁直接成本低于诉讼。（3）专业性。仲裁的好坏取决于仲裁员的素质，而仲裁员只有具备专门知识和精通业务的专家和知名人士才能担任。仲裁员不同于法院的法官，司法机关行使的是国家审判权，因同类型案件数量的有限以及职业化本身的限制，法官往往无法也不可能实现专业化。对于专业性较强的农村土地承包相关事宜，法院解决自然有些力不从心，而彰显其专业性的仲裁则可以胜任。（4）灵活性。在诉讼中，法官必须依据法律对案件做出裁判，即使调解，亦有一定的规制，而仲裁员在裁决纠纷时，不拘束于法律的规定，调处纠纷更加灵活。（5）人性化。仲裁员与仲裁机构之间形成彼此独立的关系，仲裁庭审裁统一、权责一致的模式，以及当事人对仲裁员、仲裁员机构的选择和制约，形成仲裁独有的运行机制。因仲裁员由当事人选定，当事人自然对其裁决更为信服，比起法院公正面孔下冷冰冰的审理以及行政对司法不经意的影响，仲裁更能体现纠纷解决机制所蕴含的人文关怀。因此，在应适用的法律对处理纠纷不利或是土地承包争议某个问题无法律明文规定时，仲裁的结果要比诉讼更加公正，更有说服力。①

第三节　农村土地承包纠纷仲裁立法与实践

一　农村土地承包纠纷仲裁的早期探索

我国法律对农村土地承包纠纷仲裁制度缺乏直接的规制。1995 年施行的《仲裁法》第 77 条规定"劳动争议和农业集体经济组织内部的农业承包合同纠纷的仲裁，另行规定"，将农业承包纠纷仲裁排除于民商事仲裁范畴。现行《农村土地承包经营法》第 51 条和第 52 条虽然对

① 参见段莉《农村土地承包纠纷仲裁制度研究》，《仲裁研究》2008 年第 2 期。

农村土地承包经营纠纷的争议解决办法做出列举，明确了"可以向农村土地承包仲裁机构申请仲裁"，但没有对此加以细化，既没有对具体机构设置进行相应的规定和授权，也没有对仲裁程序进行约束。

《农村土地承包经营法》的施行及其对仲裁制度的肯定，促使实务部门加强对农村承包纠纷仲裁制度的关注。2003 年年底，农业部率先在江苏、吉林、河南等省开展深化农村土地承包纠纷仲裁试点实践工作，由政府相关部门成立仲裁委员会组织，开展仲裁工作。2005 年 11 月 15 日，农业部出台《农村土地承包纠纷仲裁试点设施建设项目组织实施办法》。江苏省是全国较早进行农村土地纠纷仲裁试点的省份之一，《江苏省农村土地承包纠纷仲裁试点暂行办法》于 2006 年 3 月 21 日出台。该《办法》分 7 章 56 条，阐述了土地纠纷仲裁的原则、机构、管辖与参与人申请与受理、开庭与裁决、执行等规定。省一级出台农村土地纠纷仲裁暂行办法的，江苏在全国是首例，对其他地方的试点工作很有借鉴意义。2006 年 8 月 2 日，吉林省人民政府印发了《吉林省农村土地承包仲裁试点办法》，《办法》分 9 章 81 条，对仲裁的范围、原则、仲裁委员会、管辖与受理、仲裁庭、开庭与裁决、期间与送达、归档、法律责任、附则等进行了详细规定。2006 年 6 月，农业部经管司草拟了《农村土地承包纠纷仲裁法》（征求意见稿），公开向社会各界征求意见，力求有效解决农村土地承包纠纷仲裁中所出现的问题，并在组织机构、仲裁规则、仲裁人员等方面形成明确、具体的制度。2007 年 3 月 5 日，农业部完成了《中华人民共和国农村土地承包纠纷仲裁法（送审稿）》。2008 年 10 月，《农村土地承包纠纷仲裁法》等 64 件法律列入十一届全国人大常委会立法规划。为了最大限度地方便农民解决农村土地承包经营纠纷，从 2008 年 12 月起，《中华人民共和国农村土地承包经营纠纷调解仲裁法》历经三次修改审议，2009 年 6 月 27 日经十一届全国人大常委会第九次会议表决通过，2010 年 1 月 1 日起施行。

二 农村土地承包纠纷仲裁法律制度的特点

从《农村土地承包经营法》规定农村土地承包经营纠纷的争议可以向农村土地承包仲裁机构申请仲裁，到 2009 年 6 月 27 日《中华人民共和国农村土地承包经营纠纷调解仲裁法》经十一届全国人大常委会第九次会议表决通过，可以说我国的土地承包经营纠纷仲裁立法走过了漫长的道路。

《农村土地承包经营纠纷调解仲裁法》明确了运用调解、仲裁"双渠道"化解纠纷的原则，旨在把矛盾和纠纷解决在基层、化解在萌芽状态。该法共4章53条，包括调解、仲裁委员会和仲裁员、申请和受理、仲裁庭的组成、开庭和裁决等内容。

（1）从该法性质上看，土地承包纠纷仲裁不同于民事纠纷仲裁，具有行政性。仲裁委员会的设置上不同于《仲裁法》所规定的独立于行政机关的仲裁委员会。该法第12条规定，农村土地承包仲裁委员会可以在县和不设区的市设立，也可以在设区的市或者其市辖区设立。农村土地承包仲裁委员会在当地人民政府指导下设立。设立农村土地承包仲裁委员会的，其日常工作由当地农村土地承包管理部门承担。

（2）从受理范围上看，明确了受理范围。该法第2条列举了六种情况适用仲裁解决：因订立、履行、变更、解除和终止农村土地承包合同发生的纠纷；流转纠纷；收回、调整承包地发生的纠纷；确权纠纷；侵权纠纷；法律、法规规定的其他农村土地承包经营纠纷。同时也规定，因征收集体所有的土地及其补偿发生的纠纷，不属于农村土地承包仲裁委员会的受理范围，可以通过行政复议或者诉讼等方式解决。

（3）从法律效力上看，不具有终局效力。该法第48条规定当事人不服仲裁裁决的，可以自收到裁决书之日起30日内向人民法院起诉。逾期不起诉的，裁决书即发生法律效力。

（4）从受理程序上看，采取了或裁或审的规定。农村土地承包纠纷仲裁虽然与劳动、人事争议仲裁都具有行政性，但二者存在显著区别。劳动、人事仲裁的定位是诉讼前置程序，当事人必须经强制仲裁后才能向法院起诉，而土地承包纠纷仲裁则是当事人可选择的程序。该法第4条规定，当事人和解、调解不成或者不愿和解、调解的，可以向农村土地承包仲裁委员会申请仲裁，也可以直接向人民法院起诉。

（5）从仲裁程序上看，规范了仲裁环节。为了保证仲裁裁决的公正性、及时性和裁决书的有效执行，《农村土地承包经营纠纷调解仲裁法》详细规范了仲裁的各个环节。在仲裁员的选任上，该法规定，农村土地承包仲裁委员会应当从公道正派的人员中聘任仲裁员。仲裁员应当符合下列条件之一：从事农村土地承包管理工作满5年；从事法律工作或者人民调解工作满5年；在当地威信较高，并熟悉农村土地承包法律以及国家政策的居民。在仲裁庭的组成上，该法规定，仲裁庭由 3 名仲裁员组成，首席仲裁员由当事人共同选定，其他两名仲裁员由当事人各自选定；当事人不能选定的，由农村土地承包仲裁委员会主任指定。此外，该法还明确规定了做出仲裁裁决的时间表。仲裁农村土地承包经营纠纷，应当自受理仲裁申请之日起 60 日内结束；案情复杂需要延长的，经农村土地承包仲裁委员会主任批准可以延长，并书面通知当事人，但延长期限不得超过 30 日。为了保障当事人享有充分的诉讼救济权利，对农村土地承包经营纠纷不采用"一裁终局"。该法规定，当事人不服仲裁裁决的，可以自收到裁决书之日起 30 日内向人民法院起诉。逾期不起诉的，裁决书即发生法律效力。

（6）从价值功能上看，强化了调解功能。《农村土地承包法》规定，解决农村土地承包经营纠纷有四种途径，即双方协商、村委会或乡镇人民政府调解、仲裁机构仲裁和到人民法院起诉。《农村土地承包经营纠纷调解仲裁法》在初次审议和二次审议时，法律草案的名称中并无"调解"二字。一些委员在审议时提出，应充分发挥调解在解决农村土地承包经营纠纷中的作用。最终通过的法律条文中增加了调解的内容，并专章对调解做出规定。《农村土地承包经营纠纷调解仲裁法》规定，村民委员会、乡（镇）人民政府应当加强农村土地承包经营纠纷的调解工作，帮助当事人达成协议解决纠纷。该法还明确，调解农村土地承包经营纠纷，村民委员会或者乡（镇）人民政府应当充分听取当事人对事实和理由的陈述，讲解有关法律以及国家政策，耐心疏导，帮助当事人达成协议。经调解达成协议的，村民委员会或者乡（镇）人民政府应当制作调解协议书。此外，该法规定，仲裁庭对农村土地承包经营纠纷应当进行调解。由此可见，调解自始至终贯穿在矛盾解决过程中。通过调解这种极具中国特色的法律手段，既维护了当事人的合法权益，又维护了社会和谐稳定。①

三 农村土地承包纠纷仲裁制度的基本原则

农村土地承包纠纷仲裁解决除了坚持以事实为依据、以法律为准

---

① 参见周学勤《一部维护农村和谐稳定的新法：写在〈农村土地承包经营纠纷调解仲裁法〉出台之际》，《农村工作通讯》2009 年第 14 期。

绳，公开、公平、公正、合理等基本原则外，还要坚持以下原则：

（1）依法独立仲裁原则。除疑难纠纷和仲裁庭不能形成多数意见的裁决，需要提交仲裁委员会讨论决定外，其他一般纠纷均由仲裁庭负责审理。同时要求仲裁申请、送达文书等事务性工作，由仲裁办公室负责办理，在组成仲裁庭后，案件审理就全权交给仲裁庭，这样就将立案与审案相对分开，减少仲裁员与纠纷当事人直接接触，提高案件审理的公正性。

（2）及时便民利民原则。由于农村土地承包纠纷案件的当事人，尤其是权利人，绝大多数是农民，而农民的经济实力薄弱、文化水平不高，且农业生产的季节性强，许多农民还要外出打工；又由于适用仲裁程序解决纠纷的仲裁人员，不像法院的审判人员那样受过专门的法律训练，因此，农村土地承包纠纷仲裁制度应按照及时、便民、利民的原则来设计和运行。所谓及时，就是对土地承包纠纷及时立案、及时审理、及时执行。所谓便民，是指程序的设计及运行要便于当事人参与，便于仲裁机构仲裁。所谓利民，是指程序的设计及运行要有利于当事人，特别是作为权利人的农民。第一，仲裁机构的设置要靠近百姓。考虑到农村土地承包纠纷的特点，仲裁委员会主要在县级设立，乡（镇）可根据情况设立派出仲裁庭。而目前实践中，有的地区将仲裁机构设立在县、乡（镇）两级，有的地区则只设立在县一级。仲裁机构设在乡（镇）虽然符合靠近百姓的原则，但是由于乡（镇）一级法律人才缺乏，统一设置仲裁机构不能保证仲裁的质量；又由于乡（镇）政府也可能成为农村土地承包纠纷仲裁的当事人，在此情形下，由乡（镇）仲裁机构仲裁，不能保证公正。因而仲裁机构应统一设置在县一级，在确有必要设立仲裁机构的乡（镇），可以考虑采取派出庭的方式。这样，既符合了靠近百姓的要求，也可以较好地解决上述两方面的问题。第二，程序的设计要相对简化，应规定简易程序。第三，庭审处理要更加灵活。可以实行固定庭与流动庭相结合的方式，在远离固定仲裁庭地点的地方和农忙时节，可实行流动庭就近开庭审理，以便于当事人参与仲裁。第四，实行低收费。可以比照民事诉讼或普通仲裁减半收费，对经济困难的当事人则应当减免收费。[①]

[①]　参见季秀平《关于农村土地承包纠纷仲裁的几个问题》，《法学杂志》2008年第1期。

（3）节约高效原则。低成本、高效率地解决民事纠纷是民事诉讼和仲裁的基本要求，农村土地承包纠纷仲裁更应当遵循这一原则。这是因为：一方面，农民的经济负担能力低，他们一般承受不起高成本的纠纷解决方式；另一方面，农民需要有更多的时间从事生产和外出打工赚钱，而农业生产的季节性很强，农时不能耽搁，因此，也需要高效地解决纠纷。节约、高效的原则要求仲裁机关在庭前应当充分准备，尽量减少庭审次数，争取一次性庭审成功，以减轻当事人经济和精力方面的负担。

（4）实地调查取证原则。考虑到纠纷当事人通常是普通农户，不容易搜集到由村组保管的土地承包原始档案资料，证据难以取得，当事人提出仲裁申请后，若符合受理条件，在纠纷开庭审理前，为了掌握和了解案情的真实情况，仲裁庭就要依法进行实地调查取证，以免因证据不足对当事人产生不利后果。

（5）坚持调解为主原则。在自愿的基础上对当事人之间的纠纷进行调解，是我国《民事诉讼法》和《仲裁法》都已确立的一项基本原则。《民事诉讼法》第9条规定："人民法院审理民事案件，应当根据自愿和合法的原则进行调解；调解不成的，应当及时判决。"《仲裁法》第51条规定："仲裁庭在作出裁决前，可以先行调解。当事人自愿调解的，仲裁庭应当调解。"农村土地承包纠纷仲裁也坚持了这一原则。农村土地承包纠纷仲裁案件，大多是本村村民之间的纠纷，因此在案件受理过程中，把调解工作贯穿于整个案件始终。应花费大量的时间和精力去做当事人的工作，尽量让双方达成调解协议，化解邻里之间的矛盾。对确实无法调解的，依法果断裁决。通过多调解少裁决的办法，不仅能够缩短案件受理时间，提高工作效率，而且能有效地避免当事人之间矛盾激化，既有利于当事人的团结，又有利于调解后协议的执行。

四 农村土地承包纠纷仲裁制度的局限

（一）将土地承包纠纷仲裁定位于行政仲裁，影响其独立性与公正性

仲裁机构集行政管理权与仲裁权于一身，既是国家行政机关又是仲裁机构，既具有行政权又具有准司法权，其仲裁员或办事人员还是国家行政机关工作人员。仲裁机构的这种双重性质很难保证其不受行政干

预，进而很难保证仲裁的独立性、公正性和权威性。行政权与准司法权兼而有之本身就与国际立法趋势相违背，也与我国仲裁法的立法目的相背离。随着社会的发展，承包主体早已突破集体内部成员，农村集体经济组织成员以外的个人、法人或者其他组织、农业科技公司、农村合伙等农村承包多元化主体的出现，使土地承包更加现代化、国际化。将土地承包纠纷仲裁机制定位于行政性质，很难适应现代化、国际化的需求。随着我国社会主义市场经济的建立，民事法律规范的逐渐完善，村集体行政职能逐渐丧失。我国《村民委员会组织法》第 2 条规定："村民委员会是村民自我管理、自我教育、自我服务的群众性自治组织。"村民委员会从性质上不再是一级政府机关，农村土地承包是发包方与承包方根据平等、自愿原则订立的民事合同，村民委员会行使的是一项民事权利，作为合同相对方存在。因此"农村土地承包纠纷"在性质上是民事争议，体现了平等民事主体间的法律关系。将土地承包纠纷与劳动争议、人事争议同等对待，似有不妥。[①]虽然该法第 5 条也规定"农村土地承包经营纠纷调解和仲裁，应当公开、公平、公正，便民高效，根据事实，符合法律，尊重社会公德"，然而，仲裁委员会办事机构设在农业行政主管部门的农村土地承包及承包合同管理机构，仲裁委员会人员、经费、办事机构均附属于行政机构，在这样的情况下，仲裁活动如何独立进行？由此可见，从一开始就明确设立在行政机关内部的农村土地承包纠纷仲裁机构，其公正性和独立性将会大打折扣。

（二）"一裁两审"往往容易导致重复性劳动，造成诉讼资源的浪费

虽然该法将农村土地承包纠纷仲裁确定为"或裁或审"，但由于仲裁的效力不具有终局性，无法从根本上解决大量纠纷经过仲裁和诉讼两套程序的问题。同时，法律未对农村土地承包纠纷仲裁和诉讼程序的衔接做出相应的规定。实践中，法院审理工作往往从头开始，造成了一事重复审理，不仅浪费了诉讼资源，也增加了当事人解决纠纷的成本。[②]

[①]　参见段莉《和谐社会视角下的农村土地承包纠纷仲裁制度》，《中国粮食经济》2008年第 2 期。

[②]　参见郝飞《关于我国建立农村土地承包纠纷仲裁制度的探讨》，《仲裁研究》2008 年第 2 期。

（三）仲裁人员缺乏

仲裁农村土地承包经营纠纷涉及农民群众的切身利益，政策法律性强，客观上要求必须建立一支具有较高政治素质，熟悉政策法规，热心为群众办事的仲裁队伍，以适应工作的需要。目前，一方面市、县政府未从事过仲裁工作，无仲裁工作经验，更缺少专业仲裁员队伍。另一方面现有的很大一部分仲裁员相关法律知识匮乏，政策、业务水平不高，素质亟待提高。

（四）执行难度较大

仲裁农村土地承包经营纠纷重在仲裁裁决的执行和落实，否则，裁决书将成为一纸空文，维护承包者的合法权益也无从谈起。但由于受土地这种标的物特殊性的制约和农地承包纠纷本身所具有的群体性、冲突性、复杂性、长期性的特点，加之我们的仲裁工作目前仍处在探索阶段，使得农地承包纠纷的仲裁结果执行难、落实难成为不可回避的事实。

（五）仲裁条件较差

许多仲裁机构至今无场所，案件的开庭审理基本是临时租借学校教室或其他单位会议室进行，很多案件得不到及时仲裁。现有仲裁庭的办公设备十分简陋，缺少必备的计算机、打印机、复印机、照相机、摄像机和各种勘验设备，难以适应工作需要。仲裁庭无必要的交通工具，有些村距离市、县政府路途遥远，市、县仲裁庭工作人员靠骑自行车下乡办案，影响了工作效率。①

五　完善农村土地承包纠纷仲裁制度的建议

（一）制度层面——明确仲裁的独立性与一裁终局效力，健全相关制度

1. 明确仲裁机构的独立性

农村土地承包仲裁既然作为与协商、调解、诉讼相并列的司法外纠纷解决方式，仲裁委员会从性质上就应体现其准司法性，不应作为行政机关的附属；又因为我国农村土地承包纠纷的特殊性和我国目前国情，

---

① 参见史卫民《农地承包纠纷仲裁解决机制的探索与思考》，《农业经济》2007 年第7 期。

可采用一定折中之举。仲裁委员会设置的原则应确立为淡化该仲裁机构的行政性，重现仲裁机构契约性、民间性、中立性的本性，不完全排斥政府机构的支持作用。农村土地承包纠纷仲裁机构可以由政府组织农业、林业等部门和有关农村工作机关组建，但仲裁机构（或办事机构）不附设在任何行政机关内部，而是作为独立的机构设置。在人事方面，仲裁机构采取委员会制，首次委员会由有关部门推荐，政府择优选聘，以后每届委员会由上届委员会推荐、选举产生。仲裁办事机构人员由委员会选聘。

2. 恢复仲裁的一裁终局效力

"一裁终局"是仲裁的基本特征，法院只能对仲裁程序进行监督，若出现程序性问题，可裁定不予执行。同时，"一裁终局"也节省司法资源和当事人处理纠纷的成本。

3. 进一步健全法律制度，增强其可操作性

虽然《农村土地承包经营纠纷调解仲裁法》已经出台，但对许多规定仍要细化，增强其可操作性。同时还要进一步完善配套法律法规，确保仲裁业务本身有法可依。在实体上要对机动地、弃耕地、征占用地、土地补偿、土地流转、土地使用权纠纷等内容做出具体详细的规定，为公正仲裁农村土地承包纠纷提供可操作的配套法律依据；在程序上要对仲裁程序庭审纪律、仲裁收费、仲裁文书的制作送达、案件现场调查、聘请仲裁人员以及同法院审判和执行衔接方面做出法律界定。

4. 完善相关管理制度

要依法加强农村土地承包规范管理，按照公平、公正、公开的原则，对工作的各个环节严格规范。一是乡村组织要健全完善农村土地承包档案制度，确保所有承包资料档案的完备，长期保管好。二是围绕承包合同管理、承包经营权证书管理、机动地管理、土地流转管理等建立健全管理制度，使承包管理工作经常化、制度化、规范化，为依法仲裁提供可靠的原始证据，使调解仲裁工作有章可循、管理规范、按章操作，保证工作的严肃性和权威性。

（二）组织层面——建立各部门互动的良性运行机制

农村土地承包纠纷仲裁工作，涉及部门多、政策性强、法律面广，单靠土地纠纷仲裁委员会自身是很难完成的。因此，在实际工作中，要始终坚持沟通与协调相结合，主动与配合相结合；在办案程序、法律文

书和案件执行上，与人民法院密切配合；在相关政策把握和业务知识掌握上，与林业、水利、土地、民政、公检法等部门密切配合。

1. 政府与土地纠纷仲裁委员会的衔接

各级政府要高度重视农村土地承包仲裁工作，统一领导，统一协调，各部门要各司其职，逐步建立部门协调互动、齐抓共管的局面。在自身业务建设上，土地纠纷仲裁委员会要与民商事仲裁委员会沟通，借鉴他们在仲裁庭审、仲裁程序、法律文书等方面的成功经验，结合农村土地承包的实际，逐步加以规范。同时，土地纠纷仲裁委员会也要积极发展与政府的关系。在涉农政策把握上，加强与林业、国土、水利等部门的衔接，建立起经常性的沟通机制；在政策制定上，主动汇报，主动协调省人大、省政府法制办，争得理解和支持；在仲裁工作投入上，积极争取省财政等相关部门的支持。

2. 坚持村、乡（镇）、县（市）三级部门联动

农村土地承包纠纷多、仲裁工作涉及面广，政策性强，如果全部依靠农村土地承包纠纷仲裁委员会仲裁，工作量大，因此需要相关部门密切配合，及时沟通协调。各乡（镇）、村切实承担起责任，按照村、乡（镇）、县（市）三级联动的原则，处理好本辖区内的农村土地承包纠纷，决不能因为建立了农村土地承包纠纷仲裁委员会，而把所有矛盾上交。

3. 仲裁与诉讼的协调与整合

仲裁委员会的建立和运行，应体现宏观管理下的中立性和民间性。土地纠纷仲裁委员会在加快自身改革的同时，必须进一步协调好仲裁与诉讼的关系，以便赢得司法对仲裁的有力支持，并充分赢得社会的信赖。一是在案件受理和执行上，要加强与司法、法院的协作，保证仲裁裁决结果的执行力度。二是对农村土地承包纠纷，充分利用基层调解网络，始终坚持协商优先、基层调解、逐级调解的原则，尽量把矛盾解决在基层。对确实难以调解的，将依法及时仲裁，努力做到"程序合法、内容合法、结果合法"。三是加强仲裁与诉讼间的沟通和合作。人民法院首先要在财产保全、证据保全等方面给予仲裁机构积极支持。在明确仲裁与诉讼各自分工的前提下，还要建立仲裁机构和人民法院之间的有效联系制度。通过保持联系，了解仲裁、诉讼动态，通过加强双方的沟通和合作，使农村土地承包纠纷在仲裁部门或审判机关得到及时、妥善

解决。遇到问题或困难，仲裁机构与人民法院之间可通过协调商量解决。四是仲裁与诉讼的衔接问题，对于仲裁后又进行诉讼的，仲裁机构应当将仲裁卷宗移交人民法院，对于仲裁查明的事实和证据，尤其是双方均无异议的，人民法院可以直接援引，人民法院只需就双方争议的部分，尤其是对仲裁裁决争议的部分进行审查，从而提高效率，节省诉讼资源。

（三）发展层面——完善农村土地承包纠纷仲裁机制的生存环境

1. 要继续加强组织领导，明确责任、统一思想认识，为农民提供政策和法律服务

为了更好地化解农村土地承包纠纷，加快政府职能转变并建立起权威的工作机构和经常性的工作制度是适应形势发展的需要。各级党委、政府要切实加强对土地承包经营管理工作的领导，将土地承包管理工作纳入重要的议事日程，坚持依法行政，依法办事。若土地承包纠纷引发重大涉农案件，则应对当地领导进行责任追究，并进一步规范行政行为，使基层组织做出的涉及土地承包工作的决定，都规范在政策法律规定的范围之内。

2. 健全长效机制，确保规范运作

围绕土地承包纠纷仲裁工作的法制化、规范化、经常化、制度化，要进一步加强对仲裁人员的业务培训，提高业务素质和技能，使仲裁人员在处理农村土地承包纠纷案件的过程中，能够按照法律、法规和政策的规定确保仲裁质量、维护当事人的合法权益；进一步加强部门配合，形成工作合力，确保土地承包纠纷仲裁工作的规范运作，促进农村社会的和谐稳定；进一步强化宣传培训，增强法律意识和提高仲裁水平。提高广大农民的法律自我保护意识，为及时成功调解仲裁各类土地承包纠纷打下坚实的群众基础。①

3. 配好专兼职仲裁员队伍，提高仲裁人员素质

可聘请农业、林业、水利、土地、法制、司法、法院等相关部门人员为兼职仲裁员。市、县仲裁机构须有三名以上专职仲裁员，以防止人员缺乏、大量案件积压现象的发生。仲裁员实行持证上岗，实行聘任

---

① 参见李长健、曹俊《我国农村土地承包纠纷仲裁解决机制的理性思考与制度架构》，《上海师范大学学报》(哲学社会科学版) 2008 年第 4 期。

制。仲裁员"入门"前经过能力和农村土地承包合同法规政策知识考试，"入门"后进行业务培训，合格者颁发资格证书和岗位证书，方可进行仲裁工作。同时，要明确仲裁员的职责任务以及权利和义务，做到责、权、利相一致。

4. 加快硬件建设，满足仲裁工作开展的必备条件

加快仲裁庭的基础设施建设和设备配置，尽快为市、县两级仲裁机构配备仲裁场所，配齐必备的计算机、打印机、复印机、照相机、摄像机和各种勘验设备，解决仲裁人员下乡村办案的交通工具。

5. 确立违法仲裁责任追究制度，培育仲裁文化

为促进仲裁员公正、公平开展仲裁工作，防止徇私舞弊，办人情案、关系案，应该建立严格的违法仲裁责任追究制度。一经发现违纪违法仲裁，一律取消仲裁员资格，情节严重违反法律的，依法追究刑事责任。[①]

第四节　农村土地承包纠纷仲裁实证研究

一　研究资料来源

以上我们主要从学理和制度层面，考察研究了农村土地承包纠纷及农业行政管理部门的主要解决机制，特别是仲裁。尽管其间或有一些实证材料，但是不够系统。以下我们将用大量的调研实证材料考察和研究这一问题。首先，需要对这些研究资料及其来源做必要的说明：

一是农经部门《关于农村土地突出问题专项治理工作情况的报告》，包括县（区）、市、省三级的报告。我们收集了陕、甘、青三省十几个市、几十个县（区）的报告，可以从整体上了解一个省、一个市或一个县的农村土地突出问题，包括土地承包纠纷及其解决机制。当然，我们需要了解2007年6月开始的为期一年的农村土地突出问题专项治理工作的背景、目标和任务，才能把握这些报告作为研究资料的信度与效度。

---

① 参见李国强《做好土地承包纠纷仲裁工作，促进农业和农村健康和谐发展》，《农村经营管理》2007年第1期。

2007 年 6 月 15 日，农业部、国土资源部、监察部、民政部、中央农村工作领导小组办公室、国务院纠风办、国家信访局针对"一些地方农民土地承包经营权落实不到户、承包期内违法收回和随意调整承包地、违背农民意愿强行流转承包地、违法侵占农村集体土地和农民承包地、以各种名义变相征占农村土地问题仍然比较突出，农民群众反映强烈，影响了农村经济发展和社会稳定"的情况，联合发出《关于开展农村土地突出问题专项治理的通知》（农经发〔2007〕4 号），"决定在全国开展农村土地突出问题专项治理工作"。

这次农村土地突出问题专项治理，在检查农村土地承包情况、征占地情况的基础上重点检查：（1）农村土地延包后续完善情况，依法纠正农民土地承包经营权不落实、土地承包经营权证发放不到户、土地承包合同未签订到户的问题；（2）承包期内收回和调整农民承包土地的情况，依法纠正违法收回和调整农民承包地的问题；（3）农村土地承包经营权流转情况，依法纠正强迫承包方流转土地承包经营权、截留扣缴承包方土地流转收益的问题；（4）农村土地承包经营方案、土地征用补偿及分配、农村机动地和"四荒"地发包的公开和民主管理情况，依法纠正侵害农民权益的问题；（5）农村土地承包档案管理情况，依法纠正农村土地承包档案管理混乱的问题；（6）农民土地问题信访情况，依法纠正属地管理责任不落实、职能部门不作为、干部作风简单粗暴的问题；（7）农村土地征占情况，依法纠正和查处违法违规批地用地、以各种名义变相征占农民土地问题；（8）其他侵害农民土地权益的问题，依法维护农民的土地权益。

通过专项治理所要达到的主要目标是：（1）农民土地承包权益得到切实落实。完成延包扫尾工作，遗留问题得到妥善解决，承包地块、面积、合同和证书"四到户"水平明显提高。农村土地承包经营权证到户率 2007 年年底达到 90%以上。（2）农民土地承包权益得到切实维护。纠正和查处违法收回和调整农民承包地、超标准预留机动地、违法发包"四荒"地、强迫农民流转土地承包经营权、干部作风简单粗暴和违法行政等突出问题，有效化解农村土地承包矛盾和问题。（3）土地纠纷调处能力得到切实提高。普遍建立信访、调解、仲裁和诉讼等多渠道解决土地纠纷的调处机制，强化土地信访属地管理责任，努力做到把纠纷解决在当地，把矛盾化解在基层。（4）土地承包规范管理得到切实加强。土地承包档案、机动地和"四荒"地发包、农村土地流转、土地承包经营权证管理等工作得到明显加强，相关制度进一步完善。（5）违法违规征占农村土地的突出问题得到明显遏制。进一步增强依法依规用地意识，实施更为严格的征地审批和用途管制，被征地农民合法权益得到切实维护。（6）基层干部作风得到切实改进。进一步强化保护耕地、维护农民土地财产权利的意识，增强贯彻执行党在农村土地政策的主动性和自觉性，做到依法行政、依法办事。

这是一次大规模的，比较系统、规范、务实的农村土地突出问题专项治理活动，全国各地严格按照文件要求进行了检查治理，取得了显著成效。2008 年，我们先后到西部的陕西、甘肃、青海等省对该次专项治理活动进行了调研，在省、市、县农业行政管理部门收集了大量有关农村土地突出问题专项治理的第一手材料，包括一些重要的数据、报告和典型案例，为我们全面了解和把握当前农村土地突出问题，特别是农村土地承包经营中的问题，包括农村土地承包经营纠纷以及纠纷解决情况提供了翔实的资料。据此，我们可以对当前农村土地承包经营纠纷的基本现状、发生原因、发展趋势和纠纷解决情况做出一些初步的分析和判断。

二是在西部地区农经部门的调查访谈资料。

三是部分农业部农村土地承包纠纷仲裁试点县的仲裁资料和实地考察。

以下我们分别以甘肃、陕西、青海等地的实证资料为基础进行考察研究。

二　甘肃省农村土地承包纠纷及仲裁

（一）甘肃省农村土地承包主要问题及原因分析

甘肃省地处青藏高原、内蒙古高原和黄土高原的交会处，分河西灌区、中部沟壑丘陵区、陇南山地和陇东塬区四大生态类型。全省 87 个县（市、区），农村人口 2100 万，耕地 5130 万亩，其中旱地 5110 万亩，梯田 2500 万亩，15 度以上的旱地 1230 万亩，户均 10 亩，人均耕地不到 2 亩。二轮延包时，为了减少矛盾，每个农户的承包地，山、川、塬地都有，地少块多，俗称"鸡窝田"，山大沟深，交通不便，分布十分复杂，农村土地承包管理工作难度较大。

2007年12月底，甘肃全省家庭承包经营农户453万户，占总农业户的99.8%；承包耕地4688.6万亩，占集体耕地总面积的96.9%；签订家庭承包合同443.8万份，占家庭承包农户的98.0%；颁发土地承包经营权证437.5万份，占应发证的98.6%。预留机动地28.6万亩，占耕地总面积的0.5%。家庭承包经营耕地流转面积63.5万亩，占承包耕地面积的1.4%，其中转包19.0万亩、转让6.2万亩、互换8.8万亩、出租15.9万亩、入股0.5万亩、其他13.2万亩。基本做到了承包合同签订到户，承包经营权证发放到户、承包地块和面积落实到户。而到了2008年年底，甘肃省家庭承包经营农户456万户，占总农业户的99.8%；签订家庭承包合同469万份，占家庭承包农户的99.5%；颁发土地承包经营权证464.5万份，占应发证的98.7%。①

根据我们在甘肃省农牧厅、兰州市农牧局及榆中县农经站和一些乡镇等部门的调研和访谈，近年来甘肃省农村土地承包存在的突出问题主要表现为：

1. 农村土地承包"四到户"存在的问题

农村土地承包"四到户"要求承包地块、承包面积、承包合同和经营权证书到户。这是预防农村土地承包纠纷发生的重要途径，同时也是解决农村土地承包纠纷的重要依据。但在实践中农村土地承包"四到户"仍存在一些问题。表现为：一是少数农户土地承包经营权证的核发、变更、补发不到位和土地承包权证、合同和台账内容不符的问题。如在签订二轮土地承包合同时，因整户外出打工、移民，地处城市建设规划区，个别农户不同意土地调整方案等原因未签或拒签土地承包合同，致使土地承包经营权证未能核发到户；有些地方不能及时变更或补发农户土地承包经营权证。有些地方农户因家庭分居划分承包地、土地被征占用或承包地使用权互换、转让、承包经营权证被丢失毁损而需变更或补发土地承包经营权证，但因无财政专项农村土地承包管理资金，致使这项工作无法开展；个别地方因工作疏漏存在承包地块与合同书不符、土地面积与合同书不符、合同书与账不符、四至界线不清等问题。二是第一轮土地承包期间，因当时计生政策与承包地挂钩，因超生罚款未按期交清等原因承包地被收，使有些妇女和出生的二胎三胎孩子的土

———————

① 参见朱霞《甘肃省土地承包纠纷大幅度下降》，《中华工商时报》2009年4月14日。

地承包经营权没有落实。三是在第一轮土地承包期间，有些地方制定了凡是婚嫁妇女无论户口是否迁出都收回承包地，或将户口挂在条件较好的城郊所在地，而二轮承包延续了第一轮承包，实行了"增人不增地，减人不减地"，使得这部分人因错过承包机会而没有了承包地，这部分人要求取得承包地的上访事件不断发生。四是河西地区在第一轮土地承包期间，当时的政策鼓励开荒种粮，引进了一些外地农户，进入20世纪90年代后又陆续由地方作为移民办理了户口迁移，但在第二轮承包后，这部分人耕种的土地一部分为家庭承包地，一部分为租赁承包地。随着近年来税费改革的进行，承包地不但不收费甚至还有良种补贴等，而租赁承包地仍要收取租赁费，这部分人认为同是村民而不能享受原有村民的待遇故发生上访。五是一部分农民在二轮土地承包时，口头承诺或书面申请不要承包地，村里将承包地发包给了其他农户，而现在这部分人重新向村上要承包地，导致农户与村上发生纠纷。六是有些地方农户承包地退耕还林后，林业部门颁发了林权证，而土地承包经营权证又未销毁，出现了一地块两个承包经营年限不同的土地经营权证和林权证的情况。七是县、市区农村土地承包经营权登记簿，因受无土地承包管理工作经费的制约，至今尚未建立，给土地承包纠纷的及时查证解决带来许多困难。

2. 违法调整、收回承包地的问题

一些村委会、村民小组在落实农村土地承包法律法规和政策上认识不足，随意调整或内部制定"政策"，随意收回婚嫁妇女、外出上学的学生、外出务工人员和家庭死亡成员的承包地，发包给新增人或者做内部土地平衡，引发了新的矛盾和纠纷。如环县2004年至2006年就有51起收回土地的案件和26起违法调整土地的案件。民勤县夹河乡七案二社因按自定的"土政策"私下于2007年春调整承包地，强行收回9户人的承包地，并分给其他农户耕种，造成了上访，并发生了群殴事件，后经多次依法调解才得以解决。此外仍有部分村社借产业结构调整之名收回、调整承包地，侵害了农户的土地承包权、生产经营自主权和收益权。如灵台县百里乡梨园村河东社调整收回900多亩承包地出租给河南人种植玉米和药材，造成该社农户多次集体上访。在农村土地突出问题专项治理中，全省依法解决多留机动地面积4120亩；纠正了22个村组违法调整、收回承包地案件102宗、承包地面积8942亩。

3. 土地承包经营权流转方面存在的问题

一是有些农户流转土地承包经营权没有书面协议，只有口头协议，有些虽有协议但不规范，也没有向发包方备案，相关部门也无法及时建立土地承包经营权流转登记册，从而导致双方出现纠纷很难处理。二是土地流转的自发性、随意性、盲目性较大，流转供求信息不能有效沟通。三是有些农户在税费改革前认为种地的效益低，随意将土地承包经营权流转，而现在随着税费的取消和种粮补贴政策的落实要求收回承包地引起的矛盾纠纷也时有出现。还有存在强迫流转土地的问题，全省已纠正强迫流转土地问题41宗，涉及流转面积811亩。

4. "机动地"、"四荒地"发包中存在的问题

一是税费改革前种地收益低，农民对"机动地"、"四荒地"和"册外地"谁来承包、承包费高低并不关心。税费改革后，随着各项惠农政策的落实，种地效益显著提高，农户纷纷要求解除原来的承包合同，按人口平分承包地而引发土地承包纠纷。二是集体经济组织要求提高机动地承包费，而承租户不同意引发了承包纠纷。三是有些村组留的机动地很少甚至没有预留机动地，对新增人口无地解决，人地矛盾显得越来越突出。

5. 征占用土地方面的问题

一是以租代征，违法征占用承包地，造成土地严重违法案件。如静宁县在从2004年实施县城东拓用地中，未批先用，以租代征违法操作，致使农民多次集结围堵政府机关，集体上访，造成了一起典型的土地违法案件。二是土地征占用补偿费不能及时到位，有些地方未建立专户管理。2007年全省纠正违法违规征占土地项目30个，用地15.122公顷；发现土地违法案件441件，立案查处204件，涉及土地面积203公顷，已结案221件，收回土地面积41公顷，罚没款86万元。

农村土地承包突出问题原因分析：

一是在城市拓展、城镇建设中高额的回报和利益推动有些地方违法违规操作，因经济补偿不到位，引发农民土地利益纠纷。

二是农民在征占土地高额经济补偿的诱惑下，使一些原本为子女上学方便报了城市户口而放弃土地承包经营权的农户，以及出嫁妇女因男方家条件不好不愿嫁出去，而让男方落户在经济条件相对好的女方家，以不要承包地只要落户为条件在城郊村空挂户籍的农户，受高额土地利

益驱动，以有农村户口为由索要承包地和土地征占补偿费。

三是农村税费改革前，农民承包经营土地负担较重，一些农民弃田经商或进城务工放弃自己经营的承包地，随着国家取消农业税并实行种粮、农资、农机、良种补贴等惠农政策的落实，过去弃耕的农户和外出打工做小生意的农户纷纷回村要求承包土地，而村社因土地已承包给其他农户现无地可调整发生纠纷。

四是过去有些政策规定与现行法律政策相冲突，部门之间各自为政，配合协调不够，为现在土地承包纠纷的出现留下了隐患。

五是有些乡镇及村、社干部对农村土地承包法律法规贯彻执行不力，调处和解决土地承包纠纷的力度不够，甚至违规或随意调整、收回农户承包地或随意调整机动地租赁费，也是引起矛盾纠纷的一个重要原因。①

（二）甘肃省农村土地承包纠纷及其仲裁概况

1. 甘肃省农村土地承包纠纷概况

据媒体报道，甘肃省农村土地承包纠纷从 2006 年的 4482 起降至 2008 年的 2714 起，下降 39%，有效维护了农民的土地合法权益。2001 年至 2007 年，全省调处农村土地承包纠纷 30309 件，占发生纠纷数的 98.2%。其中 2007 年发生 3115 件，较 2006 年下降 30.5%，调处土地承包纠纷 3004 件，占发生数的 96.4%，较 2006 年提高 2.5 个百分点（见表 3—4）。②

表3—4　　　　　甘肃省农村土地承包经营纠纷统计　　　（单位：起）

年份	数量	年份	数量
2001	5000 多	2005	3700
2002	5200	2006	4482
2003	5200	2007	3115
2004	3000	2008	2714

资料来源：根据课题组在甘肃省农牧厅调研整理。

---

① 《甘肃省农村土地突出问题专项治理情况的报告》（甘农牧〔2008〕18号）。
② 参见朱霞《甘肃省土地承包纠纷大幅度下降》，《中华工商时报》2009年4月14日。

从以上数据可以看出，甘肃省的农村土地承包纠纷数量和规模总体上呈下降趋势，而且下降幅度比较大。这种变化的背后有着深刻的社会、政治、经济政策和法律原因。

2001年至2003年农村土地承包纠纷数量居高不下，其主要原因是：甘肃省1996—1998年进行农村土地二轮承包，遗留了许多问题未解决，如出嫁妇女丧失承包地问题。农村土地二轮承包时，各地执行政策不一。有的实行"大稳定，小调整"，有的执行"增人不增地，减人不减地"，致使出嫁妇女在娘家失去了土地（被收回），婆家又分不到地。有的地方在二轮承包时继续执行一轮承包方案，不动土地，致使许多出嫁妇女两头落空，都没有承包地。尽管国务院于2002年发出通知，强调要切实保护妇女土地承包经营权，但二轮承包已结束，问题还是解决不了。一些地方不得不把这些没有承包地的妇女纳入失地农民保障或低保解决。这样人多地少的矛盾愈发突出，反过来又刺激了违规收回和调整承包地等侵害农村土地承包经营权行为的发生，农村土地承包纠纷骤然增多，严重影响了农村社会稳定。在此背景下，2004年国务院办公厅发出《关于妥善解决当前农村土地承包纠纷的紧急通知》，省上也出台了相应文件，各地随即加大了调处和解决农村土地承包纠纷的力度。所以，2004年甘肃省农村土地承包纠纷降到仅有3000起。但随着2005年农业税的取消和各种惠农政策（如种粮补贴、良种补贴、农机补贴等）的实施，那些免税前弃耕撂荒、随意转计土地甚至将土地交回集体者纷纷要求要回原来的承包地，又引发了新的一轮农村土地承包纠纷高潮。2007年6月15日，农业部、国土资源部、监察部、民政部、中央农村工作领导小组办公室、国务院纠风办、国家信访局针对农村土地承包纠纷的严重局面联合发出《关于开展农村土地突出问题专项治理的通知》（农经发〔2007〕4号），在全国开展了农村土地突出问题专项治理工作。此外，农业部农村土地承包合同纠纷仲裁试点工作的全面推开和为构建和谐社会而在全国开展的"大调解"运动，都在客观上对预防和解决农村土地承包纠纷发挥了积极有效的作用。

从司法机关的角度来看，通过司法程序解决的农村土地承包纠纷呈逐渐减少的态势。对此，我们在西部几个省司法机关的调研都得到了印证。在兰州市中院民一庭调研时，庭长亦讲道：辖区内农村土地承包纠纷案件较少，一方面是土地二轮承包后，比较规范，土地承包证书的发放权属清楚，较少发生争议；另一方面是乡镇人民调解及农村土地承包合同纠纷仲裁工作的开展，也解决了一部分纠纷。在兰州市榆中县法院，有法官同样认为：农村土地纠纷案件的发生和数量往往具有阶段性，时多时少，但总体比较少。近三年来法院受理的农村土地纠纷30起，占民事案件数的3%—4%。农村土地承包纠纷仲裁机构成立后，土地承包纠纷案件明显减少了。

2. 甘肃省农村土地承包纠纷仲裁概况

2006年，甘肃省宁县、榆中县、庄浪县和庆阳市西峰区、武威市凉州区5个县区，被农业部确定为全国农村土地承包纠纷仲裁试点县。试点工作于2006年7月开始，到2007年7月结束。试点县（区）都成立了由主管农业的县长任组长，县法院、农牧、国土资源等部门为成员的试点工作领导小组，全面组织协调试点工作；成立了农业承包合同仲裁委员会，在县（区）经管站设立办公室，具体承办各项工作；调整充实了乡镇农业承包合同管理委员会，组建了村、组农业承包合同管理小组和县（区）农村土地承包纠纷仲裁庭，形成了县、乡、村、组农业承包合同管理网络。庄浪县编委核定县农村土地承包仲裁委员会办公室事业编制6名，县政府聘任了县农村土地承包仲裁委员会组成人员10名仲裁员和30名乡镇调解员。宁县配备了5名专职仲裁员，聘请了5名兼职仲裁员，并在2个乡镇设立了乡镇中心仲裁庭。凉州区现有农业承包合同管理组织4253个，其中区级1个、乡（镇）38个、村级448个、组级3766个；拥有专兼职农业承包合同管理人员4295名，其中区级5名、乡（镇）76名、村级448名、组级3766名；现从事仲裁调解工作人员120名，其中区级仲裁员6名、乡镇级仲裁员114名。①

截至2008年，甘肃省已建立县、乡农村土地承包纠纷仲裁机构744个，有仲裁人员2473人，裁决农村土地承包纠纷3546件。其中2008年5个仲裁试点县受理土地承包纠纷306件，仲裁108件，调解195件。② 到2009年9月，甘肃省已设立农村土地承包经营纠纷仲裁机构786个，其中县级54个、乡镇732个；有专兼职仲裁人员2329人，其

---

① 参见《甘肃省农牧厅关于农村土地承包纠纷仲裁试点情况报告》（甘农牧〔2007〕278号）

② 参见朱霞《肃省土地承包纠纷大幅度下降》，《中华工商时报》2009年4月14日。

中县级 282 人、乡镇 2047 人。①

试点县（区）还在仲裁机构设置、仲裁员队伍和仲裁制度建设、经费保障、机制完善等方面进行了积极有益的探索和创新，取得了许多重要的经验。如仲裁试点县（区）及时组织培训县仲裁员和乡镇调解员，对合格者颁发《仲裁员证》和《调解员证》，要求持证上岗；根据《农村土地承包经营法》及有关法律、法规，参照基层人民法院民事审判的一系列制度和规程，制定仲裁规则、仲裁程序、庭审纪律、仲裁员守则、仲裁员职责、书记员职责、档案文书管理和仲裁纪律制度，印制了仲裁文书，使案件从立案、取证、现场勘察、举证、调解、仲裁、合议、执行到结案都有章可循。庄浪县、乡两级的仲裁调解工作经费纳入县年度财政预算，并拨专项资金 3 万元，购置了 2 台微机、制作了 16 种统一的法律文书，配备了办公用品，改建了仲裁庭。凉州区建立仲裁庭 39 座，其中区 1 座，乡镇 38 座。在仲裁制度建设和机制完善方面，采取如下措施：一是完善调裁机制，对农村土地承包纠纷，充分利用基层调解网络，始终坚持协商优先、基层调解、逐级调解的原则，尽量把矛盾解决在基层。对确实难以调解的，依法及时进行仲裁。二是坚持县、乡、村三级联动。农村土地承包纠纷多，农村土地承包纠纷仲裁委员会难以全部承受，因此，要充分发挥各乡（镇）、村调处纠纷的作用。三是坚持部门联动。农村土地承包纠纷仲裁工作涉及面广，政策性强，需要相关部门密切配合，及时协调。因此，在实际工作中，如在办案程序、案件审理与执行、政策把握、档案管理等方面需要得到法院、司法局、国土局、档案局、监察局等部门的大力支持和帮助。四是实行一线调处法。县、乡经管站工作人员深入到各乡（镇）、村，直接面对面地解决土地承包工作中的纠纷问题，做到"小事不出村、大事不出

---

① 参见甘肃省人大常委会《甘肃省学习宣传〈中华人民共和国农村土地承包经营纠纷调解仲裁法〉的情况汇报》，2009 年 9 月。根据《中华人民共和国农村土地承包经营纠纷调解仲裁法》第 12 条之规定："农村土地承包仲裁委员会，根据解决农村土地承包经营纠纷的实际需要设立。农村土地承包仲裁委员会可以在县和不设区的市设立，也可以在设区的市或者其市辖区设立"和第 7 条之规定："村民委员会、乡（镇）人民政府应当加强农村土地承包经营纠纷的调解工作，帮助当事人达成协议解决纠纷。"农村土地承包仲裁委员会只在区县一级设立，而乡镇不设立。乡（镇）人民政府只是应当事人之申请方能进行调解，以帮助当事人达成协议解决纠纷。

乡"，受到了群众好评。①

实践证明，农村土地承包纠纷仲裁是一种不可替代的农村土地承包纠纷解决机制，是农经部门依法履行职责、维护农民土地权益的有效途径和方式。但调研也发现，因体制、人员、经费等方面存在一些问题，农村土地承包纠纷仲裁对解决农村土地承包纠纷所发挥的作用还是有限的，并未达到预期效果。比如 2007 年、2008 年甘肃农村土地承包纠纷仲裁机构解决农村土地承包纠纷都是 300 起左右，仅占纠纷总数的 10% 左右。兰州市五区三县中，也只有农业部和省农业厅在榆中县的农村土地承包纠纷仲裁机构作为试点建起来了，其他区县由于人员经费没有落实，目前尚未规范运作，土地纠纷仍由农经站的人员进行调处，或以仲裁机构的名义进行仲裁。事实上许多区县的仲裁机构，只是发文成立，实际并未开展工作。所以，兰州市五区三县 2007 年调处各类农村土地纠纷 200 多件，而仲裁处理的只有十几件。

（三）兰州市榆中县农村土地承包纠纷仲裁实证研究

1. 榆中县农村土地承包纠纷概况

榆中县是甘肃省城兰州所辖三县之一，位于甘肃省中部，地处兰州市东郊。全县辖 8 镇 15 乡、4 个社区、268 个行政村，总人口 42.4 万人，农业户 9.3 万户，农业人口 39 万人，总耕地面积 105 万亩。9.3 万农户全部签订了《土地承包经营权证书》和《土地承包合同书》，全县实施家庭承包经营面积 102 万亩。有汉、回、壮、满、土家、藏、维吾尔、蒙古、哈萨克等 12 个民族，是国家扶贫开发工作重点县，也是一个农业县，主导产业是大棚菜。

在榆中县调研期间，我们召集了一个规模较大的座谈会，参加的部门和人员有县法院民一庭庭长、司法局分管人民调解的副局长、县信访局的工作人员、县农经站站长、检察院政研室主任等。次日我们又去了夏官营镇，与镇政府及司法所的同志进行了座谈。之后，我们还参观了设在县农业局的农村土地承包纠纷仲裁庭，拷贝了土地承包纠纷仲裁的规章制度、法律文书和仲裁庭视频资料等。据此，我们对作为农业部农村土地承包纠纷仲裁试点县的榆中县的农村土地承包纠纷及纠纷解决机制状况，有了一个比较完整的了解和认识。

---

① 《甘肃省农牧厅关于农村土地承包纠纷仲裁试点情况报告》（甘农牧〔2007〕278 号）。

我们分别从司法、人民调解、信访和农村土地承包纠纷仲裁几个方面了解和把握榆中县的农村土地承包纠纷状况。

（1）司法。农村土地纠纷案件主要由民一庭和民二庭（部分）两个庭负责审理。农村土地纠纷案件的一个显著特点，就是该类纠纷的发生和数量往往具有阶段性，如二轮承包时，土地征用、征收时，纠纷就会大量发生，平时这类案件较少。近三年来法院受理的农村土地纠纷案件只有30起，占民事案件数的3%—4%。农村土地承包纠纷仲裁机构成立后，这类案件就更少了，因为这类纠纷的解决大部分分流到仲裁机构了。

案件类型主要是土地补偿费分配纠纷。关于土地收益分配纠纷在兰州辖区内的法院均予受理，依据是最高人民法院的司法解释。市院曾以会议纪要统一这类案子处理的尺度。土地流转虽然较多，但纠纷少。土地流转主要发生在农户之间，也有发生在农户和农业企业之间的。由于该县主导产业是大棚菜，蔬菜储运需建菜库，一个库要占地一二十亩，全县上目前有80多个菜库。菜库用地、土地部门不可能批准，县上决定变通处理，按土地租赁流转对待。为了本地发展经济，有关部门都不予追究。

（2）人民调解。榆中县23个乡镇，已建成标准化司法所15个，近年计划再完成5个，共计20个，另外3个乡镇因属拟撤销的乡镇，司法所建设未能立项。农村土地纠纷主要有三大类：土地权属纠纷由土地局处理；土地承包纠纷由农经站处理；其他土地纠纷由司法所人民调解处理。表3—5是近几年榆中县人民调解调解纠纷数量统计，这个数据不含土地部门、农经部门处理的农村土地纠纷。

表3—5　　　　　　　　榆中县人民调解调解纠纷数量统计　　　　（单位：件）

年度	民事纠纷总数	土地纠纷	调处	转司法
2004	1619	51	50	1
2005	1314	48	47	
2006	300	12	12	
2007	339	15	15	

续表

年度	民事纠纷总数	土地纠纷	调处	转司法
2008（至6月）	156	10	10	

资料来源：课题组根据榆中县司法局提供资料整理。

（3）信访。信访方面的土地纠纷主要有三类：承包地纠纷、征地纠纷和宅基地纠纷。近三年来受理土地问题信访事项146件，占信访总量的13.4%（见表3—6）。

表3—6　　　　　　　　榆中县土地问题信访事项统计　　　　（单位：件，%）

年度	类型	数量	比例	备注
2005	土地承包经营	46	31.5	
2006	土地资源管理	48	32.1	
2007	土地征收	52	36.4	

资料来源：课题组根据榆中县信访局提供资料整理。

（4）仲裁。2006年7月至2008年7月，仲裁委员会共收到农村土地承包纠纷申请36起，仲裁立案30起，其中调解3件，裁决23件（裁决多于调解），在审1件，其他3件。

根据榆中县农经站文件《关于开展农村土地突出问题专项治理情况的总结报告》（榆农经发〔2007〕36号），榆中县农村土地承包纠纷信访反映的主要问题包括：一是农村土地承包经营权纠纷；二是土地承包经营权侵权纠纷；三是土地承包经营权流转纠纷；四是土地承包合同纠纷；五是征地补偿纠纷。这些纠纷不同程度地都存在，而土地承包经营权侵权纠纷则比较突出。

第一，土地承包经营权纠纷。免税前，农民不看重土地，加之各种税费与承包地挂钩，所以弃耕者多，村委会将弃耕之地重新发包他人；也有的农民将承包地私下交与他人耕种。免税后，随着"一免三补"政策的落实，各种惠农政策到位，土地利益凸显，农民种田的积极性空前高涨，弃耕和私下转让土地者纷纷要求返还土地，一些外出打工农民也纷纷返乡要求恢复土地承包经营权。此时，或因土地已有新的承包人，或因私下转让无手续而造成农村土地承包纠纷。如夏官营镇一农户，有两个女儿，地多，老汉无力耕种，便将土地交回集体，去新疆打工。2001 年回来要地，而村上已将其土地全部承包给其他农户了。该人多次上访，调解无效，后又仲裁，并对仲裁不服起诉到法院。最终，村上拿出 5 亩地分配于他，并补偿了一笔钱方才了结纠纷。

第二，农户家庭内部承包地分割纠纷。农村土地承包经营是以农户（家庭）为单位进行承包的，因此，在原来的土地承包合同中仅有承包方代表的姓名，并无承包方土地承包经营权共有人情况。农户一轮承包土地后若干年，子女长大成家，分门立户，父母将承包地在他们与子女之间进行分割，各子女所得土地不等，土地被征收后所得的补偿费也不同，因此发生纠纷。

第三，土地承包经营证书内容填写不完整、不准确，如承包地区位及面积，土地承包经营权变更情况等。当土地被征收，涉及补偿时，因丈量面积与承包证书记载面积不符而引发纠纷。当前农村土地纠纷越来越多，但许多都是二轮承包前遗留下来的问题。

第四，榆中县农村土地承包纠纷主要发生在川区乡镇和部分山区乡镇，主要与土地征收有关，如金崖、来紫堡、夏官营、和平等乡镇的征地纠纷。县国土资源部门和乡（镇）、村在征地时，将土地重新丈量造册，没有尊重二轮土地承包的基本事实，也没有将已征地块在《农村土地承包经营权证书》上予以标注，造成二轮土地承包面积与征地面积严重不符，以致出现有的农户按承包经营面积耕地已全部被征完，但事实上仍存有一部分承包耕地。

第五，土地流转不规范引发纠纷。一些农户将自己的耕地弃耕或交给他人耕种，没有签订任何协议，造成村社误认为是他人的耕地，在二轮土地承包时，将耕地填入他人的《农村土地承包经营权证书》上。现在这些农户遗弃的耕地又被征、占、用，涉及土地补偿事宜，因此他们不断上访，要求重新分给耕地。金崖镇金崖村八社农民上访，就属于这一类土地承包纠纷。

第六，出嫁女户口迁移与土地承包纠纷。出嫁女虽然外嫁，但男方所在地又往往不分给耕地，所以出嫁女多数把户口留在娘家。1998 年二轮土地承包时，有些村社对户口未迁的出嫁女，没有将其耕地收回，涉及 2800 人；而另一些村子则不管出嫁女的户口是否迁出，承包地一律收回集体，涉及 4000 人。这些做法一方面侵犯了妇女的土地承包经营权，另一方面又造成了"地多的人种不完，地少的人没地种"的被动局面，从而引起部分农民不满，上访反映问题不断。

2. 榆中县农村土地承包纠纷仲裁

（1）仲裁机构设置及发展演变。

其一，农业承包合同仲裁委员会。2004 年国务院办公厅发出《关于妥善解决当前农村土地承包纠纷的紧急通知》，甘肃省人民政府办公厅随之发出《关于妥善解决农村土地承包有关问题的紧急通知》。为了贯彻落实上级文件精神，妥善解决农村土地承包纠纷，2005 年 10 月 20 日县政府发出了《关于成立"榆中县农业承包合同仲裁委员会"的通知》（榆政发〔2005〕193 号），决定成立"榆中县农业承包合同仲裁委员会"，人员组成为：主任由 1 名副县长担任；2 名副主任由县农牧局局长和县农经站站长担任；8 名委员分别为：县国土局局长、县林业局局长、县人民法院副院长、县公安局副局长、县法制局局长、县信访局局长、县农牧局副局长、县农经站副站长。县农业承包合同仲裁委员会办公地点设在县农村经营管理站。县政府同时还要求，各乡（镇）也要成立由主要领导任主任、相关人员组成的"乡（镇）农业承包合同仲裁委员会"，并确定首席仲裁员一名、仲裁员两名、书记员一名组成仲裁庭（仲裁委员会和仲裁庭组成人员名单报县农村经营管理站备案）。县、乡（镇）成立农业承包合同仲裁委员会以后，全县农业承包合同纠纷实行县、乡（镇）、村三级调解，县、乡（镇）两级仲裁制。

县、乡（镇）两级农业承包合同仲裁委员会成员 126 人，其中县级11 人；农业承包合同仲裁庭 24 个、仲裁员 96 人，其中县级 1 个 4 人。仲裁基础设施包括：县仲裁庭审大厅 42 平方米（原有大会议室）；仲裁合议庭 21 平方米（原有小会议室）；仲裁档案室 21 平方米（原有档案室）。

其二，农村土地承包纠纷仲裁试点。2005 年 12 月 23 日榆中县农经站向上级申报《榆中县农村土地承包纠纷仲裁试点设施建设》项目，2006 年获批成为农业部农村土地承包纠纷仲裁试点县。试点工作开始后，确定了县、乡、村三级联动的格局，实行乡、村两级调处，县上仲裁。

　　榆中县农经站编制 3 人，但在岗的工作人员却有 11 人（含司机 1 人），是一个严重超编的单位。工作人员中有农经师职称的 6 人，其中 5 人本科，1 人大专。2006 年 7 月承担农业部农村土地承包纠纷仲裁试点项目后，成立了农村土地承包纠纷仲裁委员会，由 13 人组成。承担具体仲裁工作的就是 6 位农经师，再无专职仲裁员。他们都没有仲裁员资格，仅接受过市农业局的相关培训。

　　榆中县农村土地承包纠纷仲裁庭，其实就是县农业局的会议室。将主席台稍作改造就成了仲裁庭的仲裁区，背景墙正中方框黄底红字"榆中县农业承包合同仲裁委员会——仲裁庭"，两侧分别竖写"客观公正"、"依法裁决"，合议庭由会客厅充当。拉上仲裁区布幔遮住仲裁庭的背景墙就恢复了会议室的样子。仲裁庭每次开庭都要录像，连同仲裁文书上传给农业部。所以我们在此能够拷贝包括法律文书（裁决书、调解书）、规章制度、影像资料和统计报表等在内的许多一手材料。

　　我们查阅了仲裁委员会的文件，仅各种规章制度和制式法律文书就多达 20 多种。基本上都是参照人民法院审判程序的模板来规定和设置仲裁程序，所以程序烦琐复杂。难怪有人诟病现在的农村土地承包纠纷仲裁委是"第二人民法院"，在这里到处都可以看到法院的影子和司法的痕迹。

　　（2）农村土地承包纠纷仲裁情况。关于农村土地承包纠纷仲裁工作的具体情况，我们访谈了榆中县农经站站长、首席仲裁员赵世文。

　　　　问：农民如何了解农村土地承包纠纷仲裁？
　　　　答：我们自己积极进行宣传，包括宣传车，宣传资料，在农经会议上讲。农民知道的越来越多了，来咨询的多了，也愿意申请仲裁。
　　　　问：乡镇如何对待农村土地承包纠纷仲裁？
　　　　答：乡镇比较支持我们的工作，因为许多土地承包纠纷乡镇解决不了，农民要上访，乡镇很头疼，我们仲裁解决了，就给乡镇减少了许多麻烦。
　　　　问：仲裁工作的主要问题是什么？
　　　　答：我们仲裁工作调查取证比较困难。一是经费问题，调查取证的差旅费解决不了；二是资料问题，许多乡镇的农村土地承包原始资料都丢失了或不完整、不规范。

在土地承包侵权案中，涉及赔偿的部分，我们不裁决，因为我们无法评估损失，所以只确权，不解决赔偿问题，要求当事人找法院解决赔偿问题。

最棘手的还是执行问题。裁决后，当事人既不到法院起诉，也不履行裁决。

总之，我们现在是"三无"，无专职人员，无专门经费，无固定场所（仲裁庭是借用农业局的会议室），其必将影响仲裁工作的有效开展。

问：从资料显示来看，你们裁（决）的要远比调（解）的多，这是为什么？

答：土地纠纷双方往往意见分歧很大，各方只从自己的利益出发，很难调解。

3. 榆中县农村土地承包纠纷仲裁案件统计分析

我们收集到 2006 年 7 月至 2008 年 7 月的仲裁案卷共 25 份，其中 2006 年 6 份（24%），2007 年 7 份（28%），2008 年 12 份（48%）。通过对案卷材料统计数据和典型案例的分析研究，发现甘肃省榆中县农村土地承包纠纷仲裁案件具有以下特点：

（1）纠纷主要发生在村民之间和村民与村组集体之间。纠纷主体涉及村民、村民小组和村委会。发生在村民之间纠纷申请仲裁的有 15 起（60%），其中 7 起纠纷发生在家庭成员之间，或兄弟之间或母子之间或离婚夫妻之间，单个村民提起仲裁申请的 9 起，两个以上村民共同提起仲裁申请的 6 起；发生在村民和村委会之间纠纷的有 5 起（20%），其中村委会对村民提起仲裁申请的仅 1 起，其余 4 起均为村民对村委会提起仲裁申请；发生在村民和村委会、村民小组之间的有 3 起（12%），这是村民将村委会和村民小组共同列为被申请人，其中 1 起是 14 户村民因征地补偿费分配纠纷对村委会和村民小组共同提起仲裁申请；发生在村民和村民小组之间的 2 起（8%），均为单个村民对村民小组提起仲裁申请。

（2）土地承包经营权权属纠纷和侵权纠纷居多。纠纷的类型主要集中在土地承包经营权权属纠纷和侵权纠纷，也有部分属于土地承包合同纠纷、土地承包经营权继承纠纷、土地承包经营权流转纠纷和征地补偿费分配纠纷等方面。其中土地承包经营权侵权纠纷13起（52%），有村民强占他人承包地的、村组在承包期内违法调整或收回承包地的；土地承包经营权权属（确认）纠纷有7起（24%），主要发生在农户内部家庭成员之间，诱发因素通常为离婚、户主死亡、分家析产等；土地承包经营权转包合同纠纷有2起（8%）；土地流转纠纷有1起（4%）；征地补偿费分配纠纷2起（8%）。

（3）委托法律工作者或律师代理仲裁的较多。委托法律工作者或律师代理仲裁的有19起（76%），其中16起委托代理人为榆中县司法局148法律服务中心和其他法律服务所的法律工作者，仅有3起委托代理人为律师。有意思的是委托法律工作者或律师代理仲裁的全部是仲裁申请方，被申请人偶有委托代理人的也非法律工作者或律师。法律工作者或律师如此广泛地代理仲裁，这在我们所进行的陕甘青三地四个农村土地承包纠纷仲裁机构的调查中是少见的。一些地方的农村土地承包纠纷仲裁案件中没有一起由法律工作者或律师代理仲裁，有的地方虽有，但很少。

（4）审理中以调解为主但多以裁决结案。两年内农村土地承包纠纷仲裁立案30起，其中调解结案3件，裁决结案23件，裁决结案数占仲裁立案总数的76.7%。榆中县农经站站长、首席仲裁员赵世文对裁决远远多于调解的原因做了这样的解释："土地纠纷双方往往意见分歧很大，各方只从自己的利益出发，很难调解。"这类纠纷尽管调解难度很大，但在整个案件处理过程中始终贯穿了以调解为主的指导思想，能调则调，实在调解不了，才予以裁决。从案卷材料来看，纠纷进入仲裁前大部分经过村组、乡镇调解或处理，有的甚至是榆中县农业承包合同管理委员会处理过的，申请人不服"处理意见"而又申请仲裁。案卷中也有一些调解很成功的案例，如申请人邵学萍与被申请人张金土地承包纠纷案。申请人与被申请人2002年12月经法院判决离婚，申请人于2006年10月要求被申请人张金退还其母女二人的承包土地1.98亩，被申请人张金不愿退还土地。甘草店镇人民调解委员会对此进行了调解，并做出《关于对邵学萍信访事项的答复》，要求被申请人张金退还邵学萍母女二人的承包土地1.98亩，但张金未予履行退还承包土地的义务，申请人邵学萍遂申请仲裁。仲裁委员会与甘草店镇东村人民调解委员会共同主持调解，双方达成了协议（〔2006〕榆农合调字第 001 号）。在本案中，镇人民调解委员会、村人民调解委员会和仲裁委员会都进行了调解，并进行联合调解，真正体现了县、乡、村三级联动、共同调处矛盾纠纷的纠纷解决机制。

（5）纠纷处理从现实出发灵活变通。实践中土地承包经营侵权纠纷很难处理，特别是村组集体违法收回或调整村民承包地，即使法院判决、仲裁裁决予以分配或返还承包地，也往往执行不了，且无法强制执行。榆中县仲裁委在处理申请人范希莲与被申请人和平村民委员会违法收回承包土地纠纷案中很好地解决了这一问题。"和平村徐家营社借口申请人是出嫁女，将申请人承包经营的该社高坝水浇地 2 亩收回。"这是一起典型的违法收回承包土地、侵犯妇女土地承包经营权的案例。在本案的处理中，仲裁委在确认申请人范希莲对徐家营社高坝水浇地 2 亩具有土地承包经营权之后，针对被申请人徐家营社高坝土地已被征用，又无机动地可供调整的情况下，准许被申请人和平村民委员会按照当时征用土地补偿标准予以补偿申请人（〔2006〕榆农合裁字第 003 号）。这种以积极变通的方式裁决解决土地承包侵权纠纷的方法，效果很好。实践中，一些地方还通过纳入低保、享受退耕还林补贴等方式变通解决土地承包纠纷。

（6）纠纷处理以追求实质正义为目标。司法解决纠纷主要以程序正义为价值取向，紧紧围绕当事人诉求进行审理。但在农村土地承包纠纷仲裁处理中，农民当事人希望以极其便捷的方式"一揽子"处理问题，真正做到"案结事了"。如申请人王炳霞与被申请人金兴泉土地承包侵权纠纷案：申请人王炳霞与被申请人金兴泉系同村村民。1979 年 2 月份，生产队按国家土地有关政策分给王炳霞家一块自留地，大约 1.7 亩，自留地就在王炳霞宅基地前。1980 年 4 月份，被申请人金兴泉擅自将王炳霞自留地中间的青苗挖掉，开了一条路。然后又将申请人北面门前部分自留地青苗挖掉取土，经常堆放粪土、玉米秆，致申请人王炳霞无法耕种使用。被申请人金兴泉企图将申请人的承包地占为己有，严重侵害了申请人的合法权益。申请人多次要求乡、村进行处理未果，遂提请仲裁机关予以裁决。仲裁委员会裁决："申请人王炳霞享有宅基地门前 0.5 亩自留地的经营权，被申请人金兴泉立即归还侵占申请人的

0.5 亩自留地。对开路所占申请人的 0.2 亩自留地，由于属公益事业，申请人不再要回，若遇国家土地征占用，土地收益归申请人所有。"在本案处理中，仲裁委员会未拘泥于当事人的诉请，而是根据农村、农民的实际，从解决问题出发，以化解矛盾纠纷为目标，既确认申请人自留地的合法经营权，又责令被申请人返还所侵占的自留地，同时还对开路所占申请人自留地的行为性质进行认定和处理。在认定开路占地行为属公益事业，申请人不再要回的前提下，若遇国家土地征占用，土地收益则归申请人所有，对申请人未来可能发生的土地收益一并予以明确、肯定。案件处理化解了矛盾纠纷，并从根本上解决了问题，收到了良好的效果（〔2008〕榆农合裁字第 12 号）。

三 陕西省农村土地承包纠纷及仲裁

（一）陕西省农村土地承包基本情况

我们先后走访了陕西省农经站，榆林市农业局农经科，延安市农业局农业行政执法支队，延川县农经站，渭南市农村经营管理局，汉中市农经站，汉中市汉台区和勉县农工部，西安市雁塔区农水局，西安市长安区农业局农经科，咸阳市农业局农经科和咸阳市秦都区农经站，就农村土地承包纠纷及其解决机制问题进行访谈。同时，我们还考察了农业部农村土地承包纠纷仲裁在陕试点单位：安康市汉滨区和延安市吴起县农村土地承包纠纷仲裁委员会，收集了大量的一手资料。

据 2007 年的统计数据，陕西省辖 10 个地级市，1 个高新农业技术产业示范区，107 个县（区），1614 个乡（镇），27652 个行政村，680 万农户，2007 年年末总人口 3700 多万，其中农业人口 2770 余万，占总人口的 75%。全省总面积 20.56 万平方公里，其中耕地约 5000 万亩，园地 600 余万亩，草地 1046 万亩。2007 年农民人均纯收入 2645 元。据最新资料，目前全省设 10 个省辖市和杨凌农业高新技术产业示范区，有 3 个县级市、80 个县和 24 个市辖区，1581 个乡镇，164 个街道办事处。全省总面积 20.58 万平方公里，其中农业用地（耕地、林地、园地、牧草地）2772 万亩，未利用土地 1503 万亩。2011 年 5 月第六次全国人口普查汇总数据显示，全省常住人口为 37327378 人。

据统计，全省 670 余万农户全部以家庭经营的方式承包了集体土地，承包耕地面积 4600 余万亩，承包期一般为 30 年。唯有安康市各县二轮土地承包时，将耕地承包期确定为45年，《农村土地承包法》实施后，按该法第62条规定予以维持。农村二轮土地承包过程中，"两田制"的承包经营方式已被各地废除。集体林权制度改革正在部分试点县中进行，以此推动林地承包工作。草地面积主要分布在陕北，已全部实行承包经营。全省集体经济组织与农户签订土地承包合同658万份，占农户总数的96.8%，向农户颁发土地承包经营权证书651万份，占农户总数的95.7%。自1999年《土地管理法》修订实施以来，全省征收农民集体土地50余万亩，平均每年约7万亩，共计征收耕地40余万亩。

（二）农经部门的性质与职责

我们走访了陕西省农经站查定全站长。查站长50多岁，农经科班出身，思维敏捷，业务精尖，敢于直言，在陕西省农经圈内以精通政策、学识渊博、经验丰富而著名。我们在以后的区县农经部门调研中印证了这一点。大家都知道查站长，遇到疑难问题就会向他电话咨询，我们看到一些农经部门的信访登记表上记录着他对咨询问题的意见。和查站长的一次长谈，让我们对陕西农村土地纠纷和农村土地承包纠纷仲裁状况有了更进一步的认识。

陕西省农经站，处级建制，独立核算事业单位，17个编制，现有职工12人，一年经费40多万元，另外每年有1000多万元专项经费，用于农村专业合作社。省农经站主管的业务有：农村土地承包经营管理，农村财务监督管理，农民减负监管，农村专业合作社经济管理。关于农经站的性质与职权，有观点认为：农经站是事业单位，但业务范围却涉及农村经济管理，属行政执法范畴，所以其执法主体身份尚有争议。这个问题在农经部门内部也是含糊不清的。查站长却明确表示："我认为不存在这个问题，我们的农业执法有法律的明确授权，属于法律授权行政主体，具有执法权。"

从农村经营管理体制上看，陕西各地的做法和机构设置不太统一，这点与西部其他省份有所不同。陕西省农业厅下设农经站；而各市、县（区），有的设站，有的不设站，有的在农业局里设一个农村经营管理处（科）。渭南农业局下设了一个二级局农村经营管理局。延安建立了农业综合执法机构（农业行政执法支队，副处建制），把农经站的业务和农业行政执法统到一块。其他地区的农业行政执法则分散到各部门，如农资打假包括化肥、种子分别由相关部门执法。实行农业综合执法有利于执法走向规范化，但工作头绪多，工作量大。

（三）陕西农村土地承包突出问题

我们以陕西省 2007 年各地农村土地突出问题专项治理工作材料为样本，结合实地调研和考察，分析总结陕西省农村土地突出问题。从各地群众来信来访和专项治理工作检查掌握的情况看，陕西省农村土地存在以下突出问题，其存在和发展构成了农村土地纠纷产生的基础和解决的障碍。

1. 对农村土地承包政策法律的理解和执行问题

从农民群众对农村土地承包政策法律的知晓情况看，存在一些死角和误区，依法维权的意识也很不够；还有个别农村干部不知道《农村土地承包经营法》及其实施办法；许多地方的领导和干部、特别是村组干部对土地承包经营权的物权性质基本不懂，依法办事意识差。在土地承包中，个别村组干部仍然认为"30 年不变"仅是中央大政策，具体到地方仍可以每隔几年就调整一次。因此，一方面拥护"30 年不变"的政策，另一方面又对"增人不增地，减人不减地"的政策不理解，不知道怎样解决人地矛盾的问题。实践中，违法收回或调整土地承包经营权的问题时有发生。关中某县的许多村子从未停止过土地调整，通过收回人口减少（死亡、嫁女、城镇就业）农户的三类（质次）承包地、分配给有新增人口农户的方式，解决人多地少的矛盾。有些村庄的土地细碎化情况非常严重，一户人家的几亩承包地竟分散在 13 处，难以实现土地集中成片流转。所以，一些村子为了吸引农业企业或种粮大户高价租地，就大规模地强行调整土地。某村主任一上任就强势进行全村土地调整，收回所有承包地重新分配，尽量让各户的承包地集中连片，以便流转，用了一年时间才完成此项工作，由此引发了许多矛盾纠纷。

2. 土地承包经营权的确权与侵权问题

少数地方名义上完成了延长土地承包期工作，实际上没有与农户签订土地承包合同，没有发放土地承包经营权证或林权证等权证。有些地方虽然填写了土地承包合同和土地承包经营权证书，但填写不规范、证实不符或者没有真正发放到户。少数地方习惯于过几年调整一次土地；有的强迫农民种某种作物，侵犯了农民的承包经营权；有些地方预留机动地面积超过规定。据统计全省预留机动地面积 85.7 万亩，占总耕地面积的比例不到 2%。虽然全省平均没有超过规定标准，但是少数地方机动地超标村比较多。特别是那些集体经济比较薄弱，集体开支、村干部补助没有着落的村子，主要通过收取预留机动地承包费解决集体开支缺口问题。所以，解决机动地超标问题，基层干部的阻力比较大。在专项治理活动中，全省向农户新颁发土地承包经营权证 4.5 万份，落实了 14 万人的土地承包权；将多留机动地分包到户 4.98 万亩；纠正了 96 个村组违法调整土地、141 宗违法收回土地，涉及土地面积 1468 亩。这些数据从另一角度反映了农村土地承包存在的问题和土地承包纠纷的诱发因素。

3. 土地承包经营权流转中的问题

随着二、三产业的发展，一些农民从事非农产业，既不愿意放弃承包地，又不愿意经营土地，出现了抛荒弃耕现象。在"增人不增地，减人不减地"的政策下，随着人口的自然增减，出现了有些户人多地少，有些户地多人少的现象；个别地方因人地矛盾突出，没有承包地的农民上访事件增多。还有一些农户私自调换承包地，引发纠纷。如渭南农经部门发现农户之间的土地流转几乎都是口头协议，很少签订流转合同，也未建立流转档案，双方权利义务不明确，极易引发纠纷。有的地方把土地流转作为一项硬性任务推行，以招商引资、规模化经营、调整产业结构等为名强迫流转土地。有的绕过土地管理法规，借流转之名合伙办企业，改变了土地的农业用途。专项治理活动中全省纠正强迫流转土地 92 宗、侵犯农户经营权 75 起，涉及土地 1100 余亩。

4. 土地利用规划不科学引发矛盾纠纷

一些地方编制土地利用规划时考虑不周，规划中未留集体公益设施和村庄建设用地，导致农民宅基地批准后无法划拨，多年得不到解决，群众意见很大。同时也造成了有些地方在预留机动地中划庄基，或者用承包地兑换建房，混淆了农用地与建设用地的界限。笔者在陕北和关中的调研中，发现此类问题普遍存在。如前文提及的"娶媳妇盖房还要等规划？"再如在某市调研中，一位土地管理所所长介绍说："因为市上要统一规划，所以规划区内的农民建房一直不予办理审批手续。快十年了规划一直未出台，农民就在自己的承包地里或公路两边自行建房。我们作为执法部门是管也不对，不管也不对。最后往往是我们一边劝阻，农民一边垒墙；我们白天推墙，农民晚上建房。弄不好了就要发生冲突，我们的执法真是理不直、气不壮呀！"

5. 土地征用补偿标准问题

土地征收的核心问题是征收补偿问题，包括补偿范围和补偿标准。现行征地给农民的补偿偏低，且不赔偿实际损失，农民长期生计缺乏保障。特别是基础设施用地和政府引资项目补偿标准更低。据调查，陕西省征地补偿在法律层面上一直执行《土地管理法》第 47 条规定的补偿项目和标准。在统一年产值标准和区片综合地价未出台之前，补偿标准偏低的问题在政策法律层面一直未能得到很好的解决。这种状况导致在实际工作中补偿标准完全由各区县与农村集体经济组织和村民协商确定，虽然一般都超过土地管理法规定的倍数，但由于随意性较大，同地不同价的问题突出，攀比成风，纠纷不断。如西安市未央区徐家湾街道办薛家寨村一组组长付随省说："从近几年这里征地来看，不仅标准低、标准乱，而且'买断式'征完地后，就把农民甩开不管了。我们组的土地是 1996 年以公共设施征用的，地价有 4.65 万元的，有 4.2 万元的，还有 3.7 万元的，谁也说不清标准到底是什么。"未央区汉城街道办麻家什字村村民董长荣说："这两年我们村绕城高速公路征地时每亩补 6000 元，绕城林带征地每亩 3 万元。"西安市未央区城建局官员称：现在西安市不同性质的征地给农民的补偿标准不同。省上统一规定道路、广场、绿地等国家征地补偿标准在 1 万元以下，而一些量不大的建设用地给到了 7 万元左右，对此农民意见非常大。再如西安高新区一、二期建成区内土地征用补偿标准为 6.8 万元/亩，丈八东路以南城市三环线以北土地征用补偿标准为 5.3 万元/亩，城市三环线以南土地征用补偿标准为 4.9 万元/亩。目前以城中村改造方式进行征地拆迁的村庄，其征地补偿标准仍为 6.4 万元/亩。西安高新区所实行的征地补偿标准在全省来讲一直是相对比较高的。但其自成立 20 年以来，征地补偿标准基本保持不变。榆林市征用农村土地补偿标准为：靖边县为 300—2500 元/亩，其中水浇地 1500—2500 元/亩，旱地 800 元/亩，台地、坝地 600 元/亩，草地、林地 450 元/亩，未利用地 300 元/亩；横山县为 1.0 万—2.0 万元/亩，其中水地 1.5 万—2.0 万元/亩，旱地 1.0 万—1.2 万元/亩；榆阳区为 1.5 万—2.0 万元/亩。安康市郊区征地补偿标准为：菜地 2.5 万元/亩，水田 2 万元/亩，旱平地 1.6 万元/亩，旱坡地 1.4 万元/亩，园地 0.96 万元/亩，林地 0.86 万元/亩，其他土地 0.69 万元/亩，未利用地不予补偿。由于补偿标准不一，不确定因素较多，而且补偿标准距市场价格差距甚远，农民意见很大，由于缺乏利益诉求机制，容易积聚矛盾，诱发群体性事件。

6. 征地补偿费的归属、分配、管理问题

农村集体土地的征占用会产生大量的甚至巨额的集体土地收益，这些集体土地收益的归属如何？如何分配及管理？成为一个非常棘手的问题。由于农村土地征占用补偿费缺乏统一、明确、可操作的管理与分配办法，极易引发农村集体经济组织与承包地农民之间、村民与村民之间、农户内部成员之间的矛盾纠纷。尽管农业部《关于加强农村集体经济组织征地补偿费监督管理指导工作的意见》中已明确指出：2005年以后新增土地补偿费的分配比例省级人民政府已有明确规定的，按照规定执行；没有明确分配比例的，要按照国务院规定抓紧明确。由于陕西省土地补偿费分配比例尚未明确，各县区在具体工作中较难把握。

7. 违法征占土地问题

一些地方非农业建设用地存在未批先占、以租代征现象。在专项治理活动中由县级以上立案查处违法征占土地案件169件，涉案土地面积3384亩，依法依纪追究党纪政纪责任28人；纠正违法违规征占土地项目97个，涉及用地1510亩，其中59个项目补办了手续，38个项目将土地退还村组。全省督查督办农村征地信访案件57件，办结国家督导组交办的4个案件。如西安市某区2007年共发现和查处违法占用集体土地进行非农建设的案件42起，面积103.2505公顷，全部为耕地，含基本农田43.3533公顷。在查处过程中，联合规划、城管执法等部门及街道办事处，强制拆除了2宗，共拆除建筑物11000余平方米；移送公安机关追究刑事责任14人，其中村组干部5人；发现并督促3宗荒芜土地恢复了耕种。

8. 农经管理体制、机构设置问题

《农村土地承包法》明确规定："县级以上人民政府农业、林业行政主管部门分别依照各自职责，负责本行政区域内农村土地承包及合同管理。"但一些地方的土地承包管理从市委部门到政府部门的业务转换还没有彻底到位。如榆林市子洲县农村土地承包管理还在县委农工部，汉中市全市县级农经站有6个不隶属农业部门，也在县委农工部。有些地方的基层农经站及土地纠纷调解仲裁机构不健全或有名无实，部分乡镇没有农经干部，缺乏对土地承包政策法律落实的监督指导。如榆林市4个县（绥德、米脂、神木、府谷）未设农经管理机构，许多农经干部属兼职或挂名，职能没有充分发挥，严重制约着农经管理及土地纠纷调解仲裁工作的正常开展。

9. 农村土地承包合同纠纷调处机制问题

大多数县区尚未建立土地承包纠纷仲裁委员会，全省虽然成立了一批仲裁机构，但总体上尚处试验探索阶段。在农业部农村土地承包纠纷仲裁试点的6个县中，只有两个土地承包纠纷仲裁工作开展比较好，其余4个基本未开展工作。土地承包纠纷仲裁专业性很强，但目前土地承包纠纷仲裁缺乏一支训练有素的专业队伍。仲裁人员主要由农经干部兼任，大都非法律专业出身，只是接受过一些短期的业务培训，所以业务人员的素质还不能完全适应仲裁工作的需要。加之办案、审理经费无保障，都严重制约着农村土地承包纠纷调处仲裁机制的作用发挥。

（四）陕西农村土地承包纠纷及其仲裁概况

关于陕西省农村土地承包纠纷的总体情况，我们未能获得直接的数据资料。但据省农经站查定全站长介绍，陕西每年发生的农村土地纠纷也就是5000多起，在西北地区算是比较多的，但在全国排名大概是20多位。纠纷较多的省份是东北的省份，以及山东、河北、山西、河南、湖北等地。每年5000多起的数据是从村上逐级报上来的，也就是说在村上发生了这么多，至于解决的途径则是多样的，分流到各种渠道去了。农村土地纠纷的发生是不可避免的，只要没有直接的导火索，如政策变化等，既不会增加，也不会减少。每年就5000多件，但有影响的没几件。

我们也可以通过一些地市的农村土地纠纷数据，了解农村土地承包纠纷的实际状况。以延安市和宝鸡市为例。延安市2007年共发生土地承包纠纷信访问题和违法违规案件117起，已处理116起，占到99.1%；其中调解处理93起，仲裁处理17起，法院判决处理6起。全市2008年上半年共发生土地承包纠纷信访问题和违法违规案件21起，已处理14起，其中调解处理9起，仲裁处理2起，法院判决处理3起。

宝鸡市辖有9县3区，138个乡镇，1805个行政村。总人口375.87万人，其中农业人口278万人，共有农户69.9929万。2006年年底实有耕地面积428.63万亩。该市2002—2007年土地承包纠纷统计如表3—7

所示：

表 3—7　　　　　　宝鸡市 2002—2007 年土地承包纠纷统计　　　　　（单位：件）

年份	土地承包纠纷数	仲裁裁决	调解解决
2002	1362	18	1344
2004	1376	12	1364
2005	1034	89	825
2006	422	9	402
2007	566	10	451

注：2003 年数据缺失。

资料来源：根据课题组调研整理。

　　关于农村土地纠纷的解决办法，查定全站长说："我看首先是对纠纷不要过分炒作，发生纠纷是很正常的，农村土地纠纷解决没什么特别好的办法，我认为只要我们把事情当成事情去做就可以解决。也就是要认真对待农民的土地权利问题，给农民把政策讲明白，解释清楚了就可以解决。"他举了一个自己处理过的上访案例来说明：横山县一农民给儿媳在城里买了户口，又通过关系保留着农业户口，形成了"双重户口"。他要村上给儿媳分承包地，村上不给分地，便多次去县、市上访，问题一直没有得到解决。奥运期间，又要赴京上访。县农业局长陪访到省上。"我接访了这个农民。我给他讲政策，让其放弃城市户口，否则无法分地。他先是不同意，后来就回去了，也不再闹了。其实，许多上访的问题很简单，但地方上往往处理得不好，造成越级上访。其中的原因，有的是干部政策水平低，业务能力不强，说服不了当事人。也有的是受地方不正之风的影响，老百姓对干部不信任，上访者比较相信上级部门，一是和他们没有利害关系，无冤无仇，上访者认为不会欺骗他们；二是能把政策讲清讲透。"

　　基于农村土地承包纠纷大量存在的现实状况，陕西省各地农经部门积极探索纠纷解决办法，基本形成了乡（镇）级负责纠纷调解，县级设立仲裁委员会仲裁的农村土地承包纠纷解决机制体系。1997 年 5 月

26 日，原安康市（现汉滨区）人民政府依据《陕西省农村集体经济承包纠纷仲裁办法》（陕西省农业厅、陕西省高级人民法院 1994 年 8 月 2 日发布），成立了"安康市农村集体经济承包合同纠纷仲裁委员会"①，这是陕西省成立的第一个农村土地承包纠纷仲裁机构。2004 年国务院办公厅《关于妥善解决当前农村土地承包纠纷紧急通知》（国办发明电〔2004〕21 号）下发后，为了有效解决剧增的农村土地承包纠纷，陕西一些地方又成立了一批农村土地承包合同仲裁委员会。仲裁委员会一般由主管农业副县长任主任，农业局局长、农经站站长任副主任，委员由农业、林业、水务、国土、司法等部门领导组成。其下设办公室，设在县农经站，受仲裁委员会委托，主持仲裁委员会日常工作，开展受理农村土地承包纠纷调解、仲裁业务。

比如，延安市建立和完善县、乡、村三位一体的土地承包管理与纠纷调处体系和工作机制。结合当地实际，在县一级成立农村土地承包纠纷仲裁委员会，乡镇成立土地承包管理委员会，村上成立土地承包管理小组，形成县、乡、村三级农村土地承包纠纷调处体系，力求做到简单纠纷不出村，一般纠纷不出乡，复杂纠纷不出县。截至 2007 年年底，全市有 11 个县区已成立县级土地承包纠纷仲裁委员会，占县区总数的 84.6%，有仲裁员 66 人；有 143 个乡镇成立了农村土地承包管理委员会，占乡镇总数的 87.7%，有管理人员 347 人；有 3299 个行政村成立了村级土地承包管理小组，占行政村总数的 97.5%。

榆林市各级农业部门和农经机构分期举办了《农村土地承包法》和农村土地承包纠纷仲裁人员培训班，全市共培训县乡农村土地承包管理人员 300 余人，取得合同纠纷仲裁员证书 50 余人。汉中市大多数县区未建立土地承包纠纷仲裁委员会，据介绍主要原因是土地承包纠纷仲裁专业性强，农经部门业务人员的素质还不能完全适应仲裁工作的需要，加之办案、审理经费无保障，即使成立了仲裁机构，也难以支撑。截至目前，陕西省 107 个县（区），有 40 多个县设立了农村土地承包纠纷仲裁委员会，仅占县（区）总数的 37.3% 左右。经过短期培训，省农业厅发放承包纠纷仲裁员证书 800 余人。

---

① 《农村土地承包法》颁布施行后，更名为安康市汉滨区人民政府农村土地承包经营权纠纷仲裁委员会。

2006 年，陕西 6 个县区获准农业部农村土地承包纠纷仲裁试点设施建设项目，开展农村土地承包纠纷仲裁试点工作。6 个县区为：安康市的汉滨区；延安市的吴起县和甘泉县；渭南市的合阳县和蒲城县；宝鸡市的岐山县。这六个农村土地承包纠纷仲裁试点县，农业部和省上都没有划拨专门经费。由于缺乏经费支持，许多地方的仲裁机构没有建起来或有名无实没有实际开展工作。在六个农村土地承包纠纷仲裁试点县中，甘泉、岐山、合阳三个仲裁机构基本没有仲裁过案子，只有调解。仲裁案件比较多的是安康市汉滨区和延安市吴起县的农村土地承包纠纷仲裁委员会。从整体上来看，陕西的农村土地承包纠纷仲裁开展得不够理想，但这并不否认农经部门在农村土地承包纠纷信访、调解中所进行的卓有成效的工作。

下面，我们以安康市汉滨区和延安市吴起县农村土地承包纠纷仲裁委员会的仲裁资料为基础进行考察和研究，以资客观认识和评价陕西省的农村土地承包纠纷仲裁状况。

（五）安康市汉滨区农村土地承包纠纷仲裁实证研究

1. 汉滨区农村土地承包纠纷仲裁概况

安康市汉滨区辖 46 个乡镇，801 个行政村，18.7 万农户，74.6 万人。耕地总面积 68 万亩，基本上全部承包到农户。

汉滨区土地承包矛盾纠纷相对较多。一方面与人地矛盾非常突出有关，另一方面则与安康市所执行的农村土地承包地方政策密切相关。安康市在进行二轮延包时，土地承包期实际执行的是 60 年，即第一轮承包期为 15 年，第二轮又延包 45 年。这样导致从 1982 年以来一直未动（调整）过土地，全市都是这样。承包期为 60 年的，陕西仅此一家。由于承包期长，又一直未动过地，所以积累下的矛盾纠纷也多。此外，安康市一直没有取消自留地（免税前，自留地不缴农业税），农户既有承包地，又有自留地。实践中有关自留地的法律性质、权属管理、档案资料、权利保护都不像承包地那样明确、规范，所以很容易引起纠纷。

1997 年 5 月 26 日，原安康市（现汉滨区）人民政府在陕西成立了第一家"安康市农村集体经济承包合同纠纷仲裁委员会"（现更名为安康市汉滨区人民政府农村土地承包经营权纠纷仲裁委员会），2006 年，获准成为农业部农村土地承包纠纷仲裁试点设施建设项目单位。区仲裁委日常办事机构设在区农经站，合同管理组的成员就是仲裁工作人员。仲裁工作人员都未受过系统的专业培训，主要通过参加省农业厅组织的仲裁员培训取得仲裁员任职资格；另一方面，通过参加区政府法制办组织的行政执法知识培训、仲裁知识专题讲座和自学提高专业理论水平。最为重要的是在实践中学习提高，把办案的过程变成学习讨论的过程，通过对案件的分析、辩论、总结不断提高仲裁人员的办案水平。

2006 年成为农业部农村土地承包纠纷仲裁试点县以来，汉滨区 2007 年累计发生各类农村土地承包纠纷 98 件，其中土地承包纠纷 69 件，土地流转纠纷 6 件，土地补偿费分配纠纷 23 件。乡镇调解 87 件；仲裁立案 10 件，仲裁裁决 9 件，审理中 1 件。[①] 2008 年 1 月至 9 月累计发生各类农村土地承包纠纷 38 件，其中土地承包纠纷 37 件，土地流转纠纷 1 件。乡镇调解 33 件；仲裁立案 5 件，调解 2 件，仲裁裁决 3 件。截至 2008 年，仲裁委调解、仲裁农村土地承包纠纷 180 余件，指导乡镇调解农村土地承包纠纷 1000 余件，为维护农村社会稳定、促进当地经济发展做出了积极贡献。

2. 汉滨区农村土地承包纠纷仲裁特点

我们以汉滨区 2005 年至 2008 年的仲裁裁决书、调解书为样本，结合仲裁委向农业部报送的仲裁统计报表和一些总结材料，进行了系统的分析和研究，发现汉滨区农村土地承包纠纷仲裁具有如下特点：

（1）案件主要类型和特点。从统计报表和仲裁《裁决书》、《调解书》看，仲裁案件主要类型有：一是土地承包经营权权属纠纷，表现为因土地交换、土貌改变、家庭成员变化等因素引起的承包土地权属纠纷，需要通过调解或仲裁加以确认；二是土地承包经营权侵权纠纷，表现为村组因承包农户农转非等原因收回承包地；三是土地流转纠纷；四是土地补偿费分配纠纷。

从数量上看主要是土地承包经营权权属和收益分配纠纷，这与城市化和惠农政策提高土地收益有关。一些案件法律关系复杂、又多与地方政策相关。有些案件土地所有权和承包经营权问题交织在一起，由于土地所有权归属本身有问题，承包经营权的归属就很难确定。然而农村土地所有权又非仲裁范围。有些案件涉及农转非、教师转正等问题，地方

---

① 陕西省汉滨区 2008 年 1 月 5 日向农业部填报的土地承包纠纷仲裁情况。

政府对此均有自己的政策，增加了案件处理难度。

申请仲裁的承包纠纷通常所涉利益关系比较复杂或重大，一般都经过村镇两级，甚至村、镇、农经站三级的调解处理都未能最终解决，才进入仲裁，所以仲裁案件难度比较大，裁决结案多于调解。从仲裁请求来看，由于农村土地利益关系复杂，又具有很强的关联性，所以仲裁请求往往不是单一、明确、具体的。如在确认土地权属的同时又有利益归属问题，损害赔偿问题，甚至还涉及未来可得利益的归属问题。农民对土地价值的期许越来越大，故对争议土地将来可能征收产生的利益预先提出保护请求。因而，当事人往往要求诸多问题"合并"审理，一次性解决所有相关问题，追求"案结事了"。但这又往往与法律规定相悖，只有通过调解结案才可达此目的。

从案件当事人来看，纠纷一般发生在村组与村民之间、村民与村民之间、农户家庭内部成员之间。村组与村民之间的纠纷多因村组违规收回承包地或村民侵占集体土地而引发。村民之间常因地界、流转、侵占而发生纠纷。家庭成员之间则多因分割土地承包经营权、争夺老人承包地而引发。当事人委托法律工作者或律师代理仲裁的情况较少，只看到为数极少的村组或个人聘请律师作为仲裁代理人。

（2）案件审理方式的"乡土性"。现行《农村土地承包纠纷调解仲裁法》要求仲裁应当开庭进行，开庭地点有多选和必选。其可在纠纷涉及的土地所在地的乡（镇）或村进行，亦可在仲裁机构所在地进行，即在村、乡（镇）、县（区）均可，但当事人双方要求在乡（镇）或者村开庭的，仲裁机构须从之。这充分体现了这类纠纷处理的乡土性和便捷性特点。我们从案卷材料可以看到"于×年×月×日进行了现场调查审理，双方当事人均到场"的记载。这种方式的好处自不必说，问题是成本较大，但仲裁纠纷解决机制作为公共产品，政府理应为此"埋单"。

（3）调查取证重于当事人举证。农村土地承包纠纷仲裁实行"谁主张，谁举证"的举证原则。基于作为当事人的发包方的特殊地位，对其所掌握管理的证据负有提供的义务，否则将承担不利的后果。法律既规定了当事人的举证责任，同时也赋予了仲裁机构收集证据的权力，规定"仲裁庭认为有必要收集的证据，可以自行收集"。从仲裁案件实际审理情况来看，仲裁机构调查取证是农村土地承包纠纷仲裁案件证据的主要来源。一是当事人都是农民，大部分文化水平低，法律知识缺乏，又请不起律师。其文化素养、专业知识和法律技术使其很有可能提供不了有效证据，甚至提供了虚假证据。二是此类纠纷的许多原始档案材料掌握在村级组织或乡（镇）政府，当村级组织成为当事人一方、利益的对立面时，不可能提供有利于村民的土地承包档案材料，需仲裁机关才能调阅。一些资料保管不善已丢失或损坏，也需要调查有关当事人。三是农村土地承包纠纷通常是侵权与确权交织在一起。争议地块往往地形复杂，语言难以表述清楚。其地貌特征、四至边界、权利归属、是否存在越界侵占等都需要现场勘察方能确定。仲裁人员只有亲临现场方能掌握案件基本事实，客观公正地做出裁判。在许多案卷中都记载有仲裁人员对所涉纠纷地块进行现场勘察，甚至直接栽桩定界、绘制现场示意图的情形。对于一些即将彻底改变地貌的或双方当事人纠缠不清的，还要进行拍照，作为裁决的重要依据。仲裁人员根据需要邀请村干部和村民见证现场勘察和划分界址，这样做既公开透明，确保公正，多人见证又可避免今后再生纠纷。四是通过现场勘察以甄别证据之真伪。基于土地利益的日趋重大与重要，一些当事人为获取不当利益而不惜伪造书证或做伪证。卷中有几起案例都涉及虚假证据问题，语言难以表述清楚等。如张滩镇张滩村五组马某，其承包地在"黄洋河边"，因河流改道，河边淤出几亩地，组集体承包给本组其他农户经营。马某找包干到户时的组会计私自出具证言，证明其承包地北边以"黄洋河心为界"，申诉村组无故收回其 3 亩多承包地。村、镇多次调解其均不接受，区农经站调查处理也不服，上访多年，后经信访部门劝导提出仲裁申请。仲裁委受理后，办案人员进行现场勘察，按照现行地貌，结合包干到户原始资料数据，绘出其承包地原貌及黄洋河改道情况比例模拟示意图，以还原事实真相，据此做出裁决，并将模拟示意图附在裁决书后。马某还是不服，又起诉到区人民法院，一审判决后，又上诉至市中级人民法院，一审、二审法院根据区仲裁委的裁决书及所附模拟示意图，分别驳回其诉请和上诉。

（4）适时调解与仲裁。从农经部门统计数据可以看到，农村土地承包纠纷的解决方式主要是调解和仲裁，而且调解主要在乡镇层面上，大量的土地承包纠纷在乡镇层面通过调解解决了，只有一小部分进入了仲裁机构。由于农村农民对仲裁了解甚少，一般不会选择这种解决方式。主要是乡镇对调解未果的此类纠纷介绍到仲裁机构，或当事人在法院起诉时被法官"劝退"到仲裁机构。土地承包纠纷一旦进入仲裁机构，仲裁机构还是努力调解解决，但调解成功率很低，大部分为裁决处理。考察其原因，一是此前纠纷已经村乡镇数次调解或经农经站处理均未奏效，可见其对抗性之大；二是农村土地承包纠纷仲裁与司法的一个很大区别是没有调解率的考核压力，裁决结案率的高低对仲裁人员并无影响。当然，仲裁机构对案件的处理同样是以解决纠纷为导向的，所以为了能解决纠纷则需要联合村组、乡镇干部共同调解，未果时方予裁决。如建民镇长春村三组因国家公路建设征地，在兑付征地补偿费时与三户涉及农转非人口的人家发生纠纷，三户人家分别向区仲裁委申请仲裁。经查：因组集体对多年来组内成员农转非的承包地，一些户收回了，一些户未收回，加之《农村土地承包法》颁布后，其某些规定与之前当地市、区政府的政策有不一致的地方，以致纠纷发生。区仲裁委工作人员深入该组现场办案，查明三户农转非人员户口迁移时间，宣传讲解《农村土地承包法》的有关条款和该法颁布前的地方政策，确定："农村土地承包法颁布施行后农转非人员的承包地问题，按承包法条款落实；该法颁布施行前农转非人员的承包地问题按当时市、区政府政策规定落实。"通过耐心细致的说服工作，三户人家分别与组集体签订了调解协议，创下了一天调解成功三个纠纷案件的纪录。

（5）尊重历史稳定土地承包关系。农地大部分用作种植粮食或栽种花卉、苗木、蔬果等，因此土地需要不断地投入和养护，频繁变动会损害农民土地投入的积极性，影响地力。但是，农村土地会因种种原因不断地进行调整、流转、交换或代耕，发生纠纷时有的土地占有事实已持续10多年，甚至20多年了。仲裁机关对此类纠纷尽量调解，即使裁决也以稳定土地关系为旨归，以有利于生产。此外，农村土地问题受地方政策影响较大，有些地方政策与国家政策及法律有冲突，如两田制问题、自留地问题、二轮土地延包后承包期长达60年的问题、收回农转非人员承包地问题等。仲裁裁决应尊重历史，依据不同历史时期的农村土地政策和法律，尽量维持现状，以保护和稳定土地承包关系。

（6）现场办案及时执行。仲裁机关处理纠纷无论是调解抑或裁决，并不以程序上的完结为追求，而以纠纷的实际化解为目标，所以，在案件处理过程中特别注重调解内容的执行和落实。如在承包地权属争议处理中，仲裁机关邀请村、乡干部和村民现场见证，勘察后当场裁桩定界并绘制界址草图或拍照。在有的调解协议中规定，"一手交地，一手付钱"。有的调解协议为了保证协议内容的落实，规定有违约金。有的在双方达成协议后，待双方执行了协议规定义务，才出具仲裁文书。如在一份调解书中所载调解协议"签约日期为 2006 年 8 月 30 日，补偿费支付办法：2006 年 8 月 30 日当场付 500 元，余额 3500 元，董志俭在 2006 年 9 月 15 日前全部付清，逾期每日由董志俭付董志成违约金 10 元"。《调解书》末有"注：本调解书所涉及的补偿款项已于 2006 年 9 月 15 日落实到位"，仲裁委的调解书落款日期也正是 2006 年 9 月 15 日。为确保当事人权利义务得以实现，在仲裁条款中根据实际情况规定了当事人可以以不同方式进行选择性的履行义务。如申请人杨孝莲与被申请人方心石村 15 组土地承包经营权纠纷一案的裁决为："一、杨孝莲依法享有 0.255 亩菜地的承包经营权。二、鉴于心石村 15 组菜地已全被征用，组集体应按本组征地补偿款分配方案，给杨孝莲补分征地补偿款 7000 元，或者补划一份口粮地 0.409 亩。三、本裁决第二条由心石村村委会负责督促在一个月内落实。"（汉农仲书〔2007〕第七号）

（7）借助仲裁文书宣传法律政策。汉滨仲裁委自 2008 年始，在仲裁调解书和裁决书末部附有"有关法律法规政策条款"。而现行《调解仲裁法》对裁决书的内容有明确的规定，即裁决书应当写明仲裁请求、争议事实、裁决理由、裁决结果、裁决日期以及当事人不服仲裁裁决的起诉权利、期限，由仲裁员签名，并无加附"有关法律法规政策条款"的要求。可见，这种做法显然是借鉴人民法院判决书的做法。这种借鉴是有益的，尤其对农村农民来讲尤为重要，既让当事人知晓裁决的依据，也是一种很好的法律宣传方式。

（六）吴起县农村土地承包纠纷仲裁实证研究

吴起县位于延安市西北部，辖 6 镇，6 乡，1 个街道办事处，164 个村，7 个社区，1110 个村民小组，总面积 3791.5 平方公里，总人口 13.4 万，其中农业人口 10.6 万。吴起是全国 150 多个退耕还林县（市、区）封得最早、退得最快、面积最大、群众得实惠最多的县份，成为全国退耕还林第一县，累计完成退耕还林造林面积 243.19 万亩；同时，吴起还是陕北石油产量和拥有资源区块最大的县。

1. 吴起县农村土地承包纠纷仲裁机构

（1）仲裁机构设置。2004 年国务院办公厅《关于妥善解决当前农村土地承包纠纷紧急通知》（国办发明电〔2004〕21 号）下发后，吴起县政府及时成立了"吴起县农村土地承包合同仲裁委员会"，由主管农业副县长任主任，农业局局长、农经站站长任副主任，委员由农业、林业、水务、国土、司法等部门领导组成。仲裁委员会下设办公室，设在县农经站，受仲裁委员会委托，主持仲裁委员会日常工作，开展受理农村土地承包纠纷调解、仲裁业务。同时，各乡镇成立了"农村土地承包管理委员会"。2006 年，根据《农业部关于陕西省蒲城县等开展农村土地承包纠纷仲裁试点的批复》（农经〔2006〕19 号），吴起县被列入农业部农村土地承包纠纷仲裁试点单位之内，开展仲裁试点工作。

（2）仲裁人员配备。从 2004 年始，县农业主管部门多次组织人员参加省农业厅举办的农村土地承包法律法规政策培训班，先后有 8 人经过考试取得了仲裁员资格证书，受仲裁委员会聘任从事调解仲裁工作。同时，还选拔了 16 名在乡镇多年从事农村土地承包管理的人员为助理仲裁员。仲裁试点工作开展后，每当县仲裁庭审理案件时，都要求案件辖区有一名助理仲裁员参加，以便于全面了解纠纷发生的特定背景和基本事实，使案件处理更加符合当地实际情况，全面提升仲裁队伍的素质，保证案件仲裁的质量和效果。

（3）仲裁受理范围。农村土地承包纠纷仲裁受理范围，在《农村土地承包纠纷调解仲裁法》颁布实施以前，主要是由地方性法规加以规定的，涉及以家庭承包方式发包的耕地、林地、草地承包纠纷和以其他承包方式发包的荒山、荒沟、荒丘、荒滩、水面、机动地等承包纠纷。主要包括：土地承包经营权取得纠纷；土地承包合同纠纷；土地承包经营权侵权纠纷；土地承包经营权流转纠纷；承包土地被征收、征用后补偿费分配纠纷；承包土地相邻纠纷；承包土地用途纠纷（根据在征占用中对土地补偿以及违反用途而增加的一项）；其他土地承包纠纷。以上纠纷均为当事人申诉才受理。上述范围以外的农村土地承包纠纷，可根据具体情况酌情纳入仲裁范围。对于法律、法规、相关政策和司法解释规定不明确，但属于受理范围、实际工作中又经常遇到的承包纠纷案件，按照符合《农村土地承包法》立法目的和基本精神、维护各方当事人合法权益的原则，探索提出有效、可行的处理办法。

（4）仲裁制度建设。根据有关法律法规和《陕西省农村集体经济承包合同纠纷仲裁办法》，借鉴劳动争议仲裁开展农村土地承包纠纷仲裁，制定了《仲裁委员会工作规则》、《仲裁工作程序》、《仲裁委员会工作制度》、《仲裁庭工作制度》、《仲裁员回避制度》、《仲裁结案与归档制度》和《仲裁员工作纪律》等相关配套制度。

2. 吴起县农村土地承包纠纷仲裁及其特征

根据我们收集整理的农村土地承包纠纷调解仲裁案件统计数据和部分仲裁《裁决书》文本，可以对吴起县农村土地承包纠纷及其仲裁情况有一个基本的认识。

（1）农村土地承包纠纷调解仲裁概况。自2006年开始试点工作以来，至2008年6月底，共计调解和仲裁农村土地承包纠纷案件54起。其中通过调解的36起案件已按协议履行；通过仲裁裁决的18起案件中有16起已按仲裁裁决自动履行，2起向人民法院提起了诉讼。① 吴起县仲裁委所提供的9份《裁决书》中，有3起是因石油开采占地引发的承包地权属纠纷；3起是因退耕还林政策补贴归属引发的承包地权属纠纷；1起是因承包地被征收补偿费归属引发的纠纷；另外2起是土地承包经营权侵权纠纷。9起仲裁案件中，有3起案件的一方当事人委托律师代理仲裁。

（2）农村土地承包纠纷与地方经济密切相关。如前所述，吴起县是全国退耕还林第一县，同时还是陕北石油产量和拥有资源区块最大的县。所以，吴起县农村土地承包纠纷大部分与退耕还林和石油开采有关。如："1995年小涧村后涧组实行农改时，申请人有2人参加了农改，并取得了石嘴背梁5亩土地承包经营权（有《吴起县集体土地使用权承包合同》），并履行着应尽义务。之后，申请人外出打工，将该承包地无偿交给被申请人耕种。2005年9月，长庆石油在石咀背梁打井，申请人因一直在外打工，被申请人利用耕种管理之便，未经申请人同意与打井方商谈打井征地及打水、照管等事宜，申请人知道后，便与被申请人就打井占地等事宜进行协商，要求停止侵权，被申请人不理，遂产生纠纷。"②

退耕还林从1998年即已开始，国家实行的以粮代赈钱粮补贴政策直接与农户承包地的面积挂钩，因此承包地的归属、面积与其利益息息

①　《吴起县农村土地承包纠纷仲裁试点交流材料》，2008年7月20日。
②　吴起县农村土地承包合同仲裁委员会：《裁决书》〔2006〕吴农裁字第1号。

相关，由此而引发的承包地权属纠纷、侵权纠纷很多。陕北是个石油资源十分丰富的地区，石油的开发必然要征占农民的承包地，发生征地补偿问题。延安市农业执法支队长高生君介绍道："陕北石油开发占用农户承包地很普遍，但土地补偿费的归属各地做法不一样。按照法律规定征地补偿费中的土地补偿费应归村集体所有，由村集体决定如何分配。全国许多地方的土地补偿费都是在村内按人口平均分配，而榆林和延安两市都实行'占谁补谁'，即占用承包地的补偿费都给了被占地的农户，因涉及利益很大，纠纷也就多起来了。比如吴起、志丹这两个石油大县，这两年的土地纠纷就比较多。这两个县的做法是打井采油占用谁家的承包地，征地补偿费基本上就都给了这家农户，集体只拿很少的一部分。获得巨额土地补偿费只是收益的一个方面，这家农户同时还获得了为在自己承包地上开采石油的企业提供三年供水等服务的专有权，其收入相当可观，一年下来收入就不是几万的概念了。可以说，油井打到谁家的承包地里面，谁家很快就会发（财）的。所以，原来农民不在乎这些土地，现在就不同了，会拼命地争，纠纷也就自然多起来了。"

（3）仲裁委以裁决方式解决纠纷居多。农村土地承包纠纷的调解解决多在乡镇层面。纠纷进入仲裁机构后，尽管仲裁机关坚持"调解为主、仲裁为辅"的原则，以最大的诚意和努力进行调解，以便纠纷的彻底解决，但我们所看到的9份仲裁文书所显示的都是以裁决方式解决纠纷。这种情况在其他地区的仲裁机构同样很突出。究其原因，一则纠纷进入仲裁机构之前一般都经过村级组织和乡镇乃至农经站的多次调解，均未奏效，可见纠纷双方对立之剧。二则纠纷所涉利益较大，国家退耕还林以粮代赈钱粮补贴政策在实行8年之后又延长8年，案卷资料显示纠纷所涉承包地动辄十几亩，有的多达几十亩，其所涉利益之大不言而喻。至于因石油开采占地所引发的承包地权属纠纷所涉利益之巨，之前已做介绍。巨大的利益驱使，极易诱发纠纷发生，有人甚至直接强行占有他人的承包地。三则农村土地承包纠纷仲裁机构不同于法院处理纠纷的是，没有过分强调调解结案，或以"调解率"来考核仲裁人员的办案水平和业绩，所以一般不会发生当裁不裁、刻意调解的情况。

（4）多方参与下的纠纷处理。每起案件的审理，都必须调查当时参与承包的当事人、双方提供的知情人以及争议土地所涉村组负责人，并征求村组负责人的意见。这种多方参与下的纠纷处理，体现了仲裁机制的民主性和公开性，既便于监督，又有利于客观公正地进行裁决。

（5）仲裁内容超出仲裁请求。无论是司法还是仲裁通常只是就当事人的诉讼（仲裁）请求进行审理，裁判也仅就请求事项而做出，不会逾越请求事项之范围。但吴起县农村土地承包纠纷仲裁内容却超出请求事项，甚至将未来可能发生之权利也纳入裁判之列。如张光龙与张光亮返还承包地纠纷一案，申请人张光龙与被申请人张光亮同为吴起县白豹镇小涧村村民。2006 年 4 月 5 日申请人提出申请称：1995 年小涧村实行农改，他拥有石咀背梁 5 亩耕地的承包经营权。之后，他外出打工但承担着一切应尽义务。2005 年长庆石油在他家承包地石咀背梁开始打井，被申请人硬说此块地是他的，便产生了纠纷。因此，申请人请求本仲裁委员会依照有关法律法规和政策规定，要回石咀背梁土地承包经营权。申请人的仲裁请求为，"要回石咀背梁土地承包经营权"。而仲裁委则"根据《中华人民共和国农村土地承包法》第四、九、十六、五十四条之规定，以及农村土地承包有关政策，作出如下裁决：申请人拥有石咀背梁 5 亩地的承包经营权，享有承包地使用、收益、征地补偿等权利"。再如吴起县白豹镇郭克郎村郭克郎组与村民吕怀武确认承包地权属纠纷一案中，申请人白豹镇郭克郎村郭克郎组称："1995 年申请人所在组实行农改，该组组长张学敏与本组农改评议小组成员张怀鹏、张兴刚、罗旺江、张怀文五人对被申请人吕怀武在吕畔子一带土地做了调整，即梁盖阳畔以东为个人承包地，梁盖以西为组留机动地。该地划分后，吕怀武私自在组留机动地上开荒种田。到 1999 年退耕还林时，在新任组长不知情的情况下，将该地块误登给了吕怀武，现请求依法撤销吕怀武与村民小组签订的土地承包合同中所承包的梁盖以西的土地。"被申请人辩称：他从 1980 年包产到户以来，就在吕畔梁这块口粮田上耕种，1995 年农改时依法享有吕畔梁 15 亩口粮的土地使用承包权，并与该组签订了承包合同，之后一直耕种，没有任何人提出异议。到 1999 年退耕还林时，按照政策将吕畔梁这块地一部分退耕还林，一部分留作口粮田，也没有任何人提出异议，因此，被申请人没有侵占申请人的土地。本案中申请人的仲裁请求为请求"依法撤销吕怀武与村民小组签订的土地承包合同中所承包的梁盖以西的土地"。而仲裁委的裁决则是："被申请人具有吕畔梁 15 亩土地承包经营权，依法享有承包地使用、收益、流转、征占用补偿等权利。"①

（6）不违农时提高办案效率。由于农村土地承包纠纷的解决有农时和季节的限制，必须快审快结，不能久拖不决，所以调解的案件力争在 30 日内结案，仲裁的案件力争在 60 日内结案，确保不误农时和季节，及时公正地保护当事人的合法权益。

（7）存在问题。仲裁委认为农村土地承包纠纷仲裁存在的主要问题：一是仲裁人员法律水平还不能完全适应实际工作的需要，特别是在遇到复杂的案件时，找不准适用的法律法规依据；二是仲裁案件执行难；三是不规范的村规民约还有一定的势力；四是仲裁经费紧张。省农经站查站长在谈到农村土地承包纠纷仲裁实践时，有一种忧虑："我们有一个深切的感受就是不要把农村土地承包纠纷仲裁搞成第二人民法院，解决农村土地承包纠纷，只要能把问题说清楚，能把纠纷解决就行了。农民的事，在田间地头能解决就不要让他们跑到'法庭'上去解决。农业部搞的农村土地承包合同纠纷仲裁的做法，完全是司法机关的那一套，太正规了，不太切合农村实际，也没必要搞成那样。"

四 青海省农村土地承包纠纷及仲裁

（一）青海省农村土地承包纠纷概况

青海省辖 8 个州（地、市）、34 个县（市、区），有农村家庭承包经营户 655163 户，耕地面积 813.5 万亩（2006 年省统计局数据）。全省纳入《农村土地承包经营权证》的面积为 728.36 万亩，占全省耕地面积的 89.5%；其中基本农田面积 460.4 万亩，占全省耕地面积的 56.6%；集体预留的机动地为 7.22 万亩，占全省耕地面积的 0.88%。

青海省早在 1994 年就开始农村土地二轮延包工作，几年后，特别是 1996 年以来农村土地问题比较突出，矛盾纠纷较多。鉴此，青海省人民政府颁发了《关于做好农村土地承包经营权证换发补发工作的通知》（青政办〔2006〕80 号），从 2006 年 8 月开始，在全省开展了农村土地承包经营权证换发补发工作，截至 2007 年 8 月底此项工作已全部结束。由于农业部等七部委关于农村土地突出问题的专项治理工作是2007 年才开始的，青海省的这项工作走在了全国的前面。

---

① 吴起县农村土地承包合同仲裁委员会：《裁决书》〔2006〕吴农裁字第 5 号。

截至 2007 年 8 月底，共换发补发农村土地承包经营权证 646113 户，占全省土地承包农户的 98.62%，其中换发 405937 户，补发 210176 户，二轮土地承包以来新增户数 46632 户，主要以分户为主。另有 9050 户承包户由于土地承包纠纷、长期举家外出务工、调庄等原因，正在处理核实之中，占全省土地承包农户的 1.38%。共签订农村土地承包合同 646113 份，占全省土地承包农户的 98.62%，其中补签合同 184581 份，重新签订合同 232326 份，继续执行原承包合同的 229206 份。

至此，全省 100% 的村全面完善了二轮土地延包工作，100% 的村明确了 30 年的土地承包期，98.62% 的承包农户签订了土地承包合同，98.62% 的承包农户领取了县人民政府颁发的《农村土地承包经营权证》。自 2006 年 8 月份开展完善延包工作以来，全省各地受理各类土地承包纠纷 404 起，到目前已调处的 330 起，调处结案率达 82%，因土地承包纠纷问题越级上访、重复上访的人数日渐减少。①

（二）青海省农村土地承包纠纷主要类型

根据我们在青海司法部门、信访部门、农经部门和农村土地承包纠纷仲裁机构的调研访谈以及相关资料的整理分析，青海省的农村土地承包纠纷主要集中在土地承包调整方案纠纷，土地承包经营权侵权纠纷（主要表现为侵害妇女土地承包经营权纠纷），土地承包合同纠纷，土地流转纠纷，土地补偿费分配纠纷，以及土地承包经营权权属纠纷等几个方面。这也是实践中最常见和多发的农村土地承包纠纷。与此同时，我们也注意到一些颇具区域特点的土地纠纷，如移民调庄土地纠纷，草山、草地承包经营纠纷，承包草地虫草挖采纠纷，库区建设土地纠纷等。

1. 土地承包经营权侵权纠纷

其中，最突出的是侵害妇女土地承包权益引发的纠纷。个别地区尤其是城郊的一些村，以"村规民约"为由，或以"村民自治"为名，侵害妇女土地承包经营权及其相关权益。比如，违规收回出嫁但户口未迁移妇女的承包地，拒绝"出嫁女"参与村集体土地收益分配等。这类纠纷不仅多发，而且调处难度很大。"出嫁女"土地承包经营权及其

---

① 据青海省农经总站提供的《青海省农村土地承包经营权证换发补发工作总结》。

相关权益问题，已成为影响农村稳定的重要因素。

2. 土地补偿费分配纠纷

包括村集体与农户之间和农户家庭内部成员之间的土地补偿费分配纠纷。最棘手的是"出嫁女"土地收益分配纠纷，处理难度很大。青海征地中的土地补偿费，有的直接打到被征地农户的卡上，有的村集体要留存一部分。按照当地农村的习惯，出嫁女无论户口迁出与否，也不管婆家分地与否，都不让参与土地收益分配，这类纠纷也就多了。西宁市有 160 多户出嫁女上访。每年"两会"上都有这方面的提案，但难以解决，即使法院判了也执行不了。对此，省农经总站经过调研，起草了《关于修改〈青海省农村土地承包条例〉的建议报告》报省法制办，特别对"村民资格"进行了界定，以从根本上解决这类纠纷。

3. 移民调庄引发的土地纠纷

所谓调庄实际就是移民。调庄分为政府组织的调庄和自行调庄两类。政府组织的调庄，有生态调庄和扶贫调庄之分。这类调庄原来存在的主要问题是调庄的农户"两头受益"，即既拥有原居住地的承包地，享受退耕还林政策补贴或"一免两补"等惠农政策的好处，又在新居住地拥有土地，并享受各种惠农政策。这些问题已在 2006—2007 年的土地权证换发补发过程中基本得到解决。自行调庄，一般是从生存条件恶劣的地方向自然条件好的地方投亲靠友、开荒种地。这些移民在新居住地既无户口，又无土地承包权证，但村庄原住居民对他们的存在是认可的。在青海许多地方，这样的自行调庄移民大量存在，有的村庄 50%的农户都属自行调庄的移民。许多村庄的原住居民也曾都是移民，所以他们并不排斥新移民，愿意接纳他们，新老户之间一般不会发生矛盾冲突。

有些调庄移民不能取得土地承包权证的原因，在于各地政策之间的冲突。如格尔木市规定，要在当地落户、取得户口，必须要有土地承包经营权证书和宅基地，而在办理土地承包权证时，则要求必须要有当地户口。这种政策上的冲突，构成自行调庄移民获取户口或土地承包权证无法逾越的障碍。通过农村土地承包经营权证换发、补发工作和农村土地突出问题的专项治理，发现和解决了一大批问题，并促使有关地方性法规进行修改完善。

4. 土地承包经营权流转纠纷

我们发现，在土地承包纠纷中有10%与土地流转相关。一些长期在外打工的农民，将承包地私下让别人耕种，没有履行规范的流转手续。土地二轮延包时，村上由于无法与外出人员联系，加之未进行认真甄别，有的就将流转的土地登记在转入方名下。但后来发放退耕还林补贴或发生土地征占用进行土地收益分配时，问题就暴露出来，转入方和转出方、转出方和村委会之间的纠纷便发生了。

青海土地流转尚处于初始阶段，不仅面积少，而且土地流转效益低。全省的土地流转总体数量约有12万亩，占耕地面积的2%。土地流转90%发生在农户之间，也有一些私企老板参与其中。如循化、化隆两县土地流转较多，这两县的回族和撒拉族人较多，有13万多人外出，到全国各地经营拉面生意，深圳、广州尤多，甚至在香港也有。有的企业、老板转入土地多达数千亩，期限长达一二十年，流转的土地主要进行农业种植，如种花椒、核桃、辣椒等。农户之间土地流转期一般为三五年，大部分是口头协议，也有书面的，企业流转相对比较规范。

5. 草山、草地承包经营纠纷

《中华人民共和国农村土地承包经营纠纷调解仲裁法》第50条规定："本法所称农村土地，是指农民集体所有和国家所有依法由农民集体使用的耕地、林地、草地，以及其他依法用于农业的土地。"因此，草地承包经营纠纷也是农村土地承包经营纠纷的重要组成部分。据了解，青海省拥有草原面积5.47亿亩，占国土面积的50.7%，其中可利用草地面积4.74亿亩，居全国第四位，是我国五大牧区之一。

草场是牧业生计方式的基本生产资料，关系到牧民的基本生活和经济利益，草山（地）面积非常广阔，动辄就是几千亩几万亩。然而草山界址传统划分很不严格，误差往往有几百、几千亩的。因而部落之间、牧民之间的草场纠纷也是民间纠纷最多、最繁杂的一种，而且往往有着一定的历史根源。草山界址纠纷主要发生在县、乡、村之间，并时常有械斗发生。由于在乡、村、户的草山（地）上都拉上了网围栏，使草山（地）权属纠纷大大减少，但仍有人私自挪移界桩或网围栏侵占他人草地而引发纠纷。

草山、草场纠纷包括权属纠纷、侵权纠纷和家庭草场使用权分割纠纷。这类纠纷属于青海藏牧区的传统纠纷，我们在青海省黄南藏族自治州调研发现，这类纠纷仍然大量存在。由于这类纠纷往往和部落、民族、宗教问题交织在一起，所以极易引发群体性冲突，处理难度非常之大，纠纷的最终解决通常需要活佛等宗教人士的介入。如泽库县宁秀乡农业综合服务一站与泽库县宁秀乡赛日龙村民委员会等土地承包合同纠纷一案，在经历了一审、二审和再审，法院做出终审判决后，当事人还是拒不执行。之后在活佛的调解下，当事人之间又重新达成协议，纠纷方才得以解决。还有一些离异妇女在回到娘家后，要求分割男方家中的承包草场。由于牧民群众部落意识严重，不愿将本部落草场划分于其他部落，因为草场面积的减少意味着势力范围的减弱，所以分割往往受到部落长者们的阻挠。加之草场分割后，女方若为男方家以外的部落成员，即使在自己草场放牧，也会受到男方部落成员的干扰，无法正常经营，从而引发纠纷。①

6. 承包草地虫草挖采纠纷

在甘南的许多地方都有名贵药材，当地农民采挖药材是一项重要的收入，冬虫夏草的采挖尤为重要。这些年虫草的价格被炒得难以想象，一斤上等虫草的价高达 20 多万元，一般六七百根一斤的虫草少有，千把根一斤的虫草就属上等，次些的 1500 根左右一斤。采挖虫草的季节在每年的 4 月份，为期就一个月。采挖虫草发财的人有的是，他们虽身居深山，却有豪宅名车。

草山归集体所有，在实行家庭承包经营之前，本集体的成员都可采挖。2000 年后，草山承包经营权落实到户，并发放了权证，问题随之而来，拥有承包经营权的农牧户拒绝他人在自己的承包草山上采挖虫草。这些农牧户自己并不在承包的草山上采挖虫草，他们忌讳这样做，据说如果自己挖的话，以后就不长虫草了。因此，他们许可别人采挖，自己收取"草皮费"，每亩收取几千元到 1 万元不等，一年可收几十万元，甚至成百万元（有的年"草皮费"收入达 180 万元）。村里的人却要求无偿采挖，承包方称自己拥有承包经营权，别人未经其同意，无权采挖，否则就是侵权，这类纠纷甚多。泽库县的"德拉案"就极具代表性。

---

① 青海省黄南州中级人民法院民一庭才让·南杰法官访谈笔录。

7. 库区建设引发的土地纠纷

青海水资源极其丰富，水力发电成为重要产业。青海境内大型水库有8个，据说龙羊峡以上还要建6个。在黄南州辖区内就有著名的李家峡水库，此外还有大大小小31座水库。库区建设必然要征占许多农田，蓄水又要淹没一些农田，因此引发了大量的纠纷。典型的土地纠纷：一是征地补偿标准问题，由于执行的法律不一致，而法律之间存在"打架"问题，致使纠纷发生。据支尖扎县支黄办负责人介绍，在库区建设用地上分别有两个部门执行两部法律，但执行结果使农民利益差异很大。水库建设用地（施工区），征地适用《移民安置条例》，有专门公司造田与农民置换，另外再发放一些移民安置费，农民实际得到的补偿很少。库水淹没的土地征收由国土部门负责，补偿费包括土地补偿费，青苗、附着物补偿费，生活补助费（农田造出之前），实行土地征收前三年平均产值的13倍补偿，补偿费直接给付移民户。国土部门实行的征地补偿标准为2000多元/亩，而支黄办则为800多元/亩。同样征占一个村的土地，补偿标准不一，结果相差甚远，农民为此上访不断，然而两部门却都言之有据，有法可依。二是移民安置问题，主要是移民户与非移民户之间的纠纷。库区会淹没村落和土地，所以要确定需要迁移的农户，这项工作很棘手，起初农民都不愿迁移，然而，迁移户所获得的令人垂涎的利益则引发了迁移户与非迁移户之间的矛盾。迁移户被征收的土地不予补偿，水库业主实行占一补一，给迁移户垦田补地，划分宅基地，那些征而未淹的土地，他们依然可以耕种，房屋仍然在使用。他们可谓一个萝卜几头削，好处得尽。如此情形，非迁移户无论如何也接受不了，尽管他们都曾不愿迁移，但他们现在却强烈要求迁移户从村庄里彻底消失，留下土地和房屋。于是双方势不两立，非迁移户逐级上访，甚至围堵省府。"尖扎县马克唐镇麦什扎村22户搬迁户与86户非搬迁户纠纷案"就甚为典型。三是土地补偿费分配问题。这有两种情况：一种是分配给被征地农户的补偿费，在农户内部分割时发生的纠纷，如不给出嫁女或外出打工者。另一种是补偿给集体的部分，分配时对出嫁女利益的侵害。

（三）大通回族土族自治县农村土地承包纠纷仲裁

大通回族土族自治县地处青海省东部，总面积3090平方公里，耕地面积69.65万亩。辖9镇11乡，289个村委会、20个社区居委会，总人口 44.96 万。农业人口 35.4 万，占总人口的 79.2%。有汉、回、土、藏、蒙古等 24 个民族，少数民族人口 21.9 万人，占总人口的48.7%。境内有工业企业 192 户，其中，规模以上企业 42 户（中央及省属驻县企业 21 户）。

1. 大通县农村土地承包合同纠纷仲裁概况

1997 年西宁市大通县就是青海省的农村土地承包仲裁试点县。2005 年县政府出台《大通回族土族自治县农村土地承包纠纷仲裁暂行办法》（大政办〔2005〕93 号），同年 10 月 1 日起施行。经青海省农牧厅申请，2006 年大通县被农业部列为全国农村土地承包仲裁试点县。（《农业部关于青海省大通县开展农村土地承包仲裁试点的批复》农经发〔2006〕4 号）这是农业部在青海省唯一的农村土地承包仲裁试点县，但农业部和省财政都没有划拨专项经费。

大通县农村土地承包纠纷仲裁委员会设在县农经站。农经站属事业单位，有职工 40 多人（形象栏上的照片有 39 人）。在我们所访问过的县一级农经站中，人数多则十几人，少则二三人，但这里的人数却非常之多，问及原因，总站和县站的人都说，编制就这么多。站长张有清，土族，四十来岁，大高个，平头，浓眉大眼，操一口本地土话，非常难懂，要不是总站的侯永学科长翻译，那是根本无法交流的。据说这位站长上下左右的关系处理得很好，又能从县上及上级部门要来钱，所以站上的工作也就上去了。

农村土地承包仲裁工作可以得到乡镇和县政府的大力支持，因为农村土地承包仲裁既可以解决纠纷，又可以减少涉及土地问题的上访，为政府分忧解难，有利于农村社会稳定。据张有清站长介绍，大通县虽是回族土族自治县，县内有回、汉、土、藏、蒙古等 24 个民族，少数民族人口占到总人口的 48.7%，但这里的民族色彩并不浓厚，基本汉化，民族宗教也没有严格的区别。活佛、阿訇等宗教上层人士，一般都不介入纠纷处理。

农村土地承包仲裁委员会的仲裁员，一般由农经站具有农经师资格的工作人员担任。农经师担任仲裁员必须取得仲裁员资格，通常须经过省农牧厅培训，考试合格后颁发仲裁员资格证书。农经站有 18 人具有仲裁员资格，其中 17 人具有大专文化，但没有一个是法律专业出身的。

担任农村土地承包仲裁员，不仅要懂法，还要熟悉农村土地承包政策，更要熟悉农村情况。一般的仲裁案件就由农经站的仲裁员办理，复杂一点的案件就要聘请司法人员、信访部门的工作人员参加仲裁，外聘仲裁员不给报酬。办理一起农村土地承包纠纷仲裁案件，一般需要300—400元，主要是仲裁员下乡调查取证发生的差旅费用。当事人申请仲裁是完全免费的，不收取任何费用。办理农村土地承包仲裁案，一般实行"谁主张，谁举证"。但大部分农民不懂得举证，也难以举证，很少有书面证据，所以办案人员就不得不下乡调查取证，需要到村上和乡镇政府调查取证，调取有关农村土地承包的原始资料，如承包合同等。

大通县是个农业大县，加之县域内有许多厂矿，征占地情况比较突出，所以土地承包纠纷或因征占地引发的与土地承包相关的纠纷也就比较多。县法院一般不受理农村土地承包纠纷案件，基本都推到农经站进行仲裁。虽然法律规定农村土地承包纠纷的解决实行"双轨制"，或裁或审，但实际上一般都是先仲裁。法院之所以不愿受理农村土地承包纠纷案件，而将之推往仲裁机构，主要原因是这类案件标的小、处理难、周期长、年底难结案，影响法官考评。有些纠纷如果径直依法裁判，不仅执行不了，还会带来一系列问题，让法院处于非常尴尬的境地。比如村级组织侵犯"出嫁女"土地承包经营权纠纷，以及土地收益分配纠纷之类的案件。另外，许多农村土地承包纠纷，村上无法解决，或者因村组集体本身就是纠纷的一方当事人，或出于村组干部不愿得罪人。当事人对乡镇政府的调解也不是很看重，调解协议极易反悔，往往执行不了。

张站长讲道："仲裁过程中，最难解决的就是出嫁女问题，处理此类问题，除政策法律外，再无其他途径。解决这类问题，我们的经验是：关键要做好村干部的工作，村干部的思想通了就好办。村干部往往借口群众不答应（村民大会形成决议，有2/3村民不同意给出嫁女承包地或参与土地收益分配），而拒绝给出嫁女承包地或参与土地收益分配。只要村干部的思想通了，他们有的是做村民工作的办法。我们下去做村干部的工作，往往是打电话不接，找人不见。乡镇政府还是很配合我们的。"

2. 大通县农村土地承包纠纷仲裁案件统计分析

根据大通县农经站提供的25份农村土地承包纠纷仲裁案卷材料，

我们进行了初步的统计分析。尽管案卷材料不够系统和完整，但从中还是可以观察到大通县农村土地承包纠纷仲裁的一些特点。

（1）农村土地承包纠纷仲裁案件呈下降趋势。从收集到的仲裁案卷材料看，仲裁案件数量年度分布为：2001年1份，2002年7份，2003年2份，2004年2份，2005年3份，2006年2份，2007年5份，2008年3份，总计25份。结合大通县农村土地承包纠纷仲裁案件统计数据，可以看出农村土地承包纠纷仲裁案件呈下降趋势。

（2）纠纷主要发生在村民之间和村民与村组集体之间。从仲裁当事人基本情况来看：纠纷主体主要涉及村民、村民小组、村委会、镇政府四个方面。发生在村民和村民之间的纠纷有13起，占总数的52%；其中单个村民与单个村民之间的纠纷有7起，单个村民与部分村民之间的纠纷有3起，部分村民与部分村民之间的纠纷有3起。发生在村民和村民小组之间的纠纷有3起，占总数的12%；其中1起是部分村民与村民小组之间的纠纷，2起是单个村民与村民小组之间的纠纷。发生在村民和村委会之间的有8起，占总数的32%；其中村委会对村民提起申诉的有2起，村民对村委会提起申诉的有6起。发生在镇政府和村委会之间的有1起。数据显示，农村土地承包纠纷主要发生在村民与村民之间和村民与村组集体之间；纠纷发生在单个农民之间的较多，但也有多个农民之间，甚至整村农户与村组集体之间的纠纷，如案卷材料中有多起因村民对村委会土地调整方案不满而与村委会发生纠纷，全体村民申请仲裁。

（3）纠纷类型以常见和多发的土地承包纠纷为主。申请仲裁的纠纷类型主要集中在土地承包经营权侵权纠纷、土地调整方案纠纷、土地承包合同纠纷、土地流转纠纷、土地承包经营权权属纠纷等几个方面。其中：土地调整方案纠纷7起，占总数的28%；其中有3起是因厂矿征地引发调整承包地，2起因私自将合同制工人的承包地调出引起，1起因土地入股引起，1起因土地租赁引起。侵害妇女土地承包经营权纠纷有5起，占总数的20%；其中有4起是关于离婚妇女及其子女承包地纠纷，1起是关于出嫁女及其子女承包地纠纷。土地承包合同纠纷有3起，占总数的12%；其中1起为私下转包并卖房、离村9年后要求承包地纠纷，还有因土地互换合同而发生的纠纷。土地流转纠纷有2起，占总数的8%，因在村庄内部兑换土地引起。土地承包经营权确权纠纷8

起，占总数的 32%；其中 1 起是关于土地股金红利纠纷，2 起是因征地引起的纠纷，1 起是关于乱占集体土地引起的纠纷，1 起关于土地是否属于机动地引起的纠纷，3 起因非法侵占承包地引起的纠纷。根据纠纷数量的多少，其顺序依次为：土地承包经营权确权纠纷，土地调整纠纷，侵害妇女土地承包经营权纠纷。这也是实践中最常见和多发的农村土地承包纠纷。

（4）土地承包纠纷仲裁申请人资格。总计 25 起案件中，有 16 起由村民、村委会、镇政府作为申请人直接向仲裁委员会提出仲裁申请，占总数的 64%；有 2 起由镇农业承包合同管理委员会向仲裁委员会提出仲裁申请，占总数的 8%；有 5 起由镇政府申请给予批示，占总数的 20%；有 1 起由申诉人和镇政府同时提出仲裁申请，占总数的 4%；还有 1 起由信访部门转至仲裁委员会，占总数的 4%。根据《大通回族土族自治县农村土地承包纠纷仲裁暂行办法》（大政办〔2005〕93 号）第 19 条的规定，"农村土地承包合同的发包方、承包方和农村土地承包经营权流转合同的转出方、转入方，是土地承包纠纷仲裁案件的当事人"，显然，镇政府、镇政府职能部门以及信访部门是不能作为农村土地承包纠纷仲裁的当事人的。实践中乡镇政府、信访部门在调解或协调农村土地承包纠纷无效时，可以建议纠纷当事人申请仲裁，但不能越俎代庖。

（5）纠纷解决方式裁决多于调解。在这 25 起案件中，裁决 21 起，占总数的 84%，调解结案的 3 起，仅占总数的 12%，裁定驳回 1 起，占总数的 4%。仲裁委员会审理农村土地承包纠纷过程中，一般都遵循先调解后裁决的原则。进入仲裁程序的农村土地承包纠纷，还是以调解为主，调解无效时才裁决。但有些纠纷几乎不可能调解解决，如出嫁女土地收益分配纠纷基本都是裁决处理。总体来看，纠纷解决方式中裁决多于调解。① 之所以裁的比调的多，是因为这类纠纷涉及的利益比较大，对立情绪大，双方当事人很难坐下来商谈，往往都是寸步不让。他们愿意将纠纷交给仲裁庭裁决。裁过的案子，一般都能执行。没有申请强制执行的，也无再向法院起诉的。

① 农经站提供的数据显示，2005 年至 2007 年共受理农村土地承包纠纷 43 起，只调解了 12 起，其他都是通过裁决解决的。

（6）纠纷解决过程比较复杂。通过研究仲裁案卷材料可以发现，几乎所有案件在进入仲裁程序之前都经历了比较复杂而艰难的处理过程，表现为多主体、多层级、多方式的纠纷解决过程，包括村委会调解、乡镇政府调解、乡镇政府行政处理、信访部门协调等。这些不同层级的部门或单独或联合协调解决纠纷。如大通县桥头镇后庄村第一自然村部分村民与该村另一部分村民因承包地调整发生的纠纷，就经历了村委会调解—镇政府调解—镇合同管理委员会调解—县农村土地承包纠纷仲裁委员会调解—县农村土地承包纠纷仲裁委员会仲裁的复杂过程。仲裁之前的多次调解，都未能达成协议。（大农仲审字〔2002〕第 3 号）再如大通县桥头镇贺家寨村一村村民唐有财与四村村民薛国海、一村村民唐有元 1 亩承包地兑换纠纷一案。申请人唐有财起初曾向人民法院起诉，法院以本案不属于人民法院管辖为由，裁定驳回起诉，转交县国土资源局；国土局又转交桥头镇人民政府；镇政府做出争议地块承包经营权的处理决定（大桥政〔2003〕189 号）；申请人不服，又向县人民政府申请复议；复议认为镇政府的处理决定认定事实不清，程序不符合有关规定，适用法律不当；随后，桥头镇人民政府撤销了 189 号处理决定；申请人唐有财又向县农村土地承包纠纷仲裁委员会申请仲裁，仲裁委员会经调解无效，遂进行了裁决（大农仲审字〔2003〕第 1 号）。

（7）农村土地承包纠纷仲裁法律服务匮乏。在所有的案卷材料包括调解书、裁决书中，都没有发现有关法律工作者或律师代理仲裁的记载和反映。这与其他地方法律工作者或律师代理仲裁，为仲裁当事人提供法律服务形成一个较大的反差。

小　结

一　农村土地承包纠纷仍然是影响农村社会稳定的重要因素

在目前法学界，许多人做出农村土地承包纠纷已越来越少的判断，这完全是从司法中心主义立场观察而言，或是从诉讼的角度片面地看问题所致。诚然，农村土地承包经营经过了近 30 年的发展历程，经历了第一轮承包，第二轮延包，农村土地突出问题专项治理，土地承包经营合同、权证规范管理以及一系列相关政策、法律法规的出台实施，随着化解矛盾纠纷力度的加大，农村土地承包纠纷从整体上呈下降趋势，特别是进入司法程序解决的农村土地承包纠纷明显减少。但如果我们从以上西部省份的实际情况出发，站在农经工作者的角度来看问题，就会得出截然不同的结论。作为农村土地纠纷重要组成部分的农村土地承包纠纷，无论在数量上还是影响面上都是不容忽视的。农村土地承包纠纷通常会因国家土地政策法律的变化、城市化进程的发展、农业现代化的推进、土地征收征用、矿藏资源开发等外部因素的刺激而集中爆发，总体上呈起伏状发展变化。一些土地承包纠纷始终未得到根本性的解决，特别是侵犯妇女儿童土地承包经营权问题、农村土地承包经营权流转问题、土地收益分配纠纷问题尤其值得重视。除常见多发的土地承包纠纷外，还有区域性的、与当地政治经济发展、历史文化传统密切相关的土地承包纠纷应得到特别关注。有些农村土地承包纠纷因涉及众多农民的利益，处理不好同样会诱发群体性事件。西部有些农村土地承包纠纷往往与民族宗教问题纠缠在一起，需要慎重对待。解决好这些问题是保护农民享有长久而稳定的土地承包经营权的基本保证，也是确保农村社会稳定的重要基础。

二　农村土地承包纠纷仲裁是一种重要的纠纷解决机制

农村土地承包纠纷仲裁不仅是纠纷解决机制理论和制度完善的必然，更为重要的是这种纠纷解决机制具有强烈的现实需求和重要的实践价值以及旺盛的生命力。农村土地承包纠纷往往表现为分散的、零星的、阶段性的纠纷，而且一般标的小、当事人举证不规范、调查取证工作量大，又主要发生在家庭内部成员之间或低头不见抬头见的"熟人社会"，处理起来既具有很强的政策性，又有不得不考虑的"地方性"。农村土地承包纠纷的这些特点，决定了司法解决的"不经济性"和人民调解解决的"缺乏权威性"，所以进入司法程序的农村土地承包纠纷明显减少。除当事人的选择因素外，法院在主观上也不愿受理此类纠纷而将之推向农村土地承包纠纷仲裁。运用仲裁方式解决农村土地承包纠纷，具有许多的优势和特点，如便捷性、民主性、务实性、经济性和平民化。对此，我们在大量的仲裁案件实证研究中得到印证。如针对纠纷当事人主要是农民的特点，仲裁机构没有机械地实行"谁主张，谁举证"的举证规则，而往往是由仲裁人员亲临纠纷现场进行实地勘察或调查取证；仲裁人员邀请纠纷所在地的村干部、村民见证现场勘察取证等过程，吸收当地村干部和村民的参与，彰显了纠纷解决公开、透明、民主的特点；仲裁人员现场办案甚至将实地勘察和解决问题合二为一，实地勘察中在村干部和村民的见证下进行栽桩定界，在调查取证的过程中纠纷就已基本得到解决；案件仲裁以解决纠纷为目标，不囿于自身的方式和资源，往往与村组、乡镇联合调解，以期化解矛盾纠纷，取得了良好的效果；处理纠纷不拘泥于当事人的诉请，根据农村、农民的实际，"一揽子"从根本上解决问题，力求案结事了，不留后遗症；处理纠纷灵活变通，以能够实际执行为目标，力求"当场兑现"，将权利义务落到实处，不打法律"白条"；农村土地承包纠纷仲裁人员多为农村土地承包管理工作人员，他们既系统掌握农村土地承包政策、法律，又熟悉辖区内农村土地承包实际情况和生产生活习惯等，其所进行的调解或做出的裁定一般都比较客观可行，易于被当事人接受，是一种非常平民化的纠纷解决方式。

三 农村土地承包纠纷仲裁存在的主要问题

农村土地承包纠纷仲裁固然具有许多的优势和特点，但在实践中也暴露出一些问题，应当引起重视，并逐步得以解决。主要表现在以下几个方面：

（一）农村土地承包纠纷仲裁过度"司法化"的问题

农村土地承包纠纷仲裁与司法比较而言具有不可替代的优势和特点，其虽然带有"准司法"的色彩，但毕竟不同于司法，没有为人们所诟病的司法固有的一些不足和弊端。因此，无论是农村土地承包纠纷仲裁制度设计还是实践操作，都应更符合现阶段我国广大农村、农民的实际，以彰显农村土地承包纠纷仲裁简便、快捷、经济的特点，切不可追求形式完美，而成为"第二人民法院"。仲裁机构应防止过度"司法化"的倾向。调研中，我们看到农村土地承包纠纷仲裁有过多的"司法"影子，特别是办案程序，基本都是照搬司法办案的做法。一些农经部门的官员对此亦深表忧虑，主张不要一味地举证质证坐堂审案，而应多学学"法官携卷下乡办案"。

(二) 农村土地承包纠纷仲裁运行问题

客观地讲，农村土地承包纠纷仲裁工作刚刚起步，地方政府的重视度、农民对其的了解度还远远不够。农村土地承包纠纷仲裁工作的开展很不平衡，原来纳入农业部试点县的仲裁机构有些已步入规范运作阶段，但有些并未实际开展工作。总体来讲，农村土地承包纠纷仲裁工作尚未全面推开。许多地方尚未建立起仲裁机构或仅仅发了个文挂了个牌，有名无实。大部分仲裁机构处于专业人才缺乏，办案经费严重不足，工作开展力度不大，社会影响不够广泛的状况。所以，必须从体制层面上解决问题，而这在很大程度上有赖于决策层对农村土地承包纠纷仲裁的正确认识。

(三) 农村土地承包纠纷仲裁人员素质问题

走近农村土地承包纠纷仲裁机构，会发现反映最强烈的是体制问题、人员素质问题和办案经费问题。农村土地承包纠纷仲裁机构虽然设在农业行政管理部门，但实际是由农业经营管理站承担此项业务。区县一级的农业经营管理站大都为事业单位，实践中，仲裁人员对其执法主体地位的合法性自身都感到有问题。当然我们可以从法律授权执法的角度进行解释，但一个客观事实是，仲裁机构均无专职的仲裁人员，也没有专门的经费支持。几乎所有的仲裁员都不是法律科班出身，只是经过主管部门短期培训后取得仲裁员资格的农经工作人员，充其量具有农经师职称。这些"草班子"仲裁员普遍感到在审理土地承包纠纷案件时法律专业知识不足，特别是遇到比较复杂的案件时难以解决适用法律问题。我们从仲裁案卷材料中发现存在一些法律常识性错误，包括仲裁受案范围、案由认定、法律关系、当事人主体资格等方面的错误。鉴此，应从体制和制度上解决农村土地承包纠纷仲裁的现实困境，如拓宽仲裁员选聘范围，不要拘泥于农经系统；实行专职与兼职相结合；逐步与其他民间仲裁相融合等。

(四) 农村土地承包纠纷仲裁中的法律服务问题

现代社会的法律服务已非常普遍，逐步进入到社会生活的许多领域，成为人们法律生活的重要组成部分。农村土地承包纠纷仲裁更需要法律服务的介入。然而，我们调研发现，除榆中县农村土地承包纠纷仲裁有较多的基层法律工作者或律师受委托代理仲裁外，其他地方绝大部分仲裁案件都没有法律工作者或律师的介入。农村土地承包纠纷仲裁案件的当事人主要是农民，不仅缺乏法律知识和技术，文化水平一般也比较低。西部地区农民的平均文化水平更低，甚至有不少文盲。他们在维权或解决土地承包纠纷时更需要法律帮助。但现实问题是一方面农村基层法律资源严重短缺，另一方面这类纠纷一般标的都比较小，律师不愿代理，当事人因为经济条件所限或考虑成本太大不可能聘请律师或法律工作者代理仲裁。因此，政府应将农村土地承包纠纷仲裁案件纳入法律援助的范围，另外通过制度鼓励、引导、资助基层法律工作者为农村土地承包纠纷仲裁案件当事人提供法律服务。

（五）农村土地承包纠纷仲裁裁决执行问题

农村土地承包纠纷仲裁尽管坚持以调解为主，但实际情况是调解解决主要发生在乡镇层面，真正进入仲裁程序的纠纷裁决结案远远多于调解结案。我们对陕西省的安康市汉滨区、延安市吴起县、甘肃省的兰州市榆中县以及青海省的西宁市大通县四个农业部农村土地承包纠纷仲裁试点区县一定时段调处的农村土地承包纠纷案件进行了统计分析，数据显示：汉滨区、大通县、吴起县、榆中县四区县调处农村土地承包纠纷总量为320起。调解处理206起，占调处总数的64.38%，而其中乡镇调解的就有166起，占调解总数的80.58%。仲裁立案114起，占调处总数的35.63%；其中和解或调解的有19起，占仲裁立案总数的16.67%，仲裁裁决的有85起，占仲裁立案总数的74.56%（见表3—8）。可见，农村土地承包纠纷仲裁是以裁决解决为主的。裁决解决意味着当事人双方之间的分歧与对立并未消除，裁决能否得到实际执行成为关键。农村土地承包纠纷以权属争议和侵权纠纷居多，裁决内容无非是确认土地承包经营权、责令侵权方予以分配或返还承包地，对此，如果义务人不自觉履行义务，其执行标的是无法强制执行的。诚如一些村干部所讲的"你法院总不能拿着尺子来村里分地吧！"鉴此，农村土地承包纠纷仲裁应根据纠纷性质和特点注重实际执行，力求调解解决，切不可一裁了之。另则，确认土地承包经营权权属要与土地承包经营合同管理、权证变更相衔接，使当事人的土地承包经营权得到切实落实和实现。

表3—8　　　　　汉滨区、吴起县、大通县、榆中县
　　　　　农村土地承包纠纷仲裁情况比较　　（单位：件）

项目	安康市汉滨区（2007—2008.8）	西宁市大通县（2001—2008.8）	延安市吴起县（2007—2008）	兰州市榆中县（2006—2008.7）	总量
一、调处总量	186	44	54	36	320
1. 调解	164		36	6	206（64.38%）
其中：乡镇调解	164			2	166（80.58%）
2. 仲裁立案	22	44	18	30	114（35.63%）
其中：①和解或调解		16		3	19（16.67%）
②仲裁裁决	18	26	18	23	85（74.56%）
③审理中	2	2		1	5
④其他	2			3	5
二、仲裁立案中					
1. 涉及出嫁女	2	4		1	7
2. 涉及农民工				2	2

资料来源：根据笔者在四地调研整理统计。

第四章 农村土地纠纷司法解决机制

司法历来被人们视为最公正、最权威的纠纷解决方式。但在社会转型期,利益多元,矛盾凸显,纠纷频发,冲突不断,难解难分的情况下,司法是否还仍然是最有效的纠纷解决方式?是否能够快速、有效地解决各类社会矛盾纠纷,实现社会稳定?现实给出的答案显然是否定的。基于司法资源的有限性和司法自身的特质及局限,其已很难满足社会的实际需求。人们在不断探索和实践新的纠纷解决方式,努力构建多元化的纠纷解决机制。我们今天所要思考和解决的问题是:在社会转型期,司法机关通过审判和调解解决纠纷将面临什么样的新问题?司法在多元化纠纷解决机制中处于什么样的地位?如何处理司法与其他纠纷解决机制之间的关系,实现司法效益最大化?同时我们更加关注的是,当前司法在化解农村土地矛盾和纠纷中的地位和作用、优势和特点、局限与不足、问题与出路。

第一节 进入司法程序的农村土地纠纷

一 进入司法程序的农村土地纠纷类型

传统的农村土地纠纷案件类型主要有:土地权属纠纷、宅基地纠纷和相邻关系纠纷。我国农村土地实行家庭承包经营后,农村土地承包纠纷成为最主要的农村土地纠纷案件类型。随着工业化和城市化的迅速推进,土地征收、征用的范围、数量和规模越来越大,征地纠纷风起云涌,成为社会高度关注的热点问题,也成为人民法院审理的一类重要农村土地纠纷。

　　最高人民法院《关于为构建社会主义和谐社会提供司法保障的若干意见》要求"妥善审理涉农案件，维护农村社会和谐。加强涉农案件的立案、审判和执行工作，进一步方便农民群众诉讼；依法审理各类农村土地承包纠纷案件，维护农民的各项土地承包经营权益；依法审理乱收费、乱摊派、土地征收、安置补偿等涉农行政案件，保护农民群众的合法权益"。

　　最高人民法院《关于为推进农村改革发展提供司法保障和法律服务的若干意见》中，更为系统地阐释了人民法院审理农村土地纠纷的类型和原则。如：加大农村土地承包纠纷案件的审判力度；维护土地承包经营权各项权能，保障农民对承包土地的各项法定权利；切实保护和规范土地承包经营权流转，促进流转市场的建立健全；依法保障农户宅基地用益物权，促进宅基地制度的严格管理与完善；依法妥善处理农村集体土地征用案件，切实保障被征地农民的合法权益；妥善处理好征地补偿费用分配等纠纷；妥善处理好与集体经营性建设用地相关的案件，促进城乡统一的建设用地市场的形成。最高人民法院《关于进一步做好2009 年人民法庭工作的通知》（法〔2009〕94 号）指出，要"妥善处理农村土地承包纠纷案件，维护农民依法享有的土地承包经营权各项权能"。"审慎处理农村集体土地征收、土地补偿费用分配等纠纷案件，及时化解可能激化的矛盾。"

　　由上我们可以看出，涉农土地纠纷案件包括民事案件和行政案件两大类。

　　（一）涉农土地纠纷民事案件

　　《中华人民共和国农村土地承包经营法》第 51 条规定：因土地承包经营发生纠纷的，双方当事人可以通过协商解决，也可以请求村民委员会、乡（镇）人民政府等调解解决。当事人不愿协商、调解或者协商、调解不成的，可以向农村土地承包仲裁机构申请仲裁，也可以直接向人民法院起诉。第 52 条规定：当事人对农村土地承包仲裁机构的仲裁裁决不服的，可以在收到裁决书之日起 30 日内向人民法院起诉。逾期不起诉的，裁决书即发生法律效力。

　　《中华人民共和国农村土地承包经营纠纷调解仲裁法》第 2 条规定：农村土地承包经营纠纷包括：（1）因订立、履行、变更、解除和终止农村土地承包合同发生的纠纷；（2）因农村土地承包经营权转包、出租、互换、转让、入股等流转发生的纠纷；（3）因收回、调整承包地发生的纠纷；（4）因确认农村土地承包经营权发生的纠纷；（5）因侵害农村土地承包经营权发生的纠纷；（6）法律、法规规定的其他农村土地承包经营纠纷。因征收集体所有的土地及其补偿发生的纠纷，不属于农村土地承包仲裁委员会的受理范围，可以通过行政复议或者诉讼等方式解决。

最高人民法院《关于审理涉及农村土地承包纠纷案件适用法律问题的解释》第1条规定：下列涉及农村土地承包民事纠纷，人民法院应当依法受理：（1）承包合同纠纷；（2）承包经营权侵权纠纷；（3）承包经营权流转纠纷；（4）承包地征收补偿费用分配纠纷；（5）承包经营权继承纠纷。集体经济组织成员因未实际取得土地承包经营权提起民事诉讼的，人民法院应当告知其向有关行政主管部门申请解决。集体经济组织成员就用于分配的土地补偿费数额提起民事诉讼的，人民法院不予受理。

《民事案件案由规定》中有关农村土地纠纷的类型主要有：相邻关系纠纷：包括：（1）相邻用水、排水纠纷，（2）相邻通行纠纷，（3）相邻土地、建筑物利用关系纠纷。土地承包经营权纠纷：包括：（1）土地承包经营权确认纠纷，（2）承包地征收补偿费用分配纠纷，（3）土地承包经营权继承纠纷；宅基地使用权纠纷。农村土地承包合同纠纷：包括：（1）土地承包经营权转包合同纠纷，（2）土地承包经营权转让合同纠纷，（3）土地承包经营权互换合同纠纷，（4）土地承包经营权入股合同纠纷，（5）土地承包经营权抵押合同纠纷，（6）土地承包经营权出租合同纠纷。

（二）涉农土地纠纷行政案件

涉农土地纠纷行政案件主要包括土地权属争议和征地补偿安置争议。

《中华人民共和国土地管理法》第16条规定："土地所有权和使用权争议，由当事人协商解决；协商不成的，由人民政府处理。单位之间的争议，由县级以上人民政府处理；个人之间、个人与单位之间的争议，由乡级人民政府或者县级以上人民政府处理。当事人对有关人民政府的处理决定不服的，可以自接到处理决定通知之日起30日内，向人民法院起诉。"

《土地权属争议调查处理办法》规定："土地权属争议，是指土地所有权或者使用权归属争议。""县级以上国土资源行政主管部门负责土地权属争议案件（以下简称争议案件）的调查和调解工作；对需要依法作出处理决定的，拟定处理意见，报同级人民政府作出处理决定。县级以上国土资源行政主管部门可以指定专门机构或者人员负责办理争议案件有关事宜。个人之间、个人与单位之间、单位与单位之间发生的争议案件，由争议土地所在地的县级国土资源行政主管部门调查处理。""个人之间、个人与单位之间发生的争议案件，可以根据当事人的申请，由乡级人民政府受理和处理。""当事人发生土地权属争议，经协商不能解决的，可以依法向县级以上人民政府或者乡级人民政府提出处理申请，也可以依照本办法第五、六、七、八条的规定，向有关的国土资源行政主管部门提出调查处理申请。""当事人对人民政府作出的处理决定不服的，可以依法申请行政复议或者提起行政诉讼。"

《中华人民共和国土地管理法实施条例》第 25 条规定："市、县人民政府土地行政主管部门根据经批准的征收土地方案，会同有关部门拟订征地补偿、安置方案，在被征收土地所在地的乡（镇）、村予以公告，听取被征收土地的农村集体经济组织和农民的意见。征地补偿、安置方案报市、县人民政府批准后，由市、县人民政府土地行政主管部门组织实施。对补偿标准有争议的，由县级以上地方人民政府协调；协调不成的，由批准征收土地的人民政府裁决。"这一规定确立了征地补偿安置争议协调裁决制度。协调裁决的范围主要针对被征地农民与实施征地的市、县政府在补偿安置方面的争议，不对经依法批准的征地合法性进行审查，不代替行政复议和诉讼。协调裁决的范围主要有：对市、县人民政府批准的征地补偿安置方案有异议的；对适用征地补偿安置方案涉及的对被征土地地类、人均耕地面积、被征土地前三年平均年产值的认定有异议的；实行区片综合地价计算征地补偿费的地区，对区片综合地价的适用标准和计算有异议的。国土资源部《关于加快推进征地补偿安置争议协调裁决制度的通知》（国土资发〔2006〕133 号）要求在全国推行征地补偿安置争议协调裁决制度，确保在 2006 年年底前，征地补偿安置争议协调裁决制度在全国省级国土资源管理部门全面到位。许多地方出台了《征地补偿安置争议协调裁决办法》。

《中华人民共和国农村土地承包经营纠纷调解仲裁法》规定：因征

收集体所有的土地及其补偿发生的纠纷，不属于农村土地承包仲裁委员会的受理范围，可以通过行政复议或者诉讼等方式解决。

可见，土地权属争议和征地补偿安置争议主要是通过当事人协商、行政调解、行政决定、行政裁决、行政复议等非诉讼方式解决，但当事人对人民政府做出的处理决定不服时，可以依法提起行政诉讼，从而使土地权属争议和征地补偿安置争议进入司法解决程序。

二 进入司法程序的农村土地纠纷数量比重

进入司法程序的农村土地纠纷究竟有多少？其在人民法院所审理的各类民事案件中占有多大比重？对此我们虽然缺乏直接的统计数据，但我们可以从近年来《最高人民法院工作报告》中所显示的一些数据做一大概的估算。从 2009 年始，《最高人民法院工作报告》对审结的涉农民事案件有专门统计，而涉农案件主要为土地纠纷。

2008 年，全国各级法院共审结土地承包经营权、农产品和农业生产资料供给等涉农案件 232615 件，标的额 45.28 亿元，同比分别上升 35.81% 和 29.04%。

2009 年，审结涉农案件 23.2 万件，与 2008 年基本持平。

2010 年，依法妥善审理拖欠农民工工资、农村土地承包经营、非法占用耕地等案件，积极参与农资打假专项治理活动，切实维护农民合法权益，审结涉"三农"案件 238913 件，同比上升 3.02%。①

2010 年 10 月 27 日召开的十一届全国人大常委会第十七次会议第二次全体会议上，最高人民法院院长王胜俊在《关于人民法院民事审判工作情况的报告》中说，随着我国改革开放和经济社会的快速发展，当前民事审判工作呈现涉及范围广、案件数量大、增长速度快、新型案件多、审理难度大等新特点。2008 年至 2010 年上半年，全国法院共审结各类民事案件 1493.95 万件，占人民法院全部诉讼案件的 85.77%，结案标的额 20528.51 亿元；全国法院年均审结各类民事案件 597.58 万件，比前五年年均结案数增长了 22.82%。2008 年至 2010 年上半年，各级法院共审结涉及土地承包经营权流转、土地征收征用、农民外出务工、返乡创业以及汽车、家电、农机具下乡等涉农民事案件 54.27

---

① 这些数据分别来自 2009 年至 2011 年的《最高人民法院工作报告》。

万件。

2011 年共审结一审民事案件 488.7 万件，同比上升 10%。其中，审结婚姻家庭、损害赔偿、房屋买卖、医疗纠纷、劳动争议、土地承包、消费者权益保护等与群众利益密切相关的案件 313.9 万件。

根据以上相关数据推算，涉农民事案件约占法院年均审结各类民事案件的 26%左右，而其中主要为农村土地纠纷案件。所以，农村土地纠纷案件在人民法院审理的民事案件中占有较大的比重，司法仍是一种重要的农村土地纠纷解决方式。我国现有 2000 多个县（区），每个县（区）都设有人民法院，也就是基层人民法院。全国需要实行直接立案的人民法庭为 6941 个，现在已经有 6520 个人民法庭实行了直接立案，占总数的 93.93%。我国的人民法庭，95%在农村。① 如果从基层法院和人民法庭审理农村土地纠纷案件的平均值来看，每个基层法院和人民法庭年平均审理农村土地纠纷案件也就是 20 来件。事实上，许多市区内的基层法院已几无农村土地纠纷案件，这类案件主要集中在远郊县区法院和人民法庭。

第二节　农村土地纠纷案件司法实证分析

以上我们是从制度层面和宏观角度考察了司法解决农村土地纠纷的主要类型和数量规模，但它只能反映进入司法程序的农村土地纠纷类型的应然性和法院审理农村土地纠纷案件数量的总体水平，尚不能反映出西部地区农村土地纠纷案件的主要类型和数量规模。下面我们将通过实际调研所获取的实证材料，从微观层面对此进行观察、分析和判断。

根据我们在西部一些省份的调研，发现农村土地纠纷案件的类型变化、区域分布、数量规模、发生频率均具有不平衡性的特点。进入司法程序的农村土地纠纷案件在数量、类型等方面具有明显的时空差异。这种差异的形成与该地区产业结构，工业化、城市化进程，国家涉农政策

---

① 参见《加强监督指导，促进司法和谐，努力推动民事审判工作新发展——最高人民法院审判委员会委员、民事审判第一庭庭长杜万华在成都、汕头召开的民事审判专题座谈会上的讲话》（http://news.9ask.cn/fagui/sfjsk/201002/325417.html）。

法律实施（如农村土地家庭承包经营、加快土地流转、"一免三补"、退耕还林、林权改革、新农村建设、统筹城乡发展等），司法资源供给，甚至国际国内经济形势等情况密切相关。

比如，涉农政策法律层面的影响。1998 年前后，农村家庭承包经营实行二轮延包之后，由于一些地方的土地延包工作"走过场"，致使许多人的土地承包经营权未能很好地落实，发生大量侵犯农民土地承包经营权的行为。"一些地方也出现了土地承包纠纷甚至群体性事件，给农村经济发展和社会稳定带来不利影响。"为此，2004 年 4 月 30 日，国务院办公厅发出的《关于妥善解决当前农村土地承包纠纷的紧急通知》（国办发明电〔2004〕21 号）指出："目前一些地方出现的土地承包纠纷，实际上是没有贯彻落实好党的农村政策、土地承包关系不稳定的反映。"针对各类侵犯农民土地承包经营权的具体情况，提出了"正确把握解决当前农村土地承包纠纷的原则"，并要求"各地政府要加强对解决农村土地承包纠纷的领导，依据有关法律法规和政策，提出解决当前农村土地承包纠纷的具体工作措施"。这期间，各地法院农村土地承包纠纷案件剧增。2008 年 10 月，党的十七届三中全会做出《关于推进农村改革发展若干重大问题的决定》，强调"加强土地承包经营权流转管理和服务，建立健全土地承包经营权流转市场，按照依法自愿有偿原则，允许农民以转包、出租、互换、转让、股份合作等形式流转土地承包经营权，发展多种形式的适度规模经营。有条件的地方可以发展专业大户、家庭农场、农民专业合作社等规模经营主体"。但一些地方误读中央文件精神，一时间，各地加大了土地承包经营权流转的力度，甚至强迫流转，变相圈地，加之土地承包经营权流转不规范，从而引发大量纠纷发生。如四川自贡的荣县是一个农业大县，农村人口占全县人口总数的 73.4%。近年来，随着新型工业化、城镇化快速推进，农村土地承包经营权流转方兴未艾。与此相伴，农村土地流转纠纷和诉讼持续上升，逐步成为影响该地区农村社会稳定的重要因素。荣县法院 2000 年至 2011 年审结农村土地流转纠纷 268 件，其中 2000 年至 2003 年审结 76 件；2004 年至 2007 年审结 90 件；2008 年至 2011 年审结 102 件。农村土地流转纠纷案件总体呈增加趋势，2011 年审结该类案件居历年之首，共审结土地流转纠纷案件 32 件，其中调解 25 件，判决 7 件，涉案标的额 276 万元。在随机抽取的 50 件案件中，转包纠纷 20 件，占

40%；出租纠纷 14 件，占 28%；侵害承包经营权纠纷 10 件，占 20%；转让纠纷 4 件，占 8%；互换纠纷 2 件，占 4%。从纠纷起因看，悔约占 45%，合同内容约定不明占 36%，迟延履行占 15%。从诉求看，要求解除合同占 49%，要求履行合同占 25%，要求赔偿损失占 20%；从纠纷解决途径看，纠纷经农业社协调过的占 12%，经村民委员会协调过的占 43%，经乡镇政府协调过的占 62%；但无一件案件经农村土地承包仲裁机构解决过。①

经济形势的影响，如 2008 年的国际金融危机波及国内经济，许多企业削减用工，导致大量农民工返乡。返乡农民工要求返还土地承包经营权的纠纷随之大量发生，全国法院受理涉农纠纷案件数量大幅上升。最高人民法院于 2009 年 6 月 23 日出台了《关于当前形势下进一步做好涉农民事案件审判工作的指导意见》，要求"对返乡农民工因土地承包经营权流转费用明显偏低或者返乡后流转合同期限尚未届满而引发的纠纷，特别是返乡农民工因此陷于生活困难的案件，要在当地党委领导、政府支持下，加大调解力度，调解不成的，应当根据当事人和案件的具体情况，按照公平原则妥善处理"。

再如城市化进程的影响。在一些大城市郊区，城市化发展起步较早、时间较长、进程较快，开始向都市农业和无粮区发展，因此，一度居高不下的土地收益款分配纠纷案件大幅度下降，土地租赁、违法占用土地等纠纷则逐渐增多；而那些开始加速推进城市化进程的区域，土地征迁纠纷、土地收益分配纠纷案件则剧增。在以山区为主的区域，如陕西北部的延安、榆林和甘肃的许多地区，由于实行退耕还林政策，土地承包纠纷很少，但因资源开发用地，退耕还林补贴等引发的土地权属纠纷比较多，处理难度大，如榆林市榆阳镇三岔湾村农民与政府就 10800 亩土地所有权归属问题发生了激烈的冲突。② 在农业产业比重大、城市化发展相对迟缓的地区，如陕西的渭南、汉中，甘肃的榆中等地传统的土地承包纠纷仍然占较大比重。

---

① 参见吴正、黄刚、杨勇军、郑新炜《农村土地流转中的主要问题及破解思路——对自贡荣县地区农村土地流转纠纷案件的调研》，2012 年 5 月 31 日，四川三农新闻网（http://sannong. newssc. org/system/2012/05/31/013536976-02. shtml）。

② 参见张义学《榆林三岔湾 5000 亩耕地撂荒背后》，《新西部》2004 年第 9 期。

我们在基层法院的调研，包括法官访谈和数据采集，可以反映出农村土地纠纷案件类型、数量的发展趋势。主要表现为，在城市化较快的区域土地承包经营纠纷越来越少，土地收益分配纠纷则相对较多，并逐渐从城郊向远郊推开。而城市化进程缓慢，仍以农业为主的区域土地承包纠纷则较多。以下是法官访谈的部分内容，由此我们可以感受到农村土地纠纷案件的一些状况。

延安宝塔区法院法官："在我们这里，那些土地承包、租赁、转让等纠纷案件很少，大部分是土地收益分配纠纷。比如，采油区征用土地，涉及承包地补偿款问题发生的纠纷，'女子户'土地补偿款分配纠纷。这些土地纠纷都转化为土地收益分配纠纷，很少有直接的土地纠纷。其主要原因是，在这里土地本身不值钱，种地也不赚钱，但土地一旦被征收或征用，有了补偿款时，纠纷就很容易发生。"

"现在农村土地承包纠纷案件不是很多，主要是因为近年来农村土地承包越来越规范了。我们院从 2002 年到 2006 年五年中受理的各类农村承包纠纷案件只有 50 起，年平均也就 10 件。现在真正让法院感到比较头疼和棘手的是土地补偿款分配纠纷。"

"我们这里土地承包合同纠纷很少，可以说几乎没有。"

"从立案情况来看，这类纠纷不多，特别是土地承包、租赁、转让方面的纠纷很少，没几起。"

兰州中院法官："辖区内农村土地承包合同纠纷较少，一是土地二轮承包后，比较规范，土地承包证书的发放权属清楚，较少发生争议；另一方面乡镇人民调解及农村土地承包合同纠纷仲裁工作的开展也解决了一部分纠纷。当前农村土地纠纷案件主要是土地收益分配纠纷。根据高法有关司法解释，结合我市具体情况，2007 年我们在榆中县召开民事审判工作会议，集中讨论农村土地收益分配案件审理问题，向各区县法院征求意见，达成共识，形成《纪要》，所以此类案件我市各个区县法院都统一受理。此类纠纷主要表现为土地补偿款分配纠纷。在我市大部分地区农村土地补偿费都按'主要用于被征地农户'的原则，根据被征地面积发放给农户。甘肃省地方法规规定了土地补偿款分配办法，在集体和农户之间二八开，集体为二，农户得八。"

榆中县法院法官："农村土地纠纷案件主要由民一庭和民二庭（部

分）两个庭负责审理。这类案件的发生和数量往往具有阶段性，如土地二轮承包时，土地征收、征用时，纠纷就会大量发生，平时这类案件较少。近三年来我院受理的农村土地纠纷 30 起，占民事案件数的 3%—4%。农村土地承包纠纷仲裁机构成立后，我们这类案件就少了。案件类型主要是土地补偿费分配纠纷。"

青海黄南州法官："这里的土地纠纷主要表现为草山（地）纠纷，包括草山权属纠纷、草山承包经营权引发的土地纠纷、草山承包经营权分割纠纷、草地虫草挖采纠纷、库区建设征地补偿及补偿费分配纠纷等。"

但并非所有地方的农村土地承包纠纷都很少或几乎没有。

2008 年，我们在陕西省渭南市中级人民法院调研获知：近三年来，全市两级法院共审理农村土地承包合同纠纷案件 788 件，其中 2005 年 248 件，2006 年 285 件，2007 年 254 件（见表 4—1）。三年中，中级人民法院受理此类案件 194 件，其中 2005 年 56 件，2006 年 53 件，2007 年 85 件，2008 年截至 2 月 15 日，已达 60 多件。往年中院民事上诉案件，3 月份 100 多件，2008 年 3 月多达 200 多件。2007 年 4 月 1 日诉讼费用降低后，造成滥诉，法院案件压力很大。该院民一庭的一份材料显示，近年来，审理的农村土地承包合同纠纷案件呈现以下特点：①群体性，涉案人数较多；②矛盾突出，涉及当事人切身利益；③承包经营权证书登记不规范，承包地块四至难确定；④当事人法律意识淡薄，难以引入法律程序；⑤原始证据少，证人证言多，难以采信；⑥因村干部更换引起的土地纠纷案件较多，后任村干部随意撕毁承包合同；⑦当事人对立情绪较大，案件调解难度大；⑧判处或执行不及时，贻误农时，引发新的矛盾纠纷；⑨一个当事人胜诉后，可能引发其他村民对同类纠纷进行起诉；⑩农村民主议事原则实施不规范，易引发纠纷。

渭南临渭区法院民庭刘庭长介绍道："农村土地纠纷案件，特别是土地承包权纠纷近几年有所增加。主要原因是国家惠农政策实施后农民种地免税且有直补，收益多起来了，所以许多外出打工的农民回家种地。但村组往往已将这些人闲置撂荒已久的承包地发包给了他人。现在原承包人主张土地承包权，纠纷就发生了。"

表4—1　　　　　渭南市各级法院农村土地纠纷案件审理情况统计　　（单位：件）

年度		旧存	收案	结案	未结
2005	一审	49	145	183	11
	二审	9	43	52	0
	再审	6	10	13	3
	小计	64	198	248	14
2006	一审	12	240	230	22
	二审	0	54	51	3
	再审	3	3	4	2
	小计	15	297	285	27
2007	一审	22	167	167	22
	二审	3	78	80	1
	再审	2	7	7	2
	小计	27	252	254	25

资料来源：渭南市中级人民法院政策研究室提供（2008年3月19日）。

　　2008年至2010年上半年，西安市两级法院审理的涉及农村妇女诸如"出嫁女"、"招婿女"、"离婚、丧偶女"等的土地权益分配纠纷案件共计267件，全部审结。案件数量整体呈逐年下降趋势，但随着远郊区县的开发，中心城市周边地区的收益分配案件呈现出明显上升趋势。西安市部分区县近年来土地纠纷案件如表4—2至表4—5所示。

表4—2　　　　　陕西省西安市灞桥区人民法院土地
纠纷案件收案统计（2003—2007）　　　（单位：件）

年度	案由	收案数	案由	收案数	小计
2003	征地补偿款纠纷	27	宅基地使用权纠纷	3	86
	土地分配款纠纷	52	土地租赁合同纠纷	1	
	土地承包纠纷	1	青苗费赔偿纠纷	1	
	土地租赁费纠纷	1			

续表

年度	案由	收案数	案由	收案数	小计
2004	土地补偿款纠纷	36	宅基地使用权纠纷	1	119
	土地分配款纠纷	64	土地承包纠纷	5	
	土地使用权侵权	6	土地使用权出让合同	1	
	土地租赁合同纠纷	4	土地转包纠纷	1	
	返还土地租赁款	1			
2005	土地分配款纠纷	137	土地租赁合同纠纷	3	253
	土地使用权纠纷	6	土地补偿款纠纷	100	
	土地承包纠纷	2	征地合同	1	
	土地安置费	1	土地附属物赔偿	2	
	征地款纠纷	1			
2006	土地分配款纠纷	111	土地补偿款纠纷	11	154
	土地承包纠纷	7	土地使用权纠纷	12	
	土地租赁合同纠纷	13			
2007	土地分配款纠纷	61	土地使用权纠纷	11	182
	土地补偿款纠纷	85	土地租赁合同纠纷	13	
	土地承包纠纷	8	土地附属物赔偿	1	
	宅基地侵权纠纷	1	返还土地纠纷	2	
案件合计					794

注："土地分配款纠纷"指土地补偿款以外的其他土地收益分配纠纷。

资料来源：笔者根据灞桥区人民法院立案庭资料整理。

表4—3　　　　　**西安市长安区人民法院农村土地**
纠纷案件统计（2003—2007）　　（单位：件）

年度	案由	收案数	案由	收案数	小计
2003	征地补偿	171	土地权属	2	180
	土地租赁	7			

续表

年度	案由	收案数	案由	收案数	小计
2004	征地补偿	154	土地承包	9	167
	土地租赁	4			
2005	征地补偿	147	土地租赁	3	150
2006	征地补偿	117	土地使用权	2	128
	土地承包	1	土地权属	1	
	土地租赁	6	返还土地经营	1	
2007	征地补偿	74	返还耕地	15	97
	土地租赁	4	土地承包	1	
	土地使用权	3			
案件合计					722

资料来源：笔者根据长安区人民法院档案室资料整理。

表4—4　　　**西安市雁塔区人民法院农村土地**
纠纷案件统计（2004—2007）　　（单位：件）

年度	案由	收案数	案由	收案数	小计
2004	土地分配款纠纷	186	土地承包纠纷	1	208
	征地补偿款纠纷	21			
2005	土地分配款纠纷	192	土地租赁合同纠纷	1	206
	征地补偿款纠纷	11	土地使用权纠纷	2	
2006	征地补偿款分配	46	土地租赁合同纠纷	3	153
	土地分配款纠纷	89	土地使用权纠纷	9	
	土地承包纠纷	6			
2007	土地分配款纠纷	43	土地租赁合同纠纷	7	62
	土地承包	4	土地使用权纠纷	8	

续表

年度	案由	收案数	案由	收案数	小计
案件合计					629

注：1. 从2006年开始，农村征地款分配案件逐年减少，从年均190件（2004—2005年）下降为50件左右；2. 随着经济的日益活跃，农村土地使用权出租、出让行为趋于频繁，所引发的诉讼案件逐年增多。

资料来源：笔者根据雁塔区人民法院档案室资料整理。

表4—5　　　　**西安市周至县人民法院农村土地纠纷案件收案统计（2005—2007）**　（单位：件）

年度	案由	收案数	案由	收案数	小计
2005	土地征用纠纷	2	宅基地纠纷	1	11
	侵犯土地使用权纠纷	3	土地使用权纠纷	1	
	侵犯土地承包权纠纷	3	土地承包合同纠纷	1	
	返还土地承包权纠纷	1			
2006	土地承包合同纠纷	5	土地补偿款纠纷	2	22
	土地承包经营权纠纷	4	侵权土地使用权纠纷	2	
	土地使用权纠纷	4	土地转包合同纠纷	1	
	宅基地纠纷	3	土地转租纠纷	1	
2007	土地承包纠纷	14	土地租赁纠纷	1	37
	宅基地纠纷	7	土地侵权纠纷	1	
	土地承包经营权纠纷	5	相邻土地使用权纠纷	1	
	土地使用权纠纷	4	承包河堤纠纷	1	
	土地承包合同纠纷	3			
案件合计					70

注：2008年4月1日《民事案件案由规定》实施之前立案的案由不统一，有的定为承包土地青苗补偿费纠纷、有的定为土地补偿款纠纷，有的定为征地补偿款纠纷，有的定为土地征收补偿费用分配纠纷。《民事案件案由规定》实施后，使用规范的案由即承包地征收补偿费用分配纠纷。

资料来源：笔者根据周至县人民法院立案庭资料整理。

第三节　影响农村土地纠纷进入司法程序的因素

进入司法程序的农村土地纠纷数量逐渐减少的趋势，并不能当然地推导出农村土地纠纷越来越少的结论。因为土地纠纷发生后，当事人采取什么样的方式解决，是否选择司法解决方式，能否进入司法程序，要受到诸多因素的制约和影响。以下我们根据调研所得对此进行简要的分析。

一　当事人纠纷解决方式的选择偏好

当事人纠纷解决方式的选择意愿同样要受到诸多因素的制约和影响，包括法律认知、法律意识、法律资源供给与可及性、成本考量（经济成本和社会关系成本）、利益计算等。对此，许多学者已有大量研究。"中国学者的解释似多偏重于社会因素。比如，基于对中国民间调解的研究，刘广安、李存捧指出当事人选择调解而不选择审判的原因在于，基于对法院的不准确认识以及基层办案人员的不公正现象导致的心理上的障碍；法院需要交纳的费用的经济障碍；包括交通和人际因素在内的环境障碍以及因法律服务匮乏而导致的操作障碍等。郭星华、王平则指出在社会网络、政府部门和司法机构等纠纷解决途径的选择过程中，纠纷主体的社会地位、经济地位和网络资源起到重要作用。当然纠纷程度如何也是一个影响选择的因素。"吴艳红、李红琼则"强调纠纷主体对纠纷解决资源的认识在这一过程中的重要作用"，认为"没有进入主体主观世界的纠纷解决途径是主体没法选择和利用的资源"。同时指出"理论上说，进入村民主观世界的纠纷解决资源均具有被利用的可能，但是当村民面对纠纷，需要利用有关资源解决纠纷时，各资源可及性的程度是不一样的。可及性以纠纷的解决为目标，可及性的内容则包括该纠纷解决资源的合适性、有效或者成功性以及可预见的后果等等。面对特定的纠纷和社会环境，纠纷解决资源的可及性程度是分等级的，这样的等级排列直接关系到纠纷主体对特定纠纷解决资源的选择与利用"。①

事实上，司法并非农民首选纠纷解决方式，特别是农村土地纠纷。2002 年 2 月，中国人民大学社会学系的部分学者实施了名为"农民法律意识与法律行为"的调研项目。该项目设计的问卷列出土地纠纷、邻里矛盾、人身损害、婚姻家庭矛盾等 16 类问题。课题组在全国选择了 6 个县 30 个村庄进行入户调查，回收了 2970 份有效样本。有 1635 人回答遇到过麻烦，占有效样本总数的 55.1%。未采取任何行动的 284 人（占 17.4%），进行自助的 777 人（占 47.5%），向第三方咨询或求助的 574 人（占 35.1%）。作为求助对象的"第三方"，574 人中有 69.5% 找的是亲戚熟人及村干部等，15.6% 找的是政府部门，只有 14.9% 的人曾求助包括派出所、法庭等司法部门。② 中国社科院法学所与社会科学文献出版社于 2011 年 2 月 24 日发布的《法治蓝皮书（2010）》中的《中国农民土地权利状况》调查报告显示：调查发现，被征地农民通过正常渠道解决问题和纠纷的可能性很小，到法院打官司的只占农民为解决征地纠纷采取各种行动的 1.8%，而选择到政府部门上访占到了 10.7%。③

我们就此问题所进行的问卷调查同样印证了这些观点。我们调查的对象是农村干部，包括村支书、村主任和村民小组组长，应具有一定的代表性。

有关"土地纠纷解决的首选方式"的问卷总份数为 395 份。选择主动找对方协商的有 110 人，占总数的 27.8%；选择找亲朋好友说和的有 56 人，占总数的 14.2%；选择到法院（庭）打官司的有 18 人，占总数的 4.6%；选择找乡镇干部或司法所解决的有 58 人，占总数的 14.7%；选择找村干部或其他有威望的人解决的有 125 人，占总数的 31.6%；选择上访的有 28 人，占总数的 7.1%。（见表 4—6）

① 吴艳红、李红琼：《中国农村的纠纷解决：资源与可及性——以湖南一个村落的研究为例》，《中外法学》2007 年第 3 期。

② 参见王亚新《测量社会的和谐程度》，《南方周末》2008 年 11 月 20 日第 B24 版。

③ 参见《十七省地权调查》，《新世纪》2012 年第 5 期。

表4—6   土地纠纷解决的首选方式

	主动找对方协商	找亲朋好友说和	到法院打官司	找乡镇干部或司法所解决	找村干部或其他有威望的人解决	上访
频数	110	56	18	58	125	28
百分比（%）	27.8	14.2	4.6	14.7	31.6	7.1

"你认为最有效的纠纷解决方式"的问卷总份数为328份。选择私了的有37人，占总数的11.3%；选择找村干部的有128人，占总数的39.0%；选择找乡政府的有69人，占总数的21.0%；选择打官司的有47人，占总数的14.3%；选择上访的有47人，占总数的14.3%。（见表4—7）

表4—7   你认为最有效的纠纷解决方式

	私了	找村干部	找乡政府	打官司	上访
频数	37	128	69	47	47
百分比（%）	11.3	39.0	21.0	14.3	14.3

"发生土地纠纷后在什么情况下选择打官司"的问卷总份数为177份。选择其他方式解决不了问题的有77人，占总数的43.5%；选择其他机关解决问题不公正的有39人，占总数的22.0%；选择所涉利益重大的有27人，占总数的15.3%；选择诉讼成本不大（诉讼费较少）的有8人，占总数的4.5%；选择为了得到权威性的解决的有26人，占总数的14.7%。（见表4—8）

表4—8   发生土地纠纷后在什么情况下选择打官司

	其他方式解决不了问题	其他机关解决问题不公正	所涉利益重大	诉讼成本不大（诉讼费较少）	为了得到权威性的解决
频数	77	39	27	8	26
百分比（%）	43.5	22.0	15.3	4.5	14.7

二　法院受案范围与案件受理限制

农村土地纠纷能否进入司法程序解决，还取决于人民法院的受案范围。有些农村土地纠纷明确列入法院的受案范围，有些则不明确，有些虽然明确了，但法院出于种种原因而实际不受理或作选择性的受理，从而客观上限制了农村土地纠纷进入司法程序。

传统的农村土地纠纷，如土地权属纠纷（行政诉讼案件）、宅基地纠纷、相邻关系纠纷以及农村土地承包纠纷都在法院的受案范围之列，也是法院审理的农村土地纠纷的主要类型。但有些农村土地纠纷是否属于人民法院受案范围则存在认识上的分歧或实践中的障碍。有些被司法解释明确排除在外，如最高人民法院《关于审理涉及农村土地承包纠纷案件适用法律问题的解释》中就规定："集体经济组织成员因未实际取得土地承包经营权提起民事诉讼的，人民法院应当告知其向有关行政主管部门申请解决。集体经济组织成员就用于分配的土地补偿费数额提起民事诉讼的，人民法院不予受理。"还有土地权属确权纠纷、土地征收纠纷都不能直接进入司法程序解决。最为突出的一类问题是，现实中大量存在的"承包地征收补偿费用分配纠纷"人民法院应否受理则一波三折，最高人民法院的司法解释或司法文件相互矛盾，或称应受理或拒绝受理。虽然，2005年最高人民法院出台的《关于审理涉及农村土地承包纠纷案件适用法律问题的解释》，明确了"承包地征收补偿费用分配纠纷"属于农村土地承包民事纠纷，人民法院应当依法受理，但在之后长时期内，许多地方法院仍然拒绝受理。

关于农村村民因土地补偿费、安置补助费问题与村委会发生纠纷人民法院应否受理的问题，最高人民法院曾先后四次下发相关解释和个案答复，但不同部门的答复意见存在分歧，造成全国各地法院对同类问题处理不一的现象。这几个司法解释和个案答复分别为：

（1）1994年12月20日，最高人民法院民庭（94）民他字第28号对江西省高院下达的《关于王翠兰等六人与庐山区十里乡黄土岭村六组土地征用费分配纠纷一案的复函》规定："土地管理法明确规定，征用土地补偿、安置补助费，除被征用土地上属个人的附着物和青苗的补偿费付给个人外，其余由被征地单位用于发展生产和安排等事项。现双方当事人为土地征用费的处理发生争议，不属于人民法院的受理范围，应向有关机关申请解决。"

（2）2001 年 7 月 9 日，最高人民法院研究室法研〔2001〕51 号对广东省高院下达的《关于人民法院对农村集体经济所得收益分配纠纷是否受理的答复》规定："农村集体经济组织与其成员之间因收益分配产生的纠纷，属于平等民事主体之间的纠纷。当事人就该纠纷起诉到人民法院，只要符合《中华人民共和国民事诉讼法》第一百〇八条规定，人民法院应当受理。"

（3）2001 年 12 月 31 日，最高人民法院研究室法研〔2001〕116 号对陕西省高院下达的《关于村民因土地补偿费、安置补助费问题与村民委员会发生纠纷人民法院应否受理问题的答复》规定："此类问题可以参照我市给广东省高级人民法院法研〔2001〕51 号《关于人民法院对农村集体经济所得收益分配纠纷是否受理的答复》办理。"

（4）2002 年 8 月 19 日，最高人民法院立案庭〔2002〕民立他字第 4 号对浙江省高院下达的《关于徐志君等 11 人诉龙泉市龙渊镇第八村村委会土地征用补偿费分配纠纷一案的请示》规定："农村集体经济组织成员与农村集体经济组织因土地补偿费发生的争议，不属于平等主体之间的民事法律关系，都不属于人民法院的受理民事诉讼的范围。对此类争议，人民法院依法不予受理。对于不需要由农村集体经济组织安置人员的安置补助费和地上附着物与青苗补偿费发生的争议，属于平等主体之间的民事权利义务争议，属于人民法院受理民事案件的范围，此类争议人民法院应当作为民事案件受理。"

（5）2005 年 9 月 1 日起施行的《最高人民法院关于审理涉及农村土地承包纠纷案件适用法律问题的解释》（2005 年 3 月 29 日由最高人民法院审判委员会第 1346 次会议通过）第 1 条第 1 款第 4 项规定，明确了"承包地征收补偿费用分配纠纷"属于农村土地承包民事纠纷，人民法院应当依法受理。

随着城市化进程加快，农村集体土地大量被征用，因征地款分配引发的纠纷，特别是农村"外嫁女"土地权益纠纷已成为一个全国普遍性的问题和社会普遍关注的热点问题。由于土地征用法律制度不尽完善，理论研究相对滞后，司法救济渠道不畅，这类矛盾往往得不到有效解决，引发大量群体性上访事件，严重影响到农村社会的稳定和发展，亦使妇女儿童等特殊群体的合法利益得不到保护。因此，司法实务部门积极开展解决此类问题的政策研究和实践探索。如西安中院立足农村社会现实，把握国家法律基本精神，经过近两年深入细致的研究，在理论研究及审判实务方面做出了积极的探索，积淀了有益的经验，对于推动解决这一理论难点、社会热点、法律盲点、审判难点问题，做了很好的铺垫。2003 年 11 月，西安中院与人民法院报社联合举办了关于审理农村集体经济收益分配纠纷案件研讨会，形成《关于审理农村集体经济收益分配纠纷案件的意见》及《会议纪要》，为妥善处理此类纠纷、统一执法标准进行了有益的探索和尝试。《意见》与《会议纪要》下发后，西安市两级法院以此为指导，统一了司法的尺度，许多问题迎刃而解。西安中院的经验做法引起全国各地法院的极大关注与广泛兴趣，并在全国法院系统引起良好反响。《人民法院报》曾对此做了专题司法调查。①在此基础上，陕西省高级人民法院于 2005 年 5 月 20 日至 21 日，会同省政府妇女儿童工作委员会在西安联合召开了"处理农村集体经济组织收益分配涉诉纠纷"研讨会，邀请省委、省人大、省政府等有关部门和法律院校的专家、教授以及新闻媒体的同志参加，征求对省法院《陕西省高级人民法院关于审理农村集体经济组织收益分配纠纷案件讨论会议纪要》草案的修改意见。该《会议纪要》于 2006 年 2 月出台，陕西各地法院以此为指导受理和审理此类纠纷。

广州市中级人民法院也于 2003 年就开展此类问题的研究，课题组完成了《农村"外嫁女"权益纠纷若干问题研究——从法院审判的视角解读农村"外嫁女"权益纠纷》的研究报告，提出解决问题的思路与措施。广东省高级人民法院于 2005 年对涉及"外嫁女"权益纠纷的案件，推出了"政府处理—行政复议—行政诉讼"三步走模式。这一模式使通过行政途径解决不了的案件，还可以通过法律途径来解决，多了一条解决问题的途径。"三步走"模式着重提出政府干预，因为政府机关行政干预，既可以节约司法资源，也可以使法律裁决的执行更加有保障。

但问题是，虽然在制度层面解决了"承包地征收补偿费用分配纠纷"人民法院应当依法受理的问题，但在司法实践中，许多法院因地方

---

① 参见康宝奇主编《征地分配款纠纷审判实务与研究》，人民法院出版社 2004 年版，第376 页。

行政干预或自身原因而不受理，或进行选择性受理。以下是我们在西部一些基层法院访谈的相关片段，可以看出在司法实践中，法院对制度明确要求受理的土地纠纷为何不予受理或做选择受理的原因。

某法院法官："土地收益分配纠纷，包括女户要求分配问题、农民卖沙梁（土地）问题，地方政府不让受理。一是牵扯面大，二是大部分农户反对给女户（外嫁女）分配，所以判下来也执行不下去，农民抵触得很厉害，容易引起上访等不稳定事件，所以政府就不让受理。农民对土地收益分配各村都有自己的做法。"

一位立案庭庭长："法院之所以现在不受理农村土地收益分配纠纷案件，我认为主要原因是，这类问题面广，量大，又复杂，全部由法院解决不可能。一是法律资源有限，比如自 2007 年 4 月 1 日国务院《诉讼费用交纳办法》施行以来，案件增加了 40%多，收费下降了 1/3。这几个月仅送达这一项工作压力就很大，每个月的汽油费都花三千六七。办案人员超负荷运转，几乎天天在开庭。像农村土地收益分配纠纷这种涉及几万人的纠纷法院怎么受得了。二是这类纠纷太复杂，有的是从20 世纪七八十年代长期积累下来的，其中一些纠纷社会关系极其复杂，各类情况都有，办案难度很大。三是这类问题有的地方已平稳地处理了，法院再开个口子，受理这类案件，处理过的也会跑到法院来，不利于社会稳定。四是宝塔区这类情况集中且突出，处理不好会引起社会不稳定。五是这类案子即使法院判了，也很难执行，效果不好。"

一位民事审判庭庭长："'女子户'土地补偿款分配纠纷案件，我们法院曾受理过，也判决处理过，但这类纠纷越来越多。2008 年全院受理了十几起，我们庭就有八个，但目前案子都放着，没有处理，院里也停止了受理这类案件。其实受理的这些案子也都是有关方面批转下来的。之所以停止受理这类案子，是因为我们发现这类案子，越处理越麻烦，越处理越乱，社会效果很不好。因为这类案子量太大，又很复杂，处理了也很难执行，矛盾容易聚集到法院。据统计，延安市宝塔区'女子户'有一万多户，涉及几万人，法院不可能全解决；仅'户口'问题就很复杂，如挂户问题、买户口问题等等；有些妇女孩子都满地跑了，还说没出嫁，要求参与分配；有的村子将土地款早已分光吃尽，除了土地再啥也没有了，你判下了怎么执行，执行不了，矛盾就更激化了。鉴于这些原因，我们院向人大和区委进行了汇报，建议动用行政力量解决。在这个问题上，我们法院内部，以及法院和行政部门在认识上达成了共识，区委和区政府同意我们的建议。司法机关要保证社会的稳定，办案子也要考虑社会效益嘛。2008 年以来情况有些变化，根据区上的意见，我们受理并办结了两个村的'女子户'土地补偿款分配纠纷案。一个是万花乡毗圪堵村 14 户'女子户'土地补偿款分配纠纷案，全部调解结案了；一个是桥沟镇杨家湾村 49 户'女子户'土地补偿款分配纠纷案，有调解的，也有判决的。但现在对这类案子的受理还是控制着，因涉及面太广了，一般不会受理。这类案子如果敞开受理一哄而上，会造成法院和整个社会的动荡。当时我们就考虑到法院能不能承受的问题，还有一个就是过去已经解决了的问题也会卷土重来。这些问题具有群体性，应该有个缓解的过程。群体性案件一般都很复杂，量大面广，法院审判力量有限，接受不了这么多的案子。可以算账嘛，法院三年其他啥案子都不要办，光这类案子都审不完。一年也就办 3000 多件的案子，三年才 9000 多件案子，可这就 29000 多户呀！"

某区法院副院长："现在真正让法院感到比较头痛和棘手的是土地补偿款分配纠纷。这类纠纷量很大，牵扯面广，又很复杂。主要是外嫁女（户口未迁出）、离婚妇女、在校学生、现役军人（转志愿兵的）的土地权益分配问题。村上的工作还好做，可村民小组的工作很难做得通。由于涉及村组许多人的利益，一般村组都不同意给这部分人分配土地收益，当事人一旦诉诸法律，根据法律规定又必须给这些人分配，但法院要是判决支持了当事人的诉请，村组多数人就会围攻法院，致使矛盾激化。"

来自法院内部的经验报道也印证了法院实际不受理此类纠纷的做法。"鉴于这类型问题复杂的政策性、社会性以及执行困难等因素，2010 年前基层人民法院对于收到的此类型案件基本都不予受理。据统计，榆林市 12 县区中 7 个县区法院在 2010 年 8 月前未受理过此类案件，受理过此类案件的基层法院案件数量也是屈指可数，榆林各县区中以神木县法院受理数量居首，2010 年 1—8 月共受理此类案件 15 件，迄今审结共 4 件；另据统计来看，此类案件数量与地方经济发展有着密切的关系，从全市受理案件分布状况看，此类案件基本都集中在榆林市北部经济较为发达的县区，相比较而言，南部经济欠发达县区则基本没有受理过此类案件。"①

最高人民法院司法政策的摇摆不定；法律资源的有限性、人少案多的矛盾；案件复杂，审理难度大；裁决执行难，易造成"法律白条"，法院担忧引火烧身；纠纷面广量大，时间跨度大，社会关系复杂，群体性特征突出，处理不好会引发社会震荡；地方党政出于维稳考量，进行行政干预；法院办案不得不考虑的"法律效果和社会效果的统一"要求，这些因素在不同程度上影响着法院对一些农村土地纠纷案件的受理。

三 阻滞纠纷进入司法程序的制度性障碍

现实中，农村土地征收纠纷是最具冲突性、对抗性、群体性和广泛影响性的一类纠纷。此类纠纷处理难度极大，极易引发群体性事件或其他极端事件。关于征地拆迁纠纷引发的群体性事件或其他极端事件，媒体报道甚多。由于制度设计原因，此类纠纷不能作为民事纠纷案件进入司法程序解决，而是被引入一条极其狭窄的"巷道"进行解决，客观上限制了此类纠纷的司法解决。《中华人民共和国土地管理法实施条例》第 25 条第 3 款规定："对补偿标准有争议的，由县级以上地方人民政府协调；协调不成的，由批准实施征用土地的人民政府裁决。"这就是所谓的"征地补偿标准争议协调裁决制度"。征地补偿标准争议纠纷不能直接进入司法程序解决，而是首先通过行政协调解决，协调不成的，再由批准实施征用土地的人民政府裁决，进而才可能引起行政复议或行政诉讼，进入司法程序。由于批准实施征用土地的人民政府只有省一级人民政府和国务院，所以行政复议和行政诉讼的层级很高，极少有进入司法程序解决的。类似"政府征地被指违法　150 农民一审告赢国土资源部"的情况并不常见，远非一种常态的纠纷解决方式。②

四 多元化纠纷解决机制下的土地纠纷分流

现代社会纠纷解决机制已逐步改变了司法中心主义的局面，纠纷解决不再主要依赖于司法。随着非诉讼纠纷解决机制的迅速发展，多元化的纠纷解决机制已初步形成，使得纠纷在各种纠纷解决机制之间进行分

---

① 榆林中院民一庭：《关于解决农村妇女土地权益分配纠纷案件的对策和经验》（http：// ylzy. chinacourt. org/public/detail. php？id=651）。

② 参见 http：//old. chinacourt. org/public/detail. php？id=154980。

流，得到适当的解决。农村土地纠纷的解决同样实现了在不同纠纷解决机制之间的分流。我们在其他章节所介绍的人民调解、行政调解、乡镇政府纠纷解决机制、农村土地承包纠纷调解与仲裁、征地补偿标准争议协调裁决制度、新型农村组织矛盾纠纷调解、信访解决纠纷机制、民族宗教纠纷解决机制等都在预防和化解农村土地纠纷方面发挥着不可替代的重要作用。我们在基层法院调研中，法官普遍认同人民调解、农村土地承包纠纷仲裁等纠纷解决机制在化解农村土地纠纷中的地位和作用，认为多元化纠纷解决机制缓解了司法机关的案件压力。一些基层司法所和农村土地承包纠纷仲裁机构讲道："我们所处理的一些纠纷本身就是法院推过来的。"基层法院、法庭也积极开展诉前人民调解、委托调解。许多农村土地纠纷都具有标的小、政策性强、当事人缺乏举证能力、证据不规范、裁判内容无法强制执行的特点，运用司法方式解决费力、费时，既浪费了有限的司法资源，又不能实现"案结事了"的效果，所以一些基层法院和法庭不愿受理此类案件，而诸如人民调解和农村土地承包纠纷仲裁的纠纷解决机制恰好能在此发挥其独特的作用。

第四节　农村土地纠纷案件的调解与裁判

一　严酷的土地纠纷现实与司法权威的缺失

农村土地纠纷的普遍性、持久性、对抗性、群体性需要权威的化解渠道和解决机制，方能定分止争、消除对抗；平抑不法侵害、维护合法权益；恢复社会秩序、实现公平正义。司法历来是最具权威的纠纷解决方式，司法机关代表国家行使审判权，从而使纠纷获得最权威的终极解决。但现实中，大量土地纠纷或因体制制度性障碍，或因资源配置不当，或因人为因素而被排斥在司法大门之外，无法获得这种最权威的解决，致使这些纠纷长期在司法体外徘徊，甚至四处游离，影响社会稳定。同时，许多重要农村土地纠纷的解决，由于司法的缺位或介入不足，过度依赖行政手段和政治方式解决，致使司法权威被遮蔽，社会公众法律信仰难以建立。如"承包地征收补偿费用分配纠纷"长期未被纳入人民法院受案范围。在制度层面解决了这一问题之后，许多地方法院仍因种种因素的制约和影响而拒绝受理此类纠纷案件或进行选择性的案件受理。征地补偿争议是否纳入法律的调整范围也一直是一个颇有争议的问题。从维护农民土地权益的需求看，许多专家学者希望将国家征收农民集体土地和农民承包土地争议，纳入人民法院民事案件受案范围。但主流观点却认为，征收农民集体土地和农民承包土地所形成的法律关系，主要是国家与被征地农民集体、被征地农户间的行政法律关系，不是民事法律关系，因而通过建立"征地补偿标准争议协调裁决制度"来解决土地征收纠纷。但由于"征地补偿标准争议协调裁决制度"设计固有的缺陷，使得这类当今社会最突出、最具对抗性，关涉人群最多、利益最大、最受社会关注的纠纷难以进入司法程序解决，而主要由作为征地利益相关者的政府部门来处理，其公正性和公信力可想而知。土地权属争议解决的司法介入不足，同样是一些重大土地纠纷难以得到权威、公正的解决。颇具影响的陕西榆林三岔湾10800亩土地权属争议纠纷，在国有还是集体所有的争议中，由于司法的缺位，任由农民和政府发生激烈的冲突和对抗，以致产生无法消弭的严重后果。榆林经济开发区从1999年至2002年进行收回国有土地使用权工作，对周边村组曾经在西沙所做的治理和管护工作，每亩荒地按500元的标准给予补偿。三岔湾村西沙万亩集体"林地"，亦在"收回"之列。而三岔湾村的村民则认为这片土地并非国有，"西沙的10800亩土地是我们村的集体土地。我们的祖先在清朝嘉庆十六年，在西沙买下这片土地（有约为证）。解放初期，沙尘袭击榆溪河，我们的先辈就开始治理荒沙保护农田和河流。20世纪50年代，村民响应党的号召，在西沙区域植树造林，曾经成立林场。榆溪河畔西有三岔湾各生产小队的土地，为了让林地不受损害，十三队肩负着治理、绿化的责任，为此村里把大湾草沟所有的土地都调配给十三队……村民修起通往西沙的桥，以方便治沙。这些事实证明西沙这片土地是我们村的集体土地！"所以，开发区应该以征地的形式占用，而不能按国有土地收回。① 政府与三岔湾农民互不认同，冲突不断升级。据报道："2003年5月至2004年7月，以高拉定为首的27名犯罪分子因对政府收回原由三岔湾村管理的国有土地政

---

① 参见张义学《榆林三岔湾5000亩耕地撂荒背后》，《新西部》2004年第9期。

策不满，先后通过捏造虚假事实、混淆视听、煽动并组织三岔湾不明真相的村民进行非法聚集、拦挡车辆、堵塞交通、冲击政府机关、拘禁他人、阻挡建筑工地施工、破坏生产设施，经当地政府做了大量的思想工作后仍不思悔改，反而变本加厉，采用打、砸等非法手段破坏生产建设秩序。经查，2004 年 3 月 27 日，高拉定召集韦喜堂、万秀明等 20 多个村民，组织三岔湾村 300 多名村民持械进入榆林中学工地阻挡施工，破坏施工设施，致使榆林中学建筑施工长期停顿。同年 4 月 12 日，榆阳公安分局依法传唤三岔湾村牛淑珍、张五心二人调查取证，高拉定立即组织 400 多名村民持铁锹进入榆林城区，围攻榆阳镇政府一个多小时，并组织堵塞榆林城区南门口主要交通要道长达 13 个小时。5 月 23 日，高拉定等对入村执行公务的公安干警和政府工作人员实施非法拘禁，长达 41 个小时，并组织 300 多名村民强占村委会，非法聚集，形成'土围子'暴力抗拒法律实施，非法聚集长达 133 天。"最终，"三岔湾村高拉定、张忠、高随林、徐奎明、韦海明、张福财 6 名犯罪分子，因犯聚众扰乱社会秩序罪、聚众扰乱交通秩序罪、非法拘禁罪、煽动暴力抗拒法律实施罪和妨害公务罪，分别被判处有期徒刑 15 年、9 年、7 年、6 年、4 年、3 年，韦喜堂等其余 21 名罪犯也于同日宣判"。[①]

如果一桩土地纠纷能够得到司法权威而公正的解决，纠纷就不会演变成"事件"；纠纷可以被化解，事件只能被平息；不满能够被消解，而仇恨只会爆发或深藏。

二　司法实践与司法理念的背离

（一）司法理念的转变

人民法院的根本职责就是化解社会矛盾，维护社会稳定，保障经济发展，促进社会和谐，实现公平正义。[②] 人民法院正是通过对案件的调解或判决来实现定分止争的基本职能。不论是调解还是裁判，都必须立足于有效化解矛盾纠纷、促进社会和谐，解纷止争，实现法律效果与社会效果的有机统一。

---

① 贺宝利：《陕西榆林 27 名村民聚众围攻镇政府被判刑》，《三秦都市报》2005 年 1 月 15 日。

② 参见最高人民法院《关于为构建社会主义和谐社会提供司法保障的若干意见》（法发〔2006〕17 号）。

诉讼调解既是民事诉讼法规定的一项重要诉讼制度，也是各级人民法院依法行使审判权的重要方式。在调解与审判的关系上，民事审判工作曾走了一个"之"字形。起初，人民法院比较重视民事调解而不太重视判决；随后，在审判方式改革中，又强调一步到庭、提高当庭宣判率，但同时又出现了忽视调解的倾向；后来，经过实践发现这种做法不可取，在最高人民法院"能调则调，当判则判，调判结合，案结事了"十六字方针的指导下，各地又加大了调解力度。①

但由于"司法裁判的对抗性、强制性，决定了它在一般情况下并非解决民商事纠纷案件的最佳方式。解纷止争是法院的基本职能，但从解纷实效角度考查，裁判往往加剧当事人的矛盾，它只能从形式上解决纷争，深藏于当事人内心深处的焦虑、绝望、愤懑不会因为裁判而自然平复。相反，裁判结果常常与文化因素等伴随，引起当事人更为复杂的心理，激起比纠纷初始阶段更加强烈的情绪，轻者上诉、申诉、缠诉，重者选择以非法和暴力为常态的自立救济，酿成所谓'民转刑'案件。因此，在解纷方式的选择上，裁判应当是备选的、被迫采用的方式，决非首选的最佳方式。"② 加之，从 2008 年开始，国际金融危机的爆发，导致大量投资纠纷、金融纠纷、贸易纠纷、劳资纠纷、涉外纠纷等民商事案件涌入法院。我国司法机关受理的诉讼案件呈现"井喷式"增长，且案情复杂。最高人民法院的统计显示：2008 年至 2010 年上半年，全国法院年均审结各类民事案件 597.58 万件，比前五年年均结案数增长了 22.82%。

因此，从实现"案结事了"的司法目标和应对"诉讼爆炸"的现实需要出发，我国司法工作原则经历了从"能调则调，当判则判，调判结合，案结事了"到"调解优先、调判结合"的转变。最高人民法院指出，"调解优先、调判结合"既是推动矛盾化解的重要原则，也是社会管理创新的重要内容，又是对法官司法能力的考验。"调解是高质量审判，调解是高效益审判，调解能力是高水平司法能力。调解有利于化解

---

① 参见《加强监督指导，促进司法和谐，努力推动民事审判工作新发展——最高人民法院审判委员会委员、民事审判第一庭庭长杜万华在成都、汕头召开的民事审判专题座谈会上的讲话》（http：//news. 9ask. cn/fagui/sfjsk/201002/325417. html）。

② 参见姜启波《诉讼多元化与中国特色审前程序》，《人民法院报》2008 年 8 月 7 日。

社会矛盾，实现案结事了，有利于修复当事人之间的关系，实现和谐。各级法院要深刻认识调解在有效化解矛盾纠纷、促进社会和谐稳定中所具有的独特优势和重要价值，切实转变重裁判、轻调解的观念，把调解作为处理案件的首要选择，自觉主动地运用调解方式处理矛盾纠纷，把调解贯穿于立案、审判和执行的各个环节，贯穿于一审、二审、执行、再审、申诉、信访的全过程，把调解主体从承办法官延伸到合议庭所有成员、庭领导和院领导，把调解、和解和协调案件范围从民事案件逐步扩展到行政案件、刑事自诉案件、轻微刑事案件、刑事附带民事案件、国家赔偿案件和执行案件，建立覆盖全部审判执行领域的立体调解机制。要带着对当事人的真挚感情，怀着为当事人解难题、办实事的愿望去做调解工作。要做到能调则调，不放过诉讼和诉讼前后各个阶段出现的调解可能性，尽可能把握一切调解结案的机会。"①

最高人民法院《关于审理涉及农村土地承包纠纷案件适用法律问题的解释》等司法解释和《关于人民法院为建设社会主义新农村提供司法保障的意见》（法发〔2006〕17号）、《关于为构建社会主义和谐社会提供司法保障的若干意见》（法发〔2007〕2号）、《关于为推进农村改革发展提供司法保障和法律服务的若干意见》（法发〔2008〕36号）、《关于当前形势下进一步做好涉农民事案件审判工作的指导意见》（法发〔2009〕37号）等一系列司法政策性文件中都一再强调人民法院在审理涉农纠纷案件时，要拓宽涉农民事纠纷解决途径，探索和建立多元化的文明、和谐的替代性纠纷解决机制。要加强诉讼调解，努力实现案结事了。要坚持"调解优先、调判结合"的民事审判指导原则，加大通过调解方式解决纠纷的比重，引导当事人在自愿互让的基础上，达成协议，减少当事人之间的对抗。

据《最高人民法院工作报告》，"2008年至今年（2010）上半年，经人民法院调解，当事人达成和解或撤诉的案件共828.53万件，占审结民事案件的61.39%，今年上半年达到65.78%"。2011年，全国法院一审民事案件调解与撤诉结案率达67.3%。人民法院民事审判呈现出调解结案率和服判息诉率"两上升"，涉诉信访率和强制执行率"两下

———————

① 最高人民法院：《关于进一步贯彻"调解优先、调判结合"工作原则的若干意见》（法发〔2010〕6号）。

降"的局面。

司法调解被推到了前所未有的高度，调解结案率成为考核法院、法官业绩和办案水平的一个极为重要的指标。注重调解而忽视判决，甚至下达调解指标，以压促调、以拖促调的现象屡见不鲜。因此，理论和实务界不乏对过度强调调解的质疑之声。如果说，基于社会转型期，社会矛盾纠纷的多发性和复杂性，司法不足以应对"诉讼爆炸"的局面，需要从司法中心主义走出来，构建多元化的纠纷解决机制，或从纠纷解决实效的角度，追求"案结事了"，以实现社会和谐稳定而言，强调和注重发挥司法调解的优势，无疑是必要的，但一旦将之推到极致，实行指标化和运动式则物极必反。

（二）农村土地纠纷案件调解与判决的悖论

无论官方公布的民事案件调解与撤诉结案率有多么高，多么诱人，司法实践中的农村土地纠纷案件的调解结案率却不容乐观，远没有那么高。

司法实践的逻辑显示，农村土地纠纷案件的调解与裁判关系存在着严重的悖论现象。一方面，农村土地纠纷案件对抗性强，调解难度大。多数缺乏调解的基础，一般都以判决结案。因此，调解结案率较低。但另一方面，农村土地纠纷案件判决后基于多重原因，往往得不到实际执行，因而又希望调解结案，以确保当事人合法权益的实现。

我们通过以下实证材料展现和说明这一问题：

西安市中级人民法院在全国都是较早开展有关农村集体经济组织收益分配纠纷案件审理研究和实践的司法机关，并产生了较大的影响。近年来，该院在审理该类纠纷案件（主要是集体土地收益分配纠纷）中所呈现出的情况则是："诉讼和解减少，农村集体经济组织与村民个人矛盾日趋尖锐。虽然各级法院加强了诉讼中调解的力度，一、二审调撤率也取得了明显的提高，但由于司法途径作为最终最有效的救济手段，当事人一般期望值较高，加之中国人厌诉传统，即不到最后阶段不选择诉讼渠道救济的现实情况影响，农村村民与集体经济组织发生纠纷诉至法院，尤其是对一些省、市法院《意见》、《会议纪要》没有规定的情况，一般难以通过诉讼和解达成协议，因此，此类案件调撤率并不乐观。以我合议庭 2006 年受案为例，受理此类案件 32 件，撤诉 2 件、调解 1 件，调撤率 9.4%。与其他类型案件的 40% 左右的调撤比例相差甚远。"①

"2010 年起，榆林各县区法院逐步开始受理涉及包括农村妇女土地权益分配在内的集体土地权益分配纠纷案件。在受理的案件中，由于此类案件事实大都比较清楚，多都是因为传统的'重男轻女'的民风民俗引起，当事人举证也较为容易，所以原告的诉讼请求基本都能得到支持。但由于该类案件涉及当事人众多，导致调解较为困难，在审结案件中调解率为 25%，剩余案件均以判决结案。农村土地权益分配纠纷案件，实际上是村民之间的利益之争，在农村整体还不是很富裕、思想观念落后、法治观念薄弱、认识水平低下的情况下，在土地收益分配等一些现实利益面前，村民之间往往是寸步不让、分毫必争，导致这类纠纷协调起来难度很大。土地征用补偿费有限，若给传统观念中非本集体成员的'出嫁女'、'招婿女'等分配，相应其他村民所分得的利益就会减少，如果大部分村民不同意分配给出嫁女、招婿女，成员稳定性较差的村委会或村小组就不敢擅自分配，案件也就没有了调解的基础。"②

"2006 年至 2009 年广西壮族自治区玉林市玉州区法院共受理 49 件，结案 45 件，调解 3 件。其中：2006 年共受理农村土地征用补偿分配纠纷 6 件，结案 5 件，其中判决结案 5 件，无调解结案。2007 年共受理农村土地征用补偿分配纠纷 18 件，结案 17 件，其中判决结案 7 件，调解的 1 件，撤诉 3 件，其他 6 件。2008 年共受理农村土地征用补偿分配纠纷 14 件，结案 12 件（包括 2007 年存案 1 件），其中判决结案 6 件，调解 2 件，裁定驳回 1 件。2009 年共受理农村土地征用补偿分配纠纷 11 件，结案 11 件（包括 2008 年存案 3 件），其中判决结案 6 件，撤诉 6 件。玉州区法院受理的案件，从区域分布来看，纠纷集中在城乡结合的地方；从案件的数量来看并不多，很大原因是该类纠纷法律关系复杂，矛盾尖锐，容易引发群体性纠纷，一些案件并没有进入司法程序。对已经受理的案件，结案方式上以判决居多，调解少，其中判决占到了约 93%。判决的案件没有适用简易程序审理的，全部是适用普通程序审

---

① 西安市中级人民法院民二庭邢锐飞、何强：《关于当前农村集体经济组织收益分配纠纷案件若干问题探讨》（未刊稿）。

② 参见榆林中院民一庭《关于解决农村妇女土地权益分配纠纷案件的对策和经验》，2010 年 11 月 9 日，榆林法院网（http://ylzy.chinacourt.org/public/detail.php? id=651）。

理,而且有 12 起案子还经批准延长了 6 个月审理期限,对于一审不服上诉的案件占到了近 90%。"①

我们在延安宝塔区就农村土地纠纷问题进行过多次调研。曾被多家媒体报道、颇具影响的万花乡毗圪堵村 14 户"女客打官司"一案,在经历了法院由不受理到受理,受理之后一年多,法院才开庭审理,虽然均以调解结案,但调解的背后却有着曲折复杂的过程和高昂的代价。由于该村男户和女户(外嫁女)两方在巨大的土地利益面前势不两立,加之村级班子瘫痪,村治混乱,根本无法调解。区上成立了公、检、法、土地、乡政府等多部门组成的"工作组"进驻该村,改组村党支部,整顿非法买卖集体土地,并对男户势力中的几个核心人物以非法买卖集体土地和敲诈勒索等罪名判刑入狱,且乡政府对村集体不愿承担的部分经济要求"埋单"。之后,这一闹得沸沸扬扬的土地收益分配纠纷终于调解结案。调解就是这样"炼成"的。

农村土地纠纷案件调解难度大,最核心的问题还是利益之争,即追求利益最大化。此外,传统观念、宗族势力、村治状况也是重要的影响因素。另外,农村土地纠纷在进入司法程序之前,一般都经过村组、乡镇、仲裁、信访等部门或组织的多方协调、调解或处理,当事人仍不满意,最后才求助于司法,所以,司法调解已几无空间。在此情况下,仍一味强调法官处理农村土地纠纷要着重调解,致使司法理念与实际、理论与现实之间存在巨大反差。一方面由于纠纷的利益对立性和情绪对抗性较大,因此调解难度很大;另一方面则强调调解优先,将调解贯穿于整个司法过程,调解结案指标化,致使许多案件既无调解之可能,又迟迟不做裁判,造成案件久拖不结,或以压促调、以拖促调的现象出现。

三 农村土地纠纷案件裁决与"法律白条"

我们在上面已谈到,农村土地纠纷案件的调解和裁判存在一个难解的悖论:一方面司法工作的原则要求"调解优先,调判结合",加大调解结案的比重,然而农村土地纠纷案件的调解难度很大,判决居多,调解结案率较低;另一方面判决之后,又存在执行难,形成"法律白条"

---

① 参见陈华、邓莉、刘怡敏《关于农村土地征用款分配纠纷的调研》,2010 年 5 月 28 日,广西壮族自治区玉林市玉州区人民法院网(http://ylyzfy.chinacourt.org/public/detail.php?id=104)。

的问题，所以，法官又要极力调解结案，甚至不惜以判压调，以拖促调，追求案结事了。这种状况的出现在一定程度上来讲是目前涉法涉诉信访考核机制倒逼的结果，法官通过调解结案可以有效避免当事人因不满判决而引发的上访。

农村土地纠纷案件执行难的问题，使法院受理和法官处理此类纠纷时表现得顾虑重重，甚至采取各种办法加以应对。法官们普遍认为，判决执行不了，形成"法律白条"，无异于法院"引火烧身"，将社会矛盾聚集到了法院和法官的身上。我们在某地法院调研时，一位法官就无可奈何地说："我们处理的一批土地收益分配纠纷案件，判决后，由于村委会已将土地补偿款分光吃尽，村上再无其他任何集体资产可供执行。可胜诉的当事人不答应，一直在省上上访。上面又不管实际情况如何，一味地给我们施加压力。"所以，一些法院对此类案件进行选择性受理，如村集体经济比较好，征地补偿款能够控制得住，就受理，否则就设法不予受理。有的则要求当事人放弃部分诉求，以保证判决内容能够实际履行方才受理。

造成农村土地纠纷案件判决难以执行的原因非常复杂，可观察到的主要有：

（一）国家法与民间法的强烈冲突

司法判决的适法性要求严格依法裁判，国家法集中体现了现代文明的要求，往往与传统习惯和村规民约相抵牾，但作为乡土社会的人们则更乐于接受祖祖辈辈传下来的"规矩"，更愿意维护代表这种利益的现实。法院的判决一旦与其所认同的"规矩"和现实不符时，就会发生"村民只认村规民约不认法"的现象。值得注意的是，国家法高度抽象、概括，其所蕴含价值取向的"普适性"与农村社会现实往往存在巨大的反差。在生硬的规则与鲜活的现实之间，当事人无疑会倾向于现实。我们以一份关于"嫁城女"土地收益分配纠纷的"民事判决书"为例，观察和分析国家法与民间法的内容差异以及各方的态度。

原告郭艳等12位"嫁城女"的诉请及理由大致相同："我×年×月×日生于崖里坪村，×年×月×日与×××结婚，因户口无法迁移，现仍在崖里坪村，我属崖里坪村民，但集体收益款分文未享受，被告理应给我享受村民待遇。"

被告宝塔区崖里坪村委会辩称："1. 崖里坪村自上世纪 50 年代（合作化起）以来，历届村级组织就已约定俗成本村女子户，凡已出嫁就脱离村上关系，即户口必须迁出；2. 对出嫁到男方为城镇户籍的女子户，因户口无法落实（原户籍制度）村上将该女子户为挂户对待，既不承担村上的任何义务，也不享受村上的任何待遇；3. 从《村民委员会组织法》颁布执行以来，随着我国农村户口城市化管理的实施，以及子女随父母落户的政策的落实，这些女子户的基本生存状态和其子女的上学等一系列问题更不存在任何问题；4. 2004 年崖里坪村享受国家免除农民农业税，村上部分土地被国家征用后，村集体经济状况和村民的生活得到极大的改善，上述原告出嫁后，根本不承担村上的任何义务；5. 崖里坪村委会是绝大多数村民依照《选举法》选出的，所以就要为绝大多数村民和子孙后代负责，如果将这 12 人的待遇给予落实，那么和这些类似的以及抱上孙子的女子户也在变相办理城镇户口，以此为借口来享受所谓的合理待遇，这样村上人口急剧膨胀，现在崖里坪村人均耕地面积不足 0.4 亩，可利用住宅面积更缺，若干年后崖里坪村大多数的村民的生存问题谁来解决？所以，崖里坪村委会依照绝大多数村民的意见，不能给予这些已嫁出去的女子和孩子任何待遇。我村征求村民意见，同意享受的占征求意见的 12.6%，不同意的占总调查人数的 87.3%。"

法院受理认为，上述原告出生后依法登记了集体经济组织户口，至今户口仍在崖里坪村，属于原始取得农村集体经济组织成员资格。被告部分土地被征购取得的补偿款，该款应为被告集体经济组织成员共有。被告虽经过村民决议，但该决议与我国宪法、法律、法规及国家政策相抵触，其行为侵害了原告作为共同共有人应享有的权利，属侵权行为。依据《中华人民共和国民法通则》第 117 条（侵占国家的、集体的财产或者他人财产的，应当返还财产，不能返还财产的，应当折价赔偿）之规定，判决如下：

由宝塔区崖里坪村委会给付原告×××等集体收益款各 30200 元，上述款项于本判决生效后五日内付清。①

---

① 根据陕西省延安市宝塔区人民法院〔2006〕宝李民初字第 53 号《民事判决书》整理。

原告的诉求与逻辑很简单，根据户籍归属，享有村民资格，就应享受村民待遇，对国家法和村规民约的态度应是泾渭分明，无疑会选择维护其利益的国家法。作为被告的村委会的答辩，在此类案件中，应是最具代表性和典型意义的答辩意见，真实地反映了村集体决定的"规则"和"现实"依据，以及"民意"基础。法院判决所适用的法律规则的抽象性屏蔽了许多事实差异，对不谙法律的人来讲显然无法理喻。相形之下，被告的答辩更合乡村社会的"情"与"理"，这正是村民只认村规民约不认法的情感和事实基础。事实上，国家法在乡土社会的适用一般都会大打折扣，需要通过"变通"与技术化处理后才能适用，否则据此做出的判决难以执行。

（二）"小群体"与"大群体"的利益对抗

农村土地纠纷案件中，土地权益受侵害的，主要是处于弱势地位的"小群体"，如"外嫁女"、"入赘女婿"、大中专院校学生、服兵役人员。在整个村庄结构中，这些人员明显地属于少数人群。做出剥夺或侵害其土地权益的则是村委会及其所代表的大多数村民的多数人群。法院判决维护"小群体"利益时，就会遭到村委会及其背后，由多数村民构成的"大群体"的强烈抵制和对抗。在某市中级人民法院调研中获知，一县人民法院受理了一起八户水利移民要求参与村上土地补偿款分配的案件，并判决支持了八户移民的诉请，结果导致败诉的村民小组组织数百名村民多次围攻中级人民法院和政府部门，向政府施压，迫使法院改判。

（三）农村土地纠纷案件强制执行受限

农村土地纠纷案件判决结果难以执行的一个很重要的原因是，此类案件标的物的特殊性决定了不具有强制执行性。如土地承包经营权，在一些土地承包经营侵权案件和农户内部家庭成员土地承包经营权分割纠纷案件中，分配土地承包经营权，分割土地承包经营权，返还土地承包经营权等难以付诸强制执行。当事人如不自觉履行判决义务，则另一方权利就很难实现。在农村调研中，一些村干部就公然宣称，不怕打官司，也不怕输官司，"法院你总不能拿着尺子来给我们划分土地吧"。这种状况的出现正是他们掌握了一些土地纠纷案件标的难以强制执行的特点。

农村集体经济"空壳化"，征地补偿款"分光吃尽"使判决内容无法执行。在西部地区，绝大多数农村集体经济组织除了土地之外，别无其他集体资产可供执行。土地补偿款大部分被分光吃尽，即使有的地方村集体留存一定比例的土地补偿款，也被用于村集体的各种开支，寅吃卯粮，集体负债很普遍。

人民法院对强制执行的审慎态度同样会影响到土地纠纷案件的执行。针对"近年来，一些地方在土地征收、房屋拆迁强制执行中引发的恶性事件屡屡发生。有的被执行人以自焚、跳楼等自杀、自残方式相对抗，有的以点燃煤气罐、泼洒汽油、投掷石块等方式阻挠执行，有的聚众围攻、冲击执行人员酿成群体性事件，有的法院干警不当使用武器致人死伤等等"情况，最高人民法院于 2011 年 5 月 6 日发出《关于坚决防止土地征收、房屋拆迁强制执行引发恶性事件的紧急通知》，对土地征收、房屋拆迁强制执行进行了严格的限制和规范，要求"必须慎用强制手段，确保万无一失。对当事人不执行法院生效裁判或既不起诉又不履行行政行为确定义务的案件，要具体情况具体分析，注意听取当事人和各方面意见，多做协调化解工作，尽力促成当事人自动履行。凡最终决定需要强制执行的案件，务必要做好社会稳定风险评估，针对各种可能发生的情况制定详细工作预案。凡在执行过程中遇到当事人以自杀相威胁等极端行为、可能造成人身伤害等恶性事件的，一般应当停止执行或首先要确保当事人及相关人员的人身安全，并建议政府和有关部门做好协调、维稳工作，确保执行活动安全稳妥依法进行"。对"凡是因工作失误、执法不规范或者滥用强制手段、随意动用法院警力实施强制执行导致矛盾激化，造成人员伤亡或财产严重损失等恶性后果以及引发大规模群体性事件，或者对重大信息隐瞒不服、歪曲事实，造成影响社会稳定等负面效果持续扩大的，要严肃追究有关法院领导和直接责任人员的责任，并予以曝光通报"。

四　农村土地纠纷案件的行政干预与司法独立

司法独立是一项重要的司法原则，是司法机关公平、公正处理案件的基本制度保障。我国的历史传统和现实国情都表明我国仍是一个行政主导型的国家，行政力量渗透到社会生活的各个领域，包括司法，以至出现政府部门召开"协调会"，以会议决定否定生效的法院判决和政府部门公函发至最高法干预司法的事件。① 这种状况严重影响到司法独立原则的全面实现。法律人及社会有识之士不断努力，力图从观念、制度到实践等不同层面全面推进司法独立的实现。然而，社会现实往往表现得极其诡异。我们在观察农村土地纠纷司法解决机制的过程中发现：一方面行政力量以其无所不在的强势对司法机关受理农村土地纠纷案件进行干预和控制，并且实际影响该类案件的处理方式、走向甚至结果。司法机关似乎对行政干预司法表现出天然的反感，至少应是无可奈何，然而，在农村土地纠纷案件的处理当中，司法机关却往往愿意"屈居"政府之下，情愿接受行政干预，甚至主动请求干预，或在案件的受理与审理上司法与行政形成一种"共谋"。

（一）行政干预司法之形态

地方党政禁止或要求司法机关受理某类农村土地纠纷案件。从前边我们对基层法院法官的访谈，可以清晰地看到，对诸如"征地补偿款分配纠纷"，特别是"外嫁女"的土地收益分配纠纷，因其面广、量大，一些地方党政明确要求法院不予受理，或指令法院受理一些案件。尽管最高人民法院的司法解释早在 2005 年就明确此类纠纷属人民法院受案范围，但地方党政却通过行政力量让法院对法律也"置若罔闻"。轰动一时的延安"女客打官司"，因法院按照地方党政要求拒绝立案，被多家媒体报道，北京律师赴延声援"外嫁女"维权，14 户"女客"不断上访，迫使当地法院在此类案件的受理上开了一个"口子"。有的法院

---

① 参见王国强《公函发至最高法谁在干预司法》，《中国青年报》2010 年 8 月 2 日。据记者王国强报道：（2010 年）7 月 17 日，陕西省榆林市横山县波罗镇山东煤矿和波罗镇樊河村发生群体性械斗，此事在当地被称为"7·17 事件"。这次事件源自一起矿权纠纷案，该案由榆林市中级人民法院在 2005 年判决、陕西省高级人民法院在 2007 年裁定维持原判后，数年得不到执行。2010 年 3 月，陕西省国土资源厅召开"协调会"，以会议决定否定生效的法院判决。陕西省国土资源厅的做法经媒体报道后，在社会上引发热议，被指"以权欺法"。目前，此事尚未有最终结果公布。《中国青年报》又接到读者反映，同样是在陕西省横山县，同样是一起关于矿权纠纷的官司，在最高人民法院（下称"最高法"）审理的过程中，却收到一份来自"陕西省政府办公厅"的函件。在这份函件中，关于"我省的意见和请求"有这样的表述："省高院一审判决对引用文件依据的理解不正确"，"如果维持高级人民法院的判决，将会产生一系列严重后果"，"对陕西的稳定和发展大局带来较大的消极影响"。针对此函件，南开大学法学院副院长侯欣一教授等数位国内法学专家认为，该函抛弃了政府在市场竞争中应有的公正与中立地位，有利用国家公器为私人利益服务之嫌。"将普通民事案件政治化，将经济案件上升为政治事件，并借'影响陕西省的社会稳定'的帽子向最高人民法院施加巨大的政治压力。"上述法学专家呼吁，应"抵制非法函件干预司法"。据知情人士透露，该函虽以陕西省政府办公厅的名义发送，实际上是由陕西省国土资源厅起草。

迫于舆论压力，先受理，受理后再做驳回起诉或久拖不决，被称为"技术处理"。

案件的处理过程同样会受到行政干预，如上述延安"女客打官司"，法院在受理案件一年后才开庭审理，14 户"外嫁女"的诉讼被拆分为 14 个案件。代理律师车小刚说："一个法官分两个案子，在一周内，我一口气开了 14 个庭。"开完庭后又长时间的没有音讯，最后这起轰轰烈烈的"女客打官司"全部以调解结案。在案件受理之后，法院却处于两难境地，因该村村主任被罢免，村委会瘫痪，被告方无人应诉。法院既调解不成，又不能下判，判决执行不了会引起更大麻烦。其间，区政府成立了联合工作组进驻该村，调整村级班子，打击"黑恶"势力，乡政府从中协调，最后终于达成调解协议。其实法院最后所出具的调解书只不过是一个形式，而真正解决问题的是行政力量。代理律师感慨地说道："这不是法律的胜利，是行政权力的威力。"

(二) 司法求助于行政之表现

某市中院民一庭庭长讲："农村土地纠纷涉及面广，容易引起群体性事件，一些案件判决后又难以执行。对此，我们要尽量与政府沟通，通过行政途径解决，切忌简单下判。通过政府解决效果会更好些，可从根本上解决问题。我们既要保护当事人的合法权益，又要注重办案的社会效果，这是中国司法面临的现实，也是符合国情的。如一些影响面大的案子，如果不与政府沟通，一味追求司法独立，一旦下判，引起群体性事件，政府就不好说话了，没有了回旋的余地。对这类案子从技术上可以受理，再驳回诉讼请求。如有一个村通过村民大会形成决议举办乡镇企业，企业使用农户的土地，农民在企业里就业。后来企业破产，存有大量厂房，土地不能复垦。一些农户上访，要求返还土地，并起诉到法院。这类案子如果简单做出判决就会引起更多更大的纠纷，我们还是一方面做当事人的工作，一方面与政府沟通，尽量扶持企业让其起死回生，或寻找其他途径减少农户损失，在此基础上我们驳回诉讼请求。"

某区法院民庭法官谈了他对处理农村土地纠纷案件中司法和行政的关系："针对外嫁女土地收益分配纠纷的具体情况和办案实践，我以个人名义向区政府和区政法委写了一个专题报告。我提出的观点就是，这类案子应该有一个行政前置程序，由乡镇政府一级先处理，并形成书面材料，对乡镇政府处理不服的再起诉，这样案子到了民庭后，起码基本事实清楚了。乡镇政府对每个村子村民的基本情况都很了解，让乡镇政府一级先做出处理是可行的。如果有了这个行政职能，把门槛提高了，缓解了好多矛盾，再者把责任也分担了，政府和法院各承担各的责任，这样不至于矛盾很集中。如果行政上不管，法院不受理，这类纠纷涉及的利益又很大，村民不会轻易放弃。没有了正常的解决渠道，社会矛盾积压再积压总会有爆发的一天，那就会引起更大的麻烦。我说的办法实际上就是一种缓解社会矛盾的办法。我们在审理杨家湾和毗圪堵村土地收益分配纠纷案件时，前期工作就是组织联合工作组进村调查，区政府、乡镇、法院、检察院都派员参加了，村里的情况政府和我们都清楚了。如果没有这么一个前置过程，连这个村子的基本状况都搞不清楚。法官就案审案的话就会两眼一抹黑。在进入司法程序之前，行政部门先把底摸清楚，该处理的处理，该分流的分流，行政上能消化的就消化，不能消化的再进入司法程序。"

其实，发展较快的东南沿海地区也曾遇到同样的问题。2004年，广东省高院提出了解决外嫁女问题的"三步走"程序，即"要求镇政府干预—向市政府申请行政复议—向法院提起行政诉讼"，其所首先倚重的还是行政力量。"行政引导为主，司法强制为辅"是著名的"南海模式"解决出嫁女问题的处理原则。司法强制的程序是首先由符合资格的出嫁女及其子女向镇政府申请裁定，镇政府核实后做出行政处理决定书，村民小组如果在规定期限内既不执行也不提起复议或诉讼，镇政府就可申请法院强制执行，一旦进入司法程序，法院在认定政府的行政处理决定合法后，将按强制执行有关程序使生效的行政处理决定得到及时有效执行。

（三）司法独立与行政干预悖论之诱因

1. 司法的政治要求所决定

人民法院必须"坚持服务大局。始终把维护改革发展稳定大局作为人民法院一切工作的中心任务，作为提供保障的根本途径，充分发挥职能作用，创造良好的法治环境"。要"坚持党的领导。始终把党的领导作为人民法院一切工作的政治要求，作为提供保障的根本保证，自觉接受人大及其常委会的监督，保持法院队伍永远忠于党、忠于国家、忠于人民、忠于法律的政治本色"。要"进一步增强自觉接受和依靠党的领导的观念，始终在政治上、思想上、行动上与党中央保持高度一致，自觉维护中央权威，确保中央政令在人民法院的畅通；坚持党的领导与依法行使职权的统一，坚持执行党的政策与执行法律的统一，确保人民法院工作始终沿着正确的政治方向前进"。① "努力实现执法办案法律效果和社会效果、政治效果的有机统一，不能因审判和执行工作诱发不稳定因素。法律效果和社会效果、政治效果是有机统一的整体，要以符合法律效果和社会效果、政治效果有机统一为标准开展人民法庭的审判和执行工作，尤其要注意纠正将三个效果割裂开来，片面强调法律效果而不考虑社会效果和政治效果的错误认识和做法，确保执法办案取得良好的效果。" ② 要"全力支持和积极参与党委领导、政府主导的维护农民权益机制"。"对群体性纠纷以及其他涉及面广、影响力大的案件，要做好耐心细致的思想工作，防止矛盾激化，在当地党委领导、人大监督和政府的支持下，力争把矛盾化解在当地、化解在基层。" ③

2. 司法资源不足所迫

司法资源相对于公众需求，始终是有限甚至是稀缺的。目前，由于我国仍处于社会转型阶段，社会纠纷总量很大，案件增长趋势仍将延续，"案多人少"的矛盾不断加剧，农村土地纠纷具有集中"爆发"、面广量大的特点，一般会因土地征收、涉农政策法律出台、经济形势等因素的影响而集中于某个时期大面积地发生。如前边所提到的土地二轮延包，退耕还林政策实施，大批农民工返乡等。此类纠纷往往涉及众多人群，有的涉及一村、一乡甚至一个地区几十人、几百人乃至成千上万人。如此庞大的涉案人群，如果集中于一个时期进入司法程序解决问题，基层法院无论如何是难以应付的。我国司法资源本来就非常短缺，特别是中西部地区更是匮乏。近年来，由于案件的急剧上升，基层法院法庭"案多人少"的矛盾日益突出。据统计，有些基层法官年均结案超过了 200 件。

有课题组收集了上海、广东、湖北、陕西、新疆等地七个大城市中级人民法院的相关数据。从一线法官的办案情况看，七个中级人民法院

---

① 《最高人民法院关于为构建社会主义和谐社会提供司法保障的若干意见》。
② 《最高人民法院关于进一步做好 2009 年人民法庭工作的通知》（法〔2009〕94 号）。
③ 《最高人民法院关于人民法院为建设社会主义新农村提供司法保障的意见》（法发〔2006〕17 号）。

的人均案件数为 60 件/年,而重庆一中院一线法官人均审结 104 件。①

基层法院"案多人少"的情况更不容乐观。重庆巴南区法院现有专项政法编制 158 人,在职干警 132 人,余编 26 人。在职干警中,审判岗位法官 70 人,实际在一线从事审判、执行工作的法官仅有 67 人。该院 2006 年受理各类案件 5352 件,与 2005 年受案 4742 件相比,增长 12.9%;2007 年受理 6368 件,较 2006 年增长 19.0%;2008 年案件数量陡增,突破万件大关。按重庆高院统计口径,以审判岗位法官 70 人计算,人均已办案 138 件,比重庆高院核定的法官人均办案数 85 件多出 53 件。因研究室的 3 位法官不参与办案,实际人均办案 144 件。②

一些农村法庭因为法官较少——最少的只有 1 人,案件负担比其所属的基层法院更要重,甚至远远高出全国平均水平。比如全国先进人民法庭贵州省贵阳市息烽县人民法院养龙人民法庭的年人均受理案件数为 164 件,③ 是全国平均水平的 3.8 倍。

在此背景下,基层法院希望行政介入农村土地就纠纷的解决,进行必要的分流,或借助于行政力量弥补司法资源的不足是具有一定现实合理性的。

3. 政府主导型社会、司法权威不足

中国传统社会的一个重要的特征就是行政与司法混同,行政主导司法,司法权威一直未曾树立起来。新中国成立后,我国仍是一个威权政府和全能政府的国家,政府主导着社会生活的主要方面,包括政治、经济与文化,也包括法制建设。今天的依法治国、建设社会主义法治国家、构建大调解格局的多元化纠纷解决机制等,无不是在政府主导下推进。从社会民众角度考量,浓厚的"政府情结"使民众"有事找政府"成为一种思维定式,即使司法问题也概莫能外。如此涉法涉讼信访居高不下也就不足为奇了。政府的威权化与全能化,必然使行政处于绝对的强势,司法权威也就自然没有了底气。我们从农村土地纠纷当事人解决

① 参见《加强审判管理 缓解人案矛盾——重庆一中院关于缓解人案矛盾的调研报告》,《人民法院报》2012 年 5 月 17 日第 8 版。

② 参见张斌《关于巴南区人民法院"人案矛盾"的调研报告》,重庆法院网(http://cqfy. chinacourt. org/public/detail. php? id=39721)。

③ 参见高其才等《基层司法——社会转型时期的三十二个先进人民法庭实证研究》,法律出版社 2009 年版,第 354、356 页。

纠纷的行为取向就足以判断行政与司法孰轻孰重。在此背景下，行政干预司法、司法求助于行政的现象不可避免，甚至从解决纠纷功效的角度而言，行政或比司法更有效率，更便于接近诉求。这也正是民众选择政府解决纠纷（包括信访），司法拱手相让或屈从行政的原因所在。

4. 地方党政维稳的需要

由于农村土地纠纷利益重大，人群众多，对抗激烈，极易诱发群体事件。事实上，在各地所发生的大量群体性事件大多与征地拆迁、城中村改造、征地补偿款分配及土地权属争议有关。所以，地方党政从维稳的角度出发，都非常关注农村土地纠纷，严防其扩大失控，造成社会不稳定，影响考核。对于面广量大的农村土地纠纷，政府一般都更希望通过行政方式予以解决。所以，对此类案件的受理与裁决，政府往往会对法院进行"必要"的干预。政府深谙民众"政府情结"的意蕴，即使司法裁判生效，一旦兑现不了，当事人还是要回过头来找政府或无休止地上访。所以，政府更愿意通过干预司法而控制此类纠纷的发展走向，避免影响稳定事件的发生。

5. 地方经济社会发展的需要

地方经济社会发展所需要的资金和建设用地都与农村集体土地密切相关。特别是在"经营城市"和"土地财政"的背景下，地方政府大量征收征用农民集体土地。由此而引发和衍生出各种各样的农村土地纠纷，直接影响到地方经济社会的发展。地方党政往往以服务地方工作大局和中心工作为由，要求司法机关与政府保持一致，配合和服务地方经济社会发展。所以，行政干预司法，司法屈从于行政在现实中已成常态。

五 严格的"规则之治"与模糊的乡土社会

现代法治应是一种严格的"规则之治"，法律规则以明确、肯定和普遍而著称，法律程序也以严谨、规范而为人称道。然而，在对主要发生于乡土社会中的农村土地纠纷案件的处理中，似乎一切都变得模糊含混起来。清晰的规则无法作用于模糊的事实，一切都需要"变通"之后，规则才能得到安放，纠纷方能妥善处理。这种现象，在我们的调研中俯拾即是。

政策和法律都明确规定要保障农民土地承包经营权长久不变，但在西部农村土地调整从未间断，以此平衡人多地少的矛盾和解决土地细碎化对土地流转的桎梏。司法政策要求土地补偿款在集体成员间无差别地分配，但村规民约创造出了变幻无穷的比例分配。法律严格限定或取消村集体留存机动地，但西部许多村社留有数十亩、成百亩不等的机动地，以其租金来解决村集体公共开支问题。土地发包等民主议事规则要求召开村民（代表）大会，以绝对多数通过决议，但今天的农村能有几个可以随时召开村民大会或村民代表大会？这一切所引发的土地纠纷，法院能够不折不扣地依法审理吗？

调研中，基层法院的法官们讲述着他们是如何处理农村土地纠纷的：

> 大量返乡农民工要求村组返还已被另行发包的承包地经营权纠纷，如果单从法律的角度来讲，问题很简单，应支持其诉请，返还当事人的承包地。但一旦判决支持其诉请，则会引起一系列的连锁反应，大量复杂棘手的后续问题等着你，甚至会引发农民群体性事件。所以，这类案子一般还是尽量调解，这样可以一次性解决问题，避免留下隐患和制造新的矛盾。
>
> 许多农村土地承包合同纠纷是由于村委会或村民小组违反民主议定原则进行发（承）包的，对于这类合同纠纷，要立足于农村、农业现实，不要简单地判决合同无效，以避免造成当事人更大的经济损失。如果村委会或村民小组能召集村民大会形成决议，补齐了手续，就按有效合同处理。处理农村土地纠纷案件不能机械地适用法律，否则不仅解决不了问题，还会制造新的问题。
>
> 现在农民相对独立自由，流动性很大，加之村干部的权威已远不如从前，所以要想召集村民大会很难。民主议定原则所要求的2/3村民同意根本无法保证，充其量召开村民代表会议或户代表会议，有的甚至只能召开联户代表会议，有的没召开任何会议，村干部就定了，为以后发生纠纷埋下了隐患。但从另一个方面来看，农时不可违，农村问题往往有它的具体情况和特殊性。所以，对违反民主议定程序的土地承包纠纷应尽量调解解决。
>
> 一些在企业工作的农户家庭成员，企业破产下岗，也回来要求参与家庭的土地收益分配。农户土地承包书上只载明户主及人数，

并无共有人的姓名，这样就难以界定农户承包地中有无出去参加工作的人。但考虑到他们下岗或失业，生活困难，一般通过调解，让其他家庭成员做出让步，分给这些人一部分土地补偿款。

法官们这里所讲的"调解"，显然是一种法律适用的"技术"，即"变通"。正是这种变通技术，使僵硬的法律规则变得柔韧而灵活，有效地解决了法律规则与现实的矛盾，既解决了纠纷，又规避了法官违法的风险。

这种变通不仅体现在规则上，也表现在案件处理的方式和程序方面。笔者曾在西部某县一农村法庭旁听一起民事案件的庭审。这是一个装备非常现代化的标准法庭，因为庭长是熟人，所以他对我讲："我不做任何安排，让你领略一下真实的基层法庭开庭。其实上级和来参观的人所看到的不过是开庭表演罢了。"起初，法官可能是考虑到有一位法学教授在旁听，故以非常规范的方式进行审理，满嘴法言法语，但开庭没多久，情况就发生了变化。当事人根本就听不懂"举证、质证"之类的术语，亦表达不清楚自己的诉请，更谈不上举证、质证。坐在旁听席上的村里人未经法官许可，随时插话，发表意见，打断庭审。法官起先还制止旁听席上的随意发言者，但到后来因为当事人实在不如旁听席上的人说得清楚，便默许了他的发言。这种情形显然是不符合庭审规则的，但现实就是如此，法官要想顺利解决纠纷，就得变通程序规则，也许这就是真实的"乡村法治图景"。

六　审理农村土地纠纷案件规范的缺失与创制

（一）审理农村土地纠纷案件的主要政策法律依据

在我国，审理各类农村土地纠纷案件具有较为充分的法律规范资源，如《民法通则》、《物权法》、《土地管理法》、《农村土地承包经营法》、《土地管理法实施条例》等相关法律、法规；最高人民法院《关于审理涉及农村土地承包纠纷案件适用法律问题的解释》等司法解释；最高人民法院《关于人民法院为建设社会主义新农村提供司法保障的意见》、《关于为推进农村改革发展提供司法保障和法律服务的若干意见》、《关于当前形势下进一步做好涉农民事案件审判工作的指导意见》、《关于加强涉农案件审判工作为农村经济发展提供司法保障的通知》等司法政策性文件；大量的部门规章和地方性法规、政府规章。此外，各地高级人民法院和中级人民法院也会针对某类案件审理的实际需要而制定和颁布具有办案指导意义的诸如《意见》、《会议纪要》等内部司法文件。这些规范性法律文件及司法解释和司法政策性文件为司法机关依法审理农村土地纠纷案件提供了充分的法律依据，奠定了坚实的制度基础。

但在司法实践中，人民法院在审理农村土地纠纷案件中仍会提出存在"立法空白"、案件审理缺乏法律依据的问题。这类问题集中表现在审理土地征收补偿费分配纠纷案件中，关于"农村集体经济组织成员资格"的界定。目前，关于"农村集体经济组织成员资格"的界定尚无法律规定和司法解释予以明确，通常是由地方法院通过内部司法文件做出规定或解释来指导司法实践，也有一些地方政府制定的政策性文件对此做出规定。因此，各地对于"农村集体经济组织成员资格"的界定标准差异较大，司法实践中执行的情况也很不统一。此外，一些法律规定与现实脱节，国家法与村规民约相冲突的情况加剧了人民法院在审理农村土地纠纷案件法律适用的困难，如严格限制土地调整、机动地留用的规定与农村人多地少，土地资源拥有不平衡的矛盾；村规民约关于承包地征收补偿费用分配规则的复杂多样性与法律要求农村集体经济组织成员间无差别分配的矛盾等。对此，法院为了避免裁判落空，一般通过调解结案，以此应对国家法与村规民约相冲突的矛盾。

（二）村集体经济组织成员资格界定的立法与实践

农村集体经济组织成员资格的确定事关农村社会生活的基础，它不仅是解决土地补偿费和安置补助费分配等农村集体财物分配纠纷案件的重要前提，而且在司法实践中具有重大的指导意义，对于当事人的法律地位、发生纠纷后的法律适用等与当事人利益攸关的法律问题产生极为重要的影响。但对于如此重要的法律问题，我国目前在立法上仍是一个空白。最高人民法院负责人曾在发布《关于审理涉及农村土地承包纠纷案件适用法律问题的解释》的记者招待会上做了较为具体的说明：

"在起草《解释》的调查研究过程中，我们发现：出嫁妇女土地承包经营权保护、农村土地征收补偿费用分配等问题，已经成为影响当前中国农村社会稳定的大问题。要解决上述问题，正确界定农村集体经济组织成员资格是必不可少的基本前提。正因为如此，各相关部门要求确定农村集体经济组织成员资格标准的呼声非常强烈。自 2004 年以来，特别是在《解释》稿公开征求意见过程中，社会各界针对农村集体经济组织成员资格问题的意见建议占有很大比重。许多全国人大代表和全国政协委员还以提案和建议的形式，要求最高人民法院以司法解释明确此问题。为切实解决以上问题，《解释》起草小组在大量调研和分析论证的基础上，对农村集体经济组织成员资格确定问题拟定了共计七个条文的初步意见。应当说，对农村集体经济组织成员资格问题的调研论证，在整个《解释》起草制定工作中占据了相当大的比重。

"最高人民法院审判委员会对《解释》稿进行讨论后认为：农村集体经济组织成员资格问题事关广大农民的基本民事权利，属于《立法法》第四十二条第（一）项规定的情形，其法律解释权在全国人大常委会，不宜通过司法解释对此重大事项进行规定。因此，应当根据《立法法》第四十三条规定，就农村集体经济组织成员资格问题，建议全国人大常委会作出立法解释或者相关规定。"

这种立法上的滞后，使得各地人民法院为了在本辖区内统一司法尺度，纷纷通过法院内部文件做出认定农村集体经济组织成员资格的原则或标准，用于指导法官办案。如：2004 年，陕西省西安市中级人民法院《关于审理农村集体经济收益分配纠纷案件的意见》规定："村民一般是指依法取得住所地村、组户籍登记，与农村集体经济组织形成了权利和义务关系的人员。"2006 年，陕西省高级人民法院《关于审理农村集体经济收益分配纠纷案件研讨会纪要》提出："此类纠纷的原告一般是指依法取得该农村集体组织所在地户籍的自然人。这是确认该纠纷原告主体资格的主要标准。同时，对户籍虽不在该农村集体组织所在地，但与该农村集体组织在事实上或法律上存在权利义务关系的自然人，亦应确认其原告主体资格。例如义务兵及户籍迁出该农村集体组织的大中专学生等，亦可成为原告。"规定"农村集体经济组织成员一般是指在集体经济组织所在村、组生产生活，依法登记常住户籍并与农村集体经济组织形成权利义务关系的人"。2009 年，重庆市高级人民法院《关于农村集体经济组织成员资格认定问题的会议纪要》（渝高法〔2009〕160 号）规定"农村集体经济组织成员资格的认定，应当以是否形成较为固定的生产、生活，是否依赖于农村集体土地作为生活保障为基本条件，并结合是否具有依法登记的集体经济组织所在地常住户口，作为判断农村集体经济组织成员资格的一般原则"。

新近开展这项工作的是海南省高级人民法院。随着海南国际旅游岛建设项目的开发和城市化建设进程的加快,对农村集体土地征用面积不断增多,导致土地补偿费分配纠纷案件大幅上升,特别是涉及以"外嫁女"为代表的部分群体主张同等分配土地补偿费的案件问题比较突出。由于在目前的法律法规、司法解释或规范性文件中,均没有对农村集体经济组织成员的资格做出明确的界定,而海南各地的村级集体经济组织间风俗习惯、村规民约都不尽相同,因此各地对被征用土地补偿款的分配标准也不尽相同,导致不同法院出现不同的裁判标准、执法尺度不一的现象。为此,海南省高级人民法院于 2012 年 6 月,发布了《关于审理农村集体经济组织土地补偿费分配纠纷案件若干问题的意见(试行)》,向社会公开征求意见。其中规定"对农村集体经济组织成员资格的认定,以人民政府的征地补偿安置方案确定时依法取得集体经济组织所在地户籍,在集体经济组织形成较为固定的生产、生活为基本依据,并兼顾是否以集体经济组织的土地为基本生活保障作为判断标准"。

实践中,理论界对确定农村集体经济组织成员资格的标准一直存在颇多争论,根括起来主要有以下三种观点:一是户籍说,即以户籍所在地是否在该村组作为确定是否具有农村集体经济组织成员资格的标准;二是居住说,即以是否实际在本村组长期居住生活为标准确定其成员资格;三是折中说,即以户籍所在地为原则,以长期居住的事实状态为例外来确定成员资格。另外,还有权利义务关系说,即以权利义务关系是否形成的事实作为判断标准的方法。即以必须与本集体经济组织形成事实上的权利义务关系及管理关系的人,才具有农村集体经济组织成员资格。

我们注意到重庆市和海南省高级人民法院的司法文件在认定农村集体经济组织成员资格标准的要素上有所推进,都将"是否以集体经济组织的土地为基本生活保障"作为判断依据之一。综观各地法院的判断标准,主要是从户籍、居住、权利义务、土地保障几个方面进行考量。但各地这几个要素的组合和权重情况有所不同。实践中,由于具体情况非常复杂,从而导致对某一标准的理解和执行情况又会产生较大差异。

农村集体经济组织成员资格认定的困难源于各地风俗习惯和村规民

约的复杂性与差异性。由于这些风俗习惯和村规民约的内容往往与国家法的价值取向相左，因而构成对部分人群利益的损害。

农村集体经济组织成员资格认定的实际意义，主要针对少数特殊人群身份的界定和特殊情况下的规则适用。如"外嫁女"（包括嫁城女和嫁农女）、"入赘女婿"、服兵役人员、考上大中专院校学生、外出务工人员等特殊人员。实践中出现的新情况，如农村村民挂户分配权问题；土地征用时尚未死亡，在分配收益时死亡的分配权情况；嫁城姑娘成年子女的分配权的情况；农村集体经济组织集体转为城镇居民后的出嫁女分配权的情况；中专毕业后又考入高等院校进行本科或大专阶段学习的村民子女分配权的情况；村民事实收养子女分配权的情况；非婚生育子女分配权的情况；先生育，后结婚分配权的情况；违反计划生育规定超生子女分配权的情况等。

鉴于农村现实的复杂性和多样性，为有效保护不同人群，特别是"小众人群"的合法权益，通过立法明确农村集体经济组织成员资格认定的统一原则和标准是必要的，但再完备的法律也无法涵盖现实中的各种复杂情况。对此应当给予风俗习惯和村规民约一定的发展空间，对一些法律原则的理解和适用不能机械僵化，如"平等"不等同于"平均"，因而一些村规民约中根据实际情况对不同人群所实施的"比例分配"具有一定的现实合理性。

（三）充分利用民间法规范资源审理农村土地纠纷案件

尽管审理农村土地纠纷案件具有较为充足的政策法律资源，但仍存在立法上的空白点和政策法律与现实相脱节的地方。在农村事务处理和秩序构建中，风俗习惯与村规民约具有不可替代的地位和作用。传统风俗习惯与村规民约并不都是"愚昧落后"的，特别是现代村规民约，往往表现出农民极大的政治智慧和规则创新能力，对此切不可小觑。仅以丰富多彩的农村土地收益分配规则，就足以令人惊叹。对此，我们在其他部分已有较为详细的论述。包括村规民约在内的各种民间法为国家和地方立法提供了极为丰富的规范资源，是我国立法的重要渊源。我们应当充分利用民间法规范资源审理农村土地纠纷案件，以弥补国家立法的不足和空白，消解国家法与农村实际相脱节的尴尬。最高人民法院《关于为推进农村改革发展提供司法保障和法律服务的若干意见》中特别强调要"注重对风俗习惯中的积极因素进行广泛深入的收集整理与研究，使其转化为有效的司法裁判资源。要重视善良民俗习惯在有效化解社会矛盾纠纷，促进新农村和谐稳定中的积极作用。坚持合法性、合理性、正当性、普遍性原则，认真考虑农民一般道德评价标准、法律认知程度和是非判断的基本准则，将农村善良风俗习惯作为法律规范的有益补充，积极稳妥地审理、执行好相关案件，确保涉农审判、执行工作法律效果与社会效果有机统一"。

在司法实践中有两种倾向值得注意，一是司法过于迁就风俗习惯与村规民约，引发更大的矛盾。实践中这样的事例很多，如在土地收益分配中，有村规民约规定，男户家庭按现有人口每人享受一人份，而女户家庭则无论人口多少，只享受一人份。在诉讼中，法官为了使原告诉求合乎村规民约的要求，便于调解或判决执行，硬性要求原告放弃部分诉求。再如《陕西省高级人民法院关于审理农村集体经济组织收益分配纠纷案件讨论会纪要》规定："已婚（或再婚）的农村集体经济组织女性成员，婚后确属非自身原因未迁转户口、并在户籍所在地生产生活且未享受男方所在村组收益分配权的，其要求户籍所在地的集体经济组织给予本集体经济组织成员同等收益分配权的，人民法院应予支持。"这一规定暗含一个前提，就是嫁农女户口须迁往男方。事实上，嫁农女户口须迁往男方的要求并无政策法律依据，而是出自村规民约，其显然与婚姻法规定相左。婚嫁可否成为丧失村集体经济组织成员资格的当然理由呢？传统农村习惯性的做法是通过婚姻嫁娶获得或丧失村民资格，用这种一进一出的方式实现村庄资源配置的自然平衡。因传统农村所拥有的资源和财产主要是土地，这种平衡方式获得村民普遍的认同和遵守，并构成村民强烈反对外嫁女参与村庄土地收益和其他集体财物分配的最基础的动因和理由。城乡二元结构体制及其户籍政策使司法对村规民约的态度也呈"二元"状态，一方面支持对嫁农女的"剥夺"，另一方面则否定对嫁城女的"剥夺"。司法结果在客观上对村规民约做出有违法律精神的支持。二是司法简单否定风俗习惯与村规民约。农村风俗习惯和村规民约是在村庄共同体中土生土长起来的行为规则，较之作为外部规则的国家法更符合农村实际。其往往对僵硬的国家法起到一种柔化的作用，使国家法在乡土社会实现"软着陆"。如根据村民与村集体之间的权利义务关系和其他影响因素，在土地收益分配中对部分人群实行"比例分配"，法官却以其违反平等原则而否决。

小　结

一　农村土地纠纷案件类型相对集中

传统的农村土地纠纷案件类型主要有：土地权属纠纷、宅基地纠纷和相邻关系纠纷。我国农村土地实行家庭承包经营后，农村土地承包纠纷成为最主要的农村土地纠纷案件类型。随着工业化和城市化的迅速推进，土地征收、征用的范围、数量和规模越来越大，征地拆迁纠纷成为社会高度关注的热点问题，也成为人民法院审理的另一类重要农村土地纠纷。涉农土地纠纷案件主要包括民事案件和行政案件两大类。其中，民事案件主要表现为农村土地承包经营纠纷和宅基地纠纷；行政案件主要表现为土地权属争议和征地补偿安置争议。前者可以直接进入司法程序，人民法院通过调解或判决解决。后者则先要通过当事人协商、行政协调、行政调解、行政裁决、行政复议等非诉讼方式解决，只有在当事人对人民政府做出的处理决定不服时，才可以依法提起行政诉讼，进入司法解决程序。

二　司法仍是一种重要的农村土地纠纷解决方式

全国各级法院每年审结涉农民事案件 23 万多件，其中主要为农村土地纠纷案件。根据相关数据推算，涉农民事案件约占法院年均审结各类民事案件的 26% 左右。所以，农村土地纠纷案件在人民法院审理的民事案件中占有较大的比重，司法仍是一种重要的农村土地纠纷解决方式。但从基层法院和人民法庭审理农村土地纠纷案件的平均值来看，每个基层法院和人民法庭年平均审理农村土地纠纷案件有 20 来件。由于许多市区内的基层法院已几无农村土地纠纷案件，这类案件主要集中在远郊县区法院和人民法庭。

三　农村土地纠纷案件的类型变化、区域分布、数量规模、发生频率具有不平衡性特点

进入司法程序的农村土地纠纷案件在数量、类型等方面具有明显的时空差异。这种差异的形成与该地区产业结构，工业化、城市化进程，

国家涉农政策法律实施（如农村土地家庭承包经营，加快土地流转、"一免三补"、退耕还林、林权改革、新农村建设、统筹城乡发展等），司法资源供给，甚至国际国内经济形势等情况密切相关。农村土地纠纷案类型、数量的发展趋势表现为，在城市化较快的区域土地承包经营纠纷越来越少，土地收益分配纠纷则相对较多，并逐渐从城郊向远郊推开。而城市化进程缓慢，仍以农业为主的区域土地承包纠纷则较多。最具社会影响力的征地纠纷较少进入司法程序解决。

　　进入司法程序的农村土地纠纷数量逐渐减少的趋势，并不能当然地推导出农村土地纠纷越来越少的结论。因为，土地纠纷发生后，当事人采取什么样的方式解决，是否选择司法解决方式，能否进入司法程序解决，要受到诸多因素的制约和影响。包括：（1）当事人纠纷解决方式选择偏好。"打官司"并非农民纠纷解决的首选方式，特别是农村土地纠纷。（2）法院受案范围与受案限制。农村土地纠纷能否进入司法程序解决还取决于人民法院的受案范围。有些农村土地纠纷明确列入法院的受案范围，有些则不明确，有些虽然明确了，但法院出于种种原因而实际不受理或做选择性的受理，从而客观上限制了农村土地纠纷进入司法程序。（3）制度性障碍。农村土地征收纠纷是最具冲突性、对抗性、群体性和广泛影响性的一类纠纷。此类纠纷处理难度极大，极易引起群体性事件或其他极端事件的发生。由于制度设计原因，征地补偿方案并不纳入司法审查的范围，征地补偿标准争议也不能作为民事纠纷案件直接进入司法程序解决，而是通过征地补偿标准争议协调裁决制度解决，客观上限制了此类纠纷的司法解决。（4）多元化纠纷解决机制下的土地纠纷分流。人民调解、行政调解、农村土地承包纠纷调解与仲裁、征地补偿标准争议协调裁决制度、新型农村组织矛盾纠纷调解、信访解决纠纷机制等都在预防和化解农村土地纠纷方面发挥着重要作用。基层法院普遍认同人民调解、农村土地承包纠纷仲裁等纠纷解决机制在化解农村土地纠纷中的地位和作用，认为多元化纠纷解决机制缓解了司法机关的案件压力。

四　农村土地纠纷解决司法权威尚显不足

　　农村土地纠纷的普遍性、持久性、对抗性、群体性需要权威的化解渠道和解决机制，方能消除对抗、定分止争、恢复社会秩序、实现公平正义。现实中，大量土地纠纷或因体制制度性障碍，或因资源配置不当，或因人为因素而被排斥在司法大门之外，无法获得这种最权威的解决，致使这些纠纷长期在司法体外徘徊，甚至四处游离，影响社会稳定。同时，许多重大农村土地纠纷的解决，由于司法的缺位或介入不足，以致过度依赖行政手段和政治方式解决，致使司法权威被遮蔽，社会公众法律信仰难以建立。

五 农村土地纠纷案件调解与裁判关系存在严重悖论现象

一方面司法工作的原则要求"调解优先，调判结合"，加大调解结案的比重，然而农村土地纠纷案件的调解难度很大，判决居多，调解结案率较低；另一方面判决之后，又存在执行难，形成"法律白条"。所以，法官极力调解结案，甚至不惜以判压调，以拖促调，追求案结事了。这种状况的出现在一定程度上来讲是目前涉法涉诉信访考核机制倒逼的结果，法官通过调解结案以避免当事人因不满判决而引发的上访。

六 农村土地纠纷案件裁决"法律白条"现象严重

造成这种现象的主要原因有：（1）国家法与民间法的强烈冲突。司法判决的适法性要求严格依法裁判，国家法集中体现了现代文明的要求，往往与传统习惯和村规民约相抵牾，但作为乡土社会的人们则更乐于接受祖祖辈辈传下来的"规矩"，更愿意维护这代表其利益的现实。法院的判决一旦与其所认同的"规矩"和现实不符时，就会发生"村民只认村规民约不认法"的现象。（2）"小群体"与"大群体"的利益对抗。法院判决维护"小群体"利益时，就会遭到村委会及其背后由多数村民构成的"大群体"的强烈抵制和对抗。（3）农村土地纠纷案件强制执行受限。农村土地纠纷案件判决结果难以执行的一个很重要的原因是，此类案件标的物的特性决定了不具有强制执行性。农村集体经济"空壳化"，征地补偿款分光吃尽使判决内容无法执行。人民法院对强制执行的审慎态度同样会影响到土地纠纷案件的执行。

七 农村土地纠纷案件行政干预较强

我国的历史传统和现实国情都表明我国仍是一个行政主导型的国家，行政力量渗透到社会生活的各个领域包括司法当中，以致出现政府部门召开"协调会"，以会议决定否定生效的法院判决和政府部门公函发至最高法干预司法的事件。我们在观察农村土地纠纷司法解决机制的过程中发现：一方面行政力量以其无所不在的强势对司法机关受理农村土地纠纷案件进行干预和控制，并且实际影响该类案件的处理方式、走向甚至结果。然而司法机关在农村土地纠纷案件的处理当中却往往表现出愿意"屈居"政府之下，情愿接受行政干预，甚至主动请求干预，或在案件的受理与审理上与行政形成一种"共谋"。形成这种状况的原因主要有：（1）司法的政治要求所决定。（2）司法资源不足所迫。司法资源相对于公众需求，始终是有限甚至是稀缺的。目前，由于我国仍处于社会转型阶段，社会纠纷总量很大，案件增长趋势仍将延续，"案多人少"的矛盾不断加剧，农村土地纠纷具有集中"爆发"、面广量大的特点，一般会因土地征收，涉农政策法律出台，经济形势等因素的影响而集中于某个时期大面积发生，法院难以承受和应对。（3）政府主导型社会，司法权威不足。（4）地方党政维稳的需要。由于农村土地纠纷利益重大，人群众多，对抗激烈，极易诱发群体事件，事实上，在各地所发生的大量群体性事件大多与征地拆迁、城中村改造、征地补偿款分配及土地权属争议有关。所以，地方党政从维稳的角度出发，都非常关注农村土地纠纷，严防其扩大失控，造成社会不稳定。（5）地方经济社会发展的需要。地方经济社会发展所需要的资金和建设用地都与农村集体土地密切相关。特别是在"经营城市"和"土地财政"的背景下，地方政府大量征收征用农民集体土地。由此而引发和衍生出各种各样的农村土地纠纷，直接影响到地方经济社会的发展。地方党政往往以服务地方工作大局和中心工作为由，要求司法机关与政府保持一致，配合和服务地方经济社会发展。

八　"变通"成为处理农村土地纠纷案件的重要技术

在处理农村土地纠纷案件中，存在严格的"规则之治"与模糊的乡土社会之矛盾。现代法治是一种严格的"规则之治"，法律规则以明确、肯定、普遍而著称；法律程序以严谨、规范而称道。但对主要发生于乡土社会中的农村土地纠纷案件的处理，似乎一切都变得模糊含混起来。清晰的规则无法作用于模糊的事实。一切都需要"变通"之后，规则才能得到安放，纠纷方能妥善处理。法官们所讲的"调解"，显然是一种法律适用的"技术",即"变通"。正是这种"变通"技术,使僵硬的法律规则变得柔韧而灵活,有效地解决了法律规则与现实的矛盾,既解决了纠纷,又规避了法官违法的风险。这种"变通"不仅体现在规则上,也表现在案件处理的方式和程序方面。

九 民间法是审理农村土地纠纷案件的重要司法裁判资源

规范性法律文件及司法解释和司法政策性文件,为司法机关依法审理农村土地纠纷案件提供了充分的法律依据和司法裁判资源。但在司法实践中,人民法院在审理农村土地纠纷案件中仍存在"立法空白"、案件审理缺乏法律依据的问题。这类问题集中表现在审理承包地征收补偿费用分配纠纷案件中的"农村集体经济组织成员资格"界定问题上。在处理这类问题过程中,应当充分利用民间法规范资源审理农村土地纠纷案件。在农村事务处理和秩序构建中,风俗习惯与村规民约具有不可替代的地位和作用。传统风俗习惯与村规民约并不都是"愚昧落后"的,特别是现代村规民约,往往表现出农民极大的政治智慧和规则创新能力,对此切不可小觑。农村风俗习惯和村规民约是在村庄共同体中土生土长起来的行为规则,较之作为外部规则的国家法更符合农村实际。其往往对僵硬的国家法起到一种柔化的作用,使国家法在乡土社会实现"软着陆"。因此,包括村规民约在内的各种民间法为国家和地方立法提供了极为丰富的规范资源,是我国立法的重要渊源。我们应当充分利用民间法规范资源,使其转化为有效的司法裁判资源,以弥补国家立法的不足和空白,消解国家法与农村实际相脱节的尴尬。当然,在司法实践中有两种倾向值得注意,一是司法过于迁就风俗习惯与村规民约,引发更大的矛盾。二是司法简单否定风俗习惯与村规民约。

第五章　农村土地纠纷
信访解决机制

在当今中国社会，很难想象，"上访"（信访）这个词使用频率如此之高，可谓妇孺皆知；信访问题如此之重要，以至政府、学者、百姓莫不关注；信访问题如此之复杂，让政府、学者、百姓莫衷一是；信访问题如此之诡异，使政府、学者、百姓都难以释怀。从某种意义上讲，从信访角度审视当今中国社会是再恰当不过了。因为信访实乃社会问题的大"窗口"，社会稳定的"晴雨表"，人民公仆的试金石，执政能力的"评判官"。在官方看来，"信访工作是党和政府的一项重要工作，是构建社会主义和谐社会的基础性工作"，是"切实维护社会公平正义，最大限度地增加和谐因素、减少不和谐因素"的重要途径；对老百姓而言，"却成了老百姓最后一种救济方式，而且被视为优于其他行政救济甚至国家司法救济的最后一根救命稻草"；而学者则视其为消解司法权威、阻碍发展前行的消极力量或具有独特优势的特殊行政救济方式。那么，在实践中信访制度究竟是否具有救济功能？能否成为一种独立的农村土地纠纷解决机制？其将如何运行？成效如何？这是本章所要观察和思考的问题。

第一节　信访制度与纠纷解决

一　信访与信访制度之发展

所谓信访，是人民来信来访的简称。信访活动有广义和狭义之分。广义的信访是指群众通过写信或上访，向各级党政部门、人大、司法机关等单位提出要求、意见、批评、建议、愿望和申诉，以此来参政议政或维护自己合法权利的社会交往方式。狭义的信访是指国务院 1995 年颁布的《信访条例》所规范的行为，即"公民、法人和其他组织采用书信、电话、走访等形式，向各级人民政府、县级以上各级人民政府所属部门反映情况，提出意见、建议和要求，依法应当由有关行政机关处理的活动"。信访制度是关于信访活动行为规则的总称。我国信访制度是指由各级国家机关设置专门的信访工作机构及配备专职信访干部，按照"属地管理、分级负责，谁主管、谁负责"的原则，及时处理人民群众来信来访来电活动的一项基本制度。

我国现行的信访制度建立于 20 世纪 50 年代初，至今已有 60 多年的历史。1951 年 6 月，当时的中央人民政府政务院在《关于处理人民来信和接见人民工作的决定》中，正式把处理人民来信和接待人民来访列为各级人民政府的一项专门工作，同时对处理来信来访的原则、工作机构的设置做出规定，为信访工作的创立和发展奠定了基础。1954 年 12 月成立国务院秘书厅人民接待室。随后，全国县（市）以上各级党委和政府大多数也在其办公厅（室）下面设立了"人民来信组"、"接待室"等信访工作机构。与此同时，全国人大常委会办公厅也设置了人民接待室，负责处理人民群众来信来访。信访制度由此逐步建立和发展起来。1963 年 9 月，中共中央、国务院发出《关于加强人民来信来访工作的通知》，对各级各部门加强信访工作的领导、解决群众反映的问题、处理信访问题的原则和方法等提出要求。1982 年 4 月，中办、国办下发《党政机关信访工作暂行条例》，初步将信访工作纳入制度化、规范化轨道。

1995 年 5 月，国务院颁布《信访条例》，这是新中国成立以来第一部信访条例，标志着信访工作开始走向法制化。2000 年，经中央批准，在原中办国办信访局的基础上成立国家信访局，这是新中国历史上第一个负责信访工作的国家级行政机构，标志着信访工作走上了制度化、规范化轨道，开始由"秘书型"向"职能型"转变。2005 年 1 月，国务院修订并颁布新的《信访条例》。新《信访条例》根据信访新形势、新情况，在充分借鉴国内外最新成果和有益做法的基础上，对 1995 年的《信访条例》进行了大幅度的修订，在许多方面都有所突破。主要有：信访部门的权责得到加强；建立了"属地管理、分级负责，谁主管、谁负责"的原则；明确了信访工作领导负责制；实行信访问责制；明确了信访事项范围；疑难信访事项可举行听证；进一步强调畅通信访渠道；加强对信访人权益的保护；过激信访将受到惩处；确立了信访"三级终结制"。新《信访条例》的颁布和实施，使我国信访工作进一步走向规范化和法制化。

2007 年 3 月，中共中央、国务院下发《关于进一步加强新时期信访工作的意见》，确立了以中国特色社会主义理论为指导，以服务党和国家工作大局为中心，以维护群众合法权益、及时反映社情民意、促进社会和谐稳定为目标，实现信访工作新格局、新秩序、新机制和制度化、规范化、法制化等"三新三化"的目标任务，从而把新时期信访工作提升到了一个新的高度，实现了在更高层面上对信访工作的全面指导。2008 年 6 月，监察部、人力资源和社会保障部、国家信访局联合下发《关于违反信访工作纪律处分暂行规定》，第一次就违反信访工作纪律实行责任追究做出专门规定。2008 年 7 月，中央纪委下发了《关于违反信访工作纪律适用〈中国共产党纪律处分条例〉若干问题的解释》。2009 年，中共中央办公厅、国务院办公厅转发《关于领导干部定期接待群众来访的意见》、《关于中央和国家机关定期组织干部下访的意见》和《关于把矛盾纠纷排查化解工作制度化的意见》三个文件，将定期接待群众来访的主体从县委书记层拓宽到各级各部门领导干部，将组织中央和各级国家机关干部下访规范化，把矛盾纠纷排查化解工作制度化，进一步完善信访工作法规制度体系。

我国信访制度 60 多年的发展历程，表明信访工作逐步朝着制度化、规范化、法制化的方向迈进。信访工作机构从无到有，逐步建立和健全，从中央到省、市、县已普遍建立起了完善的信访工作体系，乡镇、街道、社区也都普遍确立了专兼职的信访工作机构和人员。各地各部门制定出台了相关配套法规、制度 2000 多件，初步形成了覆盖各个方面、规范各个环节、较为完备的信访工作法规制度体系。为"切实维护群众合法权益、及时反映社情民意、着力促进社会和谐"，实现信访工作新格局、新秩序、新机制发挥了极其重要的作用。

二　转型期信访发展态势

自 20 世纪 90 年代后期以来，由于"我国已进入改革发展的关键时期，工业化、城镇化、市场化、国际化加快推进，经济体制深刻变革，社会结构深刻变动，利益格局深刻调整，思想观念深刻变化，这既给我国发展进步带来巨大活力，也必然带来这样那样的矛盾和问题。其中，大量矛盾和问题通过信访渠道反映出来，加上一些地方和部门的工作不到位，一些干部的作风不扎实，一些群众的法制观念比较淡薄，使信访问题进一步凸显，信访工作面临的任务十分繁重"。[1] 从计划经济体制向市场经济体制转轨时期，随着工业化、城市化、市场化进程的推进而发生的社会结构转型、利益群体分化和社会利益关系的调整，大量深层次的社会矛盾和问题开始显现，并集中爆发出来。社会转型期作为矛盾纠纷的多发期和凸显期的特征在我国完全表现出来。由于信访在我国特殊的地位与功能，加之法制环境、历史传统、文化心理、现行体制等多重因素的交相作用，致使大量矛盾和问题进入信访渠道，通过信访渠道集中表现和反映出来。从 1992 年开始，全国信访总量连续 12 年攀升，并在 2003 年形成"信访潮"。虽然于 2005 年一举扭转了信访总量持续攀升的势头，全国信访总量开始呈现下降态势，但时至今日，信访形势仍然不很乐观，甚至在一些方面依然十分严峻。信访总量仍在高位运行，信访量绝对数仍然十分惊人；另外，信访总量呈现下降态势只是就全国整体状况而言，各地实际情况不平衡，有些地区并未下降，反而在上升；一些信访问题虽然在数量上有所下降，但解决的难度却越来越大。更为严重的是，不仅需要解决的信访问题成堆，而且有关部门在解决信访问题过程中，又引发了大量新的矛盾和问题，影响着信访问题的解决。

改革开放以来，信访制度先后经历了两次信访大潮的冲击。第一次是十一届三中全会后的拨乱反正时期，许多干部群众写信或上访，要求平反冤假错案、落实政策，当时中央千人信访工作组受理并复查的冤假错案达 24100 多件，[2] 中央信访工作机构 1979 年受理的来信来访高达 127 万件（人）次。为此，从中央到地方先后抽调 20 万名干部，在全国开展了近两年的大规模处理上访问题活动。

第二次是自 20 世纪 90 年代后期以来，即我国从计划经济体制向市场经济体制转轨的时期，信访总量持续大幅上升。资料表明，2000 年

---

① 中共中央、国务院《关于进一步加强新时期信访工作的意见》（中发〔2007〕5 号）。
② 参见张军《信访，承受不能承受之重》，《人民信访》2003 年第 4 期。

全国县级以上三级党政机关受理的群众信访总量为 1024 万件（人）次，集体访 24.57 万批次、564.8 万人次，分别比 1995 年上升了 1.13 倍、2.8 倍和 2.6 倍。另据统计，1996 年至 2000 年，全国县级以上党政机关信访部门受理的群众集体访批次和人次分别是第四次全国信访工作会议前 13 年的 2.06 倍和 2.75 倍。①

2000 年全国 31 个省、自治区、直辖市县以上三级党政机关受理的群众来信来访首次突破 1000 万件人次。2001 年同比继续上升 8.7%。2002 年，全国县级以上党政信访部门受理的信访总量达到 1000 万件（不包括各职能部门受理的信访量），② 同比继续上升 2.9%。2003 年受非典疫情的影响，信访总量与 2002 年基本持平，但群众集体上访总体同比上升 5.1%。全国各级信访部门每年处理的信访案件总量，最保守的估计也不少于 1000 万件。2004 年全国县以上党政信访部门受理群众来信来访总量达 1373.6 万件人次，比 2003 年增长 13.4%。仅 1—7 月，全国地方县级以上党政信访部门受理的群众来信来访与 2003 年同期相比上升了 16.1%。其中，国家信访局受理的来信来访同比分别上升 123.67% 和 124.77%。③ 2004 年是自 1992 年以来，信访总量持续上升的第 12 年。

中国社会科学院发布的《2005 年社会蓝皮书》表明，从 1993 年到 2003 年间，中国的"群体性事件"数量已经从 1 万起增加到 6 万起，参与人数也由约 73 万增加到约 307 万。与"群体性事件"相伴的是信访的激增。2005 年中央启动《信访条例》的修订工作，试图通过变法调整和完善信访制度，缓和、解决日益严重的信访问题。新《信访条例》颁布后，信访工作取得了很大的成绩。来自国家信访局的统计数字显示，2005 年信访工作一举扭转全国信访总量持续 12 年攀升的势头，随后连续 6 年信访形势保持持续好转的良好态势，呈现出信访总量持续下降、集体上访数量下降、非正常上访数量下降、群体性事件发生量下降，信访秩序明显好转的良好局面。

必须注意的是，随着改革的深化和利益格局的调整，我国已进入改革发展的关键时期，信访工作也遇到了许多新情况、新矛盾、新问题，

---

① 参见上海市委、市政府信访办公室选编《第五次全国信访工作会议材料》，第 9 页。
② 参见张军《信访，承受不能承受之重》，《人民信访》2003 年第 4 期。
③ 参见《信访工作高层论坛参考材料》之一，《信访工作状况》，第 9 页。

表现为社会矛盾增加，热点、难点、焦点问题增多。一方面，信访工作总体形势明显好转，出现了"四个下降一个好转"的良好局面；另一方面，信访总量仍在高位运行，信访突出问题仍较集中，深层次的问题不断产生，不和谐的因素大量存在且解决的难度越来越大。① 2005 年全国县级以上党政信访部门受理的信访总量为 1265.6 万件（人）次，与 2004 年 1373.6 万件（人）次相比，仅下降 7.9%。其中，国家信访局受理来访 60.3 万件（人）次，同比基本持平；省、市、县三级受理的信访量同比分别下降 8.9%、9.2%、9.3%；国家信访局受理来信 48.6 万件，同比上升 6.1%。② 2005 年，全国人大常委会办公厅共就收到群众来信 13 万多封，接待群众来访 5.8 万多人次，近 19 万件。③根据国务院新闻办 2010 年 9 月发布的《2009 年中国人权事业的进展》白皮书："2009 年，全国信访总量同比下降 2.7%，连续 5 年保持了下降的态势。"我们从这些官方公布的数据可以看出，信访总量下降幅度并不大，还仍在高位运行。从经验层面来看，地方信访量统计通常是，上报数量与实际发生量总是存在一定的"缩水"。而从其他一些部门所获取的信访量数据，往往表明信访量仍呈上升态势。

全国人大代表、江苏宿迁市信访局长申湘琴，这位已在位 13 年的信访局长所发出的疑问，似乎可以为我们判断当今信访形势提供一个很有分量的佐证："当下各级党委政府对信访工作的重视程度是'空前的'，信访工作者的贡献和努力是'前所未有的'，而各级信访部门的工作措施甚至到了'穷尽的程度'，为什么信访总量仍高位运行、群体性事件仍在频繁发生、信访量仍在不断增加？"④ 这的确是一个非常值得警醒的问题。

---

① 参见吴超《当代中国社会转型与信访治理》，《毛泽东邓小平理论研究》2011 年第 11 期。

② 参见《国家信访局负责人：群众上访行为更趋于理性合法》，《人民日报》2006 年 4 月 29 日第 5 版。

③ 参见毛磊、杜文娟《全国人大去年办理信访近 19 万件》，《人民日报》2006 年 3 月 1 日第 10 版。

④ 刘彦昆：《信访条例实施 5 年被指滞后　部分城市谋求新变化》，《小康》2010 年第 5 期。

三　信访中的农村土地纠纷问题

十多年来，我国的信访总量一直在高位运行，那么，农村土地纠纷在整个信访问题中又处于什么样的状态呢？大量统计数据和研究成果都表明："涉农信访在整个信访总量中所占比重最大，其基本上以农地纠纷为内容。"① 2003 年，原国家信访局长周占顺在向记者介绍信访情况时讲道："群众反映的热点、难点问题相对集中，涉及政策性、群体性的现实问题较多。主要有以下八大焦点问题：一是企业改制、劳动及社会保障问题。二是'三农'问题，即农民、农村和农业问题。三是涉法涉诉问题。四是城镇拆迁安置问题。五是反映干部作风不正和违法乱纪问题。六是基层机构改革中的问题。七是环境污染问题。八是部分企业军转干部要求解决政治待遇和经济待遇问题。"② 其中的"三农"问题就包括"一些地方违规征占买卖土地，补偿标准较低且被层层截留克扣，失地农民得不到妥善安置"。2005 年 3 月 10 日十届全国人大三次会议关于"三农"问题记者招待会上，农业部长杜青林坦称，农民上访反映问题比较集中于土地纠纷问题。③ 中共中央、国务院《关于进一步加强新时期信访工作的意见》（中发〔2007〕5 号）也强调："当前，尤其是要着力解决好土地征收征用、城市建设拆迁、环境保护、企业重组改制和破产、涉法涉诉等方面群众反映强烈的问题。"

于建嵘和他的课题组关于农村土地纠纷上访的研究则更能说明问题。调查显示，当前，农村土地纠纷已经成为农民维权抗争的焦点，是影响农村社会稳定和发展的首要问题。该课题组在 2004 年 6 月 15 日至 7 月 14 日对 720 名进京上访农民进行了专项问卷调查，在有效的 632 份问卷中，进京上访原因涉及土地问题的问卷有 463 份，占有效问卷的73.3%；在对随机抽取的 837 封有关农村土地问题的上访信件进行分析后发现，征地方面的纠纷是目前农民反映的主要问题，占抽样总数的60.1%。土地纠纷又进一步引发了大规模群体性突发事件。如 2005 年

---

① 张红：《农地纠纷、村民自治与涉农信访——以北京市调研为依据》，《中国法学》2011 年第 5 期。

② 《国家信访局局长周占顺：80%的群众上访有道理》，《半月谈》2003 年第 11 期。

③ 《国家将继续严控土地、以解决土地纠纷多的问题》，2005 年 3 月 11 日，房产之窗网（http//www. ehomeday. com）。

全国因土地纠纷共发生该类事件 19700 起，约占全部农村群体性事件的 65%，2006 年的情况也大体如此。严重的甚至还引发了暴力冲突。根据对 2004 年元月以来发生的 87 起因土地问题引发的警农冲突事件的统计，因农民在被征或被占土地上阻止施工而引发的事件有 48 起，占总数的 55.2%；因地方政府派警力阻止农民上访而发生的事件有 31 起，占总数的 35.6%；因农民到市政府、铁路及高速公路或交通要道静坐、请愿而引发的事件有 8 起，占总数的 9.2%。土地问题引发的警农冲突事件，共造成数百名农民受伤，3 人死亡。其中，有 12 起出动了特警或防暴警察，有 7 起出动了武警，最多动用警力数百人。[1]

根据农业部信访处的统计信息，2003 年共接待来访群众 4495 人次，办理群众来信 3507 件。群众的集体访批次和联名信件次都有大幅度增长，与 2002 年同期分别增长了 68.3% 和 115%。信访反映的首要问题是土地承包方面的问题。这方面的信访 2882 件次，占同期信访量的 37.9%。在此之前农民反映最多的是负担重的问题，2003 年则成了土地承包、征用过程中出现的问题，并呈现出"集体访和联名信有较大幅度上升；反映土地承包的信访大幅度上升，反映农民负担的信访大幅度下降；来访群众分布地区相对集中"的特点。农民反映的土地问题集中在九个方面：（1）村干部擅自终止承包合同，强行将承包土地收回打乱重分；（2）多留机动地高价发包；（3）拒签延包 30 年合同，任意缩短承包期限；（4）强迫农民流转土地；（5）剥夺婚嫁妇女的土地承包权；（6）村集体以承包人欠款为由将承包地收回另行发包；（7）一些城市近郊的户口后迁入户不能享受与老户同等的土地承包权；（8）乡村干部随意拿承包地做交易；（9）借办各种园区为名滥征乱占农民承包地。[2] 2004 年 1 月至 10 月份受理农民土地问题信访 6937 件次，占信访总量的 51.2%。其中，土地承包类信访占 53%，土地流转类信访占 8%，土地征用类信访占 39%。

全国妇联《全国妇联 2009 年信访形势分析报告》显示：2009 年，全国妇联共处理群众来信来访 12081 件次，信访总量同比大幅度上升，是 2008 年的 1.7 倍，2005 年的 3 倍多。信访人当中职业为"农民"的

① 参见于建嵘《土地问题已成为农民维权抗争的焦点——关于当前我国农村社会形势的一项专题调研》，《调研世界》2005 年第 3 期。
② 参见魏玉栋《来自农业部的信访调查》，《农村工作通讯》2004 年第 2 期。

所占比例最大。在 12081 件次群众信访中，财产权益第一次居首位，所占比例将近 30%，反映的问题主要集中在住房拆迁、农村妇女土地及相关村民待遇等问题。农村妇女反映土地及相关权益受侵害的问题 836 件次，是 2008 年的 2.2 倍，有许多是多年不决的问题。表现为，在一些地方村规民约大于法，农村妇女失去土地后，被以各种理由排除在补偿安置的范围外，不能参与征地补偿款和集体经济收益分配，丧失了经济来源，生活十分困难。而基层政府常常以所谓的村民自治为由推诿不作为，很多地方的法院也不受理或者胜诉执行难，致使失地妇女无法得到有效救济和疏导，容易酿成不稳定情绪和过激行为，形成集体上访。全国妇联 2009 年接到此类联名信和集体访 23 批 417 人次，不少集体来访是代表几个村、镇的妇女来投诉土地权益受到侵害，涉及人数众多。①

著名农村问题专家李昌平在《现在的农民为何"爱"上访?》一文中写道："笔者在乡镇工作的很多朋友都在抱怨：80% 的精力就是'截访'、'劫访'和'接访'。农民上访有了新发展，不仅为承包地不均、宅基地不均、土地征用补偿不均、司法不公正等等而上访，也为强势阶层垄断市场、强买强卖上访，还为新农村建设资金配置不合理、低保资金分配不均、粮食补贴不均、生猪补贴不均、合作医疗报销不均、家电下乡补贴不均等等上访。"

以上数据及官方的表述和学者的研究，从不同角度和层面展示出一个共同的问题，即农村土地纠纷是农民上访的一个重要原因和内容，信访则是农民进行土地维权和化解土地纠纷的重要方式。

四　信访功能与纠纷解决机制

社会转型期社会矛盾纠纷的凸显与高发，加之各类社会矛盾纠纷的"碰头叠加"，使社会稳定与和谐受到严重挑战。能否应对与化解社会矛盾纠纷，分散社会风险，安全度过社会转型期，关键的问题在于我们是否拥有与之相匹配的社会调控系统和公正、合理、高效、低成本的纠纷解决机制。然而，我们所面对的现实是：信访成为众多信访人实现权

---

① 参见全国妇联编《全国妇联 2009 年信访形势分析报告》，《妇联信息》2010 年第 1 期。

利救济和纠纷解决的首选方式,千军万马走信访,"信访不信法",致使信访量十多年居高不下。那么,信访是否具有救济之功能?是否是一种有效的纠纷解决机制?这正是我们所关注的问题。

(一)信访化解社会矛盾纠纷的效用

在信访制度建立60年之际,官方公布了大量数据以宣示信访工作在化解社会矛盾纠纷、维护社会稳定方面所取得的巨大成就,表明官方对信访化解社会矛盾纠纷作用的肯定与赞赏。

2005年,我国信访工作一举扭转了全国信访总量持续12年攀升的势头,并在此后连续6年保持信访总量下降、集体上访量下降、非正常上访量下降、群体性事件发生量下降,信访秩序进一步好转"四个下降一个好转"的总体态势。

2004年以来,各地各部门按照中央部署加大"事要解决"的力度,其中,集中处理涉及农村土地征用、城镇房屋拆迁、国有企业改制等方面的信访突出问题近500万件。

从2005年开始,国家信访局连续4年组织实施"百千万工程",筛选出近5万件重要信访事项进行交办督办,办结率达90%以上。

2008年下半年,全国组织开展了县委书记大接访、中央和国家机关干部下访活动,接待来访群众87.9万批次、387.4万人次,解决信访问题53.7万件。

2004年以来,各级各部门着力破解疑难复杂信访问题,从中央到地方共协调解决跨地区、跨部门、跨行业信访事项6万余件。2008年在全国范围内组织开展了重信重访专项治理活动,化解重信重访事项15万余件。

有数据显示,近年来,全国信访工作每年排查出各类矛盾纠纷300余万件,绝大多数得到了及时有效化解。特别是2004年以来,针对群众反映强烈的农村土地征用、城镇房屋拆迁、国有企业改制、水库移民、环境保护等问题,各级信访部门适时提出改进工作、完善政策的建议,推动出台了一批政策规定,有效预防和减少了信访问题的发生。

中央连续5年组织部署开展"信访积案化解"攻坚活动,通过领导包案、分类化解、督查督办等措施,推动解决了一大批长期积累的疑难复杂信访问题。农村土地征用、城镇房屋拆迁、国有企业改制等方面信访突出问题明显缓解。①

　　这一组组数据似乎无可置疑地表明信访具有公民权利救济之功能，是化解社会矛盾纠纷的重要途径和手段，是多元化纠纷解决机制的必不可少的组成部分，但学者们对信访解决问题的功效却持消极甚至否定的态度。有学者提出，"这些数字多少能反映出信访体制的一些效用，至于这种效用实际上多大，则取决于'办结'、'化解'、'解决'的确切含义。无论如何，这里讲的是 2005 年到 2009 年底这至少 4 年中的情况。作者没有这 4 年中每年信访总量的统计数据，但有'2003 年全国党政信访部门共受理 1272.3 万人（件）次公民来信来访'的单一年度信访总量的数据做参考。对比两组数据之后我们不难发现，这里宣称 4 年中'办结'、化解'、'解决'问题的数量在信访涉及的问题总量中所占的比例与本文前面引用的信访问题中只有 2‰得到解决的民间调查结论比较接近，总的来说比例很低"。②（注：调查显示，实际上通过上访解决的问题只有 2‰。有 90.5% 的是为了"让中央知道情况"；88.5% 是为了"给地方政府施加压力"。③）也有学者提出，"那么，赋予信访机构一定的职权是否就能有效解决各类社会矛盾呢？答案是否定的。现行的信访制度早已突破了秘书性质的工作机构的定位，从现行的信访工作模式看，不具有行政权力的信访机构有时的权力无限且不受制约，其工作的触角往往深入到社会生活的各个领域，有时甚至替代行使了国家机关的一部分职能；以领导批示为信访督办的依据带有浓厚的人治色彩，而'传达室'和'邮局'式的归口转处，只能导致多数信访群体对国家和政府产生更大的失望与不满。总之，庞大的信访机构和众多的信访工作人员非但没有彻底化解不断涌现的社会矛盾，反而成了中国走向法治化进程中的一股消极力量"。④ 还有学者认为，信访机构所以不能有效解决社会矛盾纠纷，是因为"在社会转型、矛盾多发的形势下，信访问题已不是某一个部门的工作，而是关系全局、牵涉各方的工作，

---

　　① 参见魏武《始终肩负为党分忧、为民解难的神圣使命——新中国成立 60 年信访工作综述》（http://politics. people. com. cn/GB/101380/10087379. html）。

　　② 童之伟：《信访体制与中国宪法》，《现代法学》2011 年第 1 期。

　　③ 参见赵凌《中国信访制度实行 50 多年走到制度变迁关口》，《南方周末》2004 年 11 月 4 日。

　　④ 周梅燕：《中国信访的制度困境及出路》，2004 年 5 月 17 日，中国选举与治理网（http://www. chinaelections. oyg）。

仅仅依靠信访部门自身，根本不可能解决所有信访问题。当前信访问题突出，这是带有全局性的问题，是我国社会大变革、大转型进程的特有现象，有着鲜明的时代性和阶段性特征。要根本解决信访问题，化解矛盾纠纷，实际就只有大力推进和谐社会建设，才有可能从根本上解决信访问题，甚至于彻底消除信访问题产生的根源"。①

（二）信访功能的理论与实践

对信访化解社会矛盾纠纷效用的对立态度，究其实质乃是信访功能定位之争，即信访制度是否具有救济功能？是否是一种独立的纠纷解决机制？考察信访功能之争，我们发现其中实际包含了这样几个问题：一是信访制度是否应该具有救济功能？这是制度设计的取向问题。二是信访制度是否实际具有救济功能？信访功能发展演变被赋予救济功能是正态发展，还是一种异化现象？这是一个实践问题。三是信访制度是否能够成为一种独立的纠纷解决机制？对这些问题的不同思考，构成了对信访制度的不同态度，这也是有关信访制度存废问题上"强化论"、"取消论"和"改善论"的根源。

我国有关信访立法中都没有对信访制度的功能做出明确的定位，但从我国实行信访制度以来的实践情况和新《信访条例》的有关规定来看，通常人们认为信访制度应当具有以下三种功能：（1）反映情况，即公民的政治参与功能；（2）提出建议、意见，即公民的表达意愿和监督功能；（3）投诉请求，即公民请求权利救济的功能。

信访制度作为我国社会主义民主政治的重要方式，最初设立的初衷是希望引导群众参政议政、献计献策，为改进工作提出合理化建议，通过提高群众的民主意识和扩张揭发、申诉的渠道，促使群众有效地行使民主权利。但信访制度功能的实际发展演变，却改变了制度设计的初衷。根据应星的研究，信访制度经历了三个阶段：第一个阶段是 1951年至 1979 年的大众动员型信访，此时的信访受政治运动影响，主要以揭发问题和要求落实政策为主；第二个阶段是 1979 年至 1982 年的拨乱反正型信访，此时信访的主要内容是要求解决历史遗留问题，平反冤假错案；第三个阶段即 1982 年至今的安定团结型信访，信访的主要功能

---

① 吴超：《当代中国社会转型与信访治理》，《毛泽东邓小平理论研究》2011 年第 11 期。

转变为化解纠纷，实现权利救济。① 可见，在第三个阶段包括现在，信访的主要功能转变为化解纠纷、实现权利救济。

关于信访功能的定位在理论和实践、官方和学者乃至学者和学者之间都有很大的差异和分歧，特别是官方和主流学者之间几乎是朝着不同的方向行进。

大部分学者对信访制度的救济功能持否定态度，认为这是信访功能错位、异化的表现。如于建嵘就认为，现行信访制度最大的问题是功能错位。信访制度本质应该是收集和传达老百姓民意的一种制度设计，相当于一个秘书的角色。但现在却成了老百姓最后一种救济方式，而且被视为优于其他行政救济甚至国家司法救济的最后一根救命稻草。这种试图用行政救济替代司法救济的一个严重后果，就是在客观上会消解国家司法机关的权威这一现代社会治理的基础。因此，要重新确定信访的功能目标，即在强化和程序化信访制度作为公民政治参与渠道的同时，要把公民权利救济方面的功能从信访制度分离出去，以确定司法救济的权威性。②

有学者持类似观点，认为"从最初的信访机构名为'秘书室'便可以看出，信访的诞生乃是定位于为领导人收集和传达民意的，相当于一个秘书角色，信访制度的设计无疑也是与这一功能相匹配的。而时至今日，当公民权利救济成了它的头号任务，民主监督、信息沟通的功能反而退居其次的时候，信访制度的设计与其功能之间难以适应的矛盾就不免逐渐暴露出来。信访这一曾在我国政治生活中扮演过重要角色的制度已被指为百弊丛生，乃至于其存废之争已成为了一个热门话题，走到了制度变迁的关口，究其根本原因，就在于其固有的制度设计与其所承载的功能之间发生了严重的错位，现有制度的运行非但不能实现这些功能，反而常常带来相反的结果"。③

有学者指出，"就规范层面上而言，信访机构的职责仅限于受理、中转、督办、提供决策建议等，其本身不具备独立办理信访事项的资格，相应地，其也无法拥有独立办理信访事项的各种资源支撑。落实到实践中，要求信访机构妥善处理信访事项，是对它的苛求，信访机构当

---

① 参见应星《作为特殊行政救济的信访救济》，《法学研究》2004 年第 3 期。

② 参见于建嵘《中国信访批判》，《中国改革》2005 年第 2 期。

③ 林鸿潮：《试论信访的功能收缩与制度重构》，《重庆社会科学》2005 年第 2 期。

然无法承受其重"。因而，"信访由'中转'部门变成了实体问题的
'终结者'，信访'类司法化'使信访职能挣脱了现有制度的藩篱而发
生了异化"。①

也有学者从救济主体的明确性、救济法律关系主体的确定性、行政
救济结果的可诉性等方面论证信访不具有救济功能，也不可能成为纠纷
解决机制。② 如果将信访作为纠纷解决制度，则存在非规范性、非程序
性、非专业性、缺乏交往理性和结果高度的或然性等弊病。③

与上述主流观点不同的是，另外一些学者则在正视信访制度作为纠
纷解决机制存在的弊端的同时，对否定信访制度的呼声提出了质疑：
"看到信访制度本身存在的某些缺陷并不困难，但真正的难题在于：存
在这些缺陷的信访制度为什么在当代中国社会还会有相当的生命力？如
果我们不想对千百万人所选择的救济之路嗤之以鼻，如果我们不满足于
'迷信人治'这种简单的指责，那我们就应该认真地去思考：信访制度
到底是如何演变的？信访救济作为一种行政救济手段，究竟有何特殊之
处？它是通过什么样特定的机制运作的？"并主张："在信访救济未来
的制度创新中，应该发挥信访救济的独特优势；集中矫正其不讲程序、
缺乏规范、充满恣意的根本弊端，将信访救济规范和改造为行政诉讼救
济与行政复议救济的过滤机制、补充机制和疑难处理机制。"④

有趣的是理论上的纷争丝毫没有影响信访实践中的官方立场。"我
们的最终结果是要走入法治国家，但在这个过程中，信访部门的作用应
充分发挥，不发挥就完不成这个过程。好多问题还得从实际出发。我们
现在研究的是理论和实践的结合，选好结合点才是我们要做的。我们不
能跟着感觉走，跟着概念走，而要跟着客观实际走。"⑤ 国家信访局局
长王学军的表白道明了官方的立场，在信访高压态势下，政府的选择必
然是现实而功利的。"事要解决"，"把矛盾纠纷解决在基层，把矛盾纠
纷化解在萌芽中"，"为党分忧、为民解难"就是最准确的诠释。所以，

---

① 张红：《农地纠纷、村民自治与涉农信访——以北京市调研为依依据》，《中国法学》
2011 年第 5 期。

② 参见肖萍、胡汝为《信访性质辨析》，《法学杂志》2008 年第 4 期。

③ 参见周永坤《信访潮与中国纠纷解决机制的路径选择》，《暨南学报》（哲学社会版）
2006 年第 1 期。

④ 应星：《作为特殊行政救济的信访救济》，《法学研究》2004 年第 3 期。

⑤ 《王学军同志在基层信访工作座谈会上的讲话》，《山东信访》2004 年第 8 期（增刊）。

实践中信访部门不断得到加强，表现为部门扩权，领导高配。信访部门由"秘书型"变为"职能型"，由虚权变实权。只有集中资源，集中权力，才能"一揽子解决问题"，实现"事要解决"，化解矛盾纠纷的信访工作目标。

第二节　农村土地纠纷信访问题考察

如果说站在国家宏观层面来讲，"从 1992 年开始，全国信访总量连续 12 年攀升。2005 年一举扭转了信访总量持续攀升的势头，从此至今，连续保持着下降的总体态势"，"农民上访问题主要集中在土地上面"，那么，我们所关注的经济欠发达的西部地区或西北地区的信访发展态势如何？信访问题中农村土地问题又处于什么位置？呈现出什么样的样态？其发展趋势又如何呢？信访何以解决农村土地矛盾纠纷？能否成为一种稳定而长效的纠纷解决机制呢？这正是我们需要通过对农村土地纠纷信访实践的具体考察来回应的问题。

我们先后在陕西省的西安市雁塔区信访局、西安高新开发区信访局、延安市安塞县信访局、汉中市信访局、汉中市洋县信访局以及青海省信访局、青海省黄南州尖扎县信访局进行了实地调研，并与信访局的领导和工作人员进行座谈，共同探讨当前信访中的农村土地纠纷问题，获得大量重要信息和第一手资料。基于地缘优势、调研资源和工作关系，近几年来，我们一直在西安市雁塔区进行系统的司法、信访、人民调解以及乡村治理问题的调研，收集了大量相关资料，撰写了十多万字的调研笔记。因此，我们主要以西安市雁塔区的信访资料为样本，系统解析信访解决农村土地纠纷的作用和机理。

一　西安市雁塔区区情介绍

雁塔区地处西安市城南，总面积 152 平方公里，总人口 110 万，辖 8 个街道、102 个行政村、97 个社区。区内高校林立、文化氛围浓厚，是西安科教文化和商贸旅游大区。该区不仅是全省常住人口最多的区，也是经济社会发展最快的区，曾连续三年荣登全省经济社会发展"五强区"之首。2010 年全区生产总值 576 亿元、社会消费品零售总额 305

亿元、地方财政收入 20.2 亿元，生产总值、固定资产投资在全省率先突破 500 亿元和 800 亿元大关，分别占到全市总量的 18% 和 25%。城乡居民收入和经济综合实力跃居全省第一。

雁塔区内有国家级西安高新技术产业开发区、曲江旅游新区和浐灞生态区三个大型开发区，形成了"一区多制"的独特局面。

雁塔区在 2007 年时，尚有 119 个行政村、512 个村民小组，农业人口 15.85 万人，农户 4.62 万户；耕地面积 3.72 万亩，承包农户 19894 户；土地流转面积 13719 亩，机动地面积 380 亩。目前，该区已基本退出农业种植成为无粮区，农地主要用于发展都市农业。由于该区农村大多属于"城中村"，已逐步纳入"城中村"改造计划，实施改造。改造后的农村改为社区，农民转为居民，时至 2011 年该区只有 102 个行政村了。

雁塔区独特的经济社会发展环境，"三区建设"大规模的征地拆迁，"一区多治"中行政区与开发区错综复杂的利益关系和管理权限的冲突与交错，以及市政道路等基础建设的快速推进、城市形态的进一步完善、生态建设的加快推进、以"城中村"改造为切入点的新农村建设等，这些工作的进行，必然折射出征地拆迁、补偿安置、农村集体财物分配、社区管理等一系列群众信访问题。尤其是面临整村拆迁、大项目征地等极易引发社会矛盾的不稳定因素和政策法律不健全所引发的问题，造成区域内信访问题矛盾尖锐、协调处置困难。在这样一个既是加快发展的机遇期，同时也是一个各类矛盾凸显的时期，特殊的区情和发展过程决定了雁塔信访稳定工作面临严峻形势。对此，雁塔区在信访工作机制方面不断探索和创新，出台了一系列符合实际的政策和措施，形成了行之有效的矛盾纠纷化解机制，卓有成效地化解了大量疑难信访案件和突出问题，维护了群众权益，有效控制了无序信访的发生，为区域经济社会发展提供了和谐稳定的社会环境。2010 年该区实现了西安市目标管理综合考评七连冠，区信访局也连续四年获得西安市信访工作目标考核一等奖。

雁塔区特殊的区情、严峻的信访形势和卓有成效的信访解决纠纷机制，在西部地区极具标本意义。我们通过对雁塔区信访解决农村土地纠纷实践的考察，以回应信访何以成为一种纠纷解决机制在理论上的争论。

二　雁塔区农村土地征占用情况

近年来，随着经济发展、城市化进程加快和"三区"建设不断推进，大量农村集体土地被征收征用，征地拆迁已成为一项重要工作。自1999年以来全区征地98宗，总征地面积42217亩。其中高新开发区征用集体土地24167亩；曲江新区征用集体土地7000余亩，其他征地面积11050亩。仅2004年至2006年雁塔区就配合高新区、曲江新区完成征地18000余亩。全区119个村庄，都将逐步纳入城中村改造范围。该区各类建设用地主要包括以下几个方面：

（一）生态建设用地

2000年，区上提出在杜陵塬建造万亩都市森林的设想。由区农水局向三兆村村民租地1050亩，然后区农水局再租给雅森公司种植林木和杂果等。随后又引进26家农业企业，与1560户农户签订租地合同。经过几年的不断努力，营造出了面积达10800亩的万亩都市生态林。

（二）城中村改造

雁塔区共有119个行政村，基本位于西安市城市建成区范围内，其中91个村的人均耕地面积已少于0.3亩，需要进行城中村改造。雁塔区119个行政村中有67个属三区规划区域内，其中高新区39个，曲江新区23个，浐灞生态5个。截至2010年6月底，高新区39个村，已拆除村庄21个，拆迁总面积22442.978亩，拆迁总人口7112户，23190人；回迁村16个，村庄面积16210.799亩。曲江新区23个村庄，已拆除村庄12个，拆迁总面积3725.749亩，拆迁总人口8803户，17765人；已回迁村3个，1403户，村庄面积621.884亩。其余52个村均由雁塔区指导实施城中村改造。预计到"十二五"末，全区还将有34个村面临拆迁。随着城中村改造的加快推进，拆迁安置、土地开发等矛盾也将日益突出。

（三）"三区"建设用地

雁塔区内，东有浐灞生态区和曲江旅游新区，西有高新开发区，形成了"一区多制"的独特格局。在一个区级行政区内集中三个大型开发区是非常罕见的现象。近年来，雁塔区坚持"优势互补，共建共赢"的指导思想，举全区之力支持三个开发区的建设。三区建设在带来发展机遇的同时，也必然带来诸多矛盾和问题，特别是大规模的征地拆迁和安置村民方面引发了许多矛盾纠纷。高新区包括西安主城区范围内的 80 平方公里、7 平方公里的长安通信产业园、20 平方公里的草堂科技产业基地,总面积为 107 平方公里。根据相关数据统计,西安高新区自 1991 年 6 月至 2008 年 2 月,征地拆迁共涉及 47 个村庄,累计征地 34000 亩,拆迁安置 8000 多户,涉及 25000 余人,拆迁面积 400 万平方米(这些数据不包括目前已纳入"城中村改造"计划村庄的征地拆迁情况)。此外,还有曲江新区一期 17 平方公里、浐灞生态区中心区 50 平方公里,都涉及征地拆迁问题。

目前,"三区"建设还在继续推进,根据《西安高新区发展总体规划》,高新区新区的规划定位为创新之城和科技之都,以培育国际化、外向型高端生产性服务职能为主,打造一个产业与居住互融,生态文化休闲与园区建设共赢的高科技创新型新城。新区建成后,高新区面积将扩展至 200 平方公里。东接西沣公路,南接新环山公路,北接西汉高速,西接户县县城。根据规划,扩区范围内公共绿地、生态绿地、防护绿地、农林地总面积将达到 104 平方公里,超过总控制面积的一半,至 2020 年建设用地规模 60 平方公里。

除"三区"建设用地之外,辖区内布点建设的若干工业项目,以及曲江新区范围内的欢乐世界、国际会展中心二期工程等。这些项目都需要进行征地拆迁。

(四)市政道路建设用地

辖区内市政建设和重点建设项目用地,如地铁二号线建设,辖区内三个站点周边的拆迁;配合城市道路建设中的征地拆迁,如西安市三环、绕城高速建设征地等。

三 雁塔区农村土地问题信访状况

(一)2006 年至 2012 年农村土地问题信访概况

我们根据雁塔区信访局年度《工作总结》、《信访动态》和我们的调查访谈,对其 2006 年至 2012 年信访发生量及信访所涉主要问题进行了整理:

1. 2006 年雁塔区农村土地问题信访情况

2006 年,雁塔区共受理群众来信来访 1932 件次,受理群众来信 257 封,来区个访 298 人次,集访 81 批 1377 人次;立案 15 件(省、市各 3 件），已办结 13 件（省级 2 件、市级 3 件）。全区接待受理群众来信来访比 2005 年同期增加了 39%，赴市访与 2005 年同期相比增加了 17%，赴省访比 2005 年同期增加了 15%。

群众信访问题主要集中在拆迁安置、拆除违法建筑、城中村改造、涉法涉诉问题以及企业改制、非公有制经济纠纷、物业管理纠纷等方面。其中征地拆迁及其遗留问题仍是群众信访问题的重点。

信访问题呈现出复杂化、经常性、反复性的特点：一是个访和来信访增加，信访总量呈上升趋势，但集访批次下降，信访秩序明显好转。二是历史欠账和遗留问题多，解决难度大。例如买卖宅基地、征地拆迁安置、企业改制等信访问题都是遗留问题，有一定的历史原因，群众反映的问题缺乏政策支持，解决难度较大。三是上访老户明显减少。由于加大了老户问题的协调督办力度，一批信访老户随着反映问题的解决，已基本息诉罢访。

2. 2007 年雁塔区农村土地问题信访情况

2007 年，全区共受理群众来信来访 2378 件次，到区集访 2023 人次，越级到省市访 9 批 152 人次，与 2006 年相比批次和人次分别下降 7% 和 5.6%。赴京访 17 人次，其中涉军 12 人，涉法涉诉 2 人，其他 3 人。

群众信访问题主要涉及以下几个方面：三区建设引发的拆迁安置问题、农村土地使用管理问题、涉军上访问题、涉法涉诉问题、物业和租赁纠纷等。在群众上访反映的问题中，征地拆迁引发的信访问题占到 50% 以上，尤其是涉及三区建设和三环等道路征地问题，因为牵扯占地村民的切身利益，极易引发群众集访。丈八街道、长延堡街道、曲江街道等都有此类信访问题发生。

3. 2008 年雁塔区农村土地问题信访情况

2008 年，全区共受理群众来信来访 2205 件人次，与 2007 年同期相比下降了 7.3%，其中来区集访共 91 批 1590 人次，与 2007 年同期相比人数下降 21.4%；个访累计 395 人次；来信累计 216 件；越级访累计 17 批 548 人次，与 2007 年相比批次增加了 88.9%，人数增加了 2.6 倍；群众集体上访中重复访累计 22 批 259 人次。

群众信访反映的主要问题有：西高新拆迁安置补偿问题；城中村改造问题；农村村务管理问题；农村集体财物分配问题；村组长以权谋

私、侵占群众利益、乱占耕地问题;土地租赁纠纷;大中专学生落户、要求村民待遇问题;农民工讨要工资问题;企业改制遗留问题;法院判决执行难问题等。其中城中村改造以及征地拆迁问题仍是信访问题的重点。

信访问题的特点:一是越级访数量增加,异常访比较突出;二是重复上访现象仍然大量存在,一些老的问题长久得不到解决,致使群众一访再访,降低了基层信访机关的办事效率;三是信访数量呈现规律性,在两会以及重大国家事项举行之前,信访数量呈猛增趋势,体现了群众希望通过舆论声势解决问题,同时也说明群众对于基层信访机关办事能力的不信任。

4. 2009 年雁塔区农村土地问题信访情况

2009 年(缺 12 月数据)全区共受理群众来信来访 2353 件人次,与 2008 年同期相比增加了 20.85%,其中来区集访共 109 批 1919 人次,与 2008 年同期相比增加了 39.74%;截至 2009 年 10 月底,到市集体上访 17 批 345 人次;赴省访 19 批 556 人次;进京非正常访 12 批 138 人次。越级访累计 48 批 1069 人次,与 2008 年同期相比批次增加了 2.54倍,人数增加了 1.08 倍;群众集体上访中重复访累计 41 批 522 人次,与 2008 年同期相比批次增加 1.28 倍,人次增加 2.05 倍。

群众信访反映的主要问题有:村组土地承包、出租等引发的问题;西高新和曲江新区征地拆迁对在外职工安置问题;村组干部经济和作风问题等。具体问题如:等驾坡街办西北沙发辅料市场商户反映拆迁问题;电子城街道齐王村张建利等人反映城中村改造问题;小寨路街道吉祥村芦伟等人反映干部作风及村务问题;曲江街道北池头村杨长生反映拆迁补偿问题;长延堡街道杨家村樊引荣等人反映前任干部财务问题等。

信访问题特点:一是赴省市越级访形势严峻,且同一信访事项多次越级上访,例如齐王村 10 余名村民重复到省、市"会议"驻地上访,受到市联席会议通报;二是拆迁安置问题尤为突出,特别是居民就西高新、丈八东村等拆迁安置问题多次来访,要求补偿;三是重复上访现象仍然大量存在,一些老的问题长久得不到解决,重复访反映的主要问题集中在拆迁安置、村务管理、城中村改造等方面。

5. 2010 年雁塔区农村土地问题信访情况

2010 年，群众上访总量为 2066 件人次，与 2009 年同期相比增加了 30%，其中来区集访共 199 批 1562 人次，群众集体上访中重复访累计 55 批 1763 人次。

群众信访反映的主要问题，仍然集中在拆迁安置、农村事务和城中村改造三个方面。特别是群众反映西高新拆迁安置引发的信访问题，4 月份发生 1 批进京非正常上访，涉及 80 人（丈八地区货币安置户进京上访）。4 月 16 日信访工作会后，这三类问题共发生 8 批 108 人次，占到会后集访的 57%。

6. 2011 年雁塔区农村土地问题信访情况

2011 年，全区共受理群众来访 2865 件人次，与 2010 年同期相比上升 10.91%，其中来区集访共 130 批 2013 人次，与 2010 年相比批次下降 41.96%；个访累计 527 人次，与 2010 年同期相比上升 38.68%。群众越级进京、赴省、到市访均为零。

群众反映的信访问题主要集中在六个方面：城改拆迁安置问题；西高新、曲江新区、浐灞管委会征地拆迁和安置遗留问题；拖欠农民工工资问题；农村集体财物分配等村务问题；突发性安全事故问题；涉军等群体性问题。

7. 2012 年雁塔区农村土地问题信访情况

2012 年，截至 6 月底，群众到区集访 74 批 1306 人次，同比批次上升 27.6%、人次上升 26.2%。其中重复访 35 批 475 人次，同比批次上升 12.9%、人次下降 28.2%；个访累计 276 人次，同比上升 7%。受理来信 156 件，同比持平。全区实际发生群众进京非访 20 人次。其中重复非访 16 人次；群众赴省集体访累计 4 批 85 人次，同比批次下降 36.9%，人次下降 53.1%；到市集体访累计 4 批 168 人次，同比批次下降 33.3%，人次下降 13.8%。

群众信访诉求主要集中在城改安置补偿（20 批 410 人次，占总批次的 24.4%）、农村两委会换届选举（20 批 365 人次，占总人次的 24.4%）、社会养老统筹及医疗补助（12 批 227 人次，占总批次的 14.6%）、涉法涉诉（9 批 146 人次，占总批次的 11%）等问题，其他问题（21 批 411 人次，占总批次的 25.6%）。①

（二）具体样本的分析

我们以雁塔区 2007 年和 2010 年《信访动态》为样本，考察分析雁塔区农村土地问题信访状况。

1. 2007 年信访反映的主要问题及原因

第一季度：信访反映的主要问题。

（1）高新征地遗留问题：由于蒋家寨 16 户村民对高新区的安置要求较高，虽经办事处多次组织两家进行协商，但进展不大，问题仍未得到解决。

（2）农村土地问题：一是村组与开发商签订的协议不公开、不透明，导致群众对村组干部意见大，矛盾激化；二是用地单位征用土地后长期不开发，群众意见大，要求收回土地，造成群众多次上访，如绕城高速征用东三爻土地一事；三是宅基地划拨中村组干部办事不公，刁难群众，导致村民不满越级上访；四是个别村被西三环征地后，涉及的征地款分配及重新调地问题。

（3）历史遗留问题：一是买卖宅基地户在高新征地安置时不与村民同等待遇而造成的集访；二是原区属企业退休人员要求办理医疗、养老保险问题。

（4）曲江新区的拆迁安置问题：涉及拆迁的部分村民认为曲江新区的安置方案不合理，要求修改。

（5）大中专学生以及娶妻落户问题：由于西安市对城区农户的控制政策调整，使一些嫁城女要求落户婆家农户的问题。

第二季度：信访反映的主要问题。

（1）农村村务及土地问题：一是村组在拆迁安置及进行城中村改造过程中透明度不高、政策宣传不到位，引起村民不满而上访；二是在集体财物分配中未能严格按照区上有关政策执行，造成群众集访；三是土地征用后长期不开发群众意见大，要求收回土地，造成群众多次上访，如绕城高速征用东三爻村土地一事。

（2）历史遗留问题：一是曲江万亩生态林补偿费问题；二是创之星拆迁安置遗留问题；三是农村独生子女费发放问题；四是 60 年代返

---

① 根据雁塔区信访局年度《工作总结》及《信访动态》整理。

乡职工要求增加生活补助费问题。

（3）高新征地安置问题：由于对西高新拆迁后的安置政策不满意，多次发生越级到省市集访。主要是丈八办事处 12 个村的"双女户"、一子一女户要求与双子户同等对待安置。此问题虽经区各职能部门多次协调，但群众仍多次赴省、市集访。

（4）曲江新区拆迁安置问题：由于曲江新区在未与被拆迁人达成协议的情况下对北池头村七户人家进行了强行拆除，造成这些人多次到省、市集访。目前 3 户已签协议，2 户达成意向。

第三季度：信访反映的主要问题。

（1）拆迁安置问题：高新区、曲江新区在拆迁安置中部分村民认为对双女户与双子户不能同等安置而上访；朱雀路延伸段被拆迁户过高的不合理安置要求引起的上访；东三爻村村民对南三环征地补偿费及过渡费发放存有异议而引起的上访。

（2）农村土地问题：一是村组与开发商签订协议不公开、不透明，导致矛盾激化；二是宅基地划拨中村组干部办事不公、亲疏有别导致村民不满越级上访；三是在城中村改造中村干部未能按有关程序办理，透明度不高造成上访。

（3）历史遗留问题：主要是创之星拆迁安置补偿问题。

（4）村务问题：参与村集体财物分配及要求对村集体经济账务进行公开。

（5）其他问题：一是企业拖欠员工工资；二是商户与房东之间的合同纠纷；三是商户与物业之间的纠纷；四是邻里纠纷。

第四季度：信访反映的主要问题。

群众来访反映的问题主要有：曲江新区和西高新区征地拆迁安置遗留问题、新市民讨要工资问题、咨询城中村改造的相关政策问题、大中专毕业学生要求转户问题、拆迁安置补偿问题、企业改制遗留问题、村务问题、"万亩生态林"土地补偿问题、物业管理问题。

2. 2010 年份信访数量及信访主要问题

（1）2010 年信访总体情况。2010 年，全区共受理群众来信来访 3455 件人次，与 2009 年同期相比增加了 63.05%。其中来区集访共 234 批 2156 人次，与 2009 年同期相比批次增加 84.25%，人数增加 24.27%；个访累计 432 人次，与 2009 年同期相比增加了 109.71%；来信累计 389 件，与 2009 年同期相比下降了 5.81%；到市集访 13 批 856 人次，同比批次下降 51.85%，人次上升 78.33%；赴省集访 34 批 1573 人次（其中属于我区责任主体的 26 批 1007 人次），同比批次下降 29.17%，人次上升 167.63%；进京访 25 批 84 人次（其中属该区责任主体的 18 批 32 人次），同比批次上升 56.25%，人次下降 49.7%。群众集体上访中重复访累计 81 批 2445 人次，同比批次上升 22.73%，人次上升 135.1%。①

（2）2010 年 1 月。区信访局共受理群众来信来访 277 件次，同比下降 86.56%；集体访 10 批 176 人次，同比批次下降 55.56%、人次下降 60.89%；个访 31 人次，办理群众来信 70 件；越级访 2 批 60 余人次（两批均为曲江地区在外职工安置问题）。

本月群众上访反映问题主要集中在：①反映城中村改造及安置问题 5 批，占来访量的 41.67%；②反映村务管理问题 3 批，占来访量的 25.00%；③拖欠农民工工资问题 3 批，占来访量的 25.00%；④其他问题 1 批，占来访量的 8.33%。

（3）2010 年 2 月。区信访局共受理群众来信来访 70 件次，同比下降 26.22%；集体访 4 批 42 人次，同比批次下降 40.00%、人次下降 23.33%；个访 11 人次，办理群众来信 17 件。

本月群众上访反映问题主要集中在：①反映城中村改造及安置问题 3 批，占来访量的 27.27%；②反映村务管理问题 4 批，占来访量的 36.36%；③拖欠农民工工资问题 2 批，占来访量的 18.18%；④其他问题 2 批，占来访量的 18.18%。

（4）2010 年 3 月。区信访局共受理群众来信来访 341 件次，同比上升 26.30%；集体访 15 批 264 人次，同比批次上升 25.00%、人次上升 7.76%；赴省访 6 批 114 人次，同比批次上升 50.00%，同比人次下降 65.14%；赴市访 1 批 10 人次，同比批次下降 33.33%，人次下降 22.22%；个访 42 人次；办理群众来信 35 件。在全国"两会"期间我区无赴京访。

本月群众上访反映问题主要集中在：①反映征地拆迁安置、城中村改造问题 4 批，占来访量的 26.67%；②反映工伤、医疗保险及工资待

---

① 由于统计口径不同，这里的数据与上文提到的 2010 年上访数据有一定出入。

遇等问题 3 批，占来访量的 20.00%；③反映经济纠纷问题 5 批，占来访量的 33.33%；④其他问题 3 批，占来访量的 20.00%。

（5）2010 年 4 月。区信访局共受理群众来信来访 153 件次，同比下降 56.04%；集体访 7 批 114 人次，同比批次下降 41.18%，人次下降 52.29%；赴市访 1 批 200 人次，无赴省访发生；赴京非正常访 1 批 80 人次，同比批次下降 25.00%，人次下降 88.89%；个访 17 人次；办理群众来信 22 件。

本月群众上访反映问题主要集中在：①反映城中村改造问题 1 批，占来访量的 14.28%；②反映工资待遇及三金等问题 3 批，占来访量的 42.86%；③其他问题 3 批，占来访量的 42.86%。4 月份，发生赴京访 1 批：丈八地区货币安置户梁水侠等 80 余名群众大规模赴京上访。

（6）2010 年 5 月。区信访局共受理群众来信来访 182 件人次，同比下降 23.89%，其中集体访 7 批 145 人次，同比批次下降 30%，人次下降 28.57%；个访 15 人次；办理群众来信 22 件。到市集访 1 批 10 人次，同比人次下降 50%；无赴省进京非正常访发生。

本月群众集访问题主要集中在：①反映城中村改造问题 2 批，占总量的 25%；②反映土地租赁问题 1 批，占总量的 12.5%；③反映村务管理问题 2 批，占总量的 25%；④反映职工养老补助及三金问题 2 批，占总量的 25%；⑤其他问题 1 批，占总量的 12.5%。

（7）2010 年 6 月。区信访局共受理群众来信来访 637 件人次，同比上升 140.38%，其中集体访 18 批 563 人次，同比批次上升 125%，人次上升 155.9%；到市集访 1 批 200 人次，同比批次下降 200%，人数上升 185.71%；赴省集访 3 批 80 人次，同比批次上升 200%，人次上升 300%；受理个访 30 人次；办理群众来信 44 件。

本月群众集访问题主要集中在：①反映城中村改造及赔偿问题 6 批，占集访总量的 33.33%；其中，6 月 29 日，电子城街道双桥头村村民李刚等 200 人到市集访，反映城中村改造问题；6 月 1 日，曲江地区黄渠头村村民陈四喜等 20 余人赴省集访，反映该村整体拆迁问题；6 月 3 日，长延堡街道北寨子村村民王强等 30 余人赴省集访，反映城中村改造问题；6 月 7 日，长延堡街道北寨子村村民王强等 30 余人赴省集访，反映城中村改造问题；②反映村务管理问题 3 批，占集访总量的 16.67%；③反映土地承包及集资款等问题 2 批，占集访总量的

11.11%，丈八街道红庙村一组许培栽等 25 人，反映土地承包及集资款等问题；④反映开发商延迟交房等问题 3 批，占集访总量的 16.67%；⑤涉法涉诉问题 1 批，占集访总量的 5.56%；⑥反映商铺拆迁问题 2 批，占集访总量的 11.11%；⑦其他问题 1 批，占集访总量的 5.56%。

（8）2010 年 8 月。区信访局共受理群众来信来访 259 件人次，同比上升 70.39%，其中来区集体访 9 批 207 人次，同比批次上升 80%，人次上升 88.18%；越级访共发生 9 批 539 人次，其中到市集访 5 批 229 人次（责任主体属曲江新区 1 批 100 人次，高新区 1 批 30 人次），同比批次上升 400%，人数上升 1045%；赴省集访 4 批 310 人次（责任主体属高新区 1 批 60 人次），同比批次相同，人次上升 282.72%；赴京访 2 批 3 人次；受理个访 37 人次；办理群众来信 15 件。

本月群众集访问题主要集中在：①反映城中村改造及征地拆迁问题 10 批 557 人次，批次、人次分别占集访总量的 55.56%、74.66%。本月发生的 9 批到市赴省越级访，其中 8 批为征地拆迁安置等相关问题，占越级访总量的 88.89%。双桥头村、漳浒寨村因为城中村改造及征地拆迁问题在 7 月、8 月多次赴省到市越级异常上访。发生 2 批 3 人次赴京访，分别是：鱼化寨地区岳梅玲（户籍不在我区），反映鱼化寨街道小烟庄征地拆迁中强拆其厂房问题；大雁塔街道后村耿焦等 2 人，反映该村城中村改造拆迁补偿问题。②涉法涉诉问题 3 批 64 人次，批次、人次分别占集访总量的 16.67%、6.77%。③其他问题 5 批 125 人次，批次、人次分别占集访总量的 27.78%、13.21%。

（9）2010 年 9 月。区信访局共受理群众来信来访 389 件人次，同比上升 271.96%，其中来区集体访 8 批 145 人次，同比批次上升 100%，人次上升 123.08%；赴省访 3 批 150 人（其中 1 批 30 人次责任主体属曲江新区，2 批 120 人次责任主体属高新区），同期无赴省访；赴京访共 5 批 11 人次（其中属我区责任的 1 批 6 人次）；受理个访 52 人次；办理群众来信 31 件。

1—9 月份，我区共受理群众来信来访 2066 件人次，与 2009 年同期相比增加了 30.18%，其中来区集访共 199 批 1562 人次，与 2009 年同期相比批次增加 105.15%，人数增加 23.87%；个访累计 272 人次，与 2009 年同期相比增加了 100%；来信累计 295 件，与 2009 年同期相比增加 2.79%。群众集体上访中重复访累计 55 批 1763 人次，同比批次上升

57.14%，人次上升 239.69%。到市集访 12 批 806 人次，同比批次下降 47.82%，人次上升 100%；赴省集访 20 批 897 人次（其中属于我区责任主体的 17 批 747 人次），同比批次下降 39.39%，人次上升 64.29%；进京访 25 批 84 人次（其中属我区责任主体的 18 批 32 人次），同比批次上升 56.25%，人次下降 49.7%。

本月群众集访问题主要集中在：①反映城中村改造及征地拆迁问题 7 批 206 人次，批次、人次分别占集访总量的 58.33%、68.44%。如：鱼化寨街道漳浒寨村村民张彩利等 70 余人集访省政府，主要反映该村征地拆迁及罢免村干部的问题（责任主体属高新区）；丈八街道丁家桥一组村民寇鹏等 50 余人集访省政府，主要反映该村城中村改造的问题（责任主体属高新区）；长延堡街道东三爻村村民杨建生等 10 余人集访省政府，反映该村整村拆迁问题（责任主体属曲江新区）；电子城街道齐王村村民史文林等 6 人进京，反映城中村改造相关问题。②反映养老保险及社会保障问题 1 批 10 人次，批次、人次分别占集访总量的 8.33%、3.32%。③涉法涉诉问题 1 批 10 人次，批次、人次分别占集访总量的 8.33%、3.32%。④其他问题 3 批 75 人次，批次、人次分别占集访总量的 25%、24.92%。

（10）2010 年 12 月。区信访局共受理群众来信来访 239 件人次，同比下降 17.87%。其中来区集体访 10 批 162 人次，同比批次下降 23.08%，人次下降 31.06%；受理个访 52 人次；办理群众来信 25 件。赴省访 5 批 180 人次，同比批次、人次略有上升，无到市访。

本月群众集访问题主要集中在：①反映城中村改造补偿问题 8 批 235 人次，批次、人次分别占集访总量的 53.33%、68.71%（其中责任主体属于高新区的 1 批 5 人次）。如：长延堡街道杨家村村民汪建军等 80 余人、鱼化寨街道北石桥村村民王杰等 20 余人集访省政府；丈八街道响塘村村民范喜成等 20 余人、鱼化寨街道北石桥村村民王杰等 60 余人集访省委，主要反映该村城中村改造相关问题。②反映个人待遇问题的 1 批 5 人次，批次、人次分别占集访总量的 6.67%、1.46%。③反映村务管理及要求罢免村干部问题的 2 批 50 人次，批次、人次分别占集访总量的 13.33%、14.62%。④其他问题 4 批 52 人次，批次、人次分别占集访总量的 26.67%、15.2%。

四 比较视角下的雁塔信访标本

孤立地看雁塔农村土地信访标本，具有缺乏动态感和立体感的缺憾，难以把握雁塔区农村土地信访标本在更大区域内的位置与意义。因此，我们将调研所获的有限资料，尽可能呈现出来，试图在一种比较的视角下审视雁塔信访标本。尽管这种比较是很不完全的，但它至少可以为我们提供一种参考。

资料1：陕西省汉中市农村土地问题信访案件统计及主要信访问题

汉中市位于陕西省西南部，汉中盆地是中国著名的粮仓，是陕西省主要粮食产区。全市辖十县一区，216个乡镇，2841个行政村，人口367万，其中农村人口296万。全市土地总面积2.72万平方公里，地貌分为山地、丘陵、平坝三大类型，其中山地占72%，丘陵占14.6%，平坝仅占10.2%，耕地面积330.15万亩。农业在整个产业结构中占有极其重要的地位。

我们在汉中市信访局、汉中市洋县信访局进行了调研访谈，根据汉中市信访局提供的数据和我们的访谈，整理出汉中市农村土地问题信访案件统计及主要信访问题：

2005年信访总量16359件次，涉及农村土地方面的信访2379件次，占总量的14.5%。

2006年信访总量11545件次，涉及农村土地方面的信访1357件次，占总量的11.8%。

2007年信访总量10450件次，涉及农村土地方面的信访897件次，占总量的8.6%。

信访反映的主要问题：一是征地补偿标准低问题：被征地农民和征地单位因征地补偿费意见悬殊而发生争议；二是征地补偿费发放不到位问题；三是村（镇）截留、挪用土地补偿费问题；四是农民对补偿费分配方案不满的问题；五是土地附属物拆迁补偿过低以及拆迁后农户新宅基地划分不及时问题；六是农村土地批少占多、管理部门以罚代批，对土地资源没有进行严格监管问题；七是开发商和企业采取以租代征手段损害当地群众利益，破坏土地问题；八是个别村民非法占用农村保护地（基本农田）建房，以及城乡接合部出现大量小产权房问题；九是失地农民就业难、生活困难问题；十是农民在承包地上擅自改变土地用途，用来种树、挖塘、取土问题；十一是水利移民、扶贫移民、自行迁移的农户和"嫁城女"在征地款分配中的权益保护问题。[①]

资料2：青海省信访局农村土地信访问题概要

青海省信访局的一位副局长和接待处处长在极其繁忙的工作之中，抽出一下午的时间向我们介绍了青海省农村土地问题信访情况：

现在总的看来，信访总量还是在上升，特别是有关农村土地问题的信访，但发生了一个明显的变化是，个体上访的少了，群体上访的多了。个体访少了说明政策到位，群众个人利益得到重视和保护。群体访多了反映上访人员的心态"大闹大解决，小闹小解决，不闹不解决"；有些群访者是借机发泄私愤；有的是农村内部矛盾的一种体现和反映，如对农村土地收益分配方案不满或对村干部在土地征收中的腐败行为不满；也有一些属于不明真相者，被人利用。

涉访农村土地问题主要有以下几种类型：

（1）失地农民的社会保障、就业生计问题。失地农民分到征地补偿款后，不能合理使用，缺乏理财能力，或投资不成功，或过度消费甚至挥霍，钱很快被花费完，变穷，进入贫困群体。这部分人最终还是要找政府，这是目前的一个大问题。因此，土地补偿款不应一次性发放给农民，要注意引导农民理性投资和消费，解决失地农民的社会保障问题，政府、集体和个人共同谋划长远生计问题。

（2）一些农民反对将土地补偿款用于发展集体企业。一些村集体组织，将部分土地补偿款用于发展集体企业，但遭到部分村民强烈反对，认为把钱放到自己的口袋里才放心，要求把土地补偿款

---

① 汉中市信访局近三年《信访统计报表》等资料，2008年3月28日。

分光吃尽。一些村子的集体经济有所发展，公益事业发展很好，但农民仍要求把钱分掉。对这类上访，要认真听取乡镇和区政府的意见，实行村民自治，召开村民大会进行表决。农民的市场意识及抗风险能力较差，企业一旦破产，问题就来了，他们还要来上访，要政府负责。

（3）"出嫁女"土地权益问题。包括两种情况，一种是侵害出嫁女土地承包经营权问题，如一些出嫁女，户口未迁出，但村上将其承包地强行收回集体，重新分配给他人。另一种是"出嫁女"的土地收益分配问题。这类问题很多、很复杂、很棘手。处理情况不一，上访的也就很多。法院一般不受理这类纠纷，因受行政干预、村规民约等多种因素制约和影响，法院受理后没办法判，判了也执行不下去。城西区法院受理了一次，又驳回了起诉。这类问题就自然涌到信访部门来了。

在农村内部处理这类问题也很复杂，如果村"两委"班子中有出嫁女问题的就会处理得好一些。当然有两种情况，一种是干部严格要求自己，拿自己人"开刀"，其他"出嫁女"服气，也就没意见了；另一种是一些干部以权谋私，其他"出嫁女"搭便车，平息了问题，西宁市城西区就有这样的例子。实践中，有些村的"出嫁女"为争取土地权益，闹得很厉害，有的不闹；有些村给解决了，有些村不予解决；还有些村做了变通处理，补偿款没有了，但给"出嫁女"分配了房子。城西区苏家河湾村的"出嫁女"曾长期上访，后来村上给分配了房子，就再没有来上访。

（4）库区建设征地补偿安置问题。青海境内大型水库有八个，龙羊峡以上还要建六个，库区建设涉及征地补偿、移民安置，这方面的问题在青海很突出。一是安置问题。移民安置有货币安置、开发式安置（占一补一，用国有农场土地进行移民安置）、土地入股与业主合作经营等多种补偿安置方案供农民选择。如一些村子的农民选择以土地入股与业主合作经营的补偿安置方式，但农民只能赢不能亏，一亏就上访。一些农民不愿意迁移，主要是民族问题。回民多的地方，藏民不想去，藏民多的地方回民又不愿意去。二是补偿问题。部分库区移民反映补偿中实物核定有误，不公平，如果园、自留地、承包地、农民自己开荒造田的补偿问题，外出工作人员自留地补偿问题（外出工作人员的承包地虽被集体收回，但自留地却一直保留）。三是征地补偿中的民族关系问题。青海是一个多民族、多宗教的省份，所以在征地补偿安置中很容易和民族宗教问题纠结在一起，使得问题变得异常复杂和棘手。如尖扎县在库区建设中有一个村的回民，三个村的藏民需要安置，由于需要安置的回民人少，因此其土地足额补偿后还有多余；但藏民则需要安置三个村人的土地，土地不够，便实行部分土地安置、部分货币安置。藏民就认为这是民族歧视，就不停地上访。马克唐镇库区搬迁户与非搬迁户之间因土地纠纷，双方轮番上访，影响很大。

此外，还有青藏铁路复线建设，公路等基础设施建设征地补偿、安置，都会引发大量信访问题。

资料 3：胡锦涛总书记在安塞县信访局调研

2008 年 10 月 30 日下午，胡锦涛总书记在陕西省安塞县信访局调研。总书记问："现在群众上访反映比较多的问题主要有哪些？"安塞县信访局局长朱光明回答："主要是涉法涉诉、土地征迁、退耕还林、土地承包经营权等方面的问题。"胡锦涛听后深有感触地说："县一级信访部门处在做好信访工作、服务信访群众的第一线。部门虽小，但责任重大。希望同志们通过开展学习实践活动，进一步强化宗旨意识和群众观念，不断提高政策水平和信访工作能力，热情帮助信访群众排忧解难，为营造和谐稳定的社会环境作贡献。"①

我们曾在安塞县城关镇（县政府所在地）滴水沟村民一组进行过有关土地问题的调研，下面是和组长的访谈片段：

问：张队长，麻烦你介绍一下你们队（小组）土地征收和土地款分配的情况？

答：我们队只有 52 户，172 人。因为我们队就在县城里，所

---

① 孙承斌：《真挚的关怀　深入的指导——记胡锦涛总书记在安塞县调研和指导》（http://www.sn.xinhuanet.com/2008-11/18/content_14943254.htm）。

以队里的土地自 80 年代以来陆陆续续地被征收完了。现在除了退耕还林的山地外，川地一点也没有了。比较大的集中征地有三次：第一次是 2001 年，建高速公路，征了我们队 8 亩地，补偿标准是水浇地每亩 7200 元，旱地 4200 元；第二次征地是 2004 年，县上拓宽县城公路，征了我们队 11 亩土地，全部按每亩 7200 元补偿；第三次是 2005 年，县开发区征地，征了 46 亩，每亩按 8 万元补偿的。

问：听说你们队曾因征地问题上访过。

答：是的，第二次和第三次征地我们觉得补偿款太少了，就选了五个代表直接到北京国土资源部上访去了。上访的人太多了。

问：到县上和市上上访过没有？

答：没有，直接去北京了。县上、市上不管用。

问：为什么县上、市上不管用？

答：地是县上征的，市上（袒）护着县上呢！

问：上访的结果怎么样？

答：国土资源部答复说县上征地和补偿都合法着呢，但对失地农民生活问题让和地方政府协商解决。我也查了一些法律书，按规定是对着呢，可补那点钱，能干啥？县上转手一亩地就卖 90 多万。

不过上访也不是没有一点用，还是有点用的。上访前县上只留 5 亩地给我们村上自行开发，告状后县上给我们留了 18 亩地自行开发，另外还有 20 亩地是租赁（县上国有土地），每亩地每年 600 元租金。我们开发了商品房，有些村民自己不要，转让出去，转让费就可得四五万元。

资料 4：西安市雁塔区信访局局长访谈片段

我们与雁塔区信访局局长的访谈资料，可以作为理解雁塔区农村土地信访问题的一个注脚。这是一位快人快语、精明干练的女局长，担任信访局局长三年了。她之前在一街道办事处工作，当过常务副书记、常务副主任，2006 年调任信访局局长，有着极为丰富的农村基层工作经验。她一脸的自信："来这儿工作好适应，在基层工作，成天也就是处理各种各样的矛盾纠纷嘛。"

问：请介绍一下有关农村土地纠纷方面的信访情况。

答：这方面主要是因征地补偿安置方面的矛盾引发的上访，这是近几年上访的一个重要方面。雁塔区涉及"三区建设"（西高新、曲江新区、沪灞园区）、绕城高速等大项目、大拆建。征地拆迁、补偿安置、过渡回迁等问题很复杂，矛盾多、纠纷多。此外，农村集体收益分配、宅基地划拨、财务公开方面的矛盾纠纷也不少。

雁塔区支持"三区建设"，征地拆迁量大，问题突出。从整体情况来看，农民的居住环境改善了，但收入水平并没有提高，甚至有的降低了。引发上访受多方面的因素影响：

一是，农民故土难离的情结较浓，不愿拆迁、不愿异地安置。

二是，拆迁影响房租收入，城中村和城郊村农民有大量的房屋出租，租金可观。拆迁会直接影响其这部分收入。

三是，对补偿不满意，拆迁房屋评估价300元/平方米，买新房600元/平方米。

四是，过渡期上访居多（从拆迁动员到回迁期间），每户700元/月的补助，造成生活困难，听说有的拆迁户捡菜叶子吃。农民把补偿费都存起来了，只拿过渡补助支撑度日，若遇不能按时回迁，就更苦了。所以，当时政府和曲江新区谈此问题时，很强硬，对超期回迁的，大幅度增加过渡费，否则会引起更大的社会动荡。过渡期上访多还有一个原因是，拆迁户心理失落严重，他们一下子由房东变成了房客，由收租者变成交租者，寄人篱下，生活有诸多不便，特别是遇上生老病死、逢年过节更是容易情绪失控。这些我们都是可以理解的。

回迁以后上访的主要问题是房屋质量问题。像曲江新区建设拆迁安置量很大，一下子要建那么多的房进行安置，质量就会出问题。现在大雁塔村上访主要是征地拆迁安置的遗留问题，如房屋质量问题，生活预留地问题。

问：土地征收及拆迁安置中，"外嫁女"问题是否严重？

答：起初，这方面的问题较多，但曲江新区后期拆迁调整了方案，只要在村上有户口就给补偿，每人15万，还有30平方米的住房。这样出嫁女不再参与村集体土地收益分配，其与村集体和其他农户之间没有了利益冲突，"外嫁女"的问题也就化解了。

第三节 信访解决农村土地纠纷机制考察

通过以上的考察，我们已清晰地看到，改革开放以来，特别是伴随着工业化、城市化的快速发展，农村土地矛盾纠纷急剧增加，并首先反映到信访部门，成为信访最为突出的问题。尽管在不同发展时期，农村土地矛盾纠纷以不同的形态、不同的特征表现出来，但其凸显的位置始终没有改变。而且因其群体性、对抗性、复杂性等特质，使其成为一类难以化解的社会矛盾，严重影响着社会的和谐稳定。我们所关注的问题是，大量的农村土地矛盾纠纷涌入信访渠道，那么，信访如何承载？其能否化解这些棘手的矛盾纠纷？在多大程度和范围上化解这些矛盾和纠纷？其实效究竟如何？换言之，信访如何成为一种有效的纠纷解决机制？对此，学界一直持怀疑甚至否定态度。有数据表明，尽管全国每年有千万计的信访量，但通过信访解决问题的仅占2%，可谓微乎其微。这里有个明显的悖论，既然信访鲜能解决问题，民众为何如此倾心信访？党和政府为何一再强化信访？

我们对雁塔区信访标本的观察，可以获得这样一些最基本的事实：一是，每年的信访量在2000件次以上，并呈上升趋势，其中农村土地问题一直是最突出的问题，约占50%以上，而且集访、越级访、重复访情况严重。二是，雁塔区的信访工作受到省市乃至中央的充分肯定，获得"西安市目标管理综合考评七连冠"，信访局连续四年获"西安市信访工作目标考核一等奖"的佳绩。信访考核是极其严格甚至近乎苛刻的考核，能取得如此突出的成绩，若简单地否定信访工作的实效则难以解释。三是，雁塔区法院农村土地纠纷案件受理数量一直呈现下降趋势，每年受理该类案件数量非常有限。这种状况表明，访民们"信访不信法"，拒绝选择司法解决，而是谋求政治或行政的解决方式。从多元化纠纷解决机制的角度考察，雁塔区农村土地纠纷既无行政复议案件，也无农村土地承包纠纷仲裁。那么，如此巨量的信访案件、纷繁复杂的矛盾纠纷何以处置？通过什么样的机制和方式得以有效控制和化解？这是我们必须面对的事实和问题。

信访能否成为一种独立的纠纷解决机制，一个最基本的考量标准就是其能否解决矛盾纠纷？如果说信访制度具有化解矛盾纠纷的功能，那么其运行的机理是什么？实效如何？以下我们将从雁塔区信访的功能定位、组织架构、队伍建设和制度机制等方面考察信访是如何化解矛盾纠纷的。在此基础上，我们将回应信访能否成为一种稳定而长效的纠纷解决机制及其未来走向的问题。

一　信访功能定位

现行信访法规中并未明确规定信访的救济功能。《信访条例》第 5 条规定："各级人民政府、县级以上人民政府工作部门应当科学、民主决策，依法履行职责，从源头上预防导致信访事项的矛盾和纠纷。县级以上人民政府应当建立统一领导、部门协调，统筹兼顾、标本兼治，各负其责、齐抓共管的信访工作格局，通过联席会议、建立排查调处机制、建立信访督查工作制度等方式，及时化解矛盾和纠纷。各级人民政府、县级以上人民政府各工作部门的负责人应当阅批重要来信、接待重要来访、听取信访工作汇报，研究解决信访工作中的突出问题。"

《信访条例》第 13 条规定："设区的市、县两级人民政府可以根据信访工作的实际需要，建立政府主导、社会参与、有利于迅速解决纠纷的工作机制。信访工作机构应当组织相关社会团体、法律援助机构、相关专业人员、社会志愿者等共同参与，运用咨询、教育、协商、调解、听证等方法，依法、及时、合理处理信访人的投诉请求。"

显然，新时期信访工作的重心在于"化解矛盾和纠纷"。中央信访政策也一再强调"事要解决"、"把矛盾纠纷解决在基层"，信访考核更是把社会矛盾纠纷排查化解情况作为重要考核指标对各级党政部门进行严格考评。据此，我们可以理解在制度和实践层面上信访制度已被实际赋予救济的功能，从中央到地方都将信访作为一种极其重要的救济手段和矛盾纠纷化解方式不断强化。

从雁塔区的信访实践，我们亦可以深切地感受到信访工作始终围绕着社会矛盾纠纷的排查和化解展开，即以"一个中心，两个集中"（以解决信访问题为中心，集中资源，集中权力）为工作理念，坚持"化解矛盾，事要解决"的原则，努力实现变信访"中转站"为信访诉求解决"终点站"的目标。信访制度的功能定位，直接决定着信访部门的组织架构、职能职责、队伍构成、制度机制、工作程序和考核体系。

二 信访组织架构

信访实现"事要解决",必须要有一定的组织载体为依托。雁塔区在实践中逐步形成了区、街办、村组(社区)三级信访工作机构,具体组织实施排查、化解矛盾纠纷工作。这些组织和机构包括:信访联席会议、信访接待中心、街道办事处信访办公室、区街村三级群众工作机构和群众工作室。

(一)信访联席会议

即"雁塔区处理信访突出问题及群体性事件联席会议"。我国于2004年建立处理信访突出问题及群体性事件联席会议制度,各级政府都相应成立了处理信访突出问题及群体性事件联席会议。区联席会议代表区委和区政府对信访稳定工作行使组织领导和协调指挥职能,定期研究解决信访突出问题及群体性事件,形成"决策、指挥、协调"三位一体的信访工作领导体制。同时成立区信访接待中心(与区信访局合署办公)作为区联席会议的办公室,承担处理信访突出问题及群体性事件联席会议日常工作。

(二)信访接待中心

2009年2月26日,雁塔区矛盾纠纷排查化解中心群众来信来访接待中心正式挂牌成立,2010年将之改扩建为区信访接待中心,7月15日正式挂牌启用。

信访接待中心,与区信访局合署办公。接待中心配备1正7副共8名中心主任,除区信访局原有3名领导外,其余副主任由区纪委、区法院、区维稳办、区司法局、公安雁塔分局分管信访工作领导兼任。中心设办公室、督办科、接待科、综合科和警务室。中心分设综合接待接访室、农村村务接访室、社会事务接访室、人事社保接访室、拆迁安置接访室、城建执法接访室和涉法涉诉接访室,从信访任务较重的区级7个部门各调派1名后备干部入驻区信访接待中心,集中接待本部门、本系统来访群众,办理相关信访事项。

根据《西安市雁塔区信访局关于雁塔区人民信访接待中心的若干规定》(雁联会发〔2010〕7号)规定:"信访中心是区委、区政府对全区信访工作的指导、管理、处置、协调调度中心。依托信访中心,集中配置权力要素,集中接待群众来信来访,集中处理信访问题,建立和完善依法正确处理新时期人民内部矛盾的新机制和新体制。"

"信访中心代表区委、区政府处理信访问题。其职责是：（一）承办上级机关和区委、区政府交办的信访事项，并根据信访问题的性质和内容责成有关单位接谈、处理或直接督办。（二）指导和协调全区信访工作。（三）对目标管理单位进行考核。对信访工作成绩突出的单位进行表彰；对出现问题的单位和领导干部进行批评或通报，直至提出责任追究建议。（四）对交办的信访案件进行督查和裁决。（五）协调处理群体访和异常突发事件。在处理紧急事件中，统筹调配各单位人员、车辆等。（六）解决来访人不服原单位或主管部门处理的信访问题。（七）处理来信来访中反映的重大问题和基层单位长期顶拖不办的问题。（八）处理通过书记、区长公开电话、市民投诉电话反映的问题。（九）处理带有普遍性、政策性、需统筹解决的问题。（十）统一管理和使用稳定基金。（十一）承办区委、区政府交办的其他事项。"

据此，中心具备来信、来访、电话投诉的受理，人大代表、政协委员接访，各级领导干部接访，联席会议，信访听证，督办裁决，责任追究，依法治访和帮扶救助9项主体功能。中心的地位与职责构成信访部门解决信访问题、化解矛盾纠纷的权力资源，准确地反映了信访部门何以从"秘书型"转变为"职能型"，何以能够一竿子插到底解决信访问题的制度基础。

（三）街道办事处信访办公室

2010年区委、区政府批准，由区编委下发《关于在街道办事处设立信访办的通知》（雁编发〔2010〕1号），在8个街道均设立了信访办，明确由1名正科级领导干部负责，信访办有3—5名专职信访干部。

（四）区、街、村三级群众工作机构

为了切实贯彻落实全国用群众工作统揽信访工作会议精神，2011年2月，按照西安市委、市政府和市信访接待中心的要求，区信访局向区委常委会提交了关于开展用群众工作统揽信访工作，在区、街、村三级分别成立群众工作机构的请示，即在区一级成立群众工作部，作为同级党委工作部门，与区信访局合署办公，两块牌子，一套人马；在街道一级成立群众工作站，设群众工作站办公室，与街道信访办合署办公；在村组、社区成立群众工作室，由村委书记担任工作室负责人，同时由街道派驻村组的维稳工作队员（街道办事处派驻村干部）、村信访信息员（本村村民）、信访公益性岗位人员以及在村组较有威信的老党员等作为群众工作室的工作人员，开展日常工作。

目前，八个街道均已成立街道群众工作站，平均有专职工作人员4人。在街道办事处的督导下，除涉及城改或征地拆迁等工作的村组以外，其他73个村和101个社区全部挂牌成立了群众工作室，分别占到总数的69%和98%以上。

（五）群众工作室

长延堡街道涌现出"党员志愿者陈绪水群众工作室"、"副军级退休干部冯广廷群众工作室"等特色群众工作室。这些特色工作室面对面与群众沟通，赢得了群众的信任与支持，有效地化解了社区内的矛盾纠纷。

三　信访工作队伍

信访化解矛盾纠纷，必须要有一支比较稳定的、具有一定专业水平的工作队伍。雁塔区信访部门近年来十分重视信访队伍的建设，逐步形成了以区信访接待中心专职信访队伍为核心，以街办、村组、社区基层信访队伍为基础，以信访信息员、联络员、代理员和维稳队员"四支队伍"为骨干的信访队伍。正是这支队伍主要担负着排查与化解辖区矛盾纠纷的艰巨任务。

（一）区信访接待中心信访队伍

信访接待中心配备1正7副共8名中心主任，有10名在编人员、9名信访代理员和1名长期驻京工作人员。从信访任务较重的区级7个部门各调派1名后备干部入驻区信访接待中心，集中接待本部门、本系统来访群众，办理相关信访事项。从公安雁塔分局抽动3名干警参与接访，并负责维护中心信访秩序。同时还安排市、区公开招考的3名后备干部在中心挂职锻炼，其中处级2名，科级1名。目前，全中心共有信访专职工作人员38名。

（二）街办、村组、社区基层信访队伍

雁塔区注重基层信访队伍建设，不断充实基层信访队伍。在各街道均成立了信访办；在村组、社区由街道各科室分片包村确保稳定；选派街道干部作为维稳工作队员驻村专职调解群众信访问题；在村和社区选出有威信、有能力的人担任信访信息员；招聘信访公益性岗位到街道、村组、社区工作。这些不同层面的工作人员共同组成了雁塔区基层信访工作队伍，各街道不断细化"四支队伍"管理办法，充分发挥他们的作用，使"四支队伍"的工作重心沉下去，做到动态排查和及时化解矛盾相结合。四支队伍的成员不仅是信访信息员、代理员、排查员，还担负着调解员的职责，不仅要把基层的矛盾问题苗头性信息收集反馈上来，还要把矛盾和问题在基层及时化解掉。

8个街道办事处的信访办各有正科级领导干部1名，3—5名专职信访干部，8个街道共有信访干部35人。

雁塔区从2004年开始，就在全区各村确定了一批有威信、有影响、服务意识强、作风正派的农村干部担任信访信息员，超前掌握带有倾向性、苗头性等可能引发集体上访的不稳定因素，想方设法做好群众的思想转化工作，防止信息不灵造成的事态扩大或贻误调处时机等问题。从2007年开始，雁塔区在全区120个村组挑选了240名德高望重的村民担任信访信息员，积极向群众宣传相关法律法规，有效促进村组各类矛盾的及时化解。

2008年，雁塔区在西安市首创了"专职维稳工作队员"制度，从街道党工委、办事处机关干部中，挑选了208名政策理论水平高，基层工作经验丰富的中青年干部，经过系统培训后，进驻村组、社区担任专职维稳工作队员，负责基层矛盾纠纷排查化解工作。街办要求每位维稳工作队员都要当好"四员"：农村、社区工作的指导员；基层矛盾纠纷的化解员；政策法规的宣传员；农村、社区干部的参谋员，全面参与、指导、督促、协调基层农村、社区的各项事务。

2009年，雁塔区信访局面向社会公开招录了89名公益性岗位信访代理员，分别在街道、村组、社区从事信访代理工作。各街道基层信访代理员与维稳工作队员和信访信息员一起，成为基层信访队伍的重要力量，工作在基层信访第一线。

四　信访调处机制

（一）集中资源和权力化解矛盾纠纷

信访接待中心明确以"一个中心，两个集中"（以解决信访问题为中心，集中资源，集中权力）为工作理念，坚持"化解矛盾，事要解决"的原则，建立"一站式接待、一条龙服务、一揽子解决"的"三个一"工作机制和"四级会诊"调处机制。中心把信访问题多发的职能部门集中到信访大厅,分门别类建立接待室,采取"统一登记,分类接谈,现场处理,立案调处,交办督办,法律救助"的运行方式,"一竿子插到底"解决各类信访问题,变信访的"中转站"为信访诉求解决的"终点站"。中心实行信访事项"四级会诊"调处机制。即第一级,属于各部门职责内的问题,由各部门驻中心办公室主任或副主任直接调处,调处有困难的提请本部门领导集体研究决策;第二级,涉及多个部门的疑难复杂案件,由区信访接待中心分管副主任牵头组织相关部门驻中心办公室进行"会诊",集中研究,协商解决;第三级,经"会诊"仍不能解决的,由区信访接待中心主任召开主任会议,邀请有关专家及责任主体部门领导专题研究解决;第四级,区信访接待中心主任会议解决不了的,提交区联席会议研究解决。使信访问题由间接处理、督查督办向直接解决问题转交,变被动接待群众信访为主动维护群众权益。通过中心集中接待、协同办理、"一站式"服务的工作体系,"一竿子插到底"解决各类信访问题,使信访问题在接待中心能够真正化解,有效减少了越级上访、重信重访的发生。变信访的"中转站"为信访诉求解决的"终点站"。在中心启用半年内,入驻的8个职能部门,就接待受理群众来信来访1200件人次(集访27批522人次),中心调处解决18批262人次。

(二)"村财街管"和"双签"制度

经费使用不透明、财务管理不规范是农村干群关系紧张,引发社会矛盾的重要因素。从2004年上半年开始,雁塔区在全区推行"村财街道代管"和"双签"制度。村组两级财务由村组委托街道办事处农村财务核算中心统一代管,村组在指定的信用社或银行开设一个账户。村组不设会计出纳,设一名报账员负责报账。村组成立民主理财小组,组长由村党支部书记兼任,村组的日常开支由村党支部书记和村委会主任共同签字报销,重大开支由民主理财小组集体审核,实行双签报销。实行两项制度,客观上推进了农村财务管理的规范化、透明化,从源头上有效防止了农村部分矛盾纠纷的发生。2006年以来,已很少有因村组财务管理问题引发的群众上访。

(三)信访问题处理联席会议制度

一些街道办事处根据需要建立信访问题处理联席会议制度,如丈八街道率先建立和实施这一制度。这一制度针对辖区内涉及面广、难度较大的信访问题进行集中研判解决，前移了处置关口，取得了较好的效果。信访问题处理联席会议以街办分管领导、包村领导、包村科室、驻村干部等为主要参会对象，通过会议制定解决办法，规定解决时限，街道信访办督导。同时将研判结果告知信访当事人，把问题消化在村组、消化在街办。丈八街道办事处运用信访问题处理联席会议，成功地解决了颇具影响的辖区内 12 村 96 户"双女户"不满高新区征地拆迁安置政策信访事件。

（四）信访听证会制度

雁塔区在区、街、村三级建立了信访听证会制度。信访听证会由街道办事处和区信访局主持，上访群众代表、涉事单位的主要领导、相关职能部门领导、信访调解员、人大代表、政协委员、法律顾问和区级有关领导参加，听证会采取公开方式进行。由当事人提出问题、阐明要求，相关部门做出解释，法律顾问提供法律援助，人大代表和政协委员依法监督。大家摆事实、讲道理，查明事实，分清责任，解决问题。这一制度的推行，克服了过去单纯由信访受理、部门处理的局限性，畅通了信访渠道，扩大了群众的知情权和参与权，促进了问题解决，提高了政府的公信力，同时引导教育群众依法维权。

（五）乡规民约评理会制度

乡规民约是乡村群众自发制定和自愿执行的守则和公约，对解决一些法律尚未明确界定的道德行为等问题，往往能发挥很好的作用。2004年，雁塔区在部分村组自发实行的基础上，开始在全区农村推行乡规民约评理会制度。村组在不违反法律的前提下，制定村民公约或道德规范，经村民集体讨论共同遵守。村民之间发生矛盾纠纷，组织公开评理会，由双方当事人表达诉求，请村上的长者、教师、退休回乡干部参与评理，村干部处于仲裁地位，使矛盾纠纷在乡规民约的约束下自我化解。

信访听证会和乡规民约评理会的推行，弥补了政策法规在解决信访问题上的不足，通过道德的约束和说教的力量，以群众性的自我教育、自我监督、自我约束的方法来解决信访问题，为化解基层矛盾提供了新的途径。在 2004 年开始的两年内，全区曾召开了 28 次农村信访听证会，45 次乡规民约评理会，使 10 余名缠访老户问题妥善解决，受到群众的广泛欢迎。

（六）领导接访、包案制度

中共中央、国务院《关于进一步加强新时期信访工作的意见》（中发〔2007〕5号）明确要求："大力推行领导干部接待群众来访制度。要认真坚持党政领导干部阅批群众来信、定期接待群众来访、带案下访和包案处理信访问题等制度"；"各级领导干部要坚持经常深入基层、深入群众，开展调查研究，倾听群众意见，了解群众愿望，关心群众疾苦，及时为群众排忧解难"。雁塔区逐步形成了"区委书记、区长带头，全体区级领导参加和各街道、各部门党政主要领导带头，领导班子全体成员参加的接访下访约访工作机制"。建立了"一把手"带头接访，带头包案，直至问题彻底解决的工作体系和重大信访问题领导协调机制。对涉及人数多、问题复杂的信访案件在接访后，提请分管领导召集协调会，若仍不能有效化解，再向上一级领导提请以专题会的形式促进问题化解。信访部门梳理信访积案，采取领导包案的方式，最大限度地发挥领导的协调、指导和督促、检查作用，督促、协调街道和相关部门通过领导包案制度，明确责任多管齐下，集中处理信访问题。如在2008年的"区县委书记大接访活动"中，区级领导共接待上访49批次，其中50%的问题得到及时解决。2011年1—11月，区级领导共接访下访约访417批2425人次，其中领导包案48批次，已化解327批次。街道和部门领导接访下访约访共计818批4539人次，其中包案处理515批次，已化解915批次。此外，还开展了组织领导和多部门参与的化解信访问题和积案活动。2009年区委、区政府抽调劳动、建设、卫生、城改等与信访问题密切相关的部门副处以上领导组成专项工作组，下基层处置信访积案。2010年又组织了全区100名干部，利用100天时间，开展了"双百"积案化解活动，采取领导包案、走访调研、集体会诊等多种措施，一案一策，分类化解了近20件信访问题。

（七）帮扶救助解决信访问题

在长期上访人员中，有一些上访诉求虽然缺乏政策法律依据，但的确造成上访人员经济拮据、生活困难的情形。这部分人群长期上访既无政治指向，也非谋求不正当利益，摆脱生活困境是这部分人上访的主要原因和动力。雁塔区出台了《化解信访问题帮扶救助困难信访人员实施办法》，设立了解决特殊疑难信访问题的群众工作专项资金，专款专用。

《办法》明确了帮扶对象、帮扶形式、工作程序，并结合帮扶对象的实际情况，采取灵活机动的方式解决问题。区信访部门与人社局、民政局、司法局等部门共同开展送温暖活动，生活救助、法律援助等多项服务，做实信访帮扶救助工作，同时把解决生活困难与解除思想困惑相结合，耐心细致地教育引导，促使信访人息诉罢访。2011 年，该区通过信访渠道帮扶救助的资金达到 200 多万元，协调三区增加群众补偿款近千万余元。鱼化寨街道建立了 120 万元建设基金，在各村落实每年办理十件实事活动，通过村组"办实事、办好事"，解决群众关心的热点难点问题，有效化解矛盾，切实维护地区稳定。等驾坡街道对周买红、梁世军等涉军重点信访人，解决医疗和养老保险，并将两人安排在街道三产办市场办公室工作，提供公益性岗位，每月发放工资、补贴等 3000 余元，改善其生产生活，二人均已息诉罢访。

（八）严厉打击非正常上访

"在当前群众信访特别是群众集体访反映的问题中，80%以上有道理或有一定实际困难和问题应予解决。"这是前国家信访局局长周占顺在接受《半月谈》记者采访时，所做出的一个著名判断。但这也同时意味着在众多的信访人中，不乏缠访、闹访，谋求不法利益者。一些地方迫于各种压力"拿钱买平安"，也主要发生在这些人身上。因此，信访工作也包括对非正常访人员的教育训诫。通过严厉打击非正常上访，有效地维护了信访秩序。如 2010 年，对违法信访人共行政拘留 10 人次，训诫 21 人次，信访培训班集中教育 79 人次。2011 年通过公安训诫等打击处理的违法信访人有长延堡街道的陈××、陈××；丈八街道的张××、梁××；鱼化寨街道的王×、岳××等。

五　信访工作程序

处理信访案件已逐步走向规范化和程序化。《信访条例》对信访程序只做了原则性的规定，在信访实践中，信访程序逐步得到规范和完善。包括：提出信访事项、登记分流、受理（转办、交办）、立案调查、处理意见、上级复查、上级核查、信访听证、信访终结等。对一般性信访案件，依照下列程序办理：（1）登记：由登记处及案件受理科室对信访问题进行登记、分流，并根据问题性质归类建档存查。（2）咨询：信访接待人员对群众反映的问题进行法律和政策解答。

（3）接访：按照首问负责制的原则，进行全程督办和落实。接访时一般应有两名以上信访接待人员同时在场。（4）立案督办：对上访反映的问题进行立案，并转交或交办给有关部门，之后由信访中心进行督办。（5）联席会议：根据实际情况，适时召开由各部门负责人参加的联席会议，分析研究上访问题，确定处理问题的方式和渠道。（6）领导接访：区级领导根据分工和上访问题的性质，亲自接待上访群众，帮助群众解决实际问题。（7）听证：经信访当事人申请，举行由人大代表、政协委员、律师和相关部门负责人参加的信访听证会，并形成听证结论。对于行政手段不能解决的涉法上访问题，引导上访人走司法程序。雁塔区信访接待中心工作流程见图5—1所示。

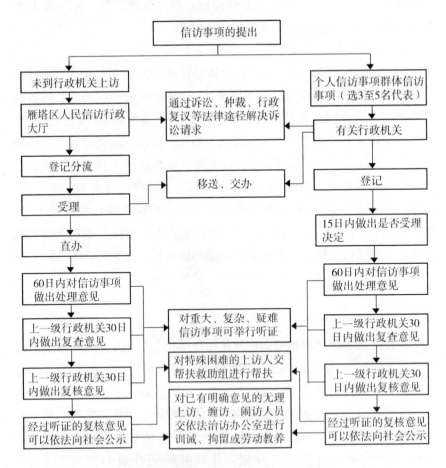

图5—1 雁塔区信访接待中心工作流程

第四节　信访解决土地纠纷典型案例

一　信访联席会议解决"双女户"上访案

2002 年，随着高新区的发展，西沣路以西、丈八东路及西户路以南划为高新三区范围。该区域涉及丈八 12 个村，34 个村民小组，10243 人，其中农业人口 9635 人，征地总面积 10955.23 亩。安置主要采取货币安置、上楼安置和一户一宅三种方式。针对丈八地区的实际，"两区"（高新区和雁塔区）充分考虑各种情况，制定了基本农户、祖遗户、独身户、嫁城姑娘、在外职工及其他共 6 大类 69 种情况的安置细则。安置政策主要根据相关政策和法律，并参照当地乡规民约。

2006 年，丈八地区的 96 户双女户对安置细则提出质疑，认为安置政策只考虑了"双子户"，而没有照顾到"双女户"，照顾前者不符合国家计划生育政策，而不照顾后者则违反男女平等原则。于是"双女户"代表到市赴省甚至进京进行上访。一些中央媒体对此进行了报道，影响极大。

因为丈八地区并不是在同一个时期进行征地拆迁工作的，而是根据高新区的发展需要，先后分为一、二、三期建设征地，时间跨度近十年。如果三期的问题予以解决，那么先前的一期、二期怎么办？一儿一女户，多子女户又该怎么办？丈八地区的问题解决了，如果曲江新区被征地的群众也提出同样的要求，势必会造成整个雁塔地区的不安定。

"双女户"在争取与双子户同等待遇的过程中，又提出了"双女户"计划生育奖励问题。2003—2004 年，各村在进行第一次征地款分配时，都相应地制定了分配方案，主要参考的依据是区委、区政府 2001 年 11 月 22 日制定的《关于农村集体财物分配若干问题的规定》，规定中明确指出，在分配时，独生子女户增加 1 个人份的 30%—50%，而"双女户"按村民同等待遇，不增加任何集体财务的分配份额。各村的分配方案，均未涉及"双女户"的奖励问题。这一方案，在第二次分配时被沿用。2002 年 9 月，陕西省出台《人口与计划生育条例》。《条例》规定，在分配时，独生子女增加一个人份的分配份额，"双女户"增加半个人份的分配份额。2007 年，个别村开始回迁，进行第二次分配时，这一问题凸显出来。由于雁塔区 2001 年 11 月 22 日制定的《关于农村集体财物分配若干问题的规定》与 2002 年 9 月出台的《陕西省人口与计划生育条例》有些内容相冲突，从而引发矛盾纠纷。但两个文件，一个早，一个迟，因此并不能说村上制定的方案就有问题。问题是有的村已将征地款全部分完，有的村正处于分配中，有的村还未开始分。但"双女户"的上访在不断升级，影响在不断扩大。

雁塔区丈八街道办事处及时召开了涉及三期征地范围 12 个村的书记、村长参加的有关会议，向村干部们讲明情况，要求他们在搞好稳定的前提下，妥善处理好上访问题。一些村干部认为，分配方案的制定，是经过村民大会讨论，街道办事处审定的，不能随便改变，不愿意给"双女户"进行照顾分配。双方矛盾非常尖锐。

在这种情况下，雁塔区丈八街道办事处制定了处理上访问题联席会议制度，联席会议由街办主要领导主持，分管领导、包村领导、包村科室、业务科室、村上两委会干部、组长及部分村民代表参加，专题研究这一问题。会上大家各抒己见，充分发表意见，最后达成共识，决定给"双女户"进行分配。各村干部反映通过联席会议处理上访问题的形式很好，有些他们因面子不好说的话，办事处干部替他们说了，可以避免引起村民的猜测与误解，有利于解决信访问题，保证了村上的稳定。

二　信访听证会案例

案例 1：丈八地区货币安置户信访听证会

2001 年，西安高新区开始三期建设，征地拆迁范围涉及雁塔区丈八街办南片 12 个村庄。此次拆迁安置采取一户一宅安置、上楼安置和货币安置三种形式。在 2004 年至 2005 年所安置的 4406 户中，有 374 户选择了货币安置。几年后，即 2008 年上半年，这些货币安置户开始后悔当初货币安置的选择，并试图改变现状。12 个村的货币安置户授权委托张少鄂等七人全权代表所有货币安置户进行"依法维权"，并聘请执业律师为维权法律顾问。自此，货币安置户开始了有组织的上访活动。从街办、区、市、省等部门上访，直到进京上访。这是一起在西安市颇具影响的上访案，历时一年多，直至 2009 年 8 月 28 日西安市信访局举行信访听证会，做出听证结论意见后，货币安置户才基本停止了集访。此次信访听证会无论是规格、规模、效果还是所涉问题及其影响面，都颇具代表性。我们曾就丈八货币安置户上访问题在丈八街道办事处、雁塔区信访局、高新区信访局多次调研，并与货币安置户法律顾问杜律师就有关问题进行了交流，特别是笔者和课题组部分成员全程旁听了此次听证会，收集到了双方所提供的所有听证会材料，通过对此信访听证会案例的研究，使我们对信访听证会方式解决征地拆迁安置纠纷有了一个比较客观、全面的认识。

生活陷困境，上访找出路。2001 年 6 月，西安市雁塔区、高新区获批联合建设高新区三期。雁塔、高新两区成立了联合开发办公室，负责组织实施三期范围内征地拆迁工作，征地拆迁涉及雁塔区丈八街办南片 12 个村庄。征地拆迁工作开始后，两区先后出台了一系列有关征地拆迁补偿安置文件：2002 年 9 月 25 日出台了《西安高新区规划范围部分村庄拆迁安置细则》，2003 年 6 月和 10 月又分别出台了《西安高新技术产业开发区规划范围内征地拆迁安置工作货币安置办法》和《货币安置补偿实施细则办法》。文件规定：新区内村庄拆迁安置按照统一规划、统一拆迁、统一建设、统一安置的原则进行，安置形式为一户一宅安置、上楼安置和货币安置三种形式。选择货币安置的被拆迁人应当和本村村委会签订有关协议，不再参与该村预留生产安置用地经营、管理和收益，不再参与村里组织的任何活动。即货币安置户须与村委会结清债权债务，解除与村集体的所有法律关系，放弃村民资格，转为居民。货币安置人应承诺向高新区交回其按规定分配的安置用地及生活用地（已经做了土地费用补偿），该部分安置用地及生活用地在村委会的总指标中予以扣除。

高新区三期征地拆迁 12 个村庄，共安置了村民 4406 户，其中选择货币安置的 374 户，占 8.5%。在货币安置户中"嫁城女"占32%；子女在城市工作的村民占 12%；农村致富带头人（经商、办企业者）占 20%。在选择货币安置的 374 户中，有 191 户原选择的是非货币安置，后经本人申请，出具不反悔承诺书后，改签为《货币安置协议》。货币安置户所得包括：土地及人员结构补偿费、旧房拆迁补偿费（平均每平方米 200 元左右）、人均 7 厘生活用地及户均 4 分安置用地的作价补偿费，此外还参与了村集体土地补偿费分配及其他公共积累分配。据统计，新区货币安置 374 户，货币安置款总计 1.9 亿元，户均 50.8 万元。有的货币安置户一次性获得货币安置款高达七八十万元。（2003 年西安市社会平均工资收入是 698 元，货币安置户同区位商品房价格为每平方米 1700 元。）

几年后，许多货币安置户的生活状况发生了问题，如其所言："大部分分散居住在西安市周围的七区八县，以及河南、甘肃、四川等地，其中：占 50% 的货币（安置）户买的是无证小产权房，根本不受法律保护，提心吊胆过日子，一旦再次征地拆迁将倾家荡产；占 20% 的货币（安置）户在外租房；占 30% 的货币（安置）户投亲靠友，大部分属嫁城女；还有 30 多户下落不明，无法联系。造成我们流离失所属全国首例，追究其原因主要是：被申请人征地拆迁补偿安置中，对我们货币（安置）户人员住房货币安置款没有落实到位。"[1] 货币安置户们认为，正是由于高新区征地拆迁安置存在的问题，才致使他们的生活状况严重恶化。于是在 2008 年，12 个村的货币安置户每村推举 1 名代表，共同授权委托张少鄂等七人全权代表所有货币安置户进行"依法维权"，并聘请执业律师为其提供专门法律帮助。自此，货币安置户开始了持续不断的、有组织的上访活动。

据我们调研获知，丈八地区货币安置户走向上访之路的主要原因：一是经济陷入困境，收入、住房较差，未来可忧。当初虽然有的一家曾获得七八十万元的安置补偿款，在当时是个不小的数目，但物价、房价不断上升，大部分人员就业困难，缺乏稳定收入；有的投资失误、有的经营不善、有的赌博挥霍，几年后补偿款已所剩无几。二是心理失衡，与非货币安置户相比较，非货币安置户们既有房自住，又有房出租，还有集体收益分配，有组织依靠。选择"一户一宅"安置的农户，房子户型有 360 平方米的、300 平方米的和 240 平方米的，大部分选择了大户型，每月房租收入一般都在 2000—4000 元，村里还有预留生活用地经营收入分红，再找份工

---

① 摘自"货币安置户信访听证申请书"。

作还有工资收入。三是失落感加剧。脱离了集体，没有了组织，失去了熟人社会生活的氛围，又难以融入城市社会。住的是出租房或没有法律保障的小产权房，孩子入学、医疗社保等都有问题。因此，心理落差很大。

频繁上访与政府处置。2008年9月，陕西省第七届村委会换届选举开始，丈八街办各村村委会换届选举也随之相继开始，货币安置户以此为契机开始频繁上访。他们起初的诉求仅是恢复农业户口，确认村民资格，享受村民待遇，行使选举权，参与村委会换届选举。即通过获取政治权利，进而争取经济权利，但货币安置户的请求遭到村民们的强烈反对和坚决抵制。村民们认为，货币安置户与村上结清了所有的财产、法律关系，已转为居民，没有村民资格，哪有什么选举权？

2008年10月23日，12个村的部分货币安置户人员赴雁塔区政府，就货币安置户人员在本届村委会换届选举中是否享有选举权问题要求予以确定。10月31日，雁塔区丈八街道办事处做出《关于丈八地区货币安置户在村委会换届选举中选举权问题的答复意见》："经与区相关职能部门召开专题会议研究确认，丈八地区货币安置户人员转户后已属城镇居民，不具备选民身份，不应参加村委会换届选举。"理由有三：一是户口已转为非农业户口；二是根据协议，其已与村集体解除了村民关系，不再参与村集体的政治、经济活动；三是不符选民必须是村集体组织成员的条件，没有选民资格。并同时告知"如对此答复意见不服，可依照《信访条例》第34条规定，向上一级行政机关请求复查"。

2008年11月14日，随着村委会换届选举工作的结束，雁塔区丈八街道办事处向各村两委会发出《通知》，针对货币安置户多次到街办要求对征地款和赔偿款进行清算，与他们结算的问题，要求各村两委会要抽出专人进行算账工作。

之后，货币安置户在上访中又提出了新的诉求：一是要求安置155平方米住房（非货币安置户155平方米内住房实现产权调换，互不找差价）；二是要求对征地拆迁的房屋依据《西安市房屋拆迁安置价格标准》进行评估和补偿；三是要求将现在的非农业户口恢复到原来的农业户口，与未选择货币安置的农户同等享受原所在村村民待遇；四是要求解决社会保障问题。

对于货币安置户上访所提出新的诉求，高新区和雁塔区多次召集两区信访机构、国土局、丈八街办等相关职能部门进行专题研讨。2008 年 12 月 31 日雁塔区丈八街道办事处向货币安置户代表发出《通知》，决定在 2009 年 1 月 15 日左右召开"丈八货币安置户诉求论证会"，参会人员包括：货币安置户代表五人及代理人；两区、丈八街办相关领导；市、区部分人大代表；高新区拆迁安置管理办公室领导及工作人员；邀请法律教授、政策专家及省市区人大内司委主任参加。要求货币安置户代表做好诉求论证会材料的准备工作。

2009 年 2 月 24—25 日，在华浮宫召开了为期两天的"货币安置问题辩论会"并形成《会议纪要》。与会人员有：五名货币安置户代表及其法律顾问；雁塔区副区长、丈八街办书记、两区联合开发办公室主任、高新区拆迁办主任副主任等。对货币安置户与西安高新区征地领导小组办公室签订《新区征地拆迁货币安置协议》是否包含了 155 平方米住房安置的问题，货币安置户代表提出质疑，高新区拆迁办工作人员进行了解释。双方对争议的问题进行了质证、辩论，也进行了进一步的探讨，但各执一词，意见不一。

2009 年 4 月 17 日，丈八地区 12 个村货币安置户人员赴京集访。2009 年 4 月 20 日由市信访局主持，在高新区征地拆迁办召开会议与货币安置户代表进行了沟通和探讨。4 月 23 日上午再次邀请两区相关领导与货币安置户代表见面对话。4 月 30 日，雁塔区丈八街道办事处、西安高新技术产业开发区征地拆迁管理办公室共同做出《关于丈八地区货币安置户群众上访所述诉求的答复》，针对货币安置户四项请求做出答复："一、你们与西安高新区签订的货币安置协议已经履行完毕，货币住房权已实现，不再另行安置155 平方米住房。二、你们拆迁前所使用的土地属于集体土地，不适于按照《西安市房屋拆迁安置价格标准》及相应的《西安市城市建设拆迁安置办法》进行评估和补偿。三、对于将非农业户口转为农业户口的诉求，不予支持。四、对于你们提出社会保障等方面的诉求，现已纳入工作计划，待解决已征地农民社会保障事宜时，对货币安置户人员将优先考虑和落实。如对上述答复有异议，可按照《信访条例》有关规定，于三十日内向上一级行政机关提出复查申请，或向人民法院提出诉讼。"

货币安置户不服，继续上访，并于6月11日向信访部门递交了《驳回两办答复，尽快落实我们诉求》的申请。2009年6月29日，两区联合开发办公室做出《关于丈八地区货币安置户代表信访复查申请的答复》，支持了雁塔区丈八街道办事处和西安高新技术产业开发区征地拆迁管理办公室于2009年4月30日共同做出的《答复》意见。

信访听证会，激辩论是非。2009年7月28日，货币安置户代表提出信访听证申请。2009年8月28日，西安市信访局在陕西省妇幼活动中心二楼多功能厅举行"丈八地区货币安置户信访听证会"。听证会由西安市信访局副局长潘党琦主持，由来自省国土资源厅法规处、省民政厅基层处、市民政局、市房管局拆迁办、市土地管理所、市人大法工委、市人大信访办、西安仲裁委、西安市中级人民法院的九位人士担任听证员（基本来自官方，基本都是处长）。申请方代表三人、代理律师三人；被申请方两区联合开发办公室六人、委托代理人二人。旁听席24个席位，双方各12个名额。另有部分政府工作人员旁听。听证会设有媒体席。

听证会会场戒备森严，安检甚严，查证翻包；不得照相、不得录音、不得携包入内；警察、协警、保安三步一岗、五步一哨；会场外治安指挥车、警车、巡逻车警灯闪烁。

听证会从上午九点开始，直至下午三点半结束。申请方代表在听证会上号啕大哭，痛陈三项请求："一、西安市高新区征地拆迁领导小组办公室与征地拆迁货币安置户签订《新区征地拆迁货币安置协议》时，遗漏了对征地拆迁货币安置户应享受的155平方米的安置房屋的折价款。请求西安市高新区征地拆迁领导小组办公室依法给予征地拆迁货币安置户补漏155平方米的安置房屋的折价款。二、西安市高新区征地拆迁领导小组办公室与征地拆迁货币安置户在解决征地、拆迁问题过程中，未依据房屋的房地产市场价格对征地货币安置户的房屋进行评估和补偿安置，有失公平、公正。请求对征地拆迁户的房屋依据房地产市场价格评估和予以补偿。三、请求依法给予征地拆迁货币安置户解决社会不同年龄人员的保障问题。"呼吁政府"井下救人"。

听证会就申请方提出的三个问题，双方进行了举证、质证和激烈的辩论。陈述方断然"两个不可能"、严词"三个忠告"。八位信访听证员主要就事实问题发问，并发表了评论性意见。最后，由主持人组织听证员进行了合议并形成结论性意见：对丈八办货币安置户所提出的三个请求不予支持。当会宣布了听证结论意见，并声明该意见以书面形式在 15 日内送达信访人。

信访听证会后，货币安置户并未息讼罢访。跟踪调查发现，2010 年 4 月份，梁水侠等丈八地区货币安置户进京非正常上访，涉及 80 余人。2011 年公安打击处理的违法信访人中就有丈八地区货币安置户张少鄂、梁水侠。之后，丈八地区货币安置户的上访发生了重大变化，大规模的集访转为零星的个访；四处上访变为主要在高新区上访；多诉求转向主要为社会保障问题。

案例 2：十年之困一日解

徐广忠，男，1951 年出生，原籍安徽，1978 年入赘木塔寨南村四组，户口转入该村。后离婚，但户口未从该村四组迁出。1982 年又与安徽离异女魏春玲结婚，并将魏春玲户口迁入木塔寨南村，婚后育有二子。但村、组一些群众说徐广忠有骗婚的嫌疑，因而始终未给其村民待遇。徐广忠本人 2004 年将木塔寨南村四组起诉至法院，要求享受村民待遇。法院（2004 年西民二经字 00435 号）确认了徐广忠一家的村民身份，判决其享受村民待遇。但 1997 年徐为其子申请的宅基地，村、组一直未予办理。徐广忠因此多年上访，经多方协调未果。

丈八街道办事处于 2005 年 6 月 22 日召开信访听证会，市、区人大代表、政协委员、街道领导、相关科室科长、村支书、村长等共 9 人组成裁决小组。徐广忠首先陈述理由：按照法院判决，自己享有村民待遇，1996 年就提出划拨宅基地的申请，但村组以其子未婚为由一直不予受理，同村其他未婚孩子却都已申请到宅基地，现申请矛盾听证会裁决。村、组干部认为：未结婚不能划拨宅基地，这是完全按政策办事，至于其他未婚男子宅基地问题，各有其特殊性。双方展开了辩论。

街道办事处干部做了耐心细致的仲裁解释工作。按照《土地管理法》的有关规定，徐广忠不完全具备申请宅基地的条件，且徐广忠本人不应作为事件的当事人，事件的当事人应该是其子徐涛，所以存在主体错误的问题。即使以其子名义申请，也存在问题。按照法律规定，宅基地申请人必须达到法定结婚年龄，而且要结婚另立户口，才有资格申请宅基地。但有些农村干部违规给双子户提前划拨了宅基地，给群众造成了误导，认为只要有两个儿子就应该划拨两院宅基地，所以造成多次上访。

裁决小组认为村干部和徐广忠本人都存在一定的过错，但综合考虑村组的实际和徐广忠本人的要求，裁决木塔寨南村四组接受徐广忠宅基地申请，按政策规定办理。村、组干部们认为信访听证会公开、公平，自己心服口服，就在裁决书上签字同意。当事人徐广忠在裁决书上签字时，激动地说："通过法律都不能解决的问题，竟然通过信访听证会解决了，这才是务实的政府，为民办事的政府，感谢政府。"

案例 3：多年上访止于听证

小寨路街道办事处吉祥村村民赵彩玲，原籍陕西省临潼区马额街道办事处南门村，1986 年 10 月经人介绍与吉祥村村民郑益民（盲人）结婚。婚后约一年时间，两人又因家庭琐事离婚。离婚后，其母女户口仍在吉祥村一组，但赵彩玲因一直未享受村民待遇问题，长期上访。2004 年，赵彩玲向法院起诉，要求享有村民待遇。雁塔区人民法院判决：赵彩玲享受村民待遇，吉祥村一组给其 6 万余元一次性补偿，但赵彩玲继续以无宅基地为由，多次越级上访。

2005 年 6 月 17 日，小寨路街道办事处召集有关科室及吉祥村两委会成员，在办事处召开赵彩玲信访问题听证会。会上，信访人赵彩玲认为：其户籍关系因婚姻落到吉祥村，但长期以来得不到公正待遇，在村上无口粮田和宅基地，没有生活来源和住所，生活困难，理应享受完全村民待遇，要求村委会解决宅基地。村委会代表陈述：村上已无土地可供划拨宅基地，赵彩玲提出宅基地申请，目前村上没有办法满足其要求。

与会人员纷纷发表意见和看法，讨论后一致认为：群众反映的实际困难和问题，应想办法解决。但赵彩玲在法院已经做出判决的情况下，长期不断上访，解决问题的方式不对，应依法定程序维护自身合法权益。村委会应从长计议，设法解决赵彩玲的实际问题。

会议最终形成听证会裁决结论：赵彩玲反映的问题，请赵彩玲按宅基地审批程序办理，先向村委会提出书面申请，由村委会通过其他途径解决赵彩玲的问题。信访人赵彩玲表示，通过这次评理会，自己认识到以前以上访相要挟的做法是不对的，向村干部表示歉意，这次会议给自己指明了解决问题的路子，自己会按照会议裁决意见合法地表达自己的意愿。村委会负责同志表示，只要赵彩玲不再上访闹事，一定会按照程序办理，充分考虑其切身利益，给予一定的照顾。双方都赞同信访听证会形成的认定结论，并对办事处表达了谢意。

案例 4：张淑俊拿到了征地款

信访人张淑俊于 1981 年与电子城街道办事处北山门口村村民孙忍喜登记结婚，成为本村村民，婚后生有一子。1984 年因双方感情不和，与孙离婚，后带儿子再嫁，现在丈夫为城市二代居民，她本人仍为本村村民。2002 年高新区征地，由于张淑俊为本村在册人口，理应分配征地款，但因其在村中并无房产，长期居住在村外，村民小组把她按嫁城姑娘对待，不予全额分配征地款，为此，张淑俊多次到电子城街道办事处上访，2002 年 1 月 28 日，电子城街道办事处依照《雁塔区农村集体财物分配若干问题的规定》，做出了要求村组为其分配征地款的处理意见，但第十三村民小组拒不执行。随后张淑俊先后上诉至区法院、市中级人民法院，经过 4 次审理，最终判决张淑俊胜诉，母子二人享受村民待遇，并判决北山门口村第十三村民小组兑付其征地分配款。而第十三村民小组组长以小组账上已无钱为由进行拖延，致使法院强制执行未果，张淑俊胜了官司却拿不到钱，在走投无路的情况下，又反复上访。

为了解决张淑俊的问题，电子城街道办事处信访听证领导小组于 2005 年 6 月 23 日在办事处召开张淑俊上访问题信访听证会。信访听证的双方当事人以及街道信访听证会领导小组成员，包括包村科室负责人，村两委会负责人，地区部分人大代表和在村里具有威信的老党员、老干部参加了听证，区信访局有关领导应邀参加。会上，信访人张淑俊陈述了自己的要求，并向主持人递交了西安市中级人民法院的判决书。北山门口村第十三村民小组组长只是强调等组上有钱后就会付给张淑俊征地款。经过双方辩论、举证，听证人员一致认为：嫁城姑娘、离异妇女是弱势群体，张淑俊的要求完全合法，法律已做出了公正的裁决，她急需这笔钱过日子，等这份应得的钱已经四年了。大家一致要求北山门口村第十三村民小组必须按照国家法律规定认真履行自己的义务，执行法院的判决，听证会后立即兑现其分配款，维护法律的严肃性和公正性。

经过村两委会、街道办事处相关科室以及区人大代表、区信访局等部门的共同工作，北山门口村第十三村民小组同意并支付了张淑俊母子二人的征地分配款11000元，并承认其享受村民待遇。

案例5：信访听证"听出"村民待遇

长延堡街道办事处西姜村村民李小玲，1983年与城镇职工陈延长结婚，婚后生育二子。1990年该村在调整土地时，村干部按照上级有关文件精神，要求凡户口在村里的嫁城姑娘一律提供男方属城镇居民、国家单位职工的有关证明，经村委会认可后方能享受村民待遇。但由于李小玲一直未能提供其丈夫的有效证明，村上研究，对李小玲只能按照嫁农姑娘对待，不享受村民待遇，并要求李小玲将本人及二子户口迁出本村。1992年李小玲与丈夫离婚，从1995年以来，以本人为嫁城姑娘并已离异为由多次到省、市、区、街办上访，要求落实其村民待遇。为了解决李小玲上访问题，长延堡街道办事处多次与西姜村两委会及李小玲所在的第二村民小组进行协调，并提出了解决意见，但该村组干部均认为李小玲属嫁农女，不应参与村组分配，不享受村民待遇，同时因该村类似问题较多，只解决李小玲问题村民意见大，因此导致李小玲的问题长期得不到解决。

为解决李小玲上访问题，长延堡街道信访听证工作协调小组于

2005 年 6 月 15 日,在办事处召开李小玲上访问题信访听证会。听证的双方当事人以及街道信访听证工作协调小组全体成员、部分人大代表和农村老党员、老干部参加了听证。听证会还邀请了省信访局、区信访局有关领导及有关新闻媒体记者参加。会上,信访人、信访相对人围绕各自主张进行陈述、申辩和举证。信访人李小玲称,本人系嫁城姑娘,并且已离异,现本人及二子户口均在本村,由于未能享受应有的村民待遇,家庭生活比较困难,按照上级政府的有关政策规定,本人应享受一切村民待遇,村上不给其享受村民待遇的做法是错误的,违反政策的。信访相对人西姜村村组干部称,李小玲原丈夫属城镇居民的证明不全,李本人应属嫁农姑娘,因此不能享受村民待遇,同时村民对落实李小玲的村民待遇问题均持反对意见,增加了李小玲问题解决的难度。对李小玲的上访事项,该村干部表示,鉴于李小玲目前的实际,该村已就解决李小玲问题提出了两条具体意见,解决李小玲问题的时机、条件目前已经成熟。村组干部表示将在听证会后全力做好村民工作,尽早解决李小玲的上访问题。

信访当事人在陈述完毕后,会议听证人员按当事人陈述申辩的事项进行了评论,既指出了双方以前的不足,又合情合理地提出了解决方案。随后,在当事人双方退席的情况下,会议听证人员通过举手表决、签字同意的方式,做出了裁决意见:一是李小玲问题历时多年,属遗留问题。西姜村两委会及西姜村第二村民小组关于解决李小玲同等村民待遇的处理意见符合政策和农村实际,同意该处理意见。二是李小玲应享受村民待遇,西姜村两委会及第二村民小组应积极做好相关工作,争取问题彻底解决。信访当事人双方均当场表态同意听证会裁决意见,并在听证裁定意见书上签字同意。当事人李小玲签完字后,流着感激的泪水说:"我上访的问题今天终于解决了,我衷心地感谢政府,感谢政府为民着想,为民办实事。"至此,一桩历时多年的信访案件通过信访听证会终于得到了妥善解决。①

---

① 说明:案例 2 至案例 5 资料来源于李书磊、王军、郑梦熊、董顺利编撰的《雁塔乡村治理》一书,中共中央党校出版社 2008 年版,第 135—139 页。

三　"法制培训中心"

近些年，信访如潮，信访维稳考核越来越严厉，基层政府信访维稳的政治、经济压力越来越大。为了化解信访压力，除不断创新信访工作机制，依法、及时、就地化解矛盾纠纷外，信访实践中还"应运而生"了一些应对"老上访户"、"缠访户"和"非访"者的特别策略和办法。各地通常采用的办法是在"敏感时期"和重大节庆日对这部分人"盯死看牢"，甚至在其门口安装监视探头；其次是对这部分人进行温情感化，送慰问金、慰问品或组织外出旅游或陪其喝茶聊天。一些基层信访干部满腹委屈地说："在这些缠访户面前，我们连起码的尊严都没有了。"再就是严厉打击非正常上访，对违法信访人进行训诫、拘留、信访培训班集中教育等。一些地方举办上访人员"法律学习班"，甚至成立专门针对"老上访户"、"缠访户"的"法制培训中心"，将这部分人集中起来，组织学习、参观劳动、转化思想，直至达成协议、承诺息讼罢访后，方可"结业"回家。

这些被"逼"出来的策略和办法，让我们看到了基层政府的一些无助和无奈，同时也看到他们所面临的巨大政治、法律风险。这些信访"景象"让我们感到沉重，倒逼我们去思考我们的社会何以产生如此错综复杂的矛盾纠纷？我们的社会何以缺乏通畅的利益表达机制和有效的纠纷解决机制？信访应该是一项什么样的制度？它究竟应该承载些什么？基层信访调研，让我们对一种制度、一种机制的产生和运行的基础，运行的政治、经济、社会成本及其实效和对人们所产生的各种影响，将会有更为全面而深刻的理解和认识。这种理解和认识甚至可能会影响或改变我们对政治、法律的态度。

我们在陕西省某市信访部门调研期间，被安排到市某县信访局做进一步的调研考察。

某县离汉中市50多公里，这里有举世闻名的稀世珍禽朱鹮，这里也是一个令人头痛的信访大县。路上，陪我们去调研的许科长介绍说，该县之所以上访的多，主要是人口成分复杂，过去许多人是从河南等地逃荒来的，历史上就有告状、上访的习惯。最长的一位已上访30多年了，上访的问题是其丈夫在20世纪70年代人民公社时期，在一次生产队组织的修路中被砸死，因对补助不满，就常年在县、市、省、京上访。

笔者问许科长："如果站在基层信访部门的角度，'四个80％'的判断能否成立？"（国家前信访局长语：80％以上反映的是改革和发展过程中的问题；80％以上有道理或有一定实际困难和问题应予解决；80％以上是可以通过各级党委、政府的努力加以解决的；80％以上是基层应该解决也可以解决的问题。）

他答道："基本能成立。"

笔者又问："现在一方面信访量这么大，另一方面却有那么多的政府职能部门，这是否意味着政府及其工作人员存在大量不作为或作为不当的问题？"

他说："不完全是基层政府的问题。有些信访是涉法涉诉的，是由行政执法、司法引起的，也有些是由上级政府或国家政策引起的，如许多待遇问题就属此类。2003 年'非典'后将自负盈亏的乡镇卫生所改为公共卫生所，由财政养活，而地方财力根本达不到，这些人就拿着中央文件到处上访，诸如此类的问题还存在于教育、文化等系统。还有国家政策往往'一刀切'，各地差异却很大，造成许多矛盾。如征地补偿标准，同地不同价，公益性征地与商业性征地补偿标准差异太大，从每亩 5000 元到 120000 元，老百姓肯定接受不了。"

某县信访局就在政府大院，其实县委和县政府两个大院是通的，背靠背，大门分别开在两条街上。院子里的建筑大部分很低、很旧。信访局办公室的人讲，来访的群众根本就不去大门口的信访接待室，都直奔后院的局长、科长办公室，认为在这里才能解决问题。

局长，女，五十来岁，低个、大嗓门，思维清晰、表述清楚、记忆力甚好。

她滔滔不绝地讲起了基层信访。事后，当笔者阅读整理好的访谈笔记时，才发现她的看似随心所欲的讲述却不失思考和智慧，为我们完整地勾勒出了一幅基层信访"全景图"。

"最近我就为处置一个群访事件，已三天没好好睡觉了。'两会'期间，我们信访局组织 50 多人检查各种车辆，排查上访人员，严防死守、不得让上访人员离开县境，但还是有俩长期上访的母女，母亲被查到了，女儿却乘出租车溜出去，上北京了。50 多个人，奋战 20 多天呀。

"现在信访考核实行一票否决制，领导压力大，也不管上访有无道理，都得一而再、再而三地接访。我们每年处理信访案子，都要花几十万。

"所以，现在一些上访者，抓住我们的这种心理，你解决问题满足不了他的要求，他就上省上、去北京。我们还要到北京去接人，花费太大了。见到人，要把他接回来就得顺着他，否则不回来。要吃四个菜，你不敢点三个，要坐飞机，你不能坐火车。要个三百五百的，你就得给。你又不敢在大街上生拉硬扯，你一拉、他就喊'绑架了'，就有警察上来，等你拿出证件，说明情况，人又跑了。有时我们派到北京的人要住上几个月。

"这样下去，永无止境，不能从根本上解决问题呀，只能助长一些人上访。他们从中获利了呀，会闹的娃儿有奶吃，大闹大解决，小闹小解决，不闹不解决嘛！

"我们有几个老上访户，缠得实在没办法了，我们就搞了个上访人员法制培训班。政法委牵头，公、检、法、司、信访参与，把屡教不改的违法上访者，弄进去学习。原来是各部门轮流负责两个月，但效果不好，现在成立了专门机构，科级建制，每年学习班就要花三万多。"

我们去参观了"法制培训中心"。法制培训中心设在陕西著名的黄酒产地——谢村。"中心"就在村口，是一个独立的院落。这里原来是一个基层法庭，有栋简易的二层小楼，院子干干净净，种了许多蔬菜。

我们一进去，就有"学员"冲着李局长、许科长开始诉说他们的问题，他们都是老熟人了。"中心"的科长制止了他们的诉说，我看到一学员，五六十岁的女性，坐在门口，冲着许科长说，"我就两个问题，就两个问题"。

"中心"的负责人介绍了"中心"的宗旨和主要做法：

（1）确定学员范围的程序：由县综治联席办公会议确定学员范围，主要是长期缠访者，从北京或省上接回来的上访者。

（2）"中心"培训内容：一是学习政策法律，特别是《信访条例》，以及上访所涉政策法律；二是组织参观，引导转变思想，将精力主要转向发家致富，如参观当地开发园区的经济发展情况，学习各类致富典型，使其明白不当上访会有损当地的招商引资，影响当地的经济发展；三是组织学员适当参加劳动及锻炼身体。

（3）"中心"管理方式：每天给学员打分，采取十分制。考评内容包括作息、饮食、纪律等，有奖有罚。分低者不准谈问题，不解决上访问题。

"中心"负责人说："我们的有些做法是很有效的：一是'打分'考评奖罚机制，学员都守纪律，表现很好，你看我们的卫生间，比县委的都干净；二是我们和学员'同吃同住同劳动'，同在一个房间里，睡大通铺（套间，学员在里间，干部在外间）；三是通过经济手段让缠访者在经济上占不了便宜，抑制无理取闹。如学员要给乡镇领导、其他部门领导打电话，话费自负；把身份证、低保本统一管理，把发给他们的一些费用（解决问题的）统一存起来，如他们去省、京上访需要接回来时，一切费用都从他们的'账户'上支付。"

学员最多时有 5 人。管理人员有管教干部、医生、乡镇派来的陪护者等，总共有 11 人。

我们问："学员什么时候可以'结业'？"

回答是："思想转变了，达成解决问题的协议，并写了今后不再上访的保证书就行了。"

"中心"负责人还介绍了成立"中心"、培训学员的依据：中央政法委领导的讲话和省综治联席会议文件。

负责人说："我们针对社会上关于'学习班是第二看守所'的说法，讲明这里不是看守所：我们干部和学员同吃同住同劳动，学员的生活、医疗都有很好的保证，还有洗澡的地方。我们带他们出去参观学习，我们请来他们信得过的亲戚、朋友做他们的工作，这怎么是看守所呢？"

问："你们管理上压力很大吧？"

答："那肯定，怕绝食、怕逃跑、怕自杀、怕得病，上次就有一个翻墙逃跑的。"

问："学员出去后，会不会引起新的上访，甚至控告，认为学习班是限制人身自由？"

答："有可能，但我们是有依据的。"

我们参观了食堂、卫生间、洗澡间，学员、干部住处和会议室。

回来的路上，笔者问李局长："'中心'能解决问题吗？""有些问题的解决需要放一放，有些问题的解决需要时间，有些今天的问题明天就不再是问题了。对不同的人，不同的事，要用不同的方法解决。"她没有正面回答，却又似乎回答了一些问题。

小　结

我们通过对雁塔区涉访农村土地纠纷基本状况的客观描述及其信访功能定位、组织架构、队伍建设、制度机制、工作流程、工作实效的全面系统考察，对于其解决社会矛盾纠纷的地位作用、运行机理、客观效果的认识逐步清晰起来。在此基础上，我们可以对信访是否有救济功能，能否成为独立稳定有效的纠纷解决机制做出初步的评判。

一　农村土地信访问题依然十分突出

我们对雁塔区 2006 年以来的信访状况进行了梳理和统计，对信访所涉主要问题进行了归纳整理。为了准确反映雁塔区信访标本的价值和意义，我们还通过对其他地区农村土地信访状况的介绍，将之置于更大的范围内加以审视，以期从比较的视角认识和把握雁塔区农村土地信访的发展态势和基本特征。我们发现雁塔区信访具有以下特征：

（一）信访总量呈上升趋势

2006 年至 2011 年全区年度受理群众来信来访分别为 1932 件次、2378 件次、2205 件次、2353 件次、2066 件次、2865 件次，2012 年截至 6 月底，各类信访已达 82 批，1992 件次。虽然从全国信访整体发展态势来看，从 2005 年始扭转了连续 12 年上升的局面，出现了"三降一转"的信访发展态势，但从我们的研究标本所呈现出来的状况来看，并未实现信访总量下降的趋势，却一直呈上升趋势。这种逆向发展的情形一方面与雁塔区特殊的区情密切相关，因为这期间雁塔区经济迅猛发展，"三区建设"大规模征地拆迁，城中村改造快速推进，企业改制触及职工重大利益，村委会换届选举斗争激烈等，各种社会矛盾碰头叠加，集中凸显，因而信访不断。另一方面，我们从多元化纠纷解决机制的功能、效率与协调的角度来看，信访量的增多表明，各种纠纷解决机制只能是事后救济手段，无法遏制纠纷的发生，只要导致各种矛盾纠纷发生的"源头"未堵，纠纷就会源源不断地发生。信访量的上升同时也表明，信访之外的其他纠纷解决机制运作不畅、效率不高、作用发挥不突出，所以大量纠纷涌入信访。当然，人们选择信访解决问题可以从文化的、心理的、经济的（成本）等多重角度加以解释，但纠纷解决机制体系的不完善、不协调、效率不高同样是一个很重要的原因。如果将信访作为民众意愿表达和对公权行为的监督方式，信访量的上升，一方面表明民众政治参与的积极性，另一方面表明我们的政策、法律、行政、司法等领域存在着较大的问题。

（二）集访、越级访、重复访情况严重

在信访实践中，集访、越级访、重复访一直是备受重视，严格防范和控制的行为。因为集访、越级访和重复访很容易走向"非正常访"，继而演变为群体性事件。当然，我们应当理性地看待这种情况的发生，相对于个访来讲，集访的社会影响及处理难度都比较大。其实集访不过是一群有着共同诉求的人们聚集起来，共同主张权利，意欲引起政府关注，以期相关部门解决其诉求的行为。对此，不能简单地将其视为是向党和政府施加压力，"聚众闹事"。集访表明信访问题指向某一群体，其往往与某些具体的国家政策、法律或地方政策法规等相关。这些具有高度概括性的"规则"适用，必然会关涉众多主体的利益。因此，问题的解决需要对政策法规进行反思和清理。越级访、重复访的发生表明信访解决问题的局限和低效，也反映出一些信访问题本身的复杂性和处理技术上的不成熟性，导致信访不断"走高"和无休止的"缠访"。个访的减少与集访的增多同样应引起高度关注，其意味着大量信访问题不再是个体权益受损的救济，而是群体权益受到损害的表现。

（三）农村土地问题一直居于信访突出地位

从2003年全国信访潮以来，农村土地问题就一直是信访中的突出问题，时至今日，这种状况仍未得到根本性的改变。无论是雁塔区历年来信访主要问题展现的情况，还是其他地方农村土地信访问题的印证，都表明农村土地问题的严重性和复杂性。尽管农村土地纠纷的具体形态会随着社会的变迁而有所发展变化，但农村土地问题在信访中的突出地位始终没有改变，其中征地拆迁引发的信访问题就占到信访总量的50%以上，特别是"三区"建设中的征地拆迁纠纷。在雁塔区设有"三区建设"办公室，信访接待中心也专设拆迁安置接访室和农村事务接访室，专门负责"三区建设"的利益协调和矛盾纠纷的解决。我们还可以预计，随着西高新区由目前的 107 平方公里扩建至 200 平方公里的过程中，征地拆迁纠纷还会再度成为信访突出问题。

（四）农村土地信访多为求决性质

信访的功能大致决定了信访的种类，信访通常包括参与类、求决类和诉讼类信访。实践中，还有许多信访实际是政策法律咨询。农村土地信访主要是求决，即直接寻求权利的救济。虽然也有部分"参与"类的信访，如检举、揭发乡镇村组干部违法违规征地，村组干部违法违规出租、发包土地以及村组干部在土地征收、出租、发包过程中的贪腐行为，但其实质和最终目的还是维护其本人和村民的土地权益。这类信访往往表现为集体维权。这从另一个层面上反映出：农村土地信访具有政策性、群体性、利益性等鲜明的特征。解决此类信访问题，应及时检讨涉农土地政策法律、地方性法规和村规民约的"合法性"、"公平性"问题，注意解决政策与法律、民间法与国家法、地方性法规与国家法律之间的冲突与协调。

（五）农村土地信访问题情况复杂而棘手

首先，从涉访农村土地纠纷的数量与方式来看，根据统计数据，信访量每年持续上升，有关土地问题的信访几乎月月年年都处于突出位置；从信访形式来看，集访、越级访、赴京访、重复访甚至缠访闹访情况较之于其他信访问题都要严重。雁塔区曾发生和长期存在一些影响较大的征地拆迁信访案件，如丈八地区 374 户货币安置户上访案件；丈八地区 12 村 96 户"双女户"不满征地拆迁安置政策上访案件；蒋家寨数十户不满征地拆迁补偿上访案件等。

其次，涉访土地纠纷类型多样。涉访农村土地纠纷的主要类型有：土地征收征用问题；征地拆迁安置问题；征地补偿费及过渡费发放问题；曲江新区、西高新区和浐灞生态区征地拆迁安置遗留问题；宅基地划拨不公问题；宅基地侵权纠纷；"万亩生态林"土地补偿问题；村组违规出租、承包土地问题；村组与开发商签订土地开发协议不透明问题；一子一女户、"双女户"补偿安置待遇问题；土地征用后长期闲置，农民要求收回土地问题；非法买卖宅基地在征地拆迁安置中的处置问题；征地款分配及土地调整问题；离异妇女、嫁城女和超生子女土地收益分配问题；城中村改造中的补偿安置问题等。

再次，涉访农村土地纠纷原因具有多重性，包括政策法律不完善、不合理，如征地补偿标准偏低，利益各方权利边界不清等造成政府、开发商、村组集体与村民之间土地利益的冲突；地方政策、村规民约违反法律规定侵害农民土地利益问题；村组干部违反民主程序，以权谋私，在土地承包、租赁中侵害集体与农民土地权益等问题。

最后，涉访农村土地问题具有复杂性和难解性。表现为涉及面广，由于征地拆迁、补偿安置、土地收益分配多以政策法律、村规民约、格式合同等形式出现，涉及众多主体的利益，极易引起集访。加之土地权益重大，利益关系复杂，对立情绪大，难以达成共识，所以重复访、越级访乃至进京访甚多，矛盾化解难度大，有的持续数年乃至十多年无法解决。

（六）涉访农村土地问题发展趋势

我们从涉访土地问题的类型变化基本可以看出涉访土地信访的发展趋势。从理论上讲，所有农村土地问题都有可能表现在信访上，但农村土地纠纷的类型与数量与当地产业结构、城市化进程等因素密切相关。雁塔区在20世纪还属城乡接合部，有120个行政村，农业仍占一定的比重。所以，在八九十年代有关土地承包问题的信访较多。但随着雁塔区城市化的推进，产业结构的调整，涉访土地问题发生了明显的变化，如雁塔区三个开发区的相继设立，道路交通建设、房地产开发、高校新校区建设等大项目的增多，征地拆迁、补偿安置以及与之相关的农村土地收益分配纠纷等急剧增加。近年来，城市建设用地已由增量扩张转向存量挖掘，城中村改造加速推进，雁塔区120个行政村，撤村转居30个，正在改造中的23个，"十二五"期间要消灭城中村，实现无粮区。因此，涉访土地问题也随之发生变化。目前，城中村改造中的土地权益问题，生活预留地的管理使用、收益分配等问题将成为涉访土地纠纷的主要问题。

二 信访解决社会矛盾的特质与机理

（一）信访制度何以解决信访问题

1. 信访救济功能日渐强化

关于信访功能在理论、制度和实践层面上存在较大的反差，甚至各自朝着不同的方向发展。通常人们认为信访具有公民政治参与、党和政府联系群众及权利救济三大功能，即参与、联系和救济功能。学界主流观点认为信访制度设计的初衷应为"民情上达"的一种方式，并不具有权利救济功能。但学者们并不否认在实践中信访的发展演变逐步被赋予了救济功能，而且愈演愈烈，他们认为这是一种"异化"，是对法治的严重损害。也有学者虽也承认信访具有救济功能，但将其定位于"特殊的行政救济"，居于补充性的地位。

与学者观点截然不同的是，在制度和实践层面，信访的救济功能被日益强化，"事要解决"、"把矛盾纠纷化解在基层"成为信访工作的核心理念，严厉的信访考核机制进一步强化了信访救济功能的地位和作用。这种状况的出现，完全是党和政府出于现实的考量，构建和谐社会的需要。一方面，我国正处于社会转型期，这是一个各类矛盾纠纷凸显的时期、多发的时期、碰头叠加的时期，严重影响社会的稳定和谐；另一方面，由于诸多原因的合力，致使信访如潮，每年的信访量数以千万计，而群众信访又以求决类为主，即期望通过信访实现权利救济。在法治不完善，多元化纠纷解决机制的构建，协调、效率难以达到理想状态的背景下，强化信访救济功能似乎有其现实合理性。

雁塔区信访秉承"事要解决"这一信访工作理念，并从这一理念出发，进行组织架构、队伍建设和制度机制创新，使得信访救济功能贯穿于整个信访工作。

2. 信访解决矛盾纠纷成效突出

雁塔区特殊的区情使其社会矛盾纠纷大量发生和存在，尤其是征地拆迁引发的矛盾纠纷十分突出。数年来，每年信访量并未像全国一样出现下降的态势，相反却一直呈上升态势。因此，信访化解社会矛盾纠纷的形势十分严峻，但雁塔区信访化解社会矛盾纠纷工作的成效却引人注目，受到省市和中央的充分肯定，取得"全市目标管理综合考评七连冠"，信访局连续四年获得"市信访工作目标考核一等奖"的佳绩，为雁塔区的社会经济发展营造了良好的环境。固然，雁塔区信访化解社会矛盾纠纷与全国一样付出了昂贵的成本，包括个人和社会成本，也有许多遭人质疑、值得反思和改进的地方，但如果我们先将理论上的争议搁置一边，从现实功利的角度出发，至少雁塔区信访在客观上化解了大量社会矛盾纠纷，这是无法否认的事实。前面大量的数据已证明了这一点。

3. 信访组织机构体系化

如果信访工作的一个基本职能是化解社会矛盾纠纷，首先面临的一个问题就是谁来解决，如何解决？作为解纷主体必须实体化，具有解决矛盾纠纷的组织依托和拥有解决问题的权力资源。从信访机构的发展轨迹来看，其从党和政府部门的内设机构逐渐转化为一个政府职能部门；从国家信访局，到省、市、区县信访局；职能由"虚"到"实"，从"秘书型"到"职能型"。《信访条例》赋予了信访部门一系列的权力和职能。实践中，信访部门自身也在不断地实现机构、人员、权力的扩张，以便于实现权利救济功能。

我们从雁塔区信访机构的设置、职能变化，同样可以看到这样的发展轨迹。组织机构体系化，从区到街办都有相应的信访机构，形成了区信访联席会议、区信访局（信访接待中心）、街办信访办的组织体系。同时又在区、街、村三级分别成立群众工作机构，即在区一级成立群众工作部，作为同级党委工作部门，与区信访局合署办公；在街道一级成立群众工作站，设群众工作站办公室，与街道信访办合署办公；在村组、社区成立群众工作室，由村委书记担任工作室负责人，同时由街道派驻村组的维稳工作队员（街道办事处派驻村干部）、村信访信息员（本村村民）、信访公益性岗位人员以及在村组较有威信的老党员等作为群众工作室的工作人员，展开日常工作。

信访机构在体系化的同时，也走向实体化。即信访机构不是虚设，而是有人、有权、有责的部门，这是解决信访问题、化解矛盾纠纷的重要保障。如区信访中心，设有办公室、督办科、接待室、综合科、警务室，并设有综合接访室、农村事务接访室、社会事务接访室、人事社保接访室、拆迁安置接访室、城建执法接访室、涉法涉诉接访室等专门的接访室。8 个街办都设有信访办，配备 1 名正科级负责人，3—5 名专职信访干部。

4. 信访队伍专职化

信访工作要实现救济功能，做到"事要解决"，能够有效地化解信访矛盾纠纷，没有一支专业稳定的队伍是不可思议的。雁塔区信访工作已经形成了稳定的四支队伍，承担着化解矛盾纠纷的艰巨任务。区信访中心拥有包括 1 正 7 副中心主任，10 名在编工作人员、9 名信访代理员、1 名长期驻京工作人员、7 名从有关部门调派入驻中心的后备干部和 3 名在中心挂职锻炼的区后备干部，总人数达 38 人的专职信访队伍。每个街道也都有 38 人的信访干部队伍。此外还有信访信息员、信访联络员、维稳工作队员和各村领导及科室和村、社区干部四支队伍，他们不仅是信息员、排查员，还担负着调解员的职责，要将矛盾纠纷在基层及时化解。

5. 信访工作体制实权化

信访部门要实现"事要解决"，没有权力资源的支撑无异于空谈。尽管《信访条例》赋予信访机构调查权、建议权、报告权、公开权、支持权、督促权、联席会议召集权以及受理、交办、转送、协调等权力，但诚如有些学者所言，"信访机关的权力属于一种间接的、第二层位的、柔软的、综合性的政治权力，这与那些在立法、执法和司法当中直接的、第一层位的、单一的权力形态有明显的区别"。[①] 因此，"信访部门并不直接处理信访事项。在特殊情况下，信访机构虽可以承办'上级和本级人民政府交由处理的信访事项'，但其前提是获得了各级政府的授权。因此，就规范层面上而言，信访机构的职责仅限于受理、中转、督办、提供决策建议等，其本身不具备独立办理信访事项的资格，相应地，其也无法拥有独立办理信访事项的各种资源支撑。落实到实践中，要求信访机构妥善处理信访事项，是对它的苛求，信访机构当然无法承受其重"。[②] 还有一些学者则以信访部门都是间接而非直接处理矛盾纠纷而否认信访的救济功能和纠纷解决机制的属性。现实中，信访部门深知自己的"软肋"，这也正是其一再要求扩权的原因所在。

雁塔区信访工作体制则赋予信访部门更多、更大的权力，为其实现"事要解决"提供了强有力的制度保障。信访接待中心的成立，使信访工作体制由原来的协调为主，转变为"决策、指挥、协调"三位一体的领导与协调组织，形成集中领导、集中指挥、集中受理的高效领导体系和决策指挥体系。雁塔区通过创新信访工作体制，"实现信访体制由间接处理，督查督办向直接解决问题转变。同时变被动接待群众信访为主动维护群众利益，使信访机构成为在党委、政府领导下，高效率、有

---

① 田文利：《信访机关权力的理论探索及实证研究》，《国家行政学院学报》2005 年第 6 期。

② 张红：《农村纠纷、村民自治与涉农信访——以北京市调研为依据》，《中国法学》2011 年第 2 期。

权威、重实效的工作机构"。① "信访中心代表区委、区政府处理信访问题";"信访中心是区委区政府对全区信访工作的指导、受理、处置、协调和调度中心。依托信访中心,集中配置权力要素,集中接待群众来信来访,集中处理信访问题。建立和完善依法正确处理新时期人民内部矛盾的心机制和新体制"。② 在其具体职责规定中,明确其具有处理来信来访中反映的重大问题和基层单位长期顶拖不办的问题和管理、使用维稳基金等多项权力。这就是信访部门何以能够"一竿子插到底"解决各类信访问题,变信访"中转站"为信访诉求解决"终点站"的制度根源。

6. 信访调处机制灵活、方式多样

《信访条例》第 5 条对信访工作机制做了原则性的规定,要求"通过联席会议,建立排查调处机制、建立信访督查工作制度等方式,及时化解矛盾和纠纷"。"信访机构应当组织相关社会团体,法律援助机构,相关专业人员,社会志愿者等共同参与,运用咨询、教育、协商、调解、听证等方法,依法及时处理信访人的投诉请求。"如何解决信访问题,切实化解矛盾纠纷是信访工作的核心,也是信访能否实现救济功能,成为独具特色的纠纷解决机制的关键。我们从雁塔信访工作实践中,可以看到信访调处机制具有灵活、多样、实效的特征。雁塔信访通过联席会议,信访听证,领导干部接访,"三个一"工作模式,"四级调处"机制,信访信息员、联络员、维稳工作队员调解,乡规民约评理、群众工作室调解等方式,对信访问题进行直接解决、包案解决、专案解决、联席会议解决和帮扶解决,及时、有效地解决信访问题。

7. 信访解决问题程序化

有学者曾尖锐批评信访作为纠纷解决制度,存在非规范性、非程序性、非专业性、缺乏交往理性和结果高度的或然性等弊病。③ 程序公正不仅是实体公正的重要保证,程序正义本身也是法律正义的重要组成部分。雁塔信访实践表明,信访工作日渐注重工作程序的规范化和公开化。其信访工作流程显示,从信访人投诉到登记、受理(移关、交

---

① 《关于完善雁塔区信访工作体制的实施方案》(雁办发〔2010〕66 号)。

② 《雁塔区人民信访接待中心若干规定》(雁联会发〔2010〕7 号)。

③ 参见周永坤《信访潮与中国纠纷解决机制的路径选择》,《暨南学报》(哲学社会版)2006 年第 1 期。

办)、直办、处理、复查、复核、听证、终结等都有明确的程序规定和办案时限规定，在信访问题的每一个环节上也都有相应的具体规定，应该说信访工作程序化日趋规范、完善。

其实，信访解决问题、化解矛盾纠纷的特质与机理，用雁塔区信访部门的话来概括就是"一个中心，两个集中"。即以解决问题为中心，通过集中资源，集中权力解决信访问题。这个概括应该说是很准确的。在社会转型期，社会矛盾纠纷纷至沓来，信访如潮的背景下，信访工作职能的一个明智而现实的选择就是解决问题。一切以解决问题，维护社会稳定和谐为前提和目标。其机构设置、人员配备、制度机制创新等都以"事要解决"为轴心展开。解决问题的基础和动力主要在于：集中一切可资资源，包括政治资源、经济资源、人力资源，服务于解决信访问题。集中权力，让信访部门由虚变实，由边缘到中心，由协调到决策、指挥、协调三位一体。从某种意义上来讲，信访工作"统领"着一个地区各部门的工作。客观地讲，信访解决问题，多具政治风格，而少有法律品性。从中央到地方，信访工作都是在"稳定是第一要务、第一责任"的政治高压态势下展开的。只有通过政治动员与运作，才有可能集中资源、集中权力，形成信访大格局，以此化解各类社会矛盾纠纷。也许这是社会转型期，党和政府的现实选择或不得已的选择。有如在改革开放初期为应对"落实政策"信访大潮，而在全国抽调 20 万人进行专项工作一样。但从客观效果来看，信访工作的确强化了党政部门的责任，特别是在化解各类社会矛盾纠纷方面发挥了极其重要的作用，形成了一些颇具特色的信访调处机制。从这个角度和层面来讲，信访无疑是我国社会转型期的一种非常的、特殊的救济手段和矛盾纠纷解决机制，在社会转型期具有无以替代的地位和作用。

(二) 信访实践的问题与反思

信访工作，在社会转型，各类社会矛盾纠纷凸显，社会稳定受到强烈冲击的特定时期，被赋予特殊的使命，作为一种特殊的救济手段和纠纷解决机制用以化解社会矛盾纠纷是无可厚非的。由于信访工作地位被空前提高，信访工作任务空前艰巨，各地党、政部门不遗余力地强化信访工作，千方百计地排查化解矛盾纠纷，力求"把问题解决在基层，把矛盾化解在萌芽状态"。因此，在客观上信访化解矛盾纠纷取得了很大的成效。通过信访预防和化解社会矛盾纠纷，是维护社会和谐稳定的重要方式，但由于信访工作被过度政治化和功利化，实践中已完全演变成为一种政治稳控手段，因此，不可避免地会带来一些问题，产生一些负面影响，值得我们深刻地反思。

1. 信访维稳脱离实际，工作模式整齐划一

一个地区社会稳定状况如何，不稳定因素的类型与特点，往往与其所处地理位置、社会经济发展水平等因素密切相关。通常情况下，经济发展速度较快的区域往往会因为征地拆迁、企业改制、劳动争议、利益调整等问题，引发大量矛盾纠纷。加之如果辖区内驻地单位复杂，人口流动频繁，城乡接合交叉也往往会导致社会稳控呈现出"触点多、燃点低"的特点；而发展相对滞后缓慢的地方，社会矛盾纠纷的数量和影响也就相对比较小。调研中我们可以清晰地看到，该区不同区域的社会矛盾纠纷及各种不稳定因素因其区域社会经济发展的不平衡性而存在明显的差异，具有一定的不平衡性。有的街办地处"三区"，征地拆迁、城中村改造问题突出，几乎具有代表性的各类信访问题在这里都有所表现，稍有疏忽和懈怠就可能出大问题。而相形之下，有的街办维稳形势则比较平缓，少有"非访"，即使有也是问题单一、影响面小、容易解决的问题。

然而，信访维稳形势即使存在着这种差异，但在信访稳控政治高压态势下，该区的信访维稳工作还是一盘棋，一个套路，一种模式。从机构设置、人员配备到工作环节如出一辙，其直接后果是造成有些街办在信访维稳工作上人浮于事，形式主义，冲击和影响了其他工作。信访维稳工作毫无疑问很重要，但"发展是硬道理，是第一要务"，不能脱离实际，撇开发展搞稳定，为了稳定而稳定。维稳形势的不平衡性提示我们要有针对性地开展维稳工作。不必一概而论，统一模式，统一行动。

其实各区域的社会经济发展具有逐步发展、渐次推进的特征。因此，在改革发展和城市化进程中不同时段所引发和产生的各类矛盾纠纷，具有一定的必然性和可预见性，因而预防和解决同类矛盾纠纷的经验和办法也就具有可借鉴性，甚至可以复制。同时，在先前发展中预防和解决矛盾纠纷的各种失误和教训可以成为前车之鉴，后来者可以避免重复同样的错误。如征地拆迁、农村集体财物分配、城中村改造、换届选举等过程中引发的各种矛盾纠纷和不稳定因素都不是新问题，解决问题的经验和教训都很丰富，足以指引后来者走正确的路，做正确的事，

在稳定有序中发展。

2. 信访维稳不计成本，稳定只算政治账

天下没有一本万利的事，收益是成本的交换。如果一项制度的成本远远大于收益，说明这项制度太昂贵，即使再好也"消费不起"。但"稳定压倒一切"之下，没人敢言信访维稳成本，没人敢说这钱不该花，没人敢说这钱花得不值得。我们的惯性思维是有些事情只能算政治账，不能算经济账，于是信访维稳的成本自然居高不下。

仅就经济成本而言，信访维稳有专门机构、专门队伍、专门经费。有能讲的费用还有不能讲的费用。以某街办信访维稳的花费为例，我们就可见一斑，该街办维稳工作队员、信访信息员、信访联络员 106 人，每人每月发放补助 200 元，为每人配备一辆自行车，仅此一项，街道每年投入资金约 25 万元。对重点人物的稳控费用每年要在 5 万元左右。"八一"、中秋、春节等节假日和重点时期都要对重点人物进行慰问、安抚，甚至拉出去旅游。针对某些重点人物，还需要解决他们的低保、养老保险、公益性岗位等。针对重点事件，就需要更大的支出。如某街办关于某村"城中村"改造的维稳工作方案，就安排综治、司法、信访三个科室，抽调 6 名干部、1 辆车组成专门接访小组，派驻 1 名干部在省政府，确保第一时间发现、第一时间处置、第一时间接访，必要时采取干部陪访。街办每年还要拿出近 100 万元，加大对各村影响稳定、围绕村组发展的问题上的财力投入，帮助村组解决实际问题，全力维护村组稳定。通过投入以增强村干部对街道办事处的"感情"和支持，及早发现和消除不稳定因素。此外，赴京值守、劝返等不可预计费用都可能发生。

其实信访维稳成本远不只经济成本，还有高昂的人力资源成本、政治成本和社会成本。仅街办层面设立的与信访维稳有关的机构或组织，就有综治办、信访办、司法所、巡防队、矛盾纠纷排查化解中心等。职能部门人员编制一般不少于 3 人，巡防队往往要有四五十人上下，还有四五十人的专职维稳工作队员，"主要领导一半以上的精力都要放在维稳上"，其人力成本难以计量。

而为了稳定所付出的政治、社会成本则更不可小觑。实际工作中，我们到处可以看到为了"稳定"，不惜突破政策、法律规定，以牺牲法律权威为代价安抚"闹访者"；为了"稳定"，主要领导可以运用权力将"包案"顺利解决,导致"正职接访解决问题,副职接访磨破嘴皮";为了"稳定",维稳人员竟与"缠访者"称兄道弟笼络感情甚至苦苦哀求不要上访;为了"稳定",劝返不择手段,劝返后无法解决问题,致使政府公信再失。为了"稳定","小闹小解决,大闹大解决,不闹不解决"的畸形信访文化已在社会中蔓延,侵蚀着人们的心灵,社会将为之付出更多更大的代价。

3. 信访考核机制跑偏,负面效应凸显

调研中,实际部门的同志普遍反映对信访考核机制的困惑与不满。一是考核过分强调"属地管辖",而无视"谁主管,谁负责"。二是只简单考核信访发生的绝对数,即使重复访,也是访一次计一次。特别是信访"一票否决",对信访工作人员构成了明显的工作和心理压力,因为考核排名直接影响到他们的工资奖金、使用提拔与政治前程。更为严重的是,目前的信访考核机制已显现出明显的负面效应:一是上访人员利用信访"一票否决"制要挟政府部门实现其正当或不正当的各种利益要求,客观上更加刺激了信访量的增加。二是为了减少信访量,基层组织不得不对老上访户盯死看牢,对集访、越级访、赴京访如临大敌,客观上造成维稳重心放在如何减少信访量,而无暇顾及问题的化解,甚至逼出了一些为减少信访量的不正常做法。三是导致维稳部门"赴汤蹈火",责任主体悠然自得的怪象。四是不当的考核会严重挫伤信访工作人员的工作热情和积极性。有些集体访、越级访、赴京访非基层政府及其工作人员所能控制和解决得了,即使他们再努力也无济于事。五是造成对其他工作的严重干扰。调研期间,某街办辖区内发生了"赴京访"的问题,形势一下就紧张起来,全办总动员,两人盯守一个上访重点人物,确保不能再出"问题"。可想而知,"稳定是硬任务",其他工作就是软任务了,理所当然得让路。

我们所调研的这个区,一直是西安市信访工作先进单位,但2011年的考核排名一下子从全市的后三位升到了前三位(信访实行倒排名),全区上下顿感维稳形势严峻,信访部门更是倍感压力,一个街办的书记主任也因辖区内出现了较大规模的赴京访而被停职。其实,这次赴京访的问题是几年来一直上访的老问题,只是以前"稳控"得好,没发生赴京访罢了。但问题是,上访的问题一直没有得到妥善解决,所以赴省访、赴京访还是发生了。这个区信访考核排名的变化极富讽刺意义，信访考核机制的流弊由此可一览无余。但即使在全社会诟病这种信访考核机制的情况下，其不仅没有得到改善，反而更加强化。所以，信访考核机制当尽快改革。不能再简单地考核信访发生的绝对数，而要考核对不正常访的处置行为是否及时妥当；不能再简单地以"属地管辖"来考核，而应强化对责任主体的考核与问责；不能再简单地考核发生了多少信访，而应考核如何解决信访所反映的问题。

4. 信访功能定位有误，工作思路本末倒置

调研发现，在实际工作中，信访工作似乎成了维稳工作的主体或全部，信访部门成了维稳的主角而被推到风口浪尖。于是强化信访队伍，扩大信访权限的要求和措施应运而生。如该区所实行的专职维稳工作队员制度，每个街办几乎都要抽出占街办工作人员 1/3 的精兵强将进入农村和社区进行专职维稳，"不再参与办事处安排的其他工作，全面参与、指导、督促协调基层农村社区的各项事务"。维稳队员的目标责任则要求其："全年所驻村、社区出现到办事处重复上访不超过两次；不得有到省市区党政机关上访，坚决杜绝赴京"；"发生越级集体访后迅速到位，处置有力，能按照规定将上访群众及时带离"。街办根据其目标责任完成情况予以奖惩，包括评优、优先提拔使用或取消评优资格、停发当月补贴、写出书面检查和组织处理等。从维稳工作机制上形成了"信访联络员→信访信息员→维稳工作队员→包村科室→包片领导→维稳领导小组"这样一个纵向到底、横向到边的立体化的信访维稳网络。然而，这种信访维稳的工作格局虽然做得很辛苦，也有一定的成效，但其所能做到的只是"早发现"、"早控制"，但未必能做到"早解决"、"把矛盾解决在基层"。因为，真正构成对社会稳定产生影响的各类信访案件，并非在这个层面所能解决得了。即使一时可以控制，让其不要上访或上访不成，但当问题积累到一定程度时就必然会爆发。如那些因政策法规等制度性原因引发的上访案件，职能部门滥用公权引发的上访案件，社会强势集团欺凌弱势群体引发的群体性事件，责任主体不明或跨地区的上访案件，就非基层政府或部门所能解决，稳控无疑难以达到预期目标和上级要求。

所以，我们需要正确认识信访的地位与功能，调整信访维稳工作思路。信访部门不过是各种社会矛盾纠纷集中展现的一个窗口，不是矛盾的根源。信访工作主要是反馈社会矛盾纠纷信息的一个部门，是交办、

转办、督办单位而不是查办和解决问题的单位。固然"事要解决",但信访部门应在其法定职能之下运行,不能随意改变。实践中,为了稳定而不断强化信访部门、任意扩权的做法,我们须保持应有的警惕。为一时之便,贪一时之功,图一时之快而失法度,必失长远。维稳的重心应放在对社会矛盾纠纷的预防和化解上,包括完善政策法律制度、实行民主科学决策、加强依法公开行政、广开民众利益表达渠道、严肃纲纪、整饬官吏等。其实该区的一些做法对信访维稳工作是非常具有示范意义的,如该区坚持实行的"村财街管"、"双签制"制度,就有效地预防和减少了因农村财务混乱而引发的大规模群众上访事件。在处理"田家湾西北沙发辅料市场拆迁"业主集访事件中,区政府尊重历史、正视现实,勇于承担责任,为自己的过错"埋单"的做法就有效地促使了问题的化解。

总之,我们要正视社会转型期的各类矛盾纠纷,包括群体性事件和突发事件,要以一种开放的、理性的态度面对社会矛盾纠纷,科学地把握稳定的内涵,特别是要准确地定位信访的功能和作用,防止在解决社会矛盾纠纷的过程中,制造新的矛盾和问题。

三 信访制度尚不足成为独立的纠纷解决机制

那么,信访能否成为一种独立、稳定、长效的纠纷解决机制呢?我国从制度和实践层面显然在极力强化信访救济功能,意欲使其成为一种化解社会矛盾纠纷的有效途径和手段。学者们却从学理层面,极力否定信访作为一种常态的纠纷解决机制。信访实践让人们无法否认信访的救济功能和化解社会矛盾纠纷的功效,特别是正处在社会转型期的当今社会,不得不求助于这一制度。但考量一种具有救济功能的制度能否成为一种独立的纠纷解决机制,不能简单地仅从客观上是否具有化解矛盾纠纷功效这一点做出判断。

对此,我们可以转换一个角度来思考,如果用"排除法"和"还原法",即将信访解决问题的主要内容、手段和方式进行"还原",各归其位后,信访的功能还有什么?其是否还具有救济功能?是否还可成为一种常态的纠纷解决机制?

从信访事项发生的原因来看,有的是由政策法律不完善,制度不合理所引发;有的是在社会经济改革期间缺乏经验的"试错"行为所致;

有的是因政府部门行政不作为或行政行为失当所引发；有的信访事项本身缺乏事实和法律依据。这些问题都是改革过程中的问题，绝非信访所能解决。由于"抽象行政行为"的不可诉性，行政侵权当归行政复议、行政诉讼解决；至于一些公民因刑事案件受害，投资失败而信访则更不是信访所能解决。另外，我们从信访解决问题的主要方式来看，如领导干部接访是其职责所在，包案解决是行政权力所为；政府部门在信访接待中心设接访室，不过是窗口前移，是行政机关收集民意，自我监督、纠错的方式，而且是被动所为；乡规民约评理会，群众工作室则属民间调解；信访听证只是对信访事项查明事实、分清责任的一种程序活动。至于信访机构直办信访事项或拥有更多处理信访问题的权力，则是地方党委、政府授权或进行权力转移的行为。信访部门在地方党政部门严格考核一票否决的政治高压态势下，获得了一种集合各种资源解决信访问题的"能力"，运用这种能力迫使涉事单位或相关职能部门尽快尽力解决问题。

可见，信访部门解决信访问题的资源与权力集中是地方党委和政府直接操作的结果。信访解决问题的方式多为行政权力的运用或政府部门履职行为或属行政调解、人民调解、民间调解的范畴。信访制度的救济功能和解决信访问题的能力，不过是特殊时期政治解决问题的代名词或表现形式而已。据此，我们认为，信访制度在社会转型期被赋予救济功能，承担集中化解社会矛盾纠纷的使命而成为一种特殊的纠纷解决机制，有其现实合理性，但从严格的法律意义来讲，从建设法治社会的角度来看，信访制度并不是一种独立的、常态的纠纷解决机制。

第六章 农村土地纠纷乡镇调处机制

第一节 乡镇政府调处社会矛盾纠纷的职能

一 乡镇改革与社会矛盾纠纷调处

新中国成立后，我国即将乡级政权确定为农村基层政权组织，成为我国政权体系的重要组成部分。其组织形态虽然经过了乡级政权、人民公社和乡镇政权的发展变迁，但其作为我国基层政权组织的地位始终未变。这个直接连接广大农村社会的基层政权组织，对我们这样一个农业大国、农民大国来说，有着不言而喻的重要意义。对我国农村社会的长期稳定和发展，发挥着无以替代的作用。根据有关数据统计，截至1985年年底，全国农村废除人民公社，建立乡镇政府的工作基本结束，全国共建立了 91590 个乡镇人民政府。在经过几轮乡镇体制改革后，特别是一些地方大幅度的撤乡并镇之后，1992 年全国乡镇数减为 48366 个；① 到了 2007 年年底，我国乡镇还有 34369 个；② 其下辖 60.4 万个村委会，200.9 万个自然村，480.9 万个村民小组。③

在我国，乡镇政府处于国家政权的最基层，是国家权力系统的末梢。但就整个社会结构而言，它又处在一个十分特殊的位置。在取消农业税、国家权力逐渐从农村社会淡出后，中国似乎形成了另外一种意义上的"哑铃"型社会结构——一个竖立的"哑铃"。乡镇政府正是这个

---

① 参见解冰《新农村基层政权权责制衡重构》，中国方正出版社 2010 年版，第 111 页。

② 参见《民政部规划地名司答复》（http://qhs.mca.gov.cn/article/wszx/index.shtml? siteid=qhs&msgType=ZX）。

③ 《我国共有 60 万个村委会》（http://www.qlxxw.cn/nongye/102609.html）。

哑铃的中间部分，它一方面要支撑强大的国家权力体系，成为自上而下所有意志传导的终端，构成国家大厦实实在在的一堵"承重墙"；另一方面又要连接8亿之众的广大农村社会，充当缓解农村社会矛盾的"护堤石"。乡镇政府承受着来自"哑铃"两端的重压，时时呈现出一副不堪重负的窘迫。所以，乡镇改革也就一直成为人们热议的话题和改革实践的重地，并被国家列出改革完成的最后时间表。①

乡镇改革的一个核心问题，是在新的历史条件下乡镇政府的职能定位问题。② 但无论怎么改，无论将其如何定位或赋予什么样的职能，有一点是改变不了的，那就是调处社会矛盾纠纷。乡镇政府的一个重要职能就是化解辖区内的各种社会矛盾纠纷，尤其是农村社会矛盾纠纷。可以说，调解民间纠纷、解决社会矛盾作为乡镇人民政府的一项重要职能，实际上一直存在着。其实，乡镇人民政府调解民间纠纷、解决农村社会矛盾的职能，无论是否规定在其职责之中，都丝毫不会影响它的这一现实角色。不仅在高度集中的计划经济时代如此，即使在取消农业税、国家政权从农村社会后退的今天亦然。在乡镇废存的激辩中，有一个问题是主张废除者所无法绕过的，即乡镇人民政府作为广大农村社会矛盾的缓冲地带，调解和处理大量农村社会矛盾的地位和作用无以替代。如果撤销了乡镇或仅将其作为承担专门事务的派出机构，那么2000多个县级政权能否担当得起60多万个行政村、8亿多农民的管理和服务工作？③ 特别是在社会转型，农村利益分化加剧，农民增收困难，村民自治远不成熟，司法资源极其有限，农村多

---

① 据媒体报道，2004年3月我国乡镇机构改革率先在黑龙江、吉林、安徽、湖北四省"破冰试水"，这一阶段的主要任务是严格控制乡镇人员编制，鼓励地方积极试点，探索积累改革经验。经过5年多的试点探索，总结经验，不断完善，取得了显著成效。中共中央办公厅、国务院办公厅于2009年年初印发了《中央机构编制委员会办公室关于深化乡镇机构改革的指导意见》（以下简称《意见》）。这标志着我国新一轮乡镇机构改革全面启动，2012年将基本完成乡镇机构改革任务。《意见》清晰地表述了乡镇的四项职能：促进经济发展、增加农民收入，强化公共服务、着力改善民生，加强社会管理、维护农村稳定，推进基层民主、促进农村和谐。

② 参见贺雪峰《乡村体制与新农村建设的几个问题：社会主义新农村建设研讨会综述》，《学习与实践》2006年第8期。

③ 参见潘维在北京大学中国与世界研究中心与华中科技大学中国乡村治理研究中心联合举办的"社会主义新农村建设研讨会"上的发言，2006年2月18—19日，选举与治理网。

为"法律不毛之地"的背景下，大量的农村社会矛盾和纠纷谁来解决？[①]

在进行"去税后，乡镇干部忙什么？"的诸多调研中，乡镇干部认为他们是共和国最忙最辛苦的公务员。在他们的工作中，调解纠纷、解决矛盾、处理上访、维护稳定占据着很大的比重，承受着巨大的压力。事实也的确如此，调研中一位镇长这样说："抓经济发展固然重要，但如果在你的地盘上，矛盾四起，纠纷不断，治安混乱，谁还愿意来你这儿投资，我们哪能安心抓经济？"一位山区县司法局局长在和笔者讨论乡镇职能转变问题时，激动地说："政府要成为服务型政府，乡镇政府也一样。可在我们这样的贫困地区，政府能给民众提供什么样的公共服务？我看唯一可行的就是化解社会矛盾纠纷，维护社会稳定了。"乡镇机构及其职能的改革正在紧锣密鼓地进行着，乡镇基本职能正逐步转向社会管理和公共服务。可见，乡镇人民政府调解民间纠纷、解决农村社会矛盾的职能，与改革的精神是完全一致的。

尽管乡镇人民政府担负着调处农村社会矛盾纠纷，包括调处农村土地纠纷的重要职责，对于维护农村社会秩序和稳定，促进农村经济、社会和政治发展发挥着极其重要的作用，但乡镇人民政府调处社会矛盾纠纷的重要性并未引起人们的足够重视，更为缺乏的是鲜有人将此作为一种独特的纠纷解决机制加以考察和研究。

二 乡镇政府调处社会矛盾纠纷的职能

有关乡镇人民政府职能的研究，特别是有关乡镇职能转变的研究，伴随着乡镇体制改革的进程始终热闹非凡。但关于乡镇人民政府调处社会矛盾纠纷的职能的研究则少有论及，更缺乏深入系统的考察和研究。[②]

关于乡镇人民政府的法定职能，《地方各级人民代表大会和地方各

---

① 参见强世功《法律不毛之地的调解》，载张静主编《国家与社会》，中央编译出版社 1999 年版。

② 解冰在阐述乡镇政府保护职能的内容时讲道，乡镇政府具有"加强社会治安综合治理，妥善处理突发事件、群体事件，调解和处理好各种利益矛盾纠纷，维护社会公平和正义"的职责。参见解冰《新农村基层政权权责制衡重构》，中国方正出版社 2010 年版，第 334 页。此外，徐昕、陈柏峰也有相关研究。

级人民政府组织法》第61条做了七个方面的具体规定："乡、民族乡、镇的人民政府行使下列职权：（一）执行本级人民代表大会的决议和上级国家行政机关的决定和命令，发布决定和命令；（二）执行本行政区域内的经济和社会发展计划、预算，管理本行政区域内的经济、教育、科学、文化、卫生、体育事业和财政、民政、公安、司法行政、计划生育等行政工作；（三）保护社会主义的全民所有的财产和劳动群众集体所有的财产，保护公民私人所有的合法财产，维护社会秩序，保障公民的人身权利、民主权利和其他权利；（四）保护各种经济组织的合法权益；（五）保障少数民族的权利和尊重少数民族的风俗习惯；（六）保障宪法和法律赋予妇女的男女平等、同工同酬和婚姻自由等各项权利；（七）办理上级人民政府交办的其他事项。"

在上述七项法定职权中，并未直接而明确地规定乡镇人民政府具有调处民间矛盾纠纷的职能。有人认为，根据乡镇政府"保护社会主义的全民所有的财产和劳动群众集体所有的财产，保护公民私人所有的合法财产，维护社会秩序，保障公民的人身权利、民主权利和其他权利"的职权，推知其应具有调处民间矛盾纠纷的职能。虽然《地方各级人民代表大会和地方各级人民政府组织法》没有明确规定乡镇政府调处民间矛盾纠纷的职能，但在一些法律和部门规章中却赋予了乡镇人民政府对民间纠纷的调解和裁决权。[①] 此外，在许多地方性法规或地方政府规章中，有关乡镇人民政府职能（职责）的规定几乎都有类似"处理人民来信、来访，调解民间纠纷，加强社会治安综合管理"或"做好法制宣传、教育、法律服务、民间纠纷调解工作"的表述。

在一些现行法律、法规中，明确规定了乡镇人民政府具有调解和处理一定范围内矛盾纠纷的权限。这表明调解和处理一定范围内矛盾纠纷是乡镇人民政府的一项重要的法定职能和权力，同时也是作为一级政府的职责所在。当然，乡镇人民政府调解和处理矛盾纠纷的权限有其明确的法定边界，即主要限于民事纠纷或民间纠纷。民间纠纷的范围显然大于民事纠纷的范围，根据《人民调解委员会组织条例》等相关规章的界定，其不仅包括公民之间有关人身、财产权益等民事纠纷，还包括其

---

① 参见张树义《纠纷的行政解决机制研究：以行政裁决为中心》，中国政法大学出版社2006年版。

他日常生活中发生的纠纷。规定乡镇人民政府调解和处理矛盾纠纷的法律法规主要有以下几项：

（1）《中华人民共和国土地管理法》第16条规定："土地所有权和使用权争议，由当事人协商解决；协商不成的，由人民政府处理。单位之间的争议，由县级以上人民政府处理；个人之间、个人与单位之间的争议，由乡级人民政府或者县级以上人民政府处理。当事人对有关人民政府的处理决定不服的，可以自接到处理决定通知之日起三十日内，向人民法院起诉。在土地所有权和使用权争议解决前，任何一方不得改变土地利用现状。"

（2）《中华人民共和国森林法》第17条规定："单位之间发生的林木、林地所有权和使用权争议，由县级以上人民政府处理。个人之间、个人与单位之间发生的林木、林地所有权和使用权争议，由当地县级或者乡级人民政府依法处理。当事人对人民政府的处理决定不服的，可以在接到通知之日起一个月内，向人民法院起诉。在林木、林地权属争议解决以前，任何一方不得砍伐有争议的林木。"

（3）《中华人民共和国草原法》第16条规定："草原所有权、使用权的争议，由当事人协商解决；协商不成的，由有关人民政府处理。单位之间的争议，由县级以上人民政府处理；个人之间、个人与单位之间的争议，由乡（镇）人民政府或者县级以上人民政府处理。当事人对有关人民政府的处理决定不服的，可以依法向人民法院起诉。在草原权属争议解决前，任何一方不得改变草原利用现状，不得破坏草原和草原上的设施。"

（4）《中华人民共和国农村土地承包法》第51条规定："因土地承包经营发生纠纷的，双方当事人可以通过协商解决，也可以请求村民委员会、乡（镇）人民政府等调解解决。当事人不愿协商、调解或者协商、调解不成的，可以向农村土地承包仲裁机构申请仲裁，也可以直接向人民法院起诉。"

（5）《中华人民共和国农村土地承包经营纠纷调解仲裁法》第3条规定："发生农村土地承包经营纠纷的，当事人可以自行和解，也可以请求村民委员会、乡（镇）人民政府等调解。"第7条规定："村民委员会、乡（镇）人民政府应当加强农村土地承包经营纠纷的调解工作，帮助当事人达成协议解决纠纷。"

（6）国土资源部《土地权属争议调查处理办法》（2002年12月20日国土资源部第七次部务会议通过，2003年3月1日起施行）第5条规定："个人之间、个人与单位之间、单位与单位之间发生的争议案件，由争议土地所在地的县级国土资源行政主管部门调查处理。前款规定的个人之间、个人与单位之间发生的争议案件，可以根据当事人的申请，由乡级人民政府受理和处理。"

（7）司法部1990年4月19日颁布实施的《民间纠纷处理办法》，就基层人民政府处理民间纠纷的范围及其权限做了规定。《办法》第3条规定："基层人民政府处理民间纠纷的范围，为《人民调解委员会组织条例》规定的民间纠纷，即公民之间有关人身、财产权益和其他日常生活中发生的纠纷。"第17条："经过调解后，仍达不成协议的纠纷，基层人民政府可以作出处理决定。"

根据以上规定，可知乡镇人民政府调解和处理的矛盾纠纷，目前主要集中在有关土地、林地、草原等资源性财产的所有权和使用权争议，当然也包括其他民事纠纷和民间纠纷。法律法规做出这样的规定绝非偶然，这进一步表明乡镇政府调解和处理农村土地纠纷的强大现实需求，及其作为联结广大农村和8亿农民的最基层的政府，在调解和处理农村土地纠纷中无以替代的重要地位和作用。

第二节　乡镇政府调处社会矛盾纠纷的动因

基层人民调解特别是乡村人民调解素来被称作构筑社会稳定的"第一道防线"，事实上大量矛盾纠纷在乡村层面被过滤和消除。但在社会转型期一个明显的变化，就是基层矛盾纠纷的求解途径不断上移，由村级组织到乡（镇）、县、市、省直至中央。许多当事人并不是逐级求解，而是"跨越式"的越级上访。在近些年的畸形信访文化中，多方因素促成上访人具有"小闹小解决，大闹大解决，不闹不解决"的"闹访"心理和"找一把手"情结。然而大量的矛盾纠纷又不可能在高层得到解决，而是被层层批转回去，压下来。我国是一个农民大国，乡镇政府作为直接连接广大农村农民的基层政府，大量矛盾纠纷被聚集在这个狭窄的"巷道"里，并被要求有效地化解。那么，乡镇政府何以承受如此之重？促使其化解社会矛盾纠纷的基本动因又是什么？通过我们的调研和观察，似可从以下几个方面理解。

一 政治理念

纵观历史，无论是战争年代根据地的基层政权组织，还是新中国成立后建设、改革时期的基层政权组织，始终以为老百姓办事或"为人民服务"为宗旨，并成为人民政府最基本的政治理念，支配和影响着基层政府工作人员的思维方式和行为方式。这种政治理念在不同时期以不同的方式和程度被践行着，已成为一种文化传统潜移默化地影响着一代又一代的基层政府工作人员。中国老百姓的政府情结，与基层政府的这种政治理念和实践是分不开的。同样，从中国历史上司法与行政的胶合，到解放区的"马锡五审判方式"，基层政府官员始终以解决民间纠纷为己任。我们在乡镇调研明显地感受到，乡镇干部，上至乡镇长，下至驻村干部的日常工作始终伴随着解决各种各样的矛盾纠纷。解决矛盾纠纷俨然已成为乡镇工作的重要组成部分和乡镇干部的基本素养。乡镇政府虽然是一级独立的政府，却没有县级以上人民政府严格的职能分工与部门划分，也没有以"分工"、"管辖"和"程序"等方式分流各类矛盾纠纷的法制化体制。所以，乡镇政府是一种名副其实的"全能"政府，这种体制使其政治理念被强化，解决矛盾纠纷被日常化。尽管如此，乡镇政府并没有以"司法"者自居。在他们的眼中，各种矛盾纠纷都被"问题"化了，解决形形色色的"问题"既是他们的政治使命，也是日常工作的基本内容。

二 法定职责

在许多法律法规中直接而明确地规定了乡镇政府调处矛盾纠纷的职责，尤其是调处民间纠纷和土地等资源性纠纷。这就意味着乡镇调处矛盾纠纷不仅是一种法定权力，同时也是一种法定义务，如不履行职责，将会违反法定义务而承担行政不作为之风险。事实上，大部分乡镇调处矛盾纠纷并未从法定职责的角度思考，而是一种自觉的行动，是把解决各类矛盾纠纷视为他们当然之工作。他们更关注的是行政执法权的得失，实为处罚权和强制权的拥有和丧失。随着乡镇职能的改革，乡镇行政执法权的急剧萎缩（目前只保留计划生育和城建两项委托执法权），我们时常听到来自乡镇"权力无限小，责任无限大"的抱怨，就是这种状况的真实反映。但也有少数乡镇干部对其调处矛盾纠纷的法定职责具有清晰的认识，这主要是一些具有法律教育背景和从事过与法律相关工作的乡镇领导或工作人员。我们所访谈过的一位受过法律专科教育的镇长和一位做过司法所所长的镇长就是如此。那位法律专科毕业的镇长告诉我："大部分乡镇长处理矛盾纠纷凭借的是行政经验，而非法律规定，我受过法律训练，我不仅要用行政经验，更要依靠法律，所以，我很清楚乡镇工作的行为方式和边界。哪些矛盾纠纷只能调解，哪些既可以调解也可以裁决；哪些问题我们只能'扎势'（做样子），哪些必须动真格。我不会做出出格的事。"可见，强化乡镇干部调处矛盾纠纷法定职责意识，有助于其调处矛盾纠纷的自觉与自律，也有助于其调处矛盾纠纷方式的正确抉择和行为边界的清晰划定。

三　维稳要求

在社会转型期各类社会矛盾凸显，群体性事件频发，社会稳定危机四伏，社会管理水平有限，矛盾纠纷解决机制不成熟的背景下，中央提出"发展是硬道理，是第一要务，稳定是硬任务，是第一责任"。这种政治要求和考核机制与地方党政负责人的荣辱升迁、政治前途甚至与政府工作人员的经济利益直接联系起来。各级政府，特别是基层政府不得不耗费大量的人力、物力和财力化解辖区内的矛盾纠纷。在信访"属地管辖"原则下，事实上大量矛盾纠纷被推向基层政府，以土地信访案件为例，60%的信访案件属农村土地纠纷，化解这些矛盾纠纷，乡镇政府必然被推向风口浪尖。

四　推动工作

乡镇许多工作包括政策执行、项目推动等，往往都与群众的经济利益和财产权益密切相关，可能会触动、影响甚至损害农民个人或农村集体的经济利益和财产权益。如退耕还林政策执行中，由于各项补助是以所涉承包地面积为依据的，因此，土地权属纠纷会大量发生。确权问题不解决，退耕还林工作就无法推进。而所涉纠纷又因数量多、标的小、取证难，难以进入司法程序。从政策执行的效率要求出发，也不可能旷日持久地去通过其他途径解决，村组又往往与争议相关，乡镇自然就成为矛盾纠纷的解决者。再如规模经营中的土地流转，乡村公共设施、乡村道路建设等都会涉及土地占用等问题，乡镇政府必须在推进工作中，首先解决这些矛盾纠纷，否则无法完成工作。

五　村治式微

农村解纷机制的局限来自于几个方面的问题，一方面是农村人民调解功能不断弱化，对此我们在相关章节已做了详细的论述和分析。另一方面，在社会转型期，农村矛盾纠纷形态发生了很大的变化，即传统纠纷相对减少，而大量新型矛盾纠纷不断滋生，这些矛盾纠纷往往具有关系复杂、利益重大、对抗性强、涉事主体多等特点，其疑难和复杂程度是农村社会内部组织所无法驾驭和化解的。加之村干部或村级组织本身就是纠纷当事人一方，这些纠纷同样不可能在村庄内部获得解决。2011年，陕西榆林小纪汗乡发生了这样一起事件：村民因不满村委会土地补偿款分配方案，在村上几位主要负责人不顾村民反对，从银行取出100万元欲按既定方案强行分发时，村民从村小组负责人手中"抢"走补偿款，然后上缴乡政府，希望乡政府主持公道。① 在农村社会，村民与村干部或村集体之间的纠纷通常会找乡镇政府解决。此外，农民的"政府情结"，农民法律意识、法律知识、法律诉求的提高和进步，会使他们选择更多的纠纷解决途径和方式。近些年的"闹访效应"使一些村民"小事"也会走出村。

六　利益驱动

在工业化、城市化发展进程中，需要大量征占农民集体土地。在征地拆迁过程中，因补偿标准低，补偿款不到位，安置方案不合理，或因农民抢种抢建，强揽工程，阻挠施工等发生的纠纷冲突极其普遍。征地

① 参见胡少波、许鹏、郑玮《征地补偿款分配惹不满　村民乡政府"讨公道"》（http：// yl. hsw. cn/system/2011/03/31/050863284. shtml）。

部门、建设单位与农村集体和农民个人之间因征地拆迁、城中村改造而发生的矛盾冲突，既影响建设项目的顺利进行，又可能会导致群体性事件，危害社会稳定。所以，实践中征地拆迁时，在征地、用地部门和农民之间有一个非常重要的介质，那就是乡镇政府或街办。从理论上和现行法律规定来看，征地拆迁与乡镇、街办并无直接联系，但事实上，在其辖区内只要发生征地拆迁，乡镇、街办都会深度介入。征地拆迁一时成为乡镇、街办的主要工作甚至中心工作，举全力而为之，其核心任务是协调征地拆迁中的各方矛盾冲突，确保征地拆迁高效、平稳地进行。那么，乡镇、街办为何如此倾心倾力进行这项工作呢？除了客观的政治维稳需要和确保区域重点建设项目的顺利进行之外，经济利益的驱动是一个非常重要的刺激因素。这些年，乡镇普遍缺钱是一个不争的事实，乡镇主要领导倾力筹钱也是个残酷的现实。我们在西部一农业大镇调研获悉，该镇政府编制 65 人，实际在岗 93 人。财政按在编人数核拨经费，年人均拨付 2000 元，共 13 万元。另每辆公务车年拨付 2 万元的运行维修费，3 台车 6 万元，所有经费合计 19 万元，而镇政府年实际支出近 150 万元，缺口 130 万元。镇上的开支如镇企业办有 21 名职工每人月工资 1500 元，但财政只负担 60%、另外 40% 要镇上负担，仅这一项镇政府就要年支出 15 万多元。另外每年仅用于接受县上各部门检查，制作宣传板、横幅、喷绘就要花去 10 万元。乡镇政府筹钱的一个重要途径，就是在辖区内发生征地拆迁时，通过协调处理征地拆迁中的农民与征、用地单位之间的矛盾，确保征迁工作顺利进行，而向征、用地单位收取数额不菲的协调费。我们在陕西北部一村委会主任家访谈时，恰逢镇上的一位副镇长带一名镇干部来到村主任家中，协商长庆油田铺设输油管占用该村土地的事。镇长说明来意后，村主任说："那恐怕不行，我和书记虽然没商量，但意见肯定是一致的。如果地下铺设了管道，新农村住宅建设就会受影响（因地下一旦压了输油管，地面只能种粮，不能搞开发建设）。我们现在负着责，但不能干让后人骂的事情。"就此，笔者和村主任有段对话：

　　问：用地单位为什么不先和村上协商却要镇政府出面？
　　答：镇政府是一级组织，专门有土地员管理用地的事。政府出面和村上协商，村干部再和村民代表开会协商，重要的还要召开村民大会。

问：镇政府能决定吗？

答：不行。村干部也不能决定，必须通过村上的村民，否则弄不成。

问：政府主动找村干部协商，从中有无利益。

答：镇政府出面协商，事成了，会得到用地单位给的协调费。

在城市街办也会存在同样的问题。西部某高新开发区实行与产业园区相匹配的"准政府型"管理体制，即管委会作为市政府的派出机构行使市级经济权限和社会事务管理权，但缺乏对区内农村的管理权。因此，开发区征地拆迁工作必然要受制于相关行政区，其与行政区存在重大利益关系。在"共建双赢"平台下，两区要进行项目、利税分成，但征地拆迁工作需要街办具体配合协调。所以，开发区要给街办征地拆迁协调费，征收每宗土地给付的协调费情况不一，有给总价款 1% 的，也有给 2% 的。某街办每年预算外收入上千万元，主要靠的就是这一块，他们当然也就有"协调"的积极性了。

利益的驱动使我们可以看到，在征地拆迁中一些乡镇、街办极其活跃。征、用地单位只是推出征地拆迁方案和支付征地款，而征地拆迁的具体工作由乡镇、街办承担。从某种意义上讲，征、用地单位通过支付协调费，使乡镇、街办几乎为其所雇，将其推到征地拆迁矛盾纠纷的前沿，加剧了乡镇、街办与农民的矛盾，而征、用地单位则有效地规避了与农民或农民集体组织之间的矛盾冲突。特别是在征地补偿标准普遍较低、与农民预期距离较大的情况下，为了使征地拆迁顺利推进，乡镇、街办可谓使尽浑身解数。

第三节　乡镇政府调处民事纠纷的组织与方式

走进乡镇政府都可以看到这样一些机构的牌子：司法所、法律服务所、人民调解委员会、社会治安综治治理工作中心、社会矛盾纠纷调解中心（也有叫调解中心、司法调解中心）等。这些机构虽然有大有小，有虚有实，甚至重复交叉，但它们都与乡镇的职能有关，与化解农村矛盾纠纷、维护社会稳定有关。此外，在乡镇政法体系中，还有派出所和法庭两个专门机构。近年来国家加大了中西部基层"两所一庭"的建设力度，硬件设施已建设得相当不错。可见，乡镇政权的政法体系至少在形式上是完备的。如果这些机构都能够有效运转的话，农村社会矛盾纠纷解决以及社会治安状况至少不会太糟。

一　司法所

随着乡镇体制改革的深入，原有的"七站八所"中具有行政执法权的站所都已基本上划，实行垂直管理了。乡镇丧失了往日对这些机构掌控的权威，只剩下年终考评打分和人事任免建议权了，对其已无实质性影响。而在这些站所中，要数司法所和计生办与乡镇的关系最为密切。这是因为一部分司法所仍未被县司法局收编直管，还是乡镇政府所属的一个机构。调研中一位镇长感慨道，"镇政府直属的站所就剩司法所和计生办了"。另一方面，那些被司法局收编直管了的司法所，由于司法行政部门是个穷衙门，无论是经费还是人员都还得依赖乡镇政府，自然就依附乡镇政府了。如我们在西部许多地方见到的司法所都设在乡镇政府的院子里，而且"一人所"和"片所"仍然存在，政法编制无法满足实际需求，不得不抽调其他乡镇干部充实司法所队伍。

早在20世纪80年代初，我国就在人民公社（镇）设置专职司法助理员了。其作为基层人民政权的司法行政工作人员，在人民公社（镇）、街道办事处、县（区）司法局的领导和基层人民法院的指导下工作。主要工作职责包括：指导检查民间调解工作，参与调解疑难纠纷，接受处理人民调解工作的来信、来访。可见此时的司法助理员是乡镇专职的纠纷调解工作者。由于管理体制是以乡镇为主，所以司法助理员的工作主要围绕乡镇中心工作展开。

到了90年代中期，司法部根据社会经济和法制建设发展新形势的要求，开始强化司法行政职能，加强司法所的建设。1996年6月司法部颁布《关于加强司法所建设的意见》，明确规定了司法所的性质、职能和管理体制，较之1981年的规定有了明显的变化。《意见》明确提出："司法所应该建成县区司法局在乡镇人民政府（街道办事处）的派出机构，是承担乡镇人民政府（街道办事处）管理司法行政工作的职能部门，在县区司法局和乡镇人民政府（街道办事处）领导下进行工作。"这一规定明确了司法所的法律地位，是县区司法行政部门的派出机构，而非乡镇政府之机构，在管理体制上虽然仍是双重领导，但突出了县区司法局的地位。司法所的一项重要职能就是"指导管理人民调解工作"，"参与重大疑难民间纠纷调解工作"，"代表乡镇人民政府（街道办事处）处理民间纠纷"。

进入 21 世纪后，司法所的规范化建设进一步加强。2004 年 3 月司法部颁布的《关于创建规范化司法所工作的通知》，进一步明确了司法所的法律地位与工作职能，全面加强了司法所的规范化建设，提出"司法所是司法行政系统的基层单位，是基层政法组织的重要组成部分"，从而使其法律地位更加明晰。尤为值得注意的是司法所基本职能有所调整，除了"指导管理人民调解工作，参与调解疑难、复杂民间纠纷"外，将"代表乡镇政府处理民间纠纷"修改为"协助基层政府处理社会矛盾纠纷"，司法所工作专业化和规范化的趋势更加明显。这一时期司法所的收编直管工作有了较大的发展，许多地方的司法所从乡镇收归县（区）司法局统一管理，副科级建制，旨在打造一支规范的、稳定的、专业化基层司法行政队伍。同时国家启动了加强中西部地区"两所一庭"建设工作，中央和地方财政的积极支持，使得司法所的基础设施有了极大的改善，标准化的基层司法所相继建立起来。司法所大都有相当规模的办公场所，规范的调解庭、档案室，并配备了电脑、打印机和交通工具。有些地方的乡镇将司法所、综治办、矛盾纠纷调解中心等相关机构合署办公，或几块牌子一套人马。司法所的全面规范缩小了与基层派出所和法庭的差距，"两所一庭"三驾马车并驾齐驱的乡镇政法体系已经形成。乡镇矛盾纠纷调处走向专业化、规范化的路子已初见端倪。

司法所在乡镇预防和调处化解社会矛盾纠纷工作中，具有举足轻重的地位和作用：

一是职能所在。司法所的主要职责是：（1）指导人民调解工作；（2）承担社区矫正的日常工作；（3）指导管理基层法律服务工作；（4）开展刑释解教人员的安置帮教工作；（5）组织开展法制宣传教育工作；（6）组织开展基层依法治理工作；（7）协助基层人民政府处理社会矛盾纠纷；（8）参与社会治安综合治理工作；（9）完成上级司法行政机关和乡镇人民政府（街道办事处）交办的其他有关工作。可见现在的司法所已不仅仅限于传统意义上的指导人民调解工作，参与调解疑难、复杂的民间纠纷，而是全方位地参与乡镇层面的法制工作。用一位县司法局长的话来说就是："司法所一不收费，二不罚款，三无执法权，主要是服务，为政府排忧解难。司法所本来主要是指导农村调委会工作的，但现在变被动为主动，由指导变成实实在在的调解主体了。基层大量的纠纷被我们调处，稳定了社会，特别是减少了上访，所以才能得到乡镇政府的支持，他们才愿意给司法所花钱。"

司法所无论是"代表乡镇政府处理民间纠纷"，还是"协助基层政府处理社会矛盾纠纷"，都表明乡镇政府在预防和化解社会矛盾纠纷工作中司法所不能缺位。在乡镇政法体系中，虽然派出所、法庭对乡镇社会治安、法律秩序发挥着重要的作用，但它们各有严格的管辖范围和办案程序，其职能与乡镇工作保持着一定的距离，具有相对的独立性。然而，司法所的管理体制、业务范围却与乡镇工作融为一体。司法所在预防和解决社会矛盾纠纷、维护社会稳定方面的功效，对乡镇工作来说是离不开的。

二是专业水平。在乡镇政府，虽然接待群众来访、调解矛盾纠纷是每个乡镇干部的基本素养，但从专业角度来讲，司法所的"干警"显然要更专业、更规范一些，可以称得上是乡村的"法律专业人士"了。

调研中我们接触了许多司法所工作人员，绝大部分不是法律专业的科班出身，甚至连法学专业的大专生都很少见。他们的专业背景，大多是自考、电大、函授或一些院校远程教育的法学专业。我们所走访的宁强县高寨子镇司法所，是一个辖有一镇一乡、22 个村、153 个组、28399 农业人口的"片所"。所里连所长就 3 人，年龄最大的 38 岁，最小的 35 岁，其中一个本科，两个大专。本科是电大的、专科是法大远程教育的法律专业。我们还接触到许多司法所"干警"，或者毕业于农校或是复转军人。尽管他们的法律专业背景"不正规"甚至没有，但他们大都接受过较为系统的业务培训。由于新法颁布或工作任务需要，他们还会经常参加县、市局举办的短期培训班。他们接受培训后，再去培训农村人民调解员。在陕西汉中宁强县高寨子镇调研时，正逢镇上举行村级调解员表彰和培训大会。会议有百十人参加，本来司法所的唐所长是主讲，要进行业务培训。我们一去，变成了县政法委书记讲、市局周科长讲，笔者也被推到主席台中央就座，还要来个教授讲。司法所的工作人员大多为当地的农家子弟，熟悉农村、农民，深谙当地的风土人情和社会网络，所以一般都能胜任工作。他们既有一般乡镇干部的乡村工作经验，又有一般乡镇干部所不具备的法律知识和专业技能。尽管在人们看来，调解乡村矛盾纠纷无须太多的法律专业知识，包括一些司法所工作人员自己也这么认为。南郑县城关镇司法所的王所长是自学法律出身，他说："农村纠纷调处主要是看技巧，法律知识用的很少。关键是一要办事公道，二要熟悉农村，三要有人格魅力。"但也就在这个司法所，一位年纪大一点的司法员告诉笔者，前几天他被镇上一个村子请去参加村民代表会议，讨论制定土地补偿款分配方案。可见，农民并不这么认为，在农民眼中他们是"法律专家"。

但在许多地方，当事人直接找司法所的并不多，一般到了乡镇都是找主要领导或办公室。领导或办公室根据纠纷情况，将案件分流，一部分就放到司法所了。司法所先调解，拿不下来的，就向领导汇报，放到镇调解委员会（也叫矛调中心），由镇长主持，召集相关站所人员一同调解。司法所也有主动找"案源"的，即根据矛盾纠纷排查情况，认为有些矛盾纠纷应重视但村上解决不了，他们就直接到村上，会同村干部一同调解。

铁锁关司法所的调研，似乎可以让我们更直观感性地认识到司法所在乡镇工作中的地位和作用。这是一个部、省、市、县的先进基层司法所。

铁锁关镇是宁强县原铁锁关区公所所在地，1996年6月撤区并乡时由原铁锁关乡、周家坝乡、坪溪河乡合并而成。全镇辖14个行政村，1个社区居民委员会，87个村民小组，4170户，总人口15778人，总面积150平方公里。镇内交通便捷，西汉高速公路穿境而过，成黄公路横贯其中，镇村公路四通八达。

宁强县司法所实行片区管理，26个乡镇只设9个司法所，平均三个乡镇才有一所，这离"一乡一所"的建制要求相差甚远，也是省内其他区县少有的。这可能与宁强县山大沟深的地理环境和经济发展比较落后的情况有关。

　　司法所建在离镇政府不远的一处高高的山坡上，周围苍山翠岭。拾级而上，经过百十个台阶后是一座别致简朴的三层小楼。这是笔者在西部地区见过的环境和建筑最为优雅的司法所。小楼里办公室、会议室、调解庭、荣誉室应有尽有，墙面上挂满了锦旗奖牌和制作精美的各类规章制度。桌上摆着电脑，但不能上网，因为没钱支付每年 700 元的入网费。也没有打印机，笔者要的几份材料还得派人跑到镇上去复印。然而，司法所的工作却是一流的。近年来，铁锁关司法所先后受到司法部及省、市、县的表彰和奖励。2004 年 5 月，铁锁关司法所被司法部评为"全国先进基层司法所"。

　　铁锁关司法所组建于 1998 年 11 月，现有干警 3 人（含所长 1 名），均为大专文化，平均年龄 34 岁。下设法律服务所一个，有法律工作者3 名，负责铁锁关、胡家坝两个镇 30 个行政村、2 个社区居委会、195个村民小组、32100 余人口的司法行政业务。①

　　所长陈仕万，30 多岁，瘦瘦高高的，人很精干。曾担任过 6 年农村基层干部，当过村文书和村主任。自学法律，1993 年被招聘到宁强县铁锁关法律服务所，一干就是 6 年。6 年中，节衣缩食购置了大量的法律书籍勤奋自学，虚心请教。对上级主管部门举办的各种业务培训班，逢班必去。经过数年的努力，终于从一个法律门外汉逐渐成长为一名优秀的法律工作者。在法律服务所工作的 6 年里，调处各类民事纠纷174 件，代写法律文书 216 份，代理各类诉讼案件 118 件，代理非诉讼案件 59 件，在四川、山东解救被拐骗妇女 2 名，连续 6 年被市县司法局评为先进个人。由于表现良好，成绩突出，1998 年 11 月被安排到铁锁关司法所工作，并担任了所长（副科级）。2001 年、2002 年连续两年被省市政法委授予"人民满意的政法干警"称号。像陈仕万这样完全通过自己的辛勤努力和奋斗，由一个农民成为公务员，从一个农村基层干部成为司法所长，而且在其专业领域取得那样的成绩实属不易。

---

　　① 司法所和法律服务所实为两块牌子一套人马，尚未剥离。笔者曾问及如何解决二者的关系，如一个是有偿服务，一个是无偿的政府服务，他说我们会处理好的，法律服务所的有偿服务不会影响司法所的工作。

铁锁关司法所是笔者印象最深的司法所之一，不仅因那环境幽美、造型别致的小楼，最主要的是因这里有一位做过村官的司法所所长。

陈所长讲述着这里的农村土地纠纷情况。他告诉笔者，近几年这里的农村土地纠纷一直呈上升趋势，主要是土地山林纠纷、田畔地界纠纷、宅基地纠纷，县乡政府发展桑茶产业、强迫种植桑茶侵犯农民土地承包经营权纠纷，还有因征地引发的土地补偿费分配纠纷等。

陈所长说一口难懂的宁强话，市局的老周帮着翻译。好在陈所长是一个很认真也很细心的法律工作者，他准备了一份《关于土地纠纷调研的汇报提纲》，照录如下：

在近几年的工作实践中，特别是在矛盾纠纷排查中占主要矛盾的是土地纠纷，2006 年解决的 27 件纠纷中有 16 件涉及土地纠纷，2007 年调处的 34 件矛盾纠纷中 17 件是山林土地纠纷，2008 年 3 月止，共排查 13 件有 6 件涉及山林纠纷。分析原因主要有以下几点：

第一，没有承包合同。80 年代初期实行家庭联产承包责任制，土地划分到各家各户，调动了全国广大农村群众的生产积极性，这项制度的推广有效地解决了农村群众生活问题，但由于当时的特定历史条件，在土地到户时是现场进行划分，并未形成书面合同。1998 年在"大稳定、小调整"的政策下开始了第二轮土地承包，但在承包时作为土地发包方的农民集体经济组织即村委会，针对因婚丧嫁娶等人口发生变动的农户进行了土地调整，2003 年 3 月 1 日《农村土地承包法》实施后，土地、山林边界纠纷逐渐增多，加之有些划地的当事人已死亡，解决这类问题的难度相当大，如上访人伏茂仁山林纠纷久调不决。

第二，非法买卖土地的问题日趋严重。随着市场经济的发展，农村群众通过发展产业或外出务工等形式积累了一定的资金，想改变自己的居住环境，新修住房的群众增多。一些无宅基地或虽有宅基地却想占据优越位置者，就和有宅基地或宅基地位置优越的农户置换土地。换地后要求占地的一方给对方支付数额很大的经济补偿。这些做法在表面上看是调换土地，实际内部隐藏着土地买卖行为，这种现象在农村还比较普遍。比如 2006 年，我们调解的兰家沟村一组刘天华和刘富仁因宅基地发生的一件纠纷就是典型的非法土地买卖案件。

第三，边界不清诱发土地纠纷。由于在土地承包时未就土地承包的相关事宜形成合同，以致四至边界没有明确的书面界定，长期以来部分农村土地的边界变得模糊，加之，外出务工的大部分群众将自己的土地承包经营权有偿地进行了多次流转，造成边界不清，为以后发生纠纷埋下了隐患。（这类纠纷）调解难度大，加之只有靠知情人出面做证，而证人证言的真实性很难掌握。

第四，因发展产业，干涉农民土地承包经营权。个别村子为完成上级安排的产业发展任务，如栽桑种茶，就干涉农民土地承包经营权，引起的上访甚多。

以上是目前诱发农村土地纠纷的主要原因，对此我们建议，一是加强对农村群众相关法律、法规特别是宪法、土地承包法等法律的宣传，二是及时签订土地承包合同，三是严厉打击土地买卖行为，特别是作为土地执法部门的执法单位更应该加强对土地的巡查力度。（2008 年 3 月 26 日）

笔者笑称：陈所长，我们是调研，不是给领导汇报工作，我们随便聊。陈仕万所长放松了许多，也讲出了让我们更感兴趣的故事：

2001 年 2 月，勉宁高速公路开始建设，陈仕万因法律业务娴熟、人又正派、工作认真，就被抽调到县高速公路协调小组。建设高速公路需要征收大量农民集体土地。征地补偿款，特别是其中的土地补偿款如何发放是一个非常敏感的问题。农户与村委会之间，农户与农户之间就土地补偿款的留存与发放分歧很大，加之当时从中央到地方都没有相关的政策法律，因此，县上十分谨慎，县交通局在决策土地补偿款如何发放时，陈仕万提供了法律意见，核心内容是：村组一分不留，征地补偿款直接付给被征地农户。

问及其法律意见的依据时，陈所长称《土地管理法》没有直接规定，主要是根据宁强经济发展落后、农民收入微薄的实际。如果补偿款不全给被征地农户，他们今后的生活保障就没有了，到时纠纷不断，没有谁能解决得了。最终，交通局采纳了陈仕万所长的意见。

事实证明陈仕万所长的意见是正确的。韩坝乡村组集体留了 20% 的土地补偿款，结果被征地农户集体上访，要求全分，县纪委派了调查组，最后还是全发给了被征地农户。

铁锁关司法所的调研，有许多引人深思的地方。

陈仕万所提供的法律意见能被政府所采纳，笔者认为绝不是偶然的。除了政府的法制意识和政治开明之外，陈仕万所提供的法律意见与国家政策法律基本吻合，特别是符合当地农村农民的实际情况，也是一个重要因素。笔者在想，如果没有了像陈仕万这样的乡土法律工作者，中国的农村社会又将是一个什么样子？其实将征地补偿款全部付给被征地农户，村组一分不留的做法并没有充分的法律依据，全国各地的做法也是五花八门。而令人称奇的是，陈仕万所提供的法律意见，则非常接近日后出台的国家相关政策法律。

国家出台相关政策法律已是几年以后的事了。2004 年 10 月国务院颁发的《关于深化改革严格管理的决定》（国发〔2004〕第 28 号）要求："使被征地农民生活水平不因征地而降低"；"使被征地农民的长远生计有保障"；"在征地过程中，要维护农民集体土地所有权和农民的土地承包经营权的权益"。在此前提下，进一步要求"省、自治区、直辖市人民政府应当根据土地补偿费主要用于被征地农户的原则，制定土地补偿费在农村集体经济组织内部的分配办法"。国土资源部和农业部根据国务院的决定，分别于 2004 年 11 月 3 日和 2005 年 1 月 24 日出台了《关于完善征地补偿安置制度的指导意见》（国土资发〔2004〕238 号）和《关于加强农村集体经济组织征地补偿费监督管理指导工作的意见》（农经发〔2005〕1 号）。这两个文件都对土地补偿费的分配事宜做了规定。之后，各地相继出台了有关征地补偿款分配的地方性法规。

二 乡镇人民调解委员会

（一）法律依据

根据《人民调解委员会组织条例》第 2 条规定，我国只在农村村民委员会和城市居民委员会设立人民调解委员会。所以，在乡镇、街办一般是不设作为群众性组织的人民调解委员会的。司法部《关于人民调解委员会调解民间纠纷不收费等问题的批复》（〔89〕司发基函字第346号）针对一些乡镇设立人民调解委员会的情况，提出了相应的处理意见："《人民调解委员会组织条例》已于今年6月17日发布施行，原1954年《人民调解委员会暂行组织通则》同时废止。根据《条例》规定：'人民调解委员会是村民委员会和居民委员会下设的调解民间纠纷的群众性组织'。所以原乡（镇）调委会不能作为群众性组织保留。如果乡（镇）为加强对调解工作的指导，需要成立'人民调解工作领导小组'，可由乡（镇）政府自行决定。"

　　但时隔十多年，当时间进入21世纪之后，随着改革的不断深入，人们的思想观念、价值观念和相互之间的利益关系发生了很大的变化，这必然触动和改变现有的利益格局，引发一些新的社会矛盾。如因土地承包、村务管理、征地拆迁、安置补偿、企业改制重组、职工下岗待岗、拖欠工资等引发的矛盾纠纷日益突出，部分地区群众上访有所增加，其中许多纠纷呈现群体性、复杂性的特点。这些矛盾纠纷如得不到及时有效的化解，就可能严重影响社会的和谐稳定。在此背景下，仅仅依靠传统的人民调解组织来预防和化解大量产生的新型矛盾纠纷已经不可能了。有鉴于乡镇、街道人民调解委员会在化解疑难、复杂纠纷特别是新型矛盾纠纷，正确处理人民内部矛盾方面具有十分重要的作用，最高人民法院、司法部在2002年1月1日发布的《关于进一步加强新时期人民调解工作的意见》中提出："要适应新形势下化解民间纠纷及维护社会稳定的需要，积极推动建立和完善乡镇、街道人民调解组织，将乡镇、街道的司法调解中心逐步规范到人民调解的工作范畴。"于是，2002年11月1日起施行的《人民调解工作若干规定》第10条规定："人民调解委员会可以采用下列形式设立：（一）农村村民委员会、城市（社区）居民委员会设立的人民调解委员会；（二）乡镇、街道设立的人民调解委员会；（三）企业事业单位根据需要设立的人民调解委员会；（四）根据需要设立的区域性、行业性的人民调解委员会。"司法部的这一行政规章正式确立了乡镇、街道人民调解委员会的法律地位，成为设立乡镇、街道人民调解委员会的法律依据。此后，在我国乡镇一级广泛设立了人民调解委员会。

　　2004年2月24日，司法部副部长胡泽君在全国人民调解工作座谈会上介绍了设立乡镇、街道人民调解委员会的基本情况："积极建立乡镇、街道人民调解委员会。各级司法行政机关统一思想，适应新形势下化解社会矛盾纠纷的需要，积极建立和逐步规范乡镇、街道调解组织。许多地方明确提出乡镇、街道人民调解委员会组成人员须具有较高的文化程度和法律政策水平，并为乡镇、街道调委会提供了必要的工作条件，设立了人民调解专门场所等。一年多来，全国已建立乡镇、街道人民调解委员会4万多个，建立专门调解场所3万多个，分别占全国乡镇街道总数的93%和74%，其中北京、云南、河北已全部完成了组建工作。"到目前，各乡镇、街道基本都设有人民调解委员会。

尽管如此，学界还是对设立乡镇、街道人民调解委员会提出质疑。有学者认为，司法部在《人民调解工作的若干规定》中，明确将人民调解委员会的形式扩大为三种：农村村民委员会、城市（社区）居民委员会设立的人民调解委员会；乡镇、街道设立的人民调解委员会；企业事业单位根据需要设立的人民调解委员会。其中，乡镇、街道人民调解委员会的"法律地位值得怀疑"。"根据现代法制观念，行政机关必须依法行政。从现有的法律看，法律明确规定人民调解委员会是群众性的自治组织，而不是行政组织，也不是司法或仲裁机关。如果将乡镇一级人民调解组织行政化，将产生许多负面影响，也与现代法制精神相违背。"①

而于2010年出台的《中华人民共和国人民调解法》第7条规定："村民委员会、居民委员会设立人民调解委员会。企业事业单位根据需要设立人民调解委员会。"关于乡镇、城市街道以及社会团体或者其他组织是否设立人民调解委员会的问题，则在第31条中规定为："乡镇、城市街道以及社会团体或者其他组织根据需要可以参照本法有关规定设立人民调解委员会，调解民间纠纷。"这一规定可谓人民调解组织本位的回归，但也充分考虑和回应了新的历史条件下乡镇街办化解社会矛盾纠纷的实际需求。

（二）乡镇人民调解委员会的性质与构成

乡镇人民调解委员会的性质将直接决定其组成人员的产生方式与构

---

① 李秀芬：《关于人民调解组织的性质及法律地位的思考》，《山东社会科学》2007年第12期。

成。如果乡镇人民调解中的乡镇作为一个区域概念，乡镇人民调解委员会仍具有调解民间纠纷的群众性组织的属性的话，其组成人员就不应当主要是具有公务员身份的乡镇街办领导或干部以及手握公权的各站所负责人。《人民调解工作若干规定》第 13 条和《陕西省人民调解条例》第 11 条第 3 款的规定恰恰反映了这一点："乡镇、街道人民调解委员会委员由下列人员担任：（一）本乡镇、街道辖区内设立的村民委员会、居民委员会、企业事业单位的人民调解委员会主任；（二）本乡镇、街道的司法助理员；（三）在本乡镇、街道辖区内居住的懂法律、有专长、热心人民调解工作的社会志愿人员。""乡镇、街道的人民调解委员会成员由司法所组织辖区内的人民调解委员会推举产生。"而《人民调解法》未对乡镇、街道人民调解委员会委员产生方式做出规定。

但事实上，乡镇、街道人民调解委员会与乡镇矛调中心并未作严格的区分，致使乡镇、街道人民调解委员会的性质与构成发生了扭曲。乡镇、街道人民调解委员会中的乡镇已不再是一个单纯的地理概念，而演变为一个政治行政概念。乡镇人民调解委员会也变成了乡镇人民政府调解委员会。我们从乡镇调解委员会的构成可见一斑。某镇人民调解委员会组织构成如下：

该镇人民调解委员会主任由镇长担任，副主任分别由一位副镇长和司法所长担任；其他 7 名成员：分别由 2 位副镇长、纪检副书记、派出所所长、交警分队队长、法庭庭长、医院院长共同组成。从所收集的一些乡镇人民调解委员会的调解卷宗，包括调查笔录、调解笔录和调解协议书中，我们可以看到，参与乡镇人民调解的既有乡镇长、乡镇党政副职、人大主席、乡镇普通干部，也有各站所负责人，如司法所、土地管理所、财政所等，几乎都是乡镇公职人员。未曾见到"本乡镇、街道辖区内设立的村民委员会、居民委员会、企业事业单位的人民调解委员会主任"，和"在本乡镇、街道辖区内居住的懂法律、有专长、热心人民调解工作的社会志愿人员"的身影。可见，现在所谓的乡镇人民调解委员会与人民调解的本质属性并不相符，其应属行政调解的范畴。

镇调解委员会组织机构及成员名单参见表 6—1。

表6—1 　　　　××镇人民调解委员会组织机构及成员名单

调委会名称	职务	姓名	性别	年龄	文化程度	备注
××镇调委会	主任	席××	男	43	大学	镇长
	副主任	蔡××	男	32	大专	副镇长
		贺××	男	30	大专	司法所所长
	成员	吴××	男	31	大学	副镇长
		赵××	男	41	大专	副镇长
		秦×	男	29	大学	纪检副书记
		刘×	男	42	大学	派出所所长
		马××	男	44	大专	交警分队队长
		赵××	男	45	大专	法庭庭长
		蔡××	男	42	大专	医院院长

资料来源：某镇政府上墙资料。

第四节　乡镇政府调处民事纠纷的效力

我们从乡镇人民政府调解和处理民事纠纷的法律规定中可以看出，乡镇人民政府解决民事纠纷的法定方式主要有两种，即调解和处理，亦即我们通常所说的调处。调处并非法律用语，只是一种习惯性的表述，常见于一般性的官方文件或工作报告中。如肖扬同志于2004年2月24日在全国人民调解工作座谈会上讲道："近年来，全国各地人民调解组织积极介入社会矛盾纠纷的调处，解决了大量婚姻家庭、债权债务、打架斗殴、侵权赔偿、土地承包等方面的矛盾纠纷，使许多激烈的冲突被化解在基层，为社会稳定作出了重大贡献。"这里的"调处"就是一般意义上的纠纷解决。但也有文件在另外一种意义下使用这一概念，如1993年最高人民法院发布的《关于如何处理经乡（镇）人民政府调处的民间纠纷的通知》中规定："民间纠纷未经司法助理员调解或者乡（镇）人民政府处理，当事人直接向人民法院起诉的，人民法院应当依法受理，不得以未经调处为由拒绝受理。"这里的"调处"显然是指调解和处理两种不同的纠纷解决方式。这里的"调处"并非一种独立的纠纷解决机制，而是比较通俗地概括了两种不同的、但又常常相互关联的纠纷解决机制。

在乡镇层面，调解是指乡镇人民政府以第三方的身份，应当事人的请求，在充分听取当事人对事实和理由陈述的基础上，通过讲解有关法律以及国家政策，耐心疏导，帮助当事人达成协议的纠纷解决机制。如乡镇人民政府对农村土地承包经营纠纷和民间纠纷的调解。而所谓的处理，是指"经过调解后，仍达不成协议的纠纷，基层人民政府可以作出处理决定"，或根据相关法律规定一些争议将直接由乡镇人民政府受理和处理，并做出相应处理决定的纠纷解决机制。在这里乡镇人民政府是作为行政主体依照法律授权，对平等主体之间发生的，与行政管理活动有关的、特定的民事纠纷（争议）进行审查并做出裁决的具体行政行为，其实质是一种具有约束力和强制力的行政裁决。如乡镇人民政府对土地、林地和草原所有权、使用权的争议所做出的处理决定，生效的处理决定将是土地登记的依据。

可见，调解和处理是两种性质截然不同的纠纷解决机制，其在适用的范围、程序、法律效力等方面都存在很大的差异，有必要厘清其边界，以正确使用之。然而在实践中，乡镇政府虽然大量调处着各类矛盾纠纷，但他们并未严格界定这两种性质迥然不同的纠纷解决机制，而只是笼统地"调处"矛盾纠纷，甚至并不清楚哪些纠纷只能调解，哪些纠纷可以调解，也可做出处理决定，只要将矛盾纠纷"摆平"了，就是把矛盾纠纷"调处"了。我们在和许多乡镇干部的访谈中，多数人表现出对调处含义似是而非的认识或压根不屑于区分的态度。乡镇调处矛盾纠纷的性质与效力问题，本来是一个边界十分清晰，无须争议的问题，但在社会转型，乡镇职能转变，维稳政治化，行政权和司法权关系紊乱的背景下，这个问题变得越来越模糊不清了。在纠纷解决方式越来越工具化和实用主义的支配下，实践中似乎已无严格界定其性质与效力的必要。但从长远发展和法治社会之要求的角度考量，无疑应注意界定和区分乡镇调处矛盾纠纷的性质和效力。

一 乡镇政府调解矛盾纠纷的性质与效力

乡镇政府对矛盾纠纷的调解，除在日常工作中比较松散化的对工作领域所涉矛盾纠纷的调解之外，作为组织化、程序化的矛盾纠纷的调解，主要是通过乡（镇）人民调解委员会、社会矛盾纠纷调解中心和司法所来实现的。

（一）乡镇人民调解委员会调解的性质与效力

如前所述，乡镇人民调解委员会立法上的发展变化对其性质和效力具有重要的影响。在《人民调解委员会组织条例》颁布实施之前，乡镇已客观存在人民调解委员会，但其法律性质并不明确。《条例》实施后明确了人民调解委员会是属于村民委员会和居民委员会下设的调解民间纠纷的群众性组织，所以乡（镇）调委会不能作为群众性组织保留，但乡（镇）可以根据需要成立人民调解工作领导小组。2002 年最高人民法院和司法部根据新形势下化解民间纠纷维护社会稳定的需要，积极推动和建立完善乡（镇）街道人民调解委员会，并在之后的《人民调解工作若干规定》中正式确立了乡（镇）街道人民调解委员会的法律地位，随后全国乡镇街道普遍建立起了人民调解委员会。但 2010 年新颁布的《人民调解法》却对乡（镇）、街道设立人民调解委员会表述为："根据需要可以参照本法规定设立人民调解委员会，调解民间纠纷。"从现行立法来看，乡（镇）、街道人民调解委员会调解的性质应属人民调解，即民间调解而非行政调解。根据 2002 年最高人民法院出台的《关于审理涉及人民调解协议的民事案件的若干规定》："经人民调解委员会调解达成的，有民事权利义务内容，并由双方当事人签字或者盖章的调解协议，具有民事合同性质。当事人应当按照约定履行自己的义务，不得擅自变更或者解除调解协议。"这一司法文件首次确认了人民调解协议具有民事合同的性质。之后在 2010 年颁布、2011 年实施的《人民调解法》中进一步明确规定："经人民调解委员会调解达成的调解协议，具有法律约束力，当事人应当按照约定履行。""经人民调解委员会调解达成的具有民事权利、义务内容的调解协议，当事人可以自调解协议书生效之日起 30 日内共同向有管辖权的人民法院申请司法确认。人民法院应当及时对调解协议进行审查，依法确认调解协议是否合法有效。""经人民法院确认合法有效的调解协议书，一方当事人拒绝履行或者未全部履行的，他方当事人可以向人民法院申请强制执行。"

这样的立法规定再结合乡（镇）人民政府的性质以及乡镇调委会的组成及其运行机制，显然存在着逻辑上的错乱，并导致乡（镇）、街办身份混乱，职责不清，行为性质及效力不确定的严重后果。一方面，乡（镇）人民政府作为国家的行政机关本身就具有调解权和行政裁决权，其调解属行政调解，无须回避其调解性质的本来面目。另一方面，从乡（镇）街办调委会的构成来看，全国通行的模式是由乡镇长、部分乡镇副职、司法、土地、民政、计生、城建、交通警支队等部门负责人组成，由乡（镇）长担任主任。事实上，乡镇街办调委会的人员构成除乡镇长、乡镇副职、司法所所长是比较固定的外，其他人员的确定则是根据纠纷的性质、类型，吸收相关部门的负责人参加组成调委会，也就是说调委会是一个动态的组织，但其成员则主要是乡镇政府及相关职能部门的工作人员，并非"群众性组织"。从其调解过程及主要方式来看，行政色彩很明显。如此，将乡（镇）、街办人民调解委员会的调解视为人民调解从逻辑上是讲不通的，也是没有必要的。那么何以发生这样的问题？范愉教授的观察和研究似乎可以做出一种合理的解释。"尽管行政执法和基层政府的附带性调解效果明显，但由于缺乏法律、制度和资源的支撑，发展很不均衡，而调解协议效力不明确使得部分行政调解甚至不得不采用人民调解的包装。自2002年以后，人民调解协议的合同效力得到司法解释承认，但行政调解未获得任何合理名分，行政机关主持达成的调解协议的效力甚至被认为不具任何法律效力（这实际上是一种曲解）。因此，近年来一些行政性或准司法性的调解，往往冠之以人民调解的名义或委托给人民调解组织，以保证其调解协议的合同效力，各地'大调解'的发展就是这一困境的体现。这不仅会在行政性纠纷解决中徒增一些毫无必要的环节，甚至可能成为行政机关推卸责任的借口。总之，由于行政性纠纷解决机构的法律地位和程序不明确，处理结果效力不确定，使得其人力、财政资源难以保证，司法审查、救济和责任追究制度无法落实。此外，一旦当事人对行政机关处理结果不服，往往会转而将行政机关作为被告，使民事纠纷转化为行政争议，这既损害了行政机关的威信，也浪费了其资源。"①

① 范愉：《行政调解问题刍议》，《广东社会科学》2008年第6期。

（二）社会矛盾纠纷调处中心调解的性质与效力

在乡镇一般都设有矛盾纠纷调解中心（简称矛调中心），此类机构的称谓在实际中可谓五花八门，有"司法调解中心"、"社会治安综合治理中心"、"调解中心"、"综合治理办公室"等。其实这些机构通常都是几块牌子，一套人马，机构重叠，业务交叉，人员共用。调研中一位镇长做了这样的描述："矛调中心也罢，镇调委会也罢，司法所也好，其实就是一个东西，或者说是几块牌子、一套人马，工作内容都一样，都是为了解决矛盾纠纷。调解了纠纷，按不同的统计口径往上报，哪儿需要就往哪儿报，司法局要就是人民调解，综治委要就是综合治理，信访部门要就是信访化解矛盾，其实都是那一套数据，只是换个提法而已。"这类组织的产生、性质、工作范围及其运行机制具有明显的"时代特征"，集中体现了社会转型、矛盾凸显时期党和政府的社会治理理念和方式。

徐昕教授考察了"司法调解中心"形式的来源，称"司法调解中心"的形式源于"陵县经验"。1999 年，山东陵县县委、县政府根据本地农村群体性纠纷突出、越级上访严重的实际情况，在乡镇一级建立由党委、政府领导任主任，司法所长任副主任，公安、信访、民政、工商、经管、地管、计生等部门负责人为成员的司法调解中心，在县级党政机关还设立了由县委副书记任组长，常务副县长、纪检委书记、政法委书记、县委秘书长任副组长，23 个部门主要负责人组成的乡镇司法调解中心领导小组，采取综合治理、协调联动的手段，调解重大疑难矛盾纠纷和群体性事件，解决了部门之间相互推诿、群众告状无门的状况，化解了大量的矛盾纠纷，大大减少了群众性上访，维护了基层社会的稳定，这一做法被司法部大力推广。

"司法调解中心"或类似组织将人民调解、综合治理的社会矛盾纠纷排查调处和基层党政领导处理人民内部矛盾等几个方面的工作职能混合在一起，开展基层矛盾纠纷调处疏导工作。其主要任务是："调解本辖区内村、居民调解委员会和企事业单位调解委员会调解不了的疑难、复杂的民间纠纷和跨地区、跨单位的民间纠纷；基层综合治理中心对社会矛盾纠纷的排查调处工作，基层党委政府协调解决群众关注的热点、难点问题及群体性事件的工作，由乡镇、街道司法所在基层党委政府领导下，积极配合有关部门共同参与，协作联动，齐抓共管。"

关于这类组织的性质及其调解效力，诚如徐昕教授所言："事实上，官方也认为'司法调解中心'从其性质、构成、工作范围和运行机制看，既不是严格意义上的人民调解，也不属于法定的行政调解，有必要从组织、名称、工作范围、工作机制、工作程序等方面，对其加以逐步规范，使之成为规范的人民调解组织。"[①] 而早在 2002 年，最高人民法院、司法部《关于进一步加强新时期人民调解工作的意见》中就指出："要适应新形势下化解民间纠纷及维护社会稳定的需要，积极推动建立和完善乡（镇）、街道人民调解组织，将乡（镇），街道的司法调解中心逐步规范到人民调解的工作范畴。"

这类组织，事实上在化解矛盾纠纷，特别是在乡（镇）层面上的复杂、疑难、重大矛盾纠纷，维护社会稳定方面发挥着主要的作用。一位镇长说："矛调中心还是有用的、有价值的、我们仅仅在近二年里就调解了六十多个纠纷，效果很好。"由于将此类纠纷解决活动，逐步规范到人民调解的工作范畴，其行为性质和法律效力与乡（镇）调委会的调解性质、效力基本相同。我们在陕西咸阳钓台街办调研座谈时，工作人员介绍道："我们街办才从镇改制过来不久，办事处设有司法所、综治办、矛盾纠纷调解中心，三块牌子、一套人马，共五个人，只有一个是电大专科法学专业毕业。司法所调解出具人民调解协议书；矛调中心调处矛盾纠纷成功了一般不出具任何法律文书。调解不成功了，若当事人要求出具文书，矛调中心会出具一个写实性的、证明性的东西，如'经调解无效，建议通过法律程序解决'。司法所和矛调中心有时也会以乡镇街办的名义调解，调解成功后，或出具人民调解协议书，或不出具任何文书，调解不成功了，也不会作出行政裁决。以前，在调解不成功时，会做出处理决定之类的东西，但很容易引起行政复议或者行政官司，要当被告的，所以现在一般都不会作出行政决定。"

另一个镇的镇长则称"矛调中心调解纠纷，有的出具人民调解协议书，当事人没有要求出调解协议书的，我们也就不出。矛调中心处理了这么多的纠纷，没有一件是以镇政府名义处理的，就是避免把乡（镇）政府卷进去，成为行政复议的对象或者行政诉讼的被告"。这位镇长是20 世纪 80 年代的法律专科生。

---

① 　徐昕：《完善人民调解制度与构建和谐社会》，《中国司法》2006 年第 4 期。

我们从以上的资料和分析中可以看到，无论是乡（镇）街道人民调解委员会，还是诸如乡镇矛调中心，司法调解中心之类的组织；无论是其人员构成，工作方式，还是运作机制都具有强烈的行政色彩。其实质是动员和集中了乡镇层面上一切可利用的资源，尤其是行政资源来化解辖区内重大、复杂、疑难的矛盾纠纷，具有很强的实效性，但其为了避免自身行政不当的风险，同时获得确定的法律效力，而借用了"人民调解"的外衣。这种情况，虽然从化解社会矛盾纠纷，维护社会稳定方面具有积极意义，但也有着不可忽视的负面效应。一是混淆了人民调解与行政调解的界限。二是降低了乡（镇）、街办依法行政的约束，乡镇可以以人民调解的形式，规避其做出处理决定的职责和因行政裁决失误而应承担的法律风险。三是将乡镇人民调解扭曲为乡镇政府的人民调解。即将本应是与村、居相对应的乡（镇）、街道行政区划的地理概念，扭曲为乡镇政府和街道办事处作为政权组织的政治概念，致使人民调解委员会从一个群众性的组织，异化为一个政府组织，从而使乡镇调委会名实不副，表里不一。这种状况的出现，除与乡镇职能定位不明晰，维稳政治化，乡镇考评机制扭曲，乡镇极力规避政治法律风险等现实境况有关外，立法上的含混不清与逻辑混乱也是一个重要的诱发因素，如行政调解的范围、地位和效力问题。这不仅表现在刚刚颁布的《人民调解法》中，在颁布不久的《农村土地承包纠纷调解仲裁法》中同样有所反映，如该法第3条和第7条分别规定："发生农村土地承包经营纠纷的，当事人可以自行和解，也可以请求村委会、乡（镇）人民政府等调解。""村民委员会、乡（镇）政府应当加强农村土地承包经营纠纷的调解工作，帮助当事人达成协议解决纠纷。"此处规定的乡镇政府调解究竟是以乡（镇）调委会的名义进行调解，抑或以乡（镇）人民政府的名义进行调解？其性质属于人民调解，还是属于行政调解？从立法表述来看是给乡（镇）政府设定的一项义务，而事实上乡（镇）政府却无相应的组织，只能交由乡（镇）调委会、矛调中心或司法所调解，又回到了人民调解而非乡（镇）政府的调解。

二 乡镇政府民事纠纷处理决定的性质与效力

乡镇作为独立的人民政府，具有依法行政的职责，同时对法律规定应由其受理处理的民事纠纷具有做出处理决定的权限。前边所列《土地管理法》第 16 条、《森林法》第 17 条、《草原法》第 16 条、《土地权属争议调查处理办法》第 5 条、《民间纠纷处理办法》第 16 条以及《人民调解组织条例》（已废止）第 9 条第 2 款，有关土地、森林、草原权属争议纠纷和民间纠纷，乡（镇）人民政府有权做出处理决定，这里的处理决定应属行政裁决权的行为，是一种具体行政法律作为，具有行政裁决的法定效力。

1990 年 4 月 19 日，司法部颁布实施的《民间纠纷处理办法》（司法部令第 8 号）规定，基层人民政府处理民间纠纷，应先行调解。调解达成协议的，应当制作调解书，由双方当事人、司法助理员署名并加盖基层人民政府印章。调解书自送达之日起生效，当事人应当履行。但经过调解后，仍达不成协议的纠纷，基层人民政府可以做出处理决定。"基层人民政府做出的处理决定，当事人必须执行。如有异议的，可以在处理决定作出后，就原纠纷向人民法院起诉。超过 15 天不起诉又不执行的，基层人民政府根据当事人一方的申请，可以在其职权范围内，采取必要的措施予以执行。"这一规定直接反映了乡镇人民政府对民间纠纷处理决定的行政裁决性质及其法律效力。但在 1993 年 9 月 3 日最高人民法院发出的《关于如何处理经乡（镇）人民政府调处的民间纠纷的通知》中却明确规定："经司法助理员调解达成的协议或者经乡（镇）人民政府所作的处理决定，当事人向人民法院申请强制执行的，人民法院不予执行。"直接否定了基层人民政府根据当事人的申请，对当事人之间的民事权益争议依照事实和法律做出处理决定的执行效力，从而使基层人民政府处理民间纠纷的行政裁决权沦为虚设。因此，基层人民政府处理民间纠纷只能进行调解，由于行政调解地位和效力上长期以来的不确定而不得不依托于人民调解进行调解，更无做出处理决定的必要。基层人民政府处理民间纠纷所做的处理决定，源于《人民调解组织条例》的规定，是行政法规赋予基层人民政府的一项权能，最高人民法院否定基层人民政府处理决定的执行效力，实质是以司法权否定行政权，不知有何法律依据。

但与此不同的是，人民政府包括乡级人民政府处理土地权属争议所做出的处理决定的效力则是另外一番情形。国土资源部《土地权属争议调查处理办法》第 31 条规定："当事人对人民政府作出的处理决定不服的，可以依法申请行政复议或者提起行政诉讼。在规定的时间内，当事人既不申请行政复议，也不提起行政诉讼，处理决定即发生法律效力。生效的处理决定是土地登记的依据。”

与最高人民法院否定基层人民政府对民间纠纷处理决定执行效力做法相反的另一个例证是，被誉为解决外嫁女集体收益分配问题的“广东南海模式”，其中一个重要的做法是要求镇政府进行行政干预，对其所做出的行政处理决定书，经司法审查合法后，可获得强制执行的效力。我们知道，外嫁女及其子女权益问题是城市化和农村股份制改革进程中普遍存在的现象，曾引发大量的上访案件，甚至群体性事件，直接影响着农村社会的稳定。此类问题遍及全国，而在经济发达的广东珠三角地区表现得尤为突出，如何解决外嫁女问题一直困扰着各地政府和司法机关。2004 年，广东省高院就提出了解决外嫁女问题的“三步走”程序，即“要求镇政府干预—向市政府申请行政复议—向法院提起行政诉讼”。2008 年 6 月，广东省佛山市南海区委、区政府出台了《关于推进农村两确权，落实农村“出嫁女”及其子女合法权益的意见》并以“行政引导为主，司法强制为辅”，力推政策的执行，收到了良好的效果。截至 2009 年 7 月 10 日，已有 95.2% 的出嫁女及其子女的合法股权得到落实，因而被誉为“南海模式”。所谓“行政引导为主，司法强制为辅”是南海解决出嫁女问题的处理原则。司法强制的程序是，首先由符合资格的出嫁女及其子女向镇政府申请裁定，镇政府核实后做出行政处理决定书，村民小组如果在规定期限内既不执行也不提起复议或诉讼，镇政府就可申请法院强制执行。一旦进入司法程序，法院在认定政府的行政处理决定合法后，将按强制执行有关程序使生效的行政处理决定得到及时有效执行。①

第五节　乡镇政府调处矛盾纠纷的程序、规则与方式

考察乡镇政府调解纠纷处理矛盾的程序、方式和场景，我们会发现其呈现出一些明显的特点。在主体、时间、场合、方式、规则、价值取

---

① 参见林志文、邱安邦《出嫁女权益保护如何突破重围——广东南海模式调查》，《中国妇女报》2009 年 7 月 30 日。

向、正式程序等方面，可能有着较大的差异。它既可以是驻村干部或工作组"送法下乡"解决纠纷，也可以是乡镇领导或干部接待处理"找上门"的纠纷；它既可以是主动解决，也可以是被动应付；它既可以使用正式规则，也可以使用非正式规则；它既可以是在日常工作中解决纠纷，也可以是专门化组织以正式的极具象征意义的场所和程序解决。了解和把握乡镇政府处理矛盾纠纷的方式，显然对于我们认识农村社会矛盾纠纷，构建纠纷解决机制有重要的帮助。我们可以在乡镇政府处理矛盾纠纷的方式中，把握农村社会矛盾纠纷的"特性"，领悟解纷机制的实质，避免犯教条主义的错误。

一　乡镇政府调处矛盾纠纷的程序

乡镇政府调处矛盾纠纷在程序上并没有严格的规定。可以说，在乡镇层面上调处矛盾纠纷更注重实体和看重问题的有效解决，而不会拘泥或纠结于具体的程序。但从工作流程来讲，还是有"规矩"的，并且因调解的主体和方式不同，而有不同的侧重点。有些环节可能被强化，有些环节则可以简单过渡或略去。对于一般矛盾纠纷先由村级调委会进行调解，达成协议的结案，达不成协议的移交乡镇调委会调处。对移交乡镇调委会的或比较复杂的群体性重大纠纷，将由乡镇长主持，司法所牵头，组织相关站所召开矛盾纠纷调处联席会议进行联合调处。联席会议对纠纷当事人提出的问题，由相关站所负责人当场予以答复，这样既提高了调解效率，又防止了事态的扩大。从乡镇工作组织体系来讲，驻村干部发现或受理的矛盾纠纷，先由驻村干部解决，解决不了的，向部门（片区）领导汇报；部门（片区）领导解决不了的，向主管领导汇报解决；主管领导解决不了的，再向主要领导汇报解决。此外，对于一般纠纷，则交由司法所进行调解，对于重大复杂的矛盾纠纷，乡镇主要领导会提交乡镇调解委员会调解解决。调委会通常由乡镇长主持召集，镇政府工作人员以及所涉站所成员参加。

一位学法律出身的镇长介绍说：

> 起初调解案子，我们调委会还要会同有关部门先分析情况、统一认识，再做调解。到后来就没有这个环节了。调委会和当事人一起到会，直接调解，分三步走：一是让双方讲事实，提要求，一定

要让双方放开说，允许他们说错。二是拿证据、谈依据。不要怕漫天要价，胡搅蛮缠，你得拿出证据和依据来，这一点也往往是双方最欠缺的。一般当事人只笼统地提要求，很少有理有据的。三是分析双方是非曲直，指出各方说法的漏洞，该驳斥的就驳斥，该支持的就支持。在此基础上拿出自己的调解意见，并听取当事人的意见，不同意的要讲出依据和道理来。

镇长进一步介绍道：

当事人一方在陈述时，其他人不得插话，要尊重当事人；当事人说话必须文明，不得说脏话，我们只接待群众，不接待流氓；说话不得带情绪，要理智。做到了这点，我们才能坐下来谈问题和解决问题。

对于群访，你不要害怕人多，要允许他们说话，一个一个地说，但不得重复，前边说过的不要再说。有新意见的可以说。这样做比派代表管用，有时代表谈好了，可一出去代表的意见就被众人否定了，你又得重新来处理。

其实在乡镇这个层面，许多事情的处理，我们只看结果，手段和方法可以灵活多样。"过河嘛，走桥也行，坐船也行，只要能过去就行。"就拿司法所、镇人民调解委员会和矛调中心的关系来说，理论上可能讲得很清楚，但在实践中无法分得清清楚楚。不管以谁的名义，把问题解决了就行。

乡镇工作，包括矛盾纠纷的解决，许多事情都是统起来做的，如果按照法制要求，各走各的程序，是做不下去的。如不缴纳养老保险、苹果保险、合疗费等，我们就可把这个人应得的其他款项扣下来不发。我们不做抵折，但可找理由拖着不发，直到其将相应的费用缴了后再办。现在向农民收取这些费用，从根本上来说还是为农民办事，但农民就是不缴。为了不影响县上年底绩效考核的名次，对于收不上来的款项就由驻村干部或镇政府垫付。

县上是不管乡镇死活的，几十个职能部门都可对乡镇发号施令，把他们应做的工作全部分解到乡镇，由乡镇无偿地为其代劳，而且县上下派的工作没有不重要的，都是第一，没有第二。农业是基础、水利是命脉、稳定是第一责任，党建是统领、计划生育是国策等等，还要考核乡镇。真是"上面千条线，下面一根针"。

我们不可能把这些所有"重要"的工作都一起来抓，也不可能都按法律程序去做，乡镇就那么点人、那么点钱，却有一河滩的事。应对的办法就是把"一票否决"的工作往前排，哪个催得紧了就干哪个，不急的先放一放。解决问题就是要刀下见菜。

基层政府解决问题的一些手段和方法，从法律上来讲的确不靠谱，但在他们看来很管用。如：以行政施压解决民事问题。黄陵县一度有许多机关、乡镇干部从银行贷款做生意，总额不少。但这些贷款久贷不还，形成大量不良债务，既影响银行业务，又产生了很大的负面效应，助长了欠贷不还的风气。于是县委纪律监察等部门发文对机关干部欠贷不还者，处以纪律处分，并影响升迁。此文一发，欠贷尽收。公民在银行贷款乃民事借贷关系，何以动用行政、党纪手段加以解决？真可谓"简便、高效、低成本"。

再如"株连"。近年来上访成风，竞相效仿。上访简便易行，一去就有人接待，若要进京更会有人管吃管住，路费盘缠皆不用忧，弄得好了孩子工作有着落，逢年过节有人慰问，于是上访者乐此不疲。基层政府却苦不堪言：接访、陪访、截访、下访、进京（县、市、省）值守、接人，人力、物力、财力抛撒不少，但收效甚微。于是基层政府就想办法，上边不是要属地管辖吗，谁的娃谁抱，管你是亲生的、抱养的还是遗弃的。地方政府就来个谁家的人谁管。机关干部家人或亲戚中有上访者，此人就不用上班了。组织上"派"他（她）去做亲属的工作。某老汉常年上访，其婿在乡政府任副职。组织一派，其翁旋即息访。此招十分灵验。

镇长的经验和苦衷生动地描述了乡镇工作的实情，反映了政治维稳、压力型体制下乡镇调处矛盾纠纷何以追求实用性、工具性，何以呈现"综合性"乃至"株连性"和"应对性"。但乡镇调处矛盾纠纷并非一味不顾程序而追求结果，或者说为了实现实质正义，而必须考虑过程和程序。他们对于有立卷建档要求的调解案件，至少在形式上注意到了程序问题，如纠纷的调查环节，特别是土地纠纷都是要到当事人所在村组以及争议现场进行调查的。对于调解不成的纠纷也不会硬性调解，而是"建议通过法律程序解决"。

二 乡镇政府调处矛盾纠纷的规则

与程序性规则相关的是乡镇矛盾纠纷调处实体性规则的适用。通常无论在人们的常识里，还是一般性的学术定义中，每及乡村调解，包括乡镇干部的纠纷调处，都会被描述为"情理法"的典范，而人情、面子、风俗习惯、伦理道德乃至土政策和个人情感好恶几乎就是乡镇干部调处矛盾纠纷的主要依据。的确，由于乡镇政府处于政权的最基层，直接连接着仍具乡土气息的农村社会，农耕文明中的纠纷解决方式和规则仍有较大的生存空间，但事实并非完全如此。以下是我们在乡镇调研时，乡镇干部关于矛盾纠纷调处依据最直白的看法：

> 一般土地纠纷、合同纠纷还是主要依靠政策和法律来解决。有些东西是有硬杠子的，如土地承包、宅基地纠纷。而那些损害赔偿纠纷解决起来活动余地比较大，我们一般都能说下去（调解下去）。
>
> 解决矛盾纠纷要把握原则性问题不能变，不能摇摆。一斤等于十两这是原则，不能改变，但我可以把秤给得高一点，还可以再给你搭点东西都可以，这是策略，是变通。也就是说定性的问题不能让步，量的问题可以放宽，可以商量。如在赔付的数量上能多给就尽量多给点。
>
> 分清是非，准确定性，结合实际，灵活处置。对当事人提出的问题和要求，我从不谈解决好，只说处理好，因为有些当事人的要求没有依据是无法解决的。
>
> 要搞清问题的性质，不同性质的问题，乡镇政府的角色定位不同、处理方式不同。民事纠纷政府只能调解，涉及行政执法是要做出处理的。
>
> 要想让人服，就得把道理说透，更要公正。程序是死的，但方法和策略可以灵活。
>
> 乡镇街办解决问题的手段主要是劝导、调解、协调，原来拥有的执法权都被上收了，工作失去了强制性的支撑。在农村工作，管理没有强制是不行的，农民的素质毕竟比较低。

解决农村矛盾纠纷，主要还是靠政策法律，这个大原则不能违反。当然，在具体处理和解决问题的过程中，"人情"很重要。要把政策和法律借助于人情加以实现，这就需要十分了解农村、农民。

我在乡镇工作 20 多年了，也当过司法所长，我喜欢和农民打交道，曾处理过无数的农村矛盾纠纷。农村民事纠纷的处理首先要公正，心公还不够，还要有能力，要有一定的人情关系，包括人情、传统。农村许多事情的处理合法不一定合理，合理不一定合法。我的看法是不要本本主义，不要拿法律、政策硬套。除刑事问题外，其他民事只要处理的双方都能够接受就行。

我们一直关注和调研的延安"女客打官司"事件发生地的韩乡长，谈到这个纠纷的处理时说道："我对这个问题是这么认识的，处理农村纠纷一定要把政策和实际结合起来。这件事，完全按政策法律办，男户的矛盾根本解决不了。女子户应该给予分配，但应和男户有区别。因为：（1）女子们是随父亲以户承包土地的，你只是一个人，不是一户。这和男户的一个家庭是有区别的。女子只是一个人，兄弟们组成家庭是一个户。（2）承包地承包的只是农耕地，山地退耕还林了，女子们没有投入劳动。现在是这两部分地一起被征了，补偿款是两部分地的补偿款，山地部分的补偿款女子们就不能参与分配，所以应区分。（3）从人情事理上谈，也应区别。（4）从习惯上来看，女子出嫁了就和村上没关系了，也就没有了权利和义务了。"

乡镇政府矛盾纠纷调处与村庄内部纠纷解决在规则的适用上，虽然仍存在一些类似的地方，如都比较注重实效，追求实质正义和结果公平；都会使用风俗习惯、人情面子、伦理道德、先例等来解决纠纷；都讲究灵活变通。然而，乡镇政府矛盾纠纷调处已明显地有了自己的特点。如在适当应用情理解决纠纷的同时强调和突出政策法律；在注重灵活变通的同时坚持原则；在政策法律与现实有差距时借助于人情来实现；在国家法与民间法有冲突的时候设法寻求二者的平衡点。可见乡镇矛盾纠纷调处在规则的适用上，更接近于体制，更具有"公"的色彩，但也不失平衡与妥协精神。

三 乡镇政府调处矛盾纠纷的方式

（一）乡镇日常工作中的矛盾纠纷解决

乡镇政府的日常管理工作涉及辖区内的经济、教育、科学、文化、卫生、体育事业和财政、民政、公安、司法行政、计划生育等诸多行政事务。其中有许多工作和农村土地有关，诸如产业结构调整，退耕还林、林权改革，乡村道路建设，土地征收、征用等工作，乡镇政府都会参与其中。有些工作是直接决策与实施，有些则是配合与协调。在完成这些工作中，不可避免地遇到各种矛盾纠纷，这些矛盾纠纷解决不好，工作就无法进行，任务也就完成不了。所以，解决矛盾纠纷就成为其日常工作的重要组成部分，工作的过程就是解决矛盾纠纷的过程。工作的顺利完成意味着矛盾纠纷的解决，工作的阻滞迟延则意味着矛盾纠纷的存在或升级。以土地纠纷为例，如为实现产业结构调整、适度规模经营，就需要协调农户之间的土地兑换或其他方式的土地流转；发放退耕还林补贴，就会遇到土地承包经营权的归属或田畔地界的争议；建设村村通公路就会涉及农户土地占用、树木砍伐、附着物补偿等。这些都会使纠纷矛盾此起彼伏。真可谓不工作就没矛盾，只要干事就会有矛盾、起纠纷，乡镇干部就得首先解决这些矛盾纠纷。如在县乡公路和乡村公路建设中，往往是"遇田则占，逢树必砍，见墙就推"，致使许多农户承包地（或宅基地）被占、树木遭砍、院墙被推，猪圈被拆，但县乡财政又无力赔付，于是干脆规定除所占土地由村上调整弥补外，其他一律不予赔偿。然而，许多村庄早已无地可调。在众多农户利益受损得不到补偿时，必然引发大量的矛盾纠纷。乡镇所面对的是"钱没有，路必修"的上级和"路可修，钱要赔"的农民，阻拦、围攻、上访自然少不了，乡镇干部就得想办法将之解决或"摆平"。他们既要做耐心的思想工作，也会施以一些强硬的手段，或进行必要的"变通"处理。如对一些"特殊"人家，许以通过特困补助做一些力所能及的补偿，以求矛盾纠纷的平息。大部分乡镇在遇有土地征收、招商引资、产业结构调整等项目时，就会抽调一批经验丰富的干部，成立一个"协调办"，专门协调处理各种矛盾纠纷，以确保项目的顺利进行。乡镇就是在这种"工作产生矛盾纠纷，又在工作中化解矛盾纠纷"的循环逻辑中运行着。

（二）包片驻村干部的纠纷解决

人民公社时期，各大队或生产队都有"下乡干部"或曰"蹲点干部"，乃至工作组（工作队）。他们无疑是代表国家在农村"抓革命，促生产"，并极富权威地解决着农村社会的各种矛盾纠纷。人民公社制度虽已终结，但这一传统似乎并未中断，至少在形式上被延续了下来，只是在内容上发生了许多的变化。如今，乡镇干部都要包片驻村，有了"片长"和"驻村干部"的称谓。有的地方，为了使驻村干部真正深入农村，不要成为"跑村干部"，干脆就在村委会辟出一间"驻村干部办公室"来，宿办合一，以保证驻村干部每周在村上能住上一些时日。但也有的乡镇长认为，"现在每个村都有驻村干部，驻村干部不一定就要住在村上，那不太现实，农村条件毕竟较差，干部住在那儿给农民增加负担，加之现在交通很便利，随时可以到村上。人可以不住在村上，但必须对村上的事要清楚、要负责。乡镇曾经搞过各种专项工作组，有维稳小组、退耕还林小组等，但实践中行不通，还是派驻村干部好，责任能落实"。

驻村干部的下派无疑是在弥合取消农业税后政府与农村社会的疏远，成为政府获得农村社会各种信息的可靠渠道，也是沟通政府与农村基层组织的重要媒介，更是乡镇贯彻落实各项工作任务的重要工具。由于驻村干部与村干部和群众的长期近距离接触，对村内的情况了如指掌。村内有了矛盾纠纷驻村干部应该是非常清楚的，有些问题即使当事人没找你，你也得主动迎上去协调解决，否则"小事出了村"就可能遭遇"一票否决"。农村的许多矛盾纠纷村干部足以解决，但那些被村干部认为处理起来非常棘手或不愿介入的矛盾纠纷会被想方设法推到驻村干部身上，想躲都躲不掉。驻村干部毕竟是国家干部（公务员的称谓在农村尚未被接受），自然以国家的名义、"公家人"的身份"裁断"着各种矛盾纠纷。只是这种裁断并不限于特定的场合和仪式。在田间地头，村口院落，茶余饭后，在真挚的劝导下，反复的说教中或"给我一点面子"的玩笑中，许多矛盾纠纷就被化解了。当然，并不是所有的驻村干部都会认真对待村上的矛盾纠纷，或认真对待了也未必就能解决。如今，各地盛提"小事不出村，大事不出镇，矛盾不上交"。但说归说，实际上仍有许多被当事人或干部们认为是大事的矛盾纠纷，不仅会出村、出镇，还会出省、进京。让政府倍感头痛的上访大军的存在就是明证，而农民则是这支队伍的主力。可见驻村干部对乡村矛盾纠纷的解决是有限度的，如遇其力所不能的矛盾纠纷，就会迅即向主管领导汇报，由主管领导介入矛盾纠纷的调处。主管领导一般都是乡镇的副职，也是一个片区的负责人，其在乡镇中则是更具丰富农村工作经验和极强矛盾纠纷调处能力的"骁将"。如今的乡镇一把手主要是"坐镇"谋发展或在外跑项目，而副职则是决策的主要实施者和一方平安的守护者。一位具有 20 多年乡镇工作经历的镇党委书记说："平心而论，乡镇的工作主要还是靠副职去做。他们要负责具体工作，经常要跑在最前边和最下边，特别是哪里出了问题的时候。我们一把手只是劳心，他们还得劳力。我们有位副镇长，又是协调办主任，善于处理各类纠纷。21 岁就当村支书，能力很强。镇上搞天然气开发期间，他每天都下到村里和驻村干部、村长、协调办的人处理矛盾纠纷。"

如果是主管领导都难以调处的矛盾纠纷，则意味着问题的严重性，主管领导必须向乡镇一把手汇报，乡镇会采取相应的对策，以防事态的进一步扩大。这种在乡镇由驻村干部、片区领导和主要领导构成的点、片、面，网络化、联动式的矛盾纠纷解决机制颇具特色，也颇有成效。

（三）"找上门"的纠纷解决

"为人民服务"是党和政府的根本宗旨。各级政府都会承诺"认真做好接待群众的来信、来访工作，听取群众意见，解决困难、处理矛盾，办好群众的事"。在许多政府的大楼（院）里都会有"为人民服务"的醒目题词，或镶嵌在墙壁上，或题写在牌匾上。应该说在中国最好进出的政府大门似乎就是乡镇政府的大门了，没有武警把守，没有保安盘查，人们可以自由地进出，寻找你要寻找的人，去办你要办的事。

"有事找政府"既是政府的承诺，也是中国民众难以消减的情结。甚至不管什么样的问题，即使涉法涉讼也要找政府。企业破产了要找政府，法院判案不公了也要找政府；村干部腐败了要找政府，出嫁女土地权益受损了还要找政府。中国的政府似乎生来就是一个"全能的政府"。越是通往社会基层，这种情结似乎越浓，尤其是农村农民，以至有时候让人无法判断这究竟是好事还是坏事。但这至少可以表明老百姓对政府的信任与依赖犹存。当纠纷找上门时，很快就会被"分流"：或分管部门或分管领导。一些乡镇已将接访工作程式化，并有许多富有创意的工作方式，如实行"首问责任制"，要求见到来访者的第一位工作人员必须负责引领到相关部门；推出"点名接访制"，规定来访者可依据公示牌上的信息，选择任何一个工作人员接访；设立"民情恳谈室"，与民众沟通。当然，一些地方的找政府已演化成为找领导，只找党政一把手解决问题。他们认为其他乡镇干部都说了不算，唯有书记乡长的承诺才是可靠的，而书记乡长则往往会分解这些问题，交给分管的副职，或叫来综治办、司法所的负责人去处理。但对于那些老上访户或重大问题，乡镇一把手会很重视，也很谨慎。许多矛盾纠纷就在这一来二去的过程中消化了或升级了，一些当事人又将踏入更高层级的政府大门去"找政府"。

我们在一个镇上调研时，亲身体验了群众是如何找乡镇政府和乡镇长是如何"断案"的。那天上午笔者在镇长办公室，本来是要和一个副镇长谈司法所和矛调中心的事，副镇长拿来"烧死烧伤苹果树赔偿纠纷"调解案例材料，准备讨论，但紧接着的是接二连三地来了几拨群众找镇长。笔者便索性改变原来的计划，坐观镇长如何"断案"。先是一位50多岁的男子与其妻子，称孩子考上了二本，来镇上领取1000元的补助。镇长热情办理，在即将签字之时，随口问道："养老保险交了没有？"答："没有。""几个人没交？""就我两人的没交。"（五个孩子）"那你先交保险，再办这事，反正都是给你办事了。办保险也是为了你的长远收益嘛。"这位农民倒也痛快，就连连称是，"我出去弄钱去"。因要领1000元的补助，不去交一二百元的养老保险似乎不合理，也说不过去。镇长称这种工作法叫"综合"工作，乡镇工作决不能"车走车路，马走马路"，好多事情要捆绑着做，如不缴养老保险、合疗费、苹果险的，就可将其应领取的其他费用暂扣不给，或停办其所要办的事。这在法律上讲不通，但在乡镇就是"真理"。果然没多大会儿，那位农民就"弄"来了钱，镇长让交给一位副镇长，并吩咐将干部垫付的钱抽出来。镇上为按时完成上面下达的各项任务指标，不得不在最后期限内为那些不缴费或者找不到的人垫付应缴费，以免因完不成任务影响年终考核的排名。

接下来发生的是，一位七八十岁的老者与其村委会主任的争执。村主任先来坐下和镇长聊天，正说着，一位老者颤颤巍巍地进来了，诉说村上不解决他院子排水问题（最近连续大雨，汛期内的排水纠纷甚多）。老者称村长在镇长面前胡说，乱编话，并扯出村上以前为了巷道硬化拆了他两间房和烤烟楼，他都没说啥，现在村上造成他院中排水不畅都不管。镇长大声地问着："你现在要求镇上给你解决什么问题？不要扯太远！"由于说的是排水问题，不到现场说不清，镇长又责成另一位副镇长到现场看看再处理。

说着一位七八十岁的老太太又进了门，从怀里掏出一张纸来。镇长问她什么事，只听她说"没人管"。问是不是儿子不养活她，老太太却说"不是我没人管，我有人管，儿子不管我，那说不过去"。原来她有一个儿子患有精神病，老婆离婚走了，丢下孩子。她是为儿子向镇长要求困难补助的，掏出的那张纸就是困难补助申请书。镇长看了看马上签字批示民政工作站给 300 元的补助。镇长说他有 500 元的权限，其他事项花钱在 2000—3000 元以上的书记镇长要通气。

一会儿县信访局的王副局长和一名干部来了，这位副局长原来和镇长在县信访局共过事。另一位是镇长的老乡。他们是到各乡镇通报上访情况，并督促乡镇解决上访问题。笔者看了看上访统计表，这个镇有五个上访案件。

（四）公私兼顾的纠纷介入者

乡镇主要领导很少有亲自到达现场解决纠纷的，他们不会直接走到矛盾的风口浪尖上，以致没了回旋的余地。然而那些在县上或更高层有过硬"关系"的乡村当事人，会设法搬动他们的"关系"给乡镇政府施加压力，以便做出有利于他们的裁决。此时的乡镇领导就不得不亲自下去，以示重视，也要给足打招呼人面子。调研中就有这么一个案例：相邻的两户村民因抢占房前空地而起纠纷，互不相让。本来抢占的空地就是集体的边角地，双方都没理，村里人甚是反感，村干部对此已做了妥当处置。但其中一方因家中有几个儿子在外工作，有的就在县政府上班，便非要占个上风不可。县上的电话打到了镇上。镇长不得不带一帮人来到这个村子"现场办公"。镇长的出现仅仅是一个象征而已，绝不可能"现场裁决"，它对另一方是一种暗示，构成一种现实的压力，为下一步问题的解决做好铺垫。这种乡镇干部公私兼顾的纠纷介入，在"熟人社会"的农村基层屡见不鲜。乡镇干部大部分都是"本乡天地"的人，七拉八扯都能扯上点关系。这显然会让这些乡镇干部左右为难，其既不能不念及乡情顾及面子，又不能偏袒一方显失公平。这在客观上对乡镇干部构成了一种考验和制约，使他们在处理矛盾纠纷时既要照顾面子，又要尽量做得公平一些，在面子与制度、公与私的夹缝中求平衡。这些经验和技术是乡镇干部的"基本素质"，也是其所特有的一种"地方性知识"，一种乡镇文化。

（五）模糊身份的纠纷调解者

农村总是有些见多识广，能说会道，处事公平，可以"说大事，化小事"的能人，乡村日常纠纷的解决主要靠的就是这些人。但也有些复杂棘手的事情会让乡村能人束手无策。农村纠纷的一方或双方当事人常常会因怕麻烦，或没钱打官司，或担心打赢官司输了钱，所以总不愿通过正式途径解决纠纷，而是乐于寻求具有"公家人"背景的人出面调解。因此，乡镇干部就会被当地人请去"说事"。一位镇上的副书记讲了他的一次说事经历："这是我几年前包驻过的一个村子，有户人家刚买了辆农用车跑运输。一天傍晚回家的路上，一个和他很要好的村里人搭便车，不料，因天黑路况不好，车子翻到了沟里，司机受了重伤，搭车的人摔死了。两家因赔偿问题谈不到一块，闹得鸡飞狗跳。村里能说事的人都试过了，就是谈不下来。双方又都不愿经公，闹下去会出更大的乱子。村干部找我，我就去了，但不是以组织名义去的。虽然不是以组织名义去的，可大家都知道我是镇上的副书记。不管什么身份，只要能解决问题就行。我事先还是翻了翻相关的政策法律。到了村上，就在两家之间反复做工作。真是可以说政策法律，风俗习惯，人情世故，软的硬的都用上了，最后总算达成了协议，当场兑现，大家一吃一喝事情就算解决了，双方都很满意。"这种乡镇干部身份模糊化的纠纷调解，对于当事人来说，既避免了经公所带来的麻烦和不经济，又有效地使用了具有"公家人"背景的优质资源，可谓一举两得。而对于乡镇干部来讲身份模糊，若隐若现，弱化了权力的生硬和身份的象征，便于在双方当事人之间协调；同时又可避免因调解失败带来"工作不力"的风险，调解成功则会在民众中赢得良好的口碑，亦可作为成绩报告组织。我们在几个地方的调研中都发现了类似的情况，一些工作能力强，乡村经验丰富，群众口碑好的乡镇干部会被村干部或群众私下里请去帮助处理比较棘手的矛盾纠纷。平时乡镇干部总会抱怨农村工作的琐碎和麻烦，而此时他们会很乐意地去"尽义务"，并颇有成就感，其他干部对此很是羡慕，甚至有种淡淡的"醋意"。

（六）派驻工作组进村解决问题

派驻工作组是一种传统解决问题的方式。工作组的入驻意味着所发生问题的严重性和复杂性，通常有关部门会抽调精兵强将，领导挂帅入驻涉事单位集中调查处理问题。乡镇同样会使用这种方式处理辖区内有较大影响的矛盾纠纷。调研中，一位镇长介绍道："对于问题比较复杂的，镇上会派工作组调查处理。如有一个村 15 人集体上访，反映原村主任账务不清，新当选的干部不接手续，这个村的工作就瘫痪了。镇长马上派驻工作组，由纪检组长带队，率领四个干部下去查账，清产核资，问题就解决了。"

另一街办负责人也持有相同的看法："对于性质严重，涉及面大，村情复杂的矛盾纠纷，街办组织成立工作组，进行走访、调查，拿出解决问题的方案来。如涉及村干部违法乱纪问题要向区上汇报。在去年的村委换届选举中，东张村，5000 多人，3400 多选民，双方竞选者各有上百人到区上和市上上访，至今未能选出村委会，马庄也未选出来，像这样的问题，就要派工作组去解决问题。工作组成员，一定要选派有农村工作经验，熟悉村干部，群众基础好，最好有和村里人沾亲带故的，这样才便于开展工作。"我们曾多次调研的延安"女客打官司"事件所在地的百花乡政府，为解决毗圪堵村"出嫁女"的土地收益分配纠纷，组织工作组入村调查处理，几进几出。

现在派驻工作组入村处理问题多与农民频繁而激烈的上访有关。近年来，由于种种原因，上访蔚然成风。一些发生在基层的矛盾纠纷因得不到及时、妥善的解决，当事人会逐级上访或越级上访，甚至群访、集访酿成群体性事件。上访者会选择一些敏感时期或特殊的日子"闹访"，以制造影响，施加压力。各级政府为之头痛不已，采取种种措施应对。从截访到陪访，变上访为下访。甚至在每个村里安排了"维稳员"和"上访信息员"；另一方面上级政府又在不断强化下级政府的责任，上访率成为一项重要的考核指标，有的地方实行一票否决制，有的地方甚至规定，上访率达到一定指标后直接给予有关部门领导撤、免职处分。① 然而，信访的性质和机制决定了大部分问题必然由当地涉事部

---

① 孙爱东编：《一名乡镇干部的自述：信访成本为何这么高》，《半月谈》2009 年第 7 期。

门或政府来解决，上访的问题又会被层层批转回来。有的上访问题就是这样转了一圈又一圈，周而复始。这期间，处在最基层的乡镇政府承受着巨大的压力，为稳住上访人员或消除上访，乡镇派驻工作组就成为其解决问题最强力的手段。大凡村情复杂，问题比较突出的村子都有过被派驻工作组的经历，甚至几进几出，直到事态平息问题得到解决。

（七）趋于专门化、规范化的乡镇矛盾纠纷调处

在乡镇层面上，大量矛盾纠纷是在乡镇日常工作中加以解决的，其解决矛盾纠纷的工作与日常行政管理工作浑然一体，具有非专门化的特点。但随着"两所一庭"三驾马车并驾齐驱的乡镇政法体系的形成，乡镇矛盾纠纷调处走向专业化、规范化的路子已初见端倪。

与司法所逐渐走向专业、规范的纠纷解决发展路径不同的是，在乡镇层面上为适应社会治安综合治理和多元化纠纷解决机制的要求，各乡镇又纷纷成立起了"矛盾纠纷调解中心"（简称"矛调中心"）。中心由乡镇党政领导牵头，集中整合乡镇政权的各种力量和资源，诸如派出所、法庭、工商、税务、土地、司法所等，协调解决辖区内的重大矛盾纠纷。在"稳定压倒一切"的大背景下，各地对农村社会矛盾纠纷化解的基本要求是"小事不出村，大事不出镇，矛盾不上交"，矛调中心也就应运而生了。但矛调中心的法律属性、职能尚不明确，甚至其人员编制、调解补贴、工作协调等具体问题都有待解决。

尽管人们对矛调中心的工作机制褒贬不一，但有一点我们还是应予认可的：这种机制在客观上能够迅速整合各种资源，及时解决一些较为复杂的社会矛盾纠纷，从实用主义的角度来看，它是具有一定价值的。就像各级政府面对难以招架的信访大潮，纷纷设立"信访联席会议"一样，通过信访部门协调各涉事单位，尽量在短时期内解决可以解决的问题，以减轻信访压力，求得社会稳定。所以，我们至少应有一种包容的心态，可将矛盾纠纷调解中心视作社会转型期构建多元化纠纷解决机制的一种有益的探索和实践。

（八）乡镇领导法律素养对纠纷调处的影响

在基层矛盾纠纷解决机制调研中，无论是在农村层面上，还是在乡镇层面上，我们都深深地感受到人的素质的重要性和基层人才匮乏的严重性。在上文笔者之所以特别介绍了由农村干部自学成才成长起来的司法所长陈仕万，意在表明农村基层法律人才的重要与稀缺。在乡镇层面

上，虽然乡镇干部大专以上学历的比重已很高，整体文化素养在不断提升（在我们所接触的许多乡镇长中，不乏精明能干者、能说会道者、政绩突出者），但就整体而言行政经验有余、法律素养不足。这种缺乏法律素养的乡镇干部队伍不能不影响到基层矛盾纠纷处理的水平。特别是在社会转型期所产生的大量新型矛盾纠纷，无论是类型、性质、规模、诉求还是表现形态、解决方式，都与传统纠纷存在很大差异，仅靠习惯做法和行政经验已无法驾驭和应对复杂的矛盾纠纷局面，更不用说有效化解了。在乡镇领导层面法律科班出身者实属凤毛麟角，因此，笔者所访谈的一位 80 年代毕业于法律专科的镇长给笔者留下了极其深刻的印象，同时也引发了笔者对许多问题的思考。笔者和他深谈过几次，在他那里获得了许多最真实的信息和资料，有些甚至改变了笔者原有的一些认识和观点。

他叫席××，男，1966 年出生，1990 年毕业于西安××大学法律系法律专业（专科）。席家在耀县（耀州）农村，毕业后分配到铜川，先后在金锁关乡政府和县公证处工作过。后调往黄陵县，分别在县纪委、政府办、信访办等部门工作，已在两个乡镇当过乡镇长了。席酷爱读书，坚持写工作笔记和日记至今，思维清晰，处事稳健。据县组织部一位副部长私下介绍，席××的口碑很好，在全县乡镇长中排第一。

席毕业后虽然未从事法律工作，长期在政府部门干事，但法律科班出身的专业素养深深地影响着他。比如，他一再讲现在的农民只讲权利，义务意识很淡；要严格区分政治概念和法律概念，反对一概以"人民"、"群众"说事，强调具体事件中政府和当事人的法律角色，如"上访者"、"被拆迁人"、"卖方"、"社会抚养费缴纳人"等；主张政府应注意自己在处理各种矛盾纠纷中的角色定位和处理方式，如在民事纠纷中，政府只能调解，在行政执法中，可做出行政处理决定等。

让席深有感触的是："一般乡镇长处理问题主要是靠行政经验。我是学法律的，在处理问题时，在运用行政经验的同时，我非常清楚我行为的边界在哪里，即我能做到什么程度。乡镇政府必须要配合县上的工作，但乡镇政府却没有行政执法权。在征地拆迁中，我可以把派出所的干警召集到现场，也可以把铲车叫来，但我清楚，我再不能往前迈半步了。我至少要守住底线。"

他说："一个人如果单纯地一直在乡镇基层工作，工作方法就很有局限性，主要依赖行政经验。我的工作还得益于我的工作经历。我走过许多部门，特别是县上的综合部门像政府办、信访办，一是接触的人多，二是处理棘手的问题多。我在面上能把握住工作应如何做，做到什么程度，再加上有乡镇基层工作经验，所以一般也就能把工作做好。"

第六节　乡镇政府调处土地纠纷实践考察

在乡镇（街办）调处的矛盾纠纷中，有相当一部分是农村土地纠纷，前边所论各类农村土地纠纷都可能会进入乡镇谋求解决。基于前文分析的原因，农村矛盾纠纷从村庄内部向外求解，即上移的趋势越来越突出。乡镇（街办）已成为解决农村土地纠纷的一个极其重要的层面，而且颇具特色。尽管乡镇（街办）调处农村土地纠纷类型繁杂，数量庞大，但可供研究的文本资料却非常有限。我们只能通过大量的乡镇访谈和有限的文本资料，对乡镇（街办）调处农村土地纠纷做一些基本面上的实证考察。以下是我们从陕西省榆林市吴堡县宋家川镇和陕西省延安市黄陵县隆化镇所收集到的镇人民调解委员会调解的部分农村土地纠纷案例，因篇幅所限，整理后制成图表，以便阅览（见表6—2、6—3）。

宋家川镇位于陕西省吴堡县南部，是吴堡县人民政府驻地。与山西省柳林县孟门镇、薛村镇隔河相望，西接绥德，辖48个行政村，1个街道办事处，5个居委会。2009年年末总人口3.4万人，其中农业人口1.56万人，总面积78.1平方公里，农耕地25510亩。2009年，全镇实现农业总产值3000万元，粮食总产量2872吨，红枣产量4500吨，农民人均纯收入4000元。宋家川镇政府设有镇人民调解委员会，由镇长任主任，成员由司法所、土管、民政、计生等部门工作人员组成。全镇分为8个片（组），每片由镇副职带队（组长），就辖区内的纠纷先行解决，解决不了的，由镇调委会调解解决，针对辖区内退耕还林、封山禁牧、土地承包、宅基地等民事纠纷，镇调委会设民事组进行调解。

隆化镇地处陕西省黄陵县北部塬区，辖35个行政村，55个自然村，71个村民小组，1个社区，21个企事业单位，总面积132平方公里，共3985户，15539口人，是全县最大的农业乡镇和全国优质苹果基地百强乡镇。辖区内单位多、人口多，经济活动频繁，矛盾纠纷错综复杂。

表6—2　　陕西省吴堡县宋家川镇人民调解委员会调解案例情况汇总

案例序号	当事人	申请人	纠纷事由	调解地点	调解参加人	调查次数	调解时间	协议内容
案例一	吴堡县煤田管理办公室（负责人宋锦龙，男，42岁）。高孝孝，男，32岁，吴堡县宋家川镇高家庄村民。	宋锦龙	因县煤田开发勘探工作，其中有一井途经高家庄村村民高孝孝所承包的荒瓯地（修一条4米宽的道路运送勘探设备），被高孝孝挡住不让修路通过。原因是补偿费太低，通过多次与其商量无果。	镇政府	尚耀飞（镇长）白思涛（财政所所长）宋明利（司法所所长）高学保（高家庄村主任）	2	1天	1. 煤管办付给高孝孝补偿费、恢复费计6000元整。2. 6000元钱分两次付清，即现付3000元。钻井工程完工后再付3000元。3. 此协议双方签字生效，任何一方不得再为此纠缠，否则后果自负。现付3000元钱为准，期限至钻井工程完工为止。
案例二	宋海平，男，46岁，宋家川镇辛庄村党支部书记。宋秀根，男，56岁，宋家川镇辛庄村村委会主任。宋随应，男，汉族，辛庄村村民。	宋海平	该村正在搞新农村建设，在建设中，该村村民宋随应因宅院地界与村委会、建设工作组发生了矛盾。经村委会几次调解无果。	1.辛庄村村委会 2.辛庄村党建办公室 3.宋随应家	薛利雄（镇副书记）郝香荣（土地所所长）宋明利（司法所所长）	3	2天	1. 村委会可根据村新农村建设方案正常施工。2. 村委会同意：宋随应从宅西修出路一条。（路从学校教室后面直通公路，路最宽处3米，其他随弯就事，修路费用按新农村建设实施办法执行。）

续表

案例序号	当事人	申请人	纠纷事由	调解地点	调解参加人	调查次数	调解时间	协议内容
案例三	高亚飞,男,35岁,吴堡县移动公司基站建设委托代理人。宋家川镇三皇园则村部分村民及该村负责人。	高亚飞	县移动公司要在宋家川镇三皇园则村高山上新修建移动基站。由于刚开始没有与三皇园则村村委会商量,致使该村部分村民(基站建设用地和途经路线占地农户)与移动公司在用地补偿方面发生矛盾纠纷,并与该村负责人也发生了矛盾。	1.三皇园则村主任家 2.三皇园则村饭店 3.三皇园则村饭店	薛利雄(镇副书记)白思涛(财政所所长)郝香荣(土地所所长)宋明利(司法所所长)白永海(村支书)白小明(村主任)	2	16天	1. 甲方基站建设占地3亩,一次性付给乙方人民币4200元整,其中包括配套设施建设与赔补(例:电杆、过路、过地、修路等,包括土地征占所有涉及的人员),乙方保证移动基站建设顺利完成,并负责以后的设备安装和维护,不得再以任何理由干涉、阻碍移动通信建设,因移动通信建设、维护所发生的纠纷均由乙方承担和负责(现已付乙方4200元整)。 2. 甲方一次性付给乙方费用后,土地建设使用权归甲方所有,乙方不得干涉。 3. 本协议一式三份分别由甲、乙、中介方签字按手印后生效,如有一方毁约,将起诉法律部门解决。注:其中1200元征地费已由村主任白小明领取并全权负责。中介方:薛利雄 白思涛;村主任:白小明(9月15日回访,协议履行)

续表

案例序号	当事人	申请人	纠纷事由	调解地点	调解参加人	调查次数	调解时间	协议内容
案例四	杜利平,男,市供电局干部,绥吴"110千伏"输电线路建设施工负责人。霍二虎,男,44岁,宋家川镇三皇园则村人。霍彦常,男,39岁,宋家川镇三皇园则村人。白虎祥,男,42岁,宋家川镇三皇园则村人。白换应,男,59岁,宋家川镇三皇园则村人。	杜利平	因绥吴"110千伏"输电线路建设途经宋家川镇三皇园则村,其中91#、92#、93#铁塔分别建在霍二虎、霍彦常、白虎祥的承包地中,其中93#是大铁塔,运料经过白换应所承包的地。在修建及运料中,需要占用及经过以上四人的承包地,因赔偿、补偿费用与以上四人发生纠纷。经过多次商量无果。	1.镇财政所 2.三皇园则村	白思涛(财政所所长)宋明利(司法所所长)白小明(村主任)白海娃 白虎祥	4	2天	除永久性占地补偿县土地局付给款额外,一次性付给临时占地、运输材料走地、损坏林木、树木、草木及临时占用、走路损坏土地中的一切东西的赔偿、补偿费:霍二虎×元;霍彦常×元;白虎祥×元;白换应×元。期限至"110千伏"输电线路建设竣工、通电为止。

续表

案例序号	当事人	申请人	纠纷事由	调解地点	调解参加人	调查次数	调解时间	协议内容
案例五	县水利局(宋有强,施工负责人,调解、协调代表)。城里村村委会。	宋有强	县水利局在城里村黄河滩修建县城供水水渠工程,与城里村承包滩地的部分村民就施工占地、损害青苗、幼树苗补偿纠纷。	1.城里村书记家 2.水利局办公室	霍兴龙(镇干部)任建英(镇人大主席)宋明利(司法所所长)	1	6天	县水利局补偿给城里村人民币3万元(叁万元)。其中1.5万元用于泵站建设(由水利局实施完工后,交付给村委会使用);另1.5万元现金交付城里村村委会。由村委会负责补偿分配。待水利局与土地局办完土地手续后,再付给城里村补偿费。在施工期间,村民不得用任何理由阻挡工队的正常施工,如有阻挡,由村委会负责出面解决,否则补偿无效。

案例序号	当事人	申请人	纠纷事由	调解地点	调解参加人	调查次数	调解时间	协议内容
案例六	孔令武,男,47岁,汉族,宋家川镇人家沟村人。妻家:宋家川镇张家场村。(妻家代表)张起(启)成:男,50岁,汉族,宋家川镇张家场村人。	张启成	纠纷事实及申请事项:铁路修建、拆迁赔偿;宅基地界纠纷。经村里多次调解无果,现请求镇调解委员会予以调解。	1.张家场张启成家 2.张家场孔令武家 3.张家场村	薛利雄(镇副书记) 宋明利(司法所所长) 张月荣(张家场村支书)	3	3天	1. 孔令武宅基地补偿的四孔石窑占的四分地中,补给张启成一分地及800元钱。(文件规定一分地补800元钱) 2. 张启成埋在孔令武承包地内的坟一座,补偿费800元归张启成。未埋的坟地补偿费归孔令武领取。 3. 双方签字协议有效。按协议各领补偿费,再不能为此纠缠。

续表

案例序号	当事人	申请人	纠纷事由	调解地点	调解参加人	调查次数	调解时间	协议内容
案例七	高爱发，男，45岁，汉族，宋家川镇高家庄村人，现住宋家川村大桥沟。白侯虎，男，50岁，汉族，农民，宋家川村村民。	高爱发	因宅院地界与宋家川村村民白侯虎发生矛盾纠纷。	1. 大桥沟高爱发家 2. 街道白侯虎摊点 3. 大桥沟	薛利雄（镇副书记）郝香荣（土地所所长）宋明利（司法所所长）白思涛（财政所所长）	2	9天	1. 从高爱发房子背后边腿角（靠路）起，向北量18米为界，以后由白侯虎经营、使用。18米内含50厘米水路双方使用。 2. 双方互不侵占，就地处理，以双方签字为准。此协议从即日起生效。注：5月25日回访，调解效果良好。

注：尚耀飞：镇长；任建英（女）：人大主席；薛利雄：镇副书记；白思涛：财政所所长；宋明利：司法所所长；郝香荣：土管所所长；霍兴龙：镇政府干部。

资料来源：根据课题组在宋家川镇司法所调研整理。

表6—3　　陕西省黄陵县隆化镇人民调解委员会调解案例情况汇总

案件序号	当事人	申请人	纠纷事由	调解地点	调解参加人	调查次数	调解时间	协议内容
案例八	张丑元，男，白村村民。张建荣，男，白村村民。	张丑元	2010年5月18日，白村村民张丑元反映张建荣侵占他家部分承包地，并与张建荣因地界纠纷发生打架事件，导致张建荣妻子受伤。	1.白村张丑元家承包地。2.白村书记家中	镇综治中心：蔡小强（综治办）贺建军、张建云（司法所）王树龙、刘新平（派出所）雷虎（白村书记）张宏会（村监委会主任）刘慧侠（镇包村干部）	1	2天	5月19日由镇政府配合镇派出所到村上调解，村上成立地界认定组，由白村书记雷虎牵头，村监委会主任、村三组组长和村前任会计、前任书记张锋德负责，到现场进行土地步尺测量。根据测量结果，张建荣未占张丑元家土地，而出现了张丑元侵占张建荣家土地的问题。1.当场为张丑元、右边张建荣和左边张建康三家地块中间的两条界线进行了明确，并栽了界石，三方达成协议均认可。2.双方当事人表示不再上访。3.当场兑现落实。

续表

案例序号	当事人	申请人	纠纷事由	调解地点	调解参加人	调查次数	调解时间	协议内容
案例九	张红仙，女，刘家河村村民。王根虎，刘河村党支部书记。	张红仙	2010年2月28日，刘家河村村民张红仙反映该村于2009年实施土地整理项目时，对她们的果树造成一定影响，要求补偿。	1.刘家河村王根虎家 2.镇司法所调解室	贺建军 张建云 李荣	1	10天	司法所调解员："关于你所反映的你村实施土地整理项目时，对你家果树造成影响一事，我们进行了走访调查，根据国家有关赔偿标准，鉴于你此种情况，我们做出由村委会向你赔偿损失300元的决定"。 1.张红仙与刘家河村委会协商一致，由村委会按照国家有关赔偿标准，向张红仙赔偿损失300元。 2.当事人表示不再上访。

续表

案例序号	当事人	申请人	纠纷事由	调解地点	调解参加人	调查次数	调解时间	协议内容
案例十	中石化华北石油总局。李亚军等16位村民。	李亚军等	2010年4月8日,该镇李家章、神夫咀、牛夫咀等8个村16名群众反映中石化华北石油总局到田间进行石油勘探,对果园、地表和青苗造成严重损失,要求赔偿。	镇司法所调解室	镇长,镇派出所、司法所、综治中心及所涉8村包村干部和村干部	逐村现场调查	8天	4月9日由政府席镇长主持组织派出所、司法所、华北石油总局负责人和所涉及的8个村包村干部、村干部召开了协调会,确定以每口井补助140元的标准向群众进行补偿。关于青苗补偿由镇政府根据实际损失进行补偿,标准确定后,及时深入村组,深入农田,逐村逐户主动进行调解。 1. 华北石油总局确定以每口井补助140元的标准向群众进行补偿。 2. 关于青苗补偿由镇政府根据实际损失进行补偿。 3. 群众表示不再上访。 4. 当场落实。

续表

案例序号	当事人	申请人	纠纷事由	调解地点	调解参加人	调查次数	调解时间	协议内容
案例十一	张延龄,男,隆化街村村民。张延龄之兄(姓名不详),隆化街村村民。	张延龄	2010年4月3日,隆化街村张延龄反映420气调库建设征地有他的地块,但征地款全部付给他哥,因此张延龄要求支付给他征地款10000元。	1.隆化街张延龄家 2.隆化司法所	贺建军 张建云 李荣 王宏德(村主任)	1	9天	1. 双方承认2009年420气调库征地共涉及他家地块三分地。 2. 双方同意对无争议面积的征地款,由其哥支付给张延龄5000元。 3. 当场兑现落实。

资料来源：根据笔者在隆化镇司法所调研整理。

从以上案例中，我们可以观察到乡镇调处农村土地纠纷的一些轨迹和特征：

（1）从纠纷主体来看，主要是农民和农村集体组织以及农民或农村集体组织与用地单位之间发生的土地纠纷。我们在"人民调解与农村土地纠纷"一章可以明显地看到，在村庄内部所消解的土地纠纷主要发生在农户之间，即公民个人之间的纠纷，而以上案例所显示的纠纷主体已发生明显变化，即由公民之间的纠纷为主转向公民与法人或社会组织之间的纠纷。上列十一个案例中有五个是发生在村民与机关、企业或农村集体组织之间，有两个是发生在农户与村委会之间，还有一个发生在村委会与用地单位之间。农户与村委会之间的纠纷早期主要因土地承包、土地调整或土地收益分配而发生。近些年因新农村建设，农村公共设施建设或土地整理而发生的纠纷多了起来，如案例四和案例九。农户或农村集体组织与村庄外部的机关、企业、社会组织之间的土地纠纷，主要因征占土地补偿问题而发生。如案例一、二、三、五、十一中的县煤田管理办公室、移动公司、县水利局、县供电局、华北石油总局等，分别因煤田石油勘探、基本建设、输电线路建设、供水渠道工程建设占地补偿问题发生纠纷。在西部地区因资源勘探开发，水库、道路、通信、电力建设用地与农户或农村集体组织发生的矛盾纠纷非常普遍。

（2）纠纷所涉关系复杂，利益重大。农户之间的土地纠纷大多表现为传统的诸如宅基地纠纷、田界地畔纠纷等，而农户与机关、企业或社会组织之间的土地纠纷主要因土地征占补偿问题而发生。后者较之于传统土地纠纷来讲要复杂许多，更为重要的是所涉利益要比传统土地纠纷大得多。一是因土地征占补偿发生的纠纷主体往往具有群体性，农户之间或农户与村集体很容易自发地团结起来共同对抗用地单位，特别是临时建设用地，往往涉及多个村庄、众多农户，且缺乏统一补偿标准。农民认为用地单位"很有钱"，补偿要求很高，在补偿达不成协议时，会聚众阻挠或干扰用地单位施工。因此，此类纠纷解决难度很大。二是从利益关系来看，传统土地纠纷所涉利益不是很大，而因征占地补偿所引发的土地纠纷所涉利益较大，甚至很大。如案例一、案例二中的临时用地，补偿额高达 6000 元和 4200 元。用地单位所临时使用的土地均为山地，其实在西部山区土地都已实行退耕还林，农民享受国家退耕还林政策补助，即使未实行退耕还林每亩山地年产值也没有几百元钱，而土地一旦被用地单位临时使用，农民就要求高额补偿。此类纠纷在村庄层面难以解决，通常需要乡镇政府出面协调解决。主要原因有被占地农户补偿要求过高，用地单位难以接受或者村干部不予配合，甚至从中作梗。如案例二，某县移动公司要在宋家川镇三皇园则村高山上新修建移动基站。由于事先没有与三皇园则村村委会商量，当该村部分村民（基钻建设用地和途经路线用地的农地承包户）与移动公司在用地补偿方面发生矛盾纠纷时，该村负责人就拒绝配合解决，更不用说主动解决了。我们从镇调委会向村支书调查的《调查笔录》中可以清晰地看到这种情形。

> 问：县移动公司要在你村高山上修建移动基站，你是否知道？
> 答：不知道。
> 问：他们事先就没有向你和村主任说明吗？
> 答：没有。
> 问：那后来是怎么知道的，能否商量解决？
> 答：后来村民与他们闹事，他们没办法解决，才找到我要求帮

助解决矛盾。他们的做法太欺负人了。眼里根本没有我们负责人。
现在要解决问题，必须咱们镇上出面，我们不配合。

另则用地单位也希望基层政府从中调解，以便尽快达成协议，不要
影响施工。那些发生在农户与村委会之间的土地纠纷，则因村集体本身
成为利益关系人，自己不能做自己案件的"法官"，矛盾纠纷的解决只
能上移，通过乡镇政府解决。

（3）乡镇调处土地纠纷可动员和使用乡、村两级资源。从案例表
所示参加纠纷调解人员来看，乡镇在调处农村土地纠纷时通常由镇领导
挂帅，依托司法所，调用相关站所负责人，吸收纠纷发生地驻村干部和
主要村干部参与。案例显示参加调解纠纷的从镇长、副书记、人大主席
到司法所长、财政所长、土地所长、派出所长、驻村干部、司法助理
员、一般乡镇干部，还有村支书和村主任。每起纠纷的调解都会有一位
乡镇领导参与，而司法所所长则是每起纠纷调解必不可少的成员。可见
乡镇调处土地纠纷，几乎动员和使用了乡村两级一切可利用的资源，特
别是行政资源。只要能解决纠纷，乡镇是不惜成本的。

（4）乡镇调解土地纠纷非常注重实地调查。司法诉讼或日趋程式
化的司法所调解室调解、农村土地承包纠纷仲裁都要求当事人举证、质
证，举证不力或不按期举证将会承担败诉的风险，在基层"坐堂办案"
被贴上了"规范化"的标签。所列案例中，我们可以看到在乡镇层面
解决农村土地纠纷，调解者都会到纠纷发生地进行实地调查，向当事
人、知情者和村干部调查了解情况，甚至对争议地块进行实地勘测丈
量，取得最直接而可靠的证据，据以解决纠纷。案例八显示，白村村民
张丑元反映村民张建荣侵占了他家部分承包地，并与张建荣因地界纠纷
发生打架，致张建荣妻子受伤。我们照录卷宗中的《调查笔录》和
《调解协议书》，从中可以清晰地看到乡镇调解土地纠纷的过程与结果。

调查笔录

时间：2010.5.18

地点：白村张丑元家田地

事由：反映地界纠纷问题

参加人：蔡小强 贺建军 派出所王树龙 刘新平

被调查人：张丑元　张建康　张建荣　白村书记雷虎　村干部张宏全　包村干部刘会侠及纠纷当事人

问：你们就是因这块地的地界纠纷发生的打架事件？

答：是，就这块。

问：我们今天配合镇派出所来村上调查，由村书记雷虎牵头，村干部张锋德负责，到现场进行土地步测测量，你是否同意？

答：同意，他二人我们信得过。

问：经测量，张丑元与张建荣两家纠纷地长为203步尺，以双方认可的树为界。根据你们三家提供的土地证面积，结合现场测量认定，张建荣未占张丑元家土地，而出现了张丑元侵占张建荣家土地的问题。以上测量结果你们是否认可？

张建荣：我认可。

张建康：认可。

张丑元：事实在那，我想不认可也不行。

被调查人（签名）　　张丑元　张建康　张建荣
调查人（签名）　　蔡小强　贺建军　王树龙
记录人（签名）　　张建云

人民调解协议书

编号：（2010）012

当事人（自然人姓名、性别、年龄、民族、职业、单位或住址，法人及社会组织的名称、地址、法定代表人姓名和职务）：

当事人1：张丑元，白村村民。

当事人2：张建荣，白村村民。

纠纷简要情况：白村村民张丑元反映张建荣侵占他家部分土地，并与张建荣因地界纠纷发生打架事件，导致张建荣的妻子受伤，经隆化派出所调查处理未达成协议。通过抽调工作人员根据张丑元等三家提供的土地证面积，及时深入地头对张丑元及涉及两侧地块进行实地测量认定。根据测量结果，张建荣未占张丑元家土地，而出现了张丑元侵占张建荣家土地的问题。

经调解，自愿达成如下协议：1. 当场为张丑元、右边张建荣和左边张建康三家地块中间的两条界线进行了明确，并栽了界石，三方达成协议均认可。2. 双方当事人表示不再上访。

履行协议的方式、地点、期限：当场兑现落实。

本协议一式三份，双方当事人、人民调解委员会各持一份。

当事人（签名或盖章）　　张丑元

　　　　　　　　　　　张建荣　（人民调解委员会印）

调解员（签名）　　　　蔡小强

　　　　　　　　　　　　　　　　　　贺建军

　　　　　　　　　　　　　　　2010 年 5 月 19 日

乡镇调解土地纠纷不仅注重实地调查，掌握第一手资料，而且在调解地点的选择上也是尽量方便当事人，绝大部分是在纠纷发生地进行调解。有在纠纷现场的，有在当事人或村干部家中的，甚至在当事人营业的摊点上或村里的小饭馆里进行调解，也有在司法所或相关站所办公室调解的。就近、熟悉而宽松的调解场所和氛围既方便了当事人，也缓解了双方当事人的紧张对立，有利于纠纷解决。

（5）乡镇调处农村土地纠纷通常是在充分调查取证的基础上对当事人进行劝导，特别注意用事实说话，以理服人。如案例九中，当事人张丑元在进行现场丈量土地后，其所主张的张建荣侵占其承包地就根本不成立，事实恰恰相反，是他自己侵占了张建荣的承包地。在事实面前，张丑元坦称，"事实在那，我想不认可也不行"，纠纷也就自然得到解决。

而在案例七中，镇调委会调解高爱发与白侯虎宅基地纠纷时，则是通过劝导说理使纠纷得以解决。卷宗里的调解笔录生动地表现了这一过程：

问：今天我们镇民事组、调委会的干部来现场，实地调解处理你们两家因宅基地纠纷发生的矛盾，你们两家是否同意？

高爱发：同意。

白侯虎：只要你们说得公道，我就同意。

问：你们两家本来就没有矛盾，现在就为了两家之间的这点地形（地皮），狼吃了狗不依，闹得两家邻里不和，我们认为这点纠纷是可以解决的，两家都给一块拉一拉。你们说行不行。

高爱发：行了，都是为了处理问题，解决问题。

白侯虎：可以，只要他高爱发不要欺负人，不要胡说就行。也要给你们面子看。

乡镇调解纠纷并不排除或避免行政施压。由于乡镇自身的性质和乡镇干部特殊的身份，因此在纠纷调解中，一方面客观上对当事人、特别是农民当事人存在一定的心理压力，另一方面在调解中不排除使用行政压力以求快速解决纠纷。如案例八中，镇调委会在调解过程中口气是特别强硬的，是"做出决定"，"就这个标准，你是否接受？"当事人在此压力下，不再讨价还价，遂称接受。

（6）乡镇调处农村土地纠纷以快速、平稳、罢访息诉为目标。乡镇所解决的土地纠纷大多因当事人上访而引发。在政治维稳、信访一票否决考核机制下，乡镇对上访案件丝毫不敢懈怠。从案例表中我们可以看到纠纷处理周期都比较短，少则一两天，多则七八天，时间最长的一例为16天，即使一些涉及众多当事人的纠纷处理时间也不是很长。正是由于维稳压力与一票否决的考核机制，迫使乡镇不得不调动一切可利用的资源，消解矛盾纠纷。我们注意到在乡镇人民调解协议书中，有一条款为"双方当事人表示不再上访"。另一方面乡镇处理矛盾纠纷非常注重结果，追求"案结事了"，所以在协议书中都可以看到"再不能为此纠缠"，"当场落实"，"当场兑现落实"的表述。

第七节　乡镇调处农村社会矛盾纠纷的现实处境与走向

一　乡镇调处社会矛盾纠纷的现实处境

如果仅从以上的研究和乡镇各类排查调处社会矛盾纠纷的报表数据来看，似乎可以毫不费力地得出一个结论：中国农村社会矛盾纠纷基本在乡村和乡镇这个层面上就被化解得所剩无几了，我们的农村社会应该是稳定和谐的，乡村治理是积极有效的。然而大量的经验事实，以及来自媒体的报道、学者的调研和信访、司法等部门的统计数据，都无不显示着农村社会积聚着大量的社会矛盾纠纷，在乡村层面上很难消化，大量的矛盾纠纷通过其他途径和方式宣泄了出来。如果我们反向思维的话，说明这里面是有问题的。我们这样说无异于否定乡镇在解决农村社会矛盾纠纷中的作用和所做出的巨大贡献，只是要探究在乡镇层面化解社会矛盾纠纷究竟出了什么问题，何以至此，何以解决？我们通过以下案例或许可以解说一些问题。

这是发生在陕西百花乡木兰村的一起出嫁女与村委会之间的土地收益分配纠纷。① 2004 年 1 月 20 日，当 34 户"女客"（当地对出嫁女的称呼）得知新换届的村委会撕毁女子户与原村委会签订的协议、拒绝女子户参与村集体收益分配时，女子户们便径直到区信访局上访。上访信息当天就被反馈到万花乡政府，因此时正值省"两会"期间，乡政府丝毫不敢懈怠，立即召开专题会议、研究部署，随即抽调精兵强将组成工作组，次日就进驻村子，立即开展工作，进行调查了解，积极协调处理。工作组多次召开村两委会成员、村民代表、村财务监督小组成员以及女户代表参加的各类对话会、座谈会、协调会以期解决问题，甚至乡党委书记、乡长都来到村上给双方做工作。但村上的男户与女户势不两立、互不相让，两委会又站在男户的立场上，致使问题始终得不到解决。女户们不断地到区、市、省上访。此后，乡党政又多次召开专题会议，并进一步充实加强工作组的力量，协调解决问题。但均无功而返。乡党委和政府终于到了无可奈何的地步，在给区信访联席会议报送的《关于解决木兰村女客信访要求享受村民权利待遇和村集体利益分配问题的建议》中讲道："解决女客户问题，涉及政策、法律和现实村情的利益分配，男女户根本利害关系问题，建议：一、女客户问题是一个政策性、法律性很强的问题，而且又是市区城郊乡镇城边村很突出的一个共性问题，关于女客户权利和物质分配待遇问题应遵照市区有关文件精神和整体解决意见贯彻执行。二、由于乡政府受工作职能所限，靠现有

---

① 参见孙海华《延安 34 户女村民无权参与收益分配引争议》，《中国青年报》2007 年 1 月 16 日。

的职权和工作手段很难协调解决。××省高级人民法院向各中院、基层人民法院印发了《××省高级人民法院关于审理农村集体经济组织收益分配纠纷案件讨论会纪要》的通知,且《村民委员会组织法》已颁布实施,建议女客户问题通过法律程序给予解决。三、建议区上加强有关职能部门牵头,帮助乡政府协调解决女客户的问题。"

然而,这一纠纷的解决竟持续了四年之久。其间,"女客"们曾到乡政府跳过楼;到法院闹过集体离婚;① 提起过确认选民资格诉讼(村选委会否认女子户的选举权);② 也曾与乡政府工作人员发生过激烈冲突,以致部分女子户当事人被行政拘留。乡政府包括乡长无数次地接访、陪访,无数次地到区、市、省上"领人";村委会因"女客"问题而被集体罢免,以致村上几年无村委会;乡上在一个届期内两次调整村党支部班子。甚至在最后的调解中,因女户们的一个要求村上不答应而使调解再次陷入僵局时,乡政府唯恐调解不成,便承诺只要双方把协议签了,村上不出这笔钱,就由乡政府来出。纠纷终于在外力的强力干预和非常手段的作用下,"调解"结案了,但它给我们留下了太多的问题和思考。我们从中可以真切地看到在乡镇层面解决农村社会矛盾纠纷所面临的种种问题。

(一)政策法律脱离现实,乡镇处境的尴尬与困惑

我们注意到以上案例中,乡政府在《建议》中写道:"解决女客问题,涉及政策、法律和现实村情的利益分配,男女户根本利害关系问题。"这里的"政策法律"、"现实村情"、"利害关系"可以构成我们对问题梳理和理解的关键词。其实出嫁女的集体利益分配问题在政策法律层面的界定是非常清楚的,依政策法律解决并非难事。无论是宪法、妇女权益保护法还是农村土地承包法,以及地方性法规对男女平等的强调、对妇女权益的特殊保护是一以贯之的。问题在于农村社会传统习惯的强大力量和现实经济利益的不同诉求,使得问题的处理变得非常复杂而艰难。妇女土地权益受损在广大农村社会比比皆是。妇女打赢官司,判决执行不了屡见不鲜。③ 法律的价值取向与现实村情构成尖锐的矛

---

① 参见周清《京城律师今赴延安帮离婚"女客"》,《华商报》2007 年 3 月 30 日。
② 参见杨德合《"女客"们要争选举权》,《华商报》2007 年 5 月 17 日。
③ 参见何杰、邓小卫《村民只认乡规不认法 户县出嫁女打赢官司难分地》,《华商报》2008 年 10 月 26 日。

盾。乡政府作为国家一级政权在处理此类纠纷时，毫无疑问应该站在国家政策法律的立场，但深谙中国农村社会传统与现实的乡镇，当然知道以自己应有的立场去处理矛盾纠纷必然会受到激烈的反抗。从其走进村庄的第一步就意味着他们努力的失败。除非，他们找到法律与现实的妥协点。然而问题在于女子户们所持的依据是有利于她们的政策法律。她们的诉求与政策法律的价值取向一致，有理有据，胜券在握。而作为传统和既得利益代表的男户及其村委会在维护传统和现实利益的双重追求下，决不妥协退让。所以，工作组若要强硬地拿政策法律说事，就会遭到以"村民自治"为名义的强烈抵制；若要从传统和"村情"出发规劝女子户，会有违法之嫌，将受到女子户无情的"谩骂"。此时，乡镇政府必然处在一个极其尴尬的位置，进退维谷。其实，尴尬的不仅仅是乡镇政府，即使是最具国家权威的司法在遭遇法律与传统或现实冲突时，同样尴尬。她不得不走向"实用主义"，而去探寻二者的结合点，设法通过调解结案，少有"依法判决"者。这样，他们既可以规避违法判决的风险，又可以使问题得到彻底的解决。① 这或许就是中国乡村的法治图景。延安"女客打官司"，最后在政府的强力介入干预下，才终于"调解"结案，这似乎并非偶然。这既非司法的不力，也非乡镇的无能，而是立法者狂热的"革命"情结下忘却历史与传统的结果。

（二）乡镇职能转变，工作方式调整的不适与痛楚

随着市场经济与民主政治的发展，经济和政治体制改革不断走向纵深。而在这一过程中，尤以乡镇改革最为迫切和活跃。其不仅表现为机构设置上的撤乡并镇，还有更具震动性和深层意义的乡镇长直选、乡镇职能转变等。乡镇职能转变的基本理念是变"压制型"政府为"服务型"政府，进行社会管理和提供公共服务。这种职能的转变，要求履行职能的行为方式全面更新。它意味着要摒弃传统的强制命令型的工作方式，而更多的是采用缺乏刚性的行政指导或协商对话。这种行为方式的重塑，必然有一个痛苦的过程，其间多有别扭和不适。前边百花乡政府《意见》中提到，"由于乡政府工作职能所限，靠现有的职权和工作手段很难协调解决"。其实，乡政府所痛苦的并非工作职能所限。乡政府

---

① 参见苏力《农村基层法院的纠纷解决与规则之治》，载《北大法律评论》第 2 卷第 1 辑，法律出版社 1999 年版。

调处民间矛盾纠纷的职能从未改变，而恰恰是政府进行社会管理和提供公共服务所必需。他们真正痛苦的是"现有的职权和工作手段"已今非昔比，即失去了往日的"威风"，再也不能通过简单强制的办法解决问题了。在这一转型过程中，我们随处可听到乡镇干部的抱怨之声："我们是责任无限大，权力无限小"；"现在的农民太难管了，简直是刁民"；"乡政府才是弱势群体"。调研中，一位副乡长这样感叹道："现在有保护农民的这个法（律）那个法（律），一大堆的法。我们手上却没有法（律）了，只有一部《公务员法》，还是管我们的法，这让我们怎么工作？"这位副乡长的话很形象地描述出了转型期乡镇干部的痛苦和不适。他们要的法，实质上就是强制权，一旦失去了强制权，他们就找不着"北"了，手足无措，似乎不知如何工作了。

改革开放以来，特别是农村普遍实行村民自治以来，客观地讲，乡镇的工作职能及其方式有了许多的变化和调整。虽然艰难却目标明确地朝着社会管理和公共服务的方向发展，但这绝非一朝一夕所能解决的问题。其痛苦与不适甚至会贯穿整个社会转型期。这种状况，无疑会影响到乡镇对农村矛盾纠纷调处的能力和效果。我们的关注点，不能仅仅停留在乡镇职能转变中的观念变更，更重要的是，乡镇干部如何获得与其职能相符的工作手段和能力。

（三）农村社会矛盾纠纷日趋复杂，调处的艰难与无助

在社会转型期间，农村社会由于受到多种因素的影响，使其社会结构、经济形态、政治运行以及人们的思维模式、利益诉求和行为方式发生着剧烈的变动。在这个变动不居的时代，必然会产生许多新的社会矛盾和纠纷。这些矛盾纠纷所涉主体的广泛性，形式的多样性，关系的复杂性，利益的重要性，对抗的激烈性，求解方式的多元性已远非传统农村社会纠纷所能比拟。我们以农村土地纠纷为例，可窥其一斑。随着工业化和城市化的发展，农业税的取消，国家惠农政策的实施，农民土地利益日渐增大，土地权利日显重要。伴随着土地权益强化的过程，土地纠纷也日渐增多，成为严重影响农村社会稳定的重要因素。比如，土地征收、征用纠纷，土地收益分配纠纷（特别是出嫁女的土地收益和其他集体财产分配纠纷），土地权属纠纷，土地承包经营权纠纷，土地流转纠纷等。这些纠纷由于涉及利益重大，人员广泛，关系错综复杂，因此处理起来难度极大。而且一旦处理不好，就会诱发群体性事件，甚至引

发暴力冲突，产生严重的社会后果。

对于诸如田畔地界，道路排水，"你多耕他一犁田，他多占你一尺地"的传统土地纠纷，我们的乡村（或乡镇干部）已有足够的经验和能力了。田间地头，茶余饭后，晓之以理，动之以情就会把问题处理得妥妥帖帖了。但时至今日，我们的乡村、乡镇干部还能如此信手拈来地处理农村土地纠纷吗？2004 年发生在陕西榆林三岔湾的政府与农民的土地纠纷，足以让我们领略当今农村土地纠纷的惨烈。三岔湾 3000 多村民与当地政府就 10800 亩的土地归属问题发生了尖锐的矛盾，直至激烈的对抗。三岔湾村民坚称这 10800 亩土地是三岔湾集体所有，他们的祖先早在嘉庆年间就买下了这片土地，世代生养栖息在这片土地上。他们为了治理风沙，在这片土地上植树造林，付出了巨大的代价，甚至生命。政府说，根据土改时期西北军政委员会的一纸命令和现行法律的规定，这片土地应是国有的，三岔湾村民仅仅是国有土地的使用者。政府现在要搞经济开发区，需要收回这片土地，每亩给村民补偿 500 元，于是矛盾爆发了。[①] 如果土地果真属于三岔湾村民集体所有，政府就必须支付巨额的征地补偿款才能拿到这片土地，而此时这里的土地每亩可以拍卖到几十万元了。土地何去何从，其中的利益是何等的诱人！用当地人的话说："农民眼里在滴血！"这样的纠纷岂能是乡镇政府所能调处了的？！更何况，此时的乡镇政府本身也成为纠纷的一方当事人，利益的角逐者之一。还有我们在前边所提到的陕西木兰村"女客打官司"，矛盾的起因就是有近 3000 万的征地补偿款要在仅有 340 多人的村庄内进行分配，这又是何等巨大的一笔财富。然而，村里 34 户出嫁女却被男户们和村委会挤出了分配的行列，使她们无缘于这顿"最后的晚餐"。女户们便毅然决然地踏上了艰辛的维权之路，一走就是四年多。这样的纠纷又岂能是乡镇所能解决了的？！通过前边的介绍，我们已清楚地看到乡镇在这一纠纷中的窘迫和无奈。

农村社会矛盾纠纷调处难的原因，其实并不都是出于所涉利益重大或人员广泛，现实中还有另外的一面。一些即使是个人之间的所涉利益并不太大的矛盾纠纷，也可能会演变成异常复杂而棘手的纠纷。特别是在"稳定压倒一切"、"零信访"、"信访一票否决"、"小闹小解决，大

---

① 参见张义学《榆林三岔湾 5000 亩耕地撂荒背后》，《新西部》2004 年第 9 期。

闹大解决，不闹不解决"和"拿钱买平安"的畸形政治文化背景下，客观上助长了一些矛盾纠纷的长期"生存"。①

（四）压力型体制下乡镇职能的错位与消极应对

前边提到，在某种意义上我国存在着另一种哑铃状社会结构：一头是国家，一头是农村社会，连接两头的中间部分就是乡镇，其不得不承受来自两端的重压。这种状况在农村社会矛盾纠纷的处置过程中表现得尤为突出。现在许多农村土地纠纷是乡镇所无力解决的，但又缺乏有效的司法和行政救济。于是千军万马挤进一条道——上访。然而，信访就其自身应然的功能而言并非一种解纷机制，只是近年来迫于上访的压力而衍生出一些新的功能来。其已变得不再是单纯的"秘书型机构"，而是兼有"职能型"的机构。上访者往往乐于一直向更高层级的机关申诉，也就是越级上访。但根据信访属地管辖的原则，往往又被层层批转回来。在这社会转型矛盾凸显的时期，社会矛盾纠纷不仅数量多，而且对抗性强，稍微处置不当就会诱发群体性事件而致社会动荡。因此，"稳定压倒一切"成为社会治理的基本理念并上升为一种政治要求，"零上访"成为各级政府、部门、领导考核的重要指标。从上访到下访，从拦访、截访到陪访，各级政府苦不堪言，而尤以处在最基层的乡镇政府为甚。在上访大军中，无疑农民上访者占有相当的比重。乡镇政府就要不停地"上蹿下跳"，千方百计"消化"上访。其实面对许多的上访，乡镇是无可奈何的，他们只能是消极应对。只要上访者允诺不上访，就会不惜一切代价。这不是在化解矛盾纠纷，而是在一次次地"买断"矛盾纠纷。乡镇长们无助地诉说道："我们把人接回来又能怎么样？问题不是出在乡镇，我们解决不了问题，又不能把人关起来。"

调研中，我们发现大部分乡镇、街办并没有按法律设计而设置乡镇调解委员会，只有司法所的人民调解和矛调中心的调解。司法所调解出具人民调解协议书，而矛调中心的调处一般不出具任何法律文书。当调解不成，当事人要求出具文书时，矛调中心也只会出具一个有关争议事实和调解过程的说明性材料，并注明"经调解无效，建议通过司法程序解决"。司法所和矛调中心有时会根据乡镇的安排以乡镇街办的名义进

① 参见赵凌《社科院称上访文化形成"上访村"最多聚万人》，《南方周末》2007年4月5日。

行调解，就其性质而言，已非人民调解，当属行政调解，但调解后仍出具人民调解协议书，或不出具任何文书。如果调解不成，也不会依其职权做出行政裁决。问其缘由，乡镇领导毫不隐瞒地说："那样做很容易引起行政复议或行政官司，我们辛苦了半天还要当被告。所以，现在一般都不会做出行政裁决，以免惹麻烦。调解不成的就让找法院去。"所以基层法院常常抱怨乡镇政府"行政不作为"，把矛盾全推到法院来了。广东省高院针对潮水般的"农村外嫁女权益纠纷"案件，就曾设计了"三步走"的应对方案，即"要求镇政府干预—向市政府申请行政复议—向法院提起行政诉讼"，目的是把责任最终交给政府。① 但问题是乡镇政府如果不干预又有谁能解决得了问题呢?! 这就是乡镇政府在压力型体制下解决农村矛盾纠纷现实处境的真实写照。

（五）乡镇政权退出农村社会后的体制性疏远与惰性

乡镇政权从农村事务中的制度性退却，经历了一个长期的过程，直至取消农业税，这种后撤才大踏步地进行。而在此之前，由于农村社会尚有大量资源可供汲取，乡镇的财政基础与之息息相关，所以乡镇难以从乡村中淡出。因此造成了乡镇政权对乡村选举的实际控制，"指选"比比皆是，撤换、诫勉村官时有发生。农业税取消后，"三提五统"随之而不复存在，乡村及乡镇财政因此受到致命的打击。乡镇职能需要大幅度地转变，甚至乡镇是否存留也成了热议的话题，乡镇政府自身陷入了剧烈的阵痛中。另一方面，一些村庄由于对村民自治认识上的偏差而拒绝乡镇政府的管理和指导。乡镇政府只对农村党支部尚有一定的影响力，而对村委会却无能为力。甚至农民和乡镇的关系沦为"有田有地不靠你，有吃有穿不听你，没有事情不理你，出了问题要找你，解决不好要骂你"的境地。此外，许多惠农项目由县级政府职能部门以"直通车"的方式直接组织实施，乡镇政府成为旁观者，无缘这些资源的支配。在此背景下，乡镇政权面临前所未有的困难，其不仅表现在巨额债务的压力和财政上的窘迫，更表现为转型中的茫然与不知所措，乡镇与乡村的关系显得日渐"疏远"。这期间的许多调研显示，一方面，乡镇抱怨他们权小责大，压力无限，另一方面却是农民抱怨乡镇政府无所事

---

① 参见刘海健《广东省高院："外嫁女"维权可采取"三步走"》，《广州日报》2004年4月6日。

事，有和没有一样。特别是在经济欠发达的西部地区，这种状况尤为突出。笔者在西北农村调研中也看到乡政府"没事干"的情景，乡镇干部"走读"情况非常严重。[①] 周一例会都报到，开完会议就回城。驻村干部电话叮咛村干部，领导检查就说去过村子了。这种状况形成了巨大的反差，一方面国家乡镇改革的目标是要增强乡镇政府的社会管理和公共服务职能，农村社会也迫切需要乡镇政府提供方便快捷、优质高效的公共服务，而另一方面，乡镇却仍存在着职能上的越位、错位和缺位问题。乡镇形成一种体制上的惰性，他们不为其所应为，对矛盾纠纷调处等社会管理职能往往是出于上级考评或现实的压力而不得不为之，进行"选择性治理"或消极应付。更多的是在忙于"发展是硬道理"引领下的项目建设和招商引资。[②] 也有一些地方似乎意识到了这一问题，提出稳定也是效益，以强调化解社会矛盾纠纷的重要性。但人们的思维定式和行为方式是受制于体制的，在强大的体制惯性之下，乡镇的惰性得到体制性的庇护。

二 乡镇调处农村社会矛盾纠纷发展走向

我们通过以上考察，对乡镇调处农村社会矛盾纠纷的方式、成效及其所面临的一系列问题有了一个初步的认识。乡镇人民政府以其特有的方式调处化解农村社会矛盾纠纷，构成多元化纠纷解决机制的重要一环，并发挥着积极的作用。然而如果它所存在和面临的问题得不到有效的解决，这一化解农村社会矛盾纠纷的重要机制将有可能受到削弱和损害。因此，值得我们深入思考和探讨。

（一）乡镇要在自身与社会双重转型中不断调适

转型期的社会与转型中的乡镇无不打上转型的烙印，从而使乡镇在调处和化解农村社会矛盾中也具有了转型的特征。社会转型使得社会结构、经济发展、政治运行等都发生了深刻的变化，并深深地影响着人们的利益诉求、思维方式和行为方式。这种转型往往表现为新旧观念、制度和行为之间的矛盾、渗透和交织。诸如计划与市场、集权与民主、传统与现代、农耕与工商、管制与自治、认同与反叛、封闭与开放、固守

---

① 参见师丽、刘师嘉《来自四川 710 个乡镇党委书记的心声：乡镇干部问卷调查分析》，载迟福林、殷仲义《中国农村改革新起点》，中国经济出版社 2009 年版。

② 参见吴理财《应注意农村基层的选择性治理》，《学习时报》2009 年 1 月 12 日。

与放弃等，一切都呈现出一种非典型性的混合状态，你中有我，我中有你。乡镇同样处在由传统压力型政府转向现代服务型政府的过程中，其目标就是要成为一个提供公共产品的服务型政府。这种双重的转型，使得乡镇运用固有的工作方式和手段难以化解社会矛盾纠纷。其不仅仅是对于那些具有新内容、新特点的矛盾纠纷，即使是传统类型的矛盾纠纷，也由于矛盾纠纷主体的价值取向、利益诉求等方面发生了变化，处理起来变得非常困难。乡镇面对双重转型，但其自身的工作与农村社会尚未实现有效的对接，处在一种"磨合"状态，必然有一个困惑不适的过程，需要随着社会的发展变化和自身改革的推进不断调适，在明确自身职能定位前提下尽快获得与其职能相匹配的工作方式和能力。

（二）乡镇需要建立承担社会管理职能的自觉意识

乡镇在客观上一直担负着调处农村社会矛盾纠纷的职责，发挥着维护基层社会稳定的重要作用。但从国家立法层面来看，并未直接赋予乡镇这样的职权职责。乡镇调处化解农村社会矛盾纠纷，一方面是履行其行政管理职能所必需；另一方面是基于上级考评和现实压力的结果。因此，乡镇尚未形成作为社会管理者调处矛盾纠纷、维护社会秩序的自觉意识，也就不可能从社会管理职能定位系统思考和建立调处化解社会矛盾纠纷的工作机制和方式。这是乡镇缺乏调处农村社会矛盾纠纷基本动力的原因所在。明确的职能定位，是解决压力型体制下乡镇职能错位、克服乡镇调处农村社会矛盾纠纷惰性以及与农村社会疏远的制度基础。

（三）乡镇调处矛盾纠纷方式的传统与创新

乡镇的特殊地位直接影响乃至决定了它对矛盾纠纷调处化解方式和规则的选择。一方面，乡镇作为一级独立的政府组织，拥有法律所赋予的行政权力，代表国家对辖区内的事务进行管理；另一方面，乡镇又是国家最基层的政府组织，它所直接面对的是广大农村社会。我国虽然处在社会转型期，正由乡土社会向现代社会迈进，但现代化的进程毕竟是一个漫长而渐进的过程，广大农村仍有强烈的"乡土中国"气息。因此，传统礼俗、人情面子在农村依然具有重要的地位，情、理、法共同构成处理农村社会矛盾纠纷的基本准则。乡镇政府也因此会时常遭遇国家政策法律与乡村现实的矛盾冲突而陷入两难，不得不在传统与现实、国家法与民间法之间寻求平衡和衔接。

然而现代化的进程毕竟是向前推进着，"乡土中国"正受到现代化的不断侵蚀和解构。更多的现代性进入农村社会，影响着人们的思维与行为方式。因此，乡镇调处社会矛盾的方式也必然要与时俱进，自觉地进行调整与创新，而不能一味地在不适与痛楚中挣扎。比如说，在乡镇层面上建立矛盾纠纷调解中心，整合各种有效资源解决辖区内复杂的矛盾纠纷，就不失为应对转型期农村社会矛盾新情况的有益探索。还有一些地方不断地"送法下乡"，在农村建立起警务室、法务室、法律顾问室，并通过"点名接访"、"下访"、民情恳谈等方式与民众沟通、对话和协商，以此化解矛盾纠纷，这些都是积极的探索和实践。

（四）实现乡镇政府与乡镇政法体系的有效衔接与互补

乡镇在履行其行政职责的过程中，调处和化解着社会矛盾纠纷，形成日常工作中的纠纷解决机制，这无疑是一种最便捷经济高效的纠纷解决机制。它没有法庭和裁决机构的隔膜与生硬，一切在自然而然中进行，将矛盾纠纷化解得不留痕迹。但通过前面的分析，我们已清楚地看到社会转型以及乡镇政府自身的转轨，使得许多农村社会矛盾纠纷已非乡镇所能化解。我们除了积极做好乡镇职能转变工作，建立与乡镇职能相匹配的工作方式，探索转型期农村社会矛盾纠纷解决新机制外，还要在发挥乡镇政府"日常工作中的纠纷解决"优势的同时，注重乡镇政法体系的建设，实现乡镇政府行政管理中的矛盾纠纷调处与乡镇政法体系的有效衔接与互补，从而在乡镇层面真正构成多元化的矛盾纠纷解决机制。

小 结

一 乡镇人民政府具有调处社会矛盾纠纷的职能

在我国，乡镇政府处于国家政权的最基层，是国家权力系统的末梢。但就整个社会结构而言，它又处在一个十分特殊的位置。它一方面要支撑强大的国家权力体系，成为自上而下所有意志传导的终端，构成国家大厦实实在在的一堵"承重墙"；另一方面又要连接8亿之众的广大农村社会，充当缓冲农村社会矛盾的"护堤石"。无论在过去、现在还是将来，乡镇政府始终担负着一项重要的职能，就是化解辖区内的各种社会矛盾纠纷，尤其是农村社会矛盾纠纷。乡镇基本职能转向社会管理和公共服务的改革方向，更加明确了乡镇人民政府调处社会矛盾纠纷的职能。目前，乡镇人民政府调处社会矛盾纠纷的重要性并未引起人们的足够重视，更缺乏将此作为一种独特的纠纷解决机制加以系统考察和研究。

二　乡镇人民政府调解和处理农村土地纠纷是其法定职责

根据现行法律法规相关规定，乡镇人民政府调解和处理的矛盾纠纷主要集中在有关土地、林地、草原等资源性财产的所有权和使用权争议以及农村土地承包经营纠纷，当然也包括其他民间纠纷。法律法规做出这样的规定绝非偶然，这进一步表明乡镇政府调解和处理农村土地纠纷的强大现实需求，及其作为联结广大农村和8亿农民的最基层的政府，在调解和处理农村土地纠纷中无以替代的重要地位和作用。

三　乡镇政府调处矛盾纠纷具有日常化的特点

乡镇人民政府调解和处理矛盾纠纷具有日常化的特点，上至乡镇长，下至驻村干部的日常工作始终伴随着解决各种各样的矛盾纠纷。解决矛盾纠纷已成为乡镇工作的重要组成部分和乡镇干部的基本素养。乡镇政府虽然是一级独立的政府，却没有县级以上人民政府严格的职能分工与部门划分，也没有以"分工"、"管辖"和"程序"等方式解决矛盾纠纷的政法体制。所以，乡镇政府是一个名副其实的"全能"政府，这种体制使其解决矛盾纠纷日常化。在乡镇政府，各种矛盾纠纷都被"问题"化，解决形形色色的"问题"既是他们的政治使命，也是日常工作的基本内容，并以日常工作的形态予以实施和完成。乡镇人民政府调解和处理矛盾纠纷在"程序"上通常根据矛盾纠纷的性质、严重程度分别或依次由驻村干部、包片领导、分管领导、主要领导、联席会议（矛调中心）解决。

四　乡镇政府调处矛盾纠纷更具"公"的色彩

乡镇政府矛盾纠纷调处与村庄内部纠纷解决在规则的适用上，虽然仍存在一些类似的地方，如都比较注重实效，追求实质正义和结果公平，都会使用风俗习惯、人情面子、伦理道德、先例等来解决纠纷，都讲究灵活变通；然而，乡镇政府的矛盾纠纷调处具有自己的明显特征，如在适当应用情理解决纠纷的同时强调和突出政策法律，在注重灵活变通的同时坚持原则，在政策法律与现实有差距时借助于人情来实现，在国家法与民间法有冲突的时候设法寻求二者的平衡点。可见乡镇矛盾纠纷调处在规则的适用上，更接近于体制，更具有"公"的色彩，但也不失平衡与妥协精神。

五　乡镇政府调处矛盾纠纷呈现出"混沌"状态

乡镇工作本身就有"上面千条线，下面一根针"和"一锅烩"的特点，因而在调处矛盾纠纷中诸多方面表现出边界不清、性质不明、效力模糊的"混沌"状态。乡镇政府调处矛盾纠纷因其组织形态多样、身份混同、方式多样，很容易发生混淆不同性质的矛盾纠纷调处及其法律效力的问题。乡镇政府调处矛盾纠纷就其性质而言，有的属于日常工作中的教育劝导，有的属于行政调解，有的属于人民调解，还有的属于行政决定。矛盾纠纷调处的性质不同，其法律效力和后果也会有所不同。现实中，乡镇层面少有做严格区分的，导致对属于只能调解解决的纠纷却以行政决定处理，属于行政裁决的纠纷则以人民调解的面目出现。这既有认识不到位的原因，也有规避法律风险的考虑。

六　乡镇政府调处矛盾纠纷职能面临转型考验

乡镇政府以其特有的方式调处化解农村社会矛盾纠纷，构成多元化纠纷解决机制的重要一环，在农村社会稳定中发挥着积极的作用。然而，我国正处于社会转型期，乡镇同样处在由传统压力型政府转向现代服务型政府的过程中，其目标就是要成为一个提供公共产品的服务型政府。转型期的社会与转型中的乡镇无不打上转型的烙印，从而使乡镇在调处和化解农村社会矛盾中也具有了转型的特征。这种双重的转型，使得乡镇运用固有的工作方式和手段难以化解社会矛盾纠纷。其不仅仅是对于那些具有新内容、新特点的矛盾纠纷，即使是传统类型的矛盾纠纷，也由于矛盾纠纷主体的价值取向、利益诉求等方面发生了变化，处理起来变得非常困难。乡镇面对双重转型，需要随着社会的发展变化和自身改革的推进不断调适，在继承与创新中完善其独特的矛盾纠纷调处机制。

第七章　征地拆迁纠纷的制度性反思

　　征地拆迁在我国有其特定的制度背景，它是指国家因公共利益需要，经依法批准将集体所有的土地征为国有后，对原集体土地上的建筑物、构筑物进行拆迁，并给予补偿安置的行为。征地拆迁是工业化和城市化进程中一个不可避免的问题。20 世纪 80 年代以来，随着现代化建设的推进和城市化进程的加快，我国征地拆迁在全国范围内大规模地进行着。在城乡二元结构体制下，我国土地征收法律制度存在重大缺陷，征地拆迁关涉多方利益主体复杂而重大的利益关系，特别是处于弱势地位的农村集体土地的所有者和承包经营者因缺乏有效的利益表达渠道和应有的谈判地位，其土地权益往往在地方政府和工商企业的强势压力下，受到严重损害，甚至非法剥夺。农民为维护其土地权益而采取不同方式进行不断的抗争，土地纠纷此起彼伏，接连不断。但由于征地拆迁纠纷解决机制存在制度性缺失，在体制内仅仅安排了征地补偿安置争议协调裁决制度，为解决征地拆迁纠纷留出一条狭小的"巷道"，然而，这一制度在理论界和实务界都颇遭非议，而且几无实效。当作为社会正义最后一道防线的司法之门已经闭合，征地补偿安置争议协调裁决又是政府在做自己的法官时，农民何以保卫赖以安身立命的土地？何以维护事关生存与发展的土地权益？一种我们所不愿意看到的事实却残酷地呈现在我们的面前。农民使用更多、更普遍的诉求方式是上访、静坐、自戕、堵塞交通直至暴力冲突等，而真正进入司法程序解决的征地拆迁纠纷比例极小。征地拆迁纠纷因此成为人们长期以来一直关注的焦点和热点问题，何以有效化解征地拆迁纠纷同样成为人们极为关注的焦点和热点问题。

　　纵观我国征地拆迁纠纷发生的起因、纠纷解决机制的制度性安排、利益各方纠纷解决方式选择的偏好以及纠纷解决的过程与结果，我们就会发现这类纠纷其实不仅仅是一个法律问题，也不仅仅是一个征地制度本身的问题，而是一个极为复杂的社会、经济、政治问题。因为这类纠纷是在一个蕴含着不合理内容的社会政治体制结构中，是在农民无力影响土地公共政策的制定与执行，是在政府与农民争利走向农民利益对立面，是在农民及农民组织在土地交易中毫无谈判地位，是在行政主导和司法屈从行政，是在村民自治组织功能异化的背景下发生的。如此，征地拆迁纠纷的解决，也就不再是一个简单的解决方式和解决机制的构建与选择问题。从某种意义上来讲，纠纷解决机制不过是纠纷解决的技术工具，其固然可以提高纠纷解决的效率与质量，却无力触动和改变纠纷背后体制和制度性的东西。当我们所奉行的制度本身存在问题时，这个工具的使用可能会"助纣为虐"。基于这样的现实，我们试图换一个角度和视角观察和审视征地拆迁纠纷的解决，即我们通过征地拆迁制度本身的发展演变及其实施效果对征地拆迁纠纷的影响，来反思征地拆迁纠纷解决机制问题。我们将从三个维度展开研究：一是宏观的国家征地拆迁政策法律的演变；二是具体考察地方政府（开发区）征地拆迁政策的发展演变与实践；三是具体考察征地拆迁后失地农民的生活发展状况。这样我们就可以从宏观征地拆迁政策到微观征地拆迁政策、从政策法律的制定到实施、从政策法律的预期与实效等多层面、多向度地完整观察征地拆迁纠纷产生的背景及其解决的障碍，为构建符合我国现实的征地拆迁纠纷解决机制提供思路。

第一节　土地征收与征地拆迁纠纷

一　土地征收与规模扩张

（一）土地征收是工业化、城市化发展的重要保障

自 20 世纪 80 年代始，我国工业化、城市化进入快速发展期。工业化、城市化的快速发展无疑需要充分的土地资源和资金保证。工业化和城市化的具体实施和推进是由地方政府组织完成的，其所需要的土地资源和资金保证也需由地方政府予以解决。我国土地制度的基本框架是国家所有和农村集体所有的二元结构。国有土地主要是城市土地，既有的

城市存量土地无法满足工业化、城市化发展的需求。然而，我国所实行的土地征收制度和土地使用权出让制度为解决这一难题提供了巨大的制度空间。"《土地管理法》赋予城市政府征收农地之权，使城市用地得以迅速扩张；在城市内部，《土地管理法》规定，'为实施城市规划进行旧城区改建，需要调整使用土地的'，可以收回国有土地使用权。由此，形成了扩张征地、存量拆迁的建设模式，土地批租成为城市政府重要的收入来源。以低进高出方式圈售土地，推行土地财政，使城市政府找到了开发利益返还的实现方式，并获得空前的融资能力。"①

（二）"土地财政"与土地征收扩张具有内在联系

一方面，工业化和城市化的发展客观上存在巨大的土地需求，如道路交通、工业园区、公共基础设施用地等；另一方面，更为严重的是"土地财政"强烈地刺激着地方政府征收土地的无限欲望。因而，征地拆迁在中国已不仅仅是一个经济问题、法律问题，更为重要的是其已成为一个严重的社会、政治问题。我们可以从"土地财政"的地位、土地城市化的比重、失地农民的数量和耕地的锐减等几个维度，观察到我国改革开放以来征地拆迁的巨大规模。

在很多地方，土地出让金已经成为地方政府财政预算外收入的最主要来源，有"第二财政"之称。因为卖地（出让土地）的收益极大，根据国土资源部对30多个城市的统计，土地出让收益平均是成本的18倍。花1块钱买地，卖18块钱，净赚17块钱。中国社会科学院发布的《2009中国城市发展报告》显示：2001年至2007年，地级以上城市市辖区建成区面积增长70.1%，但人口增长只有30%。这表明，土地的城市化已远远超过了人口的城市化，其背后是城市政府对土地财政的高度依赖，并造成对土地资源的粗放利用。②

我们从以下数据资料就可以看出"土地财政"与土地征收的内在联系："从1999年至2007年间，无论是土地出让的宗数、出让面积，还是土地出让金总额，总体都呈上升趋势，2007年达到顶峰，2008年受金融危机的影响，土地市场低迷，出让金有所下降。1999年至2008年间，中国土地出让面积从45391公顷上升至165860公顷，年均增长

① 王军：《数据显示我国土地城市化远超人口城市化》，《瞭望新闻周刊》2012年1月。

② 参见王军《数据显示我国土地城市化远超人口城市化》，《瞭望新闻周刊》2012年1月。

率 15.5%。同期的土地出让金收入也不断上升，成交价款从 514.3 亿元上升至 10259.8 亿元，后者大约是前者的 20 倍，年均增长率 39.5%。剔除通货膨胀因素，土地出让金成交价款年均增长率更是高达 45%，是财政来源中上升最快的一种。2009 年土地出让金收入大幅增加。依据财政部在'两会'期间提交的报告，2009 年土地出让收入为 14239 亿元，同比增长 43.2%。与此同时，全国地方政府财政收入为 32581 亿元，土地出让收入占比接近 43.7%，已成为地方财政的'顶梁柱'。"①

尤为值得注意的是："在新一轮圈地运动中，西部部分城市财政的土地收入急速增长，以住宅为主的房地产业成为西部各地推动经济增长的新动力。截至 2009 年 11 月底，兰州、银川和西安等城市土地出让金已超过前两年的全年水平，2009 年银川和乌鲁木齐等城市的土地出让金已占当地财政收入的 1/3 左右。因此，要警惕西部地区地方财政对土地出让金的依赖及强化。"②

（三）前两因素的合力使土地征收愈演愈烈

调查显示，自 20 世纪 90 年代后期至今，有 43.1% 的村经历了至少一次征地。征地的次数在最近 10 年里保持了一个不断攀高的趋势，最近几年更是达到了前所未有的高峰。据中国社科院的研究报告，从 2003 年开始计算，中国的失地农民目前达到了 4000 多万人，其中最主要的原因就是征地。③ 截至 2010 年年底，中国耕地总量不足 18.26 亿亩，已接近 18 亿亩的红线。在过去的 11 年中，耕地减少 1.25 亿亩，平均每年减少 1000 多万亩。由于征地补偿的标准普遍偏低，农民从征地中得到的利益较为微薄。土地增值的收益大部分被政府和开发商获得。据估算，在近 20 年间，国家从农村获得土地资产收益高达 2 万亿元以上。

二 征地拆迁纠纷之现状

（一）征地拆迁纠纷问题越来越严重

土地征收关系包括征收、补偿、安置等内容，涉及多方主体之间复

---

① 满燕云：《"土地财政"难题求解》，《中国改革》2010 年第 8 期。
② 同上。
③ 参见朱可亮、罗伊·普罗斯特曼、杰夫·瑞丁格、叶剑平、汪汇《十七省地权调查》，《新世纪》2012 年第 5 期。

杂而重大的利益关系，既有地方政府、工商企业等土地需求者与农民集体经济组织和农民个人之间的利益关系，又有农民集体经济组织与其内部成员之间的利益关系，即农民集体组织外部土地利益关系和农民集体组织内部土地利益关系。我们这里主要指的是农民集体组织外部土地利益关系，即在土地征收过程中，地方政府、工商企业等土地需求者与农民集体经济组织和农民个人之间的利益关系。巨大的征地拆迁规模中蕴藏着复杂而重大的土地利益关系。然而，在缺乏通畅有效的利益诉求机制、公平合理的利益博弈机制和多元协调的矛盾纠纷解决机制的社会转型期，大量征地拆迁矛盾纠纷的发生是不可避免的，而且愈演愈烈。一方面，作为强势的地方政府、工商企业实行强征强拆、暴力拆迁、血腥拆迁，甚至政府官员曝出"没有强拆就没有新中国"的惊人之语；另一方面，作为弱势群体的农民面对征地拆迁中的利益损害，或表现出无助与无奈，或表现出强烈的不满、愤慨、抗争乃至群体性事件。有关这方面的事件与报道比比皆是，不绝于耳。违法违规征地拆迁问题已成为当前社会和舆论关注的焦点话题，特别是由此引起的群体性事件和人员伤亡案件时有发生，严重侵害了人民群众生命财产安全，严重损害了党和政府形象，成为影响社会和谐稳定的重要因素。

如果说媒体的报道和学者的调查缺乏权威性的话，那么国务院的文件应该足以说明问题的严重性。国务院办公厅《关于进一步严格征地拆迁管理工作切实维护群众合法权益的紧急通知》（国办发明电〔2010〕15号）中指出："近期，一些地区在农村征地和城镇房屋拆迁（以下简称"征地拆迁"）中，相继发生多起致人死伤事件，群众反映强烈，社会影响十分恶劣。"并进而要求："征收集体土地，必须在政府的统一组织和领导下依法规范有序开展。征地前要及时进行公告，征求群众意见；对于群众提出的合理要求，必须妥善予以解决，不得强行实施征地。要严格执行省、自治区、直辖市人民政府公布实施的征地补偿标准。尚未按照有关规定公布实施新的征地补偿标准的省、自治区、直辖市，必须于2010年6月底前公布实施；已经公布实施但标准偏低的，必须尽快调整提高。要加强对征地实施过程的监管，确保征地补偿费用及时足额支付到位，防止出现拖欠、截留、挪用等问题。征地涉及拆迁农民住房的，必须先安置后拆迁，妥善解决好被征地农户的居住问题，切实做到被征地拆迁农民原有生活水平不降低、长远生计有保障。重大工程项目建设涉及征地拆迁的，要带头严格执行规定程序和补偿标准。"其实，这样的问题并不是近期才出现的，自 20 世纪 90 年代以来，伴随着工业化、城市化进程的加快，征地拆迁矛盾纠纷就一直是社会关注的焦点问题之一。只是近年来随着强征强拆越来越普遍，矛盾纠纷越来越升级，农民维权意识越来越提高，社会反映越来越强烈，民生问题越来越被重视，维稳形势越来越严峻，才使得问题越来越显化，越来越受关注。

（二）征地拆迁纠纷原因复杂

大量征地拆迁纠纷案例表明，征地拆迁纠纷的发生机理和原因很复杂，既有社会、经济、法律层面的原因，也有体制、制度、机制方面的原因；既有历史原因，也有现实原因；既有作为征地方的地方政府、工商企业的原因，也有集体土地所有者和经营者的原因；既有实体方面的原因，也有程序方面的原因；既有制度安排本身的原因，也有纠纷解决机制等技术层面的原因。征地制度的核心内容有三：一是征地是否符合"公共利益"的目的性，即该不该征的问题；二是是否进行了合理补偿，即利益补偿机制问题；三是征收的程序，即如何征的问题。这三个方面缺一不可，任何一个环节上处理不好，都可能会引发矛盾纠纷。当然，在现实征收关系中，征地方和被征地方目前主要关注的还只是第二和第三个层面上的问题，征地的正当性问题似乎还只停留在立法界定和学者的追问层面。

国家土地副总督察甘藏春就征地制度改革接受记者专访时曾讲道："征地问题之所以在一些地方引发了矛盾，一是城市化、工业化进程加快，面对短时间内完成征地的压力，部分地方政府一定程度上忽略或漠视征地应有的法律程序，从而引发纠纷；二是征地补偿安置制度设计本身存在问题，把补偿和安置混在一起，容易引起矛盾；三是缺乏有效的纠纷调处机制，从近几年的征地纠纷看，大多数农民不是反对征地，而是因为权利不能得到有效保障。"① 国家土地副总督察代表体制和官方说话当然非常审慎，其所分析的征地矛盾纠纷发生的三个原因具有一定的客观性和正确性，但并未触及关键。第一个原因只谈程序问题，不言

---

① 于猛：《国土部官员谈征地纠纷：现有补偿制度存问题》，《人民日报》2011 年 11 月 6 日。

实体，是以征地具有合法性和正当性为前提的，而且即使发生程序问题，也是由于客观原因所致，地方政府似乎是不得已而为之。第二个原因涉及制度设计本身，但却将问题指向了立法技术，是由于"把补偿和安置混在一起"，才容易导致矛盾纠纷，而对补偿的合理性与安置的公平性避而不谈。第三个原因不是产生矛盾纠纷的原因，"缺乏有效的纠纷调处机制"只是可能会积累或激化矛盾纠纷。"大多数农民不反对征地"，不能证成征地的合法性和正当性。因为大多数农民不反对征地，有着极为复杂的社会背景和原因，如农民对集体土地所有权的错误认识，以为土地都是国家的；农业比较利益低下，农民种粮收益太低；某些地方政府在征地中使用一些不合法手段等。我们在西部调研中发现，这些问题不同程度地都存在。

相形之下，学者的调研更能客观地说明问题。中国人民大学、美国农村发展研究所和美国密歇根州立大学，从 1999 年到 2011 年以来，在我国 17 个农业大省和自治区的 299 个县和 662 个乡镇，共同进行的有关中国农民土地权利的抽样调查及其研究报告，似乎更能说明征地拆迁纠纷发生的原因。我们以其"征地满意度"指标的调研数据和分析为例，就可比较直观地观察到征地拆迁纠纷的原因。这一指标体系包括：补偿是否合理、足额、及时到位；农民对补偿的满意度；农民不满的具体原因，包括对强制拆迁手段、偏低的补偿水平及征地后生计维持的态度；征地程序的公正性和透明度及农民的知情权；利益诉求与解决的渠道和方式等。调查数据资料显示：

　　就补偿而言，调查显示 64.7% 的失地农民获得了一次性的现金补偿，有 12.8% 的失地农民获得了分期支付的补偿，有 9.8% 的失地农民得到了补偿的承诺但钱还没有到位，还有 12.7% 的失地农民没有得到任何补偿。

　　农民对补偿的满意度。整体来说，不满意的人数是满意人数的两倍以上。另外"很不满意"的群体占到了 16.7%，"非常满意"群体只有 2.8%，前者是后者的六倍。如果每年的失地农民按照 400 万来算，16.7% 就意味着每年有近 67 万失地农民对于补偿非常的不满。毫无疑问，这将是社会不稳定因素的一大来源。

　　在 17.8% 的征地中，农民反映地方政府采取了强制拆迁的手段，这也是失地农民不满的一个重大原因。调查数据显示，经历了强制拆迁的农民对征地表达不满的可能性要比没有经历强制拆迁农民表达不满的可能性高93%。

失地农民不满的具体原因，农民的诉求主要集中在经济方面，无论是偏低的补偿水平，还是说他们对于征地后生计的维持都表达了巨大的担心。很多被征地农民失去了他们主要的生产资料，而且也缺乏去城里打工的机会或技能，所以如何使他们的长远生计有保障将是中国征地制度改革不能回避的问题。

我们同时还注意到，农民另外的一大诉求集中在程序的公正性和透明度上。应该说，地方政府充当着决策者、实施者和最终裁决者的多个角色，在补偿标准、安置计划、土地利用等多个和农民利益息息相关的决策上很少获取民众的意见。

同时，农民的这些利益诉求很少能通过正当机制和途径得到妥善解决。调查发现，被征地农民通过正常渠道解决问题和纠纷的可能性很少，到法院打官司的只占农民为解决征地纠纷采取各种行动的1.8%，而选择到政府部门上访占到了10.7%。[①]

根据调查数据所显示的信息，对于在全国范围内长期的、持久的征地拆迁运动中，发生大量的矛盾纠纷就不难理解了。

（三）征地拆迁纠纷的主要表现形态

目前，在经济较发达、征地较多的城市郊区，因土地征收和补偿有争议而引发的纠纷数量明显增多，失地农民增加，社会矛盾激化，已成为社会热点问题。征地拆迁纠纷的主要表现形态有：

1. 征地理由不充分引起的纠纷

长期以来，征地拆迁一直存在一些困扰人们的老大难问题，比如拆迁安置对象、拆迁补偿标准、产权面积认定、房屋估价标准、违章建筑和非法买卖宅基地处置、纠纷解决机制等。针对这些现实问题，法律法规和政策缺乏明确的规定，各地的实际做法多有不同，其中有些属于征地理由不充分或者违法拆迁，往往引起矛盾纠纷的发生。鉴于土地征收

---

① 朱可亮、罗伊·普罗斯特曼、杰夫·瑞丁格、叶剑平、汪汇：《十七省地权调查》，《新世纪》2012年第5期。

涉及农民的生存和农村社会的稳定，《宪法修正案》第21条明确规定："国家为了公共利益的需要，可以依照法律规定对土地实行征收或者征用并给予补偿。"但"公共利益"这一概念不论从其内涵还是外延来讲都具有极强的不确定性，《物权法》虽然对征收农村集体所有的土地问题做出了规定，但也没有对征收的理由即"公共利益"进行明确界定。政府在对农村集体所有的土地进行征收时，正是利用"公共利益"一词的模糊性，随意将征收原因解释为公共利益，以公共利益为幌子，将征收的土地用于商业开发，从中牟取征收土地与出让土地之间所产生的巨大差额利益。另外，随着房价、土地价格过快上涨，农民对于自己被征收的土地价值也有了一个更为清醒的认识。我国经济的发展还不能解决绝大部分农民的非农就业问题，一部分农民通过对集体土地进行承包经营取得主要生活来源，土地还是一部分农民赖以生存的基本生产资料，社会保障体系的不完善也使得农民对土地被征收后自身的生存利益产生较多顾虑。土地被征收的农民为了维护自身的权益，必然会在征地的过程中和其他利益主体展开博弈。

2. 征地程序不公开引起的纠纷

根据我国的土地管理法相关规定，征收农村土地至少要经过省、自治区、直辖市人民政府的批准，并由县级以上人民政府公告并组织实施。从程序上看，征收农村土地必须经过较为严格的土地征收程序，在土地补偿方案确定后，有关地方政府应当公告，明确告知被征的农户，并听取被征地的农村集体经济组织和农民的意见。然而，有些地方对征地的公告程序并未引起足够重视，征地程序形同虚设。比如征地补偿公告和安置公告是在征地补偿方案确定之后才发出，在制定征地补偿方案和安置方案时并没有听取农民的意见，农民的知情权、参与权、协商权没有得到体现，农民没有任何话语权，更无法参与和监督。在征地拆迁和补偿安置过程中，被拆迁人多数处于被动和弱势地位，双方信息不对称、权利义务不对等；被拆迁人对征地的前期工作参与不够，了解不足，对征地、工程建设没有发言权和知情权，征地拆迁程序不透明，导致被拆迁人心存疑虑，难以充分保障自身的合法权益。

3. 征地补偿安置制度不合理引起的纠纷

征地补偿安置标准是土地征收制度的核心问题之一，征地拆迁补偿安置法定标准过低一直是为人们所诟病的一个问题，也是引发被征地农民强烈不满和征地拆迁矛盾纠纷的直接原因。虽然国家对征地的补偿安置已经做出了原则规定，但在实际操作中，各地缺乏一个分配到户的具体实施细则，补偿安置费用如何分配，分配由谁来监管等环节不明确。结果造成土地承包经营权人的权利完全由享有所有权优势的集体替代，后者通过自己在农地上的优势和话语权，迎合权力主体的需要，往往以各种手段压低，甚至贪污、挪用、私分、截留、拖欠征收补偿费。因而，如何安排被征地农民的社会保障费用，保障被征地农民的生活，维护被征地农民的合法权益等法律规定难以执行。当权利主体的利益明显受到侵犯或不能满足其利益需求时，因征地补偿费而引起的纠纷自然成为农村土地纠纷之一种。

4. 征地补偿分配不均衡引起的纠纷

征地补偿款的发放是具有行政管理性质的行政行为。根据国务院颁布的《关于深化改革严格土地管理的决定》（国发〔2004〕28 号）的精神，土地补偿款主要用于被征地农户，由各省、自治区、直辖市制定土地补偿款的分配方案。虽然农村土地的所有权人为集体组织，但是集体组织本身没有权力去决定集体土地的具体补偿方案。因此，在征地过程中，集体组织及其成员与政府之间就会在征地补偿款的标准问题上产生冲突。集体组织及其成员会为了提高征地补偿款的标准与地方政府进行博弈。

被征收土地补偿款包括土地补偿费、安置补助费、地上附着物和青苗补偿费三部分，每部分补偿金应按照各自的标准分开发放。有的地区安置政策并未完全落实，有的三类补偿金未按规定分开发放，容易引起被征地农民的不满而发生纠纷。因征地补偿分配涉及村民的根本利益，村民之间因征地补偿款之争较为激烈，村民因分配方案难以完全形成一致而产生纠纷。比如在如何确定农村集体经济组织成员资格等问题上各地认定标准不一，从而导致执法不统一。实践中比较普遍的做法是或以当事人的居住地为依据，或以其户籍为依据，以此认定集体经济组织成员的资格。但其极有可能"两头"否定诸如"外嫁女"、离婚、丧偶女性、大中专在校生、服刑人员等特殊群体的成员资格，以此剥夺他们的收益分配权，造成两头权利都悬空的状况。正是社会对上述特殊群体权利的漠视、法律和政策等原因致使许多人无法享受土地上的诸项权利，进而引起矛盾纠纷。

5. 社会保障制度不健全引起的纠纷

农民最大的生活保障是土地，土地的征收使得农民失去了最大的生活保障。尽管政府在征地拆迁后给予农民一定的补偿，但是政府对于农民的补偿远不及土地的保障能力。由于土地被征收，房屋被拆迁，农民往往被异地安置，脱离原来的生活环境，生活技能得不到有效利用，原有的"房租经济"等经济来源受到影响，年龄稍大的人再就业困难。同时，由于居住地的搬迁，被征地农民在交通、购物、就医、子女上学等方面都会面临困难。由于生活成本增加、生活质量下降，可能会使被征地农民群体陷于"边缘化"和"贫困化"。总体上，土地承载着农民生活保障的重要功能，只有建立完善的社会保障制度，才能消除被征地农民的后顾之忧。只有解决农民的生计问题，使被征地农民真正得到实惠，才能化解征地拆迁的矛盾纠纷。

第二节　征地拆迁纠纷解决机制

一　征地拆迁纠纷解决机制的制度性安排

征收土地，是国家为了社会公共利益的需要，依照法定程序将农民集体所有的土地转变为国有土地，并依法给予被征收土地的农民集体和个人合理补偿和妥善安置的行为。按照《土地管理法》的规定，征收土地的审批权在国务院和省级人民政府。征地补偿安置，是市、县国土资源行政主管部门根据经国务院、省级人民政府批准的土地征收方案，会同有关部门拟订征地补偿安置方案，报市、县人民政府批准后，由市、县国土资源行政主管部门组织实施的行为。因此，征收土地方案解决的是将农民集体所有土地变为国有土地的问题；征地补偿安置方案解决的是土地征收后，如何对被征地农民集体经济组织和被征地农民给予补偿和安置的问题。如前分析，由于土地征收涉及多方重大而复杂的利益关系，特别是严重影响到失地农民的土地财产权益以及生存与发展的根本性问题，因此大规模、持续有年的土地征收，不可避免地会发生大量的矛盾纠纷。在这些争议和纠纷中，目前，农民的主要诉求内容还是征地补偿安置问题，如土地补偿标准过低，安置方案不合理、征地补偿安置过程不透明、违规违法强征强拆等。鉴于此，国家仅对征地补偿安置争议解决机制进行了制度性安排，即确立征地补偿安置争议协调裁决制度。

征地补偿安置争议协调裁决制度的推出，是因征地补偿安置引发的矛盾和纠纷日益突出，已成为人民群众日益关心的社会热点问题。一些地方由于征地补偿安置争议协调裁决制度不落实，致使许多因征地补偿引发的矛盾和纠纷得不到及时处理，部分地方甚至发生了群体性事件，影响了社会的稳定。全面推行征地补偿安置争议协调裁决制度，是建立和完善有效的群众利益诉求机制和权益保障机制的重要手段，对于引导被征地的农村集体经济组织和农民通过法定渠道化解征地矛盾，解决征地纠纷，切实维护社会稳定具有重要意义。

这一制度的确立，主要体现在以下几个规范性文件中：

（1）《中华人民共和国土地管理法实施条例》（1999 年 1 月 1 日实施）第 25 条第 3 款规定："对补偿标准有争议的，由县级以上地方人民政府协调；协调不成的，由批准征用土地的人民政府裁决，征地补偿、安置争议不影响征用土地方案的实施。"可见，征地补偿安置争议协调裁决制度是《土地管理法实施条例》为解决征地补偿安置争议确立的专门制度。

（2）国土资源部《征用土地公告办法》（2002 年 1 月 1 日实施）第 15 条第 1 款规定："因未按照依法批准的征用土地方案和征地补偿、安置方案进行补偿、安置引发争议的，由市、县人民政府协调；协调不成的，由上一级地方人民政府裁决。"

（3）2004 年《国务院关于深化改革严格土地管理的决定》（国发〔2004〕28 号）又提出"加快建立和完善征地补偿安置争议的协调和裁决机制，维护被征地农民和用地者的合法权益"。

（4）国土资源部《关于加快推进征地补偿安置争议协调裁决制度的通知》（国土资发〔2006〕133 号）要求各省厅积极与当地政府沟通协调，争取省政府的支持，尽快建立这一制度，并提出将推行这一制度，要求各省在 2006 年年底前必须制定《征地补偿安置争议裁决办法》。

根据《土地管理法实施条例》第 25 条第 3 款之规定，集体经济组织和农民对于征地补偿安置方案享有如下权利：在方案确定前即在拟订的安置补偿方案公告时有提出意见的权利；在方案确定后即当征地补偿安置方案报经批准并公布之后有寻求救济的权利，即对补偿标准有争议的，先由县级以上政府进行协调，再由批准征地的人民政府裁决，对裁决不服的，再提起行政复议或行政诉讼。

国土资源部《关于加快推进征地补偿安置争议协调裁决制度的通知》进一步明确规定了征地补偿安置争议协调裁决制度的基本内容，包括征地补偿安置争议协调裁决制度的基本原则、协调裁决的范围、协调的依据与内容、协调和裁决的程序、协调和裁决机制等。明确了征地补偿安置争议协调裁决制度是《土地管理法实施条例》为解决征地补偿安置争议确立的专门制度，必须坚持政府主导、公众参与、重在协调的原则。协调裁决的范围是针对被征地农民与实施征地的市、县政府在补偿安置方面的争议（对市、县人民政府批准的征地补偿安置方案有异议的；对适用征地补偿安置方案涉及的对被征土地地类、人均耕地面积、被征土地前三年平均年产值的认定有异议的；实行区片综合地价计算征地补偿费的地区，对区片综合地价的适用标准和计算有异议的）；协调裁决不对经依法批准的征地合法性进行审查，不代替行政复议和诉讼。协调要以土地管理法律、法规、规章和国家、省级人民政府有关政策为依据，主要是对市、县人民政府确定的征地补偿安置方案和实施过程进行合法性审查，同时兼顾合理性审查。协调裁决制度在程序上必须贯彻协调前置、重在协调的原则，即当事人应当先向拟订征地补偿安置方案的市、县人民政府的上一级人民政府申请协调。未经协调的案件，不能进行裁决。裁决机关受理裁决案件后，也要先行组织协调。经协调达不成一致意见的，依法做出裁决决定。协调意见书经双方当事人签字同意后，即发生法律效力。建立灵活多样的协调裁决机制，在政府主导的框架下，积极组织相关社会团体、法律援助机构、相关专业人员、社会志愿者等共同参与，综合运用咨询、教育、协商、调解、听证等方法，依法、及时处理征地补偿安置争议。

二 征地补偿安置争议协调裁决制度分析

2006年，国土资源部决定推行征地补偿安置争议协调裁决制度，并要求各省制定《征地补偿安置争议裁决办法》。虽然之前已在湖南、重庆和安徽等省（市）推行征地补偿安置争议协调裁决制度的试点，并取得了一定的成效，但截至2007年5月底，全国只有湖南、安徽、重庆、甘肃、河南、浙江、天津正式出台了《裁决办法》，其他省份仍然没有可供裁决的程序性规范。① 截至 2010 年年底，天津、甘肃等 15 个省（自治区、直辖市）通过地方政府规章或规范性文件建立了这项制度，浙江等 4 省（市）成立了征地补偿安置争议协调裁决办公室等专门机构。②

（一）征地补偿安置争议协调裁决制度的缺陷

征地补偿安置争议协调裁决制度一出，就遭到了理论界和实务部门的诟病和异议甚至否定。现行征地补偿安置争议协调裁决制度面对的最大非议，就是裁决机构的非中立性，即由政府来做自己的法官，这与自然正义原则相悖。有学者认为，政府是征地决策者、规则制定者、土地使用者、利益攸关者，这种既充当谈判者又充当裁判者的博弈机制根本无法化解一些地方政府借机与农民争利的冲动。而且，先裁决后复议、诉讼，限制了当事人的选择权，裁决机关又与复议机关重叠，无端增加了行政成本和当事人的负担。③

还有学者认为，正是由于这一制度规定不明确，造成了有关部门各自做出不同解读，这种分歧又成为当今妨碍相对人通过法律救济机制及时解决征地补偿安置争议的主要症结。更为严重的是这一制度设计本身就存在很大的问题，表现为：一是将行政法规与相关法律做了相互对立的理解。即《实施条例》规定的协调裁决与《行政复议法》、《行政诉讼法》关于相对人对具体行政行为不服，可以直接申请行政复议和提起行政诉讼的规定不符。二是将大量本应解决在地方的行政争议引向中央政府。即对补偿标准有争议的，先由县级以上政府进行协调，再由批准征地的人民政府裁决，而批准征地的人民政府为省级政府甚至是国务院，之后才能申请行政复议或者提起行政诉讼，这势必将这类数量巨大的基层群体性行政争议引向中央政府。三是将会极大地加重相对人程序负担。按规定须协调、裁决，之后才能申请行政复议或者提起行政诉讼，而无论是协调还是裁决都既无时限规定，也无程序约束，这带给相对人的程序负担必将难以估量。四是缺乏超脱地位的协调裁决难以保证

---

① 参见贺日开《我国征地补偿安置争议裁决机制构建研究》，《江海学刊》2008 年第 2 期。

② 参见莫晓辉《征地补偿安置争议协调裁决制度的再审视》，《行政管理改革》2011 年第 7 期。

③ 同上。

这一制度的公正性。因为事先参与做出征地行为或者征地补偿安置行为的部门主导着协调裁决活动，相对人争议的事项与这些部门有着直接或间接的关联，协调裁决活动难以具备基本的公信力，解决争议的可能性也因而大打折扣。甚至可以说，这个制度就没有存在的合理性，所谓"协调"是个性质不明的东西，所谓"裁决"实质上就是行政复议。[1]

也有人认为，这种局面的出现并不能简单归咎于制度本身，这是我国社会发展中的一种过渡性特征，是社会组织机制乏力与发育迟缓情况下的权宜之计。要逐步将政府中的裁决机构逐步独立出来，积极引入中立的、具有社会威望的社会组织参与裁决。不合理的法律制度在未被纠正或废止时，其仍是制度，并释放着负向能量。"虽然法学界和司法实务界对征地补偿安置争议法律救济途径的质疑较多，但目前在实践中对征地补偿安置争议的救济仍然是遵循着协调、裁决、诉讼的途径在进行，这就意味着各界所诟病的该救济途径的有限性，如救济程序繁复，解决纠纷的层级过高，协调、裁决程序的二次执法性质以及对其公正性的质疑等问题在目前仍然存在，并且实践中正在严重影响着失地农民快捷有效地寻求补偿安置救济。"[2]

（二）征地补偿安置争议协调裁决制度的实效

征地纠纷，包括征地补偿安置争议较之于其他农村土地纠纷的解决难度要大得多，制度内征地纠纷解决机制的实效并不理想。相反，非制度化的利益诉求与纠纷求解方式却大行其道。

中国社科院法学所与社会科学文献出版社于 2011 年 2 月 24 日发布《法治蓝皮书（2010）》，其中的《中国农民土地权利状况》调查报告显示：被征地农民通过正常渠道解决问题和纠纷的可能性很小，到法院打官司的只占农民为解决征地纠纷采取各种行动的 1.8%，而选择到政府部门上访占到了 10.7%。[3] 同样，征地补偿安置争议协调裁决"这项制度发挥的作用仍然十分有限。我们在 2010 年开展的 17 省抽样调查表

---

① 参见方军《解决征地补偿争议为啥常见"踢皮球"——对〈土地管理法实施条例〉第二十五条的思考与建议》，《中国国土资源报》2007 年 4 月 12 日第 6 版。（作者系国务院法制办公室行政复议司副司长）

② 莫晓辉：《征地补偿安置争议协调裁决制度的再审视》，《行政管理改革》2011 年第 7 期。

③ 参见朱可亮、罗伊·普罗斯特曼、杰夫·瑞丁格、叶剑平、汪汇《十七省地权调查》，《新世纪》2012 年第 5 期。

明，被征地农民的补偿水平偏低，且有一部分农民没有得到补偿或被一直拖欠，有大约 1/3 的农民明确表示不满意、不公平，多数被访者希望直接找政府或者专门化的裁决机构来解决不满。但实际上他们表达不满的途径仍然主要是上访、阻止施工等方式，很少采用申请裁决等正式的方式维权。这是因为，农民对裁决制度的了解程度和信任程度极为有限，六成以上的被访农民从未听说过征地补偿安置争议协调裁决制度。这一状况与建立征地补偿安置争议协调裁决制度的初衷形成了强烈反差"。① 我们在西部的调研与此情况相同，很少有通过征地补偿安置争议协调裁决的案例。征地拆迁纠纷的诉求与求解主要流向信访部门，甚至占到信访量的 50% 以上，对此我们在报告中将有专门论述。

　　来自司法实际部门的研究报告同样反映出，这项制度作为解决征地纠纷的一种制度化纠纷解决机制，其效果并不理想。重庆市第一中级人民法院行政庭课题组的研究报告指出：征地补偿安置争议是引发征地案件最主要的诉因，是征地案件诸多矛盾中最核心的矛盾。失地农民从追求失地后更好的生存和发展空间的现实出发，希望获得更高的补偿安置，在寻求行政救济未果的情况下，针对征地过程中不同环节的行政行为反复起诉，期望通过诉讼解决其补偿安置问题。而负有补偿安置职责的行政机关，从严格执行现行土地管理法律、法规、规章的角度出发，在补偿安置标准、住房安置方式、安置对象的范围等补偿安置问题方面与被征地农民存在巨大的意见分歧，被征地农民的这种合理需求与法定标准之间的冲突，使人民法院在司法评判中陷入困境。此外，"协调—裁决—诉讼"的救济模式存在较大局限性，被征地组织或者人员直接对补偿安置方案不服，不能直接提起行政复议或者诉至法院，而代之以先协调、后裁决的救济方式。这种将多个行政行为"捆绑"，或者前行为为后行为所吸收后才纳入行政诉讼受案范围，削弱了司法监督效力，也加大了被征地农民的维权成本。建议将该程序修改为"复议—诉讼"模式，规定被征地农民对补偿安置方案不服可以向复议机关申请行政复议，对行政复议结果不服，可以向人民法院提起诉讼。②

---

① 莫晓辉：《征地补偿安置争议协调裁决制度的再审视》，《行政管理改革》2011 年第7 期。
② 参见重庆市第一中级人民法院行政庭课题组《重庆市土地行政征收案件调查报告》，《西南政法大学学报》2008 年第 5 期。

（三）征地补偿安置争议的根本解决途径

在土地纠纷解决机制的研究中，有一个非常有趣的现象，就是研究者最后都转向了对土地制度本身的思考和研究。所谓"功夫在诗外"者是也。我们在农村土地纠纷解决机制的研究中，早就开始关注纠纷产生和存在的社会基础与纠纷解决机制之间的关系。"我们之所以要对农村土地纠纷产生的社会基础进行系统而深入的分析，目的就在于消除时下人们在解决农村土地纠纷问题上的'浮躁'。既然农村土地纠纷的产生有其深刻而复杂的社会背景和基础，那么对农村土地纠纷的解决也就远非时下人们所热衷的事后救济以及救济方式的选择那么简单，而应立足长远，在消除农村土地纠纷产生的社会基础上下工夫，构建解决农村土地纠纷的长效机制。"①

广州市中级人民法院课题组从法院审判的视角，深入系统地调查研究农村"外嫁女"权益纠纷问题之后，总结道："从根本上来说，外嫁女权益纠纷植根于农村集体财产所有权设计的缺陷和中国农村社会保障制度的缺失。这就决定了单纯调整分配体系只能是治标而不能治本。股份固化正是集体财产所有权改革的一次尝试。"② 重庆市第一中级人民法院行政庭课题组亦认为，根本性的解决机制应当是：提高征地与征地补偿法律位阶，制定《重庆市土地征收条例》，制定《重庆市行政征收程序》，对土地征收行为与补偿行为做出统一规定，适应新形势需要，建立和完善土地整理制度。确立征收法定原则，与时俱进地解读公共利益的价值属性。建立开放型征地程序，保障被征地农民合法权利，实现民主征地、阳光征地。公开、透明的征地程序，充分有效的沟通和协调机制，是依法征地的基本要求。适应城乡统筹发展需要，建立和完善土地整理制度。③

征地补偿安置争议的解决又何尝不是如此？"征地争议的根本解决途径是改革集体土地产权制度，征地补偿安置争议裁决制度是为了解决因征地引起的纠纷而设置的程序性装置，它是为公正解决征地纠纷而存

---

① 白呈明：《农村土地纠纷的社会基础及其治理思路》，《中国土地科学》2007年第6期。

② 广州市中级人民法院课题组：《农村"外嫁女"权益纠纷若干问题研究——从法院审判的视角解读农村"外嫁女"权益纠纷》，全国法院系统第十五届学术讨论会征文。

③ 参见重庆市第一中级人民法院行政庭课题组《重庆市土地行政征收案件调查报告》，《西南政法大学学报》2008年第5期。

在的，也为公正解决征地纠纷提供了必要的条件。但是，我们应该清醒地认识到，指望仅仅依靠一项程序性制度的构建就能够真正有效地化解错综复杂的征地纠纷显然是不现实的，因为导致征地纠纷的主要原因在于法律规定的征地批准程序、补偿标准和补偿分配机制的实体性规范不合理，而这些实体性规范之所以不合理，其根本原因就在于我国集体土地产权制度的不明晰、不合理。""如果我们不从根本上解决问题，仅仅着力于建立一套解决纠纷的程序性规范，或者满足于修改有关征地补偿的实体性规范，提高补偿标准，那么，征地争议或许在一段时间内会得到缓解，但是不可能真正有效地消弭。"① 国土资源部官员也明确讲道，"解决征地纠纷，要从中国国情出发，多建几道'拦水坝'。第一，补偿应该公平、公正、公开。第二，要将征地项目的合法性问题与补偿安置的合法性问题区别开。征地项目的合法性审查主要在国务院和省级政府，只审查是否符合法定条件和程序，具体补偿安置方案由市、县政府负责。第三，建立一个纠纷裁决机构。第四，建立一个完善的土地市场体系"。②

事实上，社会矛盾纠纷的解决，无非是从两个层面进行：一个是从治理层面上的解决，即根据矛盾纠纷产生的体制和制度性原因进行根本性的变革和治理，通过协调平衡各方利益关系，以求得冲突和对立的化解；另一个则是技术层面上的解决，即从利益表达机制、利益博弈机制和纠纷解决机制上将矛盾纠纷纳入制度化、程序化的解决轨道，以提高解决纠纷的效率。两个层面的方式相辅相成，缺一不可。在社会转型、矛盾凸显的今天，人们出于稳控的思维定式或政治需求，在纠纷解决问题上，功利主义主导着一切，在纠纷解决机制多元化的幌子下，更多的人热衷于花样翻新般的机制创新。于是纠纷解决机制变得越来越花哨，越来越形式主义，自然也就越来越不管用。因为他们无视社会矛盾纠纷的真实逻辑，不愿触及体制性或制度性的问题根源。相关体制和制度一日不改，土地矛盾纠纷就会终将存在。

① 贺日开：《我国征地补偿安置争议裁决机制构建研究》，《江海学刊》2008年第2期。
② 于猛：《国土部官员谈征地纠纷：现有补偿制度存在问题》，《人民日报》2011年11月6日。

第三节　地方政府（开发区）征地拆迁实证研究

在工业化和城市化进程中，无论是公益性用地还是经营性用地都是通过地方政府的土地征收行为而实现的，地方政府无疑是土地征收法律关系的当事人一方。政府既是土地征收的决定者、执行者，也是征地补偿安置争议的协调者、裁决者。土地征收主要是满足于城市发展用地、基础设施建设用地、国家重大工程项目用地，此外就是各类开发区建设用地。毋庸讳言，开发区主要作为经济功能区来讲，征地拆迁工作尤显重要和突出。各地开发区一般土地需求量都比较大，动辄规划面积就是几平方公里、几十平方公里乃至数百平方公里。开发区征地拆迁也比较集中，通常要求低成本、高效率、最大化地实现土地储备，因此，开发区征地拆迁引发的矛盾纠纷也就比较多。可见，在地方政府征地拆迁的各种类型中，开发区的征地拆迁最具典型性和代表性。

一　西安高新区征地拆迁概况

西安高新技术产业开发区（以下简称西安高新区）是 1991 年 3 月经国务院首批批准的国家级高新区。成立 20 多年来，西安高新区主要经济指标增长迅猛，综合指标位于全国 53 个高新区前 5 位。西安高新区已成为中国中西部地区投资环境好、市场化程度高、经济发展最为活跃的区域之一，其雄居西安与西部高新科技产业前沿阵地，并以众多的"第一"成为陕西和西安最强劲的经济增长极和对外开放的窗口。全区现有企业上万家，经认定的高新技术企业就有 1830 多家，每年还有许多新增企业入园。西安高新区作为国家级高新技术经济开发区，不仅在西安"五区一港两基地"中是"领头羊"，在全国开发区中也处于领先地位。目前，西安高新区正在努力建设成为世界一流的高技术园区。

西安高新区的建设和发展过程，始终伴随有征地拆迁安置和征地拆迁矛盾纠纷。从 20 世纪 90 年代初期的征地拆迁安置回迁到现在的城中村改造拆迁安置回迁，已构成一个完整的过程。其所经历的不断变迁的征地拆迁安置政策，其所面对的错综复杂的利益关系，其所困扰其间的各类矛盾纠纷，可以说是我国工业化城市化进程中征地拆迁的一个缩影。因此，我们选择西安高新区作为调研对象，对西安高新区征地拆迁政策，包括征地拆迁管理体制、征地补偿政策和拆迁安置政策的发展演变、实施成效进行了系统的调研考察。我们还系统分析了西安高新区征地拆迁政策制定与实施的各种影响因素；分析了西安高新区征地拆迁所面临的困境与探索；分析了西安高新区征地拆迁政策以城中村改造为契机的重大转型；系统调研了高新区和曲江新区征地拆迁回迁安置社区农民的生活发展状况。因此，我们对征地拆迁政策的发展演变及其实施过程和结果有了一个比较系统而全面的掌握。在此基础上，我们对于征地拆迁纠纷发生的机理，特别是制度性诱因有了更加深入的了解，在构建和选择征地拆迁纠纷解决机制问题上有了新的认识和思考。

西安高新区的发展经历了三个历史阶段，即 1991—2003 年的最初创业期；2003—2008 年的二次创业期；2008 年至今建设世界一流园区期。伴随着高新区的发展壮大，高新区的发展规划、建设目标和征地拆迁政策也在不断地发展变化。1991 年西安高新开发区设立之初，经国家科委批准的规划面积为 22.35 平方公里，其中，集中新建区仅 3.2 平方公里（一期），其他为政策区；1998 年经西安市人民政府批准，西安高新区新建区又扩展 6.5 平方公里（二期）。2001 年 5 月，为了解决开发区发展空间问题，西安市人民政府市长办公会议第 113 次会议研究，批准雁塔、高新两区联合建设高新区三期，决定"将丈八东路以南，长安科技园以北，西洋路以西，西户路以东的 14.98 平方公里作为西安高新区建设用地"。2008 年"新开发区域开始启动，拓展区、长安通讯产业园、草堂科技产业基地、鱼化区域和西三环三角区域五个新发展板块完成相关规划、调研摸底工作，长安通讯产业园、草堂科技产业基地确定了规划选址及发展定位，已开始相关土地报批，落实基础配套方案工作。三角区已完成项目布点工作"。西安高新区建设规划面积为 80 平方公里，已完成开发配套面积 35 平方公里；长安通讯产业园总规划用地7 平方公里；户县草堂科技产业基地规划面积 20 平方公里（经市政府批准），分为南区和北区，南区规划面积 15 平方公里，北区规划面积 5平方公里。草堂基地开发建设、招商引资等各项工作已取得了突破性进展，2009 年 5 月 22 日开始全面开工建设。2011 年 11 月 14 日，西安市政府同意了高新区的扩区请示，扩区控制用地规模为 200 平方公里，至2020 年建设用地规模 60 平方公里。新区建成后，高新区面积将扩展至

200 平方公里。东接西沣公路，南接新环山公路，北接西汉高速，西接户县县城。

目前，西安高新区已形成"两带四区七园（基地）"的发展格局，规划区面积已由成立初期的 9.7 平方公里扩大到 107 平方公里，直至 200 平方公里。西安高新区园区内有上万家企业，每年还有大量新增企业需要入园落户，许多项目和企业在"等地"入园，空间拓展形势紧迫。西安高新区的发展规划及其建设目标决定其巨大的土地需求，只有通过大量的开发储备，才能充分满足园区发展的土地需求，这就意味着其将面临大量的征地拆迁任务和工作。陕西省人民政府《关于支持西安高新区建设世界一流科技园区的若干意见》给予西安高新区建设用地计划审批等用地方面极为优惠的政策，但在优惠的供地政策之下，关键问题是征地拆迁工作能否及时、稳妥地跟进，否则，优惠政策等于零。政策引路，制度先行，征地拆迁工作能否及时、稳妥地跟进，关键在于有无合理可行的制度设计。

西安高新区大部分位于雁塔区辖区内，而雁塔区地处西安市城南，具有"一区多制"的独特格局。在雁塔区的行政版图上，有国家级西安高新技术产业开发区、曲江新区和市级浐灞生态区，三环和绕城高速越境而过。雁塔区有 119 个行政村，512 个村民小组，其中 67 个行政村在三区规划区域内，包括高新区 39 个，曲江新区 23 个，浐灞生态区 5 个。雁塔区共有人口 108 万，其中新市民 40 万人，农业人口 15.85 万人，农户 4.62 万户。现有耕地面积 3.72 万亩，承包农户 19894 户，土地流转面积 13719 亩，机动地面积 380 亩。根据雁塔区"十二五"规划，该区在"十二五"期间要消灭"城中村"，实现无粮区。自 1999 年以来雁塔区征地 98 宗，总征地面积 42217 亩；其中高新区征用集体土地 24167 亩，曲江新区征用集体土地 7000 余亩，其他征地面积 11050 亩。仅 2004 年至 2006 年，雁塔区就配合高新区、曲江新区完成征地 18000 余亩，对南窑头、东辛庄、大雁塔村、袁旗寨、庙坡头等 14 个村进行了整村拆迁安置。自 1991 年 6 月至 2008 年 2 月，西安高新区征地拆迁共涉及 47 个村庄，累计征地 34000 亩，拆迁安置 8000 多户，涉及 25000 余人，拆迁面积 400 万平方米。这些数据还不包括目前已纳入"城中村改造"计划村庄的征地拆迁情况。截至 2010 年 6 月底，高新区 39 个村中，已拆除 21 个村，拆迁总面积 22442.978 亩，拆迁总人口

7112 户，共计 23190 人；回迁村 16 个，村庄面积 16210.799 亩。

伴随着西安高新区的迅猛崛起和快速发展，征地拆迁作为一项极其重要而艰巨的工作，始终在改革和探索中艰难前行，为西安高新区的发展创造了极为重要的机会和条件。由于征地拆迁既关系到地方经济社会的发展，又涉及拆迁人、被拆迁人等多方面复杂的利益纠葛，征地拆迁中矛盾纠纷大量发生，甚至严重影响到区域社会稳定。高新区开发中的征地拆迁具有起步早、项目多、规模大、协调难、纠纷多等特点。从西安高新区信访整体情况来看，征地拆迁信访能占到信访总量的 30%—40%；仅 2009 年 1—9 月份西安高新区平息的 53 起群访事件中，涉及征地拆迁问题的就占到 35—40 起。我们在对雁塔区信访部门的调研中获知，征地拆迁信访要占到该区信访总量的 50% 以上，其中大部分涉及西安高新区征地拆迁（部分涉及曲江新区的征地拆迁）。近年来，在西安地区颇具影响的电子城街办蒋家寨拆迁户、丈八地区货币安置户、"双女户"等信访案件都与西安高新区征地拆迁有关。这些矛盾和纠纷的存在既影响社会稳定，同时也对西安高新区产生了一定的负面影响。

二 征地拆迁政策法规体系及其发展走向

征地拆迁工作具有很强的政策法律性，要受到许多政策法规的刚性约束，必须严格按照政策法律的规定进行操作。但与此同时，由于我国正处于政治、经济、社会的全面转型期，国家征地拆迁政策法规根据社会经济发展变化的要求也在不断地制定和完善之中。因而，征地拆迁政策法律规定必然存在一些盲区或不明确、不合理、不科学的地方，致使征地拆迁在实际工作中积极探索与无所适从、盲目照搬与各行其是并存的状况普遍存在，由此引发的矛盾纠纷也大量存在。

（一）国家征地拆迁主要政策法律规定

征地拆迁国家层面的政策法规主要有《宪法》、《土地管理法》、《土地管理法实施条例》、《物权法》以及《国务院关于深化改革　严格土地管理的决定》（国发〔2004〕28 号）和《关于完善征地补偿安置制度的指导意见》的通知（国土资发〔2004〕238 号）等政策法规。在这些规范性法律文件中，主要就土地征收的范围、程序以及征地补偿项目和补偿标准问题做了规定，而作为征地拆迁重要组成部分的集体土地上的房屋拆迁补偿政策法规至今仍是一大空白，使这方面的工作缺乏国家层面政策法规的指导和规范，在实践中产生了大量的矛盾和纠纷。

1.《宪法》的规定

2004 年第十届全国人大第二次会议，对《宪法》第 10 条第 3 款进行了修改，将"国家为了公共利益的需要，可以依照法律规定对土地实行征用"修改为"国家为了公共利益的需要，可以依照法律规定对土地实行征收或者征用并给予补偿"；并在《宪法》第 13 条中增加规定："国家为了公共利益的需要，可以依照法律规定对公民的私有财产实行征收或者征用并给予补偿。"针对一些全国人大代表建议将"补偿"明确为"公正补偿"、"合理补偿"、"充分补偿"、"相应补偿"等问题，2004 年 3 月 12 日第十届全国人大第二次会议主席团第二次会议通过的《关于〈中华人民共和国宪法修正案（草案）〉审议情况的报告》中强调："'依照法律规定'既规范征收、征用行为，包括征收、征用的主体和程序；也规范补偿行为，包括补偿的项目和标准"，明确要求征收、征用土地和征收、征用公民的房屋等地上附着物的补偿项目和补偿标准必须由法律规定。

2.《土地管理法》的规定

《土地管理法》第 47 条规定："征收土地的，按照被征收土地的原用途给予补偿。征收耕地的补偿费用包括土地补偿费、安置补助费以及地上附着物和青苗的补偿费。征收耕地的土地补偿费，为该耕地被征收前三年平均年产值的六至十倍。征收耕地的安置补助费，按照需要安置的农业人口数计算。需要安置的农业人口数，按照被征收的耕地数量除以征地前被征收单位平均每人占有耕地的数量计算。每一个需要安置的农业人口的安置补助费标准，为该耕地被征收前三年平均年产值的四至六倍。但是，每公顷被征收耕地的安置补助费，最高不得超过被征收前三年平均年产值的十五倍。征收其他土地的土地补偿费和安置补助费标准，由省、自治区、直辖市参照征收耕地的土地补偿费和安置补助费的标准规定。被征收土地上的附着物和青苗的补偿标准，由省、自治区、直辖市规定。征收城市郊区的菜地，用地单位应当按照国家有关规定缴纳新菜地开发建设基金。依照本条第二款的规定支付土地补偿费和安置补助费，尚不能使需要安置的农民保持原有生活水平的，经省、自治区、直辖市人民政府批准，可以增加安置补助费。但是，土地补偿费和安置补助费的总和不得超过土地被征收前三年平均年产值的三十倍。"

现行《土地管理法》仅以"产值倍数法"对征收耕地的补偿项目和补偿标准做出规定。但事实上，据国家有关部门调查，即使实行该法定标准上限，仍不能保证被征地农民保持原有生活水平。至于对地上附着物是按成本价补偿还是按市场价补偿，征收乡镇企业正在使用的农民集体土地补偿项目是否包括搬迁费、停工损失以及征用土地的补偿项目、补偿标准都没有做出相应的规定。立法上的缺憾成为现实中各地实施征收和征用土地的人民政府令与被征地农民对征地补偿项目和标准意见严重分歧的重要原因，也是引发征地拆迁矛盾纠纷大量发生的重要原因。

3. 《物权法》的规定

《物权法》第 42 条第 2 款规定："征收集体所有的土地，应当依法足额支付土地补偿费、安置补助费、地上附着物和青苗的补偿费等费用，安排被征地农民的社会保障费用，保障被征地农民的生活，维护被征地农民的合法权益。"上述征地补偿规定在传统补偿项目后面加上了"等"字，为补充完善征地补偿项目留下了法律空间。同时还将国务院国发〔2006〕31 号文件中关于被征地农民"社会保障费用不落实的不得批准征地"的政策规定用法律形式固定下来。《物权法》第 43 条第 3 款规定："征收单位、个人的房屋及其他不动产，应当依法给予拆迁补偿，维护被征收人的合法权益；征收个人住宅的，还应当保障被征收人的居住条件。"该规定要求因征收土地涉及征收单位、个人的房屋及其他不动产的，要按特别规定拆迁补偿，不能按一般地上附着物补偿。2007 年 3 月 8 日，全国人大常委会副委员长王兆国在《关于〈中华人民共和国物权法（草案）〉的说明》对该条规定的说明中指出："具体的补偿标准和补偿办法，由土地管理法等有关法律依照物权法草案规定的补偿原则和补偿内容，根据不同情况作出规定。"对修订《土地管理法》、完善征地补偿项目和补偿标准提出了明确具体的要求。

4. 国家相关政策

由于《土地管理法》所规定的征地补偿制度存在补偿标准偏低、同地不同价等问题，导致农民土地权益严重受损，征地补偿纠纷引发的社会矛盾冲突不断，已成为严重影响社会稳定的重要因素。因此，国务院发布《关于深化改革　严格土地管理的决定》（国发〔2004〕28 号）要求："省、自治区、直辖市人民政府要制订并公布各市县征地的统一年产值标准或区片综合地价，征地补偿要做到同地同价。"国土资源部配合 28 号文件下发了《关于完善征地补偿安置制度的指导意见》（国土资发〔2004〕238 号），该文件对制定征地统一年产值标准和区片综合地价做出了概念性解释，并提出统一年产值制定过程中应考虑的因素：耕地类型、质量、农民对土地的投入、农产品价格、农用地等级等；同时提出统一年产值倍数的确定的一些原则：如农民原有生活水平不降低、土地补偿费和安置补助费合计按照 30 倍计算不足的，当地政府应当予以补贴；最后又提出区片综合地价制定过程中应考虑的因素：地类、产值、土地区位、农用地等级等要素。随后，国土资源部又下发了《关于开展制定征地统一年产值标准和征地区片综合地价工作的通知》（国土资发〔2005〕144 号）。

根据《决定》精神，《指导性意见》和《通知》进一步明确了征地补偿必须保证被征地农民原有生活水平不因征地而降低，并体现长远生计和未来发展需要的原则；确立了适当从高原则，明确在确定主要农作物价格时，可以根据调查市场价格和国家收购价格，择高确定，从而突破了法律规定的年产值倍数法，其将有利于合理确定征地补偿标准，在一定程度上缓解征地补偿标准偏低问题。

2010 年 5 月 15 日，国务院办公厅发出《关于进一步严格征地拆迁管理工作 切实维护群众合法权益的紧急通知》（国办发明电〔2010〕15 号）。文件出台的背景是："近期，一些地区在农村征地和城镇房屋拆迁中，相继发生多起致人死伤事件，群众反映强烈，社会影响十分恶劣。"文件要求："征收集体土地，必须在政府的统一组织和领导下依法规范有序开展。征地前要及时进行公告，征求群众意见；对于群众提出的合理要求，必须妥善予以解决，不得强行实施征地。要严格执行省、自治区、直辖市人民政府公布实施的征地补偿标准。尚未按照有关规定公布实施新的征地补偿标准的省、自治区、直辖市，必须于 2010 年 6 月底前公布实施；已经公布实施但标准偏低的，必须尽快调整提高。要加强对征地实施过程的监管，确保征地补偿费用及时足额支付到位，防止出现拖欠、截留、挪用等问题。征地涉及拆迁农民住房的，必须先安置后拆迁，妥善解决好被征地农户的居住问题，切实做到被征地拆迁农民原有生活水平不降低、长远生计有保障。"文件同时要求："要控制拆迁规模"，"要严格控制行政强制拆迁的数量"，对于"程序不合法、补偿不到位、被拆迁人居住条件未得到保障以及未制定应急预案的，一律不得实施强制拆迁"。"对采取停水、停电、阻断交通等野蛮手段逼迫搬迁，以及采取'株连式拆迁'和'突击拆迁'等方式违法强制拆迁，要严格追究有关责任单位和责任人的责任。"

2010年6月26日，国土资源部下发了《关于进一步做好征地管理工作的通知》。该《通知》有关征地拆迁问题有三个非常重要的提法和举措值得注意：一是要求推进征地补偿新标准的实施；二是第一次提及征地拆迁房屋补偿问题；三是确保农民对征地的知情权、参与权、申诉权和监督权。

国土资源部耕地保护司司长朱留华接受媒体采访时说："征地补偿新标准指的是各地公布实施的征地统一年产值标准和区片综合地价，主要体现在三个方面：一是征地补偿标准测算方式更加合理，改变了以往按被征耕地具体地块的年产值测算征地补偿标准的方式。其中，征地统一年产值是综合考虑一定区域内农用地的年产值来测算征地补偿标准；征地区片综合地价是综合考虑一定区片范围内土地类型、产值、土地区位、当地经济发展水平和城镇居民最低生活保障水平等多方面因素测算的征地补偿标准。二是补偿标准普遍提高，提高幅度平均为20%—30%。有的地方特别低的，甚至提高了一倍以上。三是体现同地同价的原则。强调在同一区域或区片范围内，征地补偿应执行同一标准。"①

征地中拆迁农民住房应给予合理补偿。一些征地会涉及房屋拆迁问题，按照现行法律规定，征地中涉及的拆迁房屋作为附着物进行补偿，具体标准由地方自行规定。近年来，征地拆迁矛盾比较突出，这些矛盾纠纷不仅仅是因征地补偿而生，还有相当一部分是因拆迁房屋补偿问题引发的。《通知》明确指出，征地中拆迁农民住房应给予合理补偿，并因地制宜采取多元化安置方式，妥善解决好被拆迁农户居住问题。拆迁补偿既要考虑被拆迁的房屋，还要考虑被征收的宅基地。房屋拆迁按建筑重置成本补偿，宅基地征收按当地规定的征地标准补偿。被拆迁农户所得的拆迁补偿以及政府补贴等补偿总和，应能保障其选购合理居住水平的房屋。

征收农民土地要确保农民的知情权、参与权、申诉权和监督权。征

---

① 《规范征地管理，切实保护农民利益：国土资源部耕保司长朱留华就〈关于进一步做好征地管理工作的通知〉答记者问》（http://www.dayoo.com/）。

地程序是否合法、公开、透明直接影响到农民的切身利益。因此，有关征地的重要信息必须由政府提前告知农民："在征地之前有一个告知的、确认的和听证的程序。告知就是告诉你这块地我将来用于征了干什么，在什么位置，有多大面积，补偿标准，安置途径，还有社保的情况，都应该让被征地的人知道的。通知就明确地强调征地告知要落实到村组和农户，不能落下一户。朱留华强调，如果农民对征地存有异议，可以向有关部门申请听证；对于农民起诉的合理要求，必须妥善给予解决。不同意的是肯定不能实施征地，如果这个必须要征，那么必须要和农民协商一致，不能强行征地。"①

（二）陕西征地拆迁政策法律规定

根据《中华人民共和国土地管理法》制定的《陕西省实施〈中华人民共和国土地管理法〉办法》（1999 年 11 月 30 日陕西省第九届人民代表大会常务委员会第十二次会议通过），关于征地补偿项目和标准，严格执行《土地管理法》第 47 条的规定，土地补偿费为被征耕地前三年平均年产值的 6—10 倍，安置补助费为 4—6 倍，两者总和不得超过 30 倍。

在国务院《关于深化改革　严格土地管理的决定》（国发〔2004〕28 号）、国土资源部《关于完善征地补偿安置制度的指导意见》（国土资发〔2004〕238 号）和《关于开展制定征地统一年产值标准和征地区片综合地价工作的通知》（国土资发〔2005〕144 号）文件下发之后，陕西省国土资源厅和西安市人民政府办公厅分别出台了《陕西省制定征地统一年产值标准和征地区片综合地价工作的实施方案》（陕国土资耕发〔2005〕31 号）、西安市人民政府办公厅《关于在全市开展制定统一年产值标准和区片综合地价工作的通知》（市政办发〔2006〕16 号）文件，着手制定陕西省和西安市征地统一年产值标准和征地区片综合地价的工作。2007 年 5 月 29 日陕西省国土资源厅厅长王登记在省十届人大常委会第三十一次会议上所做的《关于我省土地征收管理和失地农民生产生活保障有关情况的报告》中明确表示："目前，全省征地统一年产值标准和区片综合地价已上报国土资源部审查，待审查批准后将尽快由省政府统一发布实施，努力做到征地同地同价，征地程序公开透明。"

---

① 《规范征地管理，切实保护农民利益：国土资源部耕保司司长朱留华就〈关于进一步做好征地管理工作的通知〉答记者问》（http://www.dayoo.com/）。

但遗憾的是直至 2010 年 4 月 13 日，《陕西省征地统一年产值及片区综合地价平均标准》（陕政办发〔2010〕36 号）方才出台。

在我们的调研中，陕西省国土资源厅法规处有关人员称，陕西征地补偿标准一直执行的是一个项目一个标准，根据项目确定标准。不同的项目由不同的政府部门制定标准，如铁路、公路用地补偿都有各自的标准，但标准定得都很低，几乎是白拿地。陕西省也未出台集体土地上房屋拆迁补偿政策。他还认为，西安市一些开发区和区县征地拆迁走城中村改造的路子是对的，这样可以解决征地拆迁中补偿标准过低的问题，因为城改补偿标准比较接近市场价格，更合理些。但城中村改造土地转性缺乏法律依据，得不到批准。实际的做法是先征地，达到城改的条件时再走城改的路子。

西安市国土资源局法规处的官员称：西安市征地补偿标准实际是由各区县与农村集体经济组织和村民具体协商确定，一般都使用产值倍数法，实际都已超过了土地法所规定的倍数。并称，西安市目前还没有制定集体土地上房屋拆迁补偿政策，下一步将着手制定。

三　西安高新区征地拆迁政策的制定与实施

（一）西安高新区的法律地位及其权限

西安高新区征地拆迁工作除严格执行国家及省市征地拆迁政策法规外，还根据法律法规及省市人民政府的授权，结合开发区的实际和特点制定了一系列具体的政策和规范性文件，以指导和规范高新区规划范围内的征地拆迁工作。因此考察其法律地位及其相关权限具有重要的意义，因为这是构成高新区征地拆迁政策走向及模式选择的法理基础和法律依据。

《西安市开发区条例》、《陕西省经济技术开发区土地管理规定》和《陕西省人民政府关于支持西安高新区建设世界一流科技园区的若干意见》等地方性法规和政策，明确规定了西安高新区的法律地位及其职权职责，特别是关于土地管理开发方面的权限。这些规范性文件及其规定构成了西安高新区征地拆迁工作实践与创新的重要政策法律依据，应予全面而深刻地理解和把握。

《西安市开发区条例》（2002 年 11 月 27 日西安市第十三届人民代表大会常务委员会第四次会议通过，2003 年 2 月 23 日陕西省第十届人民代表大会常务委员会第二次会议批准）第4条规定："西安高新区管理委员会是市人民政府的派出机构，对开发区行使市级经济事务和部分社会事务管理职权"；第9条第2款规定："依据法律、法规、规章，制定开发区管理规定"；第10条第4款规定："开发区管理委员会行使下列职权：负责开发区内的土地、规划、建设、房产、市容环卫、市政、公用事业、环境保护、园林绿化的管理"；第11条规定："开发区管理委员会负责开发区内的农村管理工作，具体办法由市人民政府规定。"

《陕西省经济技术开发区土地管理规定》（1994年1月10日陕西省第八届人民代表大会常务委员会第四次会议通过，分别于2002年3月28日和2004年8月3日进行两次修改）第3条规定，开发区管理委员会根据派出它的人民政府的授权，在符合市、县土地利用总体规划的前提下，按照节约用地的原则，对开发区内的土地实行统一规划、统一征用、统一出让、统一管理，并接受派出它的人民政府的土地行政主管部门和上级土地行政主管部门的监督检查。第4条规定，开发区管理委员会根据派出它的人民政府的授权，负责开发区内土地使用权的出让，具体组织建设项目供地。开发区管理委员会根据派出它的人民政府的授权，依法对开发区内的土地使用权的转让、出租、抵押和参股实施管理。但在2003年以来，国务院进一步加强了土地市场秩序的治理整顿，西安市政府集中清查了各类开发区违法违规占地问题、开始规范建设用地管理。针对省人大出台的《陕西省经济技术开发区土地管理规定》存在与中央政策不一致的问题，陕西省政府向人大提出了修改建议。在省人大按程序修改《规定》前，市国土资源局和房屋管理局就"开发区土地管理体制不顺，存在多头供地"问题拿出了整改措施：暂停执行开发区管地和供地的行为，并将三个开发的土地管理部门改设为市局派出机构，本着依法理顺、高效便捷的原则，实行双重管理，从根本上解决多头供地问题。

2008年7月9日陕西省人民政府出台的《关于支持西安高新区建设世界一流科技园区的若干意见》（陕政发〔2008〕30号）规定："大力支持西安高新区统筹城乡发展，把西安高新区建设成为陕西省城乡一体化改革的试验区。支持城乡一体化管理服务。按照西安市城市总体规划（2008—2020年），在西安高新区规划范围内，支持西安高新区托管规划区域内的农村，对规划区域内城乡土地、建设、社会治安、交通运输等城乡经济社会的管理和服务事务实行统一管理，变城乡二元管理为西安高新区一元化管理。西安高新区管理的农村要加快城市化进程，坚持以规划为基础，以产业发展为支撑，以建立市场配置资源的机制为关键，以配套政策为保证，在统筹城乡发展方面大胆创新，为全省积累经验。"同时还规定："大力支持西安高新区探索集约用地模式，把西安高新区建设成为国家科技产业集约用地模式的示范区。坚持集约节约利用土地，坚持优先发展投入产出比高的高科技产业，大力支持西安高新区项目建设用地。按照经济贡献和土地供应大体同比的原则，省政府在西安市的计划内单列西安高新区建设用地计划，实行审批直通车制度。今后，每年全省新增用地指标向西安高新区倾斜。对投资额 3 亿元以上，每亩投资强度 250 万元以上，投入产出比 1：3 以上的项目，视同陕西省重点项目，确保优先及时供地。"

从以上规定可以看出，西安高新区的法律地位及其权限对于征地拆迁有如下影响：

1. 西安高新区现行管理体制与体制变革趋势

西安高新区主要是经济功能区，西安高新区管理委员会作为市人民政府的派出机构，对开发区行使市级经济事务和部分社会事务管理职权，主要根据市人民政府的授权开展工作，其管理权限与行政区有较大的差异。但随着高新区的发展和改革的推进，其社会事务方面的管理权限不断扩大，并最终将走向"西安高新区托管规划区域内的农村，对规划区域内城乡土地、建设、社会治安、交通运输等城乡经济社会的管理和服务事务实行统一管理，变城乡二元管理为西安高新区一元化管理"。对此，雁塔区有关部门 2009 年的一份调研报告则更能说明问题："高新区的主要职能是发展壮大高科技产业，即仅限于经济领域，与地方政府行使的社会管理和公共服务职能有着本质的区别。但从实际运作情况来看，高新区实际成了区中区，行使部分政府职能，造成了行政区划的不完整。可以看到：一方面，高新区行政事务已越来越全，水平已越来越高，留给雁塔区的仅仅是计生、社区、稳定等他们的弱项事务；另一方面从其发展趋势和目标来看，在政府职能方面逐渐走向全面和独立，很可能会脱离雁塔区。"

2. 西安高新区行政管理权与制定规范性法律文件

西安高新区虽然是市人民政府的派出机构，但享有在开发区范围内的行政管理权，"负责法律、法规在开发区的实施"，并"依据法律、法规、规章，制定开发区管理规定"等规范性文件。随着高新区管理体制的变革，其社会事务管理权限越来越大，实现"对规划区域内城乡土地、建设、社会治安、交通运输等城乡经济社会的管理和服务事务实行统一管理，变城乡二元管理为西安高新区一元化管理"的目标。管理体制的变革为其制定高新区征地拆迁政策提供了更为便捷的制度平台。

3. 西安高新区在项目建设用地和土地开发方面享有高度优惠的政策

高新区的持续、快速发展需要更多的土地提供发展空间，而建成区存量土地几无。因此，土地征收、拆迁配套、储备开发对高新区来讲显得尤为重要。陕西省政府大力支持西安高新区项目建设用地，按照经济贡献和土地供应大体同比的原则，在西安市的计划内单列西安高新区建设用地计划，实行审批直通车制度；而且今后每年全省新增用地指标还要向西安高新区倾斜，从而确保了西安高新区的建设用地计划。早在2003年1月西安高新区管委会就成立了土地储备中心，代表管委会进行土地一级开发的融资、负债和建设，负责土地一级开发的征地、拆迁及配套，从事组团以外产业用地的出让和商业、住宅用地的拍卖。政策优惠、制度支撑和机构运作构成高新区征地拆迁运行的重要保障。

（二）西安高新区征地拆迁政策发展演变

1. 征地拆迁管理体制

西安高新区乃至西安市其他所有开发区在体制模式上都实行的是"准政府型"，亦称管委会托管园区型，即管委会是政府的派出机构，行使派出政府授予的经济和部分社会事务管理权限，对开发区实施开发建设和管理服务。这种管理体制虽有优点，但也有明显的不足，特别是开发区和所在区县在农村管理问题上、利益取向等方面存在许多体制性的矛盾和冲突，直接制约和影响着开发区的征地拆迁工作。在此背景下，西安高新区管委会与雁塔区政府实行联建、税收分成的运行机制。两区设立联合开发办公室，与西安高新区土地储备中心合署办公，"联合办公室是西安高新区与雁塔区共同合作建设与开发的组织管理机构，负责两区合作开发过程中的组织协调、征地拆迁、安置补偿、财税分成等工作"。在联建中当地政府主要承担土地的征收任务，西安高新区主要承担村庄拆迁安置、规划、配套和招商。这种共同开发的模式在一定程度上缓解了体制性摩擦，解决了西安高新区对建设用地的需求。但在实际操作中，由于许多体制性问题和利益问题纠结缠绕在一起错综复杂，西安高新区征地拆迁受当地政府及街办严重掣肘。调研中，西安高新区征地拆迁有关部门的工作人员都深切感到，征地拆迁中行政区政府、街办相关部门是否配合以及配合的程度对征地拆迁工作影响至大。

2. 征地补偿标准

土地征收的核心问题是征收补偿问题，包括补偿项目和补偿标准。陕西省征地补偿在法律层面上一直执行《土地管理法》第 47 条规定的补偿项目和标准。由于统一年产值标准和区片综合地价长时间没有出台，补偿标准偏低的问题在政策法律层面一直得不到很好的解决。（直至 2010 年 4 月 13 日，《陕西省征地统一年产值及片区综合地价平均标准》（陕政办发〔2010〕36 号）方才出台。这种状况导致在实际工作中补偿标准完全由各区县与农村集体经济组织和村民协商确定，虽然一般都超过土地法规定的倍数，但由于随意性较大，同地不同价的问题突出，攀比成风，纠纷不断。未央区徐家湾街道办薛家寨村一组组长付随省说："从近几年这里征地来看，不仅标准低、标准乱，而且'买断式'征完地后，就把农民甩开不管了。我们组的土地是 1996 年以公共设施征用的，地价有 4.65 万元的，有 4.2 万元的，还有 3.7 万元的，谁也说不清标准到底是什么。"未央区汉城街道办麻家什字村村民董长荣说："这两年我们村绕城高速公路征地时每亩补 6000 元，西安经济技术开发区征地时每亩补 7 万元，最近听说绕城林带要征地每亩 3 万元。"西安市未央区城建局副局长刘胜利称：现在西安市不同性质的征地给农民的补偿标准不同。省上统一规定道路、广场、绿地等国家征地补偿标准在 1 万元以下，而一些量不大的建设用地给到了 7 万元左右，对此农民意见非常大。再如西安市人民政府下发的皂河改造沿线、三环环线建设沿线土地征收补偿标准及青苗和地面附着物补偿标准，明确皂河改造、三环环线建设土地征用补偿标准为 3 万元/亩。

依据《土地管理法》之规定，征地补偿标准采用"产值倍数法"，而且土地补偿标准以耕地补偿为最高，如雁塔区丈八街办核定耕地年产值为 1000 元/亩，按土地补偿费和安置补助费的总和不得超过土地被征用前三年平均年产值的 30 倍计算，土地征用补偿费仅为 3 万元/亩，征用其他土地补偿费还应小于 3 万元/亩。西安高新区并没有简单套用《土地管理法》的规定，而是在产值倍数法基础上，结合土地市场情况、土地规划以及土地的区位条件来确定新区范围内土地的征用价格。按城市规划划分：在丈八东路以北为城市建成区，该区域设施配套齐全，土地交易量大；丈八东路以南城市三环线以北为城市规划控制区，该区域为城市土地储备区。因此，新区范围土地地价由北向南，沿城市中心径向递减。参照西安高新区一、二期建成区内土地征用价格 6.8 万元/亩，确定丈八东路以南城市三环线以北土地征用价格 5.3 万元/亩，城市三环线以南土地征用价格 4.9 万元/亩。目前以城中村改造方式进行征地拆迁的村庄，其征地补偿标准仍为 6.4 万元/亩。可以说，西安高新区实行的征地补偿标准在全省来讲一直是相对比较高的。西安高新区自成立以来，征地补偿标准基本保持稳定，没有多大变化，而且目前仍未有提高补偿标准的计划。

3. 拆迁安置政策

由于国家和省市有关征地拆迁立法工作严重滞后，致使征地拆迁工作要么存在法律盲区无法可依，要么规定原则笼统缺乏可操作性，要么规定不科学不合理实践中难以实施。尤为严重的是，我国至今仍无统一的集体土地上房屋拆迁补偿政策法规，实践中各地主要依靠地方性政策和法规支撑，缺乏国家层面的政策法规的指导和规范。陕西省及西安市这方面的政策法规尚属空白，连地方性的政策和法规也没有。这种状况迫使西安高新区必须在现有政策法律框架下，结合本地和开发区的实际制定具有可操作性的征地拆迁规范性文件，并据此开展工作，从而形成西安高新区征地拆迁模式。

自 1991 年成立以来，西安高新区制定出台的征地拆迁政策主要有《村庄拆迁安置细则》、《村庄上楼安置方案》、《村庄拆迁统规自建方案》、《货币安置办法》四种安置方案，使安置方案多样化，便于被征地村庄，根据自己的实际情况，选择安置方案。政策具体出台的时间分别为：2001 年 10 月 30 日，《西安高新区三期规划范围内村庄拆迁安置办法》；2001 年 10 月 30 日，2001 年 11 月 11 日，西安高新区管委会和雁塔区人民政府《通告》；2002 年 9 月 25 日，《西安高新区规划范围部分村庄拆迁安置细则》；2003 年 6 月，《货币安置办法》，2003 年 10 月，《货币安置补偿实施细则》；2008 年以来，参照《西安市城中村改造管理办法》，拟定《开发区城中村改造管理办法》，2009 年出台。

西安高新区征地拆迁安置过程中主要使用的是多种安置方式相结合的模式，让被征地农民自愿选择安置方式。具体安置方式主要包括住房安置、货币安置、留地安置以及招工安置等。

(1) 住房安置，亦即一户一宅模式。高新区三期征地拆迁，丈八地区 16 个村庄实行异地集中安置，新区依据 12 个村庄的自然地理位置，在城市南三环路南北分别建设 3 个农民新村。农民新村的建设完全按照大社区的构想进行规划设计。户型有 360 平方米（三层）、300 平方米（两层半）和 240 平方米（二层），还有少量上楼安置（特殊农户，如嫁城女、祖遗户）的户型有 85 平方米、75 平方米和 170 平方米。户型和面积事先充分征求了被拆迁人的意见，自主选择。拆迁安置政策规定，安置房在 155 平方米内实行产权调换，互不找差价，超出部分按 450 元/平方米结算。大部分农户选择了大户型房，如南窑头村 950 户中，选了 360 平方米的就有 900 户，300 平方米的 48 户，240 平方米的仅有两户。闸口村 65 户人家选 360 平方米的 49 户，300 平方米的 3 户，240 平方米的 13 户。

(2) 货币安置。通过对新区内农村情况进行抽样调查，分析房屋结构、人均住房面积、家庭人口结构、人均预留国有土地面积以及区域商品房价格等综合因素，制定出货币安置的条件及办法。安置费用=房屋及附着物评估价+土地及人口结构补偿费。货币安置户房屋拆迁补偿每平方米平均 200 元左右。此外还有人均 7 厘生活用地和户均 4 分安置用地予以作价补偿。高新区三期征地拆迁安置 4406 户，选择货币安置的 374 户，其中有 191 户原选择的是非货币安置，经本人申请，出具不反悔承诺书后，改为货币安置（见表 7—1）。

表 7—1　　　　　　货币安置中的土地及人员结构补偿费用　　（单位：万元）

1 人户	2 人户	3 人户	4 人户	5 人户
31.465	36.915	42.365	47.815	53.265
人均 31.465	人均 18	人均 14	人均 12	人均 10

（3）留地安置。为了解决土地征用后农民长远生活出路问题，西安高新区对被征用土地的村庄预留一定比例的国有土地，给征用整村土地的 12 个村庄。按全村劳动力总数预留国有土地，每个劳动力按 0.1 亩计，新区范围内共预留国有土地 537.25 亩。预留国有土地由村委会自主经营，独立开发，其使用权及收益权归集体经济组织所有。预留国有土地应在符合西安高新区总体规划的条件下，选择比较繁华、交通方便的地块，便于农村各集体经济组织的经营。预留国有土地的用途原则上为住宅、商贸或综合用地，任何集体经济组织不得将土地产权转让或买卖。办理预留国有土地的有关税费由西安高新区管委会承担，并办理国有土地使用证。实践中，有的村庄如陈家庄村以预留国有土地作价入股，与房地产开发商共同开发预留国有土地；有的村庄则将预留国有土地交由西安高新区托管，每年都有稳定的土地收益。雁塔区和西安高新区有关部门有责任加强对各集体经济组织预留国有土地的监督和管理，保证预留国有土地发挥最大经济效益，维护农村的长期稳定和发展。

（4）招工安置。土地征收会产生大批失地农民，其再就业是一个严重的社会问题。西安高新区征地拆迁先后涉及 18 个村庄，仅新区范围内就有 12 个村人口 10000 多人，其中有大量劳动力人口。为了妥善安置农村剩余劳动力，针对失地农民再就业难的问题，西安高新区人才服务中心联合雁塔区丈八街道办，组织失地农民，免费举办各种劳动技能培训班，先后培训人数 2000 人，安置劳动力人口 500 个。

（5）城中村改造模式。随着西安高新区事业的发展、国家征地拆迁政策法规的变化以及西安城市化发展进程的需要，传统征地拆迁模式及其相应的补偿安置方式已显滞后，探索新的征地拆迁模式刻不容缓。于是，西安高新区在 2009 年工作要点中提出："出台实施《西安高新区城中村改造办法》，对已签订征地拆迁一户一宅尚未实施的村庄，探索市场化的新路子，避免产生新的农村村庄。在其他村和新开发区域，积极探索农村集体资产股份化，集体土地股份化，实施以转变农民身份为目标的村改社区。"随之，开始修改甘家寨村"一户一宅"协议，拟转为多层、高层上楼安置，与城中村改造接轨。① 丈八街办木塔南北村、茶张村随之被列入城中村改造计划，并逐步进入实施阶段。

---

① 参见《西安高新区征地拆迁简报》2009 年第 2 期。

(三) 西安高新区征地拆迁政策之反思

1. 征地补偿标准较低

西安高新区一、二期征地补偿款标准是每亩 6.4 万元，分期付款则为 6.6 万元，加上房屋补偿和安置达到人均 15 万元。新区范围内征地补偿标准则为每亩 5.3 万元，加上房屋补偿和安置达到户均 64 万元。长安区征地每亩 5.4 万元。开发区成立十几年以来一直使用这个标准征地，基本没有变动，现在仍未有提高标准的打算。这个标准显然有些低了，无论是国家政策法规要求还是周边其他开发区或项目征地补偿标准的提高，都对西安高新区构成一种现实的压力。但开发区从政策连续性和社会稳定的角度考虑还是不宜直接提高征地补偿标准，主要是担心已安置的农民"反水"，"按下葫芦浮起瓢"。因为新征地户要求提高征地拆迁补偿标准，不提高标准就征不动、拆不动；若提高了标准，已安置的拆迁户又会回过头来闹，要求再予补偿；若反复变化，则会导致政策不确定，讨价还价无休止。所以目前进行的木塔寨改造项目，两区政府仍将征地补偿标准确定为每亩 6.4 万元。

2. 制度内利益替补机制不健全

这个十几年前开始使用，一直沿用至今的征地补偿标准，若继续依之征地肯定很困难。"但说实话，征地是强制性的，政府定下的地价，农民无法抗拒和改变，这点农民很清楚，所以他们也就不太抵制，只是希望在安置补偿方面提高标准，堤内损失堤外补，尽量使其利益最大化。"调研中，我们听到了这样的说法。也就是说，在征地补偿标准难以提高的前提下，可通过提高拆迁补偿安置标准等利益替补机制消解征地补偿标准低的矛盾。如政府拿出一部分资金来解决被征地农民的养老保险等问题（养老保险是国家、集体、个人各承担一部分），算下来每亩征地成本可达到 15 万—20 万元。另外还通过预留国有土地，分配生活补贴用房，奖励配合拆迁者，对超面积建房者甚至对"抢栽抢种"、"乱搭乱建"、"强揽工程"等非法利益进行"认可"补偿等制度内和制度外的补偿方式，来换取快速拆迁、"和谐拆迁"。

3. 主要征地拆迁模式弊端明显

西安高新区 2000 年就开始实行的"一户一宅"安置模式，曾是西安高新区的一个创新，当时在全国都是领先的。高新区成立 18 年来，征地拆迁主要采用的就是"一户一宅"模式，另外还有上楼安置和货币安置。在住房安置的同时，还通过预留土地解决农民的生计发展问题。这种拆迁安置模式实行的是基本农户"一户一宅"安置+特殊对象"上楼安置"。"上楼安置"主要针对农村拆迁安置中不够一户一宅安置条件，但又必须安置的特殊问题，用以弥补一户一宅的不足，如在外职工、离异户、双女户、双子户等问题。

"一户一宅"模式虽然很受农民欢迎，但问题很快暴露出来了。其既没有节约土地，也达不到村庄改造的目的，基本上是拆了旧村建新村。农民住的房没产权，生活照旧，水电等基础设施跟不上，形成新的"城中村"。

"货币化安置"模式虽然成为许多地方主导性的拆迁安置方式，有的地方甚至达到了90%以上，但主张慎用或反对的声音也不少。这种安置方式至少目前在西安农村、农民现有发展条件下不具有普适性，甚至有些超前。其只适合于一小部分善于经营者，这些农户可以得到一笔不菲的发展资金，一般也会得到很好的发展。但其也可使那些不善经营者血本无归、贪图享受者坐吃山空陷入贫困，这些失去生活来源的人就会上访。丈八地区原货币安置户上访事件就非常典型。高新区建设涉及12个村庄，共安置村民4406户，选择货币安置的374户，占8.5%。在选择货币安置的374户中，其中有191户原已签订房屋安置协议，后来一看货币安置给的钱很多就放弃房屋安置，重新选择了货币安置。6年后，一部分货币安置户生活出现了问题，遂要求重新安置，335户原货币安置户授权委托代表上访维权，2008年以来去省、市、区不断上访，2009年4月进京上访，对社会稳定造成一定影响。

此外，"委托征地拆迁"也有一定的弊端。这种做法主要是委托被征收土地所在行政区的政府来做，开发区只管出钱，行政区负责征地拆迁安置。但实践证明这种做法并不理想，有扯不完的皮，甚至很容易走向地方政府和农民联手对付开发区，他们认为开发区是块肥肉。最后，开发区是花了钱办不成事。然而，这种方式并未完全放弃，在特定区域的征地拆迁中仍然使用，如西安高新区和户县人民政府联合开发草堂科技产业基地，基本采用的还是委托征地拆迁模式。

4. 征地拆迁成本不断攀升

一方面是被征地农民以及社会各方都认为征地拆迁补偿标准太低，不尽合理，农民权益受损，另一方面却是征地拆迁成本不断攀升，居高不下。西安高新区认为，虽然征地补偿标准未提高，有些偏低，但农民实际得到的利益在不断增加。表现在：一是地面附着物补偿上，被征地农民在征地前抢栽、抢种、补偿时乱要价；二是房子拆迁补偿上，乱搭乱建，房子一般都建到六七层，户均 800—1000 平方米，而且大都是为了获取补偿而临时加盖，其不仅增大补偿费用，还会产生大量的建筑垃圾清运费用；三是一些拆迁户想方设法拖延时间，多拿过渡费，想方设法强揽工程，想方设法抬高房子安置标准。据测算，木塔南北村拆迁下来，一亩地成本达 110 多万元，西滩村拆下来，一亩地成本也要达到 80 多万元。

5. 征地拆迁纠纷影响了社会稳定

征地拆迁政策法规的不健全，使征地各方当事人的利益边界缺乏权威界定。西安高新区主要作为经济功能区面对社会，然而其既是征地拆迁政策的制定者，又是征地拆迁的利益相关者。所以，农民认为西安高新区并不是一级人民政府，充其量是个"红顶子商人"，与农民应处于平等谈判的地位，因此也就对其征地拆迁政策缺乏认同感。在此背景下，农村集体经济组织、农户个人及其他拆迁利益相关者与西安高新区的摩擦不断、纠纷不断、上访不断。

尽管西安高新区在征地拆迁安置中，采取了一系列的措施，引入市场机制，政府角色重新定位，以法律为最高权威，变传统管理为治理，适当提高土地补偿标准，使用多种拆迁补偿安置方式，通过各方互动协商共同推进征地拆迁安置工作，但从以上分析我们可以明显看到，西安高新区传统征地拆迁模式暴露出的问题越来越多：一是制约多、过程长、成本高、效率低；二是不利于集约使用土地，达不到更多储备土地的目的；三是开发区直接面对拆迁户容易引发矛盾纠纷，不利于社会稳定。所以说，西安高新区征地拆迁工作需要探索新的路子，需要有新政策、新模式。

四　西安高新区征地拆迁政策走向与模式选择

（一）西安高新区征地拆迁政策影响因素分析

1. 保持全国开发区竞争优势的成本约束

西安高新区作为国家级高新区，其综合指标位于全国高新区前列，而且以其投资环境好，市场化程度高，经济发展活跃等优势吸引众多强势企业和重大项目入园。然而，西安高新区要保持其优势地位，必须参与全国高新区之间的激烈竞争。在竞争中能否保持优势，一个关键问题就是能否提供更为优惠的入园政策和条件，特别是供地条件是否具有吸引力。为此，一些地方就曾不惜搞"零地价"甚至"负地价"招商引资。可见，一方面在开发区之间存在激烈的竞争关系，另一方面开发区又有其自身发展的特点，即初期靠贷款、中期靠土地出让金、长期靠税收平衡。据介绍，西安高新区目前的土地使用状况是，商业用地仅占二成，工业用地和公共设施用地各占四成。工业用地往往以成本价或低于成本价进行供给，而公共设施配套用地只能靠补贴。这就决定了西安高新区征地拆迁的成本不能过高，效率不能太低，否则优惠政策难以为继，投资环境就会恶化。所以，成本和效率成为西安高新区征地拆迁政策制定和实施的一个重要考量因素。

2. 国家征地拆迁政策法规的刚性要求

征地拆迁是一项政策法律性非常强的工作，我国正处于社会转型当中，利益主体多元，诉求多样，规则不健全，因此征地拆迁不单纯是一种经济行为或法律行为，而是集政治、经济、法律、社会等问题于一身，纠结缠绕错综复杂，牵一发而动全身，处置不当就会引发纠纷冲突，甚至社会动荡。近年来，国家针对征地拆迁中的突出问题，制定大量政策法规，提出许多刚性要求，强化指导和规范征地拆迁行为，以确保农民权益和社会稳定。比如，提高征地补偿标准，制定统一年产值和区片地价，实现同地同价，先安置后拆迁，社会保障费用不落实的不得批准征地等规范和要求。这些精神和要求体现在《宪法》、《物权法》、《土地管理法》和国家相关政策中。任何地方征地拆迁政策必须符合国家政策法规的要求，不得与之抵触。

3. 地方征地拆迁政策法规环境不佳的困扰

从国家征地拆迁政策法规宏观层面上来看，征地拆迁的基本精神、价值取向、发展趋势都是清晰明确的，但仅有原则性的规定，缺乏具有可操作性的制度和规则，甚至在集体土地上房屋拆迁补偿如此重要的问题上出现立法空白，但许多省市的地方性立法消解了国家立法的缺失。遗憾的是，陕西省及西安市在这方面的政策法规制定工作远远落后于其他省市。省市有关统一年产值及区片地价标准出台较之其他省市都很晚，集体土地上房屋拆迁补偿安置方面的政策法规尚属空白。实践中混乱不堪，纠纷频发。这种恶劣的制度环境，使征地拆迁具体政策方案的制定和实施充满了变数和风险，由于缺乏上位法的支撑，包括西安高新区在内的一些开发区的征地拆迁政策很难得到利益相关者的认同和遵守。

4. 经济发展与社会责任的平衡

西安高新区作为经济功能区来讲，担负着重要的经济职能，也是西安经济发展的重要支撑点，因此，在建设用地计划审批上享有充分的优惠政策。西安高新区注重成本与效率，追求利益最大化无可厚非，但西安高新区不仅仅是个经济功能区，更不是一个企业，其还承担着许多社会公共事务，具有重要的社会担当。因此，征地拆迁政策的制定与实施无疑要重视社会责任，这种社会责任应融入具体的征地拆迁政策当中。比如，适当提高征地拆迁补偿标准，为被征地农民提供发展机会，确保征地后被征地农民生活水平不下降；依法拆迁、文明拆迁，预防和化解因征地拆迁引发的矛盾冲突，维护社会稳定等。反之，一味地强调西安高新区的特殊性，片面追求经济效益，征地拆迁政策就可能会跑偏，并引发重大矛盾冲突，导致不稳定。

5. 被征地农民维权行为的理性与非理性

征地拆迁政策法规不完善以及利益驱动等因素致使许多征地拆迁严重损害了农民的土地权益，农民土地维权风起云涌，并得到了社会舆论的强烈支持。但客观地评价农民的维权行为，其中有理性和非理性之分。理性的维权，使利益相关者有序地进入对话和谈判，减少分歧实现双赢。相反，非理性维权或缺乏相应的消解非理性维权的技术，都可能降低征地拆迁的效率，甚至陷入僵局。其实，换一个角度，我们可以从农民的维权（无论是理性还是非理性的）角度来反思和检讨征地拆迁政策，看是否有需要做出修正和调整的地方。我们在调研中向农民询问对西安高新区征地拆迁政策的评价时，农民反问我们："如果说高新区的政策好，那为什么我们周边征了地的农民的生活水平都普遍下降了？为什么有那么多人在上访？"征地拆迁中令征地拆迁者十分头痛的问题是被征地农民抢栽抢种，漫天要价，乱搭乱建，拖延拆迁，消极对抗，阻挠施工等。我们通常认为这是刁民习气，是农民素质低下的表现，但当我们还承认征地补偿标准的确很低，拆迁补偿安置还不够完善的事实时，我们是否还会一味指责农民？我们是否感到应有责任去调适我们的征地拆迁政策?

6. 征地拆迁对象的特殊性

西安高新区征地拆迁对象主要是城郊村或城中村。这些村庄有的已经有过一次或数次的征地,耕地几无,即使有面积也不多,大都以三产服务为业,特别是"房租经济"尤为突出。如茶张村,西安高新区在2000年就征去其耕地400多亩,但未予拆迁安置,农民对即将要进行的城改抵触情绪很大,认为西安高新区是"挖了白菜心丢下烂菜叶"。这个村在20世纪80年代中期形成户均4分宅基地的状况,有的更大,户均房屋800平方米以上,主要以房屋出租为业,年房租收入户均10万元左右。调研中农民讲道:"开发商要利润,开发区要土地,剩下我们农民怎么办?""我们农民不反对征地拆迁,不会阻挡西安和开发区的发展,但你们也要考虑农民的利益呀!特别是今后的生存和发展问题。没有了地,没有了房,我们还能做什么?""我们最希望的政策是,让我们拿土地入股,长远发展。"我们在制定政策时,必须考虑城中村、城郊村农民房屋的功能,其已不是单纯的住房消费或法律意义上的财产,而是这些农民收入的主要来源。"房租经济"是城市化进程中农民的被动选择,他们在历次征地中已经为城市化发展做出了巨大的牺牲和贡献,不能让他们再次付出更大的牺牲。所以在补偿安置中,应充分考虑经营性用房安置和发展机会的提供。

7. 同城其他开发区或项目征地政策的比较影响

西安市城市化进程不断提速,在大量征收农民集体土地,其他建设项目用地也大幅度增加,城中村改造迅速推开。因此,征地拆迁非常普遍,而征地拆迁政策也各有不同,甚至差距很大。仅以西安"四区两基地"为例:西安高新区规划区80平方公里,建成区仅为35平方公里,此外还有长安通讯产业园7平方公里、户县草堂科技基地20平方公里有待开发;曲江新区一期17平方公里,浐灞生态区中心区50平方公里,都涉及征地拆迁问题。然而,各开发区和项目征地拆迁补偿标准迥异。比如,曲江新区一期拆迁安置费人均已达15万多元,经开区创造的"经开模式"更以"高补偿、高速度"而闻名。《西安日报》就曾报道,中营村执行的未央区城中村改造拆迁补偿安置方案:"被拆迁户除可获得房屋残值、过渡费、拆迁奖励等现金补偿外,人均住宅安置面积65平方米市值20余万元,人均经济保障用房20平方米市值10万余元。

加上拆迁安置中的货币补偿，按每户 3.5 人计算，城中村改造后，户均资产近 150 万元。"我们在雁塔丈八街办农村调研时，农民评价西安市各开发区征地拆迁政策时就认为，"经开区的政策最开明"。因此，西安高新区征地拆迁政策的制定不仅存在一个自身政策的连续性问题，即纵向比较，还必须与其他开发区和建设项目征地拆迁政策进行横向比较，在通信网络极为发达的今天，农民对各个开发区乃至全国各地的征地拆迁政策都是非常清楚的，这种比较将深刻影响他们对征地拆迁政策的认同度。

8. 西安高新区管理体制与相关行政区权责关系的影响

西安高新区的管理体制仍然实行与产业园区相匹配的"准政府型"，即管委会作为市政府的派出机构行使市级经济权限和社会事务管理权，其核心问题是缺乏对区内农村的管理权。因此，西安高新区征地拆迁工作势必受制于相关行政区，其与行政区存在重大利益相关关系。在"共建双赢"平台下，两区项目、利税分成虽然可以缓解矛盾，但无以消解西安高新区发展成为城市新区后的重大利益冲突。目前西安高新区征地拆迁中所涉行政区有雁塔区、长安区和户县，但在省市层面没有统一的制度规范，在西安高新区与各行政区之间也无制度合作机制，仅靠"例会制度"进行"一事一议"式的沟通，主观随意性大，变无定数，极大地降低了征地拆迁的效率，增大了摩擦冲突的系数。虽然，《西安市开发区条例》有"开发区管理委员会负责开发区内的农村管理工作，具体办法由市人民政府规定"的规定，但再无下文。省政府《关于支持西安高新区建设世界一流科技园区的若干意见》规定了支持西安高新区城乡统筹发展，对区内农村实行托管，但并无实质进展。在此背景下，一是西安高新区与行政区就征地拆迁问题建立制度合作平台，制定《两区征地拆迁议事规则》明确双方权责并与项目 GDP 分成挂钩；二是在具体征地拆迁政策中应长远考虑，逐步渗入"托管农村"的内容，如安置区域、发展机会等方面。应将无形改造视为一个长期的任务和过程，因为一个简单的身份转变，无法实现农民变市民。西安高新区将长期存在着一个特定的群体，即拥有居民身份的农民。

（二）西安高新区征地拆迁政策的困境与突破

以上的分析使我们可以清晰地看到，西安高新区征地拆迁政策制定与模式选择受限因素颇多。一是政策法律方面的，既有国家宏观征地拆迁政策法律的刚性要求，又有地方征地拆迁政策法规微观环境不佳的局限，特别是征地拆迁中一些关键性问题缺乏上位法的指导与规范，陷入于法无据的状态。二是管理体制方面，西安高新区的功能定位、法律地位及其管理体制，使其在征地拆迁中掣肘于其他行政区，且缺乏制度合作平台。西安高新区征地拆迁政策的制定与实施完全是西安高新区及相关行政区政府、街办、农村集体组织与农民等多方利益相关者博弈的结果，成本大而效率低。三是西安高新区自身发展目标与条件的约束。西安高新区规划建设目标决定其巨大的土地需求量，而且以优惠价格供地是保持开发区投资环境优势的重要条件，因此，土地开发储备受成本约束较大。低成本、高效率最大值地储备土地成为西安高新区征地拆迁政策的基本取向。四是被征地农民方面，主要是城郊村或城中村，地少房多，房租经济突出，维权技术成熟，征地拆迁补偿安置要求较高。五是政策比较压力大，西安"四区两基地"、重点项目工程征地拆迁政策及城中村改造拆迁补偿政策中，有许多优于西安高新区政策的规定，成为被征地农民谈判的重要依据，对高新区构成较大的压力。六是被征地农民对西安高新区存在感情隔阂和认识偏差，降低了对其征地拆迁政策的认同度。七是西安高新区以往征地拆迁政策实施中，引发了一些社会问题和负面影响。

这些受限因素，使西安高新区征地拆迁政策的制定与具体模式的形塑几乎陷入困境。其实，这并不是西安高新区仅有的问题，而是几乎所有城市发展和开发区发展中所共同面对的问题，只是表现形式不同（侧重点不同）和程度不同而已。在国家宏观政策严控耕地征收和强化农民土地权益保护的背景下，各城市发展已不可能再通过超低成本的土地扩张来实现，因而城市建设用地方式发生了由增量供给到存量整合的转变。作为城市化"副产品"的"城中村"则为实现这一转变提供了良好的契机，通过"消化"大大小小的"城中村"获取建设用地已成为最佳选择。于是，几乎就是"问题村"代名词的"城中村"一夜之间由"灰姑娘"变成了"白雪公主"。在此背景下，"城中村改造"征地拆迁模式应运而生。所谓"城中村改造"征地拆迁模式，就是实施改造的城中村，其集体土地由地方政府按照一定程序将此转为国有土地，被转性的土地除少部分用于安置村民生活和建设公共设施外，其余部分被地方政府出让或储备，地方政府因此获得大量城市发展建设用地。简单地讲，就是地方政府通过拆迁补偿安置村民之后直接获得集体土地所有权的一种规避国家土地征收制度的行为。令人称奇的是在没有任何上位法支撑的情况下，城中村改造在全国大中城市迅速推开，而且愈演愈烈，许多城市都制定了"消灭城中村"的时间表。一些开发区也纷纷摈弃传统征地拆迁模式，转向使用"城中村改造"征地拆迁模式。这种征地拆迁模式虽然有着巨大的政策优势和可观的经济效益，但必须要看到其所存在的政策法律风险，其所引发的一系列社会、经济、政治、法律等问题将持续存在，并会对今后城市的发展产生长远的影响，这些问题"黑洞"促使我们尽快从简单的功利主义中走出来，认真检讨和反思这一模式，对现实问题在理论上做出应有的回应，并以制度化的方式逐步消解之。

（三）城中村改造征地拆迁模式政策优势分析

城中村具有巨大的土地利用空间。据西安市城中村改造办资料显示，西安市城六区和四个开发区，共有行政村624个，其中人均耕地在0.3亩以下的城中村286个，人口约37万人。加上长安、临潼、阎良三区40个城中村，共计326个，人口约46万人，有各类土地21.6万亩。其中，作为改造工作重点的二环路以内有行政村72个，涉及农业人口2.5万户，8.98万人，集体土地2.3万亩左右。

雁塔区共有119个行政村，基本位于西安市城市建成区范围内，其中91个村的人均耕地面积已少于0.3亩，需要进行城中村改造。119个行政村中有67个属三区规划区域内，其中高新区39个，曲江新区23个，浐灞生态区5个。

截至2011年年底，西安市已累计完成133个整村和30个棚户区的搬迁征收任务，63个城中村和25个棚户区7.13万户、27.96万人实现回迁安置，完成197个村的农转居工作和121个村的撤村建社区工作。改造工作为国家和省市重点项目提供建设用地1.93万亩，完善了道路、广场、绿地等各类市政设施建设。①

显而易见，城中村改造征地拆迁模式使城市发展用地绝处逢生，这一政策的实施可谓一石三鸟：一是实现了真正意义上的"城市土地属于

---

① 参见肖倩《西安27.96万城中村和棚户区市民迁入新居》，《陕西日报》2012年2月1日。

国有"，政府达到了土地储备的目的，有效缓解了城市发展用地的矛盾；二是提升了城市形象，改善了民居环境；三是在城市化进程中解决城市化带来的问题，因为城中村的产生本身就是城市化的副产品。应该说使用城改模式实现征地拆迁目标是现有条件下一个聪明而现实的选择，从某种意义上来讲是城市及开发区发展对征地拆迁政策的"重大突破"。西安高新区在2009年工作要点中就已提出，要出台实施《西安高新区城中村改造办法》，之后成立了城改办，出台了一系列城改政策，已有多个城中村改造进入实质性工作阶段。

第一，促生了农村集体土地上房屋拆迁补偿制度。《国有土地上房屋征收与补偿条例》已于2011年1月21日公布施行。《条例》对城市国有土地上房屋征收补偿一系列问题都有明确的法律规定，而农村集体土地上房屋拆迁补偿问题却一直无明确的法律规定，处于一种无序状态。各大中城市相继出台的城中村改造地方性法规和政府规章，则形成了完整的政策法律体系。如《西安市城中村改造管理办法》、《西安市城市房屋拆迁估价暂行规定》以及《西安市城中村村民房屋建设管理办法（试行）》。这些法规对拆迁补偿管理体制、拆迁补偿标准、房屋评估、产权面积认定方面都有相应的规定，在一定程度上解决了征地拆迁补偿法律缺位问题，使农村集体土地上房屋拆迁补偿有了直接的法律依据，弥补了《土地管理法》有关土地征收制度中的一些不足。尽管农村集体土地上房屋征收补偿立法正在进行中，《土地管理法》也在修订中，但这些地方立法在相关国家立法缺位期间具有重要的价值和作用。

第二，化解了征地拆迁中的诸多重大难题。长期以来，征地拆迁中一直存在一些困扰人们的老大难问题，如拆迁安置对象，拆迁补偿标准，产权面积认定，房屋估价标准，违章建筑和非法买卖宅基地处置，纠纷解决机制等。在城改和相关配套法规中，对这些问题都有较为明确的规定，而且在具体的实践中对此进行不断的修正、丰富和完善，使这些政策法律更具可行性。

第三，缓解了征地拆迁补偿标准过低的问题。城改拆迁引入了市场机制，其补偿标准已接近市场价格，更趋于合理，农民相对容易接受。

第四，引入开发商参与城中村改造。开发商在获得一定开发用地的同时，负责全部拆迁安置，政府的主要责任是进行监管。这样做的好处一是减少政府的直接投入；二是开发商以较为灵活的市场机制解决拆迁安置中的一些利益矛盾和冲突，减少政府与被征地农民之间的直接矛盾和冲突。

第五，实现土地集约化利用和土地储备最大化，突破城市发展建设用地瓶颈，这也是地方政府和开发区实施城中村改造的最大动因。

第六，实现土地集约化利用，最大限度地实现土地储备。

第七，无形改造使农民完全融入城市，社会保障法制化，有利于社会和谐稳定。

（四）城中村改造征地拆迁模式的法律风险

运用城改模式实现征地拆迁，尽管有着巨大的政策优势和可观的经济效益，以至许多城市的政府和开发区竭力通过城改模式实现征地拆迁目的，以此消解传统征地拆迁的缺陷和制约，走出困境，但运用城改模式实现征地拆迁同样存在一定的法律障碍和风险，其表现为：

1. 城中村改造征地拆迁模式的法律冲突

在现有城中村改造法规中，一般都将城中村界定为"在城市建成区范围内市区或基本失去耕地，仍然实行村民自治和农村集体土地所有制的村庄"。只有符合这一条件，才能被纳入城改范围，进行"四个转变"。此外还有些特别规定，如《西安市城中村改造管理办法》第27条规定，"在市政建设，重大基础设施建设以及其他开发建设中涉及村庄整体拆迁的应当按照本办法规定进行整体改造，避免出现新的城中村"。这个规定在客观上放大了城改范围的尺度。在这两类村庄中，有的耕地几无，有的耕地还较多，同样适用城改规定实现土地国有会与《土地管理法》的规定冲突。所以实践中出现人为"创造条件"进入城改，实为规避法律之行为。

2. 城中村集体土地转性的法律障碍

城中村集体土地转为国有的做法，是城中村改造中一个备受诘难的问题。这一规定仅存在于地方性法规中，并无国家层面的政策法规支持。与此类似的是，深圳于2004年为了解决城市扩张的土地缺口问题，决定把宝安、龙岗两区内的27万农村人口一次性转为城市居民，一举将两区956平方公里土地转为国有。① 其依据是《土地管理法实施条

---

① 参见卢彦铮《深圳农地转国有之惑》，《财经》2004年第18期。

例》第 2 条第 5 项"农村集体经济组织全部成员转为城镇居民的,原属于其成员集体所有的土地属于国家所有"的规定。国土资源部对此最初持反对意见,并在 2004 年下半年派小组赴深圳专项调查。最终,深圳市"农地转国有"试验以"特例"获得北京默许,付诸实施。国土资源部的调查报告认为,此举"不宜模仿","下不为例"。① 但在 2005 年 3 月 4 日,经国务院批准,国务院法制办公室、国土资源部以"国法函〔2005〕36 号"文件对深圳市政府进行"转地"的法律依据,即《土地管理法实施条例》第 2 条第 5 项,做出专项的"解释意见"。该"解释意见"明确指出:《土地管理法实施条例》第 2 条第 5 项规定是指农村集体经济组织土地被依法征收后,其成员随土地征收已经全部转为城镇居民,该农村集体经济组织剩余的少量集体土地可以依法征收为国家所有。显然,该解释强调,只有在农民集体所有的土地逐渐被依法征收,并全部转为城市居民后,才能对农民集体剩余的少量土地转为国有。这其实是对深圳的"转地"法律依据的否定。

城中村集体土地转为国有的法律障碍,各地有关部门对此非常清楚,而且一直如鲠在喉。西安城改办官员就曾坦言:"从目前各地城中村运作情况来看,土地政策仍是制约城中村改造顺利推进的一个瓶颈问题。郑州等城市依据《土地管理法》规定,采取确权登记的办法,转为国有划拨土地。目前,西安市依据《土地管理法》规定,也采取了类似办法进行土地转性。但这一做法各地都还没有得到上级部门的正式认可。"事实上西安市已改造过的城中村,土地转性手续办结者甚少,这就意味着运用城改模式征地拆迁存在很大的政策法律风险。

3. 城中村改造拆迁补偿方式的缺陷

《西安市城中村改造管理办法》仅规定了产权调换和货币安置两种安置方式,其安置补偿方式比较单一,不能很好地解决改造后农户的长期生计问题。由于"产权调换以转户前城中村在册户籍人口为依据,人均建筑安置面积原则上不少于 65 平方米,并结合原住房产权建筑面积进行安置",西安市城中村和城郊村户均人口一般在 3—3.5 人,且用于安置的房屋产权建筑面积限定在一、二层〔即使在 2006 年 6 月 22 日《西安市城中村村民房屋建筑管理办法(试行)》实施前建成的房屋,

<hr>

① 参见卢彦铮《深圳农地国有化"特例"》,《财经》2006 年第 22 期。

也要以进行产权登记为准，而城中村农民加盖房屋大都系违法建筑，不在安置之列]，这样，安置房屋主要解决了生活用房，而对于绝大多数长期以来依赖房租经济的农户来说，"改造"意味着年均十多万元的房租收入将不复存在，未来生活依托没有着落。我们对回迁村民生活状况的调查结果印证了这一点，大部分回迁村（居）民认为收入减少了，而支出远比以前加大了。被农民戏称为"一脚踢"的货币安置其潜在风险更大，从西安经济发展条件和农民适应市场能力的状况来看尤当慎用。"住房是基础，发展是根本。"应以生活用房和经营用房安置为基础，实行多种补偿安置方式合理组合。① 实践中，一些城改方案中规定，在农户安置面积中包含人均 10—20 平方米的营业用房，交由改制后的股份公司统一经营。这虽然是对改造后农户生计的一种关怀和安排，但其又受地段、区位等诸多因素的影响，预期目的未必能充分实现。

4. 城中村改造遗留问题错综复杂

城中村改造的核心是实现"四个转变"，即村民转居民、村庄转社区、集体土地转国有土地、集体经济转股份制经济。但现实问题远比制度设计要复杂得多。集体土地转国有土地的法律障碍前面已做论述，然大量的城改商品房销售手续不全，缺乏法律保障的问题很突出；村民转居民后的就业、教育、养老、医保、社保等一系列社会经济权利问题远未解决，所以村民不愿转居民的问题很普遍；集体经济转股份制经济有名无实，其法律地位不明确、运行机制混乱，集体与村（居）民的财产权益难以得到保障；回迁安置社区性质复杂，社会管理处于边缘化状态。

我们以西安市雁塔区为例，雁塔区 119 个行政村（均属城中村）中有 67 个在三个开发区域内：西高新区 39 个，曲江新区 23 个，浐灞生态区 5 个。截至 2010 年 6 月底，高新区拆除村庄 21 个，已回迁 16 个村，4777 户；曲江新区拆迁村庄 12 个，已回迁 3 个村，1403 户。预计到"十二五"末，全区还将有 34 个村面临拆迁。目前，全区拆迁村中已完成经济体制改革的仅有 2 个，正在进行改革的 16 个。涉及农转非

---

① 参见陈晓莉、米永平《城中村改造中的利益冲突与化解——来自西安市 Y 区的实证调研》，《西北农林科技大学学报》（社会科学版）2010 年第 6 期。

人口共 48153 人，现有 13077 人完成农转非手续。由此，我们可见问题之一斑。

（五）城中村改造征地拆迁模式的进一步思考

1. 摒弃简单的功利主义，确立合理的价值取向

城市发展建设用地因受国家土地政策法律和资源短缺的限制出现瓶颈是必然的，地方政府和各类开发区通过土地存量挖掘解决用地困难，即以城中村改造模式获取发展建设用地也是必然的选择。我国城市化加速发展已有 20 多年的历史了，但我们在城中村改造问题上的相关理论研究和制度设计缺乏应有的前瞻性，没有充分的理论准备和足够的制度供给，完全为一种简单的功利主义所驱使，导致地方政府和开发区仅以单一的经济效益为价值取向，为达致此目标而不惜一切代价，因此引发和积累了大量的社会问题。

2. 搁置问题不等于解决问题，积重难返代价更大

席卷全国大中城市的城中村改造高潮已持续有年，而且还将继续下去，直至消灭城中村。城中村改造获地模式固然有其现实合理性，但它所引发和累积的问题也是客观存在的，有些问题的消极后果正以直接或间接的方式逐步显现出来。如果说在事物发展的初期，出于现实困境的压力，或谋求解决问题的探索实验，对于问题重重的城中村改造征地拆迁方式可以默许、放任。那么时至今日，我们应当开始正视这一现实，并以积极的态度和制度化的方式处之。

3. 充分利用地方规范资源，统一城中村改造立法

各地有关城中村改造的地方立法例和实践经验为国家制定相关法律法规提供了极为丰富的规范资源，国家当以此为基础和契机出台高位阶的法律法规，以求规制地方立法和政府行为，消解城中村改造积累的问题，引领和规范今后的发展。

4. 在城市化进程中逐步消化解决问题

城中村改造以最初的城市治理为己任，逐步发展成为一种获取城市建设用地的主要方式，进而将要进入到实质意义上的"无形改造"阶段。之前的无形改造，不过是服务于"高效"、"平稳"地获取集体土地，仅具形式意义。在一切围绕土地转性的改造完成之后，集体经济转制后的管理运作问题，村转居中村民的社会经济权利保障问题，回迁安置社区的社会管理问题逐一浮出水面，亟待解决。"城中村"本身就是

城市化进程的副产品，异化了的城中村改造所带来的一系列问题也只能在其城市化进程中逐步解决。

第四节　征地回迁农民生活发展状况调查

在工业化、城市化进程中，农民能否分享改革开放的成果，被征地农民生活水平是否降低，是衡量和检验我们的征地拆迁政策法律得失的一个极其重要的指标。如果因征地拆迁影响到农民的生活和发展，不用说他们的生活水平降低了，就是没有显著的提高，都意味着我们的征地拆迁政策法律有问题，甚至是失败的。因此，为了全面了解和掌握已回迁村村民生产、生活状况，并为今后征地、拆迁和安置提供借鉴，以从根本上减少和消解征地拆迁矛盾纠纷，我们对西安市雁塔区内的高新区、曲江新区拆迁安置已回迁农（居）民的生活状况进行了调研。我们先后走访了征地拆迁比较集中，数量和规模较大的丈八、大雁塔街办，并深入回迁安置区的部分农村，通过召开座谈会、深度访谈和发放问卷的形式，对两区安置回迁农（居）民的生活状况，包括集体经济、集体收支、生活依托地管理处置和村民收入、居住、交通、社会保障等方面的问题进行了较为详细的调查。在此基础上，我们对相关问题进行了分析研究，进而系统反思我们的征地拆迁政策，提出相应的改进意见。

一　征地回迁村庄概况

西安市雁塔区内有三个开发区，即高新区、曲江新区、浐灞生态区。高新区规划区 80 平方公里，建成区仅为 35 平方公里，此外还有长安通讯产业园 7 平方公里、户县草堂科技基地 20 平方公里；曲江新区一期 17 平方公里；浐灞生态区中心区 50 平方公里。三区的开发和建设涉及大量的征地拆迁工作。在征地拆迁工作中，区政府主要承担征地、拆迁协调等工作，开发区主要负责村庄拆迁安置、规划、配套和招商。该区 119 个行政村中有 67 个在三区规划区域内，其中高新区 39 个，曲江新区 23 个，浐灞生态区 5 个。截至 2010 年 6 月底，拆除及回迁情况见图 7—1 所示。预计到"十二五"末，全区还将有 34 个村面临拆迁。

目前，全区拆迁村中已完成产权制度改革的 2 个，正在进行改革的 16 个。涉及农转非人口共 48153 人，其中已有 13077 人完成农转非手续。

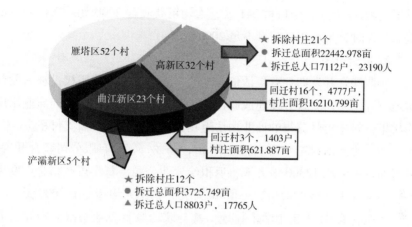

图 7—1　雁塔区行政村拆迁、回迁比例

资料来源：课题组根据雁塔区政府提供资料整理。

二　回迁村民生活与发展存在的问题

我们在调研走访中了解到，安置区基础设施与生活环境得到回迁村（居）民普遍认同。"吃的自来水，烧的天然气，走的干净路，用的太阳能"，已基本接近居民生活。农民也开始注重文化娱乐、身体锻炼和自身形象的改善，精神面貌发生了很大变化。但同时回迁村（居）民社会生活方面还存在许多问题。

（一）生活依托地的管理与处置

留地安置曾经是西高新区所采用的一种重要的安置方式，旨在解决被征地农民的长远生计问题。根据西高新区在丈八地区的征地拆迁政策，征地补偿费每亩 5.3 万元，安置房用地户均 4 分地，生活依托地（预留国有土地）人均 7 厘。被征地村庄可获得少则十几亩，多则几十亩、上百亩的生活依托地。对于这部分土地的属性明确规定为国有土地，所属村庄可自行开发或与他人联合开发，但明文规定不得转让。

丈八地区被征地村庄生活依托地的管理、开发与处置方式有三，即委托管理、联合开发和一次性转让。目前在高新区三期开发中征地拆迁安置的 12 个村庄中，已有 5 个村庄一次性转让了生活依托地，其余的或实行委托管理或进行联合开发。

1. 委托管理

如闸口村就将 16.87 亩的生活依托地委托给新区开发管理，每年向村子缴纳 59 万元，闸口村 241 人，人均可获收益 2000 元。当村人口增至 257 人时，人均年分配额不足 2000 元。

2. 联合开发

所谓联合开发即拥有生活依托地的村庄，以土地使用权投资入股与房地产开发公司联合开发建成商住楼。开发商返还一定面积的商业用房给村里，村子再将分得的商业用房返租给开发商，开发商支付租金。

如：丈八南村有生活依托地 30 亩，与龙郡置业有限公司联合开发，分得商业房面积 12300 平方米，返租给置业公司，每年可获租金 200 万元，村集体占 20% 的股份，可留 40 万元，村民人均年分配 3000 元。

丈东村有 31.1 亩生活依托地，其与陕西豪普置业有限公司联合开发，分得商业房面积 12460 平方米，返租后租金年收入 190 万元，集体股占 20%，村民人均年分配收益 3000 元。

西付村 2003 年被西高新区征地近 2000 亩，包括耕地和村庄用地。其中村庄用地 200 亩，耕地每亩 5.3 万元，补偿款已全部结清（分两次给付，征地先付一半，另一半直到几年后回迁时才给付，延期部分仅按银行活期存款支付利息）。生活依托地，以每人 7 厘计，应为 83.02 亩，但扣除代征路用地后，实得土地 68 亩。直至 2008 年年底，西高新区才将生活依托地交付给西付村。从 2003 年始，到 2008 年得到土地，西付村损失土地收益长达五年之久。西付村村干部力主生活依托地联合开发，反对将土地一次性转让，并获得大部分村民代表的支持，58 个村民代表中有 53 人签字同意联合开发，五人主张一次性转让（卖地），村三委会一致同意走联合开发的路子。主张卖地的村民认为"隔夜的金子，不如到手的铜"，抓到现钱最稳妥。他们一是担心开发商坑他们或经营失败无钱支付租金，开发商一旦没钱了，即使官司打赢了也没用；二是担心村干部在土地上做文章，因为三年一换届，谁知会在哪届村干部身上出问题，把土地偷偷地给卖了。目前西付村的 68 亩生活依托地，与惠翔房地产开发公司联合开发商住楼。合同约定：开发商给西付村返还商业门面房 28500 平方米（一、二层），建成后将分得面积返租给开发商，租期 20 年，前 10 年租金 480 万元/年，后 10 年为 500 万元/年。20 年期限届满，村民有优先承租权，若不租，则村集体收回房子自营。租金分配人均 3600 元/年，300 元/月，2010 年始计租。

东付村，208 户，780 人。2003 年集体土地被高新区全部征收，每亩补偿 5.3 万元，预留国有生活依托地应为 53.41 亩（含代征路用地），净地为 46.87 亩，东付村与西付村同样于 2008 年才拿到生活依托地。在生活依托地的管理处置问题上，村干部通过给村民具体算账，比较分析一次性转让土地与联合开发的利弊得失，认为一亩地就是卖 150 万元都不合算，卖地是短期作为，不符合村民们的长远利益。他们以南窑头村卖地为例（30 万—40 万元/亩），规劝村民走联合开发的路子。在交付村民代表会议表决时，40 个村民代表，仅两人反对联合开发，最终获得村民的支持。东付村与宝鸡陈仓房地产公司西安分公司联合开发商住楼，按合同分得商业用房面积 21000 平方米，将此返租给该公司，年租金 332 万元，租金每三年递增 4%，租期 15 年。村民因此每人可获得 3600 元/年的分红，村集体提留租金总额的 10%，约 30 多万元，2008、2009 年已向村民进行了预分配。

3. 一次性转让

一次性转让即村庄将生活依托地的使用权一次性转让。政府明文规定禁止转让生活依托地，但目前南窑头、东辛庄村、余家庄、雨花水、闸口村五个村已将生活依托地一次性转让了。

如闸口村，65 户，257 人（2002 年征地时人口 241 人），2002 年西高新区将村子 237 亩土地全部征收，5.3 万元/亩，人均分得征地补偿款约 3.9 万元。安置房用地按户均分，共计 26 亩，仍属集体所有。生活依托地人均 7 厘，计 16.87 亩。该宗用地在 2003—2007 年的五年中由高新区进行托管，每年给村上 59 万元，每人可分得 200 元/月。2008 年始，高新区不再托管，近两年每人每月的 200 元由开发商先行支付，土地转让后结清。

闸口村的村民和村民代表不断要求将生活依托地一次性转让，并到区政府上访。因政策规定生活依托地不得转让，村两委请示街办，街办答复，"政策规定不允许卖，能扛住就尽量不要卖"。但村干部实在扛不住了，两委遂征求村民意见，90% 的村民同意一次性转让土地，于是 2010 年将这块地卖了，每亩地价 140 万元，人均分配 8.5 万元。

在生活依托地的处置问题上，政策规定是很明确的，不允许转让。村里也有两种意见，一种主张卖掉，另一种不同意卖。于是，今天有一帮村民去上访要求卖地，明天又会有另一帮村民也去上访，坚决反对卖地。闸口村的村干部们不同意卖地，但扛不住 90% 村民的反对。"为了和谐，为了稳定就把地卖了。村上再无任何集体经济和收入了。"村支书一脸的无奈。多数村民要求卖地出于不同的考虑，有的是担心村干部三年一换届，没准儿在哪一届干部手上就会把地偷偷卖了，到时村民什么也得不到了，不如现在把地卖了，钱拿到手，心里踏实。也有部分经济基础好、又有经营能力的人认为把地卖了，拿到一笔钱，自己经营可获得更大收益。

（二）回迁农民对安置房屋的满意度

高新回迁村民对安置房的户型、面积、结构、环境包括房屋质量、水、电、气供应都比较满意。问卷调查回迁区 298 户村民，对回迁后的住房状况总体感觉很满意和基本满意的在 70% 以上。其中对现居住房结构、面积都满意的有 120 户，占 40%；对面积不满意、结构满意的占 30%。

高新区三期征地拆迁，丈八地区 16 个村子实行异地集中安置，户型有 360 平方米（三层）、300 平方米（三层）和 240 平方米（三层），还有少量上楼安置（特殊农户，如嫁城女、祖遗户）的户型有 85 平方米、75 平方米和 170 平方米。

拆迁安置政策规定，安置房在 155 平方米内实行产权调换，互不找差价，超出部分按 450 元/平方米结算。大部分农户选择了大户型房，如南窑头村 950 户中，选了 360 平方米的就有 900 户，300 平方米的 48 户，240 平方米的仅有两户。闸口村 65 人家选 360 平方米的 49 户，300 平方米的 3 户，240 平方米的 13 户。选择小户型的主要是经济不宽裕，付不起差价的，再加之装修，拆迁补偿费就花完了，有的还不够。最好的情况就是少数人家能余下 2 万—3 万元。

由于户型面积选择事先充分征求了被拆迁人的意见，自主选择，故大家对户型、面积、结构、环境包括房屋质量、水、电供应都比较满意。特别是对小区公共设施和生活环境普遍感到满意。

（三）回迁农民收入来源及支出

农户主要收入来自房租和务工劳务费，也有部分村庄还有生活依托地租金分红、养老保险和村集体福利等其他收入。其中房租收入所占比重较大；务工者工种差、工资低，工作不稳定。

1. 村民收入

（1）房租收入。高新安置区村民收入主要来源是房租，占总收入的70%左右。80%农户有1—2套出租房，13%的家庭有3套出租房。农户一般将一、三层出租，二层自住（村上三代人同住的约占40%—50%，现在还有四代人同住的）。出租面积一般在240平方米（每层120平方米），有的农户将房子隔成小户型出租。房屋出租率一般都在90%以上，大都租给拆迁户（过渡期间）和在附近工厂的务工人员，其中租给拆迁户的占70%左右。在这个有五个村的安置小区里，村民大约有3000人，而房客则大约有1.5万人左右。我们重点走访的三个社区8个村，因其地处城市较繁华地带，公共交通便利，房屋出租很容易，出租率可达100%，房租呈上涨趋势。60平方米房平均租费每月700元。而一些地段不好的房屋断续也能租出去，但同面积房屋平均租价每月400元左右。每户年房租收入在2万元左右。

（2）务工收入。村上的男性青年当保安，有的一个村就有十几个干保安的，每月收入1000—1200元；媳妇们（已婚妇女）一般做保洁，每月收入700—800元；年轻女子在酒店、超市当营业员或收银员，每月工资1000元左右；30多岁的男子一般当公交司机或给别人开出租车，每月1500元左右，自家有出租车的很少，也就一两家；40岁以上的人员基本都找不到工作。

房租收入和务工收入两项收入加起来，户均年收入3万元左右。

（3）生活依托地收益分红。在高新区三期开发中征地拆迁安置的12个村庄中已有5个村庄一次性地转让了生活依托地，其余的实行联合开发。这些实现联合开发的村庄，在所得的营业房租金收入中，除集体提留10%—20%外，其余一般都按现有人口平均分配了，每人每月200元至300元不等。

2. 农户主要支出

（1）基本生活费用：水、电、气、米、面、油、菜，交通，通信等费用每户年均1.5万元（其中水电费月平均150元左右，天然气50元/月，红白喜事礼金一年500—600元）。

（2）教育支出：大学生1.5万元/年；初、高中生1万元/年；小学生 500 元/学期；幼儿园 500 元/月。户均年支出 2 万—3 万元。

实例 1：

张×阳，男，60 岁，丈八南村人。家中三代人，共 6 口。其与老伴都 60 岁，在家照看孙子。儿子在一家商店打工，儿媳干保洁，两人月收入 2000 元左右。大孙子八岁，上二年级，小孙子一岁半。家有三层房、一、三层出租，小套（使用面积 35 平方米）月租金 300 元，大套（使用面积 45 平方米）月租金 400 元，两层月租金收入 1400 元。

张×阳家月收入＝房租 1400 元+工资 2000 元＝3400 元。老张说他三个月抽两条烟，抽的是每条 25 元的延安烟，每个月的零花钱不超过 10 元。小孙子每天的奶粉钱就要 30 元。不是儿子不孝顺，他们收入太低了，不忍心花他们的钱。

"2003 年，村上的地被征后每人分 4 万元，当时家中 5 口人分了 20 万元，要了个 360 平方米的房，补房差价近 10 万元，另外 10 万元还了以前的银行贷款。我就是这样一个家底。说实在的，现在不敢得病，我一年连个感冒都不得，但真要得了不好的病，哪能看得起，我就会说不要看（病）了。"

实例 2：

这是丈八南村一个处于中上水平的家庭：丈夫云×，41 岁；妻子 39 岁；儿子 18 岁，参军；女儿 11 岁，上小学。云×在高新区当保安（工地看大门）月工资 800 元，每天工作 12 个小时。妻子主要料理家务。

家有 360 平方米房，一、三层出租，租金每层 700 元/月，两层收入计 1400/月。

月收入＝工资 800 元+房租 1400 元＝2200 元。消费人口：三人。这在村里属中上水平，这部分人约占村人口的 30%。

主要支出除基本生活费外，为女儿教育支出一年约 1 万元，主要是课外辅导班费用。

实例 3：

西付村杨××，55 岁，妻子同岁，家中 6 口人。夫妻俩均无工作，在家照看孙子。儿子 29 岁，无业，在家闲着；儿媳当网管，月收入 800 元；女儿 24 岁，在蒙牛乳业做推销，月工资 800 元；孙子 5 岁，在本村私办幼儿园上学。杨××家有 360 平方米房一套，二层自住，一、三层出租，月房租收入 2300 元。

杨××家月总收入：800 元（儿媳工资）+800 元（女儿工资）+2300 元（房租）+1800 元（村生活依托地收益分红），四项合计 5700 元，人均收入 950 元。

主要开支：①基本生活费，按人均月支出 500 元计，需 3000 元；②孙子幼儿园费用，每月 500 元；其他开支后，每月略有结余。

实例 4：

西付村杨×，家中 4 口人，夫妻都已 53 岁。杨×通过熟人找了份保洁工作（保洁员要求 50 岁以下，所以杨一再声称自己的工作是临时的，朝不保夕），月工资 600 元；妻子无工作，儿子上大学；女儿已婚，无工作（女婿南窑头村民，月收入 1000 元，外孙一岁多。因女儿户口已转为居民户口，无法转入南窑头，现住娘家）。杨×家有 360 平方米房一套，出租两层，房租月收入 1800 元。

杨×家月收入：工资 600 元+房租 1800 元+四人生活依托地收益分红 1200 元=3600 元。

主要支出：①杨×患有肾病，每月药费批发价需 800 元，零售价需 1000 元。妻子患有心脏病，每月医药费需 500 元。夫妻两人医药费每月需 1300 元。

②供儿子上大学，每年 1.5 万—2 万元，月平均 1500 元。

③基本生活费；电费 0.55 元/度，水 2.95 元/吨，气 1.98 元/立方米，还有米、面、油、菜等。

杨×家入不敷出，深感生活困难，心理压力很大。

值得注意的是，这种房租经济要受到区域、地段、周边经济发展、公共设施、出租房自身条件等因素的制约影响。一些驻村干部和农民已敏锐觉察到潜在风险：一是受交通、卫生、学校、房屋条件、取暖设施等条件制约，可能导致房屋难以出租或房租偏低；二是承租人群变数大。现在主要是出租给拆迁户（过渡期）、周边企业上班族等，但随着周边房地产发展，房源增多，其生活公共设施较农民房屋都更完善（农民出租房都没有暖气，取暖靠空调，也有烧蜂窝煤的。电费每度各村收取标准不同，有 0.58 元、0.60 元、0.70 元。房东向房客每度按 1 元收取，有的还收到 1.2 元），加之拆迁户日益减少，房屋也不好出租或者价位较低。

可见，回迁村民收入普遍偏低：中低收入较多，部分村民收入高但是少数，收入略有结余者占多数。普遍家底较薄，买房、装修后大多数人的积蓄已所剩无几，目前务工与房租收入有限，对下一代人的生活忧心忡忡。我们在安置区调研时发现，小区内大多草坪变成了村民的菜地。房前屋后，大大小小的绿地都被种上了各式各样的蔬菜。在和一位打理菜地的老大娘攀谈时，她说："村上不让种，可菜太贵了，种一点自己吃，总能省点钱。"这已不是个别现象，我们在不同的小区都遇到了这种情况。

（四）回迁村庄集体经济状况

从调研情况看，村民对集体经济表现出强烈的关注和依赖，但村民集体收入不容乐观。调查显示，回迁村村集体常年有收入的占 38.9%，但所有村均无集体企业，其收入也只是联合开发生活依托地的提留，年均集体收入 10 万—30 万元。由于预留生活依托地有的村搞联合开发，有的村已一次性转让，所以各村集体经济收入情况不等，那些一次性转让了预留生活依托地的村集体经济几乎是零。即使有些收入的村子，除去支出部分后，大多村集体入不敷出，空壳化趋势严重。没有了集体经济的支撑，就失去了凝聚力，就没有了人气，农民原子化成为必然，村级公共事业和福利也就难以成行。

集体支出，村集体无论有无收入，开支却是必需的。开支主要用于小区卫生保洁、治安、干部补贴、摊派订阅报刊的费用、交通费、会议费（干部培训去街办开会）等。

闸口村有保洁员 3 个，每人每月工资 500 元；保安 3 个，每人每月 200 元；订阅报刊每年 1 万元；会议费 2000—3000 元；交通费自理；招待费一般没有，偶然发生干部自己贴了；干部补贴，村主任、书记 400 元/月，其他两委成员 350 元/月，会计、出纳、专干 300 元/月，村上拿工资的干部 10 人左右。村集体年总支出在 5 万—6 万元左右。

西付村集体的开支情况为：

①支付村干部工资。在村上领取工资的村干部和专干共有 11 人，村书记和主任 450 元/月，其他两委干部为 400 元，专干 350 元，差额为 50 元。

②村上设 6 个保洁员，每月工资 700 元，其中办事处承担 500 元，村上承担 200 元。此项开支计 200 元×6 人×12 月 = 14400 元。

以上两项支出，大概需 10 万元左右。

③派出所收取的治安费 1 万元/年。

④街办等部门摊派的报刊费 1.5 万元/年。

⑤年终给每个村民发放价值 50 元的礼品，另外再给 60 岁以上的老人发一桶油或一袋面。

为了节约开支，原来村民有线电视费和合疗费由集体承担，现改为个人支付。原小区设 10 个门卫，由村上支付工资，现由个人承包，村上不再承担工资和费用。（承包人可对进入小区车辆收费，收费归承包人。但村民及公务车辆免费，向房客每年收取 50 元停车费。）

村级债务：有些村还有村级债务，如闸口村就有村级债务 200 多万元。这笔债务形成的背景是：1995 年市政府号召农民奔小康，允许农民向城里人出售宅基地。许多城里人主要是机关干部在丈八地区的一些村子里买地建房。当时卖地价格是 11 万元/亩。后来政策发生变化，市政府将此行为认定为非法买卖集体土地，进行清理。

2002—2003 年高新区征地，涉及大量"小康房"拆迁补偿和买卖宅基地处置问题。解决的方案是，"小康房"的拆迁补偿由高新支付，但征地补偿仍按每亩 5.3 万元付给各个村集体。小康房住户便起诉各村委会，要求返还购地款。村子输了官司却没钱退还住户地款或只退还了一部分。闸口村 200 多万元的债务就是这样形成的。问题一直到现在还未解决，村上现在将仅有的生活依托地也卖了，集体已成了"空壳"，更不可能清偿债务了。

还有些村子在一次性转让了生活依托地后，未迁出户口的嫁农女要求参与分配土地收益，并起诉。闸口村主任说手上已有好几份法院的判决书了，但村上已没钱支付。当年（2002 年）征地时，土地补偿款分配纠纷非常多。

（五）回迁农民就业、医疗、养老问题

1. 村民就业不充分

在就业问题上，一个最突出的问题就是所谓的"4050 现象"，即 40—50 岁人员找工作最难，没文化、没技术，外出没人要，找不到活干，"40、50"回迁村民就业问题严重。回迁村民中 40 岁以上人数过半，由于文化水平较低，劳动技能单一，在激烈竞争的劳动力市场中处于不利地位，就业困难。调研村该年龄段在外务工的仅有五六人，有的看大门，有的打点零工，月收入仅 700—800 元，大部分都赋闲在家，从事接送孩子等简单的家庭劳动或无所事事打牌消遣度日。这部分人的处境用他们自己的话说就是"说老不老，说小不小，托老还早，干活没人要"。

2. 养老保险缺失

据在丈八街办调研发现，2002、2003 年高新区征地时并没有为村民解决养老保险和其他社会保障问题。目前高新区已回迁的 15 个村，除百分之百参加了农村合作医疗外，养老保险的参保率为零，也无其他任何社会保障。村民们说："2003 年征了地，养老保险喊了 8 年了，一直得不到解决。60 岁以上人员要享受每月 100 元的补助待遇，须缴了医保和养老保险才能得到，条件太苛刻。"村民对此意见很大。与之不同的是，曲江新区的征地拆迁补偿安置方案中却有"养老保险金 4.4 万元，医疗保险 4 万元，生活依托地补偿费 5 万元"的规定。① 养老保险不解决，特别是那些连生活依托地都一次性转让的村庄，村民社会保障亟待解决，否则将有可能影响社会稳定。

3. 合疗制度存在缺陷

调查村村民 100%参加新合疗，城镇医疗保险正在办理中，收费较高。合疗费每人每年只有 30 元，转居后进入城镇医疗保险，每人每年180 元，须按户缴纳，并要补缴以前年度的，村民觉得负担不起。我们就新合疗存在问题征询农民意见时，最突出的是报销比例太低，手续复杂；首诊医院的技术、设施条件差，医生水平低，大病看不了。但制度规定必须先在首诊医院就诊后才能转院。首诊医院出于经济效益的考虑，往往拖着不让转院，即使可以转诊了，也是手续繁杂，费时费力，很容易耽误病情。村民们愤愤地说道："农民的命也是命呀！"

（六）回迁安置区治安问题

从调查问卷中发现，村民对村上管理最不满意的是治安状况，其次是群众文化生活、环境卫生、村务公开等。安置区聚居了大量的城市流动人口，如付村花园共有 560 户，小区内有村民 2000 人左右，流动人口（房客）3000 多人，平均每户居住近 6 人；丈八安置一区共有 850户，总人口 3000 人，暂住人口却有 15000 多人。平均每户居住近 18

---

① 参见《西安市国土资源局曲江新区分局征地拆迁补偿安置方案公告》（2007 年 003 号）。

人。居住密度高，人员构成复杂，这里居住的既有本地常住人口、拆迁户，也有进城务工人员，部分社区还有附近高校大学生。我们入户调查发现，还有合租现象，一套房子放满架子床，挤十几个人的。因为流动性大，租住户变动频繁，治安问题突出。

（七）回迁安置区村民"被转居"问题

据统计，丈八地区已回迁的 15 个村，已有 10 个村转居，村两委会改为党支部和社区居委会，其经济体制也正在改革中，但管理体制、工作方式等还没有明显变化。我们在调研中发现，关于村转居，干部的说法与村民的说法很不一致，甚至分歧很大。村干部的态度比较靠近政府和体制，村民代表则往往表现出"被同意"的无奈，而村民则直指村转居影响和损害他们利益的现实问题。村民们情绪激动、言辞激烈，但所提出的问题却是实实在在的民生问题。村民对村改居具有强烈的抵触情绪，普遍认为政府强制征地强制转居，自己"被居民"了。村民们认为转居的结果是："没了地却不是失地农民，转了居却不是城市居民；惠农政策的好处丢了，城市居民的好处也没得到。"调查发现，最主要的问题是村民享受不到惠农政策。原来政府承诺村转居有 3—5 年过渡期。这期间实施"四个不变"，即在过渡期内本村辖区面积不变，土地、财产所有权和使用权不变，计划生育政策不变，涉农政策不变。但高新安置村 2007 年回迁以来，大部分村庄已转居或正在转居（已挂牌）。从村民变成市民者无不认为，除了村委会换了个牌子，户口簿上"农业户"改为"非农业户"外，并无实质性改变。首先，享受不到农村的生育政策；其次，转居前农家子弟上技校，每年可补助 1500 元，转居后补助金额大幅下降；再次，改居并进行股份制改造以现有人口为准，未来几年新增人口生活堪忧。

调研中，笔者甚至听到了这样的故事：村转居后，村里的不少女子遭遇离婚和退婚。因为村里的女子要出嫁到附近或其他郊区的农村，如果不是农业户口了，就不能参与男方村里的征地补偿款分配，男方因此会损失几十万元。所以，婆家就不愿意要"农转居"的媳妇。所以，村上已有三户女子"被离婚"（男方另娶农业户口的女子可参与村上分钱），多个女子遭退婚。父母为女儿的婚姻问题伤透了脑筋。他们说，"我们的女娃现在连周边郊区的农村都嫁不成了，因是居民户口就没人要了"。有的女子哭着说，"村上分的这 3600 元，我们不要了，把农村户口还给我!"城里人听后,觉得此事不合逻辑,婚姻与户口有何关系? 但这却是现实,这就是现实生活的逻辑。

三 两区征地回迁村民生活发展状况比较

为了客观反映征地拆迁对农民生活发展的影响,我们除了以上对西高新征地拆迁政策及回迁村民生活状况的考察外,还对同处雁塔区的曲江新区的征地拆迁政策及回迁村民生活状况进行了调研考察,我们选择调研的对象是大雁塔村,调研方式包括入户访谈、村干部座谈会和街办干部访谈等。

(一) 大雁塔村征地拆迁安置基本情况

大雁塔村属雁塔区大雁塔街道办事处管辖,原村址位于举世闻名的大雁塔旁,地理位置十分优越,曾是西安市的主要蔬菜基地,全村 160 多户,800 余人。由于地处旅游景点,村集体和农户的房租经济十分突出,也有搞饮食和旅游服务的,在当地属首屈一指的富村。与此毗邻的庙坡头村有一句顺口溜,"大雁塔不倒,庙坡头不好",意即大雁塔村天时地利,庙坡头难以超越。后经 1999 年和 2003 年的两次征地拆迁,于 2005 年 5 月整村安置在城墙遗址公园南侧的雁鸣小区,占地 80 亩,土地转为国有。大雁塔村目前仍属农村建制,尚未改居。

1. 征地补偿

1999 年第一次征地拆迁。1999 年曲江新区管委会建设大雁塔南广场,西安市人民政府进行土地统征,征收道路用地 40 多亩,开发用地 40 多亩,合计近百亩菜地。土地征收补偿标准为道路建设用地 2 万元/亩,开发用地 8 万元/亩。征地拆迁涉及 40 多户,其中农户 28 户,其余为嫁城女和祖遗户。实行就地安置,在大雁塔南广场西南角建了四栋安置楼,但该四栋安置楼于 2007 年遭二次拆迁,28 户住户于同年又统一迁往雁鸣小区。

2003 年第二次征地拆迁。2003 年曲江新区管委会将大雁塔村土地全部征收。征收土地近 400 亩(其中村庄用地 58 亩),土地征收补偿标准统一为 8 万元/亩。雁鸣小区村民安置用地 80 亩,实行互换,互不找差价,土地变为国有,划拨大雁塔村使用,并办理了国有土地使用权证书(大证)。农户安置房办理了房屋所有权证书。征地补偿款在村内按现有人口平均分配,人均 4 万多元。

2. 拆迁安置方案

2003 年拆迁安置，实行产权调换和货币安置两种方式。其中选择货币安置的只有 26 户，144 人，拆迁人一次性支付给每人 15 万元的货币安置补助费，另按照被拆迁人每户参与集体财务分配的农业人口数，每人无偿安置多层砖混楼房面积 30 平方米。其余农户选择产权调换方式安置。具体安置政策如下：

方案一："货币+房屋"方案①

"1. 拆迁计户以西安市雁塔区人民政府颁发的《集体土地使用证》为产权计户单位，即'一证一户'。

2. 被拆迁人的原房屋及地面附属物依法按照评估价予以补偿。

3. 按照被拆迁人每户参与集体财务分配的农业人口数，每人无偿安置多层砖混楼房建筑面积 30 平方米。

4. 按照被拆迁人每户参与分配的农业人口数，由拆迁人一次性支付给每人 15 万元的货币安置补助费。具体内容如下：

（1）养老保险金 4.4 万元；

（2）医疗保险金 4 万元；

（3）生活依托地补偿费（又称预留国有土地补偿费）5 万元；

（4）原村庄剩余土地补偿费 0.74 万元；

（5）村内公共设施及配套设施补偿费 0.5 万元；

（6）18 个月的过渡费 0.36 万元（18 个月以后每人每月按 300 元支付。过渡费按月支付）。

以上 6 项合计人民币 15 万元。

5. 安置房屋的用地从原村庄用地面积中扣除。

6. 对于放弃房屋安置的被拆迁人，由拆迁人按照 1500 元/平方米的价格向被拆迁人补偿，每人补偿 45000 元，由被拆迁人自行安置。"

方案二："房屋"方案②

"1. 拆迁计户以西安市雁塔区人民政府的《集体土地使用证》为产权计户单位，即'一证一户'。

---

① 雁政发〔2004〕75 号文件相关内容摘要。

② 雁政发〔2003〕26 号文件相关内容摘要。

2. 安置形式一律上楼安置，楼房为多层砖混结构。

3. 安置标准如下：

（1）符合宅基地申请条件的被拆迁人，以户为单位申请安置建筑面积，农户最多为 310 平方米，祖遗居户最多为 150 平方米。

（2）被拆迁人原房屋面积无论多少，农户安置建筑面积在 155 平方米（含）以内者互不找差价，156—310 平方米（含）按照房屋建筑成本 680 元/平方米由被拆迁人承担；祖遗居户安置建筑面积在 150 平方米（含）以内者互不找差价。

4. 安置用地面积在原村庄用地面积中扣除。

5. 对于选择此方案的被拆迁人，其生活依托地也可以选择货币补偿（每个农业人口按 5 万元补偿），补偿后的生活依托地由曲江新区管委会依法收回，按补偿的农业人口数从征地总面积中扣除。"

农户最多安置面积为 310 平方米，祖遗户最多安置面积 150 平方米。农户安置面积在 155 平方米以内者，互不找差价，156—310 平方米按照房屋建筑成本 650 元/平方米由被拆迁人承担。安置用地面积在原村庄用地面积中扣除。

安置房户型为 65 平方米、90 平方米和 120 平方米三种。农户一般选择两大两小，即（65 平方米+65 平方米）+（90 平方米+90 平方米）= 310 平方米，每户需找差价 155 平方米×650 元/平方米 = 10.075 万元。

村民房屋拆迁补偿为 250 元/平方米。全村拆除面积 10 万平方米，户均 700 平方米，户均房屋拆迁补偿费 = 700 平方米×250 元/平方米 = 175000 元。宅基地大，建房多的农户交了房差价及装修后就没钱了，宅基地小房少的农户所得补偿费还不够交差价。

全村 160 多户人，有 20 多户选择了货币安置，其余选择了住房安置。房型有 75 平方米、100 平方米等。要房的一户一般可有四套房，货币安置的一般有 150 平方米（两套 75 平方米）。

有位村民讲，他家五口人，选择货币安置，每人 15 万元，即 75 万元，另有六分地的宅基地，房多，拆迁补偿 20 多万元，总共有一百来万元。因房子少，互不找差价，装修房花了 20 多万元，剩的钱存银行，利息再少也不能动。因为没有多余的房出租了，再没有其他稳定的收入，不得不考虑长远生计。

（二）村集体经济与农户收入支出

1. 征地拆迁前

大雁塔村在征地拆迁之前，凭借优越的地理位置，除发展蔬菜业，村集体和农户收入主要依赖房屋出租，房租经济十分突出。

（1）集体经济。

村集体通过出租房屋（营业用房、旅馆、商铺等），收取租金，可向村民每人每年分配 2400 元左右。

（2）农户收入。

农户主要收入为种植蔬菜、出租房屋和做小生意，年均收入都在万元以上。宅基地大（老宅基地每户为 6 分地，有 80 多户）、房多、地段好的人家年收入 20 万—30 万元；宅基地小（新宅基地为每户 2 分地，有 60 多户）、房少、地段差的农户房租收入也在 1500—2000 元/月。我们曾与一村民交谈，他说征地前，原来家里的底子好，有 6 分宅基地，房子多，月房租收入就有 6000 元。家里早在 20 世纪 90 年代就买了出租车，那时主要是用来让儿子玩的，家里的生活费也不用他管，现在就得靠出租车养家糊口了。和征地前的生活水平相比，现在收入都大幅下降。

2. 征地拆迁后

（1）集体收入与支出。

集体收入：①生活依托地租金。2003 年征地，按规定给村民预留生活依托地 40 亩，人均 6 厘（男 60 周岁以上，女 55 周岁以上和 18 周岁以下村民未划拨生活预留地），扣除货币安置人员（144 人，每人补偿 5 万元）带走的生活预留地，实际为 32 亩。曲江新区于 2008 年年底向大雁塔村交付了土地。大雁塔村将该片土地租与陕西瑞林公司，租期 40 年，年租金 360 万元，租金每 5 年递增 5%，2010 年始计租，该年租金已支付。

大雁塔村经村民代表会议，通过以下分配方案：

"租金分配分时间和年龄段配置股份。

A. 2003 年 12 月 31 日前在册村民（因生活依托地是按 2003 年在册村民人口配置的），18 周岁以上，每人 11.5 股，每股 1 万元，每人每年分配 7590 元（632.5 元/月）；18 周岁以下，每人 7 股，每股 1 万元，每人每年可分配 4620 元（385 元/月）。

B. 2004 年 1 月 1 日至 2009 年 12 月 31 日期间的新增人口（新生与婚嫁等），每人 5 股，每股 1 万元，每人每年分配 3300 元（275 元/月）。

C. 独生子女增配 1 股（基本都是一胎，现在计划生育工作很好做）。

D. 股权配置后，生不增，死不去。股权可在村民之间转让，也可交回集体，由集体退还股金，每股以 1 万元计，但不得向本集体经济组织以外的人员转让。"

部分村民对此方案有意见，如年纪大的村民认为自己所得的股份与新生儿或刚进入本村的村民一样，不公平。个别急用钱的村民把股份已转让了。

②物业管理收费。村委会向小区内房客收取 0.30 元/平方米的物业管理费，年收入 18 万元。

③每年可向曲江新区管委会以各种名目要到 30 万—40 万元。

集体收入：360 万元+18 万元+30 万元≈408 万元

村集体支出：①村干部工资：两委成员 8 人，加上出纳、会计、计生专干，共计 11 人（物业管理人员划归物业，村集体不再支付工资），月工资 400 元/人，合计约 5.5 万元/年。

②办公费、报刊费、招待费、车辆费用（村上有一部小车）及杂费 5 万—6 万元/年（其中仅报刊费 1.5 万元/年，另外还有公安、工商等部门的要求征订的报刊未计入）。

③集体福利。村集体中秋节、春节向村民发放米、面、油，人均 300 元。

总支出：5.5 万元+6 万元+18 万元≈30 万元

（2）村民收入与支出。

村民收入：① 房租。这是主要收入，平均每户出租两套房，户均房租收入 2000 元/月。小套 65 平方米，月租金 700—800 元；大套 90 平方米，月租金 1000 元。房子主要租给拆迁户（占 50%）和周边企业务工人员。房客搬走后，中间最多空闲 1—2 个月。

② 生活依托地租金分红。由于所持股份不同，村民每月收入 632.5 元、385 元和 275 元不等。2010 年以后新增人口尚无此项收入。

③ 工资或经营性收入。村上有 100 多名青年在大雁塔广场从事个体照相；有十几人从事出租车营运；少部分人从事保洁、保安工作（月

工资 800 元）；还有部分年轻人在外做生意。

④ 养老保险收入。征地时，曲江新区为村民办理了养老保险。男 60 岁、女 55 岁以上的村民，每月领取 260 元。

⑤ 村集体福利。村集体每年过节可向村民发放 300 元的米、面、油。

货币安置户仍住在村上，属本村村民（未转居），除不参与生活依托地收入分配外，其他待遇与村民都一样。

村民收入：工资 2000 元+分红 1500 元+房租 2000 元；户均月收入 5000—6000 元。

农户主要支出：① 户基本生活费 2000 元/月。

②幼儿园费用 700—800 元/月。

③小学生开支（学杂费，各类校外学习班等）1000 元/月。

④中学生费用 1 万元/年。

⑤大学生费用 1.5 万元/年。

⑥红白喜事礼钱，村民之间一般为 100 元，每年有几次。

（三）回迁后存在的其他问题

大雁塔村整体搬迁，于 2005 年 5 月全部一次性回迁（第一次拆迁安置的 28 户，由于进行了二次拆迁，故于 2007 年回迁到雁鸣小区），过渡期应为 18 个月，属延期回迁。回迁后，存在的主要问题如下：

1. 安置房质量问题多

如：卫生间、厨房、屋顶基本都漏水（因当时赶工期，冬季施工所致）。经多次交涉，曲江管委会才组织维修。滴水檐下积水造成塌陷、空鼓。19 号楼前出现口径约 1 米的深洞，塞入 19 袋水泥；21 号楼前 2 米多处的地方忽然下陷，3 米高的路灯杆子只露出几十厘米的头。此外，还有诸如楼房地基下沉，自来水管道断裂，楼前排水不畅，墙体裂缝等问题。

2. 子女上学困难

大雁塔村一直是个非常重视教育的村子，原村址周边都有很好的中、小学。2003 年以来，村上有十三四人考上大学或研究生，还有考取西安交大硕博连读的。但现在小区和附近都无幼儿园和中、小学。要就读的幼儿园和学校都很远，至少七八里路，甚至更远。上幼儿园的孩子和小学生必须接送，给学生家长造成很大的负担。

3. 交通购物不便

小区仅通两路中巴车。附近没有农贸市场，买菜要到七八里外的市场。

4. 就医条件不好

参加合疗率已达100%，城镇医保办了190多人，不足30%。合疗首诊医院医疗条件差，村民们宁可不报或者少报医药费，都去好一点的医院。

5. 就业比较难

主要是40—50年龄段的村民就业难，在外干活的只有五六人，大部分在家专门接送孩子上学。在曲江景区干保安和保洁工作的也只有几个人，月工资800元，每天工作12个小时，年轻人不愿去，年纪大点的吃不消。但从总体上来看，年轻人都有事可做，村上有100多人在大雁塔广场照相，曲江新区管委会为他们办理了经营许可证，有十来家自营出租车。

6. 消极抵制村转居

村干部和村民都不同意农转居，因为征地拆迁后遗留问题太多，许多问题没解决。不转居，曲江管委会还会管，每年给村上几十万元，一旦转了居就没人管了。

7. 不稳定因素较多

在历次征地拆迁中，由于政府采取了一些强硬手段，积累了许多问题，村民对政府和一些官员的不满、抵触情绪甚至怨恨短期内难以消除，调研访谈时，村民们表现得非常激动，言辞激烈，愤愤不平。

村委会给了我们一份提交给曲江新区管委会的《大雁塔村民委员会关于征地、拆迁、安置中亟待解决的遗留问题》的报告，上面罗列了三大类29个问题，要求曲江管委会支付村上8250万元。

与此相关的一个典型案例是，在雁鸣小区内有100多套楼房空着，这是当初盖好的安置房，由于有20多户选择了货币安置，故余出100多套房。由于村委会向曲江管委会要不来钱，村集体又没有经济收入，2009年村两委会决定强占此房，装修后出租，以便用租金来解决集体支出和搞村民福利。据说曲江管委会动用了警力、政府向村干部施压，村上被迫撵走房客。座谈会上，村干部不愿多谈此事，但他们坚称，房在他们的地上建着，迟早要处理。村民们对此描述道：

"曲江管委会带着公安的人来啦！我们主任说要抓就把我抓去算了，其他十个村民代表也都把地址和电话给了公安，说要抓你们就随便抓吧。"

四 从征地回迁农民生活状况反观征地制度

通过对高新区征地拆迁、补偿安置以及回迁村民生活状况全过程的系统调研，我们再反观高新区征地拆迁政策和模式的利弊得失，检讨政策不当与矛盾纠纷的关联，探讨征地拆迁纠纷解决之机制，无论是政府、开发区，还是被征地的农村集体组织或农民都将会有一种更为理性的态度和更为全面、客观的认识和判断。对纠纷的致因认识和解决方式的选择也将会从体制、制度、机制；政治、社会、法律；观念、利益、行为；民主协商、调解仲裁、法律诉讼等多层面、多向度、多形式地去思考和抉择。

高新区征地拆迁、补偿安置以及回迁村民生活状况所反映出的问题和启示主要有：一是征地补偿标准低，20多年一贯制，没有提高，农民怨声载道。农民上楼后，家底已基本掏空，生计受到影响。安置政策未充分考虑和体现计划生育政策、男女平等、老年人利益等。二是"一户一宅"安置模式存在弊端，既没有节约土地，也达不到村庄改造的目的，基本上拆了旧村建新村。三是单纯的货币安置潜在风险较大。这部分农民或因就业不足缺乏稳定的收入来源，或因购房、教育、医疗等支出积蓄罄空，或因缺乏经营能力血本无归，或因过度消费挥霍殆尽，致使生计不保沦入贫困群体，成为新的社会不稳定因素。四是取消"留地安置"使失地农民失去了一个比较持久、可靠而稳定的收入来源。五是被征地农民因集中安置，仍以房屋出租为业，只是由"地主"变为"房东"，形成新的"城中村"；农民仍集中而居，形成"族群隔离"，难以真正融入城市。六是失地农民就业、医疗、子女上学、社会保障等问题突出，相关公共政策和公共设施不到位。七是征地拆迁后，农民认为最大的好处是生活环境好了，但收入相对少了，生活成本高了。农民收入普遍不高，生活压力较大，有些村庄农民生活水平甚至下降了。村转居过程政策缺乏连续性，"被转居"造成农民权益受损。八是村集体经济空壳化问题严重，村庄公共事业和集体福利发展受到严重制约，农村社会管理失灵。九是征地拆迁矛盾纠纷涉及面广，时空跨度大。征地拆迁矛盾纠纷涉及征地补偿、拆迁安置、就业社保等诸多方面的问题；从动迁开始直至回迁安置始终伴有矛盾纠纷。不稳定因素长期积累，易诱发群体性事件，影响社会稳定。十是纠纷解决机制单一，司法救济不力。陕西省一直未出台《征地补偿安置争议协调裁决办法》，司法机关也不受理此类案件。虽然有关征地补偿安置争议不断，但缺乏有效的制度内解决机制，得不到及时化解。几乎所有的纠纷都是先通过协商解决，大量协商不成的纠纷便涌入信访部门，造成集访、越级访、进京访不断，静坐、示威、围堵党政机关时有发生。此类矛盾纠纷有的被长期搁置，有的被迫"拿钱买平安"，也有的在行政区和开发区之间"踢皮球"，相互推诿，矛盾纠纷越积越多，越积越深，有的纠纷长达十几年都未得到解决。

鉴于此，征地拆迁安置绝非一项单纯的经济活动，而是关涉农民政治、经济、社会等重大权益的系统工程。征地拆迁安置当以切实维护农民土地权益、保障农民长远生计为中心统筹安排。由于征地拆迁使农民永久性地丧失了其赖以生存发展的土地资源，征地拆迁安置妥当与否将直接关系到其今后的生存发展状况。因此，征地拆迁矛盾纠纷不仅仅体现在征地补偿标准和拆迁安置问题上，还将贯穿于征地拆迁的各个环节和整个过程，乃至于其今后的生存发展中。化解征地拆迁矛盾纠纷不但要完善纠纷解决机制，更要完善征地拆迁补偿制度，切实保障失地农民的政治、经济、社会等重大权益。

小　结

我们从宏观的国家征地拆迁政策法律演变、地方政府（开发区）征地拆迁政策发展演变与实践和征地回迁后失地农民的生活发展状况三个维度对征地拆迁纠纷的产生与解决进行系统的考察。旨在改变就纠纷谈纠纷，就纠纷解决纠纷的单一思维惯性和将纠纷解决仅置于"技术"层面的习惯做法，力求从政治、社会、法律；体制、制度、机制；观念、利益、行为；行政区、开发区、农民；征地补偿、回迁安置、生计发展；民主协商、协调裁决、法律诉讼等多层面、多向度地思考和分析征地拆迁纠纷产生的背景及其解决机制。

一　征地拆迁纠纷在多种因素合力下愈演愈烈

征地拆迁是工业化、城市化进程中获取建设用地的主要方式，具有制度合理性，在此过程中发生矛盾纠纷也是不可避免的、正常的。但是，当征地拆迁和"土地财政"、"经营城市"以及不恰当的政绩观纠结在一起，甚至以后者裹挟正当的征地拆迁，以后者为目的的恶意利用征地拆迁制度时，问题的性质就会发生质的变化，征地拆迁制度就会被异化成掠夺农民土地和剥夺农民土地权益的"制度性工具"，征地拆迁纠纷也就会愈演愈烈，破坏性愈来愈大，解决起来愈来愈难。

二　国家征地拆迁政策法规被地方立法所消解

针对地方征地乱象，中央不断加强土地宏观调控，推动土地征收制度改革，先后出台了一系列的征地拆迁政策法规，在一定程度上弥补了我国征地制度的不足，缓解了征地拆迁矛盾纠纷。从整体来看，国家征地拆迁政策法规的制定基本沿着"限权"与"赋权"两条主线展开：一条是对各级政府的批地限权，将征地审批权牢牢掌控在省一级和中央人民政府手中，实行最严格的耕地保护制度；另一条则是对被征地农民的赋权，要求逐步提高征地补偿标准，实现同地同权同价，多形式安置失地农民，确保失地农民生活水平不降低和解决长久生计问题。然而国家征地拆迁政策法规的收效并不明显。相反，各地的征地拆迁行为却有增无减，征地拆迁纠纷愈演愈烈。这种状况反映出地方社会经济发展目标与国家政策法规价值取向的不一致性或某种程度上的背离。地方政府出于地方社会经济发展的考虑：要土地、要效率、要 GDP。当国家政策法律成为其目标实现的羁绊时，客观上就产生了规避国家政策法律的需求。从成本与风险角度考量，通过行使地方立法权来消解国家政策法律的刚性要求成为最佳途径。于是，利用土地储备制度大肆低价征地，通过城中村改造就让集体土地"转为"国有土地的做法"遍地开花"。地方立法对国家征地拆迁政策法规权威的消解，加剧了征地规模的扩张和征地拆迁纠纷的爆发。

三 征地拆迁纠纷所涉问题多、时空跨度大

由于征地拆迁使农民永久性地丧失了其赖以生存和发展的土地资源，征地拆迁安置妥当与否将直接关系到其今后的生存发展状况。因此，征地拆迁矛盾纠纷不仅仅体现在征地补偿标准和拆迁安置问题上，还将贯穿于征地拆迁的各个环节和整个过程，乃至于其今后的生存发展中。从征地拆迁到回迁安置，从经济利益到社会权利，从现实利益到长远发展，任何一个环节、任何一个问题的处理失当都可能引发矛盾纠纷，甚至在回迁安置后矛盾纠纷还会回溯到征地拆迁的起点。

四 征地拆迁纠纷是最具社会震荡性的一类农村土地纠纷

在我们所考查的各类农村土地纠纷中，征地拆迁纠纷是最具社会震荡性的一类农村土地纠纷。因为此类纠纷的发生有其极其复杂的社会经济政治背景，规模不断扩张、所涉人群众多、利益关系复杂、各方诉求难达共识、纠纷时空跨度较大、纠纷化解渠道单一。媒体报道和我们的调研都表明，各地发生的具有较大影响，乃至引发群体性事件的农村土地纠纷多为征地拆迁纠纷。

五 征地拆迁纠纷解决机制存在严重缺失

我国土地征收法律制度本身存在重大缺陷，处于弱势地位的农村集体土地的所有者和承包经营者因缺乏有效的利益表达渠道和应有的谈判地位，其土地权益往往在地方政府和工商企业的强势压力下，受到严重损害，甚至非法剥夺。土地征收规模越扩张则意味着农民的土地权益受损程度就越大，农民就要为维护其土地权益而不断抗争，土地纠纷就会此起彼伏，接连不断。然而，与征地拆迁纠纷严重的现实状况所严重不相适应的是，征地拆迁纠纷解决机制存在制度性缺失，在体制内仅仅安排了征地补偿安置争议协调裁决制度，为解决征地拆迁纠纷留出一条极其狭小的"巷道"。何况，这一仅有的制度在理论和实务界都颇遭非议，而且几无实效。更为严重的是，作为社会正义最后一道防线的司法之门对征地拆迁纠纷已基本闭合，真正进入司法程序解决的征地拆迁纠纷极少，而征地补偿安置争议协调裁决制度使征地拆迁纠纷利益相关者的政府成为自己的"法官"。如此，农民何以保卫赖以安身立命的土

地？何以维护事关生存与发展的土地权益？一种我们所不愿意看到的事实却残酷地呈现在我们的面前。农民使用更多、更普遍的诉求方式是上访、静坐、自戕、堵塞交通，直至暴力冲突等。

六　征地拆迁纠纷的解决不单是一个解决机制的构建与选择问题

纵观我国征地拆迁纠纷发生的起因、纠纷解决机制的制度性安排、利益各方纠纷解决方式选择的偏好以及纠纷解决的过程与结果，我们就会发现这类纠纷其实不仅仅是一个法律问题，也不仅仅是一个征地制度本身的问题，而是一个极为复杂的社会、经济、政治问题。因为这类纠纷是在一个蕴含着不合理内容的社会体制结构中，是在农民无力影响土地公共政策的制定与执行，是在政府与农民争利走向农民利益对立面，是在农民及农民组织在土地交易中毫无谈判地位，是在行政主导和司法屈从行政，是在村民自治组织功能异化的背景下发生的。如此，征地拆迁纠纷的解决，也就不再是一个简单的解决方式和解决机制的构建与选择问题。从某种意义上来讲，纠纷解决机制不过是纠纷解决的技术工具，其固然可以提高纠纷解决的效率与质量，却无力触动和改变纠纷背后体制和制度性的东西。当我们所奉行的制度本身存在问题时，这个工具的使用可能会"助纣为虐"。

七　征地拆迁纠纷的根本性解决重在体制和制度变革

征地拆迁纠纷的解决社会矛盾纠纷的解决，无非是从两个层面进行：一个是从治理层面上的解决，即根据矛盾纠纷产生的体制和制度性原因进行根本性的变革和治理，通过协调平衡各方利益关系，以求得冲突和对立的化解；另一个则是技术层面上的解决，即从利益表达机制、利益博弈机制和纠纷解决机制上将矛盾纠纷纳入制度化、程序化的解决轨道，以提高解决纠纷的效率。两个层面的方式相辅相成，缺一不可。在社会转型、矛盾凸显的今天，人们出于稳控的思维定式或政治需求，在纠纷解决问题上，功利主义主导着一切，热衷于花样翻新的形式主义机制创新，而无视社会矛盾纠纷的真实逻辑，不愿触及体制性或制度性的问题根源。我们在农村土地纠纷解决机制的研究中，早就开始关注纠纷产生和存在的社会基础与纠纷解决机制之间的关系。"我们之所以要对农村土地纠纷产生的社会基础进行系统而深入的分析，目的就在于消除时下人们在解决农村土地纠纷问题上的'浮躁'。既然农村土地纠纷的产生有其深刻而复杂的社会背景和基础，那么对农村土地纠纷的解决也就远非时下人们所热衷的事后救济以及救济方式的选择那么简单，而应立足长远，在消除农村土地纠纷产生的社会基础上下工夫，构建解决农村土地纠纷的长效机制。"

第八章　农村土地纠纷解决的宗教因素

第一节　西部少数民族纠纷解决机制

一　西部地区少数民族与宗教

西部地区是一个多民族聚居区，在西北和西南的 12 个省、直辖市和自治区内，主要聚居着除汉民族以外的 51 个少数民族，近 8000 万人口。西部地区同时又是一个多种宗教信仰并存的地区，宗教信仰强烈，宗教文化发达，宗教对社会、政治、经济、文化和人们的思想观念及行为方式具有深远而重要的影响，一些少数民族几乎全民信教。这些地区所信奉的宗教主要有佛教（包括汉传佛教、藏传佛教、上座部佛教）、伊斯兰教、天主教、基督教和道教，个别少数民族信仰东正教，西南一些少数民族仍保留和信奉着当地的原始宗教。

西部少数民族的宗教信仰尤以藏传佛教和伊斯兰教为盛，其不仅覆盖面广，信徒众多，而且历史悠久，社会影响巨大。这两大宗教主要分布在西北地区。如：在西藏自治区全部人口中，多数人信仰藏传佛教，信仰伊斯兰教的有 2000 人，信仰天主教的仅有 600 人左右。宁夏自治区回族人口 222 万，占宁夏总人口的 36%、全国回族人口的 1/5。宁夏回族基本全民信仰伊斯兰教，信仰佛教、道教、天主教、基督教的汉族和散居少数民族有 10 万多人。青海省更是个多民族聚居的省份，主要有汉、藏、蒙古、土、撒拉等族，少数民族人口 234.4 万，占全省人口的 42.8%。少数民族中人口超过万人的有藏族、回族、土族、撒拉族、蒙古族五个民族。其中藏族是青海省少数民族中人数最多、分布最广的民族，其人口占全省少数民族人口的一半左右，基本都信仰藏传佛教。

回族则是青海省少数民族中人数较多、分布较广的民族，信仰伊斯兰教。土族是我国古老的少数民族之一，主要居住在青海省，一般信奉佛教。

地处西南的云、贵、川、桂等省和自治区，同样是一个众多少数民族的聚居区，几十个少数民族的几千万人口生活栖息在这片土地上。较之于西北地区，西南地区虽然少数民族众多，但宗教信仰却远不及西北少数民族突出。在西南少数民族地区对人们思想观念及行为方式具有重要影响的，主要是那些丰富多彩的民族文化和习俗而非宗教，即使有宗教的影响，也主要是一些原始宗教。① 所以，在民间法和民族习惯法的研究中有关纠纷解决机制的内容，西北地区的研究所涉宗教问题甚多，而西南地区则是民族习俗居上。

二 少数民族习惯法与纠纷解决

西部地区复杂的民族结构，多样化的宗教信仰，丰富多彩的民族习俗和历史传统，形塑出颇具特色的少数民族地区社会调整机制。少数民族习惯法作为一整套的规则体系和纠纷解决机制，正是适应着该民族的自然环境、经济结构、社会形态、精神信奉和交流方式等条件生成、发展起来的。因此，少数民族习惯法在规范人们交往关系、处理矛盾纠纷中，具有极其重要的地位，发挥着不可替代的作用。诚如有学者所言："中国少数民族习惯法文化不仅仅是个历史范畴，它也属于现在，属于未来。少数民族习惯法文化在今天的民族地区并没有死亡，民族习惯法观念还深深扎根于多民族成员的头脑之中。少数民族习惯法规应在当今的民族地区还有极为重要的影响，对民族地区的人们还有较强的约束力，国家从整体上并不否认少数民族习惯法的这种现实力量。因此，它仍然是一种'活'的文化，仍具有旺盛的生命力，对少数民族地区的现实生活有着深刻的影响和不可忽视的作用。"② 这种地位和作用不仅仅是在历史上如此，在当今社会仍具有十分重要的现实意义。在社会全面转型的今天，包括少数民族地区在内，各种社会矛盾纠纷正处于高发期，构建多元化纠纷解决机制已成为官方和民间的共识。在此背景下，

---

① 参见赵天宝《通过原始宗教的社会控制：以景颇族为例》，载《第七届全国民间法、民族习惯法学术研讨会 2011 年年会论文集》（中册），第 708 页。

② 高其才：《中国少数民族习惯法文化》，《中国法学》2002 年第 6 期。

作为民间法重要组成部分的少数民族习惯法，开始复苏并日趋活跃。

这种复苏和活跃，首先是社会发展的客观需要使然。我国少数民族主要分布在西北和西南边陲地区，整个西部地区由于自然禀赋和历史等多重因素的影响，导致与东南沿海发达地区和中原较发达地区，在政治、经济、文化等方面存在较大的差距，封闭与落后仍是这些地区的重要特征。在基层政权建设和法律设施等方面同样是极其薄弱的，法律资源奇缺，许多地区仍属于"法律不毛之地"。据报道：地远人稀的四川省凉山彝族自治州雷波县，全县49个乡镇只有172名公安民警，有38个乡镇没有派出所，有7个乡镇建起派出所却因为没有编制、没有警力而成为空壳，距离中央"每个乡镇都要建起派出所、司法所和法庭"的要求差距太远。雷波县委书记蒋若枫坦言，当地基层政权已经出现薄弱化倾向。由于山高路远，干部下一次村就得耗时数日，乡政府的正常运转都保证不了，更谈不上对农村社会的有效掌控了。所以，县委、县政府对基层乡镇干部的要求，已降低为"守住乡政府，有事报个信"的最低要求。① 同样，在藏族牧区，几百里路上可见几户人家，居住极其分散。这种生产、生活方式决定了这些地区的人们无法享有包括法律服务在内的现代公共服务。因此，实现该地区社会调控和纠纷解决的有效途径还主要是"本土资源"，即少数民族自己的习惯法，这就为少数民族习惯法的复苏和日趋活跃提供了广阔的生存和发展空间。

其次，在少数民族特有的历史传统、文化背景、精神信奉环境下生成发展起来的习惯法，在很大程度上与现代法治文明相适应的国家法存在矛盾和冲突。因此，在纠纷解决的方式与规则选择中通常是习惯法优于国家法，国家法难以产生实效。所以，法律资源的不足仅是少数民族习惯法发展的一个外部条件，而对本民族文化的认同、信仰，对民族习惯法的接受与遵奉才是少数民族习惯法发展的内在动力。

再次，学者的研究推动了民族习惯法的复苏与活跃。80年代以来，在"法律多元文化"的影响下，以朱苏力、梁治平、高其才、谢晖等为代表的一批学者积极推动民间法、民族习惯法的研究，成果颇丰。近年来，谢晖教授等学者更是系统推进民间法、民族习惯法的研究，如其

---

① 参见侯大伟、任鹏飞、葛晨《凉山贫困村寨"援智"之重》，《瞭望新闻周刊》2011年第40期。

与陈金钊主持《民间法》，以及《山东大学学报/民间法研究》、《甘肃政法学院学报/民间法、民族习惯法研究》、《西南政法大学学报/民间法文化专栏》，全国民间法、民族习惯法学术研讨会已连续举办七年（届）。此外，国家社科基金和教育部人文社科基金，近年来批准设立了多项有关民间法和民族习惯法的课题项目，客观上促进了有关民间法和民族习惯法的研究，同时也使人们更多地关注和了解民间法和民族习惯法的存在与作用。

最后，在构建"多元化纠纷解决机制"和建立"大调解"格局的背景下，民间法、民族习惯法获得充分发展的机会和条件。如，在现实生活中，少数民族头领、宗教人士受当事人邀请参与民间纠纷调解，有些甚至被政府邀请参与当地重大纠纷的调解；一些宗教界人士进入体制，成为人大代表或政协委员，甚至在人大或政协担任领导职务，有更多的机会受邀参与社会矛盾纠纷的调处；一些民族、宗教问题比较突出的地方，司法行政部门有意识吸纳宗教人士担任人民调解员；大量少数民族的习惯法规范和纠纷解决方式被引入体制内的人民调解，乃至为基层司法吸收和借鉴。

三 西部少数民族地区纠纷解决中的宗教因素

西部地区不仅是众多少数民族的聚居区，同时也是宗教重镇，尤以西北地区为甚。众多的少数民族文化孕育出丰富的民族习惯和多元的纠纷解决机制。在西南边陲少数民族更是星罗棋布，各种民族习惯法和与之匹配的纠纷解决机制尤显突出和重要。如作为民间精英的长老、寨老、理师是部落、村寨矛盾纠纷的主要调解和裁决者。款约、德古、长老会、蕊岔、劝和歌和神判等纠纷解决方式颇具特色。但从整体来看，西南少数民族习惯法及纠纷解决机制主要表现为作为民间精英的政治、道德和经济权威运用民族习俗和传统仪式调解矛盾纠纷的活动，属典型的民间调解，较少宗教色彩，间或有宗教因素的影响，亦不过是更多表现为生产、生活禁忌的原始宗教而已。

然而在西北地区少数民族聚居区内，情况则大不相同。这里是名副其实的宗教重镇，作为世界宗教的佛教（藏传和汉传佛教）、伊斯兰教在这里不仅具有数以百万计的信徒，还有大大小小的宗教场所和组织严密的宗教机构。宗教构成这些地区社会生活的一个基本层面，深刻地影响着人们的思维与行为方式及其社会调控方式。这里的民族习惯法及纠纷解决机制都深深地打上宗教的烙印。这些地区的宗教信仰虽然有着悠久的历史，但从"政教合一"到"政教分离"，宗教的地位和影响显然具有不同的性质和意义。"宗教作为少数民族社会的控制系统，其地位尽管与昔日相比有所下降，但其在少数民族社会纠纷解决和秩序维持方面仍发挥着相当重要的作用，甚至在一些情形下是其他权威力量所无法代替的。在西部的穆斯林边远山区，因为交通闭塞，信息不畅，国家法律在这些地方难以推行，但是，伊斯兰教的教义、教规在这里通行无阻，清真寺的权威受到认可，清真寺成了评判是非曲直的地方。对于生产生活中的邻里纠纷、婚姻家庭纠纷、一般财产纠纷，人们首选的是到清真寺进行调解，而不是到国家司法机关解决。在城市，现代法律普及程度高，但有时阿訇在纠纷解决中有独特的作用。"① "在藏区，藏传佛教对民众具有决定性的影响，德高望重的活佛、喇嘛的言行对普通的百姓的行为举止具有至关重要的导向作用。由于藏传佛教'与人为善'、'诸恶莫作'的基本教义的长期诱导，目前，藏区民间纠纷一般为草场、土地、水源纠纷和一些因为酗酒闹事引发的打架纠纷，以及婚姻家庭纠纷。藏区各地基层组织都注意协调与藏传佛教寺庙和僧人的关系，努力探索一条既不允许宗教干预政治，又防止片面排斥藏传佛教僧侣参与藏区文明建设的新路子。"②

随着社会主义市场经济的逐步建立和完善，崇尚法治、建立法治国家是社会发展的必然趋势和人们的理性选择。因此，宗教组织、宗教人士运用宗教规范参与世俗社会矛盾纠纷的解决亦当有一定的边界和尺度。从我们调研获取的资料和相关的研究文献中，可以看到大量的宗教人士介入社会矛盾纠纷调处的情形，在一些偏远的少数民族地区甚至成为主要的或唯一的纠纷解决者。这些地区的民族习惯法及纠纷解决方式具有强烈的宗教色彩，我们既要看到它们在定分止争化解矛盾纠纷中的积极作用，同时也应注意到它们在一定范围和一定程度上对国家立法、司法和地方政权权威的负面影响。在当今多元化纠纷解决机制及大调解的背景下，如何对待宗教组织、宗教人士介入纠纷解决？如何处理纠纷

---

① 王宏璎：《民族社会纠纷解决中宗教因素的实证分析》，《法学杂志》2011 年第 7 期。
② 同上。

解决中国家法和宗教规范的关系？如何发挥宗教的积极作用，防止消极、不当乃至负面作用的发生和影响？这些都应是我们认真对待的问题。我们固然应有一种开放的心态，但也当有一种必要的审慎。

第二节　民族地区农村土地纠纷及其解决机制实证研究

一　调研概况

西北地区作为少数民族的主要聚居区和宗教重镇，农村土地纠纷及其纠纷解决机制具有明显的区域特色，在民族地区具有一定的代表性。出于课题研究的需要和调研资源的许可，我们选择青海省作为主要调研区域，并以黄南藏族自治州作为重点调研对象。我们除了在省府的青海省信访局、民政厅、社科院、农牧厅等部门进行调研走访，在宏观层面把握青海省的农村土地纠纷及其纠纷解决机制基本状况外，集中在黄南藏族自治州做深入细致的调查研究。

黄南藏族自治州位于青海省东南部，地处九曲黄河第一弯的南岸，是一个以藏族为主体的少数民族自治州。自治州辖河南、泽库、同仁、尖扎四县，人口 22.6 万，有藏、蒙古、回、土、汉、撒拉等民族，少数民族占人口总数的96%。所辖四县中河南、泽库县系纯牧区，同仁、尖扎县属半农半牧区（尖扎县只有一个乡是纯牧区）。辖区内除著名的李家峡水库外，还有大大小小31座水库。我们先后走访了州政府官员、土地管理部门、农经部门、司法部门以及尖扎县信访局、法院、支黄办（支援黄河上游开发建设办公室）、马克唐镇司法所等部门的工作人员。调研所闻所见、大量的访谈、案件卷宗、统计数据、典型案例以及相关部门的工作文件、材料，为我们认识和研究民族地区土地纠纷及其解决机制提供了重要的经验事实和基础材料。

我们虽然可以从不同的维度和层面去观察和分析青海民族地区的土地纠纷及其解决机制，并可以得出不同的判断和结论，但有两个基本层面尤为突出，足以构成民族地区农村土地纠纷及其解决机制之显著特色：一是青海省的自然资源开发利用与土地纠纷的发生和类型密切相关；二是青海省的人文社会发展特征与纠纷解决机制高度关联。

二 自然资源与土地纠纷类型

（一）水库建设与土地纠纷

青海水资源极其丰富，水力发电成为重要产业，长期以来水库建设一直不断。青海境内大型水库就有八个，龙羊峡以上还要建六个。仅我们所调研的黄南州辖区内除著名的李家峡水库外，还有大大小小31座水库。库区建设需要征占许多农田，水库蓄水又会淹没一些村落和土地，部分农户需要迁移，进行异地安置。因此，水库建设涉及征地补偿安置等一系列与农村土地权益密切相关的问题，在征地补偿安置过程中，形成许多错综复杂的土地利益关系，也引发了大量土地矛盾纠纷。其主要表现为：一是征地补偿标准问题；二是移民安置问题；三是土地补偿费分配问题。比如征地补偿标准问题，库区建设征地补偿安置分别由两个部门管理，执行两部不同的法律；由于所执行的法律之间存在"打架"问题，致使纠纷发生。

据相关部门介绍：在库区建设用地上分别由两个部门执行两部法律，但执行标准迥异，执行结果对农民利益影响很大。水库建设施工区用地，征地适用《移民安置条例》①，征占土地每亩补偿标准为800多元。有专门公司造田向农民返还土地，另给付一笔移民安置费，所以农民所得甚少。征收被库水淹没的农民土地则由国土部门负责，适用的是《土地管理法》，土地征收补偿标准为每亩2000多元，按土地征收前3年平均产值的13倍补偿，费用由土地补偿费、青苗、附着物补偿费、生活补助费（农田造出之前）构成，补偿费直接给付移民户。征收同一个村的土地，却补偿标准不一，结果相差甚远，农民为此上访不断。

在库区建设中，除农民与政府及水库业主因征地补偿安置问题发生的外部性纠纷外，在农民集体内部村民与村委会、村民与村民之间因库区建设征地而引发的土地利益纠纷也非常普遍，有的甚至非常严重，如移民户与非移民户之间的矛盾纠纷。这类纠纷有的是因民族关系、宗教问题所引发，但主要还是围绕土地利益问题而发生。

---

① 《大中型水利水电工程建设征地补偿和移民安置条例》已经在2006年3月29日国务院第130次常务会议上通过，自2006年9月1日起施行。1991年2月15日国务院发布的《大中型水利水电工程建设征地补偿和移民安置条例》同时废止。

（二）草山（场）使用权与土地纠纷

青海省草原面积广袤，畜牧业是其主要产业，在区域经济发展中具有重要的地位和作用。草山草地（场）既是广大牧民的重要生产、生活资料，同时草山草地使用权也是牧民群众的一项重要财产权利。草山草地（场）界址纠纷历来是牧区的最主要纠纷类型，有些甚至具有很深的历史渊源，解决难度非常大。随着草山草地家庭承包经营制度的实行，人们权利意识的增强，特别是草山草地资源对人们经济利益的重要影响，致使草山草地（场）权益纠纷越来越多。这类纠纷除传统的界址纠纷外，还有侵犯妇女草原承包权纠纷、离异妇女草场使用权分割纠纷，因采集冬虫夏草引发的草山草场权属纠纷等。

比如，发生在泽库县多福顿乡尕让村二、六社德拉等62户牧民与该村其他村社牧民之间的因采集冬虫夏草引发的草山草场权属纠纷：

1997年农历五月初九，泽库县多福顿乡尕让村以7个社的干部及村民为代表的43人，代表尕让村全体村民对该村草场进行了区域划分，并对虫草资源进行了分配。1999年泽库县实行草场承包到户政策，2002年4—6月颁发了草原使用证。随着虫草价格的上涨，2002年8月，尕让村二、六社部分牧民对"43人协议"产生异议，便不让一、五、七社的牧民到其草场上采挖虫草，从而发生纠纷。为解决村民之间的矛盾，2003年1月1日，村干部及各社牧民代表共78人，在确认1997年"43人协议"后签名捺印形成"78人协议"。此后，虽经县、乡政府多次组织处理，但因采集虫草而引发的草场使用权权属纠纷未得到彻底解决。村民出于维护内部团结的目的，于2005年3月25日向村委会、村党支部申请解决此事，在村委会无力处理该纠纷时，申请多福顿乡人民政府依照职权对尕让村现有草场重新分配以及虫草资源进行调整。乡政府接到申请后，在村委会召开村民大会，广泛征求各社的意见和建议，同时邀请县人大、政协、政府等部门领导参加了大会，综合各方面意见，经乡人民政府集体研究做出了泽多政〔2005〕10号《关于尕让村草场纠纷问题的处理决定》。该处理决定送达后，二、六社德拉等62户牧民不服，向人民法院提起行政诉讼。①

---

① 黄南州中级人民法院《关于泽库县多福顿乡尕让村二、六社德拉等62户牧民与泽库县多福顿乡人民政府草原行政管理纠纷一案的汇报材料》。

　　离异妇女要求分割草场使用权纠纷也比较普遍，而且得不到有效解决。青海省黄南州中级人民法院民一庭才让·南杰法官的一份报告显示："近年来，随着牧民人口的增长，家庭结构的变化，有些妇女婚姻关系破裂的回到娘家后不再拥有自己的草场份额，故要求在男方家中分割草场的愿望愈加强烈。泽库法院在2004和2005年间作为试点受理了一些此类案件，将草场使用权作为夫妻共同财产进行了分割，草场面积以承包户的人均额进行分割，多则七八亩，少则五六亩不等，但在判决后执行时却有很大难度，其主要根源：一是牧民群众部落意识严重，不愿将本部落草场划分于其他部落，草场面积减少意味势力范围的减弱，分割往往受到部落长者们的阻挠。二是分割后载畜量与草场质量的不同，面积过小只能出租，但出租也被限制，只能出租给本村有条件和势力的人家，租金又很低，实现不了其使用的价值。如泽库县一亩地的载畜量为羊5只、牛2头，3亩草场一匹马，草场年租金一亩地为8元左右。三是在分割草场后，女方如为男方家以外的部落，在自己草场放牧，也往往受到男方部落成员的干扰，无法正常经营。法院判决生效后由于和行政管理部门的脱节，妇女分割的草场使用权得不到及时变更登记，其使用权没有在真正的法律意义上予以确定，一旦引起纠纷，也得不到保护。目前，两县法院对婚姻案件中对草场使用权分割问题均不再受理，此类案件向当事人告知到乡或县一级政府主张权利，但据调查，效果并不理想。"①

三　人文环境与纠纷解决机制

　　在青海调研，另一个突出的感受就是民族宗教问题，包括纠纷的发生与纠纷解决机制无不打上民族宗教的烙印。这种状况显然是由其多民族与多宗教的人文环境所决定。特别是纠纷解决机制中民族习惯法的凸显与宗教人士的介入、宗教规范的影响和宗教感情的作用表现得尤为突出，呈现出鲜明的民族宗教特色。

　　对青海省信访局的调研中我们了解到：在库区建设征地补偿安置中，有些土地问题往往和民族宗教问题缠绕在一起，一个简单的问题会变得异常复杂和棘手。如一些农民不愿意迁移，主要是民族问题。回民

---

　　①　才让·南杰：《关于草场使用权的分割问题》（未刊稿）。

多的地方藏民不想去，藏民多的地方回民又不愿意去。尖扎县某库区有一个村的回族移民和三个村的藏族移民需要安置，由于回族安置人口较少，在其土地足额补偿后还有剩余；藏族移民需要安置的人口较多，用地量大，但用以补偿的土地却不充足，便实行部分土地安置、部分货币安置。藏族移民就认为这是偏袒回族移民，是民族歧视，就去上访。再如安置中先安排给回族移民建清真寺，后给藏族移民修佛塔，藏族移民也要去上访。这些民族宗教问题本来与征地补偿安置没有直接的关系，但在现实中它又不是孤立的事件，往往和征地补偿安置问题交织在一起，并直接体现在征地补偿安置问题上，从而形成了复杂的土地纠纷。

在藏区，宗教领袖的影响力很大，许多纠纷当事人愿意找"头人"、"千户"、"活佛"解决。一些政府解决不了，法院判决也执行不了的纠纷，就请活佛出面解决。另外，牧民居住非常分散，几百里路上见不着人，通过司法解决纠纷显然是不现实的。通过活佛解决比较便利，成本低，时间短，也不会有遗留问题。我们在法院和政府部门的调研印证了这些说法。

我们走访了黄南州中级人民法院、同仁县人民法院和尖扎县人民法院，与法官进行了交流、座谈。黄南州地广人稀，尤其是牧区牧民居住分散，所以这里的案件总体较少。如黄南州中院40个编制，在岗人员37人，法官26人，一年只有200多起案件。黄南州府所在地的同仁县法院编制33人，设有综合审判庭（刑事、民商、行政案件等）7人，执行局8人，立案庭3人，法警队3人（其中两人兼书记员），法院近两年收案率有所上升，全年收案在150—160件左右。尖扎县法院也只设有一个综合审判庭，全年审理100多起案子，最多时也就是200多起。这里的法官少数民族居多，案件虽少，但很有特点。

黄南州法院马旦智，这位颇有才气的回族院长说，法院在处理群体性纠纷时显得软弱无力，即使判了，也执行不下去。他认为处理群体性纠纷还是应当主要依靠地方政府，有些通过活佛、头人按照宗教习俗解决会更好些。他介绍了几起在辖区内影响比较大的群体性纠纷都是在活佛等宗教界人士的调解下才得以解决。如持续数年之久，惊动中央的河南、曲玛草山纠纷案的最后解决就是由高层宗教人士嘉木详大师的介入协调才最后解决；马克唐镇麦什扎村搬迁户与非搬迁户土地纠纷是由乡镇邀请活佛、千户后裔等协调才得以平息；宁秀乡土地承包纠纷案，法院判决后，当事人拒不执行，又在活佛的调解下，当事人重新达成协议，才解决了纠纷。

同仁法院的一位藏族女庭长也强调在藏区办案宗教习俗的重要性。她说，藏区农牧民大都是文盲，法官办案的大部分时间和精力都在为当事人讲解法律和道理上了，所以办案效率很低。藏区办案既要执行法律，但同时又必须考虑民族习惯和宗教问题。如回族人的"口换"习俗，回族人婚姻解除权完全在男子一方，只要男子当众宣布他与妻子解除婚姻关系，这桩婚姻就不存在了，反之，如果男子不同意离婚，即使法院判决离婚，也执行不下去。

在黄南州做有关纠纷解决机制的调研，所到之处都会谈及活佛调解纠纷，包括政府官员、法官和乡镇司法助理员。我们很想了解活佛是如何调解纠纷的，其所运用的规则、方式和方法究竟是什么？因为在现有的材料和研究文献中很少有之，但我们还是没有能够得到这样的机会。与州府一位官员的接触，对之稍能有所弥补。这是一位学者型的官员，却又很讲义气。我们这次在青海调研的所有"关节"都是由他疏通的，许多背景材料和线索也是他提供的，否则很难进行下去，也不会有太大的收获。他对佛教有很深的研究。我向他请教活佛调解纠纷的情况，他说："其实活佛没有那么神秘，每个村都有活佛，活佛是由寺院的管事们推选出来的，他们有大小级别之分，实为一个地区的宗教领袖（导）。辖区内的信徒很尊重活佛，活佛对信徒们有很大的影响力，所以部落里的一些纠纷要通过活佛来调解解决。活佛一般不会主动介入民间纠纷，往往是应当事人的请求去解决纠纷。从政府的角度来讲，我们尽量引导群众，要求基层政府用政策法律解决问题，但一些棘手的纠纷，基层政府也会请活佛出面调解。对此一般我们不去过问，但若闹的动静太大了，我们会批评他们的。"

　　问：活佛处理问题公平吗？
　　答：一般还是公平的，这是由他的地位所决定的，他要维护他的权威和形象，所以还是公平的。
　　问：活佛调解纠纷有无特殊的规则和方式？
　　答：现在没有什么，一般就是两边说和，要求互让，由于他的影响力，当事人也就接受他的调解。但在过去藏族部落有一些习惯法，如"赔命价"，藏人许多纠纷都私了，包括杀人也可用"赔命价"私了，要求政府不要追究杀人者的责任。像强奸案子根本判不下去。有一妇女被强奸后大出血，告发了强奸者，司法机关依法对被告人判了刑，但这位女子却受到全村人的歧视。

四　宗教人士调解土地纠纷案例

案例1：法院判决不执行，活佛调解解纠纷——泽库县宁秀乡农业综合服务一站与宁秀乡赛日龙村民委员会及五村民土地承包合同纠纷案

本案案情：原告泽库县宁秀乡农业综合服务一站；被告泽库县宁秀乡赛日龙村民委员会；被告格白、俄洛、南杰、昂秀、达白系宁秀乡赛日龙村村民。

原告宁秀一站诉称，1991 年，宁秀乡隆务地区五个大队集体拥有 4700 亩耕地草山，为了增加群众的收入，控制乱垦、乱种草山的局面，实行土地统一管理和统一经营，经隆务地区五个大队共同协商研究决定，成立了泽库县宁秀乡农业综合服务一站。当时，牧民群众推选周洛为法人代表。1998 年年底，宁秀乡实行了土地承包到户责任制以后，机站被迫解散。当时隆务地区五个大队村干部等相关负责人清算机站的剩余资金和固定资产等财产时，机站尚欠银行贷款等 152 万元人民币。为了清偿机站的债务，经共同研究，决定将在宁秀乡那边的耕地草山 2487 亩暂不交集体，该土地作为偿还机站债务的基础，同时规定将机站的厂房和固定资产留给承包机站的人使用。土地承包的合同期为 25 年。周洛承包了宁秀一站及耕地草山 2487 亩，并签订了土地承包合同，合同规定将在 25 年合同期间由周洛负责清偿宁秀一站所有债务，承包期满后将土地交给隆务五个大队。周洛与隆务地区五个大队签订合同之后，赛日龙村村长等人，未征得周洛与村民的同意，于 1999 年元月份私自签订合同，将宁秀一站的耕地草山 2487 亩中赛日龙村三个社应得的 436 亩土地承包给以上五被告，承包期 15 年。被告方强行分割、占用机站土地长达 8 年。周洛向被告方交涉无果，遂诉至法院要求撤销赛日龙村与被告格白等人之间签订的土地承包合同，并赔偿占用 436 亩土地所带来的经济损失合计人民币 143592 元。

被告宁秀乡赛日龙村民委员会辩称："1999 年元月，宁秀乡一站解散时，我们隆务部落专门召集会议进行了研究，当时，原告周洛提出要求由他承包宁秀一站，并由他负责偿还机站的债务。就在这个会上，我们赛日龙村决定收回我村九个社应得的土地，并经研究，决定将我村的土地承包给被告格白等人。后来，由于原告周洛私下活动，把我村四个社的群众拉过去和他签订了土地承包合同，因此，就剩了五个社的土地。但是，我们五个社应得的固定资产到目前为止分文未给，于是我们之间发生了矛盾。为了解决我们之间的矛盾，当时请隆务地区的桑活佛和退休干部才会二人主持调解并达成协议。后来，原告周洛不服而未能执行。赛日龙村把属于我村自己的土地承包给被告格白等人与原告周洛没有任何关系，更没有理由将 436 亩土地退还给周洛。"

被告格白等人称："我们和原告周洛没有直接关系。这是因为，我们与赛日龙村共同协商之后达成 436 亩土地承包 15 年的合同，而没有与原告周洛签订合同。退还土地必须征得村民委员会同意。为了解决我们之间的纠纷，在 1999 年请桑活佛和才会二人调解过，但因原告周洛不服而未能执行。现原告要求我们退还土地，并要求承担经济损失的诉求，由于当时我们与赛日龙村签订土地承包合同时，村里没有向我们声明宁秀一站的债务由我们分担。所以我们与原告之间无任何关系，也不承担任何债务。"

经审理查明，原告泽库县宁秀乡农业综合服务一站因 1998 年宁秀乡实行草山承包到户责任制以后，该站无法集体经营，因此，经隆务地区五个大队核算账目后发现，包括厂房和固定资产折算，该站尚负银行贷款等 152 万元债务。为了清偿债务，村里研究决定把宁秀隆务地区五个大队的 2487 亩土地暂不交集体，为今后清偿宁秀一站的债务做基础，后来原告周洛与隆务地区五个大队之间签订了继续经营宁秀一站及土地 2487 亩承包 15 年的合同。2002 年 9 月 10 日，隆务地区五个大队考虑到宁秀一站的债务多，合同期短等因素，又召集会议，经研究决定将宁秀一站的债务 152 万元中减除 30% 的折旧费和汆强、苏哈两处的原属宁秀一站的网片和铁杆分给当地牧民的财产折合人民币 8 万元从 152 万元债务中减除，并将宁秀一站承包期延长 10 年，即延长至 2027 年 9 月 10 日。在 1998 年原告周洛与隆务地区五个大队签订土地承包租赁合同之后，于 1999 年元月被告赛日龙村民委员会未经原告周洛的同意，私自将宁秀一站的 436 亩土地承包给被告格白等人，承包期为 15 年，并签订了合同。原告周洛知情后，与被告赛日龙村民委员会主任群巴，被告格白等人交涉，并请宁秀隆务地区的桑活佛和退休干部才会二人调解此事，但因原告周洛不服其调解协议内容而未能执行。就这样，被告格白等人将宁秀一站的土地 436 亩从 1999 年元月开始占用至今，长达 8 年，土地承包费向被告赛日龙村只缴了 24542 元（3506 元/年×7 年）。

再审法院认为，原告周洛与宁秀乡隆务地区五个大队之间签订的土地承包合同，合法有效，本院予以确认。被告格白等人承包的 436 亩土地是属于泽库县宁秀乡隆务地区五个大队承包给原告周洛的宁秀一站的土地，被告赛日龙村民委员会无权将该 436 亩土地承包给被告格白、俄洛、南杰、昂秀和达白五人。因此，被告赛日龙村与被告格白等人之间签订的土地承包合同无效。据此判决如下：

"一、被告泽库县宁秀乡赛日龙村民委员会属于原告泽库县宁秀乡农业综合服务一站的土地 436 亩（油菜地 375 亩，草山 61 亩）从被告格白等五人处收回后退还给原告泽库县宁秀乡农业综合服务一站。

二、被告泽库县宁秀乡赛日龙村民委员会赔偿原告泽库县宁秀乡农业综合服务一站的经济损失人民币 93904 元（自 1999 年至 2006 年共 8 年，计油菜地 375 亩×30 元＝11250 元×8 年＝90000 元，草山 61 亩×8 元＝488 元×8 年＝3904 元，合计 93904 元）。"

法院判决后，被告拒不执行判决。之后，双方再次邀请活佛调解，调解内容如下：

（1）五户被告向宁秀乡农业综合服务一站补偿经济损失 13 万元。

（2）双方争议的 425 亩土地仍然由宁秀乡农业综合服务一站承包人周洛耕种。

（3）宁秀乡农业综合服务一站的土地承包期限由 25 年变更为 15 年。

双方接受了活佛调解的内容，达成了协议，并予以实际履行，纠纷得以圆满解决。①

本案系典型的农村土地承包合同纠纷，由于纠纷所涉承包土地数量多、承包期限长、当事人众多、所涉土地利益关系复杂而重大，所以处理难度也就较大。我们已看到，纠纷的解决经历了一个非常复杂的过程。在纠纷发生后，当事人并未直接进入司法程序，而是首先邀请当地宗教人士桑活佛和退休干部才会进行调解，并达成调解协议，但因当事人一方周洛不服调解协议内容而未予实际执行，原告遂诉诸法律，希望通过司法程序予以解决，并历经一审、二审和再审。再审法院做出终审判决后，被告拒不执行判决，原告也未申请强制执行，双方却再度邀请活佛调解，并在活佛的调解下，当事人重新达成协议，纠纷方得以彻底解决。本案中活佛在当事人诉讼前和终审判决后两度介入该纠纷的调解，并最终以其调解取代了法院判决，化解了纠纷。

案例 2：基层政府邀请活佛调解当地重大纠纷：马克唐镇麦什扎村 22 户搬迁户与 86 户非搬迁户土地纠纷

青海省丰富的水力资源，使水力发电成为重要的产业，大大小小的水库建设一直不断。由于水库建设需要征占大量的农民土地，因而由此引发的征地补偿纠纷非常突出。在库区建设中，除农民与政府及水库业主因征地补偿安置问题发生的外部性纠纷外，在农民集体内部村民与村委会、村民与村民之间因库区建设征地而引发的土地利益纠纷也是非常普遍的，有的甚至是非常严重的，如移民户与非移民户之间的矛盾纠纷，这类纠纷有的是因民族关系、宗教问题所引发，但主要还是围绕土地利益问题发生的。青海省黄南州尖扎县马克唐镇麦什扎村 22 户搬迁户与 86 户非搬迁户之间的土地纠纷案就甚为典型。

纠纷概况：尖扎县马克唐镇麦什扎村位于国家重点工程公伯峡

---

① 青海省泽库县人民法院《民事判决书》（2006）泽民一初字第 5 号及笔者在黄南州中院的调研访谈。

水电站库区内。2003 年 9 月，随着公伯峡水电站的下闸蓄水，处于被淹没区的麦什扎村的移民登记和土地调整工作正式启动。起初库区农民都不愿迁移，都不想成为迁移户。然而，按照政策迁移户被征收的土地，水库业主实行占一补一，要给他们垦田补地，同时还要划分宅基地，特别是那些征而未淹的土地和房屋，迁移户们依然可以耕种和使用。迁移户的这种"一个萝卜几头削"，好处得尽的情形让非迁移户无论如何都不能接受，尽管他们都曾不愿迁移，但在迁移户所获大量利益面前，他们的心理产生了严重的不平衡，故强烈要求迁移户留下土地和房屋，从村庄里彻底消失。于是双方势不两立，非迁移户逐级上访，甚至围堵省府。由此，移民户和非移民户之间针对土地问题的争议和纠纷日趋激烈，持续三年之久。在这一重大纠纷的解决过程中，镇、县、州三级政府采用多种方式努力化解纠纷，包括行政决定、行政协调、行政调解；同时启动了民间调处机制，马克唐镇政府组织昂拉"八庄"调解人员 9 人，进驻麦什扎村进行了为期 14 天的调解工作；县领导小组又决定邀请当地威望较高的陈格活佛、那加活佛出面做群众劝说工作。这一纠纷在多方努力和大量艰苦细致的工作之后，才得以解决。

根据最初决定麦什扎村被淹没耕地只有 20 多亩，被列为后靠安置对象，群众不需要搬迁。但后来根据西堪院对淹没线的确定，麦什扎村被淹没耕地将达到 129 亩多，因此，该村 22 户村民必须搬迁。据此，镇政府按照县政府的要求，组成工作组赴麦什扎村反复向群众做宣传动员工作，但村民都不愿意搬迁，因而，移民对象始终确定不下。针对这种情况，镇政府按国家移民政策的有关规定，决定淹没耕地最多的村民依次被确定为搬迁户，必须进行移民搬迁安置。但群众对此决定依然不服，后经反复做工作后，村民提出在未确定搬迁户的前提下，由村里事先拟订一个实施方案或协议，便于移民将来上交土地和进行土地调整，县支黄办和镇政府原则上同意了此项要求，但明确表示不参与商议和拟订方案，由村里自行拟订，并要求必须在全体村民中予以公布。于是，村里自行拟订一个实施方案，并确定了 22 户搬迁户，同时按统一标准发放了相关补偿费用。2005 年 10 月麦什扎土地调整工作进入实质性阶段，移民和非移民对土地收缴发生争议，互不相让，矛盾由此逐步激化。

调处过程：镇党委和政府于2005年10月8日成立工作组进村开展工作。工作组进村以后，首先召开群众大会，要求由移民和非移民双方各推选几名代表成立土地调整领导小组，但双方意见不合，均拒绝成立领导小组，经反复做工作仍然无效。移民群众提出：如果按照当初拟订的实施方案上交土地，他们没有任何意见，否则拒不交出土地，同时表示由支黄办（支援黄河上游开发建设办公室）下发的近20万元补偿款全部交给非移民；而非移民则拒不承认和执行当初村里拟订的实施方案，并且提出：移民户的所有土地不经过丈量要全部移交给非移民户进行分配，否则他们拒绝接受移民户按实施方案上交的土地，矛盾由此而引发并逐步升级。

马克唐镇于2005年12月26日、2006年1月25日，先后下发了处理麦什扎村问题的决定和补充决定，明确规定：（1）麦什扎村属公伯峡库区淹没桩位线（即高程2005米）以下土地所有权属国家，使用权属征用单位；（2）移民必须于2006年6月10日之前将公伯峡库区淹没桩位线以上的所有承包地上交给村委会，由村委会调整给耕地被淹没的非移民户耕种。然而在决定下达以后，移民户对决定的有关条款存在异议，拒绝执行决定和上交土地。此后，县协调领导小组和镇党委政府又多次做移民和非移民双方的工作，仍然没有取得实质性进展。在此期间，非移民群众还先后多次到省、州、县、镇各级人民政府上访反映情况，要求政府解决此事，并以不进行春播生产要挟县乡两级政府。县、镇两级工作组又采取分户包干的方式，分别作移民户的工作，并以签订书面协议的形式，让移民户签字画押，如愿意执行决定者，签字画押后上交土地；如不执行决定，签字画押后退还所有补偿款。然而只有5户移民在愿意执行决定的协议上签字画押并上交了所承包的土地，其余17户移民户拒绝签字画押，也拒不上交土地。

2月26日，县协调领导小组和镇政府就麦什扎村土地纠纷问题的调处工作进展情况和春播情况向县委、县政府进行了汇报，汇报会上，镇政府提出了在任何调解方法均不奏效的情况下采取引导群众通过正常的法律渠道解决土地矛盾纠纷问题。据此，镇政府于3月2日召集该村村委会主任和非移民户代表开会，向群众再次详细陈述了县、镇两级对该村土地纠纷的调处过程，并明确表示如不接受任何调解结果，将启动法律程序解决矛盾纠纷，但非移民户态度仍然很坚决，既不同意运用法律程序，也拒不进行春播生产，同时也未提出任何解决问题的办法。

之后，县协调领导小组在积极调处的同时，启动了民间协调的办法处理。3月25日，马克唐镇组织昂拉"八庄"调解人员9人，进驻麦什扎村开展调解工作。经过14天耐心细致的说服教育，调解工作因种种利益问题，陷入僵局。县领导小组又决定邀请当地威望较高的陈格活佛、那加活佛出面做群众劝说工作，但二位活佛还是未能调和双方分歧，调处无果。

马克唐镇人民政府在给县协调领导小组的《关于麦什扎村移民与非移民耕地调查情况的报告》（马政〔2006〕9号）中写道："我镇麦什扎村移民与非移民土地纠纷已历时两年，期间多方努力全力调解，均由于各方利益无法调和而无结果，期间该村部分群众无休止上访，使政府形象受到了损害，同时也使麦什扎村原有的生产生活秩序被严重扰乱。麦什扎村部分群众目无政府、目无法律法规的做法，我们认为是极其错误的，应该采取强硬措施进行果断处理，而不是调解与再调解的问题。"

根据移民和非移民各执己见，互不让步，调处工作难以进行的实际，县委、县政府进一步调整纠纷调处的思路和方式，采取以下办法。一是该村移民果园补偿资金由县支黄办一次性转交马克唐镇，并由马克唐镇政府全权负责决定发放具体事宜，县支黄办全力配合马克唐镇政府做好档案资料提供等工作。二是县委县政府、调处工作组与马克唐镇党委政府共同在前5个多月工作的基础上，通过广泛调查分析与研究，再次形成《关于麦什扎村土地纠纷有关问题的处理决定》（马政〔2006〕22号文），与此同时，县政府再次下发了《关于麦什扎村土地纠纷有关问题的紧急通知》。同时，领导小组从6月2日至14日，深入麦什扎村把马政〔2006〕22号文和《紧急通告》分别向移民和非移民做了深入细致的宣传和解释，并采取各种方式、各种手段，有针对性地做了大量的思想工作后，土地纠纷调处工作取得了突破性进展。根据"麦什扎村移民户必须于2006年6月10日前将公伯峡库区淹没桩位线高程2005米以上承包地不丈量一次性上交村委会，由村委会本着'占一补一'和

'大稳定小调整'的原则进行调整"的规定，镇政府协助麦什扎村土地调整领导小组于2007年9月份收回了移民户所应该上交的承包地并移交给该村村委会重新分配。按照县支黄办"淹地不淹人"的移民安置方案，移民户原有的自留地、开荒地、开发地、庄廓及四旁树木仍归移民使用和所有。同时对被征用而暂时未被淹没的土地权属作了规定，即"马克康镇麦什扎村2005米桩位线以下土地已经被黄河上游水电开发责任有限公司征用，土地所有权和使用权性质发生变化，根据《土地管理法》第二章第十一条'农民集体所有土地依法用于非农业建设的，由县级人民政府登记造册，核发证书，确认建设用地使用权'之规定，所有权属国有，使用权属征用单位（黄河上游水电开发责任有限公司），移民和非移民不得使用2005米桩位线以下的土地"，镇政府及麦什扎村委会对这部分土地均无权处置。

22户移民户中18户同意将淹埋桩以上承包地一次性不丈量交村委会，并进行签字画押。绝大多数非移民也对《决定》表示认可。6月16日至21日，领导小组和马克唐镇党委、政府先后召开11次会议专题研究，制定出台了具有针对性和可操作性的《决定》（马政〔2006〕22号）实施办法。一是鉴于麦什扎两委班子发挥不了作用的实际状况，调整了党支部和村委会班子主要成员。二是组织全镇干部对麦什扎村土地面积进行全面调查核实的基础上，于6月22日公布了土地调整具体方案。移民与非移民的紧张关系趋于缓和。但部分与土地调整无任何关系的村民和极少数非移民又到省州上访。对此，7月3号，召开县委常委会，专题研究麦什扎问题，议定坚决落实马政〔2006〕22号文件，按照该文件和配套的实施办法调整土地；作为非正常上访专项整治的重点，对经思想教育无效，仍以同一事实和理由闹事和非正常上访的，按照《治安管理处罚法》和《信访条例》，进行严肃处理。7月12日，个别非移民户组织人员再次赴省上非正常上访，经三天说服教育无效的情况下，7月14日，县公安局依法采取了相应措施。

至此，持续三年之久的马克唐镇麦什扎村搬迁户与非搬迁户土地纠纷基本得以解决。①

案例 3：嘉木详大师主持调处青海省河南县宁木特乡与甘肃省玛曲县欧拉秀玛乡之间的边界争议

  草场是牧业生计方式的基本生产资料，关系到牧民的基本生活和经济利益，草山（地）面积非常广阔，动辄就是几千亩几万亩。然而草山界址传统划分很不严格，误差往往有几百，甚至几千亩。因而部落之间、牧民之间的草山（地）纠纷历来是藏区民间纠纷中最多、最繁杂的一种，而且往往都有一定的历史根源。草山界址纠纷主要发生在县、乡、村之间，并时常有械斗发生。牧户之间因现在都有网围栏或界桩，所以纠纷少有发生。在藏区这类草山（地）纠纷的最后解决，往往需要活佛出面，纠纷双方因宗教信仰和习俗，会在共同敬仰的活佛面前做出一定的让步。如（甘南）碌曲县拉仁关部落与青海省河南蒙古县达参部落因草场纠纷连年械斗，1987 年发生大规模武装械斗，发生了碌曲县拉仁关部落 5 死17 伤的惨案，直到 1995 年在拉卜楞赛赤贡唐仓（六世）活佛调解后，才得以彻底解决。②

  新中国成立以来，最著名的草山界址纠纷发生在黄南州的河南县与甘肃省甘南藏族自治州的玛曲县。两县草山界址纠纷由来已久，经常发生械斗乃至枪战，两方先后死、伤 50 余人，据当地人说，在冷兵器时代死伤就更多了，部落居民往往是全部出动，双方短兵相接，刀棒乱舞，死伤甚多。通常是一方强行进入有争议的地盘放牧，另一方则扣押人畜，一方为抢夺被扣人畜，于是免不了一番混战，乃至双方都需动员部落老少，日夜持枪守护牧场。

  据当地政府有关材料介绍：1997 年 8 月 3 日至 1999 年 5 月 20

---

 ① 马克唐镇人民政府《关于马克唐镇麦什扎村土地调整及土地矛盾问题得到妥善解决的报告》；《关于马克唐镇麦什扎村土地纠纷调处情况的报告》（尖信发〔2006〕8 号）；马克唐镇人民政府《关于麦什扎村移民与非移民耕地调查情况的报告》（马政〔2006〕9 号）；马克唐镇人民政府《关于对黄信转字〔2007〕第 87 号信访事项转送单反映事项调查情况的报告》马政〔2008〕12 号。

 ② 参见蒙小莺、蒙小燕《解析当代甘南牧区民间纠纷调解中的藏族部落习惯法》，《中国藏学》2010 年第 1 期。

日，青海省河南县宁木特乡与甘肃省玛曲县欧拉秀玛乡因草山纠纷共发生8次大的武装械斗，造成双方死亡32人、伤18人。自1997年"8·3"流血事件以来，仅宁木特乡就有18名群众被打死，10多人被打伤，其中重伤残9人，29个家庭失去了主要劳动力，10余妇女成为寡妇，29名儿童成为孤儿，两所基层学校不能正常开课，百余名儿童无学可上，草原基础设施破坏严重，为了守牧，不得不组织全乡劳力到边界地区进行集体轮流守牧，不少人因为风餐露宿身患重病，有的还不幸身亡。长期的争斗，使不少原本已经脱贫的牧户重新沦为贫困户、特困户。他们缺衣少食，无钱看病，生活无着，有些群众为此丧失了生产、生活的信心和勇气。

2000年3月7日，国务院下发了《国务院关于甘肃省玛曲县与青海省河南蒙古族自治县行政区域界线争议地段划分的批复》（国函〔2000〕18号），对双方行政界线予以裁定，批复将宁木特乡梧桐村48户、237人的3万亩草场无偿划拨给了玛曲县。得知这一消息后，当时群众情绪波动很大，稍有不慎，极有可能发生新的流血冲突。在此后8年多的时间里，虽经国务院裁决并已认线、埋桩，但由于善后事宜迟迟得不到解决，边界地区的社会治安形势依然严峻。越界放牧、相互盗赶牲畜事件时有发生，成为全县最不稳定的社会因素之一。

通过双方群众的互相了解，都迫切希望用民间调处的方法最终解决边界纠纷善后事宜。在充分尊重牧区历史习惯和广大群众意愿的基础上，2004年3月29日，玛曲县党政领导前来河南县，两县签订了《河南玛曲两县妥善解决地区善后事宜会议纪要》。纪要认为，自国务院裁决下达后，两县党委、政府都为边界地区的社会稳定做了大量的工作，其间虽未发生流血冲突，但相互之间的摩擦时有发生，并留下重大治安隐患，成为影响社会稳定的社会因素。在解决善后事宜的办法上，必须在不折不扣地贯彻国务院裁决的基础上，采取政府组织、民间参与的办法予以解决，两县同意邀请甘肃省人大常委会副主任嘉木详大师主持调处工作。

在甘肃省人大副主任嘉木详大师的协调下，由拉卜楞寺寺管会主持，组织拉卜楞寺、石藏寺等五大寺院寺管会及河南县柯生乡、玛曲县尼玛乡群众代表21人成立的两县民间调处工作组，于2005

年 6 月 29 日进驻两县开展工作，经过四个多月的艰苦努力，于
2005 年 10 月 31 日，完成双方伤亡人员抚恤金、医疗费、相互盗赶
牲畜等的赔偿清退工作（其中河南县向玛曲县支付赔偿金 51 万元，
玛曲县向河南县支付赔偿金 62.1 万元，共计 113.1 万元）。至此，
长达 8 年之久的宁木特边界善后事宜民间调处工作圆满结束。宁木
特边界善后事宜民间调处工作的圆满成功，标志着长达 8 年之久的
边界纠纷彻底结束，这是一起由宗教高层人士主持，运用历史惯例
解决民族地区草山界址纠纷的成功典范。[①]

小　结

我们通过对青海民族地区土地纠纷及其解决机制的实证考察，可以
初步了解民族地区土地纠纷的一些区域特征和纠纷解决机制的民族宗教
特色。尽管调研的深度和所收集到的资料有限，但颇有价值，特别是一
些典型案例以及相关人员对民族地区纠纷解决机制的感悟、认识和实践
经验，对于我们认识、理解和把握民族地区农村土地纠纷及其纠纷解决
机制的基本特点，探寻和汲取构建多元化纠纷解决机制的民族、宗教等
本土元素具有重要的帮助。从我们的实证研究中可以获得以下指示和
判断。

一　西部民族地区丰富的纠纷解决机制传统资源

西部地区具有一种独特的人文环境，即众多的少数民族聚居和多形
态的宗教信仰。在这种独特的人文环境中，孕育、发展和逐步形成了丰
富多彩的民族宗教文化传统，并世代相传。这些民族宗教文化传统中蕴
含着极为丰富的包括少数民族习惯法在内的各种纠纷解决机制，对民族
地区社会调控发挥着不可替代的作用。少数民族习惯法及其纠纷解决机
制，在当今社会转型、矛盾凸显的时代具有重要的现实意义。从法源意
义上来讲，少数民族习惯法及其纠纷解决机制为国家法的完善提供了丰

---

① 黄南州政府提供的《以人民利益为重，全力维护边界社会稳定——河南县主动协调
解决边界纠纷善后事宜、维护地区间民族团结侧记》，2006 年 6 月 30 日。

富的规范资源；从现实发展来看，少数民族习惯法及其纠纷解决机制已被纳入多元化纠纷解决机制体系，在人民调解乃至基层司法中被广泛吸收、借鉴和运用；从实际效用和发展趋势来看，少数民族习惯法及其纠纷解决机制在民族地区具有不可替代的地位和作用，它不仅仅是国家法及其体制内纠纷解决机制的拾遗补阙，在一定意义上来讲，它与国家法及其体制内纠纷解决机制并存和发展，甚至在某些纠纷的解决上架空或排斥了国家法及其体制内的纠纷解决机制而"特立独行"。通过以上三个案例，我们可以清晰地看到：在民族、宗教地区，无论是纠纷解决方式，还是纠纷解决主体都有宗教的影响存在。活佛都介入了重大纠纷的调解，并成为纠纷得以解决的重要力量。我们必须正视这一现实，充分利用这一本土纠纷解决资源，化解民族地区的矛盾纠纷。实践证明，利用好这一资源对于民族地区的社会稳定具有重要的意义。但应当注意的是，民族习惯法及其纠纷解决机制中的一些因素客观上与现代法治存在某种背离和冲突，所以要注意引导宗教解决纠纷的积极正向作用，防止民族地区纠纷解决方式对国家法及其体制内纠纷解决机制的排斥和销蚀，避免国家权威和地方政权受到冲击和削弱。

二　宗教人士介入纠纷解决的方式和尺度

我们这里所关注和考察的纠纷解决的宗教因素，是宗教人士介入世俗社会矛盾纠纷的解决，而非宗教组织内部运用宗教规范解决宗教事务及其矛盾纠纷的活动。因此，宗教人士以何种方式介入纠纷解决，以多大范围作为行为边界，即宗教人士介入纠纷解决是否应成为民族宗教地区一种基本的、常态的纠纷解决方式？是鼓励、默许，还是限制？宗教人士介入纠纷解决与体制内纠纷解决机制相冲突时如何对待？是否予以矫正？这是我们在构建多元化纠纷解决机制中所必须面对和回答的问题。许多研究文献都认为活佛并不主动介入世俗社会矛盾纠纷的解决，只是应当事人和有关方面的请求才介入纠纷解决。所列三个活佛调解纠纷的案例中，既有民间请求，也有官方邀请，即当事人请求活佛调解，或乡镇等不同层级的政府邀请活佛调解。民间当事人的请求作为一种自发的行为，主要出于传统影响、宗教感情和就近便利的考量。政府层面的邀请则是一种被动的选择，是在"政府解决不了，法院判决也执行不了"的情况下，出于社会稳控需要的一种选择。可见，宗教人士介入纠纷解决主要发生在民间自发的层面，政府仍以通过政策法律和体制内的纠纷解决机制作为解决纠纷的主渠道。但政府也注意到这一传统资源的整合利用，试图将其吸纳进体制内，实现传统和现代、宗教和世俗的融合，如青海省司法厅积极吸纳宗教人士担任人民调解员。

三 民族宗教地区纠纷解决方式的选择

民族宗教地区纠纷解决方式的选择，并非以司法程序为首选，在全民信佛的藏族地区，人们首先选择的是在当地具有重要地位和影响的活佛进行调解，也包括邀请作为社会精英的基层干部进行调解，这是符合民族习俗和宗教心理的选择。许多学者的调研也可佐证这一点。案例一中，当事人在发生纠纷后首先选择当地活佛和退休干部进行调解，只是在对活佛调解内容不满时，才放弃执行调解协议，转向求助司法解决。案例二中，当事人拒绝接受通过法律程序解决纠纷的建议，却同意政府邀请当地享有威望的活佛进行调解。案例三中，历时八年，双方械斗死伤数十人的草山纠纷，最终解决的途径仍是宗教高层人士的调解和协调。但我们同时也注意到，选择宗教人士调解可能是当事人的首选，但并不意味着是当事人的唯一选择，其并不排斥在调解未果的情况下，选择其他纠纷解决方式，包括上访或诉讼。案例一中，当事人虽首选活佛和退休干部进行调解，但在未果时，则选择司法解决。

四 宗教人士调解纠纷的方式

藏族习惯法中的调解是一种以事实和习惯法为中介，以民间权威为桥梁的当事人双方之间相互妥协让步的纠纷解决方式。活佛调解纠纷的权威性在于"基于以往藏族社会历史上'舍寺院则无教育'、'政教合一'的状况和几乎全民信仰佛教的现实，寺院是知识的殿堂，僧侣是知识的持有者，高僧在自己修持过程中注重道德情操，活佛又是神灵的化身，僧侣（包括活佛）已经是或者即将是藏族群众精神生活的导师"。[①] "在调解过程中，如果调解不成或者调解达成协议之后不履行，那么当事人一方或者双方就有可能将调解权威都'得罪了'，今后从调解权威

---

① 后宏伟：《藏族习惯法中的调解纠纷解决机制探析》，《北方民族大学学报》（哲学社会科学版）2011 年第 3 期。

处继续获取有利资源的可能性就小得多了。"① 纠纷解决方式是纠纷解决机制的基本要素之一，那么，活佛作为一种权威性的调解是如何进行调解的？对此我们既缺乏实际的观察和体验，又没有研究文献的翔实记载。我们试图通过调研所获的片段信息进行简单的勾勒。首先，活佛调解纠纷的前提是一种宗教人士对世俗纠纷的"调解"，而非宗教裁判，这就基本限定了调解纠纷方式的大概情形。我们可以从以上案例所涉的一些政府文件用语中得到一些启发。案例二中马克唐镇政府文件的表述是"县领导小组又决定邀请当地威望较高的陈格活佛、那加活佛出面做群众劝说工作，但二位活佛还是未能调和双方分歧，调处无果"。活佛调解的方式，只是"劝说"、"调和"。我们通过对案例一中法院判决和活佛调解内容的比较，发现活佛调解的奥妙就在于对双方当事人利益的"平衡"。案例三中嘉木详大师在主持纠纷调处中，也是在"协调"各方关系和利益。与黄南州府官员的访谈，同样表明现在活佛调解纠纷并无特殊的规则和方式，"一般就是两边说和，要求双方互让"。可见，活佛调解纠纷并无神秘之处，是一种世俗化、平民化的调解方式，其特殊之处仅在于其特殊的身份、自身的修养和当事人对宗教的信仰、认同与感情。

五　宗教权威与司法权威

在民族地区，民族习惯法（宗教规范）往往与国家法相冲突，使国家权威受到冲击和挑战。出于民族和宗教心理，人们普遍认同的是民族习惯法（宗教规范）。实践中，法院判决与民族习惯、宗教评判不一致时，判决根本得不到执行。案例一中，当事人在历经一审、二审和再审，法院做出终审判决后，被告竟拒不执行法院判决，原告也不申请强制执行，而是轻易地将极具国家权威的司法判决弃之一边，再度邀请活佛调解，并以活佛之调解取代司法判决。这是否意味着在民族宗教地区宗教权威胜于司法权威？我们还没有足够的证据做出是与否的判断，但这种现象值得重视。

---

① 后宏伟：《藏族习惯法中的调解纠纷解决机制探析》，《北方民族大学学报》（哲学社会科学版）2011 年第 3 期。

六　宗教情感与宗教约束

以上是宗教权威与司法权威的关系问题，与之相关的另一个问题是，宗教人士（活佛）对纠纷调处的结果是否具有必须服从的权威性，其约束力究竟如何？我们对案例一法院判决与活佛调解的内容进行了比较，发现二者之间的差异并不是很大，双方争议的 425 亩土地使用权，法院判决与活佛调解的结果一致，均认为应归泽库县宁秀乡农业综合服务一站。活佛调解的结果与法院判决的差异在于，一是五户被告向宁秀乡农业综合服务一站赔偿的金额由 93904 元提高到 13 万元，与原告主张的 143592 元比较接近。二是宁秀乡农业综合服务一站与宁秀乡隆务地区五个大队之间签订的土地承包合同的承包期限由 25 年改为 15 年，与最初双方签订的土地承包期限相同。总体上来看活佛调解只是对原被告双方的利益进行了适当的平衡。在本案中法院判决并无不当，但判决后当事人却拒不执行，而活佛调解与法院判决并无多大差异却能被双方当事人所接受，纠纷戛然而止。对此，我们似乎只能从活佛在藏区的影响力和藏民的宗教感情上进行理解和解释。"宗教与法律都有预防、解决纠纷，维护社会秩序的作用，但二者之间的作用机制不同。宗教作为实现社会秩序的重要力量，基于其精神上、心理上的控制作用，也表现在组织上、行为规范上的控制作用，人们更多关注的是宗教的精神心理层面。"[1] 我们注意到活佛的权威并不是绝对的和必须服从的。案例一中，在纠纷发生之后，当事人曾经邀请宁秀隆务地区的桑活佛和退休干部才会二人调解此事，但原告周洛因不服其调解协议内容而并未实际执行调解协议，又起诉到了法院。案例二中，"威望较高的陈格活佛、那加活佛出面做群众劝说工作，但二位活佛还是未能调和双方分歧，调处无果"。可见是否接受活佛的调解，除了对活佛的宗教感情外，还有利益的考量，如果当事人认为活佛的调解对其利益构成不利时，同样会予以拒绝。可见，活佛调解并无绝对的权威，其除具有宗教传统、宗教情感的影响力外，与其他民间调解无异。

---

① 王宏璎：《民族社会纠纷解决中宗教因素的实证分析》，《法学杂志》2011 年第 7 期。

结　语

　　社会转型期，社会结构、利益关系、思想观念的深刻变化使各种社会矛盾和纠纷激增甚至激化，农村土地矛盾纠纷表现得尤为突出，已严重影响到农村社会乃至整个国家的稳定和发展。

　　农村土地纠纷是我国土地纠纷的重要组成部分。在社会转型，工业化、城市化快速发展，"三农"问题依然十分严峻的今天，农村土地纠纷日显严重，已成为影响农村社会乃至整个国家发展稳定的重要因素，受到全社会的高度关注。农村土地纠纷的类型、规模、成因、发展趋势通常要受到一个地区的产业结构、工业化城市化进程、国家和地方政策法规乃至国内外经济形势等多种因素的制约和影响，更具有深刻的社会基础，因而表现出巨大的时空差异性，并呈起伏状发展。农村土地纠纷具有内部性和外部性、群体性和对抗性、长期性和阶段性、原发性和衍生性、内敛性和外溢性以及集中爆发性等特点。西部地区大多为经济欠发达地区，较之东南沿海地区，农业仍占很大比重，农民对土地的依赖程度还比较大，加之城市化进程正在追赶之中，所以，西部地区的农村土地纠纷形势依然很严峻。

　　我国传统的农村土地纠纷解决机制以人民调解、行政调处和司法诉讼为主。随着农村土地纠纷类型和规模的重大变化，我国又先后建立起了以农村土地承包经营纠纷仲裁制度、征地补偿标准争议协调裁决制度为主要内容的农村土地纠纷解决机制，并在应对"信访潮"的过程中逐步建立了特殊的信访纠纷解决机制。实践中，还有一些纠纷解决机制在实际发挥作用，如乡镇调处纠纷机制、民族宗教解决纠纷机制、新型农村自治组织解决纠纷机制。可以说，我国多元化纠纷解决机制体系已初步形成，这些纠纷解决机制以其各自特有的机理和方式在不同领域和不同层面对解决农村土地纠纷发挥着重要作用。但是，这些纠纷解决机制在客观上存在的一些局限和问题，严重制约和影响其作用发挥，如传统机制正面临新的挑战，新机制还不够成熟完善，体制外的机制尚需规范和培育。此外，多元化的纠纷解决机制尚缺乏有效的衔接、互动和整合，客观上削弱了解决矛盾纠纷的整体合力，此种状况亟待改善。

客观审视我们的研究过程和成果，虽然取得了一定的成就，但还存在许多不足和缺憾。一是实证资料的丰富性和系统性问题。由于土地问题是一个极其敏感的话题，被访部门和人员非常"警惕"，调研常常被拒，相关数据难以收集。二是调研所涉区域、部门、问题广泛，实地调研工作量过大，调研的覆盖面未达到最理想状态。三是课题研究内容根据实际需要进行了较大的拓展，研究深度受到一定影响。

本书的研究只是这一研究领域的浅尝，一些问题尚需做进一步深入系统的研究。如：如何实现乡村人民调解的转型与活力？如何彰显司法解决农村土地纠纷的权威？如何规范和培育体制外的各种纠纷解决机制？如何实现多元化纠纷解决机制的衔接、互动与整合？以及新型农村自组织纠纷解决机制的定位与机理等。我们还有一些很有价值的调研资料尚未进行分析研究，如具有较大社会影响的延安"女客打官司"事件，我们对此一直跟踪调查，形成了大量翔实的资料，在一定意义上，它可以为我们提供一幅农村土地纠纷解决的"全景图"。

后　记

　　这可真成了一个名副其实的"后记"了，书稿即将付梓，编辑还在等我的后记。七事八情的竟将这个"几句话"的东西一拖再拖，实在不该。细细想来，之所以迟迟不愿下笔，是因为早已失去了写后记的冲动。当初在进行课题调研和写作时，想着将来出书的时候一定要好好写篇后记。一是发发感慨，二是倒倒苦水，三是要感谢诸人。不料想，今日只想草草说上几句。

　　本书是我 2007 年主持的国家社科基金项目的最终成果。五年的煎熬方才结项完成任务，顿感如释重负，一下子犹如看到了"解放区的天"。殊不知，由于情势所迫，2014 年不得不再次申报国家社科基金项目，竟然获准立项。因将再陷"苦海"，也就惮于"后记"了。

　　回想调研和成书的过程，就想说几点：

　　一是教训太多。教训一，当初因课题经验不足，选题"宏大"，覆盖"辽阔"，跨度"纵横"，自己做了个套钻进去，差点走不出来。教训二，课题组构成只顾了"优化"结构，照顾"老少"。结果落得个孤军奋战，单打独斗。教训三，一心不能二用，一女不能二嫁。"双肩挑"就是坑自己，只好是别人下班我上班，人家休息我在干。

　　二是困难太多。因做实证研究，调研量极大，不仅地域广，所涉部门也多，然调研资源有限。为了获取调研资源，算是用尽了浑身解数，官方的，半官方的，私人的关系，凡能动用的都动用了。为了获得调研资源，与夫人一道没少为他人作嫁衣裳。本人自知教授地位卑微，调研却让我真正领略了"百无一用是书生"。人家官员下去调研，早已安排妥当；记者下去调查，有人追着诉说；教授下去调研，唯恐避之不及。曾通过街办干部牵线，电话约谈一城中村干部，不仅被拒，还遭奚落："跟你教授说有什么用？你能给我们解决什么问题？"一阵心酸。因土地纠纷问题极其敏感，调研中，婉拒者有之，直拒者不少，吃"闭门羹"更是司空见惯；有的只同意访谈，但拒绝提供资料，有的虽提供资料，却是毫无价值的纸片。

三是遗憾太多。虽然研究成果得到鉴定专家的错爱，以优秀结项，但回想调研写作，再看眼前的"成果"，总有一种"如果……或许做得更好一些"的感觉。这种感觉搅得人心神不宁，时常自责乃至汗颜。因一些主观或客观的原因，一部分调研资料未能深入研究，一些内容被忍痛舍弃。

四是感激太多。无论我的研究成果是优还是劣，我都要真诚地感谢在我调研、写作、出版过程中给予我无私帮助的人们。说真的，如果不是要在此表达我的感激之情，我是不会写这个"后记"的。感谢为我调研提供过重要帮助的刘玉明、王化平、李保岗、郑梦熊、陈革、杜万坤等领导；感谢为我调研贡献思想提供资料的许许多多的法官、律师、仲裁员、人民调解员、农经干部、信访工作者和政府官员；感谢我访谈过的许许多多的质朴而智慧的乡（镇）、街办、乡村干部和普通村民；感谢我最忠诚的课题组成员——我的夫人陈晓莉教授；感谢为课题工作做出贡献的史卫民、王宏选同事；感谢影响和滋养我研究的所有文献作者。感谢中国社会科学出版社的喻苗老师。最后还要感谢资助本书出版的我的工作单位西安财经学院。

白呈明
2014 年 9 月于西安